國際法論集

丘宏達教授六秩晉五華誕祝壽論文集

丘宏達教授六秩晉五華誕祝壽論文集編輯委員會　編

三民書局

國家圖書館出版品預行編目資料

國際法論集：丘宏達教授六秩晉五華誕祝壽論文集
／丘宏達教授六秩晉五華誕祝壽論文集編輯委員
會編.－－初版一刷.－－臺北市；三民，民90
面；　公分－－
ISBN 957-14-3407-8　(平裝)
1. 國際法—論文，講詞等

579.07　　90002511

網路書店位址　http://www.sanmin.com.tw

© 國際法論集

——丘宏達教授六秩晉五華誕祝壽論文集

編　者　丘宏達教授六秩晉五華誕祝壽論文集編輯委員會
發行人　劉振強
著作財產權人　三民書局股份有限公司
臺北市復興北路三八六號
發行所　三民書局股份有限公司
地址／臺北市復興北路三八六號
電話／二五〇〇六六〇〇
郵撥／〇〇〇九九九八——五號
印刷所　三民書局股份有限公司
門市部　復北店／臺北市復興北路三八六號
重南店／臺北市重慶南路一段六十一號
初版一刷　中華民國九十年三月
編　號　S 58498
基本定價　拾參元
行政院新聞局登記證局版臺業字第〇二〇〇號

ISBN　957-14-3407-8　(平裝)

丘宏達教授（民國八十七年至八十九年擔任國際法學會總會長）

丘師母在美國哥倫比亞中文學校服裝表演後與丘宏達教授留影（民國六十七年）

丘宏達教授，公子維學幼年時，與愛犬寶獅Fluffy合影（民國六十七年）

丘宏達教授返臺參加國建會，與經國先生和林洋港先生，以及其他學者合影（民國七十一年）

丘宏達教授與愛犬Rosie合影（民國八十五年）

丘宏達教授全家福（左起：師母丘謝元元，公子維學，媳婦吉爾，以及丘教授）（民國八十六年）

丘宏達教授夫婦在雙橡園慶賀丘教授擔任無任所大使宴會中留影（民國八十七年）

序

宏達兄將要歡度六秩晉五華誕，他的海內外門生要為他出一本祝壽論文集。不久前　法治斌教授奉　宏達嫂之命要我為這本論文集作序，實在深感榮幸。

宏達兄是我在臺大法學院的同學，那是民國四十年代初年，我是政治系，他是法律系，我們差兩屆。我是四十五年畢業，他是四十七年。雖然不同班亦不同系，但是我時常聽到他的大名。他的尊翁　漢平先生是　先君的朋友。在家中我們常聽到父親談起　漢平先生兩位很優秀的哲嗣——宏義兄與宏達兄——都是臺大傑出的學生。宏義兄是物理系和我班級相若，是我先認識的。

宏達兄與我都是臺大畢業軍訓結束後去美國讀書。他在哈佛大學法學院深造，當時班上有一位女同學，就是後來曾爭取美國共和黨總統提名的杜爾夫人(Elizabeth Hanford Dole)。這位女士在我任職華府時曾多次向我提到她對　宏達兄治學嚴謹的推崇。

宏達兄結束哈佛深造，分別在母校臺大及哈佛擔任教授及研究工作九年後，就赴馬里蘭大學法學院擔任教職，現已逾二十六年，此期間他曾多次返國，在國內公私立大學法學院任教，真可謂桃李滿天下。宏達兄的教書和他做人一樣，一絲不苟認真負責。每位受過他教誨的學生，對他敬畏備至，就是離開學校很多年後，也未改變。

宏達兄在馬大任教時正值中美外交關係惡化。馬大距華府甚近，美國國會參眾兩院經常就中美關係、美中共關係舉行公聽會，　宏達兄曾多次受邀作證，以其深邃之法學修養仗義執言，使絕大多數美國國會議員均能對我國給予支持。聯合國於七十年代後半及八十年代初曾多次召開海洋法會議，我國因非會員無法組團參加，每次均由　宏達兄擔任觀察員，使政府對該項重要國際會議的發展能充分掌握資訊。

我於民國七十二年初奉派赴華府擔任駐美代表工作，前後幾達六年之久。此期間中美關係上發生不少問題，　宏達兄總是不辭辛勞，義務的向代表處提供法律專業意見。在這段期間他也先後擔任北美華人社會科學家協會及美國中國研究學會的會長，使美國地區研究文、法的華裔學者能整合力量，對學術研究貢獻甚大。

到了九十年代，　宏達兄開始對國家作直接的貢獻。他多年來研究兩岸關係以及我國對外關係，著作等身，在學術界極負盛名。政府於民國八十二年二月連戰內閣開始時延攬他返國擔任行政院政務委員，他於那年二月二十七日返國就任，一年後再度返回馬大。總統府的國家統一委員會也延聘他為委員，他並擔任海峽交流基金會的董事。民國八十二年政府順應民意研究如何參與聯合國，在行政院內成立專案小組，　宏達兄和我都是成員，經過數個月的詳細研討，才決定以對兩岸關係刺激最小的「研究委員會案」作為參與的模式。稍後，政府決定設置無任所大使，首次於民國八十七年禮聘了三位，　宏達兄是其中之一。本年三月十八日總統大選結束，　宏達兄立即辭去無任所大使及國統會委員的職務，充分表現傳統讀書人的志節。

宏達兄於民國八十二年接任中國國際法學會理事長，迄八十八年交卸。在這六年中，他曾主辦世界國際法學會亞太地區的年會，以及在八十七年五月底主辦兩年一次的全球大會，並當選國際總會的會長，任期兩年。這不但是 宏達兄個人傑出表現獲得全球國際法學者的肯定，也是我國在國際困境中罕見的榮譽。

在停筆前我還想提一個小故事。民國七十三年六月十日宏達兄嫂邀我全家到他們在馬里蘭州哥倫比亞市的家中作半日遊。我們先到哥城中文學校會見林衍茂校長（也是臺大校友）並參觀教學情況，再去市政府資料館觀看多媒體簡報，再去公園遊湖。晚宴是在丘府品嘗宏達嫂親手烹調的佳餚，同席的還有胡旭光副代表、程建人副代表和 宏義兄闔府。飯後 宏達兄帶我到他在地下室的書房，這是一間最少三十坪大的房間，除了四壁完全是書架，房間中亦如圖書館般有一排排的書架。 宏達兄的大書桌上堆滿了資料。我突然間對 宏達兄說：「我好羨慕你啊。」他說：「你羨慕我什麼？」我說：「你有這麼好的讀書研究寫作環境，這麼多的資料都集中在一起，是我夢寐以求而不可得的。」時間已過了十六年多，想必丘府的書齋又增加了不少庫存。我衷心的祝福 宏達兄嫂健康長壽、福慧雙修，在這「耳順」過半，而尚未能「從心所欲」的時間為學術界作更多的貢獻。

錢 復

民國八十九年十二月

於臺北

編者序

丘宏達教授之學術成就有目共睹，普受肯定，為華人社會中少數享有國際聲譽之知名法律學者。在國內兩度任教之期間雖不長，但經其言教或身教所栽培之人才則不計其數。在美期間對負笈異域學子之提攜與照顧，亦是不遺餘力。復因所著《現代國際法》之巨著，而引領諸多後生晚輩進入國際公法之堂奧。一代宗師當之無愧。除此之外，丘師亦關心國事數十年如一日，其因此展現出表裏如一，擇善固執之氣節，公忠體國之情操，與愛鄉愛土之情懷，在在均為識者所津津樂道。

欣逢丘師六秩晉五吉誕，遂決定號召其授業門生，以及仰慕其學術成就者，以國際公法為主題，就個人之專長或興趣之所在，分別執筆，敬獻文集，聊表祝壽之意。並祝丘師福壽雙全，永保安康。

本書出版完成，承蒙三民書局董事長劉振強先生鼎力支持，謹致最深謝意。

丘宏達教授六秩晉五華誕祝壽論文集編輯委員會

前言

外子宏達與我民國五十二年相識於美國麻州，五十五年結縭，迄今已三十餘載，其間相知相惜，亦伴亦友，就我所識，其為人勤毅恭讓，處事正直不阿，除教學外不喜多言，亦未曾加入任何政黨，然每遇國事蜩螗，政局多變之時，無論外界採訪或報章邀稿撰文，均以臺灣前途為念，為中國未來憂心，慷慨陳詞，無所保留。

早年外子就讀臺大法律系時，即因潛研國際法有得，而發表其生平第一本著作——《條約論》，至今仍為研習國際法之重要參考資料；後負笈美國，於哈佛大學取得法學博士學位，鑽研範圍橫跨「國際法」及「中國法」兩大領域；教學著述間以中英文發表於期刊、雜誌之文章及書籍，為數頗豐，曾以《中國國際法》一書獲美國國際法學會頒發「書籍獎」之殊榮。緣於其專業領域之研究成果，普受中外國際法學者肯定推崇，曾先後出任「中國國際法學會」會長、世界性非政府組織「國際法學會」會長，並獲此國際法學會推薦為終身副會長榮銜。

外子曾先後執教於臺灣大學、政治大學，現為美國馬里蘭州立大學法學院教授，除熱衷教學論著外，更樂與青年學子交融相知，故對學生除專業指導外，舉凡在生活起居、生涯規劃、甚至婚姻大事上，亦多有關心或協助，即使是未曾直接授課的學生亦復如此。莘莘學子如今在學、政及律師界斐然有成者不乏其人，對國家社會多有貢獻，我也備感欣慰並與有榮焉。

外子平生極為愛國，為文言談，心繫縈懷，唯國家民族興衰、海峽兩岸統一為念，並以生為炎黃子孫為榮，客居美國四十年至今僅執一本中華民國護照，其情操可見一斑。早期在臺大即主辦「大學雜誌」鼓吹民主自由；保釣運動時，全力支持政府，於世界各地蒐集重要法律資料，以為我維護釣魚臺主權的依據。中美斷交時參與草擬「臺灣關係法」奠定今日中美關係之基礎，期間更設法奔走，為我國保留住雙橡園產權。為解決兩岸長期敵對關係，曾任「國統綱領」起草人之一，樹立兩岸統一進程之依據；八十八年更起而嚴正駁斥「兩國論」，終身以中國統一為志。

此文集乃學生於法、政各界領域發表論文之彙編，呈給老師以為祝嘏之禮，諸篇論著學養之精專，文采之雋永，自不遑多言，學生誠摯熱切之心意，尤足彰顯師生間溫馨濃郁之情誼。而法治斌、陳純一兩位等居中籌劃聯繫，多方協調，終能順利付梓，特此一併敬致謝忱。

謝元元

民國九十年一月十五日

於美國馬里蘭州

國際法論集

——丘宏達教授六秩晉五華誕祝壽論文集

目　次

第一部份　我所認識的丘宏達教授

（依作者姓氏筆劃排列）

第二部份 學術論文（依作者姓氏筆劃排列）

附 錄

第一部分

我所認識的丘宏達教授

如師如父

任孝琦

我是一九七八年在美國巴爾的摩的國慶晚會上認識丘教授的。當時，他正在找一位行政助理，協助處理他的東亞法律事務期刊(OPRSCAS)；透過駐美文化參事李慶平（現任中廣總經理）的介紹，我們在晚會現場第一次見面。我本以為至少需要經過面談，或是其他什麼形式，可是丘教授直接了當對我說，「你明天就來上班」。就這樣展開我與丘教授至今二十多年亦師亦友，有時甚至讓我感覺有如父女般的交情。

其實算起來，我真正全時間幫他做事，也就只不過七八年秋到七九年秋的一整年時間，但是無論是後來我隨先生遷去路易斯安那州，或是回到臺灣的十多年間，丘教授始終照顧我，我也一直幫他處理一些翻譯工作或是文章編務，甚至零零碎碎的雜事。從這些持續不斷的工作中，我從丘教授身上學到許多，最重要的是，我今天對政治的認識，多半是從丘教授交付的工作中獲得啟發。

一九七九年我到了路易斯安那州，當然不能再協助他處理日常的行政事務，因此他交代我幫他看《人民日報》，做剪報工作。我在路州待了三年，也看了三年的《人民日報》還記得當時正是四人幫垮臺，華國鋒憑著毛澤東一張「他辦事，我放心」的字條當上中共國家主席的時期。日復一日，我看著文革真相被揭露、受害者被平反；華國鋒從英明的主席到黯然下臺、鄧小平復出、中共開始實施所謂的中國式社會主義；我越瞭解中共，越不能認同那個政權，從此建立起我自己的反共意識。後來，我又幫他閱讀臺獨的各種機關報，從中瞭解到臺獨的起因、理論與作為，因此形成我堅強的反臺獨意識。我從來不知道，丘教授是否曾經有意培養我對政治的認識，但這些工作確實促成了我政治思想的長進，也激起我對政治的興趣。

一九八二年回到臺灣之後，他開始讓我協助編輯中文版《中國國際法年報》以及其他法律著作。我本是學文學的，卻在法律書籍的編輯經驗中，學到豐富的法律知識。多年下來，我常開玩笑，自己雖做不成丘教授的學生，入不得法律殿堂，但絕對可以稱得上是他的學徒，對法律專用的術語也能琅琅上口，頗有江湖郎中的架勢。

丘教授真正教過的學生不多，從我的經驗卻可以看出丘教授教學生的耐心和循序漸進。例如他起先只讓我處理訂閱名單、寄發期刊、點數存書等例行公事，但即使是郵寄前秤重、貼郵票等瑣事，丘教授都一絲不苟；如果我算錯重量或貼錯郵票，他一言不發，自己悄悄改回來，讓我學到處事必須嚴謹的基本功課。

他同時也從工作中默默觀察學生的能力。或許丘教授覺得我的工作態度尚可信任，因此漸漸交給我一些剪報、校對的工作，從中觀察我的耐心和對事的判斷力；然後他開始讓我翻譯一些輕薄短小的文章，再逐漸交付有份量的法律文章。一路走來，丘教授從來不曾責備過我，也不曾讚賞過我，但是最後他讓我參與《中國國際法年報》的編輯工作，我知道，他對我的工作能力是肯定的。

當然，丘教授也有一個毛病，就是一旦他認為你足以信任，就會不斷地加重你的工作份量，直到你覺得快被壓死煩死為止；我做他的助手十多年，直到我在《遠見雜誌》工作，體力不再能負荷額外工作為止。然而，幫丘教授工作絕對收穫豐富，我一直認為這十多年的工作經驗，奠定了我日後所有工作的基礎。

其實不僅是在工作的領域，丘教授待我如恩師；在生活中，丘教授對我更是恩重如山。我回臺灣先後幾份工作，從研考會魏鏞先生的機要、馬英九先生的機要，乃至於《遠見雜誌》的編譯，都是丘教授事先為我推薦安排。最讓我感念的是，我曾在一九八四和八六年兩度赴美治療宿疾，丘教授都事先為我安排好工作、健康保險，甚至讓我住在他家中，好方便就近照顧我。如此細膩的關懷，在我心目中，父親對女兒亦不過如此。

不瞭解丘教授的人，往往覺得他有點冷漠、嚴肅而且不苟言笑，其實他是個非常熱情，卻又非常內向而害羞的人，極不善於表達內心的感情；這或許跟他長期與法律為伍，習慣以理性處理情緒有關。事實上，我常覺得丘教授內心有一股隱忍而未散發的熱情，只是他對人的熱情往往是透過非常實際的照顧來表達；藉著不斷地替學生安排工作、安排打工機會，甚至介紹女（男）朋友，丘教授表達出他對學生的關心和愛護。

有趣的是，丘教授的熱情對他的狗卻是赤裸裸、毫無保留的付出。認識丘教授的朋友都知道，他愛狗如痴。從我近距離的觀察，發現丘教授似乎把他無法對人表達的情感，完全宣洩在他的狗身上。從某個角度來看，我覺得丘教授的內心深處，其實是相當孤獨的；他跟朋友的談話，繞來繞去總是政治、學術，永遠不會觸及彼此的心事。但是，經常我看他抱著狗不斷愛撫、喃喃私語；有時候，他甚至會藉狗裝瘋，假借狗意說些「狗言狗語」；或許，他有太多深藏內心無法對人言的話，只能悄悄說給狗聽，或藉此傳達對人的心意。丘教授既將狗擬人，當愛犬 Fluffy 過世時，他悲傷至嚎啕大哭，連師母都束手無策，自然最是真情流露。後來，他更親手寫了一首長詩紀念 Fluffy，我常笑稱此詩勝似白居易的長恨歌。

這本書既是祝賀丘教授六十五歲大壽的論文集，相信丘教授的愛國與治學是大家的焦點。我既非丘教授的學生，也非法律中人，卻是大家公認丘教授最親近的助手之一；從我敬他如師如父的角度，解讀丘教授深情的一面，或許更貼近丘教授的真實面。在此並特別將他紀念 Fluffy 的長詩附於文後，作為本文最有力的證據。

想寶獅 Fluffy 詩

西藏有寶狗　毛長賽似獅
聰明又可愛　看門最盡職
大難平地起　中共佔西藏
苛政猛於虎　人狗均遭殃
狗媽逃來美　洋家產下子
元元買來養　從此是寶貝
自從寶獅來　日日都開心
早起喚獅醒　溜狗身體好
家中有獅守　上班很放心
憂患意識高　有時會亂叫
敵情意識深　偶而咬錯人
寶獅會享受　最懂按摩樂
維學拉琴時　寶獅會伴唱
人生煩惱多　獅語解千愁
夜晚就寢前　寶獅愛宵夜
寶獅愛坐車　兜風最開心
匆匆十年過　寶獅日日看
相看兩不厭　心情實舒暢
寶獅解人意　盡在不言中
不幸病魔來　寶獅魂歸去
家中無寶獅　傷心自難言
睹物思寶獅　深情永不移
夢中會寶獅　夢醒更傷心
海枯石可爛　愛獅情不逾
天長有時盡　憶獅無盡期

一位使命感填膺的學者

杜芝友

丘宏達教授過六十五歲生日，門生弟子要出本學術專集來為他祝壽。治學、編書和出書是他一生教學工作，最摯愛的終身志業，他是位極鍾愛書的人，相信這會是他喜歡的生日禮物。

既是學術論文集，都是學有專長的人士或學者、教授執筆之專業論文。文集籌備人法治斌及陳純一兩位教授，很有心，認為除學術文章外，也希望有篇軟性點的東西，從另外一個角度來談談丘教授的一些教學、研究生涯及以其卓越之國際法專業聲望而涉足世界國際法學界與外交工作的點點滴滴。這就落到我的身上，一個跟在他身邊做研究、編書及打雜了十幾年的人。

從十五年前在馬里蘭大學政策研究所拿到學位後，因研究所與法學院有共同學位的合作計畫，課程上有相互交流而認識丘宏達教授。畢業後，偶然的一個場合碰到他，交談之後，他要我跟他去做研究， 並到他在法學院一手建立起的東亞法律研究計畫(East Asian Legal Studies Program)做事。至於要做什麼事，我剛開始也不甚清楚，問他嘛，他很籠統地說，有什麼事就做什麼事。那裡曉得一腳踏進去之後，方知開課、指導學生做論文、收集整理研究資料、參與校外國際法學界活動是其一，寫書、編書及出書是其二，其餘從國家大事，大大小小的學術研究計畫，美國全國性會議的支持贊助、籌備召開，到國際性大型學術會議的舉辦不一而足，在在都是工作的範圍。這些尚不包括一些因局勢而衍生的特殊任務。常常讓來到此處做研究的訪問學者訝異，根據我們的「產物」，應有一個大團隊在工作，殊不知他僅有蝦兵蟹將幾名。他自己能者多勞，又極為勤快，做事劍及履及，夜以繼日，不但自己一人當三人用，還希望所有跟他做事的人認同他的方式，一人可當二人用。

跟過丘教授的學生及與他共事過的人，很少不會感受到他那充滿使命感的精神與挺膺負責的擔當。這種使命感已深深融人他的立論與生活中。他在教學、鑽研法學外，長年在海外，念茲在茲的是他的國家。無時無刻不在為提高中華民國的國際地位，彰顯中華民國的能見度，及使中華民國在臺灣能有永續發展的安定環境而努力奔走與著述不懈。不但從學術上去旁徵博引來論證，也積極涉人美國政界，這種理論與實務雙管兼顧的方式，使他一向提出的建言與針砭時弊的言論相當務實，很少空論。

筆者雖敬佩丘教授治學精神、愛國情操，但因天生資質大不如其，每每要花許多準備的時間才追得上他的步調。出國留學前，雖曾任職過新聞記者，負責採訪國會新聞與政治要聞，生活像打仗、備戰的日子不是沒經歷過；但碰到一位思緒敏捷，提筆能文，擲筆能言，國家大事、天下大勢事事關心，關心即行動，行動又必講效率與原則的老闆，一路跟來，在其教誨下，知識、能力與見識雖均有長足的進步，唯在追趕配合其快節奏的學識汲取與處事效率，有時仍覺不勝辛苦。往往離開辦公室還得帶一堆資料、報告回家進修，或是與世界各地不同時差的國家、組織聯繫。有了孩子後，又因體會到養育小人兒的喜樂，想做位不願錯過任何孩子成長過程的媽媽。偶而思及換個輕鬆點的工作，或想接受其他工作邀約時，丘教授每每義正辭嚴地曉以大義，要筆者有「革命的精神」。連筆者接到他的生日卡片，在「祝你生日快樂」後，緊接著的即是說跟他工作是很有意義的，因為「只有全中國人均過民主、自由、均富的生活，臺灣才真正有安全與光明的前途」。遇到這種胸襟的老闆，我能說什麼，只有鞠躬盡瘁了。

好在外子在馬大醫學院唸博士學位時，曾任臺灣來的留學生同學會長，法學院與醫學院僅一街之隔，丘教授當時在法學院所辦的一些活動，他也參加過一些。他曾說過，現時大環境中，如此有格的學者已不多，而願分勞家務，支持筆者襄助丘教授繼續「有意義」的工作。這種時候常會想到丘師母，做他的妻子一定很不容易的。還好，丘教授對師母的好及尊重是眾人皆知；而師母的知性及識見也予丘教授多所助益。

丘教授對國家的關心與為中華民國政府在美國奔走，以往使人常誤認他為國民黨黨員才會如此，卻不知他從未加入過任何政黨。旅美三十多年亦未曾入籍美國，仍是中華民國國民。從未因自身的利益來考量入籍，有的是對國家的赤膽忠心。以其在美國及世界國際法學界之學術成就與聲望，常有人希望他成為美國公民，他都一笑以付。筆者也曾幾次在旁聽到諸如此類的對話，好奇心趨使之故，問過他的「堅持」，他只淡淡地提及這是忠誠(Loyalty)的問題。他身為法律人，既效忠中華民國，就無法做美國人。今日朝野、海內外大家都在大談愛臺灣的方式，真愛、大愛……各種的愛，以我來看，最有資格講愛臺灣的人，當屬丘宏達。他曾告之，從小的志願是做軍人，可殺敵保國，及長至大學畢業，見國家情勢乃思成為外交官，卻因考取公費留學，出國深造，在學術界走出一片天地。見諸他的所做所為，其實不曾離過他的願望，出任無任所大使，更是實至名歸。北美華人社會科學家協會曾在其擔任無任所大使後，致贈他一扁額，上書「讜論折樽」，是對其經由學術而從事外交工作最寫實的肯定。

他自認是做事的人，凡事不尚空論，直入問題核心，直言直語的個性，熟識他的人均曾領教過。沒有客套、沒有包裝是他的行事風格，也源於時間對他而言是很重要的，他讓自己忙到必須和時間競爭，行事但求解決問題至上。但他在國際法學界及外交上很多的工作卻都是長期的耕耘。現在很多人已不願做無法立竿即見影的事，他卻一直孜孜忙於做打基礎、紮根的工作。這種工作，短期甚至長時間見不到成果。但長期而言，影響是深遠的。

他的執著，就像他在聯合國非政府組織——國際法學會(International Law Association)的深耕。有鑑臺灣的國際空間在國際社會處處遭中共打壓、排擠，政治上可以做或可以走的路都差不多了，得另思出路。國際法學會在世界各主要的國家均有分會，雖是由泛稱與國際法有關的法律從業人員組成，但各國國際法分會多與其外交部門有緊密關連。又因有著名學者、律師及退休或現任政府要員是會員，與執政者也保有良好的互動，是一個值得深耕的園地。政府一直想邀請聯合國一些相關組織或是國際法院的法官們來臺參觀訪問，但礙於中共的阻撓，都無法成行。許多國際法院的法官與丘教授私誼很好，囿於聯合國的限制無法接受其邀請赴臺，但他們表示，如果臺灣能舉辦年會，他們是國際法學會會員，許多聯合國官員亦是會員，會員參加年會是名正言順的，如此他們有機會到臺灣，見識在國際上時有狀況發生，兩岸拉鋸戰的兩造之一。

為爭取一九九八年在臺灣舉辦世界國際法第六十八屆年會，丘教授奔走各國，努力了快七年。同時為了向傳統上執國際法牛耳的歐洲國家，證明臺灣有能力辦理國際法學界的盛會，他於一九九五年在臺先舉辦了第一屆亞太區域國際法會議。有三十五個國家參加，會議非常成功，成果亦豐碩，不但讓國際法學會倫敦總部吃了定心丸，放心臺灣主辦一九九八年兩年一次的大會，也讓一些批評臺灣是否有條件來辦的雜音消失，更自此在國際法學會建立一個持續的慣例，即兩年一次的大會之間，各會員國爭取辦理區域性的會議，促進區域性的瞭解與合作，如一九九七年俄國辦的區域會議，討論與鄰近國家及獨立國協間的國際法問題，及一九九九年巴西主辦的拉丁美洲區域會議。

籌備一九九八年的年會，對我們是個極大的挑戰，因為這是在學校正常工作外的負擔，以他事必躬親的作風，二年多的不分晝夜工作，也賠上了他的健康。會議的成功，被倫敦國際法總部譽為歷年來最值得記憶的大會之一。有來自世界五十五個國家，四百多名的學者、專家參加，包括國際法院的法官，國際海事法院的院長及大部分的法官。丘教授多年來的辛勤終於有成果，讓一些國際上有影響力的人士實地耳聞目睹在臺灣的中華民國是如何勤奮地建設一個民主、富足的社會，國際社會如何能忽視其存在與人權！然而這些只是必要策略的運用，他真正要爭的，是在歷史的洪流中，在國際法上留下一個永遠值得研究的案例——臺灣的故事。而他仍在繼續的努力中。

談到丘教授著述以外的教授生涯，就不能不提到他對學生的愛護與提攜。他督促學生甚嚴，要求也高，但他做經師亦做人師，對學生極為照顧。因心中常以國家為念，認為學術研究要人才，國家建設要人才，外交開創局面也須人才，往往為國舉才不遺餘力。每遇有上駟，必不辭煩瑣向當局推薦，且注重適材適所。臺北市長馬英九早年在哈佛大學法學院修讀博士學位，返國參加國建會就是丘宏達教授推薦的。筆者跟在其身邊十多年，見其對人才的留意、培養用心著力甚深。每有人才，即思如何安置在適當職位來發揮長才；有心向上、有心向學的學生，總是儘量找機會、找資源助其完成。而學生也受其使命感召，老師有事相煩，都不計名利的盡心盡力而為。

前曾提及丘教授在馬大法學院的可觀工作量，每每被誤認為有個大團隊在為其工作。但要說這個大團隊包括他散居在世界各地的學生也不為過。以其任教三十多年的馬大法學院來講，美國大學生多數是靠自己打工、獎學金或向政府申請學生貸款來完成大學教育，法學院是研究所層級，更是絕大多數的學生是靠自己或學生貸款來完成高等專業教育，幾乎人人畢業一出校門，就有一堆貸款待償。丘教授以前教過的一些學生，現在是教授、聯邦檢察官、法官或律師，散居在全美各地，甚至派駐海外。這些學生到現在仍與其保持連繫，常在自身本業外，不時地聽候丘老師的差遣，做些書評、找資料、求證及至編輯、法律顧問類的額外工作。

筆者因工作關係常須與這些學生連繫，剛開始時很奇怪這些人均是公務極端忙碌，又有一定的身份、地位，然對丘教授的要求從不打折扣，從不說NO。慢慢接觸多了，聽他們提到往日跟丘教授讀書、做研究、做事的往事，方知其所以然。丘教授總是將心比心，急人所急，連幫學生找論文資料都很認真。生活上，學生有困難或急用時，也會慷慨解囊，不冀償還，甚至還鼓勵他們以學業為重，而這些學生往後都是他團隊工作的幫手。

由他對學生的態度與照顧，可知他做事的格局。他常和筆者談到辦理國家大事的原則，要計利當計天下利。這種氣度，使其能在成就大事上，由事件本身為出發點來求成，就事論事不涉及個人的好惡；也讓我們跟在身邊工作的人，耳濡目染之餘深受影響。使我們對其能從辦事的角度直諫無諱、據理力爭。儘管如此，我仍必須強調，我有幸跟一個雅量、度量均高的老闆共事，這並非每個人都做得到，尤其見識過許多知名、高位階的人物後，更深有此感。

最後，我想談談在工作、使命感以外的丘教授，即是他感性的一面。這部分若不提到狗，那就太失真了。他愛狗成痴，人人皆知。報章雜誌也曾多次報導過他各種愛狗的言行舉止。譬如為棄世的狗作傷感的詩文，為現養的狗找理由出脫其不負狗責執行看家的任務。連馬英九曾在其府上打擾過幾日，狗兒無故亂吠時，他都會解釋因為馬英九每日大清早要晨跑，擾了狗兒的清夢所致。門生弟子、親朋好友聚集一堂時，必定也會以他對狗兒種種溺愛「駭聞」而大作文章，嬉笑成一團。筆者要提的是他因愛狗，在大陸淪陷赴臺時是坐船來的。以其尊翁丘漢平先生時任福建省選出之立法委員，全家均安排從上海搭乘飛機赴臺。丘教授因要攜帶養的狗一起走，不能乘坐飛機，寧願搭船。為了他的堅持，他母親不放心十來歲的他獨自搭船，只好央請丘教授姨母陪同照顧，由此可見他與狗的緣分到什麼程度。狗兒是他嚴肅工作外的開心果、順心丸。在我眼中的丘教授，是位憂國憂民的文人，治學嚴謹的學者，嗜書如命，也愛狗成痴。他的使命感使他時時在工作，日日在工作，永遠工作第一；他犧牲許多享受，但他也能享受他的犧牲，這是別人也許看得到，也許看不到的丘宏達。

忠字當頭，一以貫之

孫揚明

一九九三年，丘教授應連戰先生之請，出任行政院政務委員，一年後辭職返美。當時每逢週六下午，丘教授多半留在辦公室，我則常提著九如的粽子和酒釀湯圓，前去探班；兩人天南地北，閒聊度過週末午後。

認識丘教授的朋友都知道，與丘教授聊天只有兩個話題，一個是「中美與兩岸關係」，另一個則是「狗」。我在《聯合報》跑外交和兩岸，而丘教授當時則在行政院負責兩岸事務，因此很自然的，我們總是圍繞著前一個話題打轉。

從我作記者的角度觀察，中美與兩岸關係，對丘教授而言，絕不是閒聊清談的話題，甚至不只是他主管的政務，而是他日夜魂牽夢繫的心事。因為，丘教授一生無論治學或參與政事，出發點都是為了愛國，而他認為，中美與兩岸關係是維繫中華民國生存發展最重要的兩個關鍵。

據聞從七〇年代初期，丘教授在美國已開始積極參與中美關係事務，一度甚至有「地下大使」的美名，可惜余生也晚，對那一段歷史知之不詳，在此僅能就我所知，略數一二事。

一九八九年天安門事件之後，香港部分人士曾在美國幕後協助下，有所謂的「黃鳥行動」，救出不少參與事件的學生。由於臺灣也參與部分救援計畫，因此中共對臺採取極端敵意的態度，兩岸關係呈現空前的緊張。還記得有一次，我自臺北打電話給丘教授，他即對兩岸情勢表達了極度的憂心。在長達兩小時的越洋電話中，他指出，中共為一極端不理性、不安全的政權，為了臺灣的安全，應設法說服中共，使兩岸在一個中國的架構下，建立一個安全框架；這個安全框架相當類似近年美國部分學者，如李侃如等所建議的中程架構。他認為，臺灣應趁著老鄧還有拍板定案的權威之際，儘速將兩岸關係穩定下來。他甚至示意我，向中共方面提出此一意見，以觀察其反應。後來，我果真在一次大陸記者會中，向錢其琛提出此一問題，但他完全迴避，不予回應。

雖然此一意見不為中共所接受，丘教授仍積極向李登輝總統建言，並曾撰寫一份與中共簽署停戰協定，以謀兩岸和平的報告，供李總統做為決策參考。

事實上，丘教授在李總統上任之初，曾為其重量級幕僚。如眾所周知，經國先生在世時，丘教授經常向其提出建言；較不為人知的是，他一定同時將報告副本送請李副總統參考，那是奉經國先生之命。在丘教授，這是尊重體制；而當時的李登輝，對丘教授的尊重自是感念在心，因此上任後，對丘教授的建議往往從善如流。當時戴國煇教授曾親口向我證實，對李登輝兩岸政策影響最大的人是丘教授。

丘教授在九〇年代初期對兩岸關係的影響力，從他對國統會的參與亦可獲得證明。一九九一年，國統會成立，丘教授獲聘為國統會研究委員，積極參與研擬「國統綱領」。事實上，「國統綱領」與一九九二年國統會所通過的「一個中國的意涵」，主要都是出自丘教授的手筆。日後，丘教授曾表示，他最感欣慰的是辜汪會談在他任內完成，原因即在於辜汪會談的基礎就是建立在前述「一個中國的意涵」上。

但是，畢竟李登輝與丘教授對兩岸終極關係的認知有極大的差異，以致漸行漸遠。不過，丘教授是深深浸淫於法律中的人，對於體制有極高的尊重，因此，雖然兩人漸漸發現彼此志不同，道不合，丘教授仍持續為李總統建言、運籌。在我看來，丘教授與李登輝總統的關係有如泥水匠修補牆壁；李總統在兩岸關係上製造的裂縫愈來愈大，丘教授則不斷設法修補裂縫，總希望不致危及房屋的安全。

一九九三年，在李總統主導下，外交部第一次準備透過邦交國，正式向聯合國提出我國加入聯合國的提案。丘教授一方面深知此一提案勢必觸怒中共，並引起美國不快，但一方面也深知「擋不住」，因此力勸政府改提「促請聯合國成立研究小組，研究使臺灣兩千三百萬人代表權得到適當代表性」的提案，以降低敏感性，預留未來與美國談判的空間。後來此一提案雖然仍為中共所強烈反對，但至少贏得了美國的諒解。

一九九四年，李總統接受司馬遼太郎的訪問，發表「身為臺灣人的悲哀」的說法，接著又在中興新村痛斥中共為「土匪」，不但製造兩岸關係的緊張，甚至一度引發對岸動武的危機。當時身為政大國關中心顧問委員會主委的丘教授，曾自美國急召國關中心林碧昭主任赴大陸對中共高層解釋並安撫中共。

然則丘教授一生忠誠的對象，是中華民國，而非個別的權威；因此無論是國民黨或李登輝總統，當後者的作為超越了他所認知的是非範圍，甚至違背了他所認知的國家利益時，丘教授絕不鄉愿。

一九九四年，丘教授擔任行政院政務委員僅僅一年，即束裝返美；當時，他的理由是必須返美照顧妻子，但是外界多認為，主要是因為與李總統理念不合。對此，丘教授一本學者風範，從不予以證實。然而，當李登輝總統提出兩國論之後，丘教授一改其忠誠而不批評長官的作風，開始在媒體上公開批判，而且筆鋒一篇比一篇犀利，足見其內心憂憤之情。

去年三月十八日，陳水扁當選總統，丘教授更是立即以書面辭呈，辭去國統會委員及無任所大使的榮譽職。辭呈上說：「新當選者迄未表明其在就任後將遵守國家統一綱領之決心，故特此請求辭去上述兩項職務」，表明了他一生堅決反對臺獨的立場。

外界對丘教授的讚譽常為「忠黨愛國」，其實他一生從未加入國民黨，但是他愛中華民國的例證確實不可勝數。如眾所周知，丘教授在一九七〇年代初離開哈佛大學的教職，轉任馬里蘭大學法學院教授，但是鮮有人知其背後的理由。事實是，當時美國學術界瀰漫左傾風潮，哈佛大學也組成赴大陸訪問團；丘教授以其中國國際法權威的身份受邀同往，但他堅持不赴匪區，而遭受同僚排擠，因此離開哈佛。當然，丘教授旅居美國將近四十年，卻堅持不人美國籍，而始終使用中華民國護照，更是為人所樂道的愛國事蹟。

近幾年來，國家方向日益扭曲，丘教授自是憂急如焚；雖對政府決策不再具有昔日的影響力，他仍盡力為政府補牆。一九九六年，他極力爭取成為國際法學會的總會長，目的就是要在臺北召開總會年會，以提升中華民國在國際法學上的地位。一九九八年，年會順利召開，他本人卻因勞累與壓力，在會期間心臟病發，住院手術。如今丘教授雖然健康狀況大不如前，但我相信，忠字當頭的他必會繼續以行動關心、愛護中華民國，一如其一生致力所為。

永遠的丘老師

馬英九

三十年來，每次我見到丘宏達教授總是稱呼他「丘老師」。其實我不曾修過他的課，不能算是他正式的學生，但是他的治學與為人，既是經師，也是人師，深深影響我的一生，因此我尊稱他「丘老師」，視他為我一生的良師。

民國五十七年，我考進臺大法律系。大三那一年修國際法，讀到丘老師所著的《中國國際法問題論叢》（商務印書館，民國五十七年出版），對其內容的深入與寫作的嚴謹大為佩服，一讀再讀，記得滾瓜爛熟。

少年學者

事實上，這並不是丘老師的第一部著作。早在民國四十八年，他已經將大學時代的作品整理成冊（由陳澤祥助編），書名為《條約新論》，由當時駐美大使葉公超題字，聯合國副秘書長胡世澤及新聞局長沈錡作序，由他的國際法老師彭明敏教授指導。這本二十多萬字厚達二百頁的著作，在出版前後的二十多年內，始終是國內唯一一本有關條約法的學術著作，而當時丘老師只不過是一個二十三歲還在軍中服役的大學畢業生而已，他的法學造詣，可見一斑，在前後期的同學中，幾乎無出其右。

我還記得，《中國國際法問題論叢》的封面裏，有作者照片及簡介；照片裡的丘老師英姿煥發，簡介上說：「丘宏達，現年三十三歲，臺大法律系畢業，美國哈佛大學法學博士」。事實上，他在三十歲前就已完成許多嚴謹的學術著作,丘老師的治學乃成為我學習的典範。

不過,我雖然對丘老師欽慕不已,卻生不逢時,沒有機會修習他教的課;民國五十六年他第一次回國服務,在臺大法律系任教(陳長文、呂秀蓮等學長都是他的學生),當時我還在建中念書,無緣得列門牆;民國五十九年,丘老師第二度回國,當時我已經進了臺大法律系,可是由於種種因素,他卻在政大法律系及臺大政治研究所任教,我仍然無緣追隨門下;直到民國五十九年底、六十年初,中、日之間發生釣魚臺事件,臺大研究生協會舉辦釣魚臺問題演講,邀請丘老師參加,我才第一次親眼見到這位心儀已久的學者。

保釣尖兵

我至今還記得,那是六十年四月間的一個晚上,在臺大法學院靠荷花池的大教室中,聽丘老師演講。他走上臺後,單刀直入地就問臺下學生:「你們為什麼要保衛釣魚臺?釣魚臺在哪裡?它的歷史、地理、地質,你們知道嗎?如果不瞭解這些,你們要如何保衛釣魚臺?」一連串的詰問,對臺下滿腔熱血的我們如同一記當頭棒喝!接著,他侃侃而談,將釣魚臺的相關問題一一說明清楚,更深入分析了保衛釣魚臺所牽涉的國際法與國際政治問題。他這次演講影響了我的一生,從此知道愛國運動也必須要以廣博的學問作基礎,否則必然流於情緒與盲動,於事無補。我後來才知道,當時丘老師對釣魚臺主權問題已進行了近一年的研究,日本明治十八年外交文書的密件與幾張日本與法國珍貴的十八、九世紀古地圖在他全球蒐尋下,成了反駁日方主張最有力的證據,而他在這個問題上的研究,至今仍是無可動搖的權威。十年後,我在哈佛大學法學院提出的博士論文「怒海油爭:東海海床劃界與外人投資的法律問題」(Trouble over Oily Waters: Legal Problems of Seabed Boundary Delimitation and Foreign Investment in the East China Sea),也無可避免的涉及釣魚臺問題。二十六年後（一九九六年），釣魚臺風雲再起，我又寫了一本小冊子說明主權及劃界問題，看樣子這個問題會跟我「長相左右」下去了。

事實上，丘老師的一生就是做學問與愛國行動的結合。我印象最深刻的，就是中美斷交期間，他以其國際法專業和外交策略，成功維護了我國駐美大使館雙橡園(Twin Oaks)的館產。

搶救雙橡園

民國六十七（一九七八）年十二月十五日夜九時，美國總統卡特上電視宣布將於次年一月一日與中共正式建交，與中華民國斷交，並廢止一九五四年訂的「中美共同防禦條約」。由於事發突然，外交部必須在極短時間內安排斷交之後的中美關係以及其他相關事務，其中一項就是將雙橡園以十美元代價，賣給一個名為「自由中國之友」(Friends of Free China)的團體，以免國家財產落入中共之手。

此一安排引起中共抗議，並且向美國國務院提出「政府繼承」(Government Succession)的主張。當時，外交部的法律顧問對於能否對抗中共的繼承主張並沒有把握，原因是美國國務院認為，中華民國在美國的財產，原是「中國」(State of China)的財產，美國與中共建交及與中華民國斷交後，如為一九四九年之前取得，應由中共繼承；如為一九四九年之後取得，中華民國才能繼續擁有；而雙橡園為我國在一九四七年自發明電話的貝爾(Bell)家族購得，因此雖然我政府事先將其售予美國民間團體，但國務院並不認同，仍主張應由中共繼承。對此，外交部的法律顧問以為爭取不到而未積極爭取，但是丘老師卻不做此想。

他認為，類似案件早有先例。最著名者為一九四九年十二月初，英國承認中共之前，我政府將停駐在香港的七十多架中央、中國兩航空公司的民航機，賣給陳納德將軍的飛虎公司(Flying Tigers

Corp.)。英國承認中共（一九五〇年元月五日）後，中共透過這兩家已變節投共的公司向香港法院控告飛虎公司，提出政府繼承主張，主張飛機是中國政府財產，英國既已承認中共代表中國，飛機自應歸中共所有；官司一路打到香港最高法院，都判決中共勝訴，飛機應由中共繼承。本案最後上訴至英國上院的樞密院(Privy Council of the House of Lords)。該院卻認為，由於本案所涉及之買賣契約是在英國承認中共之前完成，在國際法上，承認國對於被承認國在過去不被承認時期之國家行為，得經由承認而回溯使其生效，但並不能使原先被承認國在被承認時期之合法行為由於承認而回溯成為無效，因此判決飛機屬於飛虎公司，此一判例相當出名，幾乎所有國際法教科書皆有收錄。

此一判決一向被國際法界視為經典判例，丘老師即引用此一判例，再加上美國更早的一些判例（如 Guaranty Trust Co. v. U.S., 304 U.S. 126 (1938)）與加拿大與我國斷交時對我大使館館產處理之國家實踐(State Practice)，撰寫說帖，並透過參議員杜爾(Bob Dole)，向美國國會說明，成功地在「臺灣關係法」(Taiwan Relations Act)中，加入一條所謂的「雙橡園條款」，特別指明中華民國在一九七九年元月一日中共與美國建交之前或之後在美國取得之財產所有權，不受中美斷交或撤回承認之影響。有了這條法律，國務院也就不再支持中共的主張，中共也未再提起任何訴訟。而卡特總統在一九七九年四月十日簽署「臺灣關係法」時，還特別聲明他並不認同這一條的內容，其影響力可見一斑。

事後，一九八一年春天，有一次杜爾參議員曾向在華府集會的北美中國研究學會會員演講時透露，中美斷交時，丘老師在他辦公室中，以馬里蘭大學法學教授之尊，親自撰擬說帖的經過，令我對丘老師以一介書生，在外交部法律顧問都已放棄努力的情況下，堅持打贏一場漂亮的外交戰，真是佩服得無以復加，也感動得泫然欲涕。

愛國，人人有心；但是能以專業能力，提出強有力的論證，讓外交單位得以據理力爭，終致有效維護國家利益的，在我心目中，丘老師是第一人。

名山事業

不過，雖然丘老師對我國的外交工作，尤其是對美外交投入甚深，並且獲得歷任外交部長，甚至前總統蔣經國先生與李登輝先生的敬重，並曾被聘為無任所大使，但是我認為他一生真正最重要的成就，還是在學術研究。一九七四年，他在哈佛大學作研究時，與孔傑榮(Jerome Cohen)教授合著的《人民中國與國際法》(*People's China and International Law*)一書，曾獲選為當年美國國際法學會(American Society of International Law, ASIL)年度最佳著作，至今仍是全世界（包括中國大陸）研究中共國際法必備的參考書，其修訂再版即將問世。

更值得一提的是，丘老師對中國國際法研究的貢獻。或許是實際參與外交戰役時獲得啟發，丘老師深信，要贏得外交勝利，必須先充實我國的國際法人才，提昇研究水準，因此近二十年來，他將大部分心力放在中國國際法學會，積極培養年輕學者；我也在十多年前開始追隨他，參與學會事務，先擔任副秘書長，再任常務理事與副理事長，並在民國八十八年他辭卸中國國際法學會理事長一職之後，推選我接任理事長。

就中國國際法研究的角度來看，丘老師最重要的貢獻，就是創辦《中國國際法及國際事務年報》(中英文版，英文版叫做 *Chinese Yearbook of International Law and Affairs*)。自民國七十八年出版第一集以來，丘老師始終一本他本身治學嚴謹的態度來編輯這份年報，始終不斷為我國贏得全世界國際法學界的尊敬；外國重要法學院的圖書館皆有收藏。一九八七年我赴漢城訪問韓國國際法學會時，一位該會前會長曾經當面對我說:「看了這份年報,不得不承認貴國的國際法研究水準比我國領先十多年。」甚至連大陸知名國際法學專家王鐵崖在看了年報後,也對蕞爾小島的臺灣居然有如此眾多國際法研究人才,感到訝異。

經師與人師

對我個人來說,丘老師治學態度的謹嚴,令我印象深刻。他不但是學術論著擲地有聲,就連報章投書、記者訪問,亦必引經據典。一九八三年我赴美出版第一本著作,在他家中地下室看到他的藏書,有關國際法、中美關係或兩岸關係的書籍不但數量甚豐,而且種類齊全;尤其特別的是,他買書一定買兩本,一本放在家中,一本放在學校,以便隨時查考,即使一條註釋有疑問,也必查個清楚。他的治學功夫下得如此深厚,影響所及,我無論做事、做學問,也養成一絲不苟的態度。

如前文所述,我並非丘老師的學生,但是他對我始終愛護提攜。自一九七一年四月臺大演講會的一面之緣後,一直到一九七四年,我赴美到紐約大學修習法學碩士時,才毛遂自薦,常以電話、書信,向他請益,我一九七七年在紐約結婚,也請他擔任介紹人。丘老師一直期許我在學術領域鑽研學問,對我回國後從政,他是有些失望的。因此一九九七年,我離開公職,回到政大教書,他顯然相當欣慰,不但推選我在「中國國際法學會」擔任副理事長,而且積極幫我安排辦公室、籌措研究經費,可惜我一年後還是離開校園,投入臺北市長選舉,重新回到政治崗位。

從政與治學

不過即使我在政界,他仍然督促我結合學問與行政工作,充分發揮專業。民國八十二年,他在行政院連戰院長力邀下出任政務委員，負責法律方面政策和法案的審查，當時正好我也擔任法務部長，在他的督促下，師生聯手，短短一年內完成並通過了十多部法案的審查，其中包括日後影響深遠的「行政程序法」、「犯罪被害人保護法」以及多間監所的組織法規等。在我擔任臺北市長後，他知道我無暇從事國際法研究，卻在他召開的中國國際法學會年會中，仍然要求我做學術報告，指定題目為「國際法與市政」(包括姐妹市的國際法地位與公娼的國際法問題)，讓我得以結合行政經驗與法學專業，完成一篇兼具趣味與實用的報告。

書生報國的典範

丘老師以其身教與言教，實踐書生報國的理想，影響了我的一生。我在競選臺北市長時，曾經以「一路走來，始終如一」，形容自己從政以來堅持原則的風格，今天我更願以「一路走來，始終如一」來形容丘老師的愛國情操與治學態度，且舉一個小例子來說明。丘老師在美國求學、教書逾四十年，絕大多數旅美學人都入了美籍，但丘老師除因在美國大學任教必須具有永久居民身份（綠卡）外，從未入美籍。更有甚者，丘老師應邀回國參加國建會，在學人名冊中備註欄內還會填上「中華民國後備軍人」字樣。其實國軍並不缺人，即使打起仗來，徵召丘老師上戰場的機會也不大。在許多年輕人以小留學生方式規避兵役的今天，居然還有這一位世界級的名教授願意大聲告訴大家，他是「中華民國後備軍人」，其愛國愛鄉的至情乃至傻勁，常令我們感動不已，這也是丘老師最可愛、也最令人敬佩之處。

在丘老師六秩晉五華誕的前夕，我願以一個未列門牆私淑弟子身分，表達我對丘老師來自心底的祝福，他為「學人報國」一語，樹立了不朽的典型。在我的心中，他是永遠的良師。

丘宏達老師

— 一位作足了老師的老師

黃　剛

在拙著《文獻研析：中華民國／臺灣與美國間關係運作之建制 1979–1999》一書付梓之前，❶我寫下了「謹以此書 敬呈三十年來誨我不停的丘宏達老師」；三十年來，我之喜歡稱出身哈佛的丘宏達博士為「老師」，而非「教授」；是因為我覺得「教授」總還有點「職級」或「名器」的味道，不如叫「老師」，可把心底深處的感佩與親摯表達出來。

民國五十九年（1970 年），我考進臺大政治研究所，為了承繼大學時修讀國際關係的意願與便利，在研一時就順理成章地選了丘老師開的「中國國際法問題研究」及「聯合國法」，同時為了早些畢業幫助家計，也試著張羅碩士論文的寫作方向，為此曾向丘老師請益；記得丘老師很愷切而坦率地說：「可以寫跟國際法有關的題目，但必須對與中國之相關者多作探討，否則就只是作些翻譯而已。」事實上，丘老師這項原則也一直充分表現在他自己的研究與教學上，如在他所編著的《現代國際法》中，幾乎每一章節都有相當篇幅來申論與我國有關之案例與實踐(practice)。❷

我嗣後接受丘老師的建議，並配合海洋法(the Law of the Sea)之

❶ 該書係於中華民國八十九年八月由國立政治大學國際關係研究中心出版。

❷ 該書係由臺北三民書局出版，堪稱中文國際法教科書之經典之作，其最近之版本為中華民國八十九年四月的初版三刷。

正由聯合國研商予以法典化(codify)的趨勢，擬訂以中華民國領海為論文要旨。丘老師雖同意我攀入門牆，可沒一下子就讓我獨自修行；他大概發現我過去書讀得不甚紮實，加以當時要寫篇有關中國朝野對某項國際法問題的政策、見解與實踐是件相當困難的事，所以他對我的「論文指導」，是從最基本的資料收集與判讀開始；丘老師除了指令我應極力遍查清廷及中華民國之政府公報、對外條約及對外交涉事例等外，還安排我到中央研究院近代史研究所去查閱民國十六年前之外交檔案，他也以與國外學者通訊，或赴美公私旅行之便，幫我查核、訂購外國新近出版的相關專書（那時世界上可還沒有可供資訊查詢的網際網路），如聯合國海洋法會議會議紀錄及美國國務院才出版之 *Digest of International Law* 第十冊等。❸試想在三十年前，一個研究生在寫論文時就能查閱政府檔案原件，又可得到國外新近出版的參考專書，是何等的幸運！現在回憶起來，丘老師對指導我碩士論文寫作所付出的心力，就好像是他自已在寫學術論文一樣認真，沒有絲毫的折扣。還有，丘老師要求我到中央圖書館（現為國家圖書館）期刊室查閱早期法政雜誌所載相關時論；因該館並非開架式，借閱手續繁複，且有的文章頗為冗長，摘錄費時，難免以影印為稱便，然卅年前的影印費，如果參照當時的國民所得與物價指數，是相當貴的；丘老師知道費用對一個像我這樣的清貧研究生是項負擔後，也就替我支付了。

丘老師是法學淵博的學者，他對學生為文「論述有據」的操練，極為嚴格，尤其是所引資料之出處，必須依照國際學術界認可的標準，詳加述明，絕對不准馬虎。我在完成碩士論文初稿後，請老師過目，可以感覺到他對論文之文詞、編列及推論，是「不滿意」但可「接受」（到底是碩士論文嘛！），不過，聽說丘老師在論文中隨意

❸ *Digest of International Law* 係由美國國務院助理法律顧問懷特曼(Marjorie M. Whiteman)整輯，其第十冊於一九六八年發行。

挑了幾個註腳，請同學去查是否詳實無誤。「論述有據」的要求後來居然變成我日後寫作——不管寫什麼——的習慣；我離開學校二十年後，一時興起寫了篇掌故文章〈中國駐華府使館館舍及館址之探究〉，竟也情不自禁地附上十八個註釋，❹真是積重難返。

民國六十一年，我寫完論文《中華民國的領海及其相關制度》順利畢業，該論文後由臺灣商務印書館於次年出版，而丘老師也到美國任教；自此之後，丘老師不時捎來短箋告訴我：美國那個圖書館收藏了我的書，那個中國大陸學者引用我書中的資料等。沒有人知道這種激勵性的關切之潛隱期是多久，但我終於在畢業離校後二十一年，以一介非以教學研究為志業的尋常公務員，開始對中美使領關係建制史實這一題目作系列探討，迄屆十年有餘，共編著專書三本，❺札記一冊；❻謹向丘老師報告的是：各書的寫作規格都盡力符合您當年嚴峻的要求。

丘老師是「法學人」，在治學上一向是態度嚴謹，立論精闢，言簡意賅，絕少贅語，有時予人不苟言笑的感覺。其實，丘老師是個很溫厚的「讀書人」，十分照護學生。記得在校時，丘老師常請學生到他家裡吃飯，沒有同學會捨得不去，席間不免談些與畢業論文寫作有關的話題，只是大家顯然對吃大餐比談心得認真得多；在此，鞠躬再謝也是哈佛出身的才女師母謝元元博士；丘老師伉儷很在乎

❹ 參閱該文載之於黄剛（本篇作者），頭一位大人　伯理璽天德　總統，臺北：培根文化事業股份有限公司，中華民國八十七年四月出版，頁九至一八。

❺ 即(1)文獻研析：中華民國／臺灣與美國間關係運作之建制 1979–1999，其出版者及出版年月，參見❶；(2)中美使領關係建制史 1786–1994，臺北：臺灣商務印書館，一九九五年十二月出版及(3)中美互駐使領館處歷任主管名銜錄 1786–1997，臺北：培根文化事業股份有限公司，中華民國八十八年七月增修出版。

❻ 即頭一位大人　伯理璽天德　總統，其出版者及出版年月，參見❹。

學生的「群育」，他們還與政大的施老師、李老師及關老師等為學生舉辦畢業舞會，但又怕我們這群書呆子壞了「舞」林規矩，事前還諄諄告誡：在一支舞曲中最多只能向舞伴很婉約地問三個私人問題；那時能夠和出身名校的年輕學者一塊參加舞會，感覺真的很「常春藤」。❼

丘老師是位作足老師的老師，我的第一份工作就是丘老師薦介的；他也不時垂詢學生們家中老小各人的平安，當然也會問大家對國際法研究——不管學術性的、或像我這樣散兵游勇式的業餘——有些什麼專業心得或實務經驗。

總之，作丘宏達老師的學生，是享受！

❼ 係指美國新英格蘭區和東部之哈佛大學、耶魯大學、普林斯頓大學、哥倫比亞大學、賓夕法尼亞大學、康乃爾大學、布朗大學及達茅斯學院等校所組成的校際運動聯盟，因各校歷史悠久，常春藤早已攀滿各校古舊校舍，故此運動聯盟又稱「常春藤聯盟」；而今「常春藤盟校」以卓越之校風與學術成就著稱於世。

進退雍容繼古風

劉振強

認識丘宏達先生，已經是四十幾年前的事了。那時三民書局創辦沒有多久，只在衡陽路有爿小小的店面。臺大法律系的彭明敏教授告訴我，他有一位國際法的學生，非常的優秀，還在唸大學的時候，已經發表許多國際法的論文，寫得很好。透過彭教授的介紹，我才有機緣認識丘宏達先生。後來這些文章整理成《條約新論》，在宏達先生畢業服役期間出版，由三民書局代為經銷。當時丘先生雖然年輕，但這部書已經是研究條約法的重要專業書籍了。

由於我比宏達先生不過癡長三歲，年紀相若，沒有什麼隔閡，所以認識這麼多年來，一直保持相當和諧的關係。宏達先生的尊翁丘漢平先生是立法委員，也是位法學家，所以宏達先生可謂家學淵源，克紹箕裘。當時他府上就在今天和平西路和重慶南路的交叉口，我曾經拜訪過許多次，因而常有機會見到他的家人。宏達先生的母親一看就知道受過很好的教育，言語舉止之間，都是名門大家的風範。宏達先生有今日的成就，家庭教育的成功，顯然影響很大。

宏達先生年輕的時候就非常聰穎好學。當年經濟條件不好，出國非常不容易，最好的機會是參加教育部的公費留學考試。宏達先生也參加了，不過他同時也申請到國外的獎學金，所以考試結果還沒公布，他已經先啟程赴美。結果那一年的公費留考，他不僅金榜題名，而且還是狀元，榜單公布的時候，他人已在船上。我從報上看到這個消息，心裡也為能認識這麼一位傑出的朋友覺得驕傲，深感與有榮焉。

不過進一步認識到宏達先生做事的認真不苟，還是因為出版《現代國際法》的緣故。民國五十九年，他在哈佛的研究工作告一段落，回到政大法律系任教。那時臺灣坊間並沒有適當的國際法教材，所以我們也請他撰寫一部《現代國際法》。由於國際法範圍很廣，內容變動又大，一人撰寫不易周全，所以他另外約了幾位學者合著，自己承擔主編的工作。編輯過程中，他不僅照顧到繁重的體例整合，對於版式須符合國際水準，更一絲不苟，認真要求。當然公司也樂於配合。民國六十二年的時候，《現代國際法》的初版，就是在這個情況下完成的。

《現代國際法》出版十年後，由於世局變動發展極快，我們希望宏達先生撥冗再作增訂的工作。那時候的情況又已經和民國六十二年不同。當初共同撰寫的幾位先生，有的由於事務繁忙，不能參與；也有的因為早一步赴大陸，與對岸有所往來，犯了當時的政治禁忌，也無法參加這個工作。多人合著的構想不易實現，所以後來宏達先生決定一力承擔，由他一個人來完成。當時他負責編輯中英文版的《中國國際法及事務年報》的工作，又在馬里蘭大學法律學院任教，中間也一度出任行政院政務委員，千頭萬緒，自然不能如預期來完成改版的工作。宏達先生是求好心切的人，不肯應付了事，所以《現代國際法》的增訂，比初版的撰寫更加困難，耗費的時間也長了許多。尤其他為了在國際法的闡述中，舉中國的實例來分析，下了很多的工夫。新版《現代國際法》的問世，已是民國八十四年，距離初版，已逾二十年。著述事業之難，於此可以想見。丘先生在改版過程所堅持的嚴謹紮實的態度，也是我們所佩服的。這項工作能夠完成，身為出版業者，我們也要格外感謝丘夫人謝元元女士。謝女士是很有成就的科學家，在美國食品藥物管理署任新藥化學處主任。他們夫妻倆鶼鰈情深，宏達先生也說，如果不是太太的鼓勵支持，在這麼艱鉅繁忙的工作環境下，或許這部著作早已半途而廢了。

宏達先生的專長是國際法，曾擔任國際法學會會長，他在學術上的成就，早有定論。在國家對外處境困難的時候，這門學問不是安樂椅上的閒談機鋒，而是外交戰場上折衝縱橫的武器。丘先生長久以來就是政府外交事務的智囊，在中美斷交時，他善用學問上的長才，為國家爭回不少利權，這也是人盡皆知的事。不過我最敬佩他的，還在於他出處進退之間，保留了傳統讀書人的風骨。當初接受連內閣延攬，擔任政務委員，參與兩岸會談的規劃，以及後來同意出任國統會委員和無任所大使，都是基於使命感和政治信念。一旦高層政策更迭，和他原先的主張不符，他就蕭然引退，毫無眷顧戀棧，真可說是國士之風。本來兩岸關係應當如何發展，還有待民意共識的凝聚，孰是孰非，無法一言而定，這本是見仁見智的問題，但肯堅守理念，捫心無愧，這樣的風骨，已經足為典範了。龔自珍辛亥雜詩有云：「進退雍容史上難」，其實有這樣風格的讀書人，為數不少，宏達先生就是個榜樣。今年欣逢宏達先生六十五歲壽辰，學者朋友發起，為他集文祝壽，並要我這個外行人寫點文字，忝附驥末。我想與丘先生相識近半個世紀，瑣語細聞，未足為方家寓目，謹雜錄二三感想，留下一點紀錄，並藉此耑頌仁者嵩壽，聊表敬意。

第二部分

學術論文

基因工程所引發之若干國際法問題

王志文 *

* 作者為英國愛丁堡大學法學博士，文化大學法律系教授。

基因工程所引發之若干國際法問題

壹、生物基因工程與生物多樣性公約

大自然乃各種生物孕育及成長的空間，而多樣性(diversity)則是生物世界的重要本質與特徵。在宇宙自然定律的運轉下，多樣性的生物又能共生共榮、相互依存，並奇妙地維持生態系統的平衡，使得宇宙自然得以生生不息，永續發展。生物多樣性的正常存在，實具有無與倫比的價值與意義；反之，生物多樣性之破壞與耗損，將導致自然資源流失與物種之滅絕，而嚴重威脅生態系之完整。由於種種經濟、社會、政治等因素之影響，自然界中的生物多樣性正逐步遭到破壞，而越來越多的植物與動物因此瀕臨絕種。

目前在臺灣，生物多樣性的維護觀念已日漸受到重視，學者專家與社會菁英也多方強調此一觀念之重要性❶。而在另一方面，科

---

❶ 例如中央研究院院長李遠哲於二〇〇〇年六月二十四日在總統府國父紀念月會專題報告中，即指出目前地球上的生物正以很快的速度消失著，維護生物多樣性乃一迫切之任務，而生物多樣性的保護，不但是人類永續發展所不能忽略，也將是未來生物技術產業發展之指標；臺灣面積雖小，但由於特殊的地理、地質及氣候條件蘊育出豐富之生物相，估計有十五萬至二十萬種動植物活躍在島上，其中有四分之一是世界僅有的；臺灣島上的物種可以與整個歐洲相比擬，但我們應下定決心，好好保護臺灣生物的多樣性。見「李遠哲在總統府國父紀念月會專題報告」，中央社臺北二〇〇〇年六月二十六日電。

技之發展對生物多樣性可能造成之衝擊與影響，也已成為全人類亟需共同面對之嚴肅課題。

近年來，生物技術(biotechnology)❷之發展甚為快速，且無疑將成為二十一世紀的尖端科技之一。生物技術之領域十分廣泛，而其中所包括之基因工程(genetic engineering)，更直接攸關遺傳物質之改造與操控。由於多樣性的生物資源（例如遺傳資源），往往是開發生物技術所必需的原料，因此生物多樣性乃生物技術發展之前提。生物的多樣性一旦從宇宙中消失，則人類將失去賴以生存的自然環境，生物技術更何來存在與發展的空間，此外，生物技術如運用不當，則可能對生物多樣性造成破壞。因此倘不能有效而合理地規範生物科技，則生物多樣性將無法獲得維護。不容否認的，生物科技有助於人類探求奧秘的生命現象，但人類的科技再進步，也只能發明(invent)與發現(discover)，而不能創造(create)；創造來自於神（造物者），而創造論亦能為生物多樣性提供一合理而適切之解釋❸。在

❷ 或生物科技。英文 biotechnology 一詞，乃由 bio 以及 technology 結合而成；而位在美國華府的生物技術工業組織(Biotechnology Industry Organization)將 biotechnology 一詞加以拆解後，為此一名詞概念提出一簡單明瞭之定義，即「利用生物上的處理方法以解決問題或製造有用之產品」(the use of biological processes and to solve problems or make useful products), (last visited December 22, 2000) http://www.bio.org/aboutbio/guide2000/whatis.html。

❸ 舊約聖經創世紀第一章第十一、十二以及二十至二十五節：神說：「地要發生青草和結種子的菜蔬，並結果子的樹木，各從其類，果子都包著核。」事就這樣成了。於是地發生了青草和結種子的菜蔬，各從其類；並結果子的樹木，各從其類，果子都包著核。神看著是好的。……神說：「水要多多滋生有生命的物，要有雀鳥飛在地面以上，天空之中。」神就造出大魚和水中所滋生各樣有生命的動物，各從其類；又造出各樣飛鳥，各從其類。神看著是好的。神就賜福給這一切，說「滋生繁多，充滿海中的水；雀鳥也要多生在地上。」有晚上，有早晨，是第五

邁入千禧新世紀的今天，科學家雖已能在生物科技的領域中力求突破，但在此同時，人類是否也有足夠能力掌控此種科技所可能帶來的種種衝擊與後果？一旦生物科技——特別是基因技術——帶來不可預料的災難，人類應如何因應？科技豈是萬能？

基因工程涉及基因重組（或基因改造、基因轉殖）之技術，而隨著基因工程之快速發展，當今全世界已進入所謂「後基因時代」。一般認為，將基因重組技術應用於農業，可以有效增加農作物之產量，從而有助於解決全球之糧食供應問題❹。但此種技術對生物多樣性可能帶來之負面影響，則更值得重視與關切。農業專家指出，基因轉殖作物之種子於未來進行商業化栽種時，全球作物品種單純化之速度將更加快速，基因轉殖作物之強勢競爭力也會嚴重威脅其他作物之生長，又基因轉殖作物也可能藉花粉將新的基因傳給地方種或野生種，而上述種種現象均將影響「遺傳資源」之多樣性，使得傳統作物育種學家及遺傳工程學家所仰賴之種源材料無以為繼❺。由此可知，如何適當規範基因工程，遂成為維護生物多樣性

日。神說：「地要生出活物來，各從其類；牲畜、昆蟲、野獸，各從其類。」事就這樣成了。於是神造出野獸，各從其類；牲畜，各從其類；地上一切昆蟲，各從其類。神看著是好的。

❹ 聯合國糧農組織（Food and Agriculture Organization；簡稱 FAO）即支持此一看法，但同時也對生物技術所可能產生之危害提出看法，並籲請國際社會審慎加以因應。見 FAO Stresses Potential of Biotechnology But Calls for Caution, Press Release 00/17, (last visited December 21, 2000) http://www.fao.org/WAICENT/OIS/PRESS-NE/PRESSENG/2000/pren0017.htm。

❺ 參蘇遠志，「國際基因轉殖產品相關法規之發展趨勢」，二〇〇〇年六月十六日國科會生命科學研究推動中心、中國農業化學會、國立臺灣大學農業化學系、行政院農業委員會、行政院衛生署主辦，「基因轉殖生物相關議題研討會」論文集，頁一〇。

的一項重要課題。必須指出的是，基因重組技術乃人類後天科技發展之結果，與傳統之育種概念截然不同。作物以基因重組技術進行育種與傳統之交配育種，兩者間之一大差異，即傳統交配育種之基因來源僅限於同一物種間，但利用基因重組技術導入作物之基因則並無物種界線，也因此可能成為社會大眾對基因轉殖產品之安全性多所疑慮的一項重要因素❻。最近一個跨國科學家小組宣佈，破解阿拉伯芥（一種開花植物）的遺傳基因密碼，有可能為另一場綠色革命鋪路，但生態專家則擔心會因此帶來一場環境浩劫❼。關於基因改造技術的安全性問題，各方說法不一，而截至目前為止，似乎尚無絕對的科學定論❽。為確保此種技術之安全性，聯合國環境署

❻ 蘇遠志，前揭文，頁一三。學者也指出，基因轉殖技術如運用不當，將會破壞生態之結構與穩定性，從而基因科技可說是一種新興的「環境生態危險源」，見蔡宗珍，「基因科技法的規範架構初論」，發表於二○○○年三月十二日「基因科技之法律管制體系與社會衝擊研究研討會」之論文，頁二；該研討會之論文可從臺灣大學法律系生物醫學法律研究室之網站 http://biolaw.law.ntu.edu.tw 下載。

❼ 阿拉伯芥又名擬南芥，是包心菜的遠親。發現了阿拉伯芥遺傳基因的運作方式後，就可進一步了解維持人類和動物生命的各種植物，如牧草、黃豆、玉米，水果等，從而提高農作物的產量，使農作物有抗病蟲害及抵抗旱澇的功能，養活地球上的六十億人口；但生態專家則擔心，經過基因改造的農作物花粉可能傳到別的植物上，使天然動植物發生根本的改變，甚至產生可以抵抗除草劑的「超級野草」。見聯合報二○○○年十二月十四日第十一版引法新社巴黎十二月十三日電。

❽ 例如科學家關切聯盟(Union of Concerned Scientists)即明確指出，基因改造產品對於人體健康與環境均具有潛在之危害性，見 Union of Concerned Scientists, Risks of Genetic Engineering, (last visited December 21, 2000) http://www.ucsusa.org./agriculture/gen.risks.html；而一項由英國衛生部(Department of Health)所做的一項研究則認為，從科學觀點而言此一問題尚不能遽下定論， 參 Professor Liam Donaldson and Sir Robert May, Health Implications of Genetically Modified Foods, Department of

(United Nations Environment Programme，簡稱 UNEP) 曾建立一套生物技術安全性國際技術指導原則(International Technical Guidelines for Safety in Biotechnology)❾。聯合國糧農組織(Food and Agriculture Organization；簡稱 FAO) 也曾提出一套與基因資源有關之生物技術行為準則❿。而在過去數年中，我國有關部門也已完成若干相關規範之訂定或草擬，⓫並將「基因改造技術」定義為「使用基因工程或分子生物技術，將遺傳物質轉移（或轉殖）人活細胞或生物體，產生基因改造現象之相關技術；但不包括傳統育種、細胞及原生物體融合、雜交、誘變、體外受精、體細胞變異及染色體倍增等技術」⓬。基因工程所涉及的種種法律問題，已經形成一新興的法律領域，且需將科技與法律加以高度結合。而基因技術的法律規範，也已成為「科技法學」中的一項重要課題⓭。

Health, May 1999, (last visited December 21, 2000) www.doh.gov.uk/gm-food.htm；還有一說則認為此種產品對人體無害，但卻會對環境造成危害，參 Frank Loy, "Genetically Modified Organisms: Colloquium Article Statement on Biotechnology: A Discussion of Four Important Issues in the Biotechnology Debate," (2000) 8 New York University School of Law Environmental Law Journal 605, 606。

❾ 內容見http://www.unep.org/unep/program/natres/biodiv/irb/unepgds.htm。

❿ FAO, Code of Conduct on Biotechnology as it relates to Genetic Resources for Food and Agriculture, (last visited December 19, 2000) http://www.fao.org/ag/cgrfa/biocode.htm.

⓫ 例如行政院農業委員會八十七年五月農糧字第八七〇二〇二七號函所公告之「基因轉移植物田間試驗管理規範」、同年六月農牧字第八七〇五〇三二八號函所公告之「基因轉殖動物田間試驗管理規範」，以及行政院衛生署八十七年六月完成之「基因改良食品之安全性評估辦法(草案)」及「基因改良食品管理辦法（草案)」等。

⓬ 見前註「基因改良食品之安全性評估辦法（草案)」中對相關名詞所下之定義。

有鑒於生物多樣性及生態保育問題之重要性，國際社會遂於二十世紀八十年代起陸續採取一系列的行動，以期建立相關的國際性規範。一九八七年 UNEP 宣佈成立生物多樣性專家工作小組(Ad Hoc Working Group of Experts on Biological Diversity)，就相關問題進行研議，而在 UNEP 及相關國際組織之推動下，制定一國際公約以維護生物之多樣性，亦逐漸在國際間形成共識。一九八九年十二月，聯合國大會通過第 44/228 號決議，責成 UNEP 就維護生物多樣性公約之制定進行準備工作，一九九一年 UNEP 將上述專家工作小組易名並改組為生物多樣性公約政府間協商委員會(Intergovernmental Negotiating Committee for a Convention on Biological Diversity)，而展開了一連串公約內容的相關協商與談判。一九九二年五月生物多樣性公約(Convention on Biological Diversity)制定完成，於同年六月在聯合國環境與發展會議(United Nations Conference on Environment and Development)中開放供各國簽署⑭，而該公約已於一九九三年十二月二十九日正式生效。

在上述聯合國環境與發展會議⑮中，與會各國亦通過了二十一

⑬ 參見趙震江主編，科技法學，北京大學出版社（一九九一年八月第一版），頁四〇二至四〇九。關於生物科技之法律管制問題，另見顏厥安，「生命科技之倫理、法律與社會意涵問題簡介」，生物科技與法律研究通訊第二期（一九九九年四月），頁七至八。

⑭ Convention on Biological Diversity, U.N. Conference on Environment and Development, June 5, 1992, U.N. Doc. UNEP/Bio.Div/N7–INC.S/4, reprinted in 31 International Legal Materials 818。我國中央民代曾指出，許多政府單位仍將生物多樣性公約之議題定位為保育問題，而忽略它對經貿及生物科技之影響，見一九九九年四月十六日立法院永續發展促進會主辦之「如何因應生物多樣性公約公聽會」紀錄；http://twstudy.sinica.edu.tw/～ngo/news/BDR.htm。

⑮ 又稱地球高峰會(The Earth Summit)。

世紀議程(Agenda 21)[16]，該議程第十六章(Chapter 16)特別提及生物科技對未來農業、環境之影響，並呼籲國際社會在發展及應用生物科技時應採取維護生態環境之方式。

生物多樣性公約所涵蓋之範圍及內容十分廣泛，而生物技術之處理及生物安全等相關問題，在該公約中亦設有若干原則性之規定。首先，生物多樣性公約中所指之「生物技術」，係指「使用生物系統、生物體或其衍生物之任何技術應用，以製作或改變產品或過程以供特定用途」[17]。

基因重組對於遺傳資源以及生物多樣性之可能影響已如上述，而一旦將生物技術應用於基因工程，實不能不加以有效管制。根據生物多樣性公約第八條(g)款，每一締約國應儘可能並酌情「制定或採取辦法以酌情管制、管理或控制由生物技術改變的活生物體再使用及釋放時可能產生之危險，即可能對環境產生不利影響，從而影響到生物多樣性的保護與持久使用，同時也要考慮到對人類健康的危險」。而上述之規定，足以顯示基因工程與基因轉殖產品確實可能對生態環境或生物多樣性產生潛在不利影響，而此一認知也已在國際社會逐漸形成重要的共識。為進一步具體規範上述生物技術之處理及生物安全等問題，該公約第十九條三項遂規定：「締約國應考慮是否需要一項議定書，規定適當程序，特別包括事先知情協議，適用於可能對生物多樣性的保護和持久使用產生不利影響的由生物技術改變的任何活生物體的安全轉讓、處理和使用，並考慮該議定書的形式」。而一項以生物安全作為規範內容之國際協議（議定書），

[16] Report of the U.N. Conference on Environment and Development, Agenda 21, U.N. Doc. A/CONF.151/21 (1992).

[17] "any technological application that uses biological systems, living organisms, or derivatives thereof, to make or modify products or processes for specific use."

亦在國際社會之推動下於焉產生。

貳、生物安全議定書對生物技術之管制與規範

為有效落實生物多樣性公約，該公約特設有締約國會議(Conference of the Parties)⓲，而締約國會議設立的功能之一，即在審議並通過相關之議定書⓳。為有效管制基因轉殖產品之轉讓及使用等問題，生物多樣性公約第二次締約國會議於一九九五年十一月十七日做出第 II/5 號決定⓴，正式成立生物安全不限成員專案工作小組(Open-ended Ad Hoc Working Group on Biosafety)，以著手擬定一項生物安全議定書草案，該專案工作小組於歷經六次會議後，終於完成該議定書之起草。此一議定書原本預定在一九九九年二月於哥倫比亞的卡塔赫納(Cartagena)所舉行的締約國會議第一次特別會議(first extraordinary meeting)中獲得通過，但會中並未達成必要之共識，僅決定將此一議定書定名為卡塔赫納生物安全議定書(Cartagena Protocol on Biosafety)。上述第一次特別會議於二〇〇〇年二月二十四日在加拿大蒙特婁復會，而在各方關切下終於在二月二十九日制定通過此一生物安全議定書㉑。

在生物安全議定書的協商草擬過程中，一直存在著兩大集團的

⓲ 生物多樣性公約第二十三條一項。

⓳ 該公約第二十三條四項(c)款。

⓴ 見 Report of the Second Meeting of the Conference of the Parties to the Convention on Biological Diversity at 47–48, U.N. Doc. UNEP/CBD/COP/2/19 (1995)。

㉑ Cartagena Protocol on Biological Diversity to the Convention on Biological Convention, (last visited July 5, 2000) http://www.biodiv.org/biosafe/BIOSAFETY-PROTOCOL.htm.

對立與折衝。此兩大集團一為所謂「邁阿密集團」，包括美國、加拿大、澳洲、烏拉圭、阿根廷、智利等六個穀物生產國家，而另一集團則是以歐洲聯盟成員國與開發中國家為主。前者以自由貿易作為主要論據，不願見到基因轉殖產品之貿易活動受到限制或阻礙，後者則著眼於生態環境及消費者之健康與安全，而主張對此類產品採取嚴格管制措施。

生物安全議定書之制定，是繼生物多樣性公約之後的一項重要而相關的國際立法活動，也是多樣性公約第十九條三項的具體落實，期能藉此防止或減少生物技術（基因工程）及基因產品對生物多樣性可能造成之危害。而論者也指出，達成此一協議所代表的負責態度與前瞻意義，實彌足珍視㉒。

顧名思義，生物安全議定書係以「生物安全」作為規範之重點，然則「生物安全」之意義與範圍究竟為何？倘細究之，此所謂「生物安全」實有其特定之意涵。前述生物多樣性公約第十九條三項，雖明文促請該公約之締約國共同制定一項相關之議定書，以落實該公約所揭櫫之部分內容與原則，但上述條文並未就此一議定書之具體名稱提出明確之建議。如前所述，該條文係規定該議定書應適用於可能對生物多樣性的保護與持久使用產生不利影響的「由生物技術改變的任何活生物體的安全轉讓、處理與使用」㉓，由此可知，生物安全議定書所稱之「生物安全」，係指特定生物體的「安全」轉讓、處理與使用，且與現代生物技術之發展與應用息息相關。

㉒ 論者以為，相對於過去數世紀以來，人類因科技發展而產生人定勝天的自大與自信，此次面對基因工程生物科技突破發展，能採取審慎的態度，無疑是值得肯定的做法。見「以負責前瞻態度回應國際生物安全議定書」，工商時報二〇〇〇年二月二日社論。

㉓ "the safe transfer, handling and use of any living modified organism resulting from biotechnology".

前述生物多樣性公約使用「生物技術」一詞，但生物安全議定書則改用「現代生物技術」(modern biological technology)，似有意強調並側重遺傳工程之應用㉔。又根據該議定書，所謂「改性活生物體」(living modified organism；簡稱 LMO)，乃指任何具有憑藉現代生物技術獲得的遺傳材料新異組合的活生物體㉕。而在許多相關論著及討論中，亦常見以「基因轉殖生物」(genetically modified organism；簡稱 GMO) 來替代「改性活生物體」之情形。論者也指出，上述 LMO 與 GMO 兩種名詞用語常係交替使用㉖。而根據我國行政院衛生署之說法，生物安全議定書所稱之 LMO，與 GMO 乃屬同義㉗。

生物安全議定書第四條規定：本議定書應適用於可能對生物多樣性的保護與可持續利用產生不利影響的「所有」改性活生物體的越境轉移、過境、處理及使用，同時亦顧及對人類健康構成的風險。此一條文雖涵蓋「所有」相關之改性活生物體，但細究之，該條文

㉔ 依生物安全議定書第三條(i)款，「現代生物技術」乃指下列技術之應用：
a.試管核酸技術，包括重新組合的脫氧核糖核酸(DNA)以及將核酸直接注入細胞或細胞器，或
b.超過生物分類學科之細胞融合，
此類技術可克服自然生理繁殖或重新組合障礙，且並非傳統育種及選種中所使用之技術。

㉕ "any living organism that possesses a novel combination of genetic material obtained through the use of modern biotechnology".

㉖ Michael Baram, Calestous Juma, Sheldon Krimsky, and Rufus C. King, " Symposium: Transgenic Agriculture: Biosafety and International Trade," (1997) 4 Boston University Journal of Science and Technology Law 4, note 9.

㉗ 參行政院衛生署於二○○○年十一月七日所提出之「基因改造食品之管理」(書面報告)，頁一；見該署之食品衛生資訊網 http://food.doh.gov.tw/gmo/report.htm。

乃一原則性之規定，事實上仍不乏例外之情形，進一步言之，該議定書係就不同性質及用途之 LMOs 提出不同之規範方式。首先，該議定書並不適用於由其他有關國際協定或組織予以處理的、用供人類使用的「藥物」(pharmaceuticals)的改性活生物體的越境轉移㉘。由於此一排除規定，此類 LMOs 之越境轉移目前在國際法上尚無特別之限制。

生物安全議定書所稱之「越境轉移」(transboundary movement)，乃指從一締約方向另一締約方轉移改性活生物體，但就議定書第十七條（無意中造成的越境轉移）與第二十四條（有關非締約方之規定）之目的而言，越境轉移所涉範圍應予擴大至締約方與非締約方之間的轉移㉙。而議定書中有關越境轉移之規定，亦往往直接攸關跨國性之貿易活動。

為有效管制特定 LMOs 之越境轉移，生物安全議定書特別設計了一種所謂的「提前知情同意程序」(advance informed agreement procedure；簡稱 AIA）㉚，要求 LMOs 之出口締約方在特定情形下將議定書中所規定之資料通知進口締約方之國家主管部門，而進口締約方亦應依一定程序就出口締約方之通知做出適當之回應。但值得注意的，此種提前知情同意程序並非適用於所有 LMOs 之越境轉移，亦即此種程序之適用有其侷限性。析言之，此種程序僅適用於出口締約方「有意向進口締約方的環境中引入改性活生物體」的「首次越境轉移」之前㉛。因此就 LMOs 之種類而言，僅有「有意向環

㉘ 生物安全議定書第五條後段。

㉙ 該議定書第三條(k)款。

㉚ 聯合國官方中文本將此處「程序」(procedure)一詞譯為「程式」。

㉛ 參該議定書第七條一項及八條一項。但縱使屬於「向環境中引入」之 LMOs，如果不太可能對生物多樣性之保護與可持續利用產生不利影響之 LMOs，亦毋需適用上述程序；見該議定書第七條四項。

境中引入」(intentional introduction into the environment)之 LMOs 始適用上述程序，且僅在此種 LMOs 之「首次越境轉移」前始有適用。具體而言，「有意向環境中引入」之 LMOs，係指透過空氣、水、土壤等媒介物而與環境接觸之 LMOs，例如經過基因改性（轉殖）之種子、植物種苗、動物等。

值得另加注意的，該議定書中有關提前知情同意程序之規定，原則上並不適用於「過境」(in transit)的改性活生物體㉜，亦不適用於「封閉使用」(contained use)的改性活生物體㉝。此外，上述提前知情同意程序並不適用於「直接用作食物或飼料或用於加工」（for direct use as food or feed, or for processing；簡稱 FFP）之改性活生物體，但此種特定之改性活生物體在首次越境時，應適用議定書第十一條之特定處理程序㉞，蓋因此種改性活生物體係直接攸關消費大眾之利益。以下再就適用於「有意向環境中引入」之改性活生物體之提前知情同意程序，以及適用於 FFP 改性活生物體之特定程序再分別加以分析說明。

依據該議定書，凡向進口締約方的環境中引入改性活生物體者，

㉜ 該議定書第六條一項。

㉝ 參該議定書第六條二項。至於「封閉使用」一詞，在此乃指「在一設施、裝置或其他有形結構中進行之涉及改性活生物體的任何操作，且因對所涉改性活生物體採取了特定控制措施而有效地限制了其外部環境之接觸及其對外部環境所產生之影響」；參該議定書第三條(b)款。而根據此一定義，在相關之實驗室、研究室等有形結構中進行之有關改性活生物體之操作，均屬所謂「封閉使用」。

㉞ 參該議定書第七條三項。又該提前通知同意程序不適用於 FFP 改性活生物體，實係兩大集團相互妥協之結果，相關討論見 Rafe Pomerance, "Genetically Modified Organisms: Colloquium Article the Biosafety Protocol: Cartagena and Beyond," (2000) 8 New York University School of Law Environmental Law Journal 614, 616–620。

在首次越境轉移之前應適用該議定書第八、九、十以及十二條所規定之提前知情同意程序。出口締約方在適用此一提前知情同意程序而通知進口締約方時，其通知中至少應列有該議定書附件一所列明之資料㉟。此種資料包括：改性活生物體之名稱與標識，與生物安全相關之受體生物體(recipient organism)或親本生物體(parental organism)之生物分類狀況、通用名稱、收集點或獲取點及其特性，與生物安全相關之供體生物體(donor organism)之生物分類狀況、通用名稱、收集點或獲取點及其特性等㊱。而進口締約方於收到通知後，可以有條件或無條件地核准進口(approving the import, with or without conditions)，但也可以禁止進口(prohibiting the import)㊲。依照議定書第十五條二項，進口締約方應先進行風險評估(risk assessment)㊳以做出進口與否之相關決定。但值得特別注意的，根據該議定書第十條六項，即使「由於改性活生物體對進口締約方的生物多樣性的保護和可持續使用所產生的潛在不利影響的程度方面未掌握充分的相關科學資料和知識，因而缺乏科學定論」㊴，亦不妨礙進

㉟ 見該議定書第八條一項後段。

㊱ 詳見該議定書附件一(Annex I)。又此類資料部分係參考前述 UNEP 之「生物技術安全性國際技術指導原則」，詳參前❾。

㊲ 見該議定書第十條三項。但除非無條件核准進口，否則根據該項規定所作之決定列出理由，見同條四項。

㊳ 依照本議定書所進行之風險評估應按附件三之規定並已在科學上合理之方式做出，同時應考慮採用已獲公認之風險評估技術，見該議定書第十五條一項。相關討論另見鍾芳樺，「基因科技的風險問題：法律對基因科技的風險觀察與調控」，發表於前❻研討會論文。

㊴ "Lack of scientific certainty due to insufficient relevant scientific information and knowledge regarding the extent of the potential adverse effects of a living modified organism on the conservation and sustainable use of biological diversity in the Party of import..."

口締約方就該改性活生物體之進口問題作出決定[40]。換言之，該議定書就改性活生物體之進口與否問題，賦予進口締約方相當程度之裁量權。但正因如此，也立即引發該規定與相關國際貿易協定之間的潛在衝突與對立問題，詳見本文第參部分之分析說明。

如上所述，FFP 之改性活生物體雖已被排除於提前知情同意程序之適用範圍以外，但議定書第十一條對於其越境轉移另設有一套特殊的管制程序，包括應將 FFP 改性活生物體越境轉移之相關決定於一定期間內經由生物安全資料交換所(Biosafety Clearing-House)[41]通報各締約方，而此種通知至少需列有該議定書附件二(Annex II)所規定之資訊。締約方可根據符合本議定書目標之國內規章條例，就 FFP 改性活生物體之進口做出決定。而開發中國家締約方(a developing country Party)或經濟轉型國家締約方(a Party with an economy in transition)如未訂有上述國內規章條例，亦可根據前述第十五條進行的風險評估在不超過二百七十天的時間範圍內做出進口與否之決定。兩相對照，適用於 FFP 改性活生物體越境轉移之管制程序與前述提前知情同意程序兩者之間，實互有相同及相異之處，而其中主要相異點之一，即在 FFP 程序下締約方可根據其「國內規章條例」(its domestic regulatory framework)就進口與否做出決定，從而使得該議定書在實際適用時，將與締約方之國內法發生特殊的牽連關係，而締約方相關國內法制之健全與否，對於締約方利益之維護亦具有重要之影響。就相同之處而言，根據該議定書第十一條八項，即使由於改性活生物體對進口締約方生物多樣性之保護與可持

---

[40] 該議定書針對 FFP 改性活生物體越境轉移所特別設計之程序中，亦包含類似之規定。

[41] 生物安全資料交換所建立之主要目的，在便於交流有關改性活生物體的科學、技術、環境與法律等方面之資訊與經驗，並協助締約方履行本締約書。見該議定書第二十條一項。

續使用產生之潛在不利影響的程度方面未掌握充分的相關科學資料與知識，因而缺乏科學定論，亦不妨礙進口締約方就 FFP 改性活生物體之進口作出決定。此一規定，與前述議定書第十條六項之規定實具有同樣之爭議性，詳見下述。

在 LMO 產品的管制與規範方面，另有一項不容忽視的問題，即此類產品之標示(labeling)問題。此類產品是否應加以標示，對於消費者與製造者而言都具有重大的影響㊷。進入消費市場的基因轉殖產品如果未經清楚標示，勢將剝奪消費者之選擇權以及被告知權，而在此種產品是否具有危害性之爭議尚無明確定論之情形下，消費者有權被告知特定之產品是否具有基因改造之成分。若干消費者可能因某種原因而不願購買基因轉殖產品，例如個人體質或堅持環保主張，此時如不將此種產品加以標示，將無法善盡保護消費者之義務。另一面，在消費大眾對於基因轉殖產品的安全性疑慮未消除前，此類產品之標示自然較不符合製造商之利益，因為此種標示可能會使若干消費者望而卻步，在選購相關產品時猶豫再三。由此可知基因轉殖產品的是否標示對於製造商而言將造成重大之衝擊，一旦標示往往可能對此種產品的銷售產生相對負面之影響。正因如此，對於反對或抵制基因產品的團體或個人而言，此種產品的強制性標示

㊷ 相關討論見周桂田，「基因改造產品應強制標示」，生物科技與法律研究通訊第四期（一九九九年十月），頁二〇至二二；陳樹功，「基因改良食品之安全性及標示問題」，二〇〇〇年六月十六日國科會生命科學研究推動中心、中國農業化學會、國立臺灣大學農業化學系、行政院農業委員會、行政院衛生署主辦「基因轉殖生物相關議題研討會」論文集，頁一〇六至一一三；何建志，「基因改造農作與食品的法律與政策問題」，生物科技與法律研究通訊第四期（一九九九年十月），頁二四至二五； 另見 Karen A. Goldman, "Labeling of Genetically Modified Foods: Legal and Scientific Issues," (2000) 12 Georgetown International Environmental Law Review 717。

毋寧是一項重要的利器。

就產品標示之方式而言，尚可再分為正面標示(positive labeling)與負面標示(negative labeling)。前者係以肯定性之文字，表明「本產品為基因改造產品」或「本產品含有基因改造成分」；後者則僅就無基因改造成分之產品，以負面性之文字表明「本產品非基因改造產品」，至於含有基因改造成分之產品則不加標示。在消費大眾對於基因改造產品之疑慮未能消除之前，此種標示之方式問題實有其重要之意義。兩相比較，正面標示應更能維護消費者之權益，而就製造此種產品之廠商而言，負面標示之模式自然較符合其銷售利益。

生物安全議定書對於引入環境之LMOs，規定應清楚標示其為「改性活生物體」，對於封閉使用之LMOs亦然[43]。至於作為FFP用途者，由於對消費大眾之影響最為直接而明顯，因此其標示之方式遂成為議定書協商過程中引發兩大集團間相互對立的議題之一。歐盟成員國原主張基因改造產品均應附加警告消費大眾之說明標誌，但在折衝妥協後兩大集團最後同意，每一締約方應採取措施，要求作為FFP用途之基因改造產品應附有單據，明確說明其中「可能含有」(may contain)改性活生物體且無意將其引入環境之中[44]。此種模式非負面性之標示方法，但亦非純粹之正面標示模式，或許可稱之為「不純粹的正面標示」。

論者以為，基因改造產品之標示確實應經由國際協議之方式建立一致性之標準與原則，而不宜由各國分別採取不同之作法，否則將對國際貿易活動造成危害[45]。又如上所述，該議定書中有關標示

[43] 該議定書第十八條二項(b), (c)款。

[44] 見同項(a)款。

[45] Henrique Freire de Oliveira Souza, "Genetically Modified Plants: A Need for International Regulation," (2000) 6 Annual Survey of International & Comparative Law 129, 164.

之規定實含有明顯之妥協性；雖然如此，部分論者仍認為此種標示規定——加上消費者對基因改造產品之疑懼——將使此種產品之市場一蹶不振，並對基因產品工業造成危害與不利㊻。

值得另加注意的，該議定書之規範內容對於非締約方固無國際法上之拘束力，然則該議定書之締約方如與非締約方之間進行LMOs之越境轉移時，又應如何處理？而非締約方是否可完全無視於該議定書之規定？凡此種種，均屬有待探究之實際問題。首先，為使該議定書之規範內容能在實質上達到普遍適用之目的，該議定書第二十四條二項特規定：各締約方應鼓勵(encourage)非締約方遵守本議定書，並向生物安全資料交換所提供改性活生物體在屬其國家管轄地區內釋放(released into)或其出入情況(moved into or out of it)之相關資訊。其次，締約方與非締約方之間所進行之改性活生物體之越境轉移，「應符合本議定書之目標」(shall be consistent with the objective of this Protocol)㊼。再者，各締約方可與非締約方訂立關於此種改性活生物體越境轉移之雙邊(bilateral)、區域性(rcgional)與多邊性(multilateral)之協定及安排㊽。但值得特別注意的，上述協定及安排規定之保護程度「不得低於本議定書所規定之保護程度」(do not result in a lower level of protection than that provided for by the Protocol)㊾。如此一來，非締約方仍不能無視於該議定書之規定。綜上所述，可知就越境轉移之當事國而言，唯有在一種情形下改性活生物體之越境轉移可完全不受該議定書之規範與影響，即改性活生物體

㊻ Cliff D. Weston, "Comment: Chilling of the Corn: Agricultural Biotechnology in the Face of U.S. Patent Law and the Cartagena Protocol," (2000) 4 The Journal of Small and Emerging Business Law 377, 407, 408.

㊼ 該議定書第二十四條一項前段。

㊽ 同項後段。

㊾ 該議定書第十四條一項。

越境轉移之進口一方與出口一方皆非該議定書之締約方。

上述有關涉及非締約方之規定，對於基因改造產品最大出口國的美國而言實具有十分重大之影響[50]。至於我國目前由於並非生物安全議定書之締約方，因此我國如與同屬該議定書之任何非締約方進行 LMOs 之越境轉移時，雖不受該議定書規範內容之拘束，但由於國際社會對於 LMOs 之越境轉移問題已逐漸凝聚重要之共識，我國實不能自外於國際社會而仍應主動因應該議定書中之相關規定。

本議定書制定之主要目的，既在確保 LMOs 的越境轉移不致對生物多樣性之保護及可持續利用產生不利影響；然則一旦 LMOs 之越境轉移造成損害時，究應如何處理相關之賠償責任問題？細觀該議定書之內容，似並未針對此一問題達成具體之協議，而僅形成一項共識，即以四年為期，致力於相關國際規則之擬定[51]。依生物安全議定書之規定，本議定書應自業已成為生物多樣性公約締約方之國家或區域經濟一體化組織交存第五十份批准、接受、核准或加入文書之日後第九十天起生效[52]。

[50] 美國雖曾參與生物多樣性公約之簽定，但美國國會迄今尚未批准該公約，相關討論見 Yann-huei Sung, "The Convention on Biological Diversity: United States Participation, Signature, and Pending Ratification," (1998) 28 EurAmerica 1；而美國在未批准生物多樣性公約之前，亦無法成為生物安全議定書之締約方（參生物安全議定書第三十二條一項）。

[51] 該議定書第二十七條規定:「作為本議定書締約方會議的締約方大會應在第一次會議上發起一個旨在詳細擬定適用於因改性活生物體的越境轉移而造成損害的賠償責任和補救方法的國際規則和程序的進程，同時分析和參照目前在國際法領域內就此類事項開展的工作，並爭取在四年時間內完成這一進程。」

[52] 該議定書第三十七條一項。截至二○○○年十一月二十三日為止，除歐洲共同體(European Community)之外， 有七十九個國家簽署該議定書，但僅有保加利亞及千里達分別批准及加入該公約；(last visited De-

參、基因工程所引起之國際環保與貿易問題

生物安全議定書中對 LMOs 的轉移、處理與標示等所加諸的限制，勢將直接造成貿易面的衝擊，而與貿易自由化的精神有所出入。換言之，此類限制與規範，極易形成種種貿易障礙，進而發生與相關國際貿易協定是否相容或相斥之爭議。從限制 LMOs 進口之觀點言，該生物安全議定書之規範內容與相關國際貿易協定之間似已有明顯的出入或扞格。果係如此，則此兩套規範間自然存在著何者應優先適用之問題。

前述生物多樣性公約第二十二條一項規定：本公約之規定不得影響任何締約國在任何現有國際協定下之權利與義務，除非行使這些權利與義務將嚴重破壞或威脅生物之多樣性。上述之規定似有意顯示生物多樣性公約之規範內容一旦與其他國際協定有所牴觸時，則生物多樣性公約應具有相對之優先性。值得注意的，生物安全議定書既為補充及落實生物多樣性公約所制定之議定書，則該議定書於面對其他國際協定（包括貿易協定）時，是否亦具有相對之優先性？此一問題實有待探究與澄清，而問題之關鍵應在上述公約第二十二條一項之規定是否亦同時適用於生物安全議定書。關於該議定書與生物多樣性公約之關係，在該議定書第三十二條設有一重要規定，即：除非本議定書另有規定，生物多樣性公約中「有關其議定書」(relating to its protocols)之規定應適用於本議定書。如就嚴格之文義解釋，則該公約中非直接關係其議定書之規定（如上述公約第二十二條一項），應無法適用於該生物安全議定書，從而遂不能據此斷定該議定書與其他國際協定間是否存有相對優先性之問題。

在生物安全議定書的前言(Preamble)中，提及締約方「認識到貿

---

cember 18, 2000) http://www.biodiv.org/biosafe/protocol/signlist.asp。

易協定與環境協定應相輔相成，以期實現可持續發展」；足見國際社會在制定此一議定書時，應已意識到國際貿易法與國際環保法之間可能存在的相互牴觸問題。值得注意的，貿易協定與環境協定兩者的相輔相成(mutually supportive)乃一理想與目標，至於能否達成及如何達成似為一難解之課題。其次，上述前言中所謂實現「可持續發展」(sustainable development)，固然是一項國際環境法之概念，但似乎仍不足以澄清該議定書與相關國際貿易協定兩者之相對優先性。其次，前言一面強調「不得將本議定書解釋為締約方根據任何現行國際協定所享有的權利及所承擔的義務有任何改變」[53]，但緊接著又指出「上述陳述無意使本議定書附屬於其他國際協定」[54]。事實上，上述兩段文字本身即含有若干矛盾性，且再度凸顯國際貿易法與國際環保法之間的種種糾葛與複雜的牽連關係。

在國際環保法發展的同時，國際貿易法也在同步持續發展中。國際社會於一九四七年制定通過關稅暨貿易總協定（General Agreement on Tariffs and Trade；簡稱 GATT）[55]，為全球之國際貿易活動建構了現代化的法律秩序，並導引國際貿易朝向低關稅及貿易自由化之方向發展。在 GATT 之架構下，一連串的回合(round)協商次第展開。而烏拉圭回合(Uruguay Round)之協商，更使得國際貿易法之發展邁入新的階段，不僅單一性之貿易爭端解決機制獲得建立，扮演國際經濟重要角色的世界貿易組織(World Trade Organization)亦於焉成立[56]。

[53] "...this Protocol shall not be interpreted as implying a change in the rights and obligations of a Party under any existing international agreements..."

[54] "...the above recital is not intended to subordinate this Protocol to other international agreements..."

[55] General Agreement on Tariffs and Trade, October 30, 1947, 61 Stat. A–11, T.I.A.S. 1700, 55 U.N.T.S. 194.

[56] 見馬爾喀什設立世界貿易組織協定(Marrakesh Agreement Establishing

國際貿易規範攸關全球經濟發展，而國際環保法的主要目的，則在確保環境資源之永續利用。此兩套國際性規範係分別從兩種不同之利益觀點著眼，而如何調和此兩種利益，遂成為當今國際社會亟需面對之課題，而一旦此兩種利益發生衝突或扞格，應如何加以調和？就國際經貿法規之發展而言，貿易自由化乃無可避免之趨勢，但在環保意識日益高漲的今天，經貿活動與規範亦不能不考量環保之因素。另一面，欲有效落實國際環境法所揭櫫之目標，往往需對特定之國際經貿活動採取若干限制性之措施，如此一來，勢必與貿易自由化之原則有所牴觸。就特定之國際經貿活動採取適當的限制性措施，固然有助於環保目標之達成，但此種限制性措施，也容易與若干國家（尤其是產品進口國）之貿易保護策略相結合，導致特定國家假環保之名行貿易保護之實。凡此種種，均使得國際貿易與環保兩種利益之調和問題愈形困難與複雜。

撇開上述生物安全議定書之前言部分不談，若單就該議定書本文部分觀察，則可明顯看出議定書所揭櫫之若干原則，與相關貿易協定之間已形成重大之歧異，而其中最值得注意的，乃議定書中所包含之「預防性原則」(precautionary approach)，以及納入「社會經濟因素」 (socio-economic considerations)以作為進口締約方限制LMOs 進口之依據。

國際環保法中之預防性原則，可以用「關於環境與發展的里約宣言」(Rio Declaration on Environment and Development)中原則十五(Principle 15)[57]之內容作為典型之代表，亦即「為了保護環境，各國

the World Trade Organization)。

[57] Rio Declaration on Environment and Development, U.N. Conference on Environment and Development, Agenda Item 21, at 10, U.N. Doc. A/CONF. 151/5/Rev. 1 (1992), reprinted in (1992) 31 International Legal Materials 876, 879, principle 15.

應按照本國的能力，廣泛適用預防措施。遇有嚴重或不可逆轉損害的威脅時，不得以缺乏充分的科學確實證據為理由，延遲採取符合成本效益的措施防止環境惡化」[58]。由此可知，預防性原則之核心概念，乃在於並不當然以科學證據作為採取特定環保手段之絕對依據與標準；倘若需俟科學證據充分確立後方能採取環保措施，即有可能造成為時已晚之遺憾。生物安全議定書不僅在其前言中重申上述宣言所揭櫫之預防性原則[59]，更在議定書第一條明文將此一原則列為該議定書制定之主要依據[60]。而本文第貳部分所提及之前述議定書第十條六項以及第十一條八項之規定，即為此一預防性原則之具體例證。

WTO/GATT 架構下之國際貿易規範，並非不許可對貿易活動加以設限，但基本上此類限制必須有足夠的科學證據(scientific evidence)作為依據[61]。生物安全議定書第十條六項及十一條八項則明

[58] "In order to protect the environment, the precautionary approach shall be widely applied by States according to their capabilities. Where there are threats of serious or irreversible damage, lack of full scientific certainty shall not be used as a reason for postponing cost-effective measures to prevent environmental degradation."

[59] "Reaffirming the precautionary approach contained in Principle 15 of the Rio Declaration on Environment and Development..."

[60] 生物安全議定書第一條規定:「本議定書的目標是依循關於環境與發展的里約宣言原則十五所訂立的預先防範辦法，協助確保在安全轉移、處理和使用憑藉現代生物技術獲得的、可能對生物多樣性的保護和可持續使用產生不利影響的改性活生物體領域內採取充分的保護措施，同時顧及對人類健康所構成的風險並特別側重越境轉移問題。」

[61] 例如在 WTO/GATT 架構下所制定之「動植物衛生檢疫措施協定」(Agreement on the Application of Sanitary and Phytosanitary Measures)第二條及第五條之規定，以及「技術性貿易障礙協定」(Agreement on Technical Barriers to Trade)第二條之規定。

文規定，即使缺乏科學定論，亦可對 LMOs 的進口加以設限，而此種規定目前已經引發合理性與公平性之爭議。上述條文既規定即使對進口締約方生物多樣性之保護與可持續利用所產生之潛在不利影響未能「掌握充分的相關科學資料與知識」，因而缺乏科學定論，亦不能阻卻該締約方作出進口與否之決定；所以究竟「是否掌握」此等科學資料與知識以及掌握之程度如何，即成為該條文在適用時之關鍵所在，而此一問題之答案，則端視進口締約方之主觀判斷，而非取決於任何特定公正團體之認定。此種規範方式是否全然合理，應不無爭論之餘地。事實上，任何締約國如欲保護其本國相關產品，將可援引上述議定書之規定而落實其保護政策，縱使此種保護政策不能見容於相關之國際貿易規範[62]。換言之，進口締約方是否可能濫用上述議定書之規定以遂行其保護政策，實值得觀察與注意。

此外，生物安全議定書第二十六條一項之規定，也已引發若干負面之評價。根據該條文，締約方在按照本議定書作出進口與否決定時，可根據其國際義務，考慮到「因改性活生物體對生物多樣性的保護和可持續使用的影響而產生的社會經濟因素，特別是涉及到生物多樣性對土著和地方社區所具有的價值方面的社會經濟因素」。如此一來，進口締約方又增加了一項可以支持其決定之考量依據。論者指出，如果許可相關國家以此為由逕自對 LMOs 採取進口之限制，而又毋需就此種限制提出科學上之依據，勢必大幅助長貿易障礙之樹立；再者，假環保之名以強化貿易保護主義，將使消費大眾及製造商兩蒙其害，因為此舉將減少消費大眾之選擇空間，且使消費大眾被迫付出更高之購買價格，而製造商之銷售市場也將日

---

[62] Cliff D. Weston, *supra* note 46, at 406；而國內學者也指出，由於貿易與環保之關係甚為密切，其所引發之問題也已成為國際貿易法上之新議題，參見羅昌發，國際貿易法，臺北：月旦出版社（一九九六年十月一版），頁八八七至八九〇。

益限縮[63]。

關稅暨貿易總協定第二十條規定，締約國間所採取之措施，不得構成專斷及無理歧視之手段，亦不得成為對國際貿易之變相限制，但該條文也同時列舉了十款例外之情形。易言之，該協定容許締約國在特定之例外情形下，可以不履行該協定中所規定之特定義務。在該十款例外規定中，與生物多樣性之維護具有較密切關係者，應屬第二款之情形，即「維護人類、動物或植物生命或健康之必要措施」[64]。為化解自由貿易與環保之間的利益衝突，歐洲共同體(European Community)曾提出若干嘗試性的建議，包括修正 GATT 中之相關規定以調和貿易與環保間之衝突性，以及針對上述關稅暨貿易總協定第二十條制定一詮釋性之協定(an interpretive agreement)，將上述第二十條之規定加以具體化及明確化，尤其明確規定在何種情形下特定國際環保協定可在 GATT 之架構下付諸實施[65]，亦即為特定環保協定在 GATT 架構下之運作保留一定之法律空間，但主張限制性貿易措施之國家，亦必須符合業經國際社會所普遍接受之客觀標準。

生物安全議定書與 WTO/GATT 架構下之貿易協定間的潛在衝突一旦轉化為國際爭端時，又應如何解決？生物安全議定書本身並未設有任何關於爭端解決之規定，但由於此一議定書係根據前述生物多樣性公約第十九條三項所制定，因此生物多樣性公約架構下之

[63] Jonathan H. Adler, "More Sorry Than Safe: Assessing the Precautionary Principle and the Proposed International Biosafety Protocol," (2000) 35 Texas International Law Journal 173, 205–206.

[64] "actions necessary to protect the life or health of humans, animals or plants".

[65] Charles R. Fletcher, "Greening World Trade: Reconciling GATT and Multilateral Environmental Agreements within the Existing World Trade Regime," (1996) 5 Journal of Transnational Law and Policy 341, 357.

爭端解決機制，亦適用於該生物安全議定書[66]。另一面，在WTO/GATT 架構下亦設有一爭端解決機構（Dispute Settlement Body；簡稱 DSB)。而如果因為上述兩種利益間之衝突而引發爭端，論者認為當然可提交 DSB 解決，而當事國對於特定 LMOs 之進口所採取之限制性措施或決定如符合生物安全議定書之規定，則 DSB 應不至於推翻其決定[67]。但也有論者提出相反之見解，認為在此種情形 DSB 將只會考慮當事國在 WTO/GATT 架構下之義務[68]。此一問題未來究應如何解決，仍有待進一步之探究與觀察。

值得注意的，WTO/GATT 架構下之國際貿易協定雖然主要係著眼於國際經貿之考量，但並未漠視環保之因素以及貿易協定與環保協定間之特殊關聯性。若干 WTO/GATT 架構下之貿易協定，均包含與環保有關之條文[69]。再者，WTO 於一九九五年設立時，WTO 所屬之貿易與環境委員會（Committee on Trade and Environment；簡稱 CTE）亦同步成立，而在此一委員會之運作下，環境與可持續發展之議題(environmental and sustainable development issues)已經成為 WTO 機制下重要的研討及協商課題。該貿易與環境委員會之成立與運作，已使得國際社會更加深切體認，貿易與環保二者亟需擴大彼此間之融合性[70]。截至目前為止，CTE 已就上述兩者間之若干相

[66] 參生物多樣性公約第二十七條五項。

[67] Steve Charnovitz, "The Supervision of Health and Biosafety Regulation by World Trade Rules," (2000) 13 Tulane Environmental Law Journal 271, 301.

[68] Charles R. Fletcher, *supra* note 65, at 358.

[69] 此類條文通常被稱為國際貿易協定中的「綠色條款」('green' provisions)，例如前述 GATT 第二十條，服務貿易總協定(General Agreement on Trade and Services；簡稱 GATS）第十四條，與貿易有關之智慧財產權協定（Agreement on Trade-Related Aspects of Intellectual Property Rights；簡稱 TRIPS）第二十七條等。

關議題進行多次探討，其中亦包括由於該兩種利益間之衝突而引發爭端時應如何解決之問題⓫。

國內學者曾指出，政府目前於研擬關於如何因應生物多樣性公約之對策時，其重點似放在國家報告的撰寫，而尚未針對 LMOs 跨境轉移貿易問題所可能遭遇之困難詳加研議，例如今後將准許何種 LMOs 之進口等，因此未來我國如無相關政策與談判人才，極可能在國際壓力下草率與其他締約國訂定協定，而將對我國生物科技產業以及環境造成損害⓬。此外，經過基因改造之美國「星聯」(Starlink) 玉米事件⓭發生後，我國政府之消極因應態度也已引起學者之關切與批評⓮。

細觀該議定書之規範內容，雖不乏妥協性之色彩(例如有關 FFP 改性活生物體之標示規定)，且亦未就若干問題建立明確之規範（例如賠償責任)，然而無論就維護自然生態平衡及保障消費大眾權益之

⓰ 參見 WTO 之理事長 Mike Moore 於二○○○年十月二十四日在 CTE 所召開的一項有關多邊環保協定討論會之開幕致詞。(last visited October 29, 2000) http://www.wto.org/English/news_e/spmm38_e.htm。

⓫ 詳見 WTO 之網站資料； (last visited December 18, 2000) http://www.wto.org/English/thewto_e/whatis_e/tif_e/bey4_e.htm。

⓬ 施文真，「生物安全議定書草案下有關生物科技改造有機體(LMOs)之跨境運輸協定」，生物科技與法律研究通訊第五期(二○○○年一月)，頁一○。

⓭ 根據報載，美國有四十四人抱怨因食用「星聯」玉米製品而出現發疹、腹瀉、嘔吐、發癢，甚至致命的過敏性休克等症狀，而美國環境保護署也因此組成評估小組，評估此種玉米對人體的安全性。聯邦官員表示，目前並無證據顯示這些症狀與此種玉米有關，但環保人士表示，沒有足夠資料可澄清星聯玉米可能危害人體健康的嫌疑。見聯合報二○○○年十一月三十日第十版綜合華盛頓二十八日外電報導。

⓮ 見周桂田，「正視基因玉米事件，我們不想當白老鼠」，二○○○年十二月十七日臺北中國時報第十五版。

觀點言，生物安全議定書之制定均具有積極而正面之意義，而針對現代生物技術所衍生之基因轉殖產品管制問題，亦因該議定書之推出而首次形成了國際法上之規範。另一面，此一國際立法對於基因轉殖產品之貿易必然帶來一定程度之衝擊，而此種貿易上之效應，又因該議定書與現有國際貿易規範間之相容性問題而愈趨複雜。而本文亦必須指出，海峽兩岸於加入 WTO 之後，勢必立即面對基因改造產品之貿易與管制問題。

如何調和生物安全議定書與相關國際貿易協定間之潛在性衝突，確實是一難解之課題。本文認為，該議定書既係依前述生物多樣性公約而制定之國際協定，在規範架構上自屬多邊性環保協定之一環，因此似乎不宜僅就基因改造技術之安全性與貿易利益間之對立問題單獨謀求解決之道，而應進一步有效化解貿易協定與環保協定兩大利益間之牴觸問題。由於 WTO/GATT 架構下之貿易協定已逐漸將環保因素納入考量，國際經貿政策與環保主張之間的認知差距似有可能逐漸縮短。其實若從另一角度觀察，國際貿易協定與國際環保協定之間的潛在對立與衝突，事實上也正反映出許多國家內部經貿政策部門與環保體系之間決策理念之扞格；因此這不僅是「國際」間兩大利益之衝突，也同時涉及許多國家「國內」施政的基本理念與原則。吾人不難想像，在互不退讓之情形下，經貿利益與環保利益間之調和問題實難獲突破性之解決。本文認為，與經貿利益相比，生態環境與人體健康畢竟有其無可替代之價值，因此上述兩大利益如需有所取捨，實不宜輕易犧牲人類賴以生存之自然環境；而無論就國際法或國內法之規範層面而言，均應作如是觀。

生物基因改造工程對於自然環境及人類健康之影響程度究竟如何，仍是科學界持續論辯中的一項課題。基因改造是以人工方法改變自然法則的行為，此種行為所引起的任何後果，均需由全人類及後代子孫共同承擔。基因工程的發展與突破，固然為科技產業帶來新的轉機，但此種轉機之背後，是否也同時潛藏著難以預測之危機？科學有其盲點，科學更非萬能，面對浩瀚的宇宙及其中蘊含的無窮奧秘，科學的侷限性實不難想見。人類對於自然災害之防範，尚且力有未逮，對於改變宇宙自然規律所可能引發之危害，又豈能應付裕如？在國際社會就基因改造工程著手進行管制的同時，吾人更應嚴肅思考生命之價值以及人類在浩瀚宇宙中的自我定位。

一九八二年後公海捕魚自由的發展與轉變

王冠雄 *

* 作者為英國布里斯托大學(University of Bristol)法律系哲學博士，現任教於中國文化大學政治系。

一九八二年後公海捕魚自由的發展與轉變

壹、前　言

格勞秀斯(Grotius)在其「海洋自由論」(Mare Liberum)中主張海洋無法且不可成為一國的財產，因為海洋是商業的通路，而且海洋亦無法經由佔領而產生擁有的結果。因此，就其本質來說，海洋絕對無法成為一國的主權行使之地❶。在當時，格勞秀斯的論點激起了對於海洋主權歸屬的爭論❷，一直到了大約兩世紀之後，也就是在十九世紀時，公海自由的原則才被確定，並且有廣泛的國際實踐予以支持❸。

而自一九五八年聯合國第一次海洋法會議所制訂的「公海公約」到一九八二年聯合國海洋法公約（以下簡稱「海洋法公約」）的完成，公海自由的內容有了明顯的增加❹。但要注意的是，這些公海自由

---

❶ Sir Robert Jennings and Sir Arthur Watts, eds., *Oppenheim's International Law*, Vol. 1, Parts 2 to 4, 9th Edition, London and New York: Longman, 1992, p. 721.

❷ 對格勞秀斯論點反對最烈的為雪爾頓(Seldon)的「海洋封閉論」(Mare Clausum)，見 Jennings and Watts, eds., *ibid*。

❸ 在這段期間中，公海自由已成為國際上盛行的觀念。見 R. P. Anand, *Origin and Development of the Law of the Sea*, The Hague: Martinus Nijhoff Publishers, 1983, pp. 232–233; Jennings and Watts, *ibid*., p. 722, § 279。

的行使都必須要能「適當顧及其他國家行使公海自由的利益」❺，這就明白顯示出公海自由的行使並不是毫無限制的。就本文之目的而言，海洋法公約對公海捕魚自由之內容與行使，更是清楚地載明受到相當程度的限制。

回顧海洋法的發展，由對距離概念的擴張管轄權（例如領海寬度擴大到十二浬❻，和二百浬專屬經濟區❼或專屬漁業區的成立），到針對魚種概念的功能性管轄（例如跨界與高度洄游魚種的養護與管理）和對公海中某些漁法的限制（例如流刺網的使用）❽，均顯示出不只是公海的面積在減少，且公海捕魚自由的內容也受到持續

❹ 一九五八年的日內瓦公海公約第二條中訂出公海自由包括：航行自由、捕魚自由、鋪設海底電纜與管線之自由、和公海上空飛行之自由。而在一九八二年聯合國海洋法公約第八十七條中則又增加了兩項自由：建造國際法所容許的人工島嶼和其他設施的自由，以及科學研究的自由。

❺ 一九五八年日內瓦公海公約第二條第二款，一九八二年聯合國海洋法公約第八十七條第二款。

❻ 海洋法公約第三條。

❼ 海洋法公約第五部份。

❽ 關於公海流刺網的使用及禁絕問題，曾有許多的學者加以討論，以下僅舉其中大要者：Simon P. Northridge, *Driftnet Fisheries and Their Impacts on Non-Target Species: A Worldwide Review*, FAO Fisheries Technical Paper, No. 320, Rome: FAO, 1991; D. M. Johnston, "The Driftnetting Problem in the Pacific Ocean: Legal Considerations and Diplomatic Options," *Ocean Development and International Law*, Vol. 21 (1990), p. 5; Song Yann-Huei, "United States Ocean Policy: High Seas Driftnet Fisheries in the North Pacific Ocean," *Chinese Yearbook of International Law and Affairs*, Vol. 11 (1993), p. 64; William T Burke, M. Freeberg, and E. L. Miles, "United Nations Regulations on Driftnet Fishing: An Unsustainable Precedent for High Seas and Coastal Fisheries Management," *Ocean Development and International Law*, Vol. 25 (1994), p. 127。

增加的限制。而就捕撈及養護公海漁業資源的層面來看，公海漁業國並非決定者；相反地，沿海國卻扮演著不可或缺的角色❾。這種角色的變動，亦適足以反映出公海捕魚自由實質內容的變化。

同時，由過去十餘年的發展來看，公海漁業資源的養護與管理已經成為國際間一項重要的議題。這種現象的產生主要是因為沿海國對其鄰接海域擴張管轄權的結果，使得原本存在的公海漁業活動必須持續性地移往離岸較遠的海域中。然而，又因為魚類的洄游習性，使得在公海中所捕獲的魚類卻可能對沿海國專屬經濟區中的養護與管理措施產生不良的影響。本文即在探討將近二十年來在公海捕魚自由上的演變，作者認為國際社會雖然仍承認公海捕魚自由的存在，但是此項公海自由的內容已經受到空間與功能上的壓縮。

貳、海洋法公約所規範的公海捕魚自由

早在一九五八年的日內瓦公海公約中，就已經定出捕魚自由是公海自由中的一個重要項目，而一九八二年海洋法公約第八十七條又再度強調了這項早已成為習慣國際法中的重要原則。所有國家的國民都享有捕魚自由，這也同時表示所有國家均有權利分享公海中所有的資源。但是海洋法公約第八十七條第二款同時清楚地載明六項公海自由的行使，必須要「適當顧及」(due regard)其他國家行使公海自由的利益，而且公海捕魚自由也受到海洋法公約第七章第二節的限制。這些限制明定於第一一六條中：

> 所有國家均有權由其國民在公海上捕魚，但受下列限制：
> ⑶其條約義務；
> ⒝除其他外，第六十三條第二款和第六十四至第六十七條規定

❾ Burke, et al., *ibid.*, pp. 132–133.

的沿海國的權利、義務和利益；和

(c)本節各項規定。

根據本條的規定，公海捕魚自由受到兩方面的限制：第一，「所有國家均有權由其國民在公海上捕魚」明白地指出了公海捕魚自由的特性。但是這並不保證捕魚作業可在任何區域及任何時間中進行，這種自由仍須受到條約義務及海洋法公約中某些條款的約束；第二，規定在第(b)款中的魚種亦為公海捕魚的限制之一，因此公海捕魚自由並非是毫無限制的❿。而由國際間的實踐來看，加諸於公海捕魚自由的限制有對魚種的限制、公海捕魚漁具漁法的限制和作業漁區的限制等項目。

參、公海捕魚自由在一九八〇年代後的發展

一、對跨界與高度洄游魚種的養護與管理

根據海洋法公約的規定，跨界魚種(straddling stocks)是指同時出現在一國專屬經濟區內外的魚種⓫；至於高度洄游魚種(highly migratory species)，在海洋法公約中則並無明確的定義，僅僅在該公約的《附錄一》中以列舉的方式，訂出了十七種魚類為高度洄游魚種。但若就實際的情形觀之，在某些狀況之下，要清楚地分辨這兩類魚

❿ William T. Burke, *The New International Law of Fisheries: UNCLOS 1982 and Beyond*, Oxford: Clarendon Press, 1994, p. 95; Ellen Hey, *The Regime for the Exploitation of Transboundary Marine Fisheries Resources*, Dordrecht: Martinus Nijhoff Publishers, 1989, pp. 53–68.

⓫ 海洋法公約，第六十三條第二款。

種並不容易⑫。

跨界與高度洄游魚種的問題是集中在公海生物資源的養護上，而其背後的含意則涉及沿海國與公海漁業國之間利益的糾紛。就公海漁業國的角度觀之，它所重視的是公海中漁業資源的利用與捕撈，它的利益端視該國漁業界的規模和公海中該魚種的多寡而定，換言之，若其遠洋漁業能力強，而且所欲捕撈的魚種又極豐富，則其利益較大，該國船隊在此海域中停留的時間會較長；反之，該國船隊則可能移往它處海域作業，故其利益規模是屬於長短期混合的。相對的，無論一個沿海國的漁業規模如何，它對跨界和高度洄游魚種的興趣和利益皆屬長期的，因為該魚種在公海中養護及管理是否適當，均會影響到在其專屬經濟區內漁業養護及管理制度的成敗，而這也是該沿海國在海洋法公約規定下的特別利益⑬。所以對跨界與高度洄游魚種的養護與管理問題，無論是在公海中或沿海國專屬經濟區內，都是不可分割的⑭。

自一九八〇年代末期，跨界與高度洄游魚種的問題便成為國際漁業界矚目的焦點，因為這牽涉到不同海域及不同國家間的利益糾

⑫ 例如美國和墨西哥與一些中美洲國家之間對捕撈鮪魚的糾紛，見⑲及其相關文字說明。亦請參考 FAO, FAO Fisheries Technical Paper, No. 337 (1994), pp. 4–8。

⑬ United Nations, *The Regime for High-Seas Fisheries, Status and Prospects*, New York: United Nations, 1992, p. 30, para. 98.

⑭ Burke, *supra* note 10, p. 84; F. O. Vicuña, "Towards an Effective Management of High Seas Fisheries and the Settlement of the Pending Issues of the Law of the Sea: The View of Developing Countries The Years After the Signature of the Law of the Sea Convention," in E. L. Miles and T. Treves, eds., *The Law of the Sea: New Worlds, New Discoveries*, Proceedings of the 26th Annual Conference of the Law of the Sea Institute, Genoa, Italy, 22–25 June 1992, Honolulu: University of Hawaii, 1993, p. 415.

葛，近十餘年來，擁有豐富漁源的海域均陸續傳出糾紛。以西北大西洋洋區為例⓯，加拿大認為，以歐洲聯盟(European Union)會員國為主的遠洋漁業國，在位於加拿大二百浬以外之大灘(Grand Banks)中捕撈鱈魚及其他魚類的行為，影響到在其漁業區中對於相同魚類的養護及管理措施⓰。一九九五年三月九日，加拿大逮捕一艘西班牙漁船，該漁船當時正在位於大灘的漁場中捕捉格陵蘭大比目魚(Greenland halibut)，這個事件導致加拿大與歐洲聯盟之間對該漁場漁業資源的糾紛⓱。一九九五年三月二十八日，西班牙並將此事件提交國際法院⓲。

此外，在太平洋的東中部海域，跨界與高度洄游魚種的問題則

⓯ B. Applebaum, "The Straddling Stocks Problem: The Northwest Atlantic Situation, International Law, and Options for Coastal State Action," in A. H. A. Soons, ed., *Implementation of the Law of the Sea Convention Through International Institutions*, Proceedings of the 23rd Annual Conference of the Law of the Sea Institute, 12–15 June 1989, Noordwijk aan Zee, The Netherlands, Honolulu: University of Hawaii, 1990, pp. 282–317; Burke, *ibid.*, p. 85; FAO, *supra* note 12, pp. 54–59; E. L. Miles and William T. Burke, "Pressures on the United Nations Convention on the Law of the Sea of 1982 Arising from New Fisheries Conflicts: The Problem of Straddling Stocks," in T. A. Clingan, Jr. and A. L. Kolodkin, eds., *Moscow Symposium on the Law of the Sea*, Proceedings of a Workshop Cosponsored by the Law of the Sea Institute, 28 November–2 December 1988, Honolulu: University of Hawaii, 1991, pp. 218–220.

⓰ E. Meltzer, "Global Overview of Straddling and Highly Migratory Fish Stocks: The Nonsustainable Nature of High Seas Fisheries," *Ocean Development and International Law*, Vol. 25 (1994), pp. 297–305.

⓱ *The Times*, March 11, 1995, p. 11; April 17, 1995, p. 1 and p. 7.

⓲ *ICJ Press Communiqué*, No. 95/9, 29 March 1995. 然國際法院認為其對該紛爭並無管轄權，見 *ICJ Press Communiqué*, No. 98/41, 4 December 1998。

涉及美國與一些中美洲國家對於鮪魚的捕撈。就美國的觀點言之，沿海國不能在其專屬經濟區中管理鮪魚是其一貫的政策；然而就墨西哥及其他的中美洲國家來說，鮪魚是他們國家財政收入的重要來源之一，他們認為將鮪魚納入適當且有效的管理，是極為自然之事⑲。

針對此種日漸增多的糾紛，國際間召開連串的會議，企圖尋求解決之道。一九九二年的五月六日至八日，在墨西哥的坎昆(Cancun)市召開「負責漁捕會議」(International Conference on Responsible Fishing)，此次會議所通過的宣言成為日後「責任漁業行為準則」之濫觴⑳，並對所謂之「負責漁捕」一詞定義為㉑：

> 漁業資源的持續利用應與環境協調；捕撈與養殖活動不應傷及生態系統、資源或其品質；對魚產品的加值行為或是製造流程應符合衛生標準的需求、並在商業過程中提供消費者良好品質的產品。
>
> ……
>
> 在符合聯合國海洋法公約相關條文的情形下，公海捕魚自由應與國家間合作，以保證養護和合理管理生物資源的義務之間取得一個平衡點。
>
> ……
>
> 呼籲聯合國糧農組織諮詢相關國際組織和顧及本宣言之精神，

⑲ Meltzer, *supra* note 16, pp. 313–315; Miles and Burke, *supra* note 15, pp. 220–223.

⑳ 「責任漁業行為準則」係於一九九五年十月三十一日通過，關於該準則之內容，見 http://www.fao.org/waicent/faoinfo/fishery/agreem/codecond/codecon.htm。

㉑ UN Doc. A/CONF. 151. 15, Annex.

起草一部「國際責任漁業行為準則」。

坎昆會議之後的一個月，一九九二年六月，聯合國環境暨發展會議（United Nations Conference on Environment and Development; 簡稱 UNCED）在巴西的里約熱內盧召開㉒，它的目的即在發展一套廣泛的計畫，使得永續發展的目標得以達成㉓，然而這個理想並未在該次會議中達到。就永續發展漁業資源此一議題來看，沿海國的觀點是，公海漁業必須要在不會對沿海國管轄區域內（即是專屬經濟區）魚種產生負面影響的情形之下，方可進行㉔。但若由公海漁業國的角度來說，所有國家均應遵守海洋法公約對公海捕魚的規定。其中特別是船旗國對其在公海中作業漁船的管轄權是構成其國家主權不可分割的基本因素，並且是不可修改的，即使經過雙邊或多邊的同意也不能夠改變這種權利的本質㉕。在此情形之下，里約會議的「廿一世紀議程」(Agenda 21)第十七章中所談及之海洋環境保護議題就更加受到關注㉖。

㉒ 亦稱「里約會議」或「地球高峰會(Earth Summit)」。

㉓ Tucker Scully, “Report on UNCED,” in Miles and Treves, eds., *supra* note 14, p. 97.

㉔ UNCED Doc. A/CONF.151/PC/WG.II/L.16/Rev.1 (16 March 1992); William T. Burke, “UNCED and the Oceans,” *Marine Policy*, Vol. 17 (1993), pp. 522–523.

㉕ Burke, *ibid*., p. 524.

㉖ 「廿一世紀議程(Agenda 21)」內容，見 Stanley P. Johnson, ed., *The Earth Summit: The United Nations Conference on Environment and Development (UNCED)*, London: Graham and Trotman Ltd., 1993, pp. 307–331. 第十七章中所述及之七項計畫正可說明這個情況：1. 整合性管理與持續性發展沿海區域，這亦包括了專屬經濟區在內；2. 海洋環境保護；3. 持續使用及養護公海海洋生物資源；4. 持續使用及養護在國家管轄之下海域的海洋生物資源；5. 提出管理海洋環境及氣候變遷的重要不

除此之外,「廿一世紀議程」也要求聯合國召開國際性會議,以持續里約會議的效果㉗:

> 為有效達成聯合國海洋法公約對跨界與高度洄游魚種所規定的條文……本會議的努力及成果應當完全符合聯合國海洋法公約的規定,特別是沿海國及公海漁業國之間的權利與義務關係。

在「聯合國環境及發展會議」之後,聯合國大會以編號第 47/192 號決議案,通過於一九九三年召開一項政府間關於跨界與高度洄游魚種會議㉘。該項會議將要達成下列使命:(A)判定並評估現存關於跨界與高度洄游魚種在養護與管理方面的問題;(B)思考改進國家間漁業合作的方法;(C)擬出適當的建議。自一九九三年四月開始,在聯合國總部共召開了六屆會期的跨界與高度洄游魚種會議。

在這幾次會期的討論中可以看出沿海國與公海漁業國之間的立場經常是相左的。許多的公海漁業國辯稱,會議應將魚種全體的分佈範圍視為一個單純的生物單位(biological unit),以之進行養護與管理措施的考量,而非以政治疆界作為考量的依據。這種看法導致要求專屬經濟區與公海二者的養護與管理措施應當尋求相容性的爭論,而否定了沿海國擁有保證公海漁業措施必須與鄰接的專屬經濟區的養護與管理措施一致化的任何「特殊利益」。反過來說,沿海國認為,若上述的說法成立,則將是對於他們在專屬經濟區中擁有主權權利的一種妥協。沿海國代表並認為會議應將專屬經濟區內與對

確定性因素; 6.加強國際性(包括區域性)的合作及協調; 7.小型島嶼的持續發展。

㉗ UNCED, *Agenda 21: Programme of Action for Sustainable Development* (1993), p. 155.引自 Meltzer, *supra* note 16, p. 323.

㉘ UN General Assembly Resolution 47/192 (22 December 1992).

公海魚種的養護與管理事項一同考慮，而非僅只對位於國家管轄範圍以外的公海範圍為之㉙。

這項爭論在一九九五年八月四日的會議中所通過的「協議草案」得到澄清㉚，該協議第七條第一項明白規定養護與管理措施的相容性(compatibility)：關於跨界魚種部份，沿海國與公海漁業國應尋求一致的必要措施；至於高度洄游魚種部份，沿海國與公海漁業國應進行合作，以達到養護與增進該魚種最佳利用之目的。協議中同時要求，在專屬經濟區與公海的養護與管理措施上應具有相容性，並且明列數項在決定相容性時應該考慮的因素。第二項繼續規定，公海與那些國家管轄範圍之內所建立起的養護與管理措施應具有相容性，如此方能有效且完整地確保養護及管理跨界與高度洄游魚種。為達此目的，沿海國與公海漁業國有責任對於完成相容措施的目的進行合作。如此的結果正如會議主席薩加南登(Satya Nandan)所說的㉛：

㉙ Meltzer, *supra* note 16, p. 326。詳細報導亦可見 Earth Negotiation Bulletin, at http://www.iisd.ca/linkages/vol07/0716021.html。

㉚ 見 Agreement for the Implementation of the Provisions of the United Nations Convention on the Law of the Sea of 10 December 1982 Relating to the Conservation and Management of Straddling Fish Stocks and Highly Migratory Fish Stocks, UN Doc. A/CONF.164/37 (8 September 1995)，中文譯為「履行一九八二年十二月十日聯合國海洋法公約有關跨界魚群與高度洄游魚群養護及管理條款協定」，該協定並於一九九五年十二月四日開放簽署，以下簡稱該協定為「履行協定」。

㉛ Statement of the Chairman, Ambassador Satya N. Nandan, on 4 August 1995, Upon the Adoption of the Agreement for the Implementation of the Provisions of the United Nations Convention on the Law of the Sea of 10 December 1982 Relating to the Conservation and Management of Straddling Fish Stocks and Highly Migratory Fish Stocks. UN Doc. A/CONF.164/35 (20 September 1995).

在考慮生物協調的因素方面，所有相關國家對某一特定漁業，應有責任採取養護與管理跨界與高度洄游魚種的措施。對管理標準的改進應適用於國家管轄範圍之內及之外，關於國家管轄範圍以內的海域，沿海國是具有能力且是唯一具有能力的主體。沿海國的責任已明白地規定在聯合國海洋法公約之中，並且再度於本協定中被特別強調，以期能達到較佳的管理標準與實踐。本協定的一項基礎是針對所有魚種的養護與管理之相容性，就此點來說，本協定的範圍已寬廣到足以涵蓋所有的資源，而且同時又能完整地尊重到不同管轄的責任，所有國家均應包含在本協定的養護與管理原則之中。

二、公海漁業活動之區域組織化

海洋法公約第一一八條明載國家間如何養護與管理公海生物資源，更進一步來看，根據海洋法公約的規定㉜，對於跨界與高度洄游魚種的問題，第六十三條第二款則將這種義務加諸於沿海國及捕撈這些魚種的漁業國身上，他們應就養護該魚種的方法達成協議或合作。而這種合作可以經由雙邊的或是其他的協議達成，也可經由適當的次區域及區域性組織來達到目的。事實上，海洋法公約第六十三條第二款已經預見到在公海區域中建立養護漁業資源合作機制之重要性㉝。第六十四條則又附加了一項義務給予沿海國及其他的公海捕魚國，明示此種合作是用來保證對於跨界與高度洄游魚種的養護，以期對專屬經濟區內外的漁業資源達到最佳利用的效果。如

㉜ 海洋法公約，第六十三條及第六十四條。

㉝ *Supra* note 13, p. 10.

果現在沒有合適的國際組織可以確保此種合作，海洋法公約第六十四條則規定沿岸國及其他捕撈這些魚種的公海漁業國「應合作設立這種組織並參加其工作」㉞。遵循此種在海洋法公約中的設計，在一九九五年的履行協定第三部分的規定中特別強調國際合作機制，亦即區域或次區域國際漁業組織的設立及功能。

而在國際實踐的層面，以地理區域為範圍所組成的國際組織也出現養護管理跨界與高度洄游魚種的安排。以新公約新組織型態出現者，在太平洋有透過「中西太平洋高度洄游魚群養護與管理多邊高層會議（Multilateral High Level Conference on the Conservation and Management of Highly Migratory Fish Stocks in the Western and Central Pacific；簡稱 MHLC)」所建立之「中西太平洋高度洄游魚群養護與管理委員會」；以修約方式之型態出現者，在東部太平洋有「美洲熱帶鮪魚公約(Inter-American Tropical Tuna Convention)」所建立之「美洲熱帶鮪魚委員會（Inter-American Tropical Tuna Convention；簡稱 IATTC)」。前者始於一九九四年十二月，經過主席薩加南登大使所主持的七屆會議，在二〇〇〇年九月五日通過「中西太平洋高度洄游魚群養護與管理公約」，使該組織成為自一九九五年履行協定之後第一個具體實踐履行協定規範公海漁捕體制的國際公約與國際區域漁業組織㉟；而後者則仍在協商過程當中㊱。其他已經建立的區域性漁業組織或公約舉其要者有：大西洋鮪類養護國際委員會（International Commission for the Conservation of At-

㉞ *Ibid*., pp. 10–11.

㉟ 見 Convention on the Conservation and Management of Highly Migratory Fish Stocks in the Western and Central Pacific Ocean。

㊱ 截至目前為止，IATTC 之修約工作已歷五次，較之原本在一九四九年之公約，修約草案內容有極大之變動。預計在二〇〇一年年中時，會制定最後版本。

lantic Tunas;簡稱 ICCAT)㊲、北大西洋鮭魚養護組織(North Atlantic Salmon Conservation Organization; 簡稱 NASCO) ㊳、印度洋鮪類委員會 (Indian Ocean Tuna Commission; 簡稱 IOTC) ㊴、西北大西洋漁業組織 (Northwest Atlantic Fisheries Organization; 簡稱 NAFO) ㊵、東北大西洋漁業委員會 (North East Atlantic Fisheries Commission; 簡稱 NEAFC) ㊶、波羅地海國際漁業委員會 (International Baltic Sea Fisheries Commission; 簡稱 IBSFC) ㊷、南太平洋論壇漁業局 (South Pacific Forum Fisheries Agency; 簡稱 FFA) ㊸、南方黑鮪養護委員會 (Commission for the Conservation of Southern Bluefin Tuna; 簡稱 CCSBT) ㊹、南極海洋生物資源養護委員會 (Commission for the Conservation of Antarctic Marine Living Resources; 簡稱 CCAMLR) ㊺、國際捕鯨委員會 (International Whaling Commission; 簡稱 IWC) ㊻等。

無論這些區域性國際漁業組織的發展程度或是成立時間前後,推動該組織成立的動力皆是來自對於海洋中漁業資源的養護與管理。此一推論可以由區域性國際漁業組織的成立宗旨或目標中見到對於管轄範圍內漁業資源的重視,並特別強調養護與管理該資源,

㊲ 依據成立之公約見 United Nations Legislative Series, UN/LEG/SER.B/16, pp. 483–491。

㊳ 依據成立之公約見 *Official Journal* (1982), L378, p. 25。

㊴ 依據成立之公約見 http://www.oceanlaw.net/texts/iotc.htm。

㊵ 依據成立之公約見 *Official Journal* (1978), L378, p. 2。

㊶ 依據成立之公約見 *Official Journal* (1980), L227, p. 22。

㊷ 依據成立之公約見 *Official Journal* (1983), L237, p. 5。

㊸ 依據成立之公約見 http://www.oceanlaw.net/texts/ffa.htm。

㊹ 依據成立之公約見 http:/www.home.aone.net.au/ccsbt/conventi.html。

㊺ 依據成立之公約見 http://www.oceanlaw.net/texts/ccamlr.htm。

㊻ 依據成立之公約見 *United Nations Treaties Series*, 161, p. 72。

以求確保永續利用目標的達成。例如，在「建立美洲熱帶鮪類委員會公約」前言中表示美國和哥斯大黎加「考慮到維持在東太平洋作業之鮪魚漁船所捕獲黃鰭鮪、正鰹和其他魚種之相互利益，在持續利用的理由下已經成為共同關切之議題，並盼望在事實資料的蒐集和解釋上合作，以促進此類魚種永遠維持在允許最高持續漁獲量的水平」；在「養護大西洋鮪類國際公約」的前言中表示各締約國「考慮到對於在大西洋海域內所發現鮪類及似鮪類魚種之共同利益，以及為糧食和其他之目的，盼望合作使該等魚種數量維持在相當之水平以維持最高持續漁獲量」；在「設置印度洋鮪類委員會協定」前言第三段中指出「盼望合作以保證印度洋中鮪類與似鮪類魚種的養護，以及促進對其最大利用，和該種漁業之永續發展」；在「南方黑鮪養護公約」前言第九段中表示「認知到他們（澳洲、紐西蘭和日本）合作以確保南方黑鮪的養護和最大利用的重要性」，所以該公約在第三條中規定其目標在「透過適當的管理，確保南方黑鮪的養護和最大利用」。

因此可以看出這些區域性國際漁業組織的發展在事實上是延續著永續生產和利用的軌跡，這與當前對於海洋生物資源的利用植基於養護和管理適相一致，也唯如此，方能達到永續資源利用的目的。

三、漁業資源的養護與管理

一九九五年三月，在聯合國糧農組織所召開的部長會議中通過了「全球漁業共識」(Consensus on World Fisheries)。該份文件明確指出：[47]

---

[47] The Rome Consensus on World Fisheries, adopted by the FAO Ministerial Conference on Fisheries, Rome, 14–15 March 1995, para. 6。見 http://www.fao.org/waicent/faoinfo/fishery/agreem/consensu/conef.htm。

（與會者）承認漁業在社會經濟、環境、與營養上的重要性，以及對漁產品持續增加的需求，本次部長會議決定需要更多的行動以：

㈠消除過漁；

㈡重建並加強魚種；

㈢降低浪費性的漁捕行為；

㈣開發永續的養殖漁業；

㈤重建漁業資源棲息地；

㈥在科學可持續性與責任管理的基礎上，開發新的與替代的魚種。

在該次會議中，與會者也強調上述行動的重要性，認為若不實踐前述行動，地球上約有百分之七十的魚種會繼續衰減，而這些都是目前被認為在完全開發、過度開發、耗竭、或是正在復育中的魚種。

因此，在達成保育與養護漁業資源的作法上，除了前述對於公海中捕魚行為的限制之外，自一九九五年「履行協定」後，聯合國糧農組織所召開的部長會議於一九九九年三月十日至十一日通過了「執行責任漁業行為規約之羅馬宣言」(The Rome Declaration on the Implementation of the Code of Conduct for Responsible Fisheries)㊽，特別指出㊾參與國歡迎一九九九年二月所通過以責任漁業行為規約為架構而制訂的「漁捕能力管理國際行動方案(International Plan of Action for the Management of Fishing Capacity)」㊿、「鯊類養護與管

㊽ 全文見http://www.fao.org/waicent/faoinfo/fishery/agreem/declar/dece.htm。

㊾ 同前註，第四段。

理國際行動方案(International Plan of Action for the Conservation and Management of Sharks)」(51)、與「降低延繩釣對海鳥的誤捕國際行動方案(International Plan of Action for Reducing Incidental Catch of Seabirds in Long-line Fisheries)」(52)。同時，該次會議也注意到應多加開發更精確的漁業發展與管理的生態途徑，而且在責任漁捕行為規約的架構之下，應該多加注意與漁撈和養殖有關的貿易和環境因素(53)。

在前述的「漁捕能力管理國際行動方案」中，明確指出此一行動方案係依據「責任漁業行為公約」及下列原則和方式而來：

㈠參與者：本行動公約應由國家間或透過糧農組織與合適的政府間組織達成。

㈡階段性執行：第一階段是評估與判斷，初步的評估需在西元二〇〇〇年年底前完成；第二階段是採取管理行動，在二〇〇二年年底前需採取初步的行動。前述二階段應適時調整，交互作用。到西元二〇〇五年前，國家與區域間國際漁業組織應逐步完成上述階段。

㈢漁捕能力之管理需達到對魚種的養護和永續利用，以及保護海洋環境、確保選擇性漁捕作業的目標。

需要注意的是，「漁捕能力管理國際行動方案」要求世界各國協助糧農組織在西元二〇〇〇年年底前建立起關於在公海中作業漁船的資料。同時，各國應於二〇〇二年年底前發展、通過與通告週知該國之國家漁捕能力管理方案，如有需要，更應降低漁捕能力以取得漁捕行為和資源供應之間的均衡。

---

(50) 方案全文見 http://www.fao.org/waicent/faoinfo/fishery/ipa/capace.htm。

(51) 方案全文見 http://www.fao.org/waicent/faoinfo/fishery/ipa/manage.htm。

(52) 方案全文見 http://www.fao.org/waicent/faoinfo/fishery/ipa/incide.htm。

(53) 前引(48)，第六段、第七段。

該國際行動方案更將其目標訂為：

給予各國與區域漁業組織在其相關權限並且與國際法相符合的範圍內，最好在西元二〇〇三年前，但不超過西元二〇〇五年，對於漁捕能力達到全球有效率的、公平的、和透明的管理。

前述的發展均集中在政府部門的政策上，此外在民間的推動之下，亦由漁產品的貿易行為涉入保育漁業資源的領域。此種發展趨勢明顯地表現在所謂之「負責任的貿易行為」(responsible trade)[54]，而這也進一步地肯定了行之有年的「生態標籤」做法。

生態標籤的概念在於透過消費者與生產者之間的商業行為，對於捕魚活動加以規範。美國羅德島大學環境和自然資源經濟系的威素斯(Cathy Wessel)教授對於生態標籤的解釋是，具有生態標籤的產品是一種向消費者明示的特殊方法，用以驗證生產者已經採取特別措施，在其製造過程中盡量避免或減低對環境的不良影響。而在海產食品的生態標籤方面，則主要著重於生產製造過程，是否符合這項認證[55]。

在實踐上，透過此種生態標籤的使用，能夠鼓勵和教育消費者食用捕撈自漁源已經獲得繁衍補充的魚種。目前這種作法已經獲得全球約兩百餘家企業、政府與義工團體的支持。歐洲聯盟就認為生態標籤的作法乃是向消費者提供對於產品的說明，其目的能夠降低生物生命週期中對環境所產生的影響，並對貼上標籤的產品提供環境特性的資訊[56]。透過此種方式，也能夠教育消費者對於漁產品的

[54] 同前註，第十段。

[55] 徐新亮，「生態標籤：一個主要政策的議題」，國際漁業資訊，第七十七期（民國八十八年四月），頁六三。

[56] The European Commission, Revision of the Eco-label Scheme. See http://

選擇。

肆、結 論

縱觀近半世紀以來沿海國在擴張管轄權上的演變，就公海的實質範圍來說，持續性地縮減是其特點；而就其功能性來說，即使仍然承認公海捕魚自由為六項公海自由之一，但是其內容出現了變化。而為了養護與管理的目的，沿海國企圖擴張其管轄權至某些洄游於專屬經濟區內外魚種之企圖是可以理解的。缺乏協調性的管理，在一國專屬經濟區外所進行的捕魚行為，極可能傷害到鄰近沿海國的養護措施與經濟效益[57]。但是，對公海中漁業資源的養護與管理，是否為沿海國企圖暗中擴張管轄權(creeping jurisdiction)的一項作法，仍然受到爭議。有學者認為這種作法不會有暗中擴張管轄權的疑慮，因為這種作法完全合於海洋法公約的規定，同時亦可彰顯公約中的含意[58]。持反對意見的學者則認為這種作法正是企圖暗中擴張管轄權，法學家拉哥尼(Rainer Lagoni)即表示專屬經濟區的管轄權並非領域性質的管轄，而是功能性的。在此前提下，一個國家將其法律規範或管轄權擴大到二百浬之外，這就違背了第三次海洋法會議中包裹表決(package deal)的精神[59]。

---

europa.eu.int/comm/dg11/ecolabel/revis.htm.

[57] John R. Stevenson and Bernard H. Oxman, "The Future of the United Nations Convention on the Law of the Sea," *American Journal of International Law*, Vol. 88 (1994), p. 497.

[58] Vicuña, *supra* note 14, pp. 423–424.

[59] R. Lagoni 所發表的意見，見 Miles and Treves, *supra* note 14, p. 453。另見 Barbara Kwiatkowska, "Creeping Jurisdiction beyond 200 Miles in the Light of the Law of the Sea Convention and State Practice," *Ocean Development and International Law*, Vol. 22 (1991), p. 153。

因此，由近年來沿海國與公海漁業國之間的爭辯，可以窺見公海捕魚自由的發展趨勢為：

㈠公海捕魚自由所受到的限制不僅限於地理區域的範圍，海洋法公約對於公海捕魚自由的規範亦包含了對於捕撈方式的考慮，禁絕使用流刺網即為一例。

㈡沿海國對其鄰近海域內漁業資源的管轄權將透過對於魚種的養護和管理而持續擴張，此種權利之擴張甚至延伸至公海區域，對高度洄游與跨界魚群的養護與管理即彰顯此一發展。

㈢沿海國向公海擴張管轄權的行動除出現於個別國家的行為之外，亦透過區域或次區域的國際漁業組織達成。而由於此種國際漁業組織之設立與發揮功能，使得公海漁業國必須透過加入某一組織，方得以持續其漁捕作業。

㈣根據以上的觀察，因為沿海國擴張管轄範圍的結果，使得公海捕魚自由受到了地理範圍的限制；因為對於跨界與高度洄游魚種的共同養護與管理責任，使得公海捕魚自由受到了目標魚種的限制。凡此種種皆限縮了公海捕魚自由的實質內容。

㈤除了透過漁捕能力的管制達到養護與管理漁業資源的目的之外，「責任漁業行為」以及「生態標籤」更是透過生產者與消費者之間的連結，以達到建構養護與管理網絡的目的。預期此種建構的過程仍將持續存在，甚至透過國際商業活動的影響力，進而涉入漁業活動的各個層面之中。

由國際法觀點析論海上武器測試之適法性問題

宋燕輝 *

壹、前　言

貳、公海自由與海上測試核武之適法性

參、美國法學界對公海測試核武之辯論

肆、大氣、外太空及水下核武測試之禁止

伍、公海飛彈試射之適法性問題

陸、法學者對公海飛彈試射所持見解

柒、公海用於和平目的之規定

* 作者為美國俄亥俄州肯特州立大學國際關係博士，美國加州大學柏克萊分校法學博士；現任中央研究院歐美研究所研究員。

捌、沿海國專屬經濟區內之外國軍事性質活動

玖、結　論

由國際法觀點析論海上武器測試之適法性問題

壹、前　言

主權國家為了國防與安全目的進行軍事武器、設備之研發與測試，只要不涉及核子武器或化學武器問題，一向是國際法所允許的國家行為。近些年來，隨著軍事科技的進步，以及軍事防衛的需求，愈來愈多的國家加入研發短程、中程、或洲際彈道飛彈的行列。為了測試所研發飛彈的性能，飛彈的試射就變得必要。飛彈試射的國家有權劃定其領土或領海內的某一特定區域作為飛彈試射的「警告區」(warning zone)、「警戒區」(caution area)、「危險區」(danger zone)、「彈著區」(impact zone)、「落點區」(splashdown zone)、「驗證場」(proving ground)、或「試射區」(testing zone)等。但是，倘若飛彈試射國家將公海的某一廣大海域宣布劃定為飛彈試射區、或將飛彈試射落入其他沿海國的專屬經濟區、或試射飛彈時，飛彈飛越其他國家的領空，國際法適法性的問題就出現。二〇〇〇年七月上旬，美國宣布在太平洋上空進行第三次飛彈攔截及有關「全國飛彈防禦系統」(NMD)的測試時，「綠色和平組織」曾抗議美國海軍所劃定之飛彈試射「危險區」，以及飛彈試射的活動❶。一九九八年八月三十一日，北韓試射一枚長程彈道飛彈「大浦洞一號」(Taepo Dong I)，飛越日本東北部領空，最後落入距本州數百公里外的太平洋公海❷。

❶ 中央日報，民國八十九年七月八日，第十一版。

北韓的飛彈試射引起日本的嚴重抗議。一九九六年三月，中共在臺灣南北兩個重要港口（基隆與高雄）附近海域劃定了兩個「飛彈試射區」，並實際進行飛彈試射活動。倘若中國大陸與臺灣已完成統一，且飛彈試射進行期間第三國之合法利益已被「適當顧及」，中共之行為或許不構成國際法之違反。但是，假若臺灣已宣布獨立成為主權國家並受國際社會所承認接受，那麼很明顯的，中共試射飛彈是違反了國際法的規定。

本文目的不在討論上述所舉個案之國際法適法性問題，而是由國際法——尤其是國際海洋法——的角度去探討一般海上武器測試的適法性問題。

貳、公海自由與海上測試核武之適法性

一般而言，核武和長程彈道飛彈之測試需要使用較為廣大之海域。基此實踐，測試區附近海域暨其上空之平常海上、空中活動有可能受到不利影響。如此一來，主張有權在公海某一特定海域進行試射飛彈或核爆的國家就與其他主張在公海享有航行和使用自由的國家有發生爭議的可能。「一九八二年聯合國海洋法公約」（以下簡稱 UNCLOS）❸第八十七條規定：

1. 公海對所有國家開放，不論其為沿海國或內陸國。公海自由是在本公約和其他國際法規則所規定的條件下行使的。公海自由對沿海國或內陸國而言，除其他外（筆者所加強調底線），

❷ "Dark Day in Asia As North Korea Tests Taepo Dong I," Missile Resource, at http://www.cdiss.org/98Sept1.htm.

❸ 此公約於一九九四年十一月十六日生效。至二〇〇一年元月二十四日止有一百三十三個締約國。參見 http://www.un.org/Depts/los/los94.htm。

包括：(a)航行自由；(b)飛越自由；(c)鋪設海底電纜和管道的自由，但受第六部分的限制；(d)建造國際法所容許的人工島嶼和其他設施的自由，但受第六部分的限制；(e)捕魚自由，但受第二節規定條件的限制；(f)科學研究的自由，但受第六和第十三部分的限制。

2. 這些自由應由所有國家行使，但須適當顧及其他國家行使公海自由的利益，並適當顧及本公約所規定的同「區域」內活動有關的權利。

此公約第八十八條規定：「公海應只用於和平目的。」依此規定，邱吉爾(R. R. Churchill)和羅維(A. V. Lowe)認為，公海上所被禁止者只有侵略行為❹。因此，他們所持的看法是：公海上傳統武器之試射或測試是被允許的❺。奧克斯門(B. Oxman)的見解與邱吉爾和羅維一致。他認為，既然 UNCLOS 第八十八條已明確規定公海只用於和平目的，那麼合理之推論應該是：「現正進行增加中之海洋空間軍事化的趨勢是正被扭轉」，而海上侵略性之軍事運作應予以刪減❻。但是在一九五〇年代期間，由於大氣、外太空、或水下核武測試行為尚未被國際社會所明文禁止，有關公海武器測試之爭論主要焦注在核武測試的適法性問題上。

一些主要海權國家，舉如，美國、英國和前蘇聯，一向視海上軍事演習為公海上合法之傳統使用活動，其中也包括武器之測試。一九五七年四月，英國首相麥克米蘭(Macmillan)在回答一項有關英

❹ R. R. Churchill and A. V. Lowe, *The Law of the Sea* (Manchester: Manchester University Press, 1983), p. 154.

❺ *Ibid.*, p. 147.

❻ B. Boxman, et al., *Law of the Sea: U.S. Policy Dilemma* (San Francisco, California: Institute of Contemporary Studies, 1983), p. 16.

國在太平洋宣布劃定某特定海域為試爆氫彈區域之作法是否合法的問題時答稱:「為砲擊或轟炸演練之必要而暫時使用領海以外海域的作法從未被視之為違反了公海航行自由的原則。」❼一九五七年五月,英國為了要試爆核武,在太平洋宣布劃定一個海上「危險區」。此區域的範圍是由位於太平洋中部的聖誕節島(Christmas Island)向北延伸 900 海浬,向西及向東各延伸 780 海浬的海域構成。聖誕節島約距夏威夷南方 1,200 海浬遠❽。一九五六年九月,前蘇聯也曾在 Barents 和 Kara 海宣布劃定一個 1,900 × 400 平方海浬之海域作為海面、空中和武器演練的場所❾。

一九五六年,美國在太平洋進行核武試爆之前不久,曾送一外交照會函給日本,其中特別指出:軍事演練係公海之一項傳統使用方式❿。一九五六年十二月,美國在一份準備提送「第一屆聯合國海洋法會議」的文件當中表示:「美國在太平洋馬歇爾島(Marshall Islands)上面及其附近海域所進行之核武試爆活動並未違反公海自由或其他的國際法原則。」⓫此文件也指出,國際社會對美國自一九四六年開始至一九五六年的十年間在「太平洋測試場」(the Pacific Proving Grounds)進行核武測試的活動給予默許(acquiescence),此表

❼ M. Whiteman, *Digest of International Law*, Vol. 4 (1965), p. 600.

❽ "British Detonate a Hydrogen Bomb over Mid-Pacific," *New York Times*, May 16, 1957; "British H-Bomb Is Fired in Pacific," *New York Times*, June 1, 1957。引自 M. Whiteman, *Digest of International Law*, Vol. 4 (1965), p. 604。

❾ Whiteman, *ibid*, p. 549.

❿ Note of March 19, 1956, *Department of State Bulletin*, Vol. 34, p. 567, P. R. No. 158 (March 23, 1956),引自 Whiteman, *supra* note 7, p. 546。

⓫ Statement of United States Delegation to UN Committee VI, December 14, 1956, U.N. Press Release, No. 2557,引自 Whiteman, *supra* note 7, pp. 546–554。

示支持在公海宣布劃定如此大範圍海域的合法性⓬。此外，這份文件也引證英國、澳洲、和前蘇聯海上核武試爆的實踐以支持美國的立場⓭。

一九五八年，「第一屆聯合國海洋法會議」在瑞士日內瓦舉行。會中雖曾對在公海進行武器測試的問題有廣泛討論，但未能達成任何明文禁止公海核武試爆的共識⓮。基此，美國持續在太平洋海域進行核武測試活動⓯。一九五八年二月，日本政府針對美國在南太平洋 Eniwetok 島附近海域宣布劃定核武試爆「危險區」一事提出抗議，其中指出:「無論（美國）採取何種預防措施，……日本政府對核武試爆，以及為試爆而劃定之危險區表示高度關切，蓋此劃定之區域是如此接近日本商船航線及日本漁船之漁撈作業場所。」⓰儘管有日本抗議函的提出，一九五八年四月，美國的原子能委員會(Atomic Energy Commission)在《聯邦公報》(*Federal Register*)公告有關在 Eniwetok 島進行核武試爆的政策立場，其中指出:

> ……在進行核武試爆時，美國並無意圖對公海上之外國船隻行使管轄權。但美國政府的立場是：為了在公海上進行試爆核武所劃定之危險區，以及為此目的所實施的管理並未違反國際法。長久以來公海一直是被世界各國用來作為軍事演練、武器測試、和其他類似活動的場所。無疑的，此些活動是會造成公海其他

⓬ Whiteman, *supra* note 7, p. 549.

⓭ 同上註。

⓮ 參見 "Exclusion of Ships from Nonterritorial Weapons Testing Zones," *Harvard Law Review*, Vol. 99, No. 5 (March 1986), p. 1046。

⓯ 一九四六至一九六三年間美國之核武試爆，參見 "Gallery of U.S. Nuclear Tests," at http://www.enviroweb.org/issues/nuketesting/hew/Usa/Tests。

⓰ Whiteman, *supra* note 7, p. 585.

使用者之不便，但國際法對此是不予禁止的⑰。

一九五八年六月，美國宣布，自該年七月二十五日始，太平洋 Johnson 島附近的海域將被劃定為核武試爆「危險區」。日本政府對此宣布再度表示抗議⑱。一九五八年九月，美國「原子能委員會」提出一份有關已完成南太平洋 Eniwetok、Bikini 環礁和馬歇爾群島附近海域所劃定為「危險區」內所有核武試爆計畫的公告，依此，所劃定「危險區」也宣告解除⑲。

參、美國法學界對公海測試核武之辯論

正值美國在太平洋進行一系列核武試爆期間，美國國內學界曾對公海核武試爆所引發之國際法適法性問題進行辯論。一派學者認為在公海進行核武試爆之行為已違反了國際海洋法；另一派學者持不同看法，表示基於國家安全而進行的核武試爆是合法的。持反對公海核武試爆意見的學者馬果理斯(Emanuel Margolis)表示，美國在太平洋宣布劃定一個 400,000 平方海浬的「警告區」與公海航行和飛越自由的行使是有所衝突的⑳。Margolis 引述一位英國法律權威 Earl Jowett 的見解去支持他的論點。Earl Jowett 曾經表示：

我完全接受美國在進行核武試爆時已盡最大可能採行必要措施

⑰ Federal Register, Vol. 23, 1958, p. 2401。引自 Whiteman, *supra* note 7, p. 595。

⑱ *Ibid*, p. 593.

⑲ *Ibid*, p. 594.

⑳ Emanuel Margolis, "The Hydrogen Bomb Experiments and International Law," *Yale Law Journal*, Vol. 64, 1955, p. 635.

去避免可能危險發生的說法。但事實上，可能被（進行核武試爆）所影響的（公海）海域是如此廣大，此立即產生一個問題，亦即，船舶在合法的情形下是有可能駛入（被劃定為危險區）的海域，而依據國際法的規定，（美國）並無權警告他人不得進入該區域㉑。

馬果理斯注意到美國之所以決定在公海上宣布劃定如此廣大「警告區」的理由是在保護任何「入侵者」(intruders)的生命財產安全，但此種人道考量理由卻使美國陷入另一個更深的法律困境當中，也就是說，警戒預防之必要性愈大，正表示干預公海航行自由的程度也愈大㉒。如此一來，傳統國際法一致被接受的規定就不可避免的被違反了㉓。

麥都果(Myres S. McDougal)和史凱雷(Norbert A. Schlei) 持不同見解。他們認為，如果將相關的國際規定與美國的決策過程一併考量的話，在公海宣布劃定某一海域，並進行核武試爆，應該是可以被允許的。美國之外的決策者，不論是國家或國際組織，均應該承認接受在公海上所進行此種行為之合理性與合法性㉔。麥都果和史凱雷認為，美國有權為進行核武試爆目的而使用美國擁有管轄權的太平洋領土（此指 Bikini 和 Eniwetok 環礁），即使此種領土之使用會造成暫時性的阻止其他國家船舶進入公海上被劃定為危險區的效果㉕。此種論點是可以依據國家安全理由而予以合理化的，而美國

㉑ 186 H.L. Deb. (5th Ser.), 808–809 (1954)，引自 Margolis, *ibid*。

㉒ Margolis, *ibid*, p. 636.

㉓ *Ibid*.

㉔ Myers S. McDougal and Norbert A. Schlei, "The Hydrogen Bomb Tests in Perspective: Lawful Measures for Security," *Yale Law Journal*, Vol. 64, 1955, p. 661.

㉕ *Ibid*, p. 682.

的作法也可以通過國際法上有關「合理性」(reasonableness)的規定。麥都果和史凱雷指出，公海航行與捕魚自由的行使，正如其他國際法與國內法的規定一樣，是可以依自衛理由而予以排除適用的㉖。再者，美國在公海宣布劃定如此廣大海域俾以進行核武試爆的作法並未造成海洋自由當中有關促進商業航行及捕魚活動的嚴重干預；美國沒有扣捕或起訴任何駛入該海域的船舶；美國也從未在該海域主張過任何的民事或刑事管轄權㉗。麥都果和史凱雷也特別列出以下五個理由支持美國行為的適法性：㈠美國進行公海核武試爆之目的是國際規範所允許；㈡美國已盡可能去主張最小範圍的必要管理權限；㈢美國對試爆之區域與期限已依據試爆之目的作出最大的限制；㈣被美國宣布劃定之公海海域就國際貿易與漁業而言並不重要；㈤美國在世界危機存在的情形下進行公海核武試爆，其目的對重視自由世界的所有人士而言更顯得重要㉘。

肆、大氣、外太空及水下核武測試之禁止

一九六三年五月，美國、英國與前蘇聯簽署了「禁止在大氣、外太空及水底核武試爆條約」(the Treaty Banning Nuclear Weapon Tests in the Atmosphere, in Outer Space and under Water)，同年十月十日，此條約生效㉙。依此，美國停止了所有太平洋海域之核武試爆。但在一九六六至一九七四年間，法國在太平洋其所屬的波里尼西亞(French Polynesia)進行核子試爆。法國所宣布劃定的「海上危險區」

㉖ *Ibid*, p. 675.

㉗ *Ibid*, pp. 682–684.

㉘ *Ibid*, p. 686.

㉙ Adopted August 5, 1963, 14 U.S.T. 1313, T.I.A.S. No. 5433, 480 U.S.T.S. 43 (entered into foce on October 10, 1963).

(maritime danger zone)係自 Moruroa 環礁向公海延伸 150 海浬，形成向東走向的一個 500 海浬平方的狹長海域；就空域而言，此「海上危險區」係由 Moruroa 環礁向外延伸 200 海浬，構成該環礁向東一個 1,000 海浬的空域㉚。一九七四年，法國為進行地下核武試爆，又在太平洋劃定一個寬廣的海域，禁止外國船隻進入，並動用武力阻止企圖進入所劃定海域之抗議船隻。澳洲與紐西蘭抗議法國的行為，並將爭議提送國際法院，指控法國核子試爆所造成的落塵妨礙公海海面船舶的航行自由與其上空航空器飛越權之行使。但隨後法國政府宣布停止該項核子試爆計畫，使國際法院做出紐西蘭的指控不復存在(became moot)的判決㉛。

一九八五年六月十三日，法國宣布將在南太平洋進行最後一系列的地下核子試爆。同年八月二十一日，紐西蘭依據國際法院一九七四年的核子試爆案的判決提出訴訟。但國際法院駁回紐西蘭的訴訟請求，指出一九七四年的判決主要是審理大氣核武試爆爭議，因此，國際法院對本案有關地下核子試爆所引起之爭議並無訴訟管轄權㉜。一九九六年元月二十九日，法國總統席拉克下令提前結束南太平洋地底核子試爆。但他同時表示，「儘管核武會引起恐懼，但在一個充滿危險的世界當中，核武對吾人而言可作為勸阻（他國使用武力）的武器，也可作為服伺和平的武器。」㉝鑒於國際社會主要的

㉚ Jon M. Van Dyke, Kirk Smith, and Suliana Siwatibau, "Nuclear Activities and the Pacific Islanders," *Energy*, Vol. 9, 1984, p. 739.

㉛ *Nuclear Tests* (New Zealand v. France), ICJ Report, 1974, p. 457.

㉜ International Decision: New Zealand Challenge to Underground Nuclear Testing by France in South Pacific — ICJ Judgment of 20 December 1974 in the Nuclear Tests (New Zealand v. France) Confined to Atmospheric Testing — Dismissal of New Zealand Request to Reopen that Case, April 1996, *American Journal of International Law*, Vol. 90, 1996, p. 280.

㉝ *Fla Today*, January 30, 1996, p. 3A.

核武國家均同意不在大氣、外太空和水下試爆核武，因此，在未來，公海核武試爆之爭議似乎不太可能會再出現。但是，向公海試射武器或在公海上試爆武器等海上軍事活動適法性的問題並未全然消除，蓋各國仍不時宣布劃定公海某一廣大海域，不論是將此海域稱之為「危險區」、「警戒區」、「試射區」、「警告區」、「落點區」、「確認場所」、「目標區」、或「發射安全區」等，以供測試非核傳統武器（尤其是彈道飛彈）的威力，因此還是有可能影響到其他國家在公海有關航行自由與空中飛越權之行使。

至今，美國政府仍然主張一個主權國家可以宣布暫時關閉公海某一部分海域，或在公海劃定一個警告區，並告知其他國家其在該海域所將進行的武器測試活動有可能危及航行和飛越安全㉞。其他國家，包括中共、法國、英國、南北韓、日本、俄羅斯獨立國協、印度等也都採取同樣主張。一九六〇年元月，前蘇聯曾在中太平洋宣布劃定一個「目標區」(target zone)，主要目的在試射洲際彈道飛彈。莫斯科在宣布劃定飛彈試射目標區的同時，也同時警告其他國家的船舶或飛機不要進人該區。一九六一年九月，前蘇聯也曾做過類似的公告㉟。一九八〇年，中共宣布在南太平洋試射洲際彈道飛彈。該年五月十三日，中共的《工人日報》刊登出一個地圖，標畫出中共飛彈試射的「目標區」，此區距離中國大陸沿岸有 6,000 公里之遠，離索羅門群島約 1,000 公里。該年五月，日本政府曾要求中共取消洲際彈道飛彈的試射，主要理由是有許多的日本漁船在中共所宣布之「目標區」附近海域作業㊱。儘管如此，中共仍然依照原

㉞ 參見 *The Commander's Handbook on the Law of Naval Operations*, Naval Warfare Publication 9, §2.4.3.1。

㉟ Whiteman, *supra* note 7, p. 626.

㊱ "Japan Asks China to Cancel ICBM Test," *Jiji Press Ticker Service*, May 10, 1980.

計畫進行飛彈試射。

伍、公海飛彈試射之適法性問題

雖然彈道飛彈的試射與核武試爆在性質上是有所不同，但試射飛彈的國家同樣有必要將公海某一海域劃定為試射區。如此一來，飛彈的試射就有可能影響到其他國家在公海海面或公海上空所進行之合法活動。儘管如此，向公海試射飛彈的國際法適法性甚少受到質疑。主要理由是，當某一國家計畫向公海試射飛彈時，會採取防止意外事件發生的預防措施。一般的實踐是事先宣布劃定公海的某一海域及其上空為飛彈試射警告區、危險區、或目標區，透過適當管道，要求或警告外國船舶或航空器不要進入該區。此外，為試射飛彈目的而暫時劃定之海域，其存在時間通常是相當短促，且在試射結束後，此試射區就不復存在。

一九五〇年代，美國曾與英國、多明尼加、海地、巴西等國簽訂雙邊協定，主要目的是方便其執行長程飛彈的試射計畫。美國依照協定在加勒比海及大西洋宣布劃定飛彈試射區。前面曾提到，美國在簽署禁止核子試爆條約之後,就停止在太平洋的核武試爆活動。但是美國仍將中太平洋的馬紹爾群島及其附近海域用做為美國的飛彈試射場所。依據一九七二年美國與前蘇聯所簽訂之反彈道飛彈條約， 美國也可使用馬紹爾群島中的 Kwajalein 環礁作為反彈道飛彈的試射區域。 美國試射的洲際彈道飛彈， 其中包括義勇兵(Minuteman)和 MX 飛彈，係由加州的范登堡(Vandenberg)空軍基地所發射，落入 Kwajalein 環礁之潟湖或附近的目標區。 儘管洲際彈道飛彈是可攜帶核子彈頭，但在試射期間，美國使用的是啞彈頭。為防止意外事件之發生，美國宣布劃定 Kwajalein 環礁周遭 126,000 平方海浬為永久的警告區， 所有的船舶在駛入該警告區之前應事先與 Kwajalein 的控管當局聯繫[37]。

與美國海上核武試爆不同的是，並無其他國家針對美國所進行之海上飛彈試射，以及在公海宣布劃定如此廣大的試射射警告區表示反對或抗議。倒是在一九八〇年代，美國在太平洋的飛彈試射曾引起國際環保組織，特別是「綠色和平組織」(Greenpeace)的抗議。「綠色和平組織」認為，依據國際海洋法，美國無權在公海劃定如此廣大的海域做為飛彈試射之用[38]。就此指控，美國國防部予以反駁，指出:「基於合法目的（舉如武器測試）而使用公海是被習慣國際法所確認的。」[39]

陸、法學者對公海飛彈試射所持見解

綜觀法律文獻，向公海特定海域試射飛彈之國際法適法性問題並未被廣泛討論。但法學者舉如麥掔斯尼(Machesney)[40]、瑞夫(Henry Reiff)[41]、潘德(John H. Pender)[42]、懷特門(Marjorie Whiteman)[43]、

[37] "Exclusion of Ships from Nonterritorial Weapon Testing zones," *Haward Law Review*, vol. 99, 1986, p. 1048.

[38] George W. Ellard, "Free Use of the High Seas: The United States Navy Takes Greenpeace Head-On," *University of San Francisco Maritime Law Journal*, Vol. 3, 1991, p. 341.

[39] Defense Department Regular Briefing by Pete Williams, *Federal News Service*, December 5, 1989.

[40] Machesney, *International Law Situation and Documents 1956* (U.S. Naval College, 1957), pp. 611–612.

[41] Henry Reiff, *The United States and the Treaty Law of the Sea* (Minneapolis: University of Minnesota Press, 1959), pp. 360–371.

[42] John H. Pender, "Jurisdictional Approaches to Maritime Environment — A Space Perspective," XV JAGJ, October–November, 1961, pp. 155–160.

[43] Marjorie Whiteman, *Digest of International Law*, Vol. 4, 1965, pp. 546–

艾爾拉德(George W. Ellard)㊹、羅威(A. V. Lowe)㊺、薄挈克(Boleslaw Adam Boczek)㊻、以及樊岱克(Jon M. Van Dyke)㊼在所發表之論文，或多或少曾觸及公海試射武器之國際法問題。以下僅摘要相關重點。

麥挈斯尼曾列出三大理由說明為何美國在加勒比海及大西洋公海的飛彈試射計畫並未受到其他國家之反對或抗議。第一，儘管美國之長程飛彈試射驗證場所(proving ground)之海域範圍已延伸包括了加勒比海及大西洋的海、空航線，但飛彈試射之高度相當高，因此並未干擾到空中與海上的航行。第二，負責試射任務之美國當局在實施飛彈試射之前已盡最大可能確保試射區內沒有其他船舶或航空器的進入。第三，每次飛彈試射之前，美國都在 U.S. Radio Charts,

633.

㊹ George W. Ellard, "Free Use of the High Seas: The United States Navy Takes Greenpeace Head-On," *University of San Francisco Maritime Law Journal*, Vol. 3, 1991, pp. 329–353.

㊺ A. V. Lowe, "Some Legal Problems Arising from the Use of the Seas for Military Purposes," *Marine Policy*, July 1986, pp. 171–184.

㊻ Boleslaw Adam Boczek, "Peacetime Military Activities in the Exclusive Economic Zone of Third Countries," *Ocean Development and International Law*, Vol. 19, 1988, pp. 445–468; Boleslaw Adam Boczek, "The Peaceful Purposes Reservation of the UN Convention on the Law of the Sea," *Ocean Yearbook 8*, 1989, pp. 329–361; Boleslaw Adam Boczek, "The Peaceful Purposes Clauses: A Reappraisal after the Entry into Force of the Law of the Sea Convention in the Post-Cold War Era," *Ocean Yearbook 13*, 1998, pp. 404–427.

㊼ Jon M. Van Dyke, "Military Exclusion and Warning Zones on the High Seas," in *Freedom for the Seas in the 21st Century: Ocean Governance and Environmental Harmony* (Washington, D.C.: Island Press, 1993), pp. 445–469.

Notices to Airmen，以及 Notices to Mariner 公告飛彈試射區㊽。

瑞夫表示，美國飛彈試射對公海海面及其上空之其他使用者所造成的可能危險遠小於太平洋的核武試爆，因為美國採取高度的安全預防措施。雖然如此，他還是舉了一九五六年 Snark 飛彈試射偏差落入巴西境內一例說明飛彈試射之意外事件仍有可能發生㊾。此外，瑞夫認為，美國與外國（主要是英國、多明尼加、海地、巴西等）所簽訂有關飛彈試射之協定並不能被解釋為在公海上設立「關閉區」(closed area)，蓋試射期間，外國之船舶或飛機僅僅是對特定試射區的適當警告予以合理的回應而已㊿。至於公海上所被宣布劃定之危險警告區的性質或法律地位方面，潘德曾將「禁止區」(prohibited area)與「演習區」(exercise area)加以區分。當一個國家在公海宣布劃定某一海域並有意圖行使管轄措施時，此區域應被視之為「限制區」(restricted area)或「禁止區」。但倘若一個國家宣布劃定公海某一海域作為海空軍等軍事演練場所且在該區域並未主張管理權限時，此區域應被稱之為「演習區」。基此，潘德認為：

> ……當一個國家宣布其軍隊將在某一特定海域進行軍事演習時，除非是將該海域宣布劃定為「禁止區」或「限制區」，此行為並不表示排除外國飛機使用該海域的權利或主張對外國飛機行使管轄權。……因此，簡言之，宣布劃定領海範圍外特定海域的行為並不構成任何政府對該海域行使排除他國使用該海域管理權限的主張[51]。

㊽ Machesney, *supra* note 40, pp. 611–612.

㊾ Jack Raymond, "Little Peril Seen in Missile Tests," *New York Times*, March 25, 1957; "Lost Missile Crashed in Brazil, U.S. Says," *New York Times*, December 8, 1956.

㊿ 引自 Whiteman, *supra* note 7, p. 623。

經引述英國、澳洲、前蘇聯、以及美國所宣布劃定公海某一海域作為試射飛彈之用的實踐後，潘德做了一個結論，那就是:「指定公海某一海域為危險、警戒、或警告區此一行為僅意味著劃定該海域之國家，為了特定的活動，定期性的使用該海域，就公海暨其上空航行自由而言，此乃有效『公有物』(res communis)之使用。」[52]此外，由所謂的「合理驗證」(reasonableness test)原則去決定公海武器試射的適法性而論，潘德強調有必要注意到一九五八年日內瓦公海公約第二條所指的權利是「使用的權利」(rights to use)而非「行使管轄權的權利」(rights to exercise jurisdiction)。事實上，一九八二年聯合國海洋法公約第八十七條也是做此規定。最後，潘德指出，或許「權利之濫用」(abuse of rights)這個概念更能有效的協助行使公海權利時可能發生之衝突能夠達至一個平衡點，並將「使用的權利」和「行使管轄權之權利」予以區分[53]。

一九八六年，《哈佛法律期刊》(*Harvard Law Review*)所刊登出一篇有關領海外海域武器測試的文章。在結論中，這篇文章指出：

> 美國在太平洋進行武器測試有四十年之久。只要其他國家持續避開 Kwajalein 環礁附近的飛彈試射區，美國可以視飛彈試射為非領海水域(nonterritorial waters)之合法使用。但是，並無證據顯示避免進入非領海之試射區的作法就形成一個「習慣」(custom)，因而賦予美國將其他國船舶自該試射區驅離而出的權利。雖然美國或許有權禁止美國籍船舶進入該區，但並無可適用之國際法原則允許美國去禁止外國船舶進入非領海的試射區。在領海以外之海域進行飛彈測試的適法性從未被認真的質疑過。

[51] *Ibid*, pp. 624–625.

[52] *Ibid*, p. 627.

[53] *Ibid*.

儘管如此，外國船舶是可以採用一個直接、有力的方法去挑戰此飛彈測試的行為。一艘外國船舶駛入領海以外之飛彈試射海域並不構成排除他國船舶進入該試射區行為的一項正式國際抗議。倘若美國向駛入試射區該船之船旗國尋求驅離許可而被拒絕的話，此項拒絕不但對排除他國船舶進入該試射區的適法性造成問題，也對飛彈試射活動的適法性產生疑問。此外，此項拒絕將迫使美國面對一個困境，那就是：美國要不然就是必須去違反國際法，或者不進行飛彈測試[54]。

以上法學者所做之討論幾乎都是在「第三屆聯合國海洋法會議」(1973–1982)召開之前，當時200海浬「專屬經濟區」(Exclusive Economic Zone)的法律制度也尚未發展完成。但自「一九八二年聯合國海洋法公約」於一九九四年十一月生效之後，其中第五十八條有關「其他國家在專屬經濟區的權利和義務」、第八十七條有關「公海自由」、第八十八條有關「公海只用於和平目的」、第一九二條有關「海洋環境的保護和保全之一般義務」、第一九四條有關「防止、減少和控制海洋環境污染的措施」、以及第三〇一條有關「海洋的和平使用」等規定對海上軍事演練活動，其中包括武器測試，帶來新的適用解釋問題。

柒、公海用於和平目的之規定

依據聯合國憲章第二條第四款的規定：「各會員國在其國際關係上不得使用威脅或武力，或以與聯合國宗旨不符之任何其他方法，侵害任何會員國或國家之領土完整或政治獨立」，任何與此規定相違之海上軍事行動均不得被視之為「為和平目的」(peaceful purposes)

[54] *Supra* note 14, pp. 1057–1058.

而行使之行為。「一九八二年聯合國海洋法公約」第三〇一條也規定：「締約國在根據本公約行使其權利和履行其義務時，應不對任何國家的領土完整或政治獨立進行任何武力威脅或使用武力，或以任何其他與（聯合國憲章）所載國際法原則不符的方式進行武力威脅或使用武力。」就習慣國際法而言，軍艦在公海航行係屬公海航行自由行使之一種，但是此種航行權之行使是受到「合理顧及」(reasonable regard)其他國家利益要件的限制。至於海上軍事演練方面，即使有必要暫時排除其他國家合法使用公海的一部分海域，此種海上軍事演練(military maneuvers)並不被視之為未適當合理顧及其他國家行使公海自由的利益。一九五八年「第一次聯合國海洋法會議」召開期間，前蘇聯、保加利亞、和阿爾巴尼亞曾經提議禁止在靠近外國海岸或國際航線附近進行期限較長的海空軍演練活動。此提案以四十三票反對、十三票同意、九票棄權未獲通過(55)。此投票結果支持公海的軍事演練活動的國際法適法性。但是，就公海測試核武而言，就很難說此種軍事演練行為是合理顧及其他國家的利益。因此，公海上的軍事演練，包括傳統武器之測試，應該是被允許的(56)。邱吉爾(R. R. Churchill)和羅維(A. V. Lowe)亦持相同看法(57)。

俄羅斯法學者查瑞夫(V. F. Tsarev)持不同見解(58)。他認為，公海和平使用之此一共通要求對海上所進行之所有活動——其中包括軍

(55) 參見 The Proposal of Albania, Bulgaria, and the Soviet Union, in fourth session UN Conference on the Law of the Sea, UN Document A/Conf. 13/C. 2/L. 32。引自 Boleslaw Adam Boczek, "The Peaceful Purposes Reservation of the UN Convention on the Law of the Sea," *Ocean Yearbook 8*, 1989, p. 343。

(56) Boleslaw Adam Boczek, *ibid.*

(57) *Supra* note 4, p. 147.

(58) V. F. Tsarev, "Peaceful Uses of the Sea: Principles and Complexities", *Marine Policy*, Vol. 10, 1988, p. 153.

事性質的作為——課以一項不致威脅到其他國家和平與安全或造成國際海商航行障礙之義務[59]。查瑞夫列出一些他認為會干預到其他國家的利益和合法海洋之使用權的海上活動，特別是在那些已被指定為海洋科學研究區域內所進行之核武試爆、戰鬥訓練區域、以及飛彈和大砲之試射[60]。美國夏威夷大學法學院教授樊岱克(Jon M. Van Dyke)的看法與查瑞夫類似。在他所撰寫之一篇有關公海軍事排他與警告區一文當中，做了下列的結論：「依現行國際法，公海上之飛彈試射或類似的海上軍事活動若要被接受為合法，必須是不會妨礙自由航行、不會干預到漁撈作業活動、不會引起對環境的任何損害、或威脅到人類的居住。」[61]就劃定公海一大片海域作為排他性與警告性的軍事活動區域，且其設立存在期限又是相當長久的話，此種行為甚難符合前述要被國際社會接受的條件[62]。

捌、沿海國專屬經濟區內之外國軍事性質活動

在公海進行軍事活動的適法性因專屬經濟區制度的設立變得更為複雜。主要原因是 UNCLOS 第五十八條第一款與第二款規定：

> 1. 在專屬經濟區內，所有國家，不論為沿海國或內陸國，在本公約有關規定的限制下，享有第八十七條所指的航行和飛越的自由，鋪設海底電纜和管道的自由，以及與這些自由有關的海洋其他國際合法用途，諸如同船舶和飛機的操作及海底

[59] *Ibid*, p. 156.

[60] *Ibid*, p. 155–157.

[61] Jon M. Van Dyke, *supra* note 47, p. 459.

[62] *Ibid*.

電纜和管道的使用有關的並符合本公約與其他對定的那些用途。

2. 第八十八至一一五條以及其他國際法有關規則，只要與本部分不相牴觸均適用於專屬經濟區。

依此規定，是否第三國在沿海國的專屬經濟區內可進行軍事演練（包括武器測試）、鋪設與軍事相關的電纜管道或其他設施（舉如反潛監聽裝置）、進行水文和軍事調查及情報偵蒐活動？國際上對此條文之解釋的確存有爭議。第三次聯合國海洋法會議當中對此些法律問題也未做太多的討論[63]。一九八二年十二月，巴西、維德角共和國以及烏拉圭三個國家在簽署「一九八二年聯合國海洋法公約」的時候同時作出聲明，指出他們並不認為此公約在未經沿岸國許可之下允許第三國在沿岸國之專屬經濟區內進行軍事演練或武器測試[64]。但義大利曾作出反對之聲明，強調沿岸國在專屬經濟區內並不享有「剩餘的權利」(residual rights)。尤其是，沿海國在專屬經濟區內所享有的主權權利和管轄權並不包括要求第三國若要在其專屬經濟區內進行軍事演練時需通知或取得其授權的權利[65]。就此爭議，會議期間擔任主席的新加坡大使 Tommy Koh 曾經表示過，一般的見解是:「一九八二年聯合國海洋法公約」是允許第三國在沿岸國的專屬經濟區進行軍事活動的[66]。美國對「一九八二年聯合國海洋法

[63] Ken Booth, “The Military Implications of the Changing Law of the Sea,” in John King Gamble, ed., *Law of the Sea: Neglected Issues*. Proceedings, Law of the Sea Institute 12th Annual Conference, 1978, p. 330.

[64] 此三國之聲明見 *Law of the Sea Bulletin*, No. 5, July 1985, p. 45。

[65] 義大利之聲明見 *Law of the Sea Bulletin*, No. 5, July 1985, p. 45。

[66] Tommy Koh 曾在一個海洋法會議當中表示：“Nowhere is it clearly stated whether a third state may or may not conduct military activities in the exclusive economic zone of a coastal state. But, it was the general under-

公約」第五十八條第一款有關「以及與這些自由有關的海洋其他國際合法用途」(other internationally lawful uses of the sea related to these freedoms)文字之解釋是：這些「合法用途」(lawful uses)係包括task force maneuvering、flight operations、軍事演習、偵察、情報蒐集活動、武器之測試與發射[67]。倘若未來沿海國與第三國就此發生爭議的話，應該適用「一九八二年聯合國海洋法公約」第五十九條之規定[68]。但是，基於第五十九條文字之使用上是相當含混，因此，在欠缺有關軍事活動的任何強制爭端解決程序的情況下，一旦有關第三國在沿海國專屬經濟區內進行軍事活動的爭議發生，要對適法性的問題作出權威性的解釋是相當困難的。

至於第三國在沿海國專屬經濟區內鋪設軍事設施問題上也是有適用與解釋上的問題。第三次聯合國海洋法會議期間，阿爾及利亞及其他三十六個國家曾提議若未經沿海國之同意，禁止在沿海國之大陸礁層上鋪設軍事或任何其他裝置設施。但此提議被徹底推翻[69]。巴西、維德角共和國以及烏拉圭三個國家的主張是：由於公約第六

---

standing that the text we negotiated and agreed upon would permit such activities to be conducted. I therefore would disagree with the statement made in Montego Bay by Brazil, in December 1982, that a third state may not conduct military activities in Brazil's exclusive economic zone." 見 Jon M. Van Dyke, ed., *Consensus and Confrontation: The United States and the Law of the Sea* (Honolulu: The Law of the Sea Institute, University of Hawaii, 1985), pp. 303–304。

[67] U.S., Department of the Navy, *The Commander's Handbook on the Law of the Naval Operations*, NWP 1–14M, 1995, pp. 2–3.

[68] 第五十九條規定：「在本公約未將在專屬經濟區內的權利或管轄權歸屬於沿海國或其他國家而沿海國和任何其他一國或數國之間的利益發生衝突的情形下，這種衝突應在公平的基礎上參照一切有關情況，考慮到所涉利益分別對有關各方和整個國際社會的重要性，加以解決。」

[69] 參見 UNCLOS III, *Official Records*, Vol. III, p. 220。

十條規定沿海國在其專屬經濟區內對人工島嶼、與經濟活動相關之設施和結構、和可能干擾其在專屬經濟區內行使權利之設施和結構享有建造、授權、管理建造、操作和使用的專屬權利，因此認為沿海國對第三國在其專屬經濟區內擁有授權鋪設軍事或其他設施的專屬權利(70)。義大利不同意此種主張，認為沿海國的專屬權利僅限於公約第六十條所列的項目，因此，不包括軍事裝置(71)。海權國家大多支持義大利之主張；而開發中國家舉如菲律賓、緬甸、印尼、印度等是傾向支持巴西等國的立場。正如第三國在沿海國專屬經濟區內進行軍事演練活動所引起之爭議一樣，第三國在沿海國是否有權鋪設一般非武裝軍事設施所引起之爭議是要適用公約第五十九條去解決。因此，要達至權威性的解釋同樣有困難。薄挈克曾經指出，「第三次聯合國海洋法會議」未能直接處理專屬經濟區內第三國所進行之軍事演練和其他具有軍事性質活動的問題遲早將有可能引發國際爭端，蓋沿海國與其他國家會依據符合其國家利益的方向去解釋 UNCLOS 的適用(72)。但不管未來如何發展，可以確認的是，只要第三國在沿海國所進行之軍事性質活動是「適當顧及」(due regard)沿海國之權利和利益，引起爭議的可能性就減少許多。此外，一旦沿海國在其專屬經濟區內有關有生物或無生物之開發管理主權權利，以及有關人工島嶼、設施和結構的建造和使用、海洋科學研究、海洋環境的保護與保全的管轄權不受第三國在其專屬經濟區內所進行具有軍事性質之活動影響，那麼第三國在沿海國內專屬經濟區內的軍事演練或武器試射是可被接受的。最後，在一個高度政治緊張

(70) 此三國之聲明，參見 *Law of the Sea Bulletin*, No. 5, p. 46。

(71) 義大利之聲明，參見 *Law of the Sea Bulletin*, No. 5, p. 46。

(72) Boleslaw Adam Boczek, "Peacetime Military Activities in the Exclusive Economic Zone of Third Countries," *Ocean Development and International Law*, Vol. 19, 1988, p. 452.

(high political tension)情勢存在的狀況下，在另一個國家的專屬經濟區內進行軍事演練將被視之為挑釁性，且威脅到該沿海國的安全利益。此種海上軍事演練可依據聯合國憲章第二條第四款以及「一九八二年聯合國海洋法公約」第三〇一條視之為非法武力之威脅。同樣的，在沿海國的專屬經濟區安置武器設施，舉如佈雷，此行為將被視之為與沿海國之利益相違，因此，沿海國有權依據聯合國憲章第五十一條自衛權權利之行使，要求安置武器設施的國家除去該設施，或摧毀該軍事設施[73]。

玖、結　論

海上試射飛彈的適法性仍然是一個具有爭議性的國際法問題。這方面的學術探討文獻資料也不多見。目前也尚未出現 UNCLOS 締約國將公海或專屬經濟區內所進行軍事演練和傳統武器測試所引發爭議送交國際法院或國際海洋法庭尋求爭端解決的案例。但比較保守的看法是，不論海上所宣佈劃定之公海海域是被稱之為「危險區」、「警戒區」、「試射區」、或其他，只要該海域是遠離正常海上與空中之航線的話，實施海上飛彈試射之國家遭受其他國家抗議或反對之可能性就比較低。此外，如果所宣佈劃定之公海海域範圍相當小，且試射之期間十分短暫，此海上飛彈試射遭受其他國家抗議或反對之可能性也相對減少。在專屬經濟區方面，如果第三國進行飛彈試射之目的、時間、地點、期限、範圍、試射之密度、影響正常海上活動（包括：海空運、捕魚、石油鑽探、鋪設管道設施等）之程度、所採取預防意外事件發生之措施、以及其他雙邊或多邊國際條約所負之法律義務等均能通過「合理顧及」沿海國在專屬經濟區內所享有之權利利益的話，飛彈試射之行為應該是可以被允許的。

---

[73] Boleslaw Adam Boczek, *supra* note 46, pp. 456–457.

領海之基點與基線

李子文 *

壹、前　言

貳、正常基線

一、河口（一九五八年公約第十三條、一九八二年公約第九條）

二、港口工程（一九五八年公約第八條、一九八二年公約第十一條）與泊船處（一九五八年公約第九條、一九八二年公約第十二條）

三、低潮高地（一九五八年公約第十一條、一九八二年公約第十三條）

四、島嶼與人工島嶼（一九五八年公約第十條、一九八二年公約第一二一條）

五、礁　石

六、海　灣

* 國立臺灣大學法律學士，法律學碩士，澳洲雪梨大學法律學博士〔Ph. D.(Law)〕，曾任外交部薦任科員、專員；法務部科長；東海大學副教授；立法院外交委員會專門委員；總統府參事，立法院法制局局長。現任立法院參事，東吳大學法學院兼任教授（教育部教授證書教學第 5206 號）。

參、直線基線

一、國際法院對英挪漁權案之判決

二、領海公約與海洋法公約之規定

三、各國實踐

肆、群島基線

一、群島問題的案例和國家實踐

二、第三次聯合國海洋法會議之審議和有關群島問題的規定

伍、結　語

一、當前有關基線的規範，是否已成為習慣國際法?

二、基線的效力

領海之基點與基線 *

壹、前　言

雖然基線不是各國疆域之外部界限，但基線近陸地一方之水域稱為內水，由基線向外起算領海、鄰接區、專屬經濟區及專屬捕魚區，故基線之認定至為重要。基線問題在一九三〇年海牙第一次國際法法典化會議時，就曾討論過，後來就成為聯合國國際法委員會一九五〇年代研究海洋法時的基礎，國際法委員會討論的結果，變成一九五八年領海與鄰接區公約（以下簡稱一九五八年公約）中的若干條文（公約第三條至第十一條及第十三條）。當然公約只約束當事國，但卻也代表習慣國際法的規範，所以一九八二年海洋法公約（以下簡稱一九八二年公約）有關基線的部分，大致上是全文照引過來（第五條至第十四條及第十六條），然後就一九五八年公約未涵蓋的地理狀況，增加少數的條文。本文分別討論正常基線、直線基線及群島基線。

貳、正常基線

領海公約第三條與海洋法公約第五條用語相同，以沿海國官方承認的大比例尺海圖所標明的沿岸低潮線為準。用低潮線而不用高潮線，是把相關水域向外更推出一點，本原則主要適用在平直和水

* 作者因受重傷，行動不便，需增加註解部分，尚無法處理，謹致歉意。

曲不多的海岸。為因應實際需要，一九八二年公約第十四條規定「沿岸國為適應不同情況，可交替使用以上各條規定的任何方法，以確定基線。」以下分別就各種地形討論之。

一、河口（一九五八年公約第十三條、一九八二年公約第九條）

兩公約有關河口之規定，用字幾乎相同「河川直接注入海者，基線是第一條在兩岸低潮線上兩點之間橫越河口的直線。」這條橫越河口的線，長度並無限制。若從文字上看，河川出海口兩岸，不論是一國或兩國，似乎都適用相同的規則；但實際上，可能會產生爭執。

上兩條規定，是指直接入海的河流，如果河川不直接注入海，而是經過開闊河口(estuanry)才注入海，基線認定之問題，應依據海灣之規則。原來國際法委員會草案包括有關開闊河口的規定，但是聯合國海洋法公約會議卻予以刪除，因為開闊河口不易界定。實際上，河川直接流入海和河川經過開闊河口，再注入海，這兩者並不易區別，也可能造成濫用。如果海岸潮汐範圍很大，也不易確定河口之所在。 例如一九六一年阿根廷和烏拉圭兩國就 Plate 河橫跨河口的線劃定一條一二〇海浬的收口線，由烏拉圭的 Punta del Este 到阿根廷的 Cabo San Antonio，許多國家（包括美國和英國在內）提出抗議。阿根廷和烏拉圭兩國皆簽署領海公約，並未批准，卻依據公約第十三條劃定河口基線。

如果河川經過三角洲流入海，應該不適用公約規定，其基線可能是河口低潮線或者是在有三角洲和其他自然條件至海岸線非常不穩定之處，可沿低潮線向海最遠處擇定各適當點，劃定直線基線。

二、港口工程（一九五八年公約第八條、一九八二年公約第十一條）與泊船處（一九五八年公約第九條、一九八二年公約第十二條）

構成海港體系組成部分的最外部——永久海港工程，視為海岸的一部分，可作為基線。這是一九五八年公約的規定，但是一九八二年公約第十一條規定的更為清楚，港口工程必須是附著於海岸，或至少很接近海岸，所以加上一個限制：「近岸設施和人工島嶼不應視為永久海口工程」。然而若沿海國沿著港口兩邊（包括防坡堤）劃直線基線時，有無違反海洋法，仍必須注意。

通常用於船舶卸貨、裝貨和下錨的泊船處，即使全部或一部位於領海的外部界限以外，都包括在領海的範圍之內，但不影響其劃界。嚴格言之，本條規定與領海基線無關。德意志聯邦共和國曾經以此為根據，在領海泊船處特別多的部分，主張十六海浬的領海。

三、低潮高地（一九五八年公約第十一條、一九八二年公約第十三條）

一九五八年之前，傳統國際法上有關低潮高地對領海劃界之影響並不太確定，一九五八年及一九八二年公約對此則規定得非常清楚。一九八二年公約第十三條第二項規定：「如果低潮高地全部與大陸或島嶼的距離超過領海寬度，則該高地沒有其自己的領海。」縱然一個低潮高地和另一個低潮高地的距離不及十二海浬，第二個低潮高地距離大陸亦不及十二海浬時，則第一個低潮高地也不能計算其領海。這在國際法上，主要是為了防止產生跳躍的效果，所做的新規定。

從前許多國家以三海浬做為領海寬度時，低潮高地的問題並不大，現在新公約的規定是以十二海浬為界，因此，低潮高地的規定有可能讓沿海國將其領海向外擴張。甚至在一個極端的情況下，假若一個低潮高地正好距離大陸十二海浬，則該沿海國向外起算的領海可能達到二十四海浬。

依一九五八年公約第四條第三項，一九八二年公約第七條第四項，少數情況下，低潮高地也可以作為直線基線的基礎。

四、島嶼與人工島嶼（一九五八年公約第十條、一九八二年公約第一二一條）

島嶼在兩個公約的定義都是:「四面環水，並在高潮時高於水面，自然形成的陸地區域。」所以有效佔領島嶼並不是計算領水的條件。一九八二年公約又規定:「除第三款另有規定外，島嶼的領海、鄰接區、專屬經濟區及大陸礁層應按照公約其他陸地領土的規定加以確定。」從而，任何島嶼不論其大小如何，都一定有領海。這對英國、格陵蘭、馬達加斯加島等在國際社會上算是非常大的島而言，當然沒有問題；問題是任何小島或岩礁是否只享有領海或享有其他所有的一切海域？一九五八年的領海公約，僅提到島嶼之領海，雖然文字上沒有規定，但是可以推斷似乎島嶼也有鄰接區。在一九五八年之後，各國的實踐顯示，島嶼也擁有十二海浬的專屬捕魚區。一九八二年公約明白規定，只要是島嶼就能夠劃定所有的海域，亦即領海、鄰接區、專屬經濟區及大陸礁層。但是，第三項也明白規定:「不能維持人類居住或其本身經濟生活的岩礁，不應有專屬經濟區或大陸礁層」。這項規定在用語上，並不是很清楚。因為它沒有解釋何謂岩礁？何謂不能維持人類的居住或其本身的經濟生活？至於某個特定岩礁可否維持人類的經濟生活或人類的居住，因其文字本身非常含混，恐怕會有不同的答案。

既然島嶼是自然形成的陸地區域，所以非自然形成的人工島嶼當然不能擁有海域。問題是，自然形成與非自然形成之間的差別，有時不太容易區分。但一九八二年公約第六十條第八項及第八十條明白規定，各國在專屬經濟區或大陸礁層上所設立的人工島嶼、設施和結構，不具有任何的領海，他們的存在也不影響領海、專屬經濟區或大陸礁層的劃定。

五、礁　石

在國際法委員會早年的研究報告中，曾經考慮過珊瑚礁的問題，不過，在訂定第一次海洋法公約的時候，並未討論到這一點，到了一九五八年之後，加勒比海、印度洋以及太平洋海上有若干原本是珊瑚礁的島嶼國家出現，如馬爾地夫群島、巴哈馬群島、諾魯共和國。因此，在國際法上必須對珊瑚礁的問題特別考慮，而在一九八二年公約的第六條即明白規定：「在位於環礁上的島嶼或岸礁環列的島嶼的情形下，測算領海寬度的基線是海國官方承認的海圖上以適當標記顯示的礁石的向海低潮線。」惟此規定也產生一些問題，例如：

第一、本條在適用上，是否不只限於珊瑚礁？

第二、本條所指的，只有在低潮時露出海面的珊瑚礁才能作為測算領海的基線，然而在絕大部分的情況下，珊瑚礁的低潮線和向海的外界距離非常的短。

六、海　灣

一九一〇年海牙常設仲裁法院對美英之間「北大西洋沿岸漁業仲裁案」中對海灣問題作出了一項裁決。在這一案件中，英國主張不考慮海灣面積大小和灣口寬度如何，只要是在地理意義上使用「海灣」一詞，在圖上予以標明，並公認為海灣的水域即為內水。美國漁民不應在英國所有海灣內捕魚。而美國則認為，法律意義上，「海灣」只有在封口距離不超過六海浬（三海浬領海的兩倍）時，方可禁止他國在其內捕魚。仲裁法院的裁決認為，只有在灣口最近點距離不超過十海浬的海灣，沿海國才有權禁止外國進入捕魚。

一九三〇年海牙國際法法典化會議第二委員會報告，對「海灣」所做的定義，基本上採用了一九一〇年仲裁法院的裁決，規定海灣的灣口寬度不超過十海浬時，直線基線可封閉海灣，但沒能達成協議。根據國際法委員會的建議，一九五八年的「領海與鄰接區公約」第七條對海岸屬於一國的海灣作具體規定。一九八二年公約第十條完全採用上項文字，其主要內容是：「海灣是明顯的水曲，其凹入程度和曲口寬度的比例，使其有被陸地環抱的水域，而不僅為海岸彎曲。」「如果海灣天然入口兩端的低潮標之間的距離不超過二十四海浬，則可在這兩個低潮標之間劃出一條封口線，該線所包圍的水域應視為內水。」「如果海灣天然入口兩端的低潮標之間的距離超過二十四海浬，二十四海浬的直線基線應劃在海灣內，以劃入該長度的線所可能劃入的最大水域。」這就解決了有關海灣灣口劃基線長度限制的規定。

海灣的另一個問題是歷史性海灣，或者還擴展到歷史性水域問題。早在一九三〇年，國際法法典化會議便討論過本項，在會議上有各種建議，例如要求各國政府在會議上宣布主張那些海灣是「歷史性海灣」，曾有學者在一項有關領海問題的研究文件中，表示應給歷史性海灣以定義，並且認為沿海國對一個海灣的歷史性權利，應當由其國內立法和管轄行動來決定，在政府行動以及簽署公約之前，由主管當局作出宣告來證明。但這次會議沒有做出任何決定。聯合國秘書處在一九五八年第一次聯合國海洋法會議準備文件中，提出了一份題為「歷史性海灣」的文件，認為一個國家的歷史性權利，不僅包括「歷史性海灣」，還包括「歷史性水域」，後者不是海灣，而是一個海洋區域，包括例如大陸和群島間的群島水域、海峽、河口，以及其他類似的海域。至於歷史性海灣的起因，早在十九世紀決定領海基線時便已提出，一種是規定灣口直線基線長度的限制，另一種是如果超過這一限制，而沿海國又具有歷史性權利時的例外，這就是法律上「歷史性海灣」的概念。

一九五八年公約規定，有關海灣和直線基線的規定不適用於「歷史性海灣」，但對「歷史性海灣」的性質、構成、法律地位等未作規定。

一九六二年聯合國秘書處提出一份題為「歷史性水域，包括歷史性海灣的制度」文件，認為構成「歷史性水域」的因素主要是：⑴主張歷史性權利的國家已對該海域行使權利；⑵行使權利應有連續性；⑶這種權利的行使獲得外國默許。

在第三次海洋法會議第三期會議上，第二委員會專門設立了一個「關於歷史性海灣和其他歷史性水域工作組」，主要是討論哥倫比亞提出的一項有關歷史性海灣的條款草案。

經過多次協商沒有結果。因此，在第三次海洋法會議上提出的各種草約文件，包括一九八二年聯合國海洋法公約，沒有對歷史性海灣和歷史性水域的性質、構成因素作成任何規定，而只是就其法律地位作了兩點說明：1.在公約第十條有關海灣的規定中，指明不適用於「歷史性」海灣，同時還規定有關劃定領海直線基線的規定不適用於「歷史性」海灣；2.第十五條關於海岸相向或相鄰國家領海界線的劃定原則規定，「如因歷史性所有權或其他特殊情況而有必要按照與上述規定不同的方法劃定兩國領海的界線，則不適用於上述規定。」

參、直線基線

一、國際法院對英挪漁權案之判決

(一)事實

按，挪威海岸從維斯灣(Vestfjord)起，約至北岬(North Cape)為止，異常曲折；同時，近岸的島嶼與岩石，大小不一，為數極多，構成所謂「岩石壁壘」(Skjaer-gaard)。這種地形上構造的效果，使挪威的這部分海岸，幾乎成為一串綿延不斷的海灣。挪威遂在一九三五年七月十二日頒布命令，在挪威北部的海域約自維斯灣起，直至瓦朗格灣(Varangertfjord)東岸的蘇俄邊界為止（直線距離，約為五五〇海浬；海岸距離，約在九〇〇海浬以上；沿岸曲折，尚未計入），劃定四十八條直線基線；其專屬沿岸漁捕區，即由這些基線起算，向外海延伸四海浬的海域。這些基線長短不一：在維斯灣者，長四十海浬；在斯朗格灣者，長三十海浬；在斯瓦霍特海(Svaerholthavet)者，長三十九海浬；在羅勃海(Lopphavet)者，長四十四海浬；其他則在十五海浬至二十五海浬之間。

英國認為，挪威的國內法規定把部分公海劃為挪威漁民的專屬捕漁區，違反國際法。一九四九年九月二十八日，英國遂向國際法院提出申請狀，開始了英挪漁權案(Anglo-Norwegian Fisheries)在國際法院裡的訴訟程序。一九五一年十二月十八日，國際法院對於該案，作有利於挪威的判決，結束了兩國持續了四十年之久的漁權爭端。

(二)國際法院的判決

國際法院以十票對兩票的多數，認定挪威所採用的劃定沿海漁捕區的方法，並不違反國際法的規則。同時，國際法院以八票對四票的多數，認定挪威根據上述方法決定實際上的領海基線時，亦不與任何國際法的規則相牴觸。

國際法院的判決首先強調挪威北部的特殊地形，它指出挪威北部海岸極端曲折的特殊情形；近海的「岩石壁壘」與海岸兩者幾乎構成一個整體；兩者互相可以從遠處望見；與當地住民的完全仰賴漁業為生等等。法院在強調挪威海岸地理上的特殊情形以後又說：

> 我們不復能夠堅持著低潮線，作為領海國必須比照其海岸線的曲折，以劃定其領海的規則；當我們細細地研究挪威北部極端曲折的海岸時，我們也不能夠說，它僅僅構成低潮線規則的一個例外。從整個的海岸看來，我們必須對它適用另一個方法。挪威北部領海的劃定，必會引起對於上述規則的許多破壞。我們不能夠認為這些破壞，只是規則所允許的例外。因為在這許多例外之下，規則本身將蕩然無存。

二、領海公約與海洋法公約之規定

一九五一年國際法院之判決，被視為是一種司法機構的立法。國際法委員會接納此判決，國際法院判決也變成一九五八年領海公約的規定，雖然法院認為直線基線法只是低潮線劃定領海基線原則之特別適用，一九五八年公約卻承認直線基線法為另一種劃定基線的方法。國際法淵源第四順位的判決，一躍而成第一順位之國際法淵源。茲根據國際公約把直線基線法之適用原則，摘要如下：

1. 劃定條件：海岸線極為曲折或緊接海岸有一系列島嶼者（一九五八年公約第四條第一項，一九八二年公約第七條第一項），或因有三角洲和其他自然條件致海岸線不穩之處（一九八二年公約新設)，則可選定適當各點或沿低潮線向海最遠處選定適當各點，劃定直線基線。各國遇有此種情況，「得」選擇直線基線法。

2.直線基線不得與海岸一般方向相去過遠，且基線內之海域必須充分接近領陸，使其受內水制度之支配。(一九五八年公約第四條第二項，一九八二年公約第七條第三項)

3.直線基線之起訖點，原則上不能選定低潮高地，但在低潮高地上建有永久高於海平面之燈塔，或已受國際一般承認者，不在此限。(一九五八年公約第四條第三項，一九八二年公約第七條第四項)，以避免劃出來的基線離海岸太遠。

4.一國不得採用直線基線法，致使另一國的領海同公海或專屬經濟區隔斷。(一九五八年公約第四條第五項，一九八二年公約第七條第六項) 本條規定乃針對罕見情況而設，例如摩那哥小國被法國圍住，希臘小島很靠近土耳其海岸，此時法國或土耳其就不能在相關海域採取直線基線法。

5.若採取直線基線法，致使原非內水之水域 (如領海或公海) 變成內水時，他國船舶在此項水域內應享有無害通過權。(一九五八年公約第五條第二項，一九八二年公約第八條第二項)

6.依直線基線法確定的領海基線，應在足以確定這些線的位置的一種或幾種比例尺的海圖上標出，或者可以用列出各點的地理坐標並註明大地基準點的表來代替。沿海國應將此種海圖或地理坐標妥為公布，並將一份副本交存於聯合國秘書長。(一九五八年公約第四條第六項，一九八二年公約第十六條) 一九八二公約增加存放聯合國秘書長的規定。

7.遇有依第一項規定可通用直線基線法之情形，關係區域內之特殊經濟利益經由長期慣例證明實在而重要者，得於確定特定基線時予以注意 (一九五八年公約第四條第四項，一九八二年公約第七條第五項)。本條所謂經濟利益，以及一九五一年英挪漁權案之爭執主因，即漁捕利益。

8.基線長度：一九五八年公約及一九八二年公約皆未明定直線基線最大長度，聯合國第一次海洋法會議時，曾有人提議以十五海浬為限，但未獲採納。在英挪漁權案，挪威劃定的直線基線中，最長的四十四海浬，國際法院也未表示異議。

三、各國實踐

依一九五一年的 ICJ 判決，一九五八年公約及一九八二年公約，只有在特殊地理狀況下，才能使用直線基線法，但世界上有五十五至六十五國採取直線基線法，十五國通過相關法律但未劃定直線基線。為何有五十五至六十五國這種不精確的數字，因為相關國家所劃之直線，不知道是真正的直線基線或河口、海灣的收口線。

既然國際習慣及公約有關直線基線之規定不太精確，各國自由裁量當然增加了。若干國家之做法已超過此項規範之精神及文字。學者 Churchill 與 Lowe 曾說，美國國務院地理專家以及 Prescott 教授研究發現，大約有三分之二的直線基線背離國際法。第一類國家(例如阿爾巴尼亞、古巴、義大利、塞內加爾及西班牙)在不曲折的海岸劃定直線基線，哥倫比亞沿加勒比海海岸劃定一條長達一三一海浬的直線基線，該部分海岸也沒有島嶼。第二類國家沿著若干外海島嶼劃定基線，這些島嶼數目不多，不合乎緊密排列的條件（例如厄瓜多爾、冰島、伊朗、義大利、馬爾他及泰國)。最極端的例子是越南，把距海岸七十四海浬的孤島 Hon Hai 作為劃定直線基線的基點，再向北面及向西南各劃一條長達一六一海浬的基線。第三類國家劃的直線基線，與海岸一般方向相距過遠。緬甸及厄瓜多爾所劃的基線，與海岸一般方向構成六十度角，而挪威所劃的直線基線與海岸方向不超過十五度角。第四類國家，直線基線內的水域並未充分接近陸地領土，使之受內水制度的支配，緬甸在馬他班海灣(Gulf of Martaban)所劃的一條直線長達二二二海浬，距最近陸地七十五海浬，所涵蓋之內水面積等於丹麥，結果是陸地與海水之比例（基線內島嶼面積與基線內海水面積之比例）是一比五十，而挪威之比例是一比三點五。第五類國家甚至把低潮高地作為起訖點，而不論是否有燈塔或類似設備，沙烏地阿拉伯及敘利亞的法律就如此規定。第六類國家，違反不得使另一國的海同公海或專屬經濟區隔絕之規定。摩洛哥在北非海岸所劃基線就是如此。第七類國家如海地，馬來西亞與北韓，未遵守公告周知之義務。第八類國家乾脆就在海上尋找基線的基點，亦即先劃定直線基線，再找基點。依公約規定，當然先找好基點，再劃基線，順序相反。

肆、群島基線

一、群島問題的案例和國家實踐

國際法院於一九五一年十一月十八日就英國挪威漁權案所作之判決，為類似挪威地理特徵的沿海國提供了一個範例，也鼓舞了有特殊地形的國家把直線基線法擴大適用。一九七四年聯合國第三次海洋法會議主席阿梅拉辛格著文〈海洋法中的群島問題〉指出，可以從英挪漁權案抽出若干一般性原則，以解決大洋中群島問題。在第三次聯合國海洋法會議以前，有關群島問題法律制度雖然尚未達成國際協議，但許多國家在國內立法的實踐方面已採取了行動。

㈠沿岸群島

世界上有許多國家具有沿岸群島，它們大都先後建立了群島直線基線制度，例如丹麥、泰國、緬甸、芬蘭、瑞典、英國、愛爾蘭、南斯拉夫等國。此外，有許多國家採用直線基線包圍沿海島嶼，例如沙烏地阿拉伯、冰島、埃及、古巴、幾內亞、墨西哥、法國、厄瓜多爾、馬達加斯加等。

各國在沿海群島的實踐中，對採用直線基線制度一般沒有爭議。但由於在「英挪漁權案」的國際法院判決和一九五八年公約第四條所規定的法律原則，對基線與海岸線的距離，以及基線長度的限制都沒有具體規定；再者，一些國家所宣布的基線還涉及「歷史性權利問題」，因此在國際上產生了一些爭議。

㈡大洋群島

在世界各地有許多大洋群島，它們在地理和自然性質方面有很大的差異。在國家實踐中，對大洋群島也有許多不同的主張。

第一類大洋群島可以丹麥的法羅群島、挪威的斯瓦巴德群島和厄瓜多爾的加拉帕戈斯群島為代表。這類群島最普通的性質是遠離所屬國家的大陸，採用獨立的基線系統。

第二類大洋群島是由群島構成一個獨立的國家，例如菲律賓、印尼、斐濟、東加、模里西斯等。此處只簡介菲律賓和印尼兩國。

菲律賓由七一〇七個島嶼組成，國土面積二九九七〇〇平方公里，其中十一個大島占整個面積的百分之九十四，其餘只有三五七個島嶼面積超過一平方英里。早在一九五五年菲律賓曾在致聯合國秘書長備忘錄中提出了群島制度的第一個模式。一九六一年六月十七日「關於劃定菲律賓領海基線的法令」規定用八十條直線基線，將菲律賓群島完全封閉。基線平均長一〇二・二海浬，最長一四〇・〇五海浬，基線總長八一七五海浬。基線封閉了蘇祿海、蘇里高海峽、錫布圖海道、巴拉巴克海峽和民都洛海峽等。基線內水陸比為一・八四一比一，基線內的水域屬於內水。菲律賓也根據「歷史性權利」主張歷史性領海，即根據一八九八年十二月十日美國與西班牙締結的巴黎條約，一九〇〇年十一月七日美國與西班牙締結的華盛頓條約，及美國與英國在一九三〇年一月二日締結的條約確定領海範圍。然而，美國在一九六一年五月十八日備忘錄中表示不能承認這種「歷史性領海」，因為按美國參與締結的條約所劃定的範圍，只是指該範圍的陸地領域，並不涉及海域。以前西班牙沒有對整個按照經緯度坐標所圍繞的海域行使管轄，其後美國也沒有行使這種管轄。

印尼由六個大島和三萬多個小島組成，其群島基線制度類似菲律賓。一九五七年十二月十四日發布的領海公告和一九六〇年二月十八日發布的總統法令，即有關印尼領海和內水的法令，其主要規定是連接印尼群島最外緣島嶼最外點劃定直線基線，直線基線伸展至五個部分，由一九六段基線構成，基線總長八一六七・六海浬，平均長度四一・六七海浬，最長基線一二四海浬，直線基線所包圍的海域屬於內水，總面積六六六一〇〇平方海浬，基線內水陸比為一・〇一比一。第三類群島是由珊瑚礁形成，這些與群島陸塊「自然延伸」的群島不同，珊瑚礁向海一側的外緣以陡峻的坡度深入洋底，而內側形成潟湖，這種島嶼在地質上與海底無關，而是由上升環礁形成島嶼，例如百慕達群島及巴哈馬。

二、第三次聯合國海洋法會議之審議和有關群島問題的規定

一九七三年底，第三次聯合國海洋法會議召開前後，斐濟、印尼、模里西斯、和菲律賓曾兩度提出「關於群島國的條款草案」，此外厄瓜多爾所提「關於群島的條款草案」、泰國的「關於群島的條款草案」、巴哈馬的「關於群島國條款草案」、加拿大、智利、冰島、印度、印尼、模里西斯、墨西哥、紐西蘭、挪威九國的「工作文件」、馬來西亞的修正案、以及保加利亞、東德和波蘭的修正案等，都對

群島和群島國的相關問題提出了建議。

群島和群島國問題是第三次聯合國海洋法會議的新議題，對這項議題的審議曾在會議早期集中進行。經過第二期至第四期會議的辯論，群島國主張基本上為會議所接受，第四期會議產生的「修正的非正式一協商案文」所規定的法律制度，經過少許修改，在第六期會議變成「非正式綜合協商案文」時大致定型，一直到一九八二年通過的「聯合國海洋法公約」均未作大的改動。

群島國基線制度引起爭論的主要問題是：群島和群島國的定義、群島原則之適用範圍及群島基線之劃定等。以下分別論述之。

㈠群島和群島國的定義

「公約」第四十六條規定：「群島國」是指全部由一個或多個群島構成的國家，並可包括其他島嶼。「群島」是指一群島嶼，包括若干島嶼的若干部分、相連的水域和其他自然地形，彼此密切相關，以致這種島、水域和其他自然地形在本質上構成地理、經濟和政治的實體，或在歷史上已被視為這種實體。

㈡群島國制度之適用範圍

關於群島國制度適用範圍之爭論，有兩種主要的看法。第一種主張認為，群島國制度僅適用於群島國，不適用於屬於大陸國家的群島部分。持這種主張的包括斐濟等群島國和前蘇聯、美國等。第二種主張認為，群島國制度不僅適用於群島，而且對於構成一國部分領土的群島應同樣適用，持這種主張的有印度、厄瓜多爾、宏都拉斯、哥倫比亞、希臘等國。

第三次海洋法會議第二委員會一九七四年提出的「主要趨勢匯輯」中將兩種主張都列入考慮。一九七五年非正式單一協商案文中對「群島國」和「屬於大陸國家的海洋群島」分別作了規定，但對後者的規定比較含混，只是規定：「第一節（群島國）的規定不影響構成一個大陸國家領土完整部分海洋群島的地位」（第一三一條）。

在「修正的非正式單一協商案文中」將第七章改為「群島國」，刪去了原案中「屬於大陸國家的海洋群島」的規定。

鑒於一九八二年的海洋法公約沒有對屬於大陸國家的海洋群島作出規定，大陸國家之海洋群島如何劃定基線，有兩種解釋。甲說以為，雖然一九八二年公約無明文規定，但鑒於世界各國有關群島制度之廣泛通例，當然可以比照群島國之相關規定而適用。乙說以為，大陸國家之海洋群島只能適用公約有關直線基線法之規定劃定領海基線，不能適用群島國之規定。個人以為，乙說較妥。

㈢群島基線

群島基線是群島國制度的核心。群島基線既是一種直線基線，但又不同於一般的直線基線。一般之直線基線是應用在「海岸線極為曲折、或者如果緊接海岸有一系列島嶼的地方」，測算領海基線的劃定，採用連接各適當點的直線基線法。儘管過去對直線基線的長度和對海岸的距離曾有過一些建議，然而各國實踐中卻很少遵循某種建議提出的限制。因此，一九五八年公約以及一九八二年公約，就直線基線長度和距岸距離都沒有作任何限制，而只是原則的規定，「直線基線的劃定不應在任何明顯的程度上偏離海岸的一般方向，而且基線內的海域必須充分接近陸地領土， 使其受內水制度的支配」。既然群島基線是一種特殊的直線基線，英國在一九七三年的提案便提出了兩種限制，一是基線長度不超過四十八海里，另一是基線所圍繞區域內的水域與陸地面積的比例不得超過五比一。爾後提出的各種案文，包括一九八二年的海洋法公約，基本上接受上述兩種限制規定，但數字不同而已。

依一九八二年公約第四十七條第一、二兩款規定，群島國可劃定連接群島最外緣各島和各礁最外緣各點的直線群島基線，但這種基線應包括主要的島嶼和一個區域，在該區域內，水域面積和包括環礁在內的陸地面積的比例應在一比一到九比一之間。至於基線長度原則上不應超過一百海里，但圍繞在任何群島的基線總數中至多百分之三可超過該長度，最長以一二五海浬為限。這種規定顯然是合乎目前主要群島國家實踐，同時也對群島國加以某種限制。

伍、結　語

一、當前有關基線的規範，是否已成為習慣國際法?

首先要考慮的是，一九五八年公約及一九八二年公約在與一九五八年前的習慣國際法不相違背的程度內，已經有多少變成習慣國際法? 當然有許多證據證明它們已經變成習慣國際法，為了支持這項觀點，可以提出三個論點：

第一、領海公約有關領海基線的規定，完全被一九八二年公約所採納，甚至在開會時不討論，亦無任何的反對。

第二、領海公約有關基線的規定，在其他公約中被提到並被接受。這些接受其他公約的國家，甚至包括沒有參加領海公約的國家。

第三、許多國家在國內立法時，雖沒有受到公約義務的拘束，然而他們的國內立法大致上都能反映公約本身的規定。(各國有關直線基線的實踐，未必忠實的反映出公約規定。)

參照相關國內立法及各國通例，公約有關基線、海灣及島嶼之規定以及有關河港工程之規定，已成為習慣國際法。有關海岸線不穩定時如何劃定基線的規定，以及公約新增有關礁石的規定，似乎並未成為習慣國際法。

其次，一九八二年公約有關群島基線之規定是否也已變成習慣國際法? 一九八二年公約既已生效，當然拘束當事國，但生效之公約並不必然變成習慣國際法。由實例檢證，許多國家之群島主張，幾乎都在公約生效前提出，這些主張並未遭到他國抗議，主要海權國家也接受群島主張。此外，若干在一九八二年公約生效前就締結之條約，也承認群島國制度之若干部分，另外大約二十個雙邊海疆條約默示或明示承認群島國劃定之群島基線。基上推論，應可認定國際法有關群島基線之規範，亦已轉換成習慣國際法。

二、基線的效力

各國在劃定領海基線時，大致上都有其自由裁量，可以劃定正常基線或直線基線。沿海國在劃定基線時的自由裁量，仍然受到國際法的限制，一九五一年國際法院在英挪漁權案的判決中，曾經說過這麼一段話:「海疆的劃界，本來就具有國際的層面，它不能完全仰賴各沿岸國國內法所表現的意志做為唯一根據。當然海疆的劃界必然是片面行為，因為只有沿岸國有權力如此劃定，但其劃定後影響他國部分的效力，必須依據國際法來決定。」所以，如果基線顯然違反國際法時，就不具有效力；當然，就反對這個基線國家來說是如此，不過，接受這項基線的國家，可能以後就無法否定它的效力。而在灰色地帶的案件，例如：對於一個國家所劃定的直線基線，是否符合所有習慣國際法或公約國際法發生疑義時，其他國家是否同意或反對這項基線，在以後判斷它的效力時，具有絕對的重要性。

參考書目

中　文

一、丘宏達，現代國際法，臺北：三民書局，民國八十四年。

二、丘宏達編輯，陳純一助編，現代國際法參考文件，臺北：三民書局，民國八十五年。

三、黃異，國際海洋法，臺北：渤海堂，民國八十一年。

四、陳德恭，現代國際海洋法，北京：中國社會科學出版社，一九八八年。

五、朱子芬編著，海洋法，臺北：正中書局，民國六十二年。

六、雷崧生，國際法院成案，臺北：正中書局，民國四十七年。

七、陳致中、李斐南譯，國際法院、國際法庭和國際仲裁的案例，廣州：中山大學出版社，一九八九年。

八、周健，島嶼主權和海洋劃界：國際法案例選評，北京：測繪出版社，一九九九年。

英　文

1. Gary Knight and Hungdah Chiu, *The Law of the Sea: Cases, Documents, and Readings*, London and New York: Elsevier Applied Science, 1991.

2. *Anglo-Norwegian Fisheries Case* (United Kingdom v. Norway), Judgement of December 18, 1951, *I.C.J. Reports 1951*, p. 116.

3. Renate Platzoder, *Third United Nations Conference on the Law of the*

Sea: Documents, 18 Vols. (1982–1988)

4. R. R. Churchill and A. V. Lowe, *The Law of the Sea*, 3rd edition, Manchester: Manchester University Press, 1999.

5. Myron H. Nordquist, ed., *United Nations Convention on the Law of the Sea 1982, A Commentary*, 6 Volumes, The Hague: Martinus Nijhoff Publishers, 1985.

6. Jorge R. Coquia, "Analysis of the Archipelagic Doctrine in the New Convention on the Law of the Sea", *Philippine Yearbook of International Law*, Vol. 8 (1982), p. 28.

7. J. R. V. Prescott, *The Maritime Political Boundaries of the World*, London and New York: Methuen, 1985.

8. United Nations, *Baselines: National Legislation with Illustrative Maps*, New York: United Nations, 1989.

9. *International Law Commission Yearbook*, 1952, Vol. II, p. 27.

10. *International Law Commission Yearbook*, 1953, Vol. II, p. 59.

11. *International Law Commission Yearbook*, 1954, Vol. I, p. 59.

12. Jonathan I. Charney and Lewis M. Alexander, eds., *International Maritime Boundaries*, 3 Volumes, London: Martinus Nijhoff Publishers, 1993.

論我國憲法上外國人基本人權之平等保障適格

李念祖 *

* 作者為美國哈佛大學法學碩士，現任理律法律事務所合夥人，東吳大學法研究所兼任教授。

論我國憲法上外國人基本人權之平等保障適格

壹、前　言

本文所欲討論的主題，正如文題所示，乃是我國憲法在解釋上，所稱基本人權之保障，是否僅以本國人為對象，還是外國人（及無國籍人）亦同為保障之對象？外國人基本人權之平等保障有無憲法適格性，不是個新的學術問題，林紀東教授在他的重要著作中華民國憲法逐條釋義（第一冊）中，即認為問題的答案「應視各種權利性質而不同」❶。更重要的是，林教授認為，從憲法第七條關於平等權的規定來看，不妨將基本人權的保障對象，解為以中華民國人民為限，「如因國際關係上之必要，由國家制定法律，賦與在華外國人，與國民相同的某種法律地位，並不違憲……不必在本條解釋上，先認在華居住之外國人，亦為平等權保障之主體，以致發生流弊也」❷。

林教授的見解，代表了我國學者的通說意見，不僅早期的憲法論著，多持相同的觀點❸，當代的憲法學者，在此一問題上，雖然

---

❶ 林紀東，中華民國憲法逐條釋義(一)，臺北：三民書局（五十九年），頁八八。

❷ 前註，頁八九至九〇。

❸ 劉慶瑞，中華民國憲法要義，臺北：三民書局（四十九年），頁五〇；曾繁康，中華民國憲法概要，臺北：三民書局（五十二年），頁五九。

均在理論上主張基本人權的主體是「人」，不應有外國人、本國人之分，然或者認為在憲法解釋上，仍應將外國人排除在外，而由國際法或法律加以保護❹，或者認為應將基本權利分為「人權」與「國民權」，外人只享受人權，原則上不享受本國人始享受之「國民權」❺，至於人權、國民權的範圍孰屬，則多以為不能一概而論。學者中認為在憲法解釋上，不能以辭害義，應將「外國人」與「本國人」原則上為相同處理者，檢視手邊資料，似乎僅得陳新民氏一家而已❻，惟並未深入交代憲法上應為如此解釋之理由。

本文所欲辨明者，則為在我國憲法解釋上是否採取基本人權之保障主體適格性，應取決於外國人與本國人並無差別的觀點，而不應只是讓諸國際法或國內立法加以保護而已；抑有進者，本文不欲在法律限制個別的基本人權之各種項目上研究本國人與外國人之區分有無實益，而是要探究「本國人與外國人是否同樣具有享受立足點一致之憲法平等保障」適格性的基礎問題，以及在我國憲法解釋上，採取肯定說與否定說之差異究竟何在。這是一項範圍極其有限

其中劉慶瑞氏雖亦主張解釋上可以在不妨害國家利益的範圍內，將平等權適用於外國人，然因其認定「中華民國人民」是指「中華民國國民」，本文仍將其列為適格否定論之主張，詳後。

❹ 姜皇池，國際法與臺灣，臺北：學林（二〇〇〇年），頁五四四至五四五；李震山，人性尊嚴與人權保障，臺北：元照（二〇〇〇年），頁三八九；蔡宗珍，「基本權主體」，月旦法學雜誌四十六期（一九九九年三月），頁一〇七至一〇八。

❺ 法治斌、董保城，中華民國憲法，臺北：空中大學（八十五年），頁九八至一〇〇；蔡茂寅，「平等權」，月旦法學雜誌四十六期（一九九九年三月），頁一一三；蔡庭榕、刁仁國，「論外國人人權——以一般外國人之出入境管理為中心」，憲政時代，二十五卷一期（八十七年七月），頁一六二至一六三；前註李震山、蔡宗珍同頁。

❻ 陳新民，中華民國憲法釋論，臺北：五南（八十六年），頁一三九。

而焦點集中的討論，但因涉及憲政主義的基本價值理念取捨，恐不容在學術態度上，輕易地迴避或有所游移。

貳、憲法相關規定及疑問之所在

與本文主題有關之憲法條文，散見於憲法各章，主要的是第一章「總綱」、第二章「人民之權利義務」以及第十三章「基本國策」文件的部分條文，較為次要的尚有第三章「國民大會」、第六章「立法」、第十二章「選舉、罷免、創制、複決」等相關規定。最直接相關的條文，當然是憲法第七條「中華民國人民，無分男女、宗教、種族、階級、黨派，在法律上一律平等」的規定。學者關於本項問題的討論，無不係從憲法第七條規定的平等權或平等原則出發，即可見一斑。

凡是認為外國人不在我國憲法基本人權保障範圍的學者，恐都是受到了憲法第七條規定中載有「中華民國」四字的影響，從茲推論我國憲法上平等權祇為我國國民始得享有之權利，似乎也極為自然，至少在文義解釋上，乍看之下，似乎不易別作他解。然則，如果細讀憲法其他條文的規定，不難發現，若將「中華民國人民」即解做「本國國民」，似嫌速斷。因為憲法第三條規定「具有中華民國國籍者，為中華民國國民」，如果憲法第七條規定係在將外國人或無國籍者排除在平等權的基本保障之外，何不逕行規定「國民無分……在法律上一律平等」？況且憲法第二章規定的是「人民」之權利義務，並非「國民」之權利義務，除第七條在「中華民國」四字之下，使用了「人民」一詞之外，自第八條以迄第二十四條（包括第十七條之規定參政權），使用的均是「人民」而非「國民」二字，憲法第二章中只有第二十一條規定「國民教育」的部分，有「國民」的字眼出現。再者憲法其餘各章的規定，第二十五條規定國民大會代表「國民」行使行政權，第六十二條則規定立法院由「人民」選舉立法委員組織之，代表「人民」行使立法權；第一百三十條規定「中華民國國民」行使選舉權與被選舉權之年齡，第一百三十五條規定「國民代表」之名額。第十三章關於「基本國策」之規定，特別是在「國民經濟」一節，第一百四十三條至第一百四十五條規定土地政策、獨立性企業之經營與私人資本之扶助等，以及第一百五十九條、第一百六十條及第一百六十五條關於教育之規定，均以「國民」為規範保障之對象，另外，憲法第二十六條、第六十四條、第一百五十一條，亦均使用「僑居國外之國民」之字眼。憲法使用「人民」與「國民」兩個不同的詞彙，究竟有無區別意義的用意與道理存在?

從憲法第一百四十一條規定使用「僑民」一詞觀察，似乎難與「僑居國外之國民」，為任何有意義的區別，後者顯為不夠簡潔的用語。然則若僅因此而推論憲法中「國民」與「人民」並無區別，亦未免過於簡單。尤其就憲法第二章而言，基本人權之保障祇限於「國民」始有適用，顯然令人感到不安；即令在涉及參政權的事項上，包括國民大會與立法院之組成，以及選舉與被選舉資格年齡等節，將「國民」與「人民」當做同義詞交互使用，並非難於理解，但若從參政權限於國民行使之假設一點，遽行推論出基本人權的保障即在「人民」與「國民」之間應該截然二分的憲法解釋者，實不能不令人追問此種憲法解釋是否符合憲法的基本義理，而需思考為不同解釋的理由是否存在。嚴格言之，將參政權限於國民始得享受行使，與將平等權限於國民始得享受行使，乃是截然不同之命題，並不能從前者推出後者。我國憲法第十七條規定四種參政權之保障，係以「人民」為對象，相對於第一百三十條規定選舉與被選舉資格年齡而言，至少亦可發生在罷免、創制、複決三權是否只限於國民行使的文義解釋上疑問；況乎憲法第十七條既無「中華民國」字樣，第七條規定則見出現，益可知不能只從文義解釋，想當然耳地主張唯有國民始具享受平等保障之適格性。

以下，即進一步分析若就外國人享受平等保障採取適格否定論的解釋，除了在憲法文義解釋上並不安穩之外，尚可能發生那些憲法基本義理上的瑕疵，而必須放棄這樣的解釋。

參、適格否定論的基本理論缺陷

否定外國人得享受憲法上之平等保障的觀點，至少具有四種難以接受的義理缺陷：適格否定論勢必使用「國籍」為憲法上基本人權保障之主體立下定義，為缺陷之一；適格否定論易陷入「善盡忠誠、納稅、服兵役等義務為給予人權保障之前提」的錯誤，為缺陷之二；適格否定論難以解釋參政權是否為基本人權之必要項目的問題，為缺陷之三；適格否定論易陷入「主權重於人權」、錯置憲法基本目的的誤謬，為缺陷之四。以下試分別論之。

一、以「國籍」為「人」下定義

憲法所保障的人權，是屬於「人」的，張佛泉先生說得簡單明瞭：「這裏所謂『人』，主要係與『公民』對比而言。意即權利原屬於『圓頂方趾』之人，並非只屬於政府所指定之『公民』。」❼研究憲法，最艱難的一個問題，可能即是如何瞭解憲法上指稱的「人」為何意。任何一個定義，稍有不慎，均可能帶來否定某種「人」為「人」，從而否定其為憲法上人權主體的重大危險。人類的憲政史中，犯錯的例證不勝枚舉。張佛泉氏引為標本的美國人權觀念❽，雖然

❼ 張佛泉，自由與人權，臺北：商務（一九九三年），頁八〇，同書頁五五說法相若。

❽ 同前註，頁七九。

開創現代人權普世價值的先河，其憲政實踐卻也曾有慘不忍聞的歷史。最著名的例子，或許是一八五七年美國最高法院 Dred Scott v. Sandford 一案的判決❾，該判決認為即使是自由的黑人也並非「公民」(citizen)，即非美國憲法原文中享受基本人權保障的主體，導致美國南北戰爭之後必須通過三條修憲條文（美國憲法增修條文第十三條至第十五條），始得糾正其非❿；更有甚者，一八五九年 Mississippi 州上訴法院在 Mitchell v. Wells⓫一案中，拒絕承認在 Ohio 州法院認定享有財產繼承權之自由黑人，亦得在 Mississippi 州主張權利，其判詞中說：「如 Ohio 州進一步執著於其特有的慈悲，決定再次降低其所獨持之人道標準，而賦黑猩猩或猴子部族中最受尊敬者以公民權，莫非未如是瘋狂之其餘各州如本州者，亦要基於『禮讓』之精神，忽略自身之政策與自尊，降低各自認定公民及人類譜系的標準，而滿足雜種之需要，許其進入聯邦的大家庭?」⓬即係一種企圖將黑人定義為「非人」的惡劣例證。

美國憲政經驗顯示了使用「種族」或「公民」定義何者為「人」，何者「非人」的嚴重後果；有的憲法則嘗試明文區別「公民」與「非公民」，一九八二年的中華人民共和國憲法⓭即在第二十八條規定了

❾ 16 How. 393 (1857)。本案為繼一八〇三年 Marbury v. Madison 1 Crauch 137 (1803)之後，美國最高法院第二次宣告國會立法為違憲而拒絕加以適用的案例，卻與 Marbury 案之為美國憲法史上最具盛名的案例，適成明顯的對比，而經美國學者評為美國憲法判決中最不堪數的案例。參見 B. Schwartz, *A Book of Legal Lists*, 171–172 (N.Y., Oxford 1997)。

❿ 關於美國南北戰爭之後修憲的結果，對於外國人平等原則適格性的憲法歷史解釋辯論，參見 A. R. Amar, *The Bill of Rights*, 174, 364–365 (New Haven, Yale, 1998)。

⓫ 37 Miss. 235 (1859).

⓬ 37 Miss. 235 (1859).

⓭ 姜士林、陳瑋主編，世界憲法大全（上卷），北京：中國廣播電視出版

應受制裁的反革命「犯罪分子」⓮，再在第三十三條規定享受憲法權利、在法律面前一律平等的是具有中華人民共和國國籍的「中華人民共和國公民」。張佛泉氏提到的「人」與「公民」的對比，於此呼之欲出。

本文無意也不敢擅為憲法上做為人權主體的「人」，賦予任何積極、確切的定義。將「人」泛稱如張佛泉先生所指「圓頂方趾」之民，是否足夠周延，仍非無可疑，張氏顯亦無以此四字為做為人權主體的「人」立下確切定義的用意。吾人亦不願隨意借用人類學或生物學上「人」的定義做為憲法上認定人權主體的指標。碰觸此一憲法上最嚴肅課題時所應有的態度，毋寧在於認知不穩妥而具有危險的定義，或尚不如不加定義。寧缺勿濫，殆此之謂歟?

否定憲法上人權主體包含外國人的觀點，無可避免地要使用「國籍」的概念來區別「本國人」與「外國人」，以做為認定基本人權主體孰屬的標準。此與憲法上基本人權的原初概念，甚為牴牾。因為基本人權既為「人」所有，而被認為是一種不可割離的或不可讓渡的(inalienable)權利⓯，亦即為人之所以為人的條件，或者「人之所以為人所不能少的基本需求」⓰，如果以「國籍」做為人權主體的定義指標，不啻在說具備某國的國籍是享受人權的條件，那麼「國籍」的欠缺恐怕不但不能成為否定人權的根據，反而要成為國家必

社（一九八九年），頁八五至一〇三。

⓮ 一九九九年三月，中華人民共和國憲法第二十八條已見修正，「反革命」二字已由「危害國家安全的犯罪」取代。見中華人民共和國全國人民代表大會公告，載人民日報，一九九九年三月十七日，第一版。

⓯ 此語原出自一七七六年由 Thomas Jefferson 所撰寫之美國獨立宣言 (The Declaration of Independence) M. Peterson (ed.), *The Portable Thomas Jefferson* (N.Y., Penguin, 1975)；張佛泉前揭，頁八一至八二。

⓰ 林子儀序文中語，載李念祖，司法者的憲法，臺北：五南（八十九年），頁一。

須給予國籍的理由,「國籍」也要成為基本人權的一個項目,而為人之所以為人所不能少的基本需求⑰。如果尚不願意接受用國籍為人下定義的前提可以導出國家必須給予欠缺其國籍之人國籍以便其享受基本人權的結論,最好的方法即是放棄使用國籍定義人權主體。換言之,基本人權是凡是為人「均不可或缺的」,「所不能須臾離的,所以這些權利必具有一種固定性與普徧性」⑱,認定基本人權的主體標準必須是「人」,而不能是「本國人」、「國民」、「公民」或「非外國人」, 否則即無異在憲法上賦予有權力決定是否給予個人國籍者,選擇是否肯定或否定個人基本人權的一種位置。賦予掌握者這樣的憲法位置,代價恐怕過高,而非憲法所能負荷、識者所能接受者。

二、有條件的人權保障觀

否定論的主張者,當然亦可能不純然係基於憲法文義或者是否具備我國國籍的純形式主義觀立論,而是憂慮肯定外國人為憲法上人權保障主體所可能招致之種種顧忌。此中最明顯的因素,厥為國民義務、國籍背後所假設存在的效忠關係,以及國家經濟資源之維持與分享的問題。

(一)國民義務

一項看來頗為自然的推論似可循著下述的理路進行:凡是國民均應善盡其憲法上的國民義務,外國人(或無國籍人)無須負擔國民義務,自亦不能主張憲法基本權利之保障,可是,這項看似自然

---

⑰ 世界人權宣言第十五條規定:「人人有權享有國籍。任何人之國籍不容無理褫奪,其更改國籍之權利不容否認。」國籍可否當作一種「受益權」加以主張,為憲法上可以研究的一個問題。

⑱ 張佛泉前揭,頁八七。

的推論，背後卻存在著高度的盲點。

首先應該檢視的是國民義務的內容，一種想當然耳也幾乎從未受到質疑的論點⓳，是我國憲法規定的國民義務共有三種，亦即納稅義務、服兵役義務以及受國民教育義務。但細繹我國憲法第十九條至第二十一條的文字，應知憲法規定的國民義務，其實只有受教育的義務，納稅及服兵役的義務均是法律層次的義務，不是憲法層次的義務，此從憲法第十九條、第二十條均有「人民有『依法律』……之義務」的明文，而第二十一條則無此規定，即可看出。易言之，是否要求人民納稅或服兵役，其實應是讓諸立法者裁量的事務，憲法並無預設立場的必要。就服兵役的義務而言，如果屬於憲法層次的義務，無疑係謂徵兵制度是憲法的要求，立法者一旦決定採取募兵制（甚或決定不設軍隊），即發生違憲問題，此則顯然不是憲法第二十條規定之本意；同理，吾人亦難假設憲法第十九條不許立法者決定人民在某一期間無須負擔任何租稅義務。憲法第十九條及第二十條既均非意在憲法層次上課加人民義務而讓諸法律的規定，其真正的意義乃在規定人民服兵役與納稅義務之課加，必須經由代表人民之立法者為之，亦即係在規定「租稅法律主義」或「法律保留原則」⓴。憲法第十九條及第二十條之規定其實是權利保障而非義務之課加，蓋深知政府徵兵課稅，世所恆見，乃特就法律保留原則三致其意，以彰顯政府此等決定應經立法院通過法律制定以得被治

⓳ 採通說者，如林紀東前揭，頁八二一四；葛克昌則認為人民不直接因憲法規定而免義務，葛克昌，稅法基本問題，臺北：月旦（一九九六年），頁六三。

⓴ 關於「租稅法律主義」及「法律保留」之意義及我國憲法解釋所建立之相關體系，參見葛克昌前揭，頁六四至六六；及所著，所得稅與憲法，臺北，自刊（一九九九年），頁二三至二九。學者並有認為既有憲法第二十三條規定法律保留原則，憲法第十九條已為贅文者；黃俊杰，「憲法稅概念初探」，中原財經法學第一期，頁四三。

者同意之道理㉑，設非如此，憲法原無越俎代庖、規定納稅與兵役義務之必要，儘聽由政府法令行之可也。至於受教育之義務，則或係憲法層次之義務㉒。殆因國民教育之施與，本與思想自由有其扞格之處，惟國民智識之開啟，足以提昇監督政府免受濫權侵犯之能力，較之滿國愚民任憑權力恣意施為更為可欲，憲法乃因以權利及義務視之。自其義務一面言之，雖尚賴立法者以法律定其具體之行為規範，但立法者不可任意解除此種國民義務，其性質即與納稅與服兵役二者，顯見不同。

抑有進者，從國民義務之存在為由以否定外國人享受憲法上平等原則保障，最大的盲點還不在於納稅、服兵役是否果為憲法層次的義務，而在於兩個更基本的問題：一是納稅與服兵役原本均非所有國民均應負擔之義務，就不須付稅、不須服兵役的國民而言，與不付稅、不服兵役的外國人並無不同。誠難從不付稅、不服兵役推導出不得享受基本人權之結論。二是憲法保障基本人權，其前提在於其為「人」之所以為人之所必需，而不在於其為已盡國民義務之「人」，國民義務與基本權利原無一種憲法上的對價關係，基本人權所對應者不是國民義務，而是政府對於「人」將以最基本之尊重之義務。若不察此，無異否定任何未盡納稅、服兵役（或未受國民教育）之人之基本人權保障，可乎？

退步言之，是否加課外國人納稅或服兵役之義務，其實出乎執政者之裁量與決定。繳納中華民國稅捐之外國人所在多有，較之許

㉑　學理上有所謂「不出代議士不納租稅」或「無代表無稅」之理論，在外國人之租稅義務上，顯然出現例外。見張君勱，中華民國民主憲法十講，臺北：商務（六十年二月），頁八；黃俊杰，「減稅憲法意旨之探討」，月旦法學雜誌，六十八期（二〇〇一年一月），頁一二四至一二五。

㉒　異說，⑲葛克昌，頁六三。

多國民之貢獻或許更甚；設若立法院立法要求境內之外國人同負國防義務，恐亦非其所能拒絕㉓。國民義務與基本權利得享與否無甚關連，其理甚明。必以國民義務為享受基本權利之前提條件，不僅於理不通，其害殊甚，豈可輕忽？

㈡效忠關係

國民對於國家具有效忠關係，原是「國籍」觀念裡的一種假設，但也往往成為區別本國人與外國人之一種根據㉔。基於外國人對於我國並無效忠關係的理由，否定外國人享受基本權利之地位，亦不免可能構成否定論之一種思想脈絡。本文的疑問則是，效忠關係的假設果然可以成為否定外國人享受憲法基本權利保障的理由？

之所以將效忠關係說成一種假設，是因為在現實的憲政生活中，並沒有任何具體、常設的機制檢驗效忠關係果然存在於每一個國民與國家之間。我國憲法並未課人民以效忠國家的義務㉕，事實上也無理由設立檢驗國民具備效忠關係之機制。在憲法保障思想自由、言論自由的前提下，基於愛國思想之前提而普遍課加人民效忠義務之法律，恐怕還會受到嚴格之違憲審查。美國最高法院在一九八〇

㉓ 外國人逃避兵役之道，或惟離境而已，然則本國國民亦非無選擇離境去國之權利，司法院大法官釋字第四四三號解釋否定禁止役男出境命令之合憲性，亦可思過半矣！另外關於徵召外國人服兵役之國際法問題，參見姜皇池前揭，頁五三一至五三三。

㉔ 丘宏達，現代國際法，臺北：三民書局（八十四年），頁三八八至三九一。

㉕ 如果憲法真的如此規定，將可能抵銷憲法對於思想自由之保障。我國在民國八〇年代的修憲經驗中，亦有類似的修憲提案，但並未獲得通過，可以認為是人權保障的一種正面經驗，參見第二屆國民大會，臨時會修憲提案（第一～一五五號）（修憲提案第六十五，傅代表崑成等一百十一人提：人民有對國家忠誠之義務），臺北：國民大會秘書處（八十一年四月），頁二二七。

年代之後兩度宣告禁止焚燒國旗的聯邦法律及州法違憲而拒絕加以適用㉖，即為著例。憲法當然不會鼓勵人民不愛國家、不效忠國家，但愛國情操、效忠思想，總要出之於自然，不能訴諸法的強制，則應為憲法之基本義理所在。

效忠關係如果只是一種假設，又不是一種法義務，如何能夠以之做為根本否定外國人享受憲法基本人權保障的理由？憲法既不因為某一國民無意效忠國家而否定其為享受憲法基本人權保障的主體，即可知效忠關係亦非享受基本人權保障的前提條件。

當然，正如美國最高法院一九七六年在 Hampton v. Mow Sun Wong㉗一案中指出者，就某些高級政府職位而言，不容分裂的忠誠可能是決定能否擔任公職的重要因素㉘，效忠關係確實可能構成法律限制某種特定人權項目（如服公職權）的理由，但是，此與將效忠關係做為全面否定外國人為基本人權保障主體的理由，為兩種層次的問題，不可不加區別。如前所述，憲法或法律課加之國民義務並不能成為決定基本人權保障適格與否的理由，效忠關係即使構成國民義務的一種，也不具有否定基本人權保障適格的分量，何況效忠關係尚不構成一種憲法上的國民義務，以之做為否定基本人權保障適格的理由，只怕會為人權帶來更多、更難令人接受的威脅與風險。

㈢經濟資源之分配與分享

適格否定論的一種不言可喻的支持，可能存在於經濟資源之分配與分享應由國民優先的觀念。此所稱經濟資源，可能指稱土地、可能指稱市場的支配地位、可能指稱社會福利資源、也可能指稱工

㉖ Texas v. Johnson, 491 U.S. 397 (1989); U.S. v. Eichman, 496 U.S. 310 (1990).

㉗ 426 U.S. 88 (1976).

㉘ Id. at 104.

作機會。我國就業服務法的規定，或許最能突顯這種國民優先的觀念。從該法第一條起，即充斥著保障「國民」就業、歧視外國人的規定與措置。表現此種排外主義最著的條文應屬第五條：「為保障國民就業機會平等，雇主對求職人或所僱用員工，不得以種族、階級、語言、思想、宗教、黨派、籍貫、性別、容貌、五官、殘障或以往工會會員身分為由，予以歧視」。總共列舉了十二項構成歧視作用的「可疑分類」㉙，卻根本地否定了外國人（或是「國籍」）不受歧視的前提，不免構成一種極為明顯、甚至可能帶有諷刺性的對比。有趣的是，我國憲法第一百五十二條規定促進充分就業的基本國策：「人民具有工作能力者，國家應予以適當之工作機會。」使用的卻是「人民」而非「國民」一辭。

在基本人權的歸類上，經濟資源的分配與分享主張，往往屬於受益權的範疇。依學者通行之見解，受益權在旅華之外國人，並非必享之權利，其理由在於此等權利為「各人所屬國家之責任」，與國家之任務，有不可分離之關係，他國並無責任㉚；且「此等權利之落實，涉及國家積極作為，此如優惠性差別待遇，以及有限社會資源之分配，是以我國並無義務將之賦予外國人」㉛。

然則，姑不論世界貿易組織（World Trade Organization；簡稱WTO）㉜透過國際貿易法規範要求各國開放市場、掃除貿易障礙的趨勢，就憲法所保障之受益權而言，所可能涉及者，亦為人之所以

㉙ 此為美國最高法院關於平等保障原則的判決中，經常使用的一種概念。參見法治斌，「司法審查中之平等權：建構雙重基準之研究」，國家科學委員會研究彙刊，人文及社會科學，六卷一期（八十五年一月），頁三八至四〇。

㉚ 林紀東前揭，頁六六；薩孟武，中國憲法新論，臺北：三民書局（六十三年），頁七八。

㉛ 姜皇池前揭，頁五四七至五四八。

㉜ 其介紹，參見丘宏達前揭，頁九四三至九四五。

為人之基本需求，不因其為生存權、財產權或工作權（憲法第十五條）而異其性質。國家根據憲法之要求，提供受益權之保障，以免凍餒時，究竟是基於國民愛、同胞愛、抑或是人類愛？實為不可不思考之問題㉝。人性尊嚴或人的基本需要，究竟取決於「人」，還是「國民」或「同胞」而已？經濟資源與人性需求，究竟誰主誰從？

三、不完整的基本人權觀

適格否定論的難題，存在於明明認知外國人亦是「人」，但仍不願接受外國人具有基本人權的憲法適格性；其論理的盡頭，則在於無法提供「基本人權」一個完整的定義或具備說服力的概念。

如前所述，基本人權被認為是足以表彰人性尊嚴的、人之所以為人的基本需求之總稱㉞，傳統的分類，將之區別為自由權、平等權、受益權與參政權等，並有認為平等權為其他三種人權之前提者㉟。如將人權與國民權兩相區別，以前者為個人以人的資格所享受的權利，後者為具有本國國民身分之人民始得享有之權利㊱，則

㉝ 一九八二年作者負笈美國麻州時，曾因每月獎學金數量不多，而能享受該州對於低收入貧民冬季燃料補助之社會福利。申請前唯恐手持外國護照，不夠資格以致誤領，曾經再三詢問受理申請之社會工作人員，外國人是否可以請領。後者一再確認外國人亦可請領之後，以反問相答：「外國人難道無需過冬?」語為之塞，茅塞也為之一開。

㉞ 基本人權可能具有另一種與此相異的定義，亦即將人性尊嚴的表現植基於「人」對其基本需求的「自由選擇」之上。這兩種定義的差別，可以表現在安樂死、娼妓工作權、安全帽強制配戴規範、吸毒防制方式、同性婚姻等等問題的討論之上，因與本文主題並不直接相關，暫不置論。

㉟ 司法院釋字第四四二號解釋林永謀大法官協同意見書。司法院大法官解釋彙編㈩，臺北：司法院秘書處（八十八年），頁一九〇。

必須將人權與國民權合起來才能得到「基本權利」之完整定義，亦即形成基本「人權」的內容並不必然包括國民權（如參政權、受益權或平等權任一部分或全部）在內，然則缺乏參政權、受益權或平等權的「人權」，又如何可以是人之所以為人或以人為資格所享受之人權？僅具自由權的人，如何享有完整之人性尊嚴？若謂參政權與受益權必須附麗於國家，只能向本國有所主張，是亦將發生三個基本疑難：一是無國籍人士勢將難以被認做是可以具備完整人格、享受完整人性尊嚴之自然人，二是任何人均只能在本國享受完整之人格與人性尊嚴之對待，三是平等權為何要取決於國家的歸屬？簡言之，任何人都只在本國享受完整人格，卻不能在外國享受完整人格而要命定地被視為不完整的人（或非人）的理由何在？如果平等權是其他人權的前提，失去了平等權的外國人豈非失去了一切人權？

申言之，任何一項基本權利都是人之所以為人所不可或缺的要素，失去了任何一項基本權利保障適格的人，都不能被認為是享有完整基本人權的人。如果中華民國憲法第二章係要提供基本人權的完整保障，很難找到足夠的實質理由，支持吾人將憲法第七條的前六個字「中華民國人民」解釋為「中華民國國民」，而使得外國人失去享受平等原則保障的適格性。否定了外國人基本權利平等保障的憲法適格性，無異認定平等保障不是外國人的基本人性需求，也就否定了外國人的「人」格。憲法果真寓有此義，恐將不成其為憲法。

四、「主權重於人權」違反憲政主義

無可諱言，適格否定論的思考之中，雖然不願否定外國人的「人」之屬性，但每不免具有國家主權重於人權的傾向與假設，以至不能釋然於「本國人」、「外國人」詞彙中共同具有的「國」字，畢竟在

㊱ 法治斌、董保城前揭，頁九八至一〇〇。

文字的排列上，無論是「本國人」或「外國人」的詞彙中，「國」字都在「人」字之前，定義著「國」字之下的「人」。不過，文學文字語意可以如此，憲法難道亦當如此設定價值順位？

無論是劉慶瑞氏所說的「在不妨害國家利益的範圍內，吾人當可解釋憲法第七條所保障的平等權，對外國人亦可適用」㊲，抑或林紀東氏所說的「由於目前國際關係，尚未臻於世界大同四海一家之境界，我國國勢又甚為衰弱，為保障國家利益，防止舊日備受列強侵略之流弊計，故宜解為本條保護之對象，即在法律上享受平等權者，以中華民國人民為限」㊳，均可讀出處理此一問題時將國家主權優於人權保障的某種意味。所成疑問者，此種說法與憲法存在的目的有無扞格？劉慶瑞氏民國四十六年出版的中華民國憲法要義中已經說明：「憲法可謂是近代立憲主義的產物，其目的乃在限制政府的權力而保障人民的權利與自由」㊴，此項源自於立憲主義或憲政主義的說明，揭櫫了憲法的目的在於限制權力以保障人權，此不僅在西方早經普遍接受，在我國憲法學界，實亦少有異辭。然則，如果憲法存在的目的是要防止權力的濫用以保障每個個人的基本權利，是否還能夠得出國家主權優位以界定人權的結論，即值得商榷。

申言之，憲政主義是要將政治權力置於憲法的規範之下，以踐

㊲ 劉慶瑞前揭，頁五〇。張君勱氏則說：「憲法乃是一張文書，所以規定政府權力如何分配於各機關，以達到保護人民安全與人民自由的目的」，張氏尤其強調人權的基本觀念，「是人與人之平等，不論是皇帝是貴族是平民，他們既是人，應該是平等的，換句話說，就是人格尊重」，「各個人有他不可拋棄的權利」，在這位被譽為中華民國憲法之父的哲人心中，憲法的目的，似乎並無絲毫藉用「主權」限制「人權」觀念活動的餘地。張氏前揭，頁三至八、二三至五。

㊳ 林紀東前揭，頁八九。李震山、姜皇池二氏亦均承認外國人權利保障在今日仍然受制於主權的觀念甚深，二氏前揭參照。

㊴ 劉慶瑞前揭，頁九。

行統治應依被統治者的意思，亦即民意政治的精神㊵。外國人在一國之內，如果已無投票選舉代表參與政治的權利，即是政治上不被代表的少數族群，他們可能是政府徵稅的對象，卻是無從對統治表達同意與否而被孤立的弱勢團體。如果不是囿於「主權重於人權」的思想，無論如何也不能反而得出外國人不具憲法平等保障適格的結論，使得不能在代議政治程序中護衛自身利益的外國人，連在行政程序或司法程序中尋求平等保障的機會也要失去。特別是國家對於是否允許外國人入境，原已在國際法對於主權的尊重之下，享有近乎絕對的權力㊶，若是尚要否定入境之後成為少數、缺乏政治發言能力的外國人平等保障的適格，人權觀念受制於主權至上思想的困境，不僅十分顯然，其與憲法賴以存立之憲政主義有所牴觸，也已不可否認。

綜上所述，適格否定論在憲法基本義理上，具有重大缺陷，令人難安。但吾人之討論尚不能到此為止，適格肯定論雖然可以避免否定論的缺陷，是否能在憲法解釋上立足，還需要進一步之研究。以下即說明何以適格肯定論能在我國憲法解釋上具有堅實依據的道理。

肆、適格肯定論的憲法依據

適格肯定論在我國憲法規定中主要的依據，就是憲法第七條；補強的依據，則是憲法第一百四十一條，茲分別述之。

㊵ 前註，頁一。

㊶ 姜皇池前揭，頁五二八至五二九。

一、憲法第七條的解釋

何以言憲法第七條是適格肯定論的主要依據？關鍵在於該條首四字「中華民國」一詞究竟何意。前已言及，參照憲法第三條業已規定「國民」之定義，第七條之「中華民國」四字若係在界定「人民的國籍」，不免成為贅文，而有啟人疑竇之理由。實有從制憲歷史中尋求解答之必要㊷。

㈠納入憲法之過程

顧我國憲法之制定，先係有私人發表之憲法草案，以次才有政府、政黨的正式起草。依繆全吉氏所輯，進人訓政時期之後，最早提出之私人草案有二，一為薛毓津氏提出㊸，一為吳經熊氏所提出㊹。日後之中華民國憲法，取材於此二氏之草稿者，均非淺顯。㊺其中關於人民基本權利之保障，薛氏草案採取法律保障主義，吳氏草案則直採憲法直接保障主義，現今憲法第二十三條，亦顯以吳氏版本為濫觴㊻，吳氏草案，可謂首開憲法保障人權正確態度先河的

㊷ 司法院大法官審理案件法第十三條即規定「歷史解釋」是解釋憲法所唯一不能缺少之解釋方法。

㊸ 繆全吉，中國制憲史資料彙編，臺北：國史館（八十一年），頁三七九至四〇九。

㊹ 前註，頁四一〇至四三七。吳氏時為立法院憲法起草委員會之初稿起草人，曾將所擬初稿以私人名義發表，以徵取各方意見。

㊺ 薛氏草案之前言中「永矢咸遵」即載入日後憲法前言之末尾，此四字實為憲政主義對政府服膺憲法之具體要求。另現行憲法第一章章名「總綱」二字亦係出自薛氏憲草，又為一例。至於吳氏之憲草中，成為憲法張本之條文更夥，尤以人民權利之各條文為最。

㊻ 吳氏草案第三十八條規定：「本章前列各條，所稱限制人民自由或權利之法律，非為維持公共利益或避免緊急危難所必要者，不得制定之，

擬議。其草案係於民國二十二年六月八日起發表，其中第四條規定「中華民國人民無男女、種族、宗教、出生、階級、職業之區別，在法律上一律平等」，顯亦為現行憲法第七條之前身。吳氏之草案，係將該條列為第一篇「總則」中之一條，吳氏寫入「總則」之條文凡八條，每一條文均有「中華民國」字樣。嗣後立法院主稿人會議於同年十一月十六日通過之「中華民國憲法草案初稿」中，將吳氏之第四條，改列為第七條，並納為第二章「人民之權利義務」之首條，次年三月一日，國民政府立法院正式發表之憲法草案初稿第七條，以及民國二十三年七月九日立法院發表之憲法草案初稿審查修正案第八條，均仍續採用之㊼，民國二十三年之審查修正稿第三條，則開始使用「國民」之定義（第三條），當時列為第八條之平等權規定，則仍使用「中華民國人民」字樣，此後歷經民國二十三年十月十六日立法院三讀通過之憲法草案㊽，民國二十五年五月五日之五五憲草㊾，民國二十九年四月二日國民參政會通過之國民參政會憲政期成會五五憲草修正案㊿，民國三十五年十一月二十三日之政治協商會議提出之憲法草案51，以迄制憲國民大會通過之現行憲法，均未再改變。由此可知，「中華民國」四字無非係吳經熊憲草列為總則條文體系文字安排所致，應無排除外國人之意思。而且在憲法第三條「國民」定義條文成形之際，亦未嘗改動，也可見「國民」與「人民」應該各有意義，不能遽作同義詞理解。

其超過必要之程度者亦同。」顯已開啟比例原則入憲的契機。

㊼ 繆全吉前揭，頁四六〇、四八二、五〇四。

㊽ 繆全吉前揭，頁五二八。

㊾ 繆全吉前揭，頁五四八。

㊿ 繆全吉前揭，頁五六六。

51 繆全吉前揭，頁五九八。

㈡「中華民國」應做「中華民國境內」解釋

最值得參照以理解憲法第七條「中華民國」一詞含義之條文，或許為憲法第五條「中華民國各民族，一律平等」之規定。此處之「中華民國」，顯非指稱國籍之語，蓋民族並無「國籍」之可言，唯一可能之解釋，當係指「中華民國境內」之意，亦即憲法第五條係規定「中華民國境內各民族，一律平等」之意[52]。憲法第五條之「中華民國」既做「中華民國境內」解，憲法第七條之「中華民國」，何獨不能亦做「中華民國境內」解之？如此全然可以避免適格否定論之理論缺陷，而將外國人權利限制（例如對於參政權之限制），讓諸立法者循憲法第二十三條規定意旨以適當之立法為之，自屬妥當。其實，國境本為國家行使管轄的場域，憲法第七條規定國家應對可以行使管轄的「人」，給予平等保障的尊重，也極為合理。

至於境外之外國人，雖然本亦應是憲法人權保障之主體，但於此已受到憲法第七條明文之例外排除；從憲法之立法政策上言固尚有可以討論之餘地，惟外國人主張入境的基本人權，在現今國際社會中仍是一種有待推行的概念，若逕將憲法第七條所稱之「中華民國」四字視做無任何限制意義之詞彙，似尚有待來日解釋學上之努力。此外，將該條所曰之「中華民國」做「中華民國境內」解釋，應注意避免為不當反面解釋之誤謬，亦即不可得出該條有意排除境外人民之平等保障之法論。正如憲法第五條亦不能為反面解釋認定境外之民族不能視為平等之理，並無不同。

㈢「國籍」為可疑的分類

憲法第七條規定法律應對人民為平等對待，主要的意思，在於排除「不合理的差別待遇」[53]，蓋任何法律，均在區別權利義務，

[52] 林紀東前揭，頁四二。吳經熊氏憲草初稿中，第九條之原文即為「國內各民族……在政治上一律平等」，可資參照；繆全吉前揭，頁四一二。

[53] 司法院釋字第四五五號解釋翁岳生大法官協同意見書，司法院大法官

亦均在規定差別待遇，憲法無從禁止法律為差別待遇，所能限制者，只為不合理之差別待遇而已。然則法律為差別待遇，必先有區別分類之標準，依憲法所評價者，亦往往即為法律為差別待遇的分類標準。吳經熊氏憲草中，規定平等權的條文中，本有人民應無「出生」之區別，在法律上一律平等之構想54，此後「出生」二字見遭刪去，其故已不可考，不知是否因為「男女」、「種族」、「階級」之不平等，皆自「出生」即已定之，「出生」二字恐成重覆之故。然則憲法第七條列出「男女」、「種族」、「階級」三種應經平等原則嚴格檢視之分類，其共同之特徵，皆為與生俱來，難以人力改變者55。而憲法所以拒斥此等分類標準，實係因為此等因素既屬與生俱來，而非人力所能改變或挽回，則以之區別權利義務，即有先天的不公平存在，而應受憲法平等原則之優先適用與嚴格檢驗。憲法明文規定排斥此等區分標準界定人民法律上之權利義務，其用意亦不殊於美國最高法院在許多案例中所建立「可疑的分類」之觀念56，亦即凡是先天不合理之分類標準，即受假設為可疑的分類。而我國學者通說，均認為憲法第七條所標舉之五種可疑分類標準，只是例示而非列舉之性質57，是則因拒絕法律根據「出生」而來之特徵做為區別權利義務關係之憲法意旨，自亦不應限於「男女」、「種族」、「階級」等項目。實則各國關於「國籍」之原始取得的決定因素，不論係採取「血

解釋彙編(三)，臺北：司法院秘書處（八十八年），頁六八〇；李惠宗，憲法要義，臺北：敦煌（一九九八年），頁九五。

54 繆全吉前揭，頁四一一。

55 憲法第七條所稱「階級」二字，應包括世襲之「貴族」、「奴隸」、「封爵」在內，自與「出生」極相關連。

56 在美國，可疑的分類包括性別、種族、國籍、非婚生子女、身心障礙等，相關案例極夥。參見 G. Gunther, and K. M. Sullivan, *Constitutional Law*, 662–840 (N.Y. Foundation, 1997)及29法治斌同頁。

57 林紀東前揭，頁九一至九三。

統主義」或「出生地主義」(詳後)，均與「出生」之事實難脫關連，用「國籍」作為區別法律權利義務之標準，自也帶著先天的不公平，而有將之看作一種「可疑的分類」之理由(58)。亦即「國籍」不但不是憲法第七條當然接受之區分標準，而且是憲法第七條所特意排斥之可疑的分類，始為符合憲法第七條規定精神之解釋。

(四)憲法第二十三條之解釋

將「國籍」視為可疑的分類標準，非謂法律一概不得以「國籍」作為區別權利義務之標準，而是當法律使用「國籍」作為區別權利義務之標準時，即應有憲法第二十三條之適用。按憲法第二十三條所規定者，為「以上各條列舉之自由權利」受到法律限制時法律所應遵守之憲法限制（亦即比例原則之限制）(59)。其惟採取適格肯定論，先行認定外國人具有憲法平等權之適格性，始有適用憲法第二十三條審查相關法律合憲性之餘地；在適格否定論言之，外國人不具平等權之適格性，外國人之平等權並非憲法第七條所列舉者，即非憲法第二十三條適用之範圍，其結果，不啻承認法律對於外國人基本權利之平等保障，可以予取予奪，而且連憲法第二十三條所寓含之「法律保留原則」，恐亦無適用之餘地，外國人基本權利之平等保障，甚至還可能遭受行政命令任意剝奪或限制而無從否定其合憲性，其不妥甚明。

---

(58) 美國最高法院將「外國人籍」(alienage)列為可疑的分類，是因為對於外國人形成的歷史偏見只與由出生決定卻無法改變的特徵有關，而此種分類標準往往是政府以歧視少數族群的理由，但如此作為無法構成正當的施政目的，乃必須施以嚴格的司法審查。參見 L. Tribe, *The Constitutional Protection of Individual Rights*, 1052–1053 (N.Y. Foundation, 1978)。

(59) 所謂比例原則，參見行政程序法第七條之規定，以及司法院釋字第四七六號解釋，司法院大法官解釋彙編(十三)。

㈤憲法第三條（及第十七條）之解釋

憲法第三條規定具有中華民國國籍者為中華民國國民，但未具體規定如何始具備取得中華民國國籍之條件，顯係讓諸法律之規定。各國立法例，關於國籍之原始取得，或採血統主義，亦即以個人之父母之國籍定其國籍，或採出生地主義，亦即依個人出生地之國家定其國籍，或採折衷主義，各有不同[60]，類皆以增益國民人口為其主要決定指標。惟無論如何，立法者一旦立法規定國籍取得方式，即行決定國民之範圍歸屬，若竟因此而決定誰是享有憲法平等保障之主體，則我國憲法第二章關於基本人權所採取之憲法直接保障主義，豈不反又取決於法律而盡遭破壞？蓋法律一旦確定誰是外國人，亦同時決定了誰是本國人，瓜剖豆分，並無不同，若在憲法上否定、並讓諸國籍法決定外國人的平等保障適格性，也就等於同時交由國籍法賦予本國人的平等保障適格性，毫無閃躲餘地。如以選舉權之行使為例，雖然惟有國民始得行使選舉權的觀念似乎牢不可破，但是立法者制定的國籍法，選擇採取血統主義或出生地主義或折衷主義均可能使得其國民的範圍大不相同，也就可能使得行使選舉權的主權大不相同。依血統主義認定為境內外國人的人，依出生地主義或折衷主義可能被認定為境內的本國人，決定其是否有選舉權者，其實不在選罷法，而在國籍法，同一個人，立法院採甲主義則不許其行使選舉權，依乙主義則不介意其行使選舉權，不需要在憲法的層次就決定祇可以行使選舉權，不亦顯然？憲法第十七條曰「人民」有選舉權而非「國民」有選舉權，亦屬無妨。憲法第三條既未規定如何在憲法上決定國籍，而將「國籍」的定義交由立法者決定。自亦不必再將憲法第七條之人民當然視為與「國民」同義，以至根本否定基本權利保障之適格性，使得憲法直接保障主義保障基本人權的目的落空。此外，對於外國人權利的限制，亦不必解釋為憲法層

[60] 丘宏達前揭，頁三九一至三九三。

次的政策決定，將之交由立法者循正當立法程序為之即可。

(六)憲法第一百三十條之解釋

憲法第一百三十條規定了國民行使選舉權及被選舉權之年齡，相對於憲法第十七條規定行使參政權之主體為「人民」而言，本條是否應當然採取反面解釋，亦即以本條係在限制外國人行使選舉權或被選舉權(61)，尚非無疑。蓋誰為本國人、誰為外國人，既係由法律加以規定，則法律規定外國人得行使選舉權與被選舉權，自無不可。況於法律承認雙重國籍之情形，更無從僅以某人為外國人即否定其得行使選舉權。要言之，憲法第一百三十條之規定，不能成為採取適格否定論以理解憲法第七條之理由。

二、憲法第一百四十一條的解釋

我國憲法第一百四十一條規定:「中華民國之外交，應本獨立自主之精神，平等互惠之原則，敦睦邦交，尊重條約及聯合國憲章，以保護僑民權益，促進國際合作，提倡國際正義，確保世界和平。」就外國人基本人權之平等保障適格問題，除了憲法第七條作為依據之外，憲法第一百四十一條規定亦具重要性，蓋若外國人權利之平等保障適格性若已形成國際法規範，有無透過憲法第一百四十一條之規定，轉化為我國立法者必須遵守之規範？即成為不可規避的課題。

(一)國際法是否為憲法法源？

一個人權保障的先決問題，是國際法與憲法之間的關係。如果將地球上的人類看做一個整體社會，理想狀態的國際法應該是地球人類共同接受的規範，足以平等保障地球人類每一個「人」的基本

(61) 採反面解釋者，如林紀東，中華民國憲法逐條釋義(四)，臺北：三民書局（七十年），頁二一六。

權利。在此一種理想的意義上，國際法不啻為世界憲法，其與各國憲法關於人權之保障，本不該生有牴觸；而即使互有出入，兩者之適用，國際法或尚有優先之理由，蓋一旦建立了完整理想的超國際人權保障法秩序，復容各國憲法恆為優先適用，國際法秩序終恐不免仍成空談。一九九〇年代，歐盟構建，即係在歐洲架構起超越各國憲法之國際法架構，未始不可為全球人類提供將來追求某種世界憲法秩序的想像空間； 而十八世紀美國十三個主權州(Sovereign State)締造聯邦憲法的舉動，亦不妨視為當時美利堅各主權州間的國際法，各州憲法終要向之讓步。現實的世界，當然距離此種境界，也就是「一元論」的理想，頗稱遙遠[62]，乃只能退而求其次，研究國際法是否可以構成內國憲法法源的問題。

此一問題，在我國憲法解釋上，似乎已經初步得到印證與解答。司法院大法官釋字第四二八號解釋，曾引用我國並未簽署，於一九九六年生效之萬國郵政公約最後議定書(Universal Postal Convention, Final Protocol)，做為憲法解釋之依據[63]，即似已有將國際法引為憲法法源之意[64]。從憲法第一百四十一條明文規定條約及聯合國憲章應受尊重的意思加以觀察，亦可認為條約及聯合國憲章可以構成憲法之法源，而具有拘束國內一般法令之效力（詳後)。

---

[62] 認為國際法效力優於國內法之觀點，學理上習稱為一元論，其理論基礎及內容，參見湯武，中國與國際法，臺北：中央文物供應社（四十六年)，頁一三三至一三四；杜蘅之，國際法大綱（上冊)，臺北：商務（六十年)，頁六二至六四；丘宏達前揭，頁一〇七。

[63] 司法院大法官解釋續編(十)，臺北：司法院秘書處（八十六年)，頁五一五至五一六。

[64] 該號解釋之中，大法官審查郵政法及郵政規則之規定有無違憲，乃引據萬國郵政公約最後議定書，認為系爭法令合於該公約之規定，「與國際公約相符」，而與憲法尚無抵觸，如果國際法不是憲法之法源，只為法律階層之規範，勢無據之支持內國法令合憲性之餘地。

㈡國際法與國內法之優先適用順序

如果國際法構成我國憲法之法源，則構成憲法法源之國際法自為法律所不得牴觸。然則，學界在探討國際法在國內法中之地位時，多集中在國際法與內國法律之一般性效力孰為優先的問題之上。此一問題，各國憲法規定不一(65)，在我國則要依照憲法第一百四十一條之規定尋求解答。惟從該條規定之文字看來，此一問題似乎可有兩解：一解係以條約為優先，我國學者通說採之(66)；另一解則可以認為條文中既有「平等互惠之原則」字樣，當可視條約締結相對國的立場而後決定(67)。本文從通說見解，蓋以國際法與國內法即使不採「一元論」之立場，亦不該增加國際法在國內秩序中之適用障礙，以致治絲益棼。又我國憲法第一百四十一條規定應「尊重」條約與聯合國憲章，「尊重」一詞與「遵守」有無差異？學者間雖有不同看法(68)，似無望文生義，強作不同解釋之理由。

(65) 如德國基本法第二十五條規定國際法之效力在法律之上（世界各國憲法大全（第二冊），臺北：國民大會，八十五年，頁七二六）；法國憲法第五十五條則規定國際條約經簽約國對方同加適用者，具有優於法律之效力（世界各國憲法大全（第二冊），臺北：國民大會，八十五年，頁二八七）；菲律賓憲法第二條第二項則只將被普遍接受的國際法則看作是本國法律的一部分（世界各國憲法大全（第一冊），臺北：國民大會，八十五年，頁八六五）；美國在憲法上並無明文規定，最高法院則認為條約與法律同為國會所制定，故處於同一位階，其適用應採後法優於前法之原則，Reid v. Convert, 354 U.S. 1 (1957)。

(66) 湯武前揭，頁一四二至一四三；(61)林紀東前揭，頁二六七至二六八；丘宏達，「國際法在我國國內法上的地位」，憲政時代十九卷四期（八十三年四月），頁八五。

(67) (65)法國憲法之規定參照。

(68) 認為二詞同義者，如湯氏前揭；認為意義不同者，如林紀東，(66)氏著參照。

㈢國際人權法在我國憲政秩序中的拘束力

學者有認為我國不是任何國際人權公約之簽約國，因此不受國際人權公約拘束者(69)，然則當代國際人權法，已不僅止於以人權公約或條約為其內容。例如聯合國大會於一九四八年十二月十日通過之世界人權宣言(Universal Declaration of Human Rights)(70)，其中第二條規定：「人人皆得享受本宣言所載一切權利與自由，不分……國籍……出生或他種身分」，即已為外國人享受平等保障之適格提供基礎。學者中雖亦有認為此處所稱「國籍」係自 “national origin” 一詞迻譯而來，其辭原係指民族或種族源流而非「國籍」者(71)，其說確非無見，然則同條中既又有「出生」(birth)之規定，而「國籍」之認定方法，無論血統主義或出生地主義，原則上均與「出生」的事實難脫干係，世界人權宣言自已為外國人享受平等保障之適格提供了基礎，並無疑義。而世界人權宣言經半世紀以上之理念宣揚，透過各種人權公約納為內容(72)，無論將之視做國際習慣法甚或國際法一般法律原則，均有相當的理由(73)。所成問題者，憲法第一百四十一條能否更進一步地，為國際人權法在我國之內國法秩序中發生拘束力提供基礎？事實上聯合國憲章第一條規定聯合國之宗旨，即已明文揭示，聯合國之宗旨為「發展國際間以尊重人民平等權利……為根據之友好關係，並採取其他適當辦法，以增強普遍和平」、「不分種族、性別、語言或宗教，增進並激勵對於全體人類之人權及基本自由尊重」(74)，則若將世界人權宣言關於外國人享受平等保障之適

(69) 黃昭元，「臺灣與國際人權公約」，新世紀智庫論壇四期（一九八八年十一月），頁四二至四五；轉引自姜皇池前揭，頁五三六。

(70) 張佛泉認為應譯為「普徧人權宣言」較為妥當，氏著前揭，頁[凡例一五]。

(71) 姜皇池前揭，頁五三七。

(72) 丘宏達前揭，頁四四八至四四九。

(73) 同前註，頁四四六。

格，做為詮釋聯合國憲章該條內容之文件，自亦不妨經由憲法第一百四十一條要求尊重聯合國憲章之規定，援引為具有拘束效力之規範。況聯合國憲章第五十五條規定聯合國應促進「全體人類之人權及基本自由之普遍尊重與遵示，不分種族、性別、語言、宗教」，第五十六條則規定：「各會員國擔允採取共同及分別行動……以達成第五十五條所載之宗旨」(75)，而依前述方式解釋我國憲法第一百四十一條之規定，即不失為一種符合聯合國憲章保障人權之「適當辦法」，也可看做是符合聯合國憲章要求之保障普世人權的一種行動。畢竟將世界人權宣言之內容化為憲法上具有拘束力之規範，從任何一個角度說，都無不符憲法第一百四十一條意旨或精神之顧慮；以憲法第一百四十一條做為外國人享受平等保障適格之補強性憲法依據，亦與當代國際人權法之發展趨勢，若合符節。

㈣憲法第二條之解釋

憲法第二條規定：「中華民國之主權屬於國民全體」。則將憲法第一百四十一條作為輸入國際人權法之媒介規定，與憲法第二條有無扞格之處？前已言之，「主權重於人權」的觀念可能會是採取適格肯定論的障礙。於此，應該討論憲法第二條的適當解釋。

「主權」一詞，有其歷史淵源，簡賅言之，「具有對外對內兩種意義，對外為獨立的，對內為最高的」(76)。憲法第二條既曰「國民全體」，有無拒斥國際人權法、不使轉化為國內憲政規範之作用存在？此則仍應回到憲法存立的目的予以理解。就主權的對內意義而言，

---

(74) 丘宏達編，陳純一助編，現代國際法參考文件，臺北：三民書局，八十五年，頁二三至二四。

(75) 同前註，頁三四。

(76) 林紀東，❶同書，頁三一。此一觀念，在十九世紀中國出現之第一本國際公法的書籍中，即已出現。見丁韙良譯，萬國公法（京都崇實館，同治三年，中國國際法學會重印，一九九八年），頁七四至七六。

所謂最高的，應是要將國民置於統治者之上之謂，亦即主權不能屬於任何個人，不屬於執政者，而係主權在民，以國民全體的利益為最高，不是以執政者的利益，亦非以政治權力的利益為最高的意思。此條中「國民全體」的對稱，不是外國人，而是政府或政治權力之掌握者。

就主權的對外意義而言，所謂主權獨立，應指憲政運作悉以國民自主的意思為指南，不受外國強權之影響與指揮，但非謂即此不能將國際人權法的觀念內化為憲政規範。蓋吾人尋求憲法第一百四十一條之適當解釋，不必出自外國的威逼，而可以是我國憲政程序自主運作的結果。乃應該只問適格肯定論的內容究竟為是為非，不應只因適格肯定論涉及外國人的權利保障，即不問是非，概行否定以證明主權的獨立性。

於此一個可以相與參照的概念乃是「禮讓原則」(comity)。禮讓原則在國際社會中，恒見應用，譬如外國判決之承認，或國際私法之立法，多可援用禮讓原則之理論[77]，並不致因此妨害主權之獨立性。惟本文開始時曾經引述之 Mitchell v. Wells 一案中，Mississippi 法院說明拒絕認可 Ohio 州接受自由黑人繼承財產之決定的理由，曾有如下的語句:「禮讓原則應該臣屬於主權，故不能與本州之公共政策，或是本州或州民之權利、利益或安全相互牴觸」[78]。正如深入研究本案之美國學者所言，Mississippi 法院所以會認為本案若要適用禮讓原則、認可 Ohio 州決定即係侵犯 Mississippi 州之主權者，實在於 Mississippi 州當時確實堅信該州係以建立奴隸社會採納種族主義為其存續之基礎[79]，自會將此種關係存續基礎問題上的「禮

[77] 關於國際禮讓之意義，參見[24]同書，頁八、六四。

[78] 37 Miss. 235, 248–249 (1859).

[79] P. Finkelman, *An Imperfect Union-Slavery, Federalism, and Comity*, 292 (Chapel Hill, Univ. of N. C. Press, 1981).

讓」視為喪失獨立主權的投降行為。就外國人享受平等保障適格問題而言，引進國際人權法思想做為支持適格肯定論的基礎，並不會根本牴觸中華民國的立國思想，也不會威脅中華民國的國民主權存續或獨立性，又無憲法上不應為如此解釋之實質理由。如逕執憲法第二條規定之國民主權原則做為否定論之靠山，即恐有陷入循環論證或概念窠臼之虞。內國法秩序根據禮讓原則接納外國法制概念，尚且未必有害及主權之顧慮，況乎適格肯定論並不是基於禮讓原則立論，而是因為具有我國憲法上人權保障實質的正當性的緣故，「主權」並不能成為否定適格肯定論的理由。

簡言之，憲法第二條的規定，應從有利於人權保障的方向加以理解，不能從有利於主權的方向加以解釋，反而構成人權保障的障礙。失之毫釐，差以千里，不可不慎!

伍、結 語

主張適格否定論的學者，有引陶淵明語:「此亦人子也」，做為道德訴求，以呼籲國家應該立法善待外國人者[80]；其仁善如此，可見否定論者之始意與用心，與肯定論者未必有殊。然則，憲法解釋上既有採取適格肯定論之空間與理由，又何必外求於道德之說服，佇企立法者之善心？本文認為，適格否定論的憲法解釋方法，具有四種基本缺陷：必須使用「國籍」概念以決定誰能做為憲法上「人權」主體的「人」，即有捨本逐末的誤失；極易將人權保障與否繫於是否效忠國家、是否善盡國民義務等前提條件，而有因果倒置的誤失；很難避免不完整的基本人權觀，而有得魚忘筌的缺點；顯有接受「主權重於人權」觀念的傾向，而有主從易位的誤失。適格肯定論則可以憲法第七條作為主要依據，亦即將該條所稱「中華民國人

[80] 姜皇池前揭，頁五一九。

民」理解為「中華民國境內之人民」，既符憲法保障基本人權之意旨，也與憲法其他條文的規定（包括第三條及第一百三十條等）並無衝突難解之處。同時，憲法第一百四十一條亦可做為適格肯定論的補強依據，尚可透過該條引進國際人權法，將之轉化為國內法秩序中具有拘束力的規範，此且與憲法第二條關於主權在民的規定，亦無所扞格。

一言以蔽之，適格肯定論之基礎無他，端在認定憲法人權保障之主體，在於「人」——圓顱方趾之人——的基本觀念而已。此不僅為憲法所應有的解釋，也是國際人權法發展上不可逆轉之趨勢[81]。只要接受此一簡單的前提而不生動搖，並拒絕主權觀念暗自侵襲「保障人權才是憲法唯一、終極的目的」之概念基礎，即無拒絕採用適格肯定論以解釋我國憲法的理由。

[81] 關於憲政主義在國際人權法的發展過程中具有的意義，以及「主權」觀念不能見容於國際人權法發展趨勢所賦予的憲政主義意義，參見 L. Henkin, "A New Birth of Constitutionalism" at M. Rosenfeld (ed.), *Constitutionalism, Identity, Difference, and Legitimacy*, 39–53 (Durham, Duke, 1994)。該文中，對於憲法規定「主權在民」的意義在於以民為主，而非為主權服務的討論，尤其深具參考價值。

國際海洋法法庭簡介

姜皇池 *

* 作者為倫敦大學(University of London)瑪莉皇后學院(QMW)國際法博士，現任中央警察大學水上警察系副教授。

肆、法庭訴訟審理

一、法庭正式文字
二、法院審理案件適用之法律
三、程序之提起
四、初步程序與抗辯
五、臨時措施
六、訴訟之參加

伍、法院判決書

一、判決書之作成
二、判決書所載內容
三、法庭判決之效力

陸、結　論

國際海洋法法庭簡介

個人最初所接觸國際法中文教材，即為丘宏達教授等四名學者所共同編纂的《現代國際法》(三民書局出版)。當時囫圇吞棗，一知半解。對於國際法印象之加深，則應在參加「杰塞普國際法模擬法庭辯論比賽」(Jessup Moot Court Competition)後，也因對該比賽之參與，使得個人對國際法學門涉入益深，相關議題與論述，越接觸越深，對丘先生景仰更添一層，回首再行閱讀丘教授著作，對其能以清晰、明白的文字，表達深邃法律思惟，誠對個人學習助益甚大。進臺大法律研究所後，更對此科目不能忘懷。當時傅崑成老師教授「海洋法專題研究」，並任「中國國際法學會」祕書長，負責學會行政事務，而學會因會員參與並不熱衷，期待進行紮根工作，是以於正式會員外，另設學生會員，作為在學學生參與學會活動之管道，亦因如是得以參加「中國國際法學會」年會。

參與年會活動，使個人能對國際法研習有請益對象外，更有機會看到丘先生，親眼目睹此位以往僅在報紙或電視上看到的「名人」。當時個人對丘教授的接觸，亦僅於此瞻仰程度，唯一有所記憶的是曾於年會提案，希望放寬對於註解格式要求，對於英文參考文獻註解各式能夠容許纂寫者使用美國的《統一註解模式》(THE BLUE BOOK: A UNIFORM SYSTEM OF CITATION)，亦即所謂《藍皮書》(THE BLUE BOOK)。不過丘教授仍有所堅持，認為《藍皮書》註解模式，僅僅流通於部分法律刊物，並非社會科學學門之通行註解模式，最後裁示稿件仍應採用《中國國際法與國際事務年報》所附註解模式。

往後出國留學，雖仍繼續國際法相關學習與研究，然除與個別會員仍斷斷續續有所連絡者外，與中國國際法學會接觸機會相對減少。回國後，幸運地找到自己最喜歡的教學研究工作，國際法即是教學主要科目，教授科目能與所學相符，深自慶幸。上課所使用的教科書即是丘先生以個人心力纂述的《現代國際法》，此教材已經取代舊日眾人合著本，成為現今國內最通行教本。此際乃再能細細研讀與琢磨是本著作，且不只一次詳讀。雖然部分議題，特別是涉及有關中華民國主權與領土範圍之議題，個人仍未能完全接受丘先生之看法。但研讀該書，對丘先生為學之認真與執著，感佩益深，也深深慶幸莘莘學子能有此優良教科書，作為引導進人國際法學術殿堂之「啟門金針」。

自接觸國際法開始，對丘先生向來僅處於瞻仰階段，直至二〇〇〇年七月，在英國倫敦參加「國際法學會」(International Law Association; ILA)的雙年會，才有機會正式接觸丘先生。斯時丘先生剛卸下「國際法學會」會長職務，於海岸環境污染與管轄小組會議中，見丘先生為國家處境發言，慷慨陳詞，力爭國家權益，並為國家信譽爭辯，身處其中，百感交集，激動莫名。今逢丘先生祝壽文集編纂，「中國國際法學會」祕書長陳純一教授囑咐為文祝壽，深感榮幸，欣然為之。雖然在諸多國際法議題，特別是國家定位問題，仍未能完全贊同丘先生看法，但對丘先生的愛國精神與為人原則，仍為吾人所深深景仰。謹以此文為長者壽、為智者壽，祝丘教授身心康泰。

壹、引　言

諸多涉及海域爭端之問題，往往與國家主權相牽涉，因而不免觸及「國家意識」與「民族感情」，故往往難單純以法律來解決。除此之外，相關國家亦不願將該等爭端，交由其無以控制之獨立客觀第三者，循法律途徑來處理；另一方面，由相關國家單方訴諸司法程序，對當事國間之關係必然有負面影響，猶有甚者，若訴諸該強制程序所得之結果，反而對提出國家不利時，則對提出國所造成之窘境，亦是該等國家難以承受之潛在風險，如是情形下，在在使獨立國家不願將爭端交由其所無法掌控之司法機關來處理，亦使得司法機制在國際間對爭端之解決扮演著相當有限之功能。

然而近來國際社會成員對於司法解決爭端問題之態度，已然有所改變。國際社會逐漸強調藉由中立第三者，特別是司法機制，解決國際爭端之重要性。八○年代後，不僅各類國際司法機制種類增多，國際社會成員也越來越願意將案件提交此等中立司法機制❶。於此種大環境下，《海洋法公約》體系中下，為處理有關《海洋法公約》之解釋與適用問題❷，專責設立「國際海洋法法庭」(International Tribunal for the Law of the Sea; ITLOS)。臺灣四面環海，雖尚未能成為《海洋法公約》之締約國，但仍涉及諸多海洋相關爭端，因而對此司法機制自有必要進行深入研究，茲先簡要論述，冀有拋磚引玉之效。

---

❶ 請參考：Elihu Lauterpacht, Aspects of The Administration of International Justice 9–22 (1991)。

❷ United Nations Convention on the Law of the Sea, opened for signature Dec. 10, 1982, UNDoc. A/CONF.62/122 (1982), *reprinted in* UNITED NATIONS, OFFICIAL TEXT OF THE UNITED NATIONS CONVENTION ON THE LAW OF THE SEA WITH ANNEXES AND INDEX, UN Sales No. E. 83. V. 5 (1983)，完整中文文件見：中華人民共和國外交部條約法律司（編），《中華人民共和國多邊條約集（第四集）》，頁二四一至四四一（北京：法律出版社；一九八七年八月）。

貳、國際海洋法法庭之設立

一、國際海洋法法庭設立歷史背景與法理爭議

第三屆海洋法會議期間，部分國家主張：為解決國際社會有關海洋爭端，應設立有別於國際法院，用以專門處理國際海洋事務之法庭。與此相對，英、美、義、日等國家則認為兩個法院獨立存在，不僅正當性與合法性均值商榷，且同時設立兩法院，有產生管轄權重疊與判決衝突之可能。論者亦指出「國際海洋法法庭」之設立，無異是侵害國際法院在解決國際爭端所當扮演主導角色，而且專為海洋爭端即設出專屬爭端法庭，亦有破壞國際法之「完整性」(integrity) 與「統一性」(unity) 之虞。蓋國際海洋法本質上仍是國際公法，因而任何有關海洋法之解釋與適用，當皆為國際法院所能解決之對象❸。然而上述顧慮與理由並不能說服廣大的新興第三世界國家，此蓋因廣大第三世界國家對國際法院於一九六六年《西南非案》(Case Concerning South-West Africa)與一九六三年《北喀麥隆案》(Case Concerning North Cameroon)所作成之兩判決相當不滿，因而當

---

❸ 對此類學理上爭執，較完整之論述請參考：Shigeru Oda, *The ICJ Viewed from the Bench*, 244 HAGUE RECUEIL DES COURS 127–155 (1993–II); Shigeru Oda, *Dispute Settlement Prospects in the Law of the Sea*, 44 INT'L & COMP. L.Q. 863 (1995); Gilbert Guillaume, *The Future of International Judicial Institutions*, 44 INT'L & COMP. L.Q. 848 (1995); ELIHU LAUTERPACHT, ASPECTS OF THE ADMINISTRATION OF INTERNATIONAL JUSTICE 20–22 (1991)。中文資料請參考：趙理海（著），國際海洋法新趨勢，頁一八九至一九二（北京：北京大學出版社；一九八四年）。

第三屆海洋法會議談判期間，該等國家即認為有必要另行設立法官人數較多，更能由第三世界國家參與之國際間法院，而且必須顧及「地理上之公平分配」，唯有如是第三世界國家之利益，才得以確實在新設立之海洋法法庭中反映。就此點而言，第三世界國家對此十分堅持，不可能讓步，學者指出於一九七五年時聯合國海洋法會議即確定必須設置「國際海洋法法庭」❹。

簡言之，對於是否必須在現行國際法院外，再設立獨立之海洋法法庭，以及設立之司法機制管轄權限是否擴及所有《海洋法公約》適用衍生爭端，初期即反映出分歧。最後在眾多第三世界國家之堅持，不僅《海洋法公約》設立獨立於國際法院之外的國際海洋法法庭，該法庭之權限亦不侷限於因深海床爭議問題，甚至擴及一切有關《海洋法公約》適用與解釋之爭端。

二、法庭所在地

根據《海洋法公約》《附件六》(《國際海洋法法庭規約》) 第一條規定,「國際海洋法法院」應設於德國「漢堡自由漢薩城」(The Free and Hanseatic City of Hamburg)，而且於必要時法庭得於其他地方開庭並行使職權(Article 1 of the Statute of International Tribunal for the Law of the Sea; hereinafter ITLOS Statute)❺。在海洋法會議初期，有

❹ Gilbert Guillaume, *The Future of International Judicial Institutions*, 44 INT'L & COMP. L.Q. 848, 855 (1995).有關「國際海洋法法庭」之成立過程，請參考：Renate Platzöder, *The Establishment of the International Tribunal for the Law of the Sea*, in IMPLEMENTATION OF THE LAW OF THE SEA THROUGH INTERNATIONAL ORGANIZATIONS 626–647 (Alfred H.A. Soons ed., 1990)。

❺ 轉引自：中華人民共和國外交部條約法律司（編），前揭❷，頁四二三。有關設於漢堡市之插曲，請參考：Renate Platzöder, *supra* note 4, at 631–

關爭端解決程序之條文草案，對於法庭所在地規定與「國際海底管理局」所在地相同。由此反映出，在設計之初，係將「國際海洋法法庭」視為「國際海底管理局」之附屬機構。但其後「國際海洋法法庭」管轄範圍不再侷限於國際海床探勘與開發問題後，「國際海洋法法庭」所在地即不再有必要需與海床管理當局同一地點。在《公約非正式草案》中，法庭所在地留空，下有註腳指出：百慕達、德國、葡萄牙與南斯拉夫表示法庭所在地應在該國。一九八一年八月，經過兩輪祕密投票，決定以德國漢堡為法庭所在地❻。

三、法庭法官之資格、名額與選任

(一)法官之資格與名額分配

至於「國際海洋法法庭」之組成，根據《國際海洋法法庭規約》第二條規定：「(1)法庭應由獨立法官二十一人組成，從享有公平和正直的最高聲譽，在海洋法領域內具有公認資格的人士中選出。(2)法庭作為一個整體，應確保其能代表世界各主要法系和公平地域分配 (In the Tribunal as a whole the representation of the principal legal systems of the world and equitable geographic distribution shall be assured)❼。第三條規定：「(1)法官中不得有二人為同一國家的國民，為擔任法庭法官的目的，一人而可視為一個以上國家的國民者，應視其通常行使公民及政治權利的國家的國民。(2)聯合國大會所確定

639。

❻ INTERNATIONAL TRIBUNAL OF FOR THE LAW OF THE SEA, YEARBOOK: 1996–1997 6–7 (1999)。德國漢堡市有相當悠久海事法律傳統，為了能夠成為「國際海洋法法庭」所在國，德國於一九九四年十月即行加入《海洋法公約》，是工業先進國家中率先加入者。

❼ 中華人民共和國外交部條約法律司（編），前揭❷，頁四二三。

的每一地理區域集團應有法官至少三人」❽。對於此種法系與地域平均分配之要求，乃是基於第三世界國家，特別是非基督文明之新興獨立國家。當然何謂「享有公平和正直的最高聲譽」(enjoying the highest reputation for fairness and integrity and of recognized competence in the field of the law of the sea)，並無客觀標準，在「國際海洋法法庭」此等相當容易受到國際政治影響的機制中，各國在推薦或選舉法官時，或多或少會有政治考量❾。另外所謂「主要法系」(the principle legal systems of the world)，亦缺乏明確標準。不過論者指出，在國際法院與國際法委員會相關選舉中，所謂「主要法系」，則是分成：普通法系、大陸法系與伊斯蘭法系❿。在「國際海洋法法庭」所選出之法官，基本上包括上述三種法系法官。

另外，法庭每一法官在就職前，應在公開法庭上鄭重宣布其將秉公竭誠行使職權(ITLOS Statute §11)。此一宣示應該在法官第一次蒞庭時宣布，至於連任之法官，若其任期並無中斷，可無庸再踐行此一程序(ITLOS Rules §5(2)(3))。

㈡法官之選舉與任期

1. 法官之選舉

根據《國際海洋法法庭規約》第四條：第一次法官選舉應於祕

---

❽ 中華人民共和國外交部條約法律司（編），前揭❷，頁四二三至四二四。

❾ GUDMUNDUR EIRIKSSON, THE INTERNATIONAL TRIBUNAL FOR THE LAW OF THE SEA 29 (2000).

❿ GUDMUNDUR EIRIKSSON, THE INTERNATIONAL TRIBUNAL FOR THE LAW OF THE SEA 29 (2000)。此種地域與法系區別，使得「海洋法法庭」組成與「國際法院」組成有所區隔，最低範圍內，「國際海洋法法庭」並不確保安理會五強國籍之法官必獲任命。在國際海洋法法庭第一次選舉中，安理會五強，僅中、英、蘇有法官獲選，並無美國與法國籍之法官，見：J. G. MERRILLS, INTERNATIONAL DISPUTE SETTLEMENT 185 (3d ed. 1998)。

書長所召開之「締約國會議」(Meetings of State Parties)中⓫，以無記名方法進行，締約國三分之二為法定開會數目，而法官之任命，必須得到出席並投票人數之三分之二同意始可⓬。根據《國際海洋法法庭規約》第四條第三款，法官選舉應於公約生效後六個月內舉行。換言之，應於一九九五年五月十六日進行，不過「締約國會議」於一九九四年十一月二十二日議決：第一屆法官選舉之提名仍從一九九五年五月十六日開始，然正式選舉則延至一九九六年八月一日進行⓭。之所以如是延期，乃是要允許更多的國家有時間加入《公約》，使該等國家亦有權利提出參選法官名單，因而正在進行加入《公約》之國家亦有提名之權利，然其提名人必須該提名國家於一九九六年七月一日前完成加入《公約》之所有程序，該提名人始得列人「最後候選人」(Final List of Candidates)名冊中⓮。

一九九六年七月二十四日至八月二日召開之第五次「海洋法締約國會議」，首先於七月三十一日一致決通過編號 SPLOS/L.3/Rev.1 內之提案，選出法官，因必須顧及地理上之公平分配，因而選舉出的二十一名法官中：五名來自「非洲集團」(the African Group)、五

⓫ 根據《海洋法公約》第三一九條二項(e)款，秘書長應召開必要之「締約國會議」。

⓬ 請參見：中華人民共和國外交部條約法律司（編），前揭❷，頁四二四。部分西方國家對此種規定存有相當疑慮，認為「七七集團」國家很容易能取得三分之二之支持，因而有認為應當須有五分之四締約國同意始可，有主張當採類似國際海床當局「理事會」(The Council)之制度，然而均未為國際社會大多數成員所接受。見：E. D. Brown, *Dispute settlement and the Law of the Sea: The UN Convention Regime*, 21 MARINE POC'Y 17, 35 (1997)。

⓭ See REPORT OF THE MEETING OF STATES PARTIES (on 21 and 22 November 1994), SPLOS/3, 28 February 1995, p. 7; para. 16.

⓮ See SPLOS/3, p. 7, para. 16 (28 February 1995).

名選自「亞洲集團」(the Asian Group)、四名選自「拉丁美洲與加勒比海國家集團」(the Latin American and Caribbean Group)、四名選自「西歐與其他國家集團」(the Western and other States Group)、三名選自「東歐國家集團」(Eastern European Group)⓯，並進一步決定，假如所選法官不屬於上述任何國家集團，則將該名法官列為「西歐與其他國家集團」之名額⓰。八月一日正式進行法官選舉，就三十三位各國所推薦之提名人中，經八輪投票程序，終於正式選出二十一名「國際海洋法法院」法官⓱。同年十月十八日該二十一名法官，於德國漢堡，在聯合國祕書長的監誓下，宣誓就職，根據《國際海洋法法庭規約》第十二條之規定⓲，法官們再選出迦納籍之「梅沙」

⓯ 所謂「國家集團」自聯合國成立之初已然存在，到一九六四年乃經聯合國大會予以確認，為選舉之目的，將國家集團分成亞非、東歐、拉丁美洲、「西歐與其他國家」(包括澳洲、加拿大、紐西蘭與美國)等四個集團，後於一九七一年聯合國之文件中再將亞洲(亦包括以色列與十二個阿拉伯聯盟國家)與非洲相區隔，於焉轉為五個國家集團，該大體分類乃沿用至今。當然在五大集團之下另再分有次集團。見：SYDNEY D. BAILEY & SAM DAVIS, THE UNITED NATIONS: A CONCISE POLITICAL GUIDE 38 (3d ed. 1995)。

⓰ See SPLOS/14, paras. 14–15 (20 September 1996).

⓱ See SPLOS/14, paras. 17–31 (20 September 1996)。中國籍法官為北京大學海洋法教授趙理海。韓國籍之法官為朴椿浩(Chong-hoo PARK)。較特殊者乃是澳洲國際海洋法專家 Ian SHEARER 以及蘇理藍卡籍的 Dr. PINTO 雖均受提名，然未能入選。美國雖然通知聯合國相關作業單位，其有意願提出候選人名單，然最後並未付諸實施，見：Gritakumar Chitty, *Opening Statement*, 11 INT'L J. MARINE & COASTAL L. 143, 145 (1996)。

⓲ 《海洋法法庭規約》第十二條規定：「1. 法庭應選舉庭長和副庭長，任期三年，連選可連任。法庭應任命書記長官，並可為任命其他必要的工作人員做出規定。2. 庭長和書記長官應駐在法庭所在地」，引自：中華人民共和國外交部條約法律司(編)，前揭❷，頁四二六。

(Thomas MENSAH) 為法庭第一任庭長，德國籍之 Rüdiger WOLFRUM 為第一任副庭長[19]。法庭庭長與副庭長任期三年，一九九九年九月三十日第一任庭長與副庭長任期屆滿，法庭重新於同年十月一日選出 Judge P. Chandrasekhara RAO (India)為新庭長，Judge Dolliver NELSON (Grenada)為副庭長[20]。

2. 法官之任期與出缺

法官任期九年，連選得連任；但第一次選出法官中，七名任期九年，七名任期六年，七名任期三年。並應於選舉結果後，由聯合國祕書長立即以抽籤方式決定(ITLOS Statute §5(1)(2); ITLOS Rules §17)。法官執行職務時，不論其年齡、當選順序或服務期間之長短，地位平等(ITLOS Rules §3)。法庭法官在其職位被接替前，應繼續執行其職責。法庭法官雖經接替，仍應完成在接替前已經開始的任何程序(ITLOS Statute §5(3))；若是法庭法官之當選是接替任期未滿之法官者，應任職至其前任法官任期屆滿為止(ITLOS Statute §6(2))。

㈢專案法官之選任與相關問題

1. 專案法官之選任與資格

任何爭端當事方，在進入法庭（或其他分庭），均有權利選擇一名該爭端方國籍之法官蒞庭，若是法庭上並無屬於當事一方國籍之法官，則當事一方可選派一人為「專案法官」(an ad hoc judge)，此一專案法官，既不限於法庭中法官，亦不限於擁有爭端當事方之國籍(ITLOS Statute §17(1)(2))；專案法官與其他法官完全平等參與系爭案件(ITLOS Rules §8(1))。專案法官排名在法庭法官之後，各專案法官間之排名，則以年紀為準(ITLOS Rules §8(2))，另外必須就其參與

---

[19] Division for Ocean Affairs and the Law of the Sea (DOALOS), (last modified 23 May 1997), http://www/un.org./Depts/los/los.news.htm.

[20] Judge NELSON 一九七四～一九九四年一直任職於紐約聯合國祕書處。

相關特定案件為聲明(ITLOS Rules §8(3))。與其他法官相關，專案法官必須符合《海洋法法庭規約》第二條、第八條與第十一條之條件。

若是二或二以上當事國，其利害關係相同，則就選任法官之目的而言，應視為單一當事方(ITLOS Statute §17(5))。若是此多數國家並無該國國籍法官在法庭中，則根據法庭實踐，雖然有兩個當事國，仍僅能提名兩當事國任何一方國籍之法官一名。例如一九九九年七月三十日，針對南方黑鮪請求臨時措施之審理法庭，紐、澳兩國僅提名一專案法官[21]。

2. 非國家爭端當事方選任其國籍專案法官之問題

但所謂國籍僅限於國家始有此可能性，然而「國際海洋法法庭」之爭端當事方不限於國家，因而倘若爭端當事方為根據《海洋法公約》《附件九》加入之國際組織，比如「歐洲聯盟」，則任何具有該國際組織會員國國籍之法官，在選任專案法官問題上，視為該國際組織相同國籍之法官。不過「國際海洋法法庭」此一決定僅適用於《附件九》之國際組織，其他國際組織不適用此決定[22]。另外，爭端當事方若為法人或自然人，則就選任專案法官之制度而言，該自然人或法人擔保國國籍之法官，視為該自然人或法人國籍之法官[23]。

[21] 於該案中，紐澳兩國共同選出澳洲籍的 Professor Ivan SHEARER 為該案專案法官。見： Barbara Kwiatkowska, *Southern Bluefin Tuna (New Zealand v. Japan; Australia v. Japan), Order on Provisional Measures (ITLOS Cases Nos. 3 and 4)*, 94 AM. J. INT'L L. 150, 151 (2000)。

[22] Gudmundur Eiriksson, *The Working Methods of the International Tribunal for the Law of the Sea*, in OCEAN POLICY: NEW INSTITUTIONS, CHALLENGES AND OPPORTUNITIES 111, 128–129 (Myron H. Nordquist & John N. Moore eds., 1999).

[23] Gudmundur Eiriksson, *The Working Methods of the International Tribunal for the Law of the Sea*, in OCEAN POLICY: NEW INSTITUTIONS, CHALLENGES AND OPPORTUNITIES 111, 129 (Myron H.

基於上述結論，「國際海洋法法庭」進一步認為，對於《國際海洋法法庭規約》之正確適用結果，非國家實體之爭端當事方，並無選擇專案法官之獨立權利。換言之，非國家實體能否選任專案法官，將視實際情況而定，若是：(1)對造為國家，而在法庭上有其國籍之法官，或是對造為國際組織，而法庭上有其會員國國籍之法官、(2)該對造國家選擇專案法官、(3)對造為法人或自然人，但法庭上有其擔保國國籍之法官，於上述三種情形下，非國家實體之一造，始有權利選擇專案法官㉔。

3. 訴訟參加國有關專案法官選任問題

另一方面，考量到可能有眾多國家根據《國際海洋法法庭規約》第三十一條或第三十二條要求參與訴訟，因而《國際海洋法法庭議事規則》明文規定，訴訟參加國無權指定專案法官(ITLOS Rules §§ 103(4), 104(3))。

(四)法官所不得參與之活動

在國際海洋法法庭現行經費下，不能期待法官專職為法庭法官，因而法官有可能必須有其他經濟來源，為避免因為法官從事其他活動致使其審判公正性受到影響，《國際海洋法法庭規約》第七條第一款規定：「法庭法官不得執行任何政治或行政職務，或對任何於勘探和開發海洋或海底資源或與海洋或海底的其他商業用途的任何企業的任何業務有積極聯繫或有財務利益」(ITLOS Statute §7(1))㉕。至

Nordquist & John N. Moore eds., 1999).

㉔ 請參考：Gudmundur Eiriksson, *The Working Methods of the International Tribunal for the Law of the Sea*, in OCEAN POLICY: NEW INSTITUTIONS, CHALLENGES AND OPPORTUNITIES 111, 129 (Myron H. Nordquist & John N. Moore eds., 1999)。

㉕ 此點與「國際法院」法官有別，「國際法院」法官除不得行使任何政治或行政職務外，亦不得「執行任何其他職業性質之任務」(engage in any other occupation of a professional nature) (ICJ Statute §16)。「國際海洋法

於「政治職務」應該是指與國家機制相關之事務，包括內國層次與國際組織層次。就國際組織層次而言，國際海洋法法庭法官不得為其他國際組織之專業官員；而在內國層次，作為內國立法機構之議員或是行政部門之公務人員即是本條所禁止之活動。另一方面，在公立學校從事教授職務，一般不認為是與本條不相容之活動，實際上有諸多法官現在仍繼續從事教授工作㉖。

㈤法官迴避問題

而任何過去曾作為某一案件當事一方之「代理人」(agent)、「律師」(counsel)或「辯護人」(advocate)，或曾作為國內或國際法院或法庭之法官，或以任何其他資格參加該案件的法官，不得參與該案件之裁判(ITLOS Statute §8(1))。此種迴避，原則上應該由該案法官自我向庭長提出(ITLOS Statute §8(2))。若是應當迴避法官並未主動提出，而法庭庭長認為該法官不應參與審理某一特定案件，則應將此情形通知該法官(ITLOS Statute §8(3))。對於此一作為，庭長可以主動提出，或是根據訴訟對造方所祕密提供資料而提出。若是對此種應迴避事由存在與否有所爭議時，應由出席的法庭其他法官以過半數決定之(ITLOS Statute §8(4))。㉗

法庭」法官並非不得從事任何其他職業性質之任務，僅是不得從事特定性質之職業，以免妨礙其公正性。請參考：GUDMUNDUR EIRIKSSON, THE INTERNATIONAL TRIBUNAL FOR THE LAW OF THE SEA 40 (2000)。

㉖ GUDMUNDUR EIRIKSSON, THE INTERNATIONAL TRIBUNAL FOR THE LAW OF THE SEA 41 (2000).

㉗ 請參考：PHILIPPE SANDS ET AL. (EDS), MANUAL ON INTERNATIONAL COURTS AND TRIBUNALS 41 (1999)。此一限制與國際法院法官之參與案件禁止限制相同。請參考《國際法院規約》第十七條：「一、法官對於任何案件，不得充任代理人、律師，或輔佐人；二、法官曾以當事國一造之代理人，律師或輔佐人，或以國內法院或調查

當然除因涉及該案先前審判或因其他事實之存在，而於法律上有義務迴避之情形外，倘若法庭其他法官，一致認定某一法官不再符合《法庭規約》所規定條件，法庭庭長應宣布該席位出缺(ITLOS Statute §9; ITLOS Rules §7)。此處所指不再符合《國際海洋法法庭規約》所規定條件，應指不再享有公平和正直的最高聲譽等條件。當然對於此一條文之適用，法庭庭長，或在適當情形下法庭副庭長，應以書面通知遭指名之法官，該書面文件亦載明理由並檢附任何相關證據。另外必須召開特別會議，使遭指名之法官有答辯機會或提供任何書面、證據之機會。其他法官在根據會議之結果斷定是否宣布該席法官不得蒞庭(ITLOS Rules §7)。

四、法庭之各類分庭

然而爭端之解決不必然需由全員法庭處理，有些爭端當事國或許偏好僅以較少法官所組成法庭審理；另一方面，部分特定案件可能有高度技術性或專業性，並非所有法官均適合處理此等爭端，因而在「國際海洋法法庭」下，又設有下列諸分庭：

(一)「海底爭端分庭」(Seabed Disputes Chamber; SBCD)[28]

1. 海底爭端分庭之設立

本分庭為海底資源爭端主要爭端解決法庭，對於《海洋法公約》第十一部分相關條文之解釋與適用所生爭端擁有專屬管轄權(LOSC §§187; 287(2))。談判之初，海底爭端分庭僅是國際海底管理局組織

委員會委員，或以其他資格參與案件者，不得參與該案件之裁決；三、關於此點，如有疑義，應由法院決定之」。

[28] 有關海底爭端分庭，較詳細討論，可再參考：Joseph Akl, *The Sea-Bed Disputes Chamber of the International Tribunal for the Law of the Sea*, 37 INDIAN J. INT'L L. 435–451 (1997)。

下的獨立審判機構,其後脫離國際海床當局成為獨立之司法機構㉙。一九七六年第三屆海洋法會議於非正式全員會議時,「海底爭端分庭」與「國際海洋法法庭」居於同等地位,當時稱此擬議中機制做「海底爭端法庭」(Sea Bed Tribunal)。然於《修訂單一協商案文》(Revised Single Negotiating Text)中,有關《國際海洋法法庭規約》中,下設「國際海床爭端分庭」,因而乃轉而成為「國際海洋法法庭」之下屬分庭,專責審理海床相關活動所引發之爭端㉚。

「海底爭端分庭」與《海洋法公約》體系下之其他法庭或其他各類分庭之最大區分在於海底爭端分庭排除該公約第二八七條之適用。換言之,任何有關海底之爭端仍應依《海洋法公約》第十一部分第五節之相關規定,提交「海底爭端分庭」審理,當事國並無選擇法院或仲裁程序之斟酌決定權。至於此類爭端,包括締約國間就《海洋法公約》(包括一九九四年《新海床協定》)有關國際海床區域活動之解釋與適用。除了擁有對《海洋法公約》第十一部分相關條文解釋與適用之「爭訟管轄權」(contentious jurisdiction)外,《海洋法公約》又明文規定:倘經國際海床當局「大會」或「理事會」要求,本分庭亦得就海床活動所引發之法律問題發表「諮詢意見」,擁有「諮詢管轄權」(advisory jurisdiction)(LOSC §191,ITLOS Rules §132)。此一諮詢管轄權之賦予,是《海洋法公約》體系下唯一明文授權具有此項權利之法庭。

㉙ 當然在現今安排下,海底爭端分庭仍存有先前與國際海底管理局密切關係之蛛絲馬跡,比如國際海底管理局大會對於分庭法官選舉之法系分配與地域分配,擁有提出建議方案之權利(ITLOS Statue §35(2))。

㉚ Renate Platzöder, *supra* note 4, at 626, 630。學者指出,之所以將之「降格」成為「國際海洋法法庭」之分庭乃是出自經濟上考量,不過職權並未因其地位而削弱,見:趙理海(著),前揭❸,頁二〇三。

2. 海底爭端分庭之組成

「海底爭端分庭」應由「海洋法法庭法官，以過半數從法庭選任法官中選派法官十一人組成」(ITLOS Statute §35(1))；法官每三年應改選一次，連選得連任一次(ITLOS Statute §35(3))。因法官人數高達十一人，是以分庭法官之選舉與國際海洋法法庭相同，亦應確保代表世界各法系和公平地區分配。亦因如是,「海床管理當局大會」得就此種代表性與地域性提出一般性的建議(ITLOS Statute §35(2))㉛。此處所謂「主要法系」，應與上述有關「國際海洋法法庭」法官名額分配所提及主要法系做同一解釋。比照過去國際實踐，應該是指普通法系、大陸法系與伊斯蘭法系。至於選舉時，因為國際海底管理當局並未提出任何建議方案,法庭庭長乃與其他法官商議,就地域與法系分配問題,提案認定:三名法官選自「非洲國家集團」、三名法官選自「亞洲國家集團」、兩名法官選自「拉丁美洲與加勒比海國家集團」、兩名法官選自「西歐與其他國家集團」、一名法官選自「東歐國家集團」㉜。「國際海洋法法庭」於一九九七年二月進行的第二次組織會議正式設立「海底爭端分庭」，並選出其法官㉝。

㉛ 由此處亦可看出海底爭端分庭與海底管理當局之密切關係，事實上在擬定之初，早先議案是所有海底爭端分庭的法官，應由海底管理當局的大會選出，其後放棄此種安排。見：J. G. MERRILLS, INTERNATIONAL DISPUTE SETTLEMENT 188 (3d ed. 1998)。

㉜ GUDMUNDUR EIRIKSSON, THE INTERNATIONAL TRIBUNAL FOR THE LAW OF THE SEA 71 (2000)。海底爭端特別分庭舉行第二次選舉時,國際海底管理局仍未提出任何有關地域與法系分配之建議,因而國際海洋法法庭庭長乃提出建議。詳細情形，參考：GUDMUNDUR EIRIKSSON, THE INTERNATIONAL TRIBUNAL FOR THE LAW OF THE SEA 71–72 (2000)。

㉝ Division for Ocean Affairs and the Law of the Sea (United Nations), Conferences and Meeting, (last modified 23 May 1997), http://www.un.org/

「海底爭端分庭」之組成法定人數最少為七人(ITLOS Statute §35(7))。較特殊者乃是「海底爭端分庭」於處理按照《海洋法公約》第一八八條第一款(b) 項之特定爭端時，於得到當事各方同意後，尚可成立所謂「專案分庭」(Ad Hoc Chambers) (ITLOS Statute §36(1))㉞，至於爭端專案分庭之法官，必須是不屬於爭端任何一方之工作人員或其國民(ITLOS Statute §36(3))㉟。

(二)「特別分庭」(Special Chambers)

根據《海洋法法庭規約》規定，法庭可設立其認為必要之分庭，由其選任法官三人或三人以上組成， 以處理特定種類爭端(ITLOS Statute §15(1))㊱。對於此等分庭之設立，則應根據《海洋法法庭議事規則》第二十八條至第三十一條之規定。

1.「簡易程序分庭」(Summary Procedure Chamber; SPC)

「國際海洋法法庭」為能迅速處理事務，「應」設立「簡易程序分庭」，該分庭由法院所選任的五名法官所組成，並設有兩名「候補法官」(alternatives members)， 以接替不能參與某一特定案件之法官㊲。此一分庭之設立，為法律上義務，因而法庭有義務設立本分庭，並無斟酌決定權。根據《法庭議事規則》，法庭之庭長與副庭長當然為簡易法庭之法官(ITLOS Rules §28(1))， 而法庭庭長亦同時為簡易程序分庭之庭長㊳。至於其他法官與候補法官，則應由庭長建

Depts/los/los conf.htm.

㉞ 見：UNITED NATIONS, *supra* note 2, at 147；中華人民共和國外交部條約法律司（編），前揭❷，頁四三一。

㉟ 見：UNITED NATIONS, *supra* note 2, at 148；中華人民共和國外交部條約法律司（編），前揭❷，頁四三二。

㊱ 見：UNITED NATIONS, *supra* note 2, at 143；中華人民共和國外交部條約法律司（編），前揭❷，頁四二六。

㊲ 見：UNITED NATIONS, *supra* note 2, at 143；中華人民共和國外交部條約法律司（編），前揭❷，頁四二六。

議之法官名冊中選任(ITLOS Rules §8(2))。屬於爭端任何一方國籍之法庭法官有權利參與審理[39]，當然此種分庭之審理案件，可由爭端當事國之選擇，亦可因特殊案件須由此分庭審理，比如當法庭休會期間，涉及第二九二條船員迅速釋放之爭端時，或請求作成臨時措施之情形下，均有可能由此簡易程序分庭審理[40]。一九九六年十月「國際海洋法法庭」進行的第一次組織工作會議正式設立「簡易程序分庭」，並選出五名法官與兩名候補法官，任期至一九九七年九月三十日[41]。

倘將「國際海洋法法庭」「簡易程序分庭」與國際法院之簡易程序分庭相比較，雖然「國際法院」亦規定得設立簡易程序分庭，且須取得爭端當事國之同意[42]；「國際海洋法法庭」以「簡易程序分庭」

[38] INTERNATIONAL TRIBUNAL FOR THE LAW OF THE SEA, YEARBOOK 1996–1997 25 (1999).

[39] 見：UNITED NATIONS, *supra* note 2, at 144；中華人民共和國外交部條約法律司（編），前揭[2]，頁 427。

[40] Günther Jaenicke, *International Tribunal for the Law of the Sea*, in 2 UNITED NATIONS: LAW, POLICIES AND PRACTICE 797, 798, para. 4 (Rüdiger Wolfrum ed., 1995).

[41] Division for Ocean Affairs and the Law of the Sea (United Nations), Conferences and Meeting, (last modified 23 May 1997), http://www.un.org/Depts/los/los_conf.htm。法官名單如次：Thomas A. MENSAH (President), Rüdiger WOLFRUM, Hugo CAMINOS, Choon-Ho PARK, Mohamed Mouldi MARSIT 等五名法官，另外 Anatoly Lazarevih KOLODKIN, L. Dolliver M. NELSON 兩法官為候補法官。任期至一九九七年九月三十日。一九九七年十月二十日，簡易程序法庭重新改選：Thomas A. MENSAH (President), Rüdiger WOLFRUM, Alexander YANKOV, L. Dolliver M. NELSON, Chandrasekhara P. RAO 等五名法官，另外，Vicente Marotta RANGEL, Gudmundur EIRIKSSON 兩法官為候補法官。任期至一九九八年九月三十日。

進行爭端審理，與國際法院簡易程序法庭相同，亦須經過爭端當事方之同意，唯一之例外，是涉及臨時措施之爭端，而法庭並不開庭，或是沒有足夠法官構成法定人數，則僅當事一方之申請，即可由「簡易程序分庭」規定臨時措施(ITLOS Statute §25(2))。另外，就涉及船員或船隻之迅速釋放爭端，《法庭議事規則》鼓勵爭端當事方儘可能利用「簡易程序法庭」，因而若是船舶遭扣留國家提出請求利用簡易程序法庭，而扣留船舶與船員之沿岸國，於收到該項通知後，五日內並未表示反對， 則法庭應適用簡易程序法庭(ITLOS Rules §112(2))[43]。

2. 「漁業事務特種分庭」(Special Chamber of Fisheries Matters)

「漁業事務特種分庭」之設立，則是根據《國際海洋法法庭規約》第十五條第一項。雖然該條文並未明確規定，應組成「何種」特定分庭，然基於此一條款授權，「國際海洋法法庭」於一九九七年二月進行第二次組織工作會議時，正式設立「漁業事務特種分庭」(Special Chamber of Fisheries Matters)，專門用以處理有關漁業資源養護與管理之爭端，本分庭處理之爭端包括：(1)《公約》任何有關海洋生物資源養護與管理之條款；(2)其他任何協定有關海洋生物資源養護與管理之條款[44]此一特種分庭，由七名法官組成[45]。

---

[42] 《國際法院規約》第二十九條規定：「法院為迅速處理事務，應於每年以法官五人組織一分庭。該分庭經當事國之請求，得用簡易程序，審理及裁判案件。法院並應選定法官二人，以備接替不能出庭之法官」(ICJ Statute §29)，條文引自：丘宏達（編輯），陳純一（助編），《現代國際法參考文件》，頁四七至四八（臺北：三民書局；民國八十五年）。

[43] 事實上，在法庭所審理第一個案件時，原告曾請求使用簡易程序法庭審理，但並未為被告所接受。見：Gudmundur Eiriksson, *The Working Methods of the International Tribunal for the Law of the Sea*, in OCEAN POLICY: NEW INSTITUTIONS, CHALLENGES AND OPPORTUNITIES 111, 125 (Myron H. Nordquist & John N. Moore eds., 1999)。

3.「海洋環境保護特種分庭」(Special Chamber for the Protection of Marine Environment)

與「漁業事務特種分庭」相同，本特種分庭亦是海洋法法庭在第二次組織會議時，根據《國際海洋法法庭規約》第十五條第一款之授權而設立。此海洋環境保護特別分庭，主要處理經當事方同意提交，有關海洋環境保護與保全之爭端，包括：(1)《公約》有關海洋環境保護與保全之任何條款；(2)《公約》第二三七條所提及任何專門公約或協定，有關海洋環境保護與保全之條款；(3)任何其他賦予本法庭管轄權之協定，其有關海洋環境保護與保全之條款[46]。本特種分庭，亦由七名法官組成，開庭時至少需有五名法官，若是法官人數低於五人，則應由其他法官中再選出法官。一九九七年二月

[44] GUDMUNDUR EIRIKSSON, THE INTERNATIONAL TRIBUNAL FOR THE LAW OF THE SEA 83 (2000).

[45] Division for Ocean Affairs and the Law of the Sea (United Nations), Conferences and Meeting, (last modified 23 May 1997), http://www.un.org/Depts/los/los_conf.htm。一九九七年二月，法庭正式選出「漁業爭端分庭」七名法官，分別為：Hugo CAMINOS (President), Soji YAMAMOTO, Paul Bamela ENGO, Chandrasekhara RAO, David ANDERSON, Edwaard Arthur LAING, Gudmundur EIRIKSSON。並由該七名法官，再選出 Judge CAMINOS 為本特種分庭庭長。法庭法官任期至一九九九年九月三十日。一九九九年十月本分庭重新改組，法官任期至二○○二年九月三十日，七名法官分別為：Gudmundur EIRIKSSON (President) (Iceland), Hugo CAMINOS (Argentina), Soji YAMAMOTO (Japan), Anaoly L. KOLODKIN (Russian Federation), Choon-Ho PARK (Republic of Korea), Tafsir Malick NDIAYE (Senegal) and José Luis JESUS (Cape Verde), see ITLOS/Press 31 of 4 October 1999 (facsimile copy provided by the Secretariat of the ITLOS)。

[46] GUDMUNDUR EIRIKSSON, THE INTERNATIONAL TRIBUNAL FOR THE LAW OF THE SEA 83–84 (2000).

時，本分庭選出七名法官，在實際運作上則是由國際海洋法法庭庭長提出建議名單，法庭接受此名單後，再由名單內之法官互相選出本分庭庭長㊼。此外，在計算法庭法官組成人數時，不包括專案法官(ITLOS Rules §41(3))。

然而必須注意者，此二特定爭端分庭之設立，並不排除未來法庭認為有所必要時，仍可設立其他可能專案分庭㊽。

4.「專案分庭」(Ad Hoc Chambers)

除了上述諸分庭外，《海洋法公約》為使爭端解決程序更為各當事方所接受，乃又規定，假如當事各方請求，法庭應設立「特別分庭」以處理提交法庭之該特定爭端。至於此種「專案分庭」之組成，則由「法庭於徵得當事國各方同意後決定」(shall be determined by the Tribunal with the approval of the parties) (ITLOS Statute §15(2))㊾。此一專案分庭之設立，當事國各方不僅有權利決定是否設立，法官人數亦應由當事國決定之㊿。

㊼ Division for Ocean Affairs and the Law of the Sea (United Nations), Conferences and Meeting, (last modified 23 May 1997), http://www.un.org/Depts/los/los_conf.htm。「海洋環境爭端分庭」之七名法官，分別為：Rüdiger WOLFRUM (President), Alexander YANKOV, Soji YAMAMOSTO, Anatoly Lazarevich KOLODKIN, Choon-Ho PARK, Joseph Sinde WARIOBA, Mohamed Mouldi MARSIT。與之相較，國際法院亦根據《國際法院規約》第二十六條第二項之規定，於一九九三年設立由七名法官組成的「環境事務分庭」(Chamber for Environmental Matters)，並分別於一九九四、一九九七與二〇〇〇年重新選舉分庭法官，至目前為止，國際法院環境事務分庭並未處理任何爭端。

㊽ E. D. Brown, *Dispute Settlement and the Law of the Sea: The UN Convention Regime*, 21 MARINE POC'Y 17, 37 (1997).

㊾ 見：UNITED NATIONS, *supra* note 2, at 143；中華人民共和國外交部條約法律司（編），前揭❷，頁四二六。

㊿ 《國際法院規約》第二十六條第二項規定：「法庭為處理某特定案件，

當然在理想狀態下，不論是漁業事務特種分庭或是海洋環境保護特種分庭，抑或當事國所協議設立之任何專案分庭，此等專業法律分庭之法官，應該儘可能擁有該等爭議事項之專業知識[51]。

五、法庭之內部委員會

國際海洋法法庭除上述各類專業分庭之設立外，另設有五個委員會負責所有內部相關事宜，包括：⑴「預算與財政委員會」(Committee on Budget and Finance)、⑵「議事規則與司法實踐委員會」(Committee on Rules and Judicial Practice)、⑶「人員及行政委員會」(Committee on Staff and Administration)、⑷「圖書館與出版品委員會」(Committee on Library and Publications)、以及⑸「建築物與電子系統委員會」(Committee on Building and Electronic Systems)。

六、書記處

法庭另設有「書記處」(Registry)，專責處理法庭行政相關事務，是「國際海洋法法庭」之主要行政機關。至於書記處之組織則由法庭決定，在實踐上，此組織之草擬，由法庭指示書記官長為之(ITLOS Rules §38⑵)。對書記處之任何指示，均應由書記官長起草，並

得隨時設立分庭，組織此項分庭法官之人數，應由法院得當事國之同意定之」(ICJ Statute §26⑵)。與之相較，《國際海洋法法庭規約》第十五條第二款規定：「這種法庭的組成，應由法庭在徵得當事各方同意後決定」(ITLOS Statute §15⑵)，用語雖有歧異，但對法官人數決定權則無影響。見：GUDMUNDUR EIRIKSSON, THE INTERNATIONAL TRIBUNAL FOR THE LAW OF THE SEA 85 (2000)。

[51] PHILIPPE SANDS ET AL., MANUAL ON INTERNATIONAL COURTS AND TRIBUNALS 42, n. 2 (1999).

經法庭同意(ITLOS Rules §38(3))。

(一)書記官長

「書記官長」(Registrar)與「副書記官長」(Deputy Registrar)與其他必要工作人員由「國際海洋法法庭」法官各自提名，再由「國際海洋法法庭」全體法官從提名人選中選出，任期七年，連選得連任(ITLOS Statute §12(2); ITLOS Rules §§32(1), 33)。現任書記官長為蘇里藍卡籍的「齊提」(Mr. Gritakumar E. CHITTY)。

「書記官長」為法庭之行政首長，管理書記處，必須常駐在法庭所在地。書記官長有下列職權：負責與所有爭端當事方聯繫事宜、提供程序與實質的法律服務、執行預算、財務與財政功能、記載所有相關文件、安排翻譯與解釋服務，並且負責法庭的行政與財務安排事項(ITLOS Rules §36(1))。上述職權僅是例示，法庭若認為有所需要，則得於任何時候，賦予書記官長新職權(ITLOS Rules §36(2))。因為書記官長之權限來自於法庭，是以於執行其職權時，書記官長應對法庭負責(ITLOS Rules §36(3))。

(二)書記處組織與副書記官長

法庭應選出副書記官長，若認為有所需要時，亦可選任「助理書記官長」(Assistant Registrar) (ITLOS Rules §33)，兩人之任命程序與書記官長相同(ITLOS Rules §35(1))。副書記官長應負責輔助書記官長，於書記官長不在時，代理書記官長；於書記官長尚未選出前，或書記官長出缺時，代行職務(ITLOS Rules §37)。至於書記處其他人員，則由書記官長提名，經法庭任命，或是由書記官長提名，經庭長同意後任命(ITLOS Rules §35(1))。此等書記處人員之薪資、津貼、升遷等問題，海洋法締約國會議第四次會議時，建議比照聯合國其他機構或專門機構之制度[52]。

---

[52] GUDMUNDUR EIRIKSSON, THE INTERNATIONAL TRIBUNAL FOR THE LAW OF THE SEA 63 (2000).

七、專家之選任

國際社會成員於擬定聯合國《海洋法公約》之際，即認為國際海洋法所涉問題甚多，並非「在海洋法領域內具有公認資格人士」即能全然勝任，因而制度設計上，就涉及科學或技術問題之爭端，「國際海洋法法庭」得於爭端一方請求下，或主動推選出至少兩名「科學或技術專家」(LOSC §289; ITLOS Rules §15)。此等專家應該享有公平、能力與正直的最高聲譽(ITLOS Rules §15(3))，且最好由《海洋法公約》《附件八》第二條所載專家名單中選任(LOSC §298; ITLOS Rules §15(3); LOSC Annex VII §2)[53]。爭端當事一方請求指定專家之申請，應於書面程序結束前提出，但在特殊情形下，法庭仍得接受書面程序結束後之申請，但不得遲於口頭程序結束前(ITLOS Rules §15(1))。雖然任何當事一方均有權利提出請求，但法庭並無法律義務必須接受此種申請；換言之，法庭對於專家之選任有斟酌決定權。另一方面，若是法庭決定或同意指派專家，則在與當事各方協商後，至少必須指派兩名以上專家[54]。經指定後之專家得列席法庭，但並無表決權，此一規定「一體適用」(mutatis mutandis)與其他

[53] 此等專家名冊分成四大部分，每一締約國有權在⑴漁業；⑵環境保護；⑶海洋科學研究；和⑷航行等四方面，提出二名在其相對領域中，確有專長，且享有公平和正直最高聲譽之專家。至於此等專家名單，⑴在漁業方面，由聯合國糧食及農業組織；⑵在保護與保全海洋環境部分，由聯合國環境規劃署；⑶在海洋科學研究方面，由政府間海洋科學委員會；⑷在航行方面，包括來自船隻和傾倒造成的污染，由國際海事組織，或其適當附屬機構分別予以編制並保存(ITLOS Statute §2⑴⑵⑶)。

[54] GUDMUNDUR EIRIKSSON, THE INTERNATIONAL TRIBUNAL FOR THE LAW OF THE SEA 66 (2000).

分庭(ITLOS Rules §15(4))。專家費用與專案法官費用相同，應比照國際法院法官計算，亦即出席天數乘以國際法院法官年薪的三百六十五分之一[55]。

另外，若法庭認為有所需要，則在口頭辯論終結後，仍得安排調查或請求專家意見(ITLOS Rules §82(1))，此種情形下，法庭應作成裁定，明確界定調查或專家意見之主題、指定適當人選之次數與方法、以及所應遵循程序。該調查報告或專家意見作成後，法庭應通知所有爭端當事方，爭端當事方應有針對該調查報告或專家意見提出評論之機會(ITLOS Rules §82(2))。

此外，在口頭辯論期間，爭端各方可於法庭中請求專家提出證詞(ITLOS Rules §78)；法官可以詰問專家，此外，對造在法庭庭長指揮下，亦有權利詰問另一爭端方所聘請專家(ITLOS Rules §80)[56]。

參、「國際海洋法法庭」之管轄權[57]

管轄權指法院或法庭得對系爭案件為裁判之「法律權力」(legal power)。在《海洋法公約》與《國際海洋法法庭約章》下，管轄權指「國際海洋法法庭」審理有關《海洋法公約》之解釋與適用之

[55] GUDMUNDUR EIRIKSSON, THE INTERNATIONAL TRIBUNAL FOR THE LAW OF THE SEA 67 (2000).

[56] 一九九九年的《南方黑鮪案》，紐澳根據《海洋法法庭議事規則》第七十二條選定之專家，Dr. John Beddington 即接受日本委任辯護人 Matthew Slater 詰問。

[57] 有關國際海洋法法庭管轄權問題，可再參考：Tullio Treves, *The Jurisdiction of the International Tribunal for the Law of the Sea*, 37 INDIAN J. INT'L L. 396–419 (1997); GUDMUNDUR EIRIKSSON, THE INTERNATIONAL TRIBUNAL FOR THE LAW OF THE SEA 111–142 (2000)。

權力。在此兩份基本文件中，管轄權與「權限」(competence)是具有相同意義之用語。比如在《國際海洋法法庭規約》第二節有關法庭管轄權問題部分，則使用「權限」一詞[58]。

至於國際海洋法法庭管轄權範圍，現今制度與初期設計有所差別。一九七三年美國於「海底委員會」提出有關爭端解決問題草案時，雖不堅決反對於國際法院外，另設立處理爭端之獨立司法機制，但此司法機制之爭端管轄權限，則僅限於因開採勘和開發國際海底區域所生爭端。但其後各國提案則進一步將管轄範圍擴充至一切有關《海洋法公約》解釋與適用問題。在一九七六年時，各方對於應該設立擁有廣泛管轄權的法庭，以及能夠處理海底爭端問題法庭同時並存，以符合各方需要已經達到共識[59]。

一、「屬人管轄」(ratione personae)

(一)「國際海洋法法庭」之屬人管轄權

法庭對所有《海洋法公約》締約國開放(ITLOS Statute §20(1))。另外，「國際海洋法法庭」揚棄聯合國體系下之國際法院制度，僅國家得為國際法院之當事國的基本原則，改而規定國家以外的實體，在一定條件下亦可參與訴訟[60]。在特定條件下，法庭亦對《海洋法

[58] Hugo Caminos, *The Jurisdiction of the International Tribunal for the Law of the Sea: An Overview*, in OCEAN POLICY: NEW INSTITUTIONS, CHALLENGES, AND OPPORTUNITIES 93, 93 (Myron Nordquist & John N. Moore eds., 1999).

[59] INTERNATIONAL TRIBUNAL FOR THE LAW OF THE SEA, YEARBOOK 1996–1997 5 (1999).

[60] 當然國際海洋法法庭與國際法院之差異，不侷限於此，較詳盡之討論，可參考：Thomas A. Mensah, *The International Tribunal for the Law of the Sea: The First Year*, in OCEAN POLICY: NEW INSTITUTIONS,

公約》締約國以外之實體開放(ITLOS Statute §20(2))。然而此種開放是有條件的，當初討論法庭當事者時，有國家主張僅主權獨立國家才能成為法庭當事者，至於西方國家，則傾向法人與自然人均能進入法庭，並援引歐洲共同體法院與「解決投資爭端國際中心」為先例，支持無庸將法庭當事者限於國家。其後各方達成妥協，《海洋法公約》第一五三條二款(b)項規定：「在締約國擔保下的具有締約國國籍或由這類國家或其國民有效控制的自然人或法人」，亦得為法庭當事者[61]。詳言之，「對於第十一部分明文規定的任何案件」(ITLOS Statute §20(1))，根據《海洋法公約》第一八七條，因在區域有關海床之爭端，比如兩個締約國之間、在締約國與國際海底管理局之間、或是契約方（包括締約國、國際海底管理局、企業部、國營企業、自然人或法人）間之爭端，「海床爭端分庭」均有管轄權。而「案件所有當事各方接受的將管轄權授與法庭的任何其他協定提交之任何案件」，法庭應向任何實體開放(ITLOS Statute §20(2))，在此規定下，

CHALLENGES AND OPPORTUNITIES 73, 74–75; Shabtai Rosenne, *The International Tribunal for the Law of the Sea and the International Court of Justice: Some Points of Difference*, in THE BALTIC SEA: NEW DEVELOPMENTS IN NATIONAL POLICIES AND INTERNATIONAL COOPERATION 200–217 (R. Platzöder & P. Verlaan eds., 1996); Alan E. Boyle, *The Proliferation of International Jurisdictions and Its Implications for the Court*, in THE INTERNATIONAL COURT OF JUSTICE: PROCESS, PRACTICE AND PROCEDURE 124–130 (D.W. Bowett et al. eds., 1997)。

[61] 請參考：趙理海（著），前揭[3]，頁一九三至一九四。不過學者亦有認為法庭當事者並無任何資格限制，只要爭端各方同意將爭端提交法庭，則法庭就繫爭爭端應有管轄權，故而即便是像臺灣這類政治地位有所爭議之個案，並不當然排除於法庭進行訴訟之可能。見：Alan E. Boyle, *Dispute Settlement and the Law of the Sea Convention*, 46 INT'L & COMP. L. Q. 37,53 (1997)。

允許締約國以外之任何實體，與另外一造，包括國家、國際組織或其他非締約方之實體，可以訂定協定，同意將爭端交付「國際海洋法法庭」管轄[62]。任何兩個締約國可以在任何時候，用書面方式根據「程序選擇條款」，選擇「國際海洋法法庭」作為爭端解決機制，並將有關《海洋法公約》解釋與適用之爭端提交法庭(LOSC §287 ⑴⑷)。

另外，「國際海洋法法庭」就特定案件，對所有《海洋法公約》締約國擁有強制管轄權。在涉及請求迅速釋放船舶與船員之案件中，如果扣留國在合理保證書或其他財政擔保經提供後，仍然未遵守《海洋法公約》規定，迅速釋放船隻與船員，則就此釋放問題，船旗國可向爭端各方協議的任何法院或法庭提出，若未能於十日內達成協議，則除爭端各方另有協議者外，若扣留國曾根據程序選擇條款選擇「國際海洋法法庭」為爭端解決機制，則船旗國可向「國際海洋法法庭」提出釋放之申請。此一釋放申請，僅可由遭扣留船舶之船旗國或以船旗國之名義提出(LOSC §292⑴⑵)。

㈡海底爭端分庭之屬人管轄

至於「國際海洋法法庭」下屬的「海底爭端分庭」則針對下列有關區域內活動有管轄權：⑴《海洋法公約》各締約國間爭端；⑵《海洋法公約》締約國與國際海底管理局間爭端；⑶契約當事各方間之爭端，包括締約國、國際海底管理局、企業部、國營企業、自然人或法人間之特定區域資源開發爭端；⑷管理當局與承包者間之爭端（此類承包者包括國營企業或由締約國授權之自然人或法人）(LOSC §187)。應該注意的是承包者若因契約之解釋或適用所生爭

[62] 參考：Hugo Caminos, *The Jurisdiction of the International Tribunal for the Law of the Sea*, in OCEAN POLICY: NEW INSTITUTIONS, CHALLENGES AND OPPORTUNITIES 93, 94–95 (Myron H. Nordquist & John N. Moore eds., 1999)。

端，除非爭端各方另有協議者外，經爭端任何一方之請求，應提交有拘束力之商業仲裁。不過此種商業仲裁法庭之權限仍屬相當有限，該管轄權僅限於對系爭契約之適用與解釋爭端，對於任何有關《海洋法公約》之解釋問題，並無管轄權，因而仍由必要將有關《海洋法公約》第十一部分及其有關附件之任何解釋問題，提交「海底爭端分庭」為「裁定」(ruling) (LOSC §188(2)(a))[63]。另外必須注意，「海底爭端分庭」對於「海底管理局」之「斟酌決定權」(discretion) 並無管轄權，在任何情形下，均不得以其斟酌決定權取代管理局之斟酌決定權；另外，海底爭端分庭對於海床管理局所訂定之任何規則、規章和程序並無法規審查權，不得對該等規則、規章或程序是否符合《海洋法公約》表示意見，亦不得宣布任何此種規則、規章或程序無效(LOSC §189)。

㈢因其他國際公約或協定所賦予之屬人管轄權

「國際海洋法法庭」也對案件當事各方所接受將管轄權賦予「國際海洋法法庭」之任何其他協定提交之案件，此種案件，法庭對締約國以外實體開放(LOSC §288(2); ITLOS Statute §§20(2), 21)。此等與《海洋法公約》相關之其他協定，可能在協定中明文賦予「國際海洋法法庭」管轄權[64]；若是先於「國際海洋法法庭」存在之其他

[63] 請參考：PHILIPPE SANDS ET AL., MANUAL ON INTERNATIONAL COURTS AND TRIBUNALS 44–45 (1999); INTERNATIONAL TRIBUNAL FOR THE LAW OF THE SEA, YEARBOOK: 1996–1997 75(1999)。

[64] 比如一九九五年的《為執行一九八二年十二月十日〈聯合國海洋法公約〉有關養護與管理高度洄游與跨界魚類種群協定》以及《促進公海船舶遵守國際養護措施協定》等均明白規定，有關該等《協定》之解釋與適用問題，國際海洋法法庭有管轄權。另外，一九九六年「國際海事組織」通過的《一九七二年防止傾倒及其他物質污染海洋的公約一九九六年議定書》(1996 Protocol to the Convention on the Prevention

協定，則經該協定所有各方同意後，仍得將案件提交「國際海洋法法庭」(ITLOS Statute §22)。學者認為此等與《海洋法公約》目的有關之協定，賦予「國際海洋法法庭」管轄權之情形，可能也是將來「國際海洋法法庭」管轄權的重要來源[65]。

二、「事務管轄」(ratione materiae)

「國際海洋法法庭」對於根據《海洋法公約》提交有關公約之解釋與適用爭端，均有管轄權。「國際海洋法法庭」之另一重大突破即在於針對特定事項具有強制管轄權，《海洋法公約》締約國有法律義務將之提交法庭進行強制爭端解決。

然另一方面，因為海洋事務爭端，往往有相當政治因素牽涉其間，部分議題若強制規定當事國有法律義務提交「國際海洋法法庭」審理，勢將引發強烈反彈。如此一來，不僅不能發揮「國際海洋法法庭」所預期功能，甚至危及整個《海洋法公約》。是以在《公約》制定之初，針對特定種類之爭端，規定無庸提交強制管轄，此等爭端排除於「國際海洋法法庭」管轄權之外，此類排除強制管轄事項，包括兩大類型：一種當然排除於強制爭端解決程序（《海洋法公約》第二九七條之「強制程序除外條款」）（或稱「管轄權之限制」），此外部分爭端締約國於簽署、加入時，得以書面聲明將該等事項排除

of Marine Pollution by Dumping of Wastes and Other Matter, 1972)，第十六條有關爭端解決部分，亦賦予「國際海洋法法庭」管轄權；二〇〇〇年九月四日通過之《養護與管理中西太平洋高度迴游魚類公約》，爭端解決部分，亦賦予「國際海洋法法庭」管轄權。

[65] Hugo Caminos, *The Jurisdiction of the International Tribunal for the Law of the Sea*, in OCEAN POLICY: NEW INSTITUTIONS, CHALLENGES AND OPPORTUNITIES 93, 101 (Myron H. Nordquist & John N. Moore eds., 1999).

強制爭端解決程序（《海洋法公約》第二九八條之「任擇除外事項條款」）（或稱「管轄權之例外」）[66]。茲將「國際海洋法法庭」有關事物管轄事項，分述如下：

㈠具有強制管轄之事項

第一、「國際海洋法法庭」對涉及船隻與船員之迅速釋放爭端，於一定條件下具有強制管轄權。詳言之，倘若扣留國在合理的保證書或其他財政提供後，仍然未遵守海洋法公約之規定，將船員與船隻釋放，且扣留國與船旗國不能於十日內協議將爭端提交共同接受之法院或法庭，則船旗國可將爭端提交「國際海洋法法庭」(LOSC §292(1))[67]。

---

[66] 請參考：LOUIS B. SOHN & KRISTEN GUSTFSON, THE LAW OF THE SEA 242–245 (1984); J. G. MERRILLS, INTERNATIONAL DISPUTE SETTLEMENT 160–163 (2d ed. 1991)。較完整之討論，可參考：5 SHABTAI ROSENNE & LOUIS B. SOHN (EDS), UNITED NATIONS CONVENTION ON THE LAW OF THE SEA: A COMMENTARY 85–141 (1988)。當然此處是個人用語，現任「國際海洋法法庭」法官 Judge HUGO CAMINOS 則將前者稱為強制管轄權之「限制」(limitations)，而稱後者是「任擇除外」(optional exceptions)，見：參考：Hugo Caminos, *The Jurisdiction of the International Tribunal for the Law of the Sea*, in OCEAN POLICY: NEW INSTITUTIONS, CHALLENGES AND OPPORTUNITIES 93, 95 (Myron H. Nordquist & John N. Moore eds., 1999)。

[67] 至於沿海國必須迅速釋放船隻與船員之情形，有下列條文：根據《海洋法公約》第七十三條第一款為執行沿海國有關專屬經濟區生物資源養護與管理法規，而逮捕之外國船舶；為執行沿岸國有關專屬經濟區內，對沿海國造成重大損害或有重大損害威脅之排放，而遭逮捕之外國船舶(LOSC §220(6)(7))；沿岸國或港口國為進行有關違反海洋環境法律，而逮捕之外國船舶。見：Hugo Caminos, *The Jurisdiction of the International Tribunal for the Law of the Sea*, in OCEAN POLICY: NEW INSTITUTIONS, CHALLENGES AND OPPORTUNITIES 93, 98–99

第二、「國際海洋法法庭」於爭端一方提出臨時措施申請時，於特定條件下有強制管轄權。在爭端提交仲裁法庭，在仲裁法庭組成以前，而爭端之任何一方又認為有採行臨時保全措施之必要，但爭端各方對於有權作成臨時措施之法院或法庭，不能於兩週內達成協議時，則「國際海洋法法庭」當然為該臨時措施給予與否之管轄法庭(LOSC §290(5))。

第三、「國際海洋法法庭」對於按照與《海洋法公約》目的有關之國際協定，有關該特定協定之解釋與適用之任何爭端，仍有管轄權(LOSC §288(2); ITLOS Statute §21)。

(二)不具有強制管轄權之事項

當然排除事項為涉及「沿海國於專屬經濟區內主權上權利或管轄權之行使」事項所生爭端(LOSC §297)；而任擇排除事項包括：就(1)劃定海洋疆界或涉及「歷史性海灣或權源」(historic bays or titles)之爭端、(2)關於軍事活動（包括從事非商業服務的政府船舶或飛機的軍事活動）之爭端、(3)關於根據第二九七條第二和第三款不屬於法庭或法院管轄之有關行使主權權利或管轄權的法律執法活動之爭端、(4)正由聯合國安理會執行《聯合國憲章》所賦予職務之爭端等四項[68]。對於任擇排除事項之爭端，相關國家得於簽署、批准或加入公約時，或在其後之任何時間，以書面聲明該等事項之部分或全部，不接受強制管轄程序(LOSC §298(1))[69]。不過對於上述任擇排除事項之聲明，做出聲明之締約國，可隨時撤回聲明，或同意將該聲

(Myron H. Nordquist & John N. Moore eds., 1999)。

[68] 請再參考：JOHN COLLIER & VAUGHAN LOWE, THE SETTLEMENT OF DISPUTES IN INTERNATIONAL LAW: INSTITUTIONS AND PROCEDURES 92 (1999)。

[69] 請再參考：JOHN COLLIER & VAUGHAN LOWE, THE SETTLEMENT OF DISPUTES IN INTERNATIONAL LAW: INSTITUTIONS AND PROCEDURES 93 (1999)。

明所排除之爭端，提交「國際海洋法法庭」(LOSC §298(2))。

(三)合意管轄

然而不論是「強制程序除外事項」，或是「任擇排除管轄爭端」，若是爭端當事方同意，仍得以協議將該爭端提交「國際海洋法法庭」(LOSC §299(1))。當然對於「國際海洋法法庭」管轄權之賦予，可以由較非正式之模式為之，即所謂「合意管轄」(forum prorogtum)[70]：當一造當事方申請法庭管轄時，明白宣稱僅有在對造同意法庭管轄時始同意管轄。就此而言，《國際海洋法法庭議事規則》規定：對此類申請「除非對造明白同意，就該案件，接受法庭之管轄外，不應載入案件名單中，亦不能採取任何程序」(ITLOS Rules §54(5))[71]。

三、「諮詢管轄權」(advisory jurisdiction)[72]

雖然《海洋法公約》僅明文規定「海底爭端分庭」擁有諮詢管轄權[73]，對於「國際海洋法法庭」有無諮詢管轄權並無規定，但是

---

[70] 此處翻譯做「合意管轄」與我國《民事訴訟法》第二十四條「當事人得以合意定第一審管轄法院」所謂合意管轄仍有所區隔。又與同法第二十五條「擬制合意管轄」有所區分。

[71] Hugo Caminos, *The Jurisdiction of the International Tribunal for the Law of the Sea*, in OCEAN POLICY: NEW INSTITUTIONS, CHALLENGES AND OPPORTUNITIES 93, 97–98 (Myron H. Nordquist & John N. Moore eds., 1999)。可再參考：GUDMUNDUR EIRIKSSON, THE INTERNATIONAL TRIBUNAL FOR THE LAW OF THE SEA 125 & 157 (2000)。

[72] 本部分參考：PHILIPPE SANDS ET AL., MANUAL ON INTERNATIONAL COURTS AND TRIBUNALS 46–47 (1999); Hugo Caminos, *The Jurisdiction of the International Tribunal for the Law of the Sea: An Overview*, in OCEAN POLICY: NEW INSTITUTIONS, CHALLENGES AND OPPORTUNITIES 93, 101 (Myron H. Nordquist & John N. Moore

《國際海洋法法庭議事規則》則賦予「國際海洋法法庭」更寬廣之權限，若是與《海洋法公約》目的有關之國際協定明文規定，則「國際海洋法法庭」仍得就該協定之法律問題發表諮詢意見(ITLOS Rules §138(1))，至於尋求諮詢意見之程序，則應根據該特定協定之規定，以及「海底爭端分庭」有關諮詢管轄權之程序(ITLOS Rules §138(2)(3))。《國際海洋法法庭議事規則》，顯然將「國際海洋法法庭」權限予以擴張，包括至所有一切可能發生之爭端或法律解釋。而在實際運作之際，當有關規定臨時措施之爭端交付法庭審理時，法庭在一九九八年的《塞加號案：第二案》(The M/V Saiga (No. 2) (St. Vincent and the Grenadines v. Guinea))有關臨時措施之決定時，法庭不僅「規定」(prescribe) 相關當事方所應採行之臨時措施，更進一步對爭端當事方提出「建議」(recommendations)[74]。此等建議有些類似諮詢意見之提供。

---

eds., 1999)。至於此一問題，有興趣讀者可再參考：Louis B. Sohn, *Advisory Opinions by the International Tribunal for the Law of the Sea or Its Seabed Disputes Chamber*, in OCEAN POLICY: NEW INSTITUTIONS, CHALLENGES AND OPPORTUNITIES 61–72 (Myron H. Nordquist & John N. Moore eds., 1999)。

[73] 《海洋法公約》規定：「海底爭端分庭經大會或理事會請求，應對它們活動範圍內發生的法律問題提出諮詢意見。這種諮詢意見應作為緊急事項提出」(LOSC §191)。

[74] 請參考：Budislav Vukas, *Possible Role of the International Tribunal for the Law of the Sea in Interpretation and Progressive Development of the Law of the Sea*, in ORDER FOR THE OCEAN AT THE TURN OF THE CENTURY 95, 98 (Davor Vidas & Willy Østreng eds., 1999)。

四、「時效問題」(ratione temporis)

原則上將案件提交「國際海洋法法庭」並無時間限制。不過對於請求迅速釋放船隻與船員的臨時措施申請，則有特定時間限制。在扣留發生後，而遭扣留船隻或船員提供合理的保證書或其他財政擔保後，仍未能獲得迅速釋放時，船旗國與扣留國又未能於十日內達成協議，將迅速釋放申請提交合意審理法院或法庭時，船旗國始得將案件向「國際海洋法法庭」提出(LOSC §292(1))。另外，針對強制仲裁爭端，在仲裁法庭組成以前，爭端一方提出作成臨時措施之請求，而爭端各方又未能於兩週內，經過協議將有關臨時措施請求交付合意之法院或法庭，則臨時措施請求一方，可以將請求臨時措施之申請提交「國際海洋法法庭」(LOSC §290(1); ITLOS Rules §89(2))。

肆、法庭訴訟審理

一、法庭正式文字

與「國際法院」相同，「海洋法法庭」官方用語為英文與法文(ITLOS Rules §43)[75]，所有法庭訴訟與中訴文件，均應以其中一種或兩種同時提出(ITLOS Rules §64(1))。訴訟之任何一方可能提出非正式語言之證據，然若是書面文件則應該附上經認證之官方文字譯本；若是在口頭辯論或提出證詞時，訴訟方應該同時安排正式翻譯(ITLOS Rules §§64(2)(3), 85)。此外，在進行訴訟時，任何一方所選任專

[75] 《國際法院規約》第三十九條第一項規定:「法院正式文字為英法兩語」。

家，仍可能以非正式語言作證，因而法庭書記處必須安排翻譯事宜。

此種仍以英文和法文為正式文字之做法，雖有國際法院之先例，然於海洋法會議期間，擬定《國際海洋法法庭規約》時，就法庭之正式文字並未規定應以英法文為正式文字。理論上，法庭應該可以選擇其他可能文字作為官方用語，而在國際海洋法法庭籌備會議期間也有國家對此問題提出看法，對僅限於英、法兩種語文有所保留。然而部分國家考慮到採用多種語言為正式官方文字，勢將增加法庭訴訟成本，且必須翻譯成多種語言，將使訴訟遷延時日。是以在籌備會議期間，此種反對僅獲得部分支持，最後仍規定以英法文字為法庭正式文字。但顧及此等反對意見，《國際海洋法法庭議事規則》亦容許當事方若選擇使用阿拉伯文、中文、俄文或西班牙文作為申訴之文字，則法庭判決應該翻譯成該等文字，且當事方就此翻譯費用無庸承擔(ITLOS Rules §64(4))[76]。然而此一權利之行使，根據法庭實踐，僅限於起訴文字是非英、法之聯合國用語，若是所選用者並非聯合國其他正式用語，或是雖要求翻譯成為其他聯合國正式用語，但其訴狀或訴訟程序是以英法文作成或進行，亦不能要求。在Camouco 案件，巴拿馬要求將判決翻譯成西班牙文本，但法庭拒絕此項請求，因為巴拿馬在訴訟程序中使用法文進行[77]。

---

[76] 請參考：Gudmundur Eiriksson, *The Working Methods of the International Tribunal of the Law of the Sea*, in OCEAN POLICY: NEW INSTITUTIONS, CHALLENGES AND OPPORTUNITIES 111, 123–124 (M. Nordquist & J. N. Moore eds., 1999)。

[77] GUDMUNDUR EIRIKSSON, THE INTERNATIONAL TRIBUNAL FOR THE LAW OF THE SEA 88 (2000).

二、法院審理案件適用之法律

法庭審理案件，應該根據《海洋法公約》之實質條文，以及與《海洋法公約》不相牴觸之其他國際法原則(LOSC §293(1); ITLOS Statute §23)。作為國際間法院，「國際海洋法法庭」毋庸置疑地必須適用國際法，至少《海洋法法庭規約》第二十三條間接如此規定。當然此國際法之適用有其限制，必須是與《海洋法公約》不相牴觸之國際法始得適用(LOSC §293(1))。當然此一限制仍須審慎，因為若單純就《海洋法公約》解釋與適用之爭端固無問題，然若是涉及因其他協定或公約而賦予國際海洋法法庭管轄權之爭端(ITLOS Statute §22)，則《海洋法公約》是否有此優先性，即不無考量空間[78]。

國際海洋法法庭審理案件，除適用《海洋法公約》條文，以及與《海洋法公約》不相牴觸國際法原則外，若是當事各方同意，則法庭亦得按照「公允和善良原則」(the principle of ex aequo et bono)審理案件(LOSC §293(2))[79]。此一規定與《國際法院規約》第三十八條第二項相同，在國際法院之案例中，從未引用此條文直接審判[80]，但在《海洋法公約》中，此條文重要性不容忽視，因為《海洋法公約》有關專屬經濟區以及大陸礁層劃界問題，相當強調得到「公平解決」(an equitable solution)[81]。

---

[78] GUDMUNDUR EIRIKSSON, THE INTERNATIONAL TRIBUNAL FOR THE LAW OF THE SEA 145 (2000).

[79] PHILIPPE SANDS ET AL. (EDS), MANUAL ON INTERNATIONAL COURTS AND TRIBUNALS 41 (1999).

[80] 有關公平原則與《國際法院規約》第三十八條第二項之關連，請進一步參考：MALCOLM N. SHAW, INTERNATIONAL LAW 89 (3d ed. 1991)。

[81] GUDMUNDUR EIRIKSSON, THE INTERNATIONAL TRIBUNAL

三、程序之提起

向法庭提交爭端之程序，可根據爭端之實際狀況，以特別協定書方式通知書記官長，或以申請書方式送達書記官長之方式提交法庭(ITLOS Statute §24(1))。

(一)申請書方式提起訴訟

若是當事方以申請書方式提起訴訟，則申請書應載明下列事項：

1. 主張方之身分；
2. 對造之身分；
3. 爭端之標的；
4. 法院管轄權之法律基礎；
5. 主張之確實內容與性質；
6. 對案件事實為簡要陳述，並陳明所根據法律理由(ITLOS Rules §§54(1)(2))。

對於該申請書原本，必須經提起方之代理人簽字，或是經提起方派駐法庭所在地外交代表或是其經過正式授權人士簽署。若是該申請書由外交代表以外之人簽署，則應經外交代表或政府有關當局確認(ITLOS Rules §54(3))。若是申請書未依上述規定遞交，則法庭書記官長在諮詢法庭庭長後，應要求申請方補正。經補正後，書記官長以補正日期作為正式收受該申請案之日期(Guidelines, paras. 10

FOR THE LAW OF THE SEA 148 (2000)。《海洋法公約》規定：「海岸相向或相鄰國家間專屬經濟區的界限，應在國際法院規約第三十八條所指國際法的基礎上以協議劃定，以便得到公平解決」(LOSC §74(1))；「海岸相向或相鄰國家間大陸架的界限，應在國際法院規約第三十八條所指國際法的基礎上以協議劃定，以便得到公平解決」(LOSC §83(1))。

and 11)。書記官長應將此一「申請書謄本」(a certified copy of the application)通知相關各方(ITLOS Statute §24(2); ITLOS Rules §54(4)),並應通知所有《海洋法公約》之締約國(ITLOS Statute §24(3))。

(二)特別協定書方式提起訴訟

若是當事方以特別協定書方式提起訴訟，則當事一方或雙方，應該通知書記官長，並附上該特別協定書之「正本」(a certificated copy of the special agreement) (ITLOS Rules §55)。除非在特別協定書中已然記載，否則該項通知行為必須明確表明訴訟標的以及訴訟當事方。另外，書記官長也應該將特別協定書通知有關各方(ITLOS Statute §24(2))；當有任何國家提起訴訟時，書記官長必須通知所有《海洋法公約》之締約國(ITLOS Statute §24(3))。

另外，祕書官長應該發佈新聞稿，告知一般大眾有案件提交國際海洋法法庭審理，一般大眾可以要求申請書或特別議定書文本[82]。

四、初步程序與抗辯

(一)「初步程序」(preliminary proceedings)[83]

為緩和部分沿海國家對強制管轄權規定可能妨礙其主權行使之疑慮，《海洋法公約》建立有所謂「初步程序」(Preliminary Proceedings) 條款，規定法庭因一方之請求或「主動決定」(determine proprio motu)，認為提交爭端程序之一方有構成「濫用法律程序」(an abuse of legal process)，或者「根據初步證據證明一方並無理由」(prima facic unfounded)時，法庭或其分庭不應對該案採取任何進一步行動

[82] INTERNATIONAL TRIBUNAL FOR THE LAW OF THE SEA, YEARBOOK 1996–1997 90 (1999).

[83] 進一步研究，請參考：PHILIPPE SANDS ET AL., MANUAL ON INTERNATIONAL COURTS AND TRIBUNALS 49 (1999)。

(LOSC §294; ITLOS Rules §96(1))。此一初步程序之作成,「國際海洋法法庭」必須在原告程序提起後兩個月內作成(ITLOS Rules §96(3))。被告一方在原告提起程序時,書記處應告知其得提出初步程序之期限,至於該期限則由法庭庭長決定。請求進行初步程序之被告,應該以書面載明下列任一理由,請求法庭不再對原告之訴訟採取任何進一步行動:⑴原告所申請者為《海洋法公約》第二九七條所載爭端;或是⑵該項主張構成濫用法律程序或是根據初步證據證明原告並無理由(ITLOS Rules §96(4))。法庭在收到被告方此一請求,或基於主動決定,則「國際海洋法法庭」(或其庭長)應該定一期限要求爭端各方「提出書面觀察或抗辯」(to lodge written observations and submissions) (ITLOS Rules §96(5))。在進一步程序中,法庭可要求爭端各方提出其法律或事實論辯,並提出證據,通常是以口頭進行。於初步程序進行中,實質程序中止,而初步程序終結時,法庭將會作成裁判(ITLOS Rules §§96(5)–(8))。

必須注意的是,被告方提出初步程序,並不影響爭端各方按照適用的程序規則,提出「初步反對」(preliminary objection)之權利(LOSC §294(3))。

㈡「初步反對」(preliminary objections)[84]

對於法庭管轄權之有無、「申請之可受理性」(the admissibility of the application),以及其他本質上為初步反對之申請,應於程序提起後九十天內以書面為之(ITLOS Rules §97(1))。初步反對必須載明所根據之相關事實與法律論證,並向法庭提出(ITLOS Rules §97(2))。法庭於收到初步反對之請求後,應中止實質程序之進行,並定出期限(不超過六十天),要求對造提出就初步反對之觀察與意見。此一對造若有需要,可再請求延長所定期間(不超過六十日)以利答辯。

[84] 本段主要參考:PHILIPPE SANDS ET AL., MANUAL ON INTERNATIONAL COURTS AND TRIBUNALS 49–50 (1999)。

往後之程序中，法庭可要求爭端各方提出各該法律與事實理由，並展示證據，除法庭另有決定者外，通常以口頭辯論進行(ITLOS Rules §97(4)–(6))。法庭應就初步反對是否成立，以判決形式為之。法庭可以接受該初步反對，亦可駁回該初步反對，或是宣布該初步反對並不僅限於初步事項，尚涉及其他事項。法庭若駁回初步反對，則應訂定進一步程序期間(ITLOS Rules §97(6))。爭端各方可以協議，得針對初步反對判決提出異議，並在實質階段予以判決(ITLOS Rules §97(7))。

五、臨時措施

(一)引　言

「國際海洋法法庭」(或「海底爭端分庭」)在依據初步判斷證明其對系爭案件有管轄權，且根據情況判斷，認為合適時，則在作成最後裁判前，有權利規定臨時措施，以保全爭端各方的各自權利，或防止對海洋環境的嚴重污染(LOSC §290(1); ITLOS Statute §25(1); ITLOS Rules §89(1))。另外，若是系爭爭端在提交仲裁法庭，而在仲裁法庭尚未組成前，「國際海洋法法庭」(或「海底爭端分庭」)在一定條件下，亦對臨時措施之作成有管轄權(LOSC §290(5))。在此種情形下，「國際海洋法法庭」(或「海底爭端分庭」)亦必須根據初步證明，認為將予以組成之仲裁法庭具有管轄權，且認為情況緊急有此必要時，「國際海洋法法庭」即可規定臨時措施(LOSC §290(5))[85]。

對於繫屬於「國際海洋法法庭」之案件，當事任何一方得於訴訟程序中提出臨時措施之請求(ITLOS Rules §89(1))。至於正在向其

[85] 有關臨時措施部分，較詳盡討論，可再參考：Rüdiger Wolfrum, *Provisional Measures of the International Tribunal for the Law of the Sea*, 37 INDIAN J. INT'L L. 420–434 (1997)。

提交的仲裁法庭組成前，如在請求規定臨時措施之日起，兩週內不能組成經各方協議的法庭或法院，則當事一方得向「國際海洋法法庭」（或「海底爭端分庭」）請求規定臨時措施(LOSC §290(5))。

當任何當事一方，於符合上述要件後，即得請求法庭規定臨時措施，此種請求必須以書面為之，且在該請求書中載明：

1. 所請求之措施；

2. 請求之理由；

3. 若拒絕是項請求，對於爭端各方各自權利，或是海洋環境的嚴重損害後果(ITLOS Rules §89(3))；若所請求之案件是根據提交之仲裁法庭尚未組成者，則除上述事項外，亦應一併記載：

4. 行將組成仲裁法庭之具有管轄權之法律根據；

5. 該項請求之緊急情況(ITLOS Rules §89(4))。

有關規定臨時措施之請求，優先於法庭內其他訴訟程序（唯一可能例外是請求迅速釋放船隻與船員）(ITLOS Rules §§90(1), 112(1))，對於此種規定臨時措施之請求，「國際海洋法法庭」應該「儘速」(for the earliest possible date)處理(ITLOS Rules §§90(2), 91, 115)。

「國際海洋法法庭」得接受或駁回有關臨時措施之請求。亦得作成與請求內容一部或全部不同之臨時措施(ITLOS Rules §89(5))。遭駁回之請求當事方，仍有權利根據新事實，就同一爭端案件，再向「國際海洋法法庭」請求規定臨時措施(ITLOS Rules §92)。此外，任何當事一方均可請求「修改或撤銷」(modify or revoke)該臨時措施(LOSC §290(2)(3); ITLOS Rules §93)。爭端各方應迅速遵從「國際海洋法法庭」所作之任何臨時措施(LOSC §290(6))。另外應須注意，提交仲裁法庭審理之爭端，在仲裁法庭未組成前，因有臨時措施必要而由「國際海洋法法庭」作成臨時措施，此臨時措施在受理爭端法庭成立後，該受理爭端法庭有權利修改、撤銷或確認此一臨時措施(LOSC §290(5))[86]。

(二)船隻與船員之迅速釋放[87]

如果締約國當局扣留一艘懸掛另一締約國旗幟的船隻，且根據指控，扣留國在合理的保證書和其他財政擔保經提供後，仍然沒有遵守《海洋法公約》的規定，將船隻或船員迅速釋放，則就船隻與船員迅速釋放之問題，得向「國際海洋法法庭」提出(LOSC §292(1))。對於迅速釋放申請問題，可由爭端當事各方協議提交「國際海洋法法庭」，或是從扣留日起十日內，船旗國與扣留國若不能達成協議，則船旗國可向「國際海洋法法庭」提出(LOSC §292(1))[88]。「國際海洋法法庭」就此類案件之管轄權是「強制性的」，也就是「國際

[86] 可再參考：Thomas A. Mensah, *The International Tribunal for the Law of the Sea: The First Year*, in OCEAN POLICY: NEW INSTITUTIONS, CHALLENGES, OPPORTUNITIES 73, 76–77 (Myron H. Nordquist & John N. Moore eds., 1999)。

[87] 本部分主要參考：PHILIPPE SANDS ET AL., MANUAL ON INTERNATIONAL COURTS AND TRIBUNALS 51–52 (1999)。另可參考：Tullio Treves, *The Proceedings Concerning Prompt Release of Vessels and Crews Before the International Tribunal for the Law of the Sea*, 11 INT'L J. OF MARINE & COASTAL L. 179–200 (1996); Bernard H. Oxman, *Observations on Vessel Release under the United Nations Convention on the Law of the Sea*, 11 INT'L J. OF MARINE & COASTAL L. 201–215 (1996)。

[88] 此時若是遭扣留船旗國遲遲未根據《海洋法公約》第二九二條相關規定進行申請，此種遲延並不影響船旗國申請之權利，亦即船旗國得於往後任何時間提出申請。一九九九年九月，法國驅逐艦在其屬地 Crozet Islands 之專屬經濟區內，以非法捕魚為理由，扣留巴拿馬籍船舶 The Camouco。巴拿馬政府一直到二〇〇〇年元月十七日，始正式向「國際海洋法法庭」提出迅速釋放船舶與其船長之申請，法國主張經此長期間，巴拿馬已然不得根據《海洋法公約》第二九二條申請「迅速釋放遭扣船舶與其船員」，但並未為法庭所接受。法庭認為《海洋法公約》第二九二條並未加諸船旗國必須在一定期間內提出申請之義務。

海洋法法庭」無庸取得扣留國之同意即取得案件管轄權[89]。

此種迅速釋放之申請，僅可由船旗國或以該國名義提出(LOSC §292(2))。至於申請行為必須以書面為之，該申請文件應對事實與法律依據為簡要陳述，並且載明下列事項：

1. 申請所根據之事實，應該包括：

(1)扣留船隻之時間與地點，以及船隻與船員現時所在處所(假若有所知悉)；

(2)船隻與船員之相關資料，應儘可能包括：船舶名稱、所懸旗幟、船隻註冊港口或處所、噸位、載貨能力、「有關其價值的數據」(data relevant to the determination of its value)、「船隻所有人與使用人」(owner and operator)之姓名住址，特別是船員之姓名與住址；

(3)扣留國所要求，必須提供保證書或其他財政擔保之性質與數量，以及對此要求之履行狀況；

(4)有關決定合理的保證書或其他財政擔保之相關資料，以及任何其他與程序相關之資料。

2. 申請所根據之法律理由

3. 相關「證明文件」(supporting documents) (ITLOS Rules §111)

若是以該國名義提出者，另外必須提供船旗國的授權證明，以及已經將申請文件交付船旗國之證明(ITLOS Rules §110(2)(3))。[90]

申請書由祕書官長通知扣留國，扣留國有權在預定審理期日二

[89] Thomas A. Mensah, *The International Tribunal for the Law of the Sea: The First Year*, in OCEAN POLICY: NEW INSTITUTIONS, CHALLENGES, OPPORTUNITIES 73, 75 (Myron H. Nordquist & John N. Moore eds., 1999).

[90] 此一授權證書應載明：船旗國相關授權主管機關相關資料、經授權人士之姓名與住址、收受申請通知之機關名稱與住址、最簡便將申請書通知該機關之方法；以及其他任何有關澄清、修改或撤回。

十四小時前提出答辯書（附上相關文件），雖然「國際海洋法法庭」若認為有所必要，仍有權利要求當事各方提出補充書面文件，但是往後程序原則上以口頭進行。此一審理之進行應該由全員法庭審理，但若是當事各方同意，亦可由簡易程序分庭審理(ITLOS Rules §112(2))。通常「國際海洋法法庭」會給予每一當事方一天時間來陳述理由。

「國際海洋法法庭」在收到此種申請後，應不遲延地處理關於釋放申請，並且應僅處理釋放問題，該判決不影響主管的國內法庭對該船隻，其船主或船員的任何案件的是非曲直(LOSC §292(3))，但扣留國當局必須迅速遵從法庭關於釋放船隻或其船員之裁定(LOSC §292(4)) [91]。有關船隻與船員迅速釋放申請案件優先於其他任何繫屬於「國際海洋法法庭」之程序（唯一可能例外是有關臨時措施之申請案），然不論如何，均必須在收到申請後十日內為之(ITLOS Rules §112(1)(3))。在「國際海洋法法庭」處理釋放問題期間，扣留國仍有權利隨時釋放遭扣船隻與船員(LOSC §292(3))。以海洋法法庭受理的第一件案例《賽加號》與第五件的 Camouco 案而言，從聖文森、巴拿馬（分別為該二船舶船旗國）以傳真申請迅速釋放船隻與船員，全案經過言辭辯論，至正式判決迅速釋放遭扣船舶，全部程序均僅歷時三個星期。

「國際海洋法法庭」應於言詞辯論終結後，十日內以判決形式作成決定，並於法庭之內適當處所宣讀該判決；於宣讀判決之前，

[91] 國際海洋法法庭在《賽加號》案件中指出：所謂「不影響在主管的國內法庭對該船隻、其船主或船員的是非曲直」，指作為爭端一方之當事國雖需受到法庭判決之拘束，但該國內國法庭並不受國際海洋法法庭具有達成上述判決所根據之事實或法律所拘束。 See *The M/V Saiga Case* (Saint Vincent and the Grenadines v. Guinea), Judgment of 4 December 1997, para. 49 (available in http://www.un.org/Depts/los/ITLOS/Judgement-Saiga.htm)。

應該通知當事各方宣讀處所(ITLOS Rules §112(4))。如果「國際海洋法法庭」認為：爭端一方所指控扣留國在合理的保證書或其他財政擔保提供後，仍然未遵守《海洋法公約》之規定，將船隻或船員釋放有理由，「國際海洋法法庭」應該決定所應提供之保證書或其他財政擔保之格式、性質與數量，以確保船隻與船員之迅速釋放(ITLOS Rules §113(2))。在申請方提供「國際海洋法法庭」所裁定擔保書或其他財政擔保後，扣留國當局應迅速遵從「國際海洋法法庭」關於釋放船隻或其船員之裁定(LOSC §292(4))。除非爭端各方另有協議者外，此種擔保書或其他財政擔保應向扣留方提出；若是爭端各方對於提交方式與數量另有協議者，「國際海洋法法庭」必須賦予該協定效力(ITLOS Rules §113(3))。

較特殊的是對於此種迅速釋放之申請，「國際海洋法法庭」受理此等案件時，不以當事者已然「用盡當地救濟辦法」(exhaustion of local remedies)為前提，法庭認為根據《海洋法公約》第二九二條所提迅速釋放申請，本質上即獨立於羈押國內國法律救濟途徑，而內國法律救濟途徑往往費時甚久，也與船隻或船員迅速釋放之目的有別，因而邏輯上相當清楚，《海洋法公約》第二九二條之船員迅速釋放申請，不以已然用盡當地救濟辦法為要件[92]。

六、訴訟之參加[93]

與國際法院訴訟制度相類似，「國際海洋法法庭」設有訴訟參加制度。此種訴訟參加權利分成兩種模式。對於訴訟參加之申請，法

[92] 請參考「國際海洋法法庭」第五號案件，*The Comouco Case* (Panama v. France), Judgment of 7 February 2000, paras. 55–60, (available in http://www.un.org.Depts/los/ITLOS/Judgement-Camouco.htm.)。

[93] 本部分，請參考：INTERNATIONAL TRIBUNAL FOR THE LAW OF

庭應列為優先處理事項，若是對於申請參加有當事方反對時，法庭應在決定前先聽申請國或聲明國之理由(ITLOS Rules §102)。

㈠根據《海洋法法庭規約》第三十一條之參加請求

任何締約國若認為任何爭端之裁判，可能影響該締約國的「法律性質之利益」(an interest of legal nature)，則可向法庭請求參加訴訟(ITLOS Statute §31(1); ITLOS Rules §99(3))。此項請求除非法庭另有決定者外，應在雙方訴狀遞交後三十日內提出，並且必須符合《海洋法法庭議事規則》所定格式。若法庭准許第三方參加訴訟，則法庭對該爭端的判決，應再與該締約國參加事項有關的範圍內，對參加的締約國有拘束力(ITLOS Statute §31(3))。

㈡根據《海洋法法庭規約》第三十二條之參加請求

另外，任何締約國對於有關《海洋法公約》或其他賦予海洋法法庭管轄權之協定的解釋或適用之訴訟，海洋法公約締約國或該等協定締約國均有權利請求參加訴訟(ITLOS Statute §32(1)(2))。此種參加之聲明，除非法庭另有決定者外，應在雙方訴狀遞交後三十日內提出，並且必須符合《海洋法法庭議事規則》所定格式(ITLOS Rules §100(2))。如果是項請求參加獲准，則任何參加訴訟之當事方，均受該案判決之拘束[94]。

㈢非締約國參加訴訟問題

《國際海洋法法庭規約》或《海洋法公約》並未賦予非締約國

THE SEA, YEARBOOK 1996–1997 101–103 (1999)。

[94] JOHN COLLIER & VAUGHAN LOWE, THE SETTLEMENT OF DISPUTES IN INTERNATIONAL LAW: INSTITUTIONS AND PROCEDURES 89 (1999).

此項權利[95]，個人以為從條約相對性觀察，非締約國並無權利要求參加繫屬案件。

伍、法院判決書

一、判決書之作成

法院在對案件進行審理後，應於所定期日內以判決書形式作成決定。該判決書之作成，應由出庭的法官的過半數決定之；若是票數相同時，庭長或代理庭長職務之法庭法官應投票決定(ITLOS Statute §29)。在實際運作上，根據《內部司法實踐決議》(Resolution on Internal Juridical Practice of the Tribunal)之規定，法庭法官在爭端當事方提出所有書面文件後，應於五個星期內，根據現有文件，先行針對：⑴判決所涉基本原則；⑵在口頭辯論中必須澄清之爭點先行草擬簡單意見。個個法官所提出觀點，法庭書記官長應將之傳給其他法官。法庭庭長根據爭端當事方之書面主張，以及個個法官所擬問題，草擬「工作文件」(a working paper)，法庭書記官長應儘快將此工作文件交給個個法官，此一程序之完成，通常不得超過書面文件提出後八個星期(Resolution on the Internal Judicial Practice of the Tribunal §2)。

在口頭辯論終結後，法官退庭就案件進行討論，並就判決進行討論(ITLOS Rules §88⑵)， 此一討論應祕密進行(ITLOS Rules §42⑴)。於得到結論後，組成「判決草擬小組」(a Drafting Committee)，

[95] JOHN COLLIER & VAUGHAN LOWE, THE SETTLEMENT OF DISPUTES IN INTERNATIONAL LAW: INSTITUTIONS AND PROCEDURES 89 (1999).

該判決草擬小組由多數法官中五名組成，根據多數法官見解草擬判決書初稿，此一判決書初稿通常應於三個星期內完成。法庭法官接著考量初稿與修正稿，並收受個別意見與反對意見，決定判決書內容，並對外宣讀判決書。[96]判決之宣讀應於公開場合進行，且需通知當事各方宣讀日期(ITLOS Rules §124)。

二、判決書所載內容

「國際海洋法法庭」所作判決書，應記載下列事項：

1. 判決書宣讀期日；
2. 參與判決的法庭法官姓名；
3. 爭端當事方姓名；
4. 爭端當事方代表姓名（代理人、律師與辯護人）；
5. 根據《海洋法公約》第二八九條所指定之專家姓名；
6. 程序摘要；
7. 爭端當事之訴訟理由；
8. 事實陳述；
9. 判決所據以作成之法律理由；
10. 判決書「執行條款」(operative provisions)；
11. 有關費用之決定；
12. 針對每一執行條款之構成多數判決法官的數目與姓名，少數意見法官的姓名；
13. 有關判決書權威之聲明(ITLOS Statute §§30(1)(2); ITLOS

[96] 請參考：Thomas A. Mensah, *The International Tribunal for the Law of the Sea: The First Year*, in OCEAN POLICY: NEW INSTITUTIONS, CHALLENGES AND OPPORTUNITIES 73, 87–88 (Myron H. Nordquist & John N. Moore eds., 1999)。

Rules §125(1))。

至於個別意見或不同意見法官之聲明，均附於裁判書之後(ITLOS Statute §30(3); ITLOS Rules §125(2))。由法庭庭長與法庭書記官長簽署之判決書正本，一份存於國際海洋法法庭檔案，另外分別交付爭端當事各方。至於其謄本，則應分別送交：(1)《海洋法公約》締約國；(2)聯合國祕書長；(3)國際海床當局祕書長；(4)若是根據其他協定提交之案件，則該協定之其他締約國(ITLOS Rules §125(3))。

三、法庭判決之效力

法庭審理案件，並作成判決後，應該通知當事各方判決宣讀日期(ITLOS Rules §124(1))；判決書應於法庭中公開宣讀，並於宣讀當日生效(ITLOS Rules §124(2))。對爭端當事各方，判決書具有確定性，爭端所有各方均應遵守；但該判決書，除對當事各方以及該特定爭端外，應無拘束力(LOSC §296; ITLOS Statute §§33(1)(2))。「國際海洋法法庭」並無上訴機制，因而法庭或其分庭之判決，為終局判決，「法庭判決是有確定性的，爭端所有各方均應遵行」(ITLOS Statute §33(1))[97]。但若是對裁判之「意義或範圍」(meaning and scope)發生爭端時，經當事任何一方之請求，法庭應予以解釋(ITLOS Statute §33(3); ITLOS Rules §126(1))。當事方提起此項請求時，或經協議請求法庭就裁判之意義與範圍為解釋時，應將有所爭執，請求解釋之處明白指出(ITLOS Rules §126(2))。若是以「聲請」(application) 方式請由解釋，則聲請方必須表明其理由；法庭應訂定期間，容許相對一造有權提出答辯；若法庭為開議，則此期間之訂定由法庭庭長為之(ITLOS Rules §126(3))。若是該請求是以特別協議書方式通知法庭，法

[97] PHILIPPE SANDS ET AL. EDS., MANUAL ON INTERNATIONAL COURTS AND TRIBUNALS 43 (1999).

庭認為有所需要時，應給予爭端當事方提供進一步書面或口頭說明之機會(ITLOS §126(4))。對於解釋之請求，應由法庭審理之(ITLOS Rules §129(1))。對於解釋之請求，應以判決形式為之(ITLOS Rules §129(3))。

當然不論是何一類型分庭所作成之判決，根據《附件六》第十五條第五款之規定，均應視為法庭所作之判決[98]，換言之，任何分庭之判決應與全員出席法庭所作成之判決具有同一效力。然而與國際法院之判決相同，該判決除在當事國間就該特定爭端外，並無拘束力(ITLOS Statute §33(2))[99]。

陸、結　論

二次世界大戰後，國際法院判決是否受到部分強大國家嚴重影響，固不論矣，無可否認的是眾多第三世界國家新從殖民地解放獨立，對先前未能參與設立的國際法院信心顯然不足[100]，特別是國際法院有關西南非案件之法律意見，更造成該等新興獨立國家對國際司法信心之喪失。此種信心喪失造成海洋法會議期間，第三世界國家堅持必須在國際法院之外，另外設立獨立法院處理有關《海洋法公約》相關爭端，此一機構之出現，部分海洋法問題勢將由此一機

[98] 見：UNITED NATIONS, *supra* note 2, at 144；中華人民共和國外交部條約法律司（編），前揭[2]，頁四二七。不過國際海洋法法庭判決與國際法院之判決效力仍有差異，國際海洋法法庭之判決，倘當事國不履行，另一造當事國並無權利要求安理會根據《聯合國憲章》第九十四條第二項行動。

[99] 當然此處當事國，除訴訟各該當事方外，亦包括訴訟參加方。

[100] 學者指出，設立「國際海洋法法庭」，其實正顯示出對國際法院有相當不信任，見：J. G. MERRILLS, INTERNATIONAL DISPUTE SETTLEMENT 185 (3d ed. 1998)。

構處理。

「國際海洋法法庭」管轄權限雖然廣泛，但是法庭之管轄權事項仍僅限於：適用《海洋法公約》和其他與《海洋法公約》不相抵觸的國際法規則(LOSC §293(1))。從此觀察則「國際海洋法法庭」與任何內國法院相同，處於被動消極角色，不能去改變上述任何規則。然無可否認，與內國法院相同，此種被動角色固本質使然，難以有所改變，除非爭端當事方主動將爭端提交國際海洋法法庭，否則不能主動介入；但就消極角色而言，在往後發展中，「國際海洋法法庭」勢必會扮演積極角色，幾乎可以預見其判決、命令與諮詢意見，將成為國際海洋法，甚至一般國際法的重要啟發泉源，有可能促成新的公約制定、並對習慣國際法予以明確化。之所以如是，蓋《海洋法公約》眾多條文非常模糊，留下相當大解釋空間，比如有關專屬經濟區或大陸架劃界問題，《海洋法公約》相對條文(LOSC §§74(1), 83(1))，幾乎無法條可資適用或解釋，對此法律之發展，「國際海洋法法庭」有可能不侷限於消極司法角色，勢將扮演積極重大角色。

論國際間對於智慧財產權保護的整合與展望

孫遠釗 *

* 作者為美國馬里蘭大學(University of Maryland)法律博士(J.D.)，現任美國亞太法學研究院(Asia Pacific Legal Institute)執行長(Executive Director)及國立政治大學科技管理研究所兼任副教授。

論國際間對於智慧財產權保護的整合與展望

壹、引　言

西元一九九五年元月一日，世界貿易組織(World Trade Organization, WTO)在瑞士的日內瓦市(Geneva, Switzerland)正式成立，而與其相關的各項國際協定也同時生效❶。在智慧財產的領域方面，其中的「與貿易相關之智慧財產權協定」(Trade-related Aspects of Intellectual Property Rights, TRIPs Agreement)也成為自一九七一年以來國際間最具突破性的整合❷。無論是在實體面或程序面，這項協定對於各類智慧財產權益的型態、形成、範圍、獲取、執行以及防弊等都提供了相當詳盡的規範，並且要求各會員國在一定時效之內必須修改其內部的法規，裨便做到完全符合 TRIPs 協定，否則便將面臨到嚴厲的後果❸。

---

❶ Final Act Embodying the Results of the Uruguay Round of Multilateral Trade Negotiations (即「烏拉圭回合多邊貿易談判蕆事議定書」), done at Marrakesh, 15 April 1994, 33 I.L.M. 1143 et. seq. (1994).

❷ Agreement on Trade-Related Aspects of Intellectual Property Rights, 15 April 1994, Marrakesh Agreement Establishing the World Trade Organization, Annex 1C, 33 I.L.M. 1197 et. seq. (1994)。其中文譯本則係根據經濟部國際貿易局編印，烏拉圭回合多邊貿易談判協定與貿易有關之智慧財產權協定（中英對照本），於本文中分別引述。

❸ 世界貿易組織廢棄了自「東京回合多邊貿易談判」(Tokyo Round Mul-

國際間對於保護智慧財產權進行整合，其實早自十五世紀便已開始。如同其他的動產權益一般，當時的主要構想和用意乃是藉著締結條約之便，也將這類產權一併納入，俾可互相尊重，以便於往後的貿易往來❹。因此，早先的佈局都是以雙邊條約(bilateral treaty)的形式為主，而對於相互間的權益規範，也自然採取了所謂的「互惠主義」(doctrine of reciprocity)，亦即祇有當乙國承認甲國人民在其管轄領域內享有某種權益時，乙國人民在甲國境內纔能享有同樣的權益，反之亦然❺。這樣的安排雖然在表面上十分合理，但在實際

tilateral Trade Negotiations, 1974–79)以來所採取的「逐項挑選」(a la carte)原則，而改採「整批承受」(single undertaking)方式，除了極少的例外，規定其會員國必須完全接受「烏拉圭回合多邊貿易談判」的協議結果，而不得行使「保留」(reservation)。參見 Marrakesh Agreement Establishing the World Trade Organization（WTO 協定），Articles II, XVI: 5, *supra* note 1 任何會員國如欲尋求免責(waiver)，則需向部長會議(Ministerial Conference)提出請求，並經過四分之三的絕對多數同意後，方可在極例外的有限範圍內暫時（原則上為期一年）毋庸遵行世界貿易組織的相關規定。參見 WTO 協定，Article IX: 3。反之，如果會員國沒有經過這道程序便逕行採取單方行動，不遵守相關規定，縱使再有理由，亦可能遭到各國行使聯合貿易制裁的後果。

❹ 西方的學者對於著作權與專利權的源起雖然仍有爭論，但傳統上是認為著作權濫觴於英國國會在西元一七一〇年所通過的「安娜法」(the Statute of Anne, 8 Anne, ch. 19 (1710))，而類似於現代的專利制度則係肇始於西元一四七四年的「威尼斯法」(Venetian Act of 1474)。這些早期的法規主要是在鞏固政府對於出版的壟斷或是鼓勵引介外國的新事物和新技術，而未必在促進或鼓勵創新，並給予作者或發明人排他性的權益。參見 Marshall Leaffer, *Understanding Copyright Law*, 2nd ed., New York, NY: Matthew Bender & Co., 1995, pp. 3–5; Harold C. Wegner, *Patent Harmonization by Treaty or Domestic Reform*, McLean, VA: Morris Press, 1993, pp. 2–6。

❺ 參見 *Black's Law Dictionary*, 6th ed., St. Paul, MN: West Group, 1990, p.

的運作上卻經常發生問題。其中最常見的例子便是造成「黑箱作業、暗盤交易」; 雖然表面上每個國家都只有一套屬於它自己的內國法規，但在運用上卻因為和其他國家間的不同協議和互惠安排導致令出多門、執行不一的現象。也就是實際上形成了在同一國境內竟然對於同樣的行為會出現多套不同的規範，而究竟要適用那一套則還要看對方是誰而定。這樣的結果卻反而導致在國內執法混亂不一，在國際間造成差別待遇與滋生爭端的不良後果，與原先締結友好條約的宗旨恰恰背道而馳。而當事人也往往設法鑽營、多方試探，冀圖能在最小的成本支出內獲得最大的保障，從而益發造成執法上的紊亂與困難和國與國之間的不信任，也導致腐敗的現象叢生。

有鑒於此，早在十九世紀的後半葉，國際間便展開了另一波的整合運動(harmonization)。在智慧財產的保護方面(當時是區分為「工業產權」(industrial property)，即現今的專利權(patent)與商標權(trademark)兩類以及著作權(copyright))，則分別通過了「巴黎保護工業產權公約」(Paris Convention for the Protection of Industrial Property, 1883)以及「伯恩保護文藝著作公約」(Berne Convention for the Protection of Literary and Artistic Works, 1886)兩項多邊國際條約，要求各會員國採取「國民待遇」(national treatment)與「最惠國待遇」(most-favored-nation, MFN)原則來取代「互惠原則」❻。也就是每個國家一旦基於它的主權行使或制頒了對於某項法律行為的準則或規範後，即應放諸四海皆準，一體適用，不得再有差別或歧視性(discriminatory)的待遇❼。這在當時的確是突破性的創見，即在尊重各國主

1270。

❻ 參見 Paris Convention for the Protection of Industrial Property, 20 March 1883, Article 2, 21 U.S.T. 1583, 828 U.N.T.S. 305; Berne Convention for the Protection of Literary and Artistic Works, 9 September 1886, Article 3, 1161 U.N.T.S. 3。

權的前提下仍然達到公平待遇的要求。但是基於許多政治和經濟上的現實，此一理想卻始終未能完全實現，但也在百餘年後仍成為世界貿易組織構建過程中的最高指導原則之一和最近國際間對於智慧財產保護的整合工作的基礎❽。

在世界貿易組織成立前，國際智慧財產保護的整合努力基本上是著重於程序面，冀圖儘量簡化相關的行政措施和費用，以促使當事人（或權利人）能較為容易尋求對其權利的國際性保護。這其中最為成功的例子自屬一九七〇年所通過的「專利合作條約」(Patent Cooperation Treaty, 1970)無疑❾。自該條約在一九七八年正式生效後，透過這項條約提出多國申請的專利案件即不斷呈現高度成長，也為世界智慧財產組織（World Intellectual Property Organization, WIPO，亦即這個條約的主管單位）帶來了大量的經濟收益❿。但是簡化程序的本身還是無法根本解決國際間的法規整合問題。例如，相對於全世界絕大多數的國家採用了所謂的「申請優先」(fisrt-to-file)原則來決定兩項發明之中何者具有優先權從而能獲得專利權，美國基本上仍然是採取「發明優先」(first-to-invent)原則。僅僅此一

❼ 參見 Vladimir N. Pregeli,"*Most-favored-nation*" *Principle: Definition, Brief History and Use by the United States*, Washington, D.C.: Congressional Research Service, 1975。

❽ TRIPs 協定第三條、第四條。

❾ Patent Cooperation Treaty, done at Washington, D.C., 19 June 1970, 28 U.S.T. 7645, 1160 U.N.T.S. 231 (entered into force 24 January 1978).

❿ 根據世界智慧財產組織的統計，PCT 的申請件數自一九七八年開始的 459 件到一九九八年已高達 67,007 件。其中以來自美國的申請量最高，其次依序為德國、日本、英國、法國、瑞典、荷蘭以及加拿大等國。參見 World Intellectual Property Organization (WIPO), Information Note: The Patent Cooperation Treaty (PCT) in 1998, Geneva, Switzerland: WIPO Publication, 1999；亦載於 http://www.wipo.int。

差異即可以（事實上也已經發生）對於國際專利保護帶來極大的困難與障礙，結果使得當事人間的權益無法確立，也連帶影響到市場的穩定性和交易秩序（如價格等）。

本文的目的即在檢討當前國際間對於智慧財產保護的整合趨勢。其中主張市場的需求已促使民間早先政府開始進行事實上的整合，而電子商務(electronic commerce)的蓬勃發展將會使此一「民間整合」(private harmonization) 更為快速並具備彈性。如政府間的法規整合不能適時跟進，則未來的國際市場由美、歐、日三者寡占的局面將更為鞏固，其他國家能置喙的餘地也將愈形萎縮。此外，本文亦主張對於開發中或新興工業化的經濟體而言，積極參與國際智慧財產整合乃是最符合其自身利益的策略；相對而言，由外界產生的壓力固然可以產生一時之效，但長期性的外壓卻會對國際整合造成反效果，徒然構成對市場全球化與自由化的障礙。因此，這內外的力量必須交替運作才可能產出最大的效益。

貳、國際保護的整合趨勢

一、定　義

截至目前為止，國際法並未對於何謂「法規整合」給予明確的定義。不過可以確定的是，「整合」(harmonization)在意涵上與「統一」(unification)雖然相近，亦且常被併用，但卻是截然不同的概念⓫。

⓫ 參見 World Trade Organization Panel Report, Canada-Patent Protection of Pharmaceutical Products, WT/DS114/R, 17 March 2000, p. 213; WTO Report of the Appellate Body, Japan-Taxes on Alcoholic Beverages, WT/DS8/AB/R, July 11, 1996, p. 42。

「整合」意味著「異中求同、同中存異」，而「統一」則意含將兩套或多套不同的法規完全變更，並使其完全一致⓬。在國際經濟與貿易法的領域內，各國就相關的法規或政策進行「整合」，乃是基於其本身主權意志，自行就具體的事項協商並訂定雙邊或多邊性的條約或公約，並據以修訂各自的內國法規，裨能符合條約或公約的要求。反應到執行面上，締約的各國仍繼續保有獨立行使執行其內國法規的主權，但在執法的方向上卻必須與條約或公約的精神一致⓭。換言之，透過國際條約或公約，法規整合即不再僅止於口號，而成為真正具有法律效力的國際權利與義務。其影響所及，一項由多邊參與的國際公約即使還尚未生效，亦產生指標性的效應，從而促使尚未參與的國家在一定的國際壓力下必須採取行動，爭取加入。而跨越國界的市場競爭壓力（例如電子商務），也益發會促使國際整合的速率加快。

二、雙向走勢

值得注意的是，雖然國際間對於智慧財產保護的整合運動早在中世紀便已開始，而且到了十九世紀的後半葉更有巴黎與伯恩等重要國際公約的訂立，但在 TRIPs 協定出現前，國際間卻大致呈現出

⓬ 參見 Webster's Ninth New Collegiate Dictionary, Springfield, Massachusetts: Merriam-Webster, Inc., 1985, pp. 554, 1290。

⓭ 國際法規整合乃是因應國際間相互依存的需要愈形強烈而生，其中也顯示各國在這樣的趨勢下益發無法祇憑藉其本身的力量來有效的處理許多當前的問題。此即所謂的「相互依存管理」("managing" interdependence)。關於其中的討論以及政府間對於國際整合的處置方式，詳見 John H. Jackson, *The World Trading System: Law and Policy of International Economic Relations*, 2nd ed., Cambridge, Massachusetts: MIT Press, 1997, pp. 7–25。另參見 TRIPs 協定第四十一條第五項。

一種「反向併行、相互抵銷」的狀態。每當國際間出現整合的需求時，若干基本性的爭議卻往往導致這方面的努力胎死腹中。例如在著作權方面， 歐洲的大陸法系傳統上是分別從人格權(moral rights)──包括署名權(right of attribution)、完整權(right of integrity)及公開發表權(right of disclosure)等⓮──以及財產權(property right)兩個截然不同的角度來予以規範；但在美國原則上則僅將其視為財產權處理⓯。這樣的差異便產生了相當不同的結果：像是對於從前的黑白影片用電腦技術改編為彩色，由於產權已經轉讓，在美國即無任何法律問題；但在法國，此舉卻仍被視為侵害了原作者（或製片人）的完整權⓰。事實上也是由於這種保護上的差異，導致各國都不願

⓮ 即使在大陸法系本身，「人格權」亦有含不同的意義。在法國，所謂的 *droit moral* 現今已與 *droit d'auteur* 的概念完全脫離，而不再具有任何經濟或金錢上的義含。反之，在德國則不作此劃分，作者的人格與開發權益都歸屬於一個單一的 *Urheberpersonlichkeitsrecht* 之中。詳見 Anthony D'Amato & Doris E. Long, ed., *International Intellectual Property Anthology*, Cincinnati, Ohio: Anderson Publishington Co., 1996, pp. 120–133。

⓯ 美國在一九九一年六月一日之前對於人格權並未給予任何的保護，這也成為美國在一九八九年正式加入伯恩公約前的一大障礙。美國國會在一九九〇年十二月一日通過了「視覺藝術家權利法」(Visual Artists Rights Act of 1990, Pub. L. 101–650, 104 Stat. 5128)，並在六個月後正式生效。其中在著作權法裡增加了第一〇六之 A 條，對於符合其定義的視覺藝術作品作者給予有限的人格權保護。必須指出的是，雖然美國的法制原則上僅從財產權的角度來規範著作權，但是其中的政策考量卻包含了如何平衡政府的文化政策、保障當事人的言論自由以及社會大眾「知」的權利等因素。

⓰ Huston C. Turner Entertainment, Judgment of 28 May 1991, Cass. civ. 1re (France), 149 *Rev. Intl'e Dr. d'Auter* 197 (1991), translated in 23 International Review of Industrial Property and Copyright Law 702 (1992); *on remand*, Judgment of 19 December 1994, Cour d'Appel, chs. reunies (Ver-

意完全放棄互惠主義，改採國民待遇原則，以便保有談判協商的空間和籌碼。

雖然全球性的智慧財產法規整合努力在一九九〇年代之前遭遇到了不少的挫敗，但在同一時期也有不少成功的事例。例如在世界智慧財產組織旗下，便先後通過了二十一個國際條約或公約。它們對於全球智慧財產權的保護的確產生了一定的指標性作用⓱。但是

sailles), 164 *Rev. Int'le Dr. d'Auteur* 389 (1995).

⓱ 其名單為：專利合作條約(PCT, 1970)、盧卡諾工業設計國際分類協定(Locarno Agreement Establishing an International Classification for Industrial Designs, 1968)、史特拉斯堡專利國際分類協定(Strasbourg Agreement Concerning the International Patent Classification, 1971)、維也納商標圖像國際分類協定(Vienna Agreement Establishing an International Classification of the Figurative Elements of Marks, 1973)、布達佩斯微生物專利存放及國際保護條約(Budapest Treaty on International Recognition of the Deposit of Microorganisms for the Purposes of Patent Procedure, 1977)、維也納保護音樂片製作人公約(Vienna Convention for the Protection of Producers of Phonograms Against Unauthorized Duplication of Their Phonograms, 1971)、布魯塞爾衛星節目訊號傳遞公約(Brussels Convention Relating to the Distribution of Programme-Carrying Signals Transmitted by Satellite, 1974)、奈洛比保護奧林匹克標章條約(Nairobi Treaty on the Protection of Olympic Symbol, 1981)、影片登錄條約(Film Registry Treaty, 1989)、商標註冊條約(Trademark Registration Treaty, 1973)、維也納保護字型及其國際存放協定(Vienna Agreement for the Protection of Type Faces and Their International Deposit, 1973)、日內瓦國際科學發現登錄條約(Geneva Treaty on the International Recording of Scientific Discoveries, 1978)、避免著作權權利金雙重課稅多邊公約(Multilateral Convention for the Avoidance of Double Taxation of Copyright Royalties, 1979)、華盛頓積體電路佈局智慧財產條約(Washington Treaty on Intellectual Property in Respect of Integrated Circuits, 1989)、馬德里國際商標註冊議定書(Protocol Relating to the Madrid Agreement

其中也不乏一些條約或公約因為欠缺美、歐、日等已開發國家或經濟體的參與，或是為了能達成協議而刻意規避一些實體上具有較強爭議的問題，以至於它們的實質成效究竟為何，始終受到相當的質疑⓲。

雖然全球性的智慧財產法規整合在一個多世紀的時程中大體上呈現出拉鋸和膠著的現象，但是區域性的國際整合卻從未間斷。這其中又包含了透過嚴密的法規架構來做為整合與爭端處理依據的

Concerning the International Registration of Marks, 1989)、商標法條約(Trademark Law Treaty, 1994)、世界智慧財產組織與世界貿易組織協定(Agreement between the WIPO and WTO, 1995)、世界智慧財產組織著作權條約(WIPO Copyright Treaty, 1996)、世界智慧財產組織表演及錄音製品條約(WIPO Performances and Phonograms Treaty, 1996)、海牙國際工業設計註冊協定日內瓦蕆事議定書(Geneva Act of the Hague Agreement Concerning the International Registration of Industrial Designs, 1999)以及專利法條約(Patent Law Treaty, 2000)（其中最後四項尚未正式生效）。

⓲ 例如，美國一直到一九八九年纔在別無選擇的情形下正式加入伯恩公約。美國向來對於伯恩公約的若干內容（例如對人格權的保護等）抱持相當的保留，但是由於雷根政府在一九八四年十二月三十一日正式宣布美國退出聯合國教育、科學暨文化組織(United Nations Education, Science and Cultural Organization, UNESCO)，結果也連帶讓美國退出了在該組織管轄下的「環宇著作權公約」(Universal Copyright Convention, UCC)，從而導致美國的著作權突然失去了國際保護的屏障。在不得已之餘，祇好別無反顧地申請加入伯恩公約。當各國在烏拉圭回合談判中列入了智慧財產的項目時，事實上也就是多少反應了對於當時世界智慧財產組織的功能和表現的不滿，從而亟思另起爐灶。然而，事後的發展卻顯示世界貿易組織仍然需要仰仗世界智慧財產組織的資源來協助其相關的法規，但後者也顯然受到 TRIPs 協定訂立的刺激和最近電腦與生物科技快速發展所帶來的影響與需求，從而力圖振作，期能發揮全球協調與標竿的角色。

「硬性整合」、雖然具有條約或公約架構，但其執行卻容有相當彈性的「中度整合」以及不具法規架構，而純以政治諮商為基礎，間或以未必具備國際法上「主要法律權源」(formal source of authority; jus cogens)效力的若干書面文件為輔的「軟性整合」三類⑲。其中「硬性整合」可以歐洲聯盟旗下的歐洲專利公約(European Patent Convention, EPC)⑳與北美自由貿易協定(North American Free Trade Agreement, NAFTA)㉑為代表；「中度整合」可以東南亞國協之下的智慧財產架構協定(ASEAN Framework Agreement on Intellectual Property Cooperation)為代表㉒；而「軟性整合」則可以「亞太經濟合作會」(Asia-Pacific Economic Cooperation forum)代表㉓。從整體貿易

⑲ 參見 Manfred Mols, "Regional Integration and the International System," 載於並列為第二章，Shoji Nishijima and Peter H. Smith, ed., *Cooperation or Rivary? Regional Integration in the Americas and the Pacific Rim*, Boulder, Colorado: Westview Press, 1996, pp. 15–21（本文作者原係將整合的類型區分為 Type Ⅰ到 Type Ⅳ四類，但其中的第二及第三類差異有限。故在此區別為三類）。另參見 Raj Bhala & Kevin Kennedy, *World Trade Law*, Charlosttesville, VA: Lexis Law Publishing Co., 1998, pp. 159–163。

⑳ Convention on the Grant of European Patents, version as of 1 March 2000, done at Munich, 5 October 1973, Munich, Germany: The European Patent Office, 2000.

㉑ North American Free Trade Agreement between the Government of the United States of America, the Government of Canada and the Government of the United Mexican States, done at San Antonio, Texas, 7 October 1992, Washington, D.C.: Government Printing Office, 1993.

㉒ Association of Southeast Asian Nations (ASEAN) Framework Agreement on Intellectual Property Cooperation, done at Bangkok, Thailand, on 15 December 1995.

㉓ 亞太經合會是在西元一九八九年由當時澳大利亞的總理霍克(Robert Hawke)號召正式成立。之後由於美國、日本、加拿大與東南亞國協的

的宏觀角度來看，究竟區域整合對全球整合所帶來的影響為何，目前仍難定論㉔。不過從最近的一些發展來看，無論是「硬性」或「軟性」整合，確實都產生了一定的影響，並直接促成了烏拉圭回合多邊貿易各項協定的通過以及世界貿易組織的建立㉕。而這些協定以

參與而聲勢益盛。不過此一組織的定義與功能乃是透過政治諮商和對話來對於太平洋地盆區(Pacific Rim)的經濟、財政與貿易等相關議題達成共識。因此，該組織截至目前僅在新加坡設立了一個小型的秘書處(secretariat)，處理日常的行政業務。而在議事方面，既然是冀圖能達成共識，則其書面的資料僅限於不具備法律拘束力的原則性或參考大綱("Non-binding Principles")、 聲明(declaration)、 單方行動計畫宣示(unilateral action plan proclamation)以及研究報告(reports)等，與「硬性整合」必須具備嚴格的國際法律文件完全不同。該會目前共有二十一個成員（稱為「經濟體」(economies)而非「會員國」，裨顧及到香港、中華民國（中華臺北）所面臨到的特殊政治情勢)，其名單為：澳大利亞、東南亞國協的七個成員（汶萊、印尼、馬來西亞、菲律賓、新加坡、泰國與越南)、加拿大、智利、中華人民共和國、中華臺北、香港、日本、大韓民國、墨西哥、紐西蘭、巴布新幾內亞、祕魯、俄羅斯聯邦共和國以及美國等。

㉔ 以歐洲聯盟為例，其結構與功能在傳統上向來都對非聯盟（或非共同市場）國家採取了「選擇性的歧視性」待遇(selective discriminatory treatment)，但在一九九〇年代，由於其本身成員的擴張以及烏拉圭回合協議的簽訂和其後相關的案件等因素，歐盟也採取了一系列措施裨更接近於世界貿易組織相關規定的要求。但整體的成效還仍難評估。參見Gerrit Faber,"*The EC and the WTO: Different Fields to Level?*" 載於Pitou Van Dijck and Gerrit Faber, ed., Challenges to the New World Trade Organization, The Hague, The Netherlands: Kluwer Law International, 1996, p. 99。

㉕ 例如，亞太經合會在一九九三年十一月於美國西雅圖市所舉行的元首級高峰會議直接促成了烏拉圭回合談判在一個月後的最後截止期限達成協議。參見 The White House, Office of the Press Secretary, Press Briefing by Robert Rubin, Assistant to the President for Economic Policy; Lau-

及後續的發展，尤其是爭端處理的方式，也反過來影響到雙邊協定和區域貿易組織或集團的發展方向㉖。

三、全方位整合

從近四十年來的趨勢來觀察，不難察覺國際間對於貿易或智慧財產問題的整合，無論是全球性或區域性，都已經進入到了「全方位」的階段，也就是兼顧實體法、程序法乃至於執法的機制等各項配套措施，而不再刻意迴避這樣的整合是否構成各相關或參與國喪失部分主權的敏感問題㉗。在智慧財產方面，隨著 TRIPs 協定的出

ra Tyson, Chair of the Council of Economic Advisors; Sandy Berger, Deputy National Security Advisor; Bowan Cutter, Deputy Assistant to the President for Economic Policy and Robert Kyle, Special Assistant to the President for Economic Policy, 14 December 1993.而在三年後的馬尼拉高峰會議，亞太經合會正式表態支持國際通訊協定(International Telecommunications Agreement)，遂促成該協定一個月後在新加坡舉行的世界貿易組織第一屆部長會議正式獲得通過。參見 William J. Clinton, Remarks at Chulalong korn University in Bangkok, 26 November 1996, Public Papers of President William J. Clinton, Washington, D.C.: Government Printing Office, 1996, Vol. 2, pp. 2151–2154。

㉖ 例如，烏拉圭回合協議的通過即直接導致北美自由貿易協定的成員國（加拿大、墨西哥及美國）彼此間的有關糾紛或爭端幾乎均提交到世界貿易組織轄下的相關機構去處理，而不再提交給區域組織的相關機構（即「自由貿易委員會」Free Trade Commission)，裨收訴訟經濟與全球執行的成效。此一趨勢縱使有相關規定應以自由貿易委員會為優先亦無濟於事。參見北美自由貿易協定第二〇〇五條。

㉗ 參見 Paul C. B. Liu and Andy Y. Sun, ed., Intellectual Property Protection in the Asian-Pacific Region: A Comparative Study, Baltimore, Maryland: University of Maryland School of Law, Occasional Papers/Reprint Series in Contemporary Asian Studies, No. 4–1996(135), p. 169。

現以及對其必需限時履行的協議正式生效，各國卻反而群起效尤，該協定中的內容也成為主張強化智慧財產保護者的最有力武器之一──因為只有進行必要的改革，纔能維繫一國的國際法律責任和信用，並促使其自身的產業更上層樓，面向國際間的競爭㉘。

在另一方面，全方位的整合也使得傳統上大陸法系與英美法系分庭抗禮的局面產生了重大而且根本性的轉變。案例與成文法則成為同等重要㉙；陪審制度愈形式微㉚；而兩大法系下的救濟與庭審

㉘ 依據 TRIPs 協定第六十三條第二項規定，各會員國必須定期向 TRIPs Council 申報其國內相關的法規制定及執行情形，俾供 TRIPs Council 審核該國是否已經完全符合協定的要求。而協定第六十五及六十六條給予已開發經濟體一年、開發中經濟體五年、低度開發經濟體十年的緩衝時間必須做到完全符合協定的要求，否則即有相當可能面臨爭端訴訟及各國聯合制裁的後果。此外，TRIPs 協定第六十四條第二項實際上等於另行設定了一個為期五年的「寬免期」(moratorium，於一九九九年十二月三十一日截止)，規定在此期間內各會員國彼此間不得就智慧財產權相關問題提出「非違反之訴」(non-violation complaints)。依爭端處理協定(Dispute Settlement Understanding, DSU, Annex II)第二十六條規定，如一國的政策或實踐雖然未與世界貿易組織內的有關規定直接相違，但如仍然導致他國依據世界貿易組織應得的權益受損時，他國仍得提起此類訴訟，並按爭端處理程序進行。但在這個五年的期限內，則不得以此作為訴因。包括加拿大、若干開發中和低度開發經濟體或國家曾試圖藉一九九九年十一月底在美國西雅圖市舉行的第三屆世界貿易組織部長會議（亦為該組織的最高決策機構）將此一寬免期限予以延展，但因美國、歐盟及日本的反對而作罷。參見 WTO, *Briefing Notes of the 3rd Ministerial Conference*, Geneva, Switzerland: WTO, 1999, p. 33。

㉙ 參見 Articles 68, 225–245, and 256, Treaty Establishing the European Community, signed at Rome on 25 March 1957; Article 4, Convention on Certain Institutions Common to the European Communities, signed at Rome on 25 March 1957（條文序號係採行最新修正後者，參見 Article

程序也日趨接近，互通有無[31]。即使以 TRIPs 協定的本身來看，雖然在表面上各國仍保有主權來決定其相應的內國法要如何制定，但是協定第三篇關於智慧財產權的執行部分(即第四十一至六十一條)事實上已讓各會員國在別無選擇的情形下必須修改其內國的訴訟及民、刑事損害賠償法規，以確實做到服膺此一協定的要求。這其中或多或少已育含了近似於英、美法所使用的證據法則、案例法以及保全程序等[32]。此外，即使是協定並未直接觸及的事項也可因強大的國際競爭壓力而連帶的進入了全方位整合的階段。例如，日本最高裁判所在經過多年的排斥後，終於在一九九八年接受並確認在日本的專利制度下亦有所謂「均等論」(或「等同原則」Doctrine of equivalents）的存在，並意含此一原則必須藉由司法來界定[33]。本案的判

12, Treaty of Amsterdam, on 2 October 1997)。

[30] 歐洲初審法院(European Court of First Instance)以及歐洲法院(European Court of Justice)均已採用「訴狀一本」主義，其言詞辯論庭則採取公共聽證的形式，無論民事或刑事，均不再採陪審制度。參見 Articles 17–56, Statute of the Court of Justice, signed at Brussels on 17 April 1957, as amended by Article 19 of the Act of Accession of 1994 (O.J. C241 of 29.8.1994, p. 25) and by the European Council Decision of 22 December 1994 (O.J. L379 of 31.12.1994, p. 1) and 6 June 1995 (O.J. L131 of 15.6.1995, p. 33)。

[31] 同上註。另參見 D. Neil MacCormick and Robert S. Summers, ed., *Interpreting Precedents: A Comparative Study*, Hanover, New Hampshire: Dartmouth Publishing Co., 1997。

[32] 雖然大陸法系也有相應的保全程序或措施，但諸如協定第四十四條所採行的「禁制令」(injunction)等，即顯以英美法的法理為基礎。此外，固然協定第四十九條允許行政代替司法來做為民事損害賠償或救濟的主要依據，但其程序仍應符合協定中有關司法救濟的要求，諸如質詢與答辯、最終司法審查（上訴權)、程序正義（通知及庭審等）以及透明化(transparent)等。

決理由，顯係分別受到了美國與德國判例的影響[34]。而「均等論」則顯然不在 TRIPs 協定及巴黎公約等各國際相關條約的明文規範之列。這對於向來強調法官不能造法，並且將法院裁判放置於法源位階之末的日本而言，的確是一大突破，並顯著提昇了案例法在日本的地位。

事實上未來全方位整合的重心仍將是在「執法」。因此，案例法的重要性自會與日俱增，終至與成文立法並駕齊驅，甚至還超越成文法。尤其在智慧財產的領域，歐美等地的經驗已顯示，幾個主要的爭端領域，如上述的專利均等問題，在商標、專利和著作權以「合理使用」(fair use)作為「積極抗辯」(affirmative defense)的問題，以及損害賠償(remedies)的認定等均有賴大量的案例法和包括法官在內的執法人員的專業素養來補強成文立法的不足，並確保行政救濟措施受到司法的有效管控，從而當事人的權益能獲得保障。

---

[33] 參見日本最高裁判所平成十年二月二十四日，平成六（オ）第 1803 號判決——特許權民事訴訟事件。所謂「均等論」，係指法院在研判是否有專利侵權時，雖然被告的製品或製程在文義上並未對原告（即專利權人或其被授權人）的權利要求(claims)構成侵權(no literal infringement)，但如其功能、方法和結果俱與原告的製品或製程（即發明）相同或無顯著的差異時，法院仍得在例外的情形下變相擴張原告的權利要求範圍，判認被告之物或製程已與原告者構成「均等」，從而亦構成侵權。參見 J. Thomas McCarthy, Desk Encyclopedia of Intellectual Property, 2nd ed., Washington, D.C.: Bureau of National Affairs, Inc., 1995, p. 150。

[34] 關於美國的判例，參見聯邦最高法院(Supreme Court of the United States) Warner-Jenkinson Co.,Inc. v. Hilton Davis Chemical Co., 520 U.S. 17 (1997)；而德國的判例，參見聯邦最高法院(Bundesgerichtshof)一九八六年四月二十九日判決，[1986] G.R.U.R. 803 (BGH)–Formstein（亦稱為“Moulded Curbstone”案）；英譯本見 *International Review of Industrial Property and Copyright Law*, Vol. 18, pp. 795 et. seq.(1987)。

由程序到實體、再由實體到執法，全方位的國際整合應可望為向來困難重重的跨國執行問題帶來轉機。畢竟在世界貿易組織爭端處理程序的背後，真正的當事人通常是訟爭的個人或法人團體，而不是代表他們出面的政府。當事人的要求其實是儘速將權利釐清或獲得損害賠償，至於某一國家是否會因而受到國際經濟制裁，至多只是作為一種手段的運用，並非最終的目的。事實上，國際間貿易制裁的壓力往往導致當事國之間政、經關係更加不穩定，反而使當事人的權益更形受損，造成（至少在短期內）雪上加霜的局面㉟。因此，透過全方位的國際整合，政府間的國際爭端處理應是做為最終的處置方式；但由於其一定的嚇阻作用（相對於世界貿易組織出現前的關稅暨貿易總協定，後者的裁判即未能發揮應有的嚇阻及公信效益）㊱，遂使各國法院基於類似的實體法則愈易接受或承認他

㉟ 例如美國與中國大陸間的經貿關係即因年度的「最惠國待遇」(most-favored-nation)檢討，加上「特別三〇一」（"Special 301"，即貿易法第一八二條）的指認與制裁威脅而呈現相當的不穩定。參見 James R. Lilley and Wendell L. Willkie, II, ed., *Beyond MFN: Trade with China and American Interests*, Washington, D.C.: The American Enterprise Institute Press, 1994, pp. 58–76。另外美國與歐洲聯盟針對後者對於中美洲若干國家的香蕉生產給予補貼的爭議，縱使經世界貿易組織裁判歐盟敗訴確定，仍因雙方的政府間採取堅壁清野政策而造成彼此間貿易關係的極度緊張，並波及到第三國及世界貿易組織本身的穩定。參見 European Communities–Regime for the Importation, Sale and Distribution of Bananas–AB–1997–3, WT/DS27/AB/R (9 September 1997); Said El-Nagger, European Communities–Regime for the Implementation, Sale, and Distribution of Bananas–Arbitration under Article 21.3 (c) of the Understanding on Rules and Procedures Governing the Settlement of Disputes, WT/DS27/15 (7 January 1998)。另參見 Symposium: The First Five Years of the WTO, Contained in *Law and Policy in International Business*, Vol. 31, No. 3, pp. 573–788 (spring 2000)。

國法院的裁判(尤其是民事終局判決),並在本國境內予以完全執行。換言之，全方位的國際法規整合的確有助於確定當事人在全球各地的法律關係，並確保其彼此間的權利義務在各地都能獲得有效的執行。

四、屬地與普遍主義

傳統上有關智慧財產權的界定一向是採取「屬地主義」(Doctrine of territoriality),亦即關於每個智慧財產權的產生、範圍、期限、行政管理及消滅等均在尊重各國主權的前提下在各國的管轄範圍內自訂㊲。例如，巴黎公約第六條第三項便揭櫫了此一原則。但是隨著國際貿易與法規整合在近二十餘年的快速發展，尤其是電子商務的興起，屬地主義的立論基礎也受到了挑戰。其中的爭點之一是，究竟屬地主義是否事實上構成了貿易障礙，從而應以「普遍主義」(Doctrine of Universality)來取代？㊳

這兩個法則的根本差異在於智慧財產權有關「權利耗盡」的理

㊱ Symposium, 同上註。

㊲ McCarthy，前㉝, p. 434。因此，巴黎公約第四之一條即明定基於同一發明在不同國家所申請獲得的專利均各自獨立存續，不因其中某一專利被撤銷或被視為無效而影響其他專利。另參見伯恩公約第五條。

㊳ 所謂「普遍原則」，是指智慧財產權益與其所附著的產品一齊流通，不受國界的限制。參見孫遠釗，美國現行法對商標平行輸入問題之研究，中國國際法與國際事務年報第八卷(民國八十一年至八十三年)，第一三一頁。必須指出的是，普遍原則與屬地主義並非一開始便被視為兩個互相對立的法理，在早期此二者其實是被認為具有互補作用。參見Hanover Star Milling Co. v. Metcalf, 240 U.S. 403 (1915); Timothy H. Hiebert, Parallel Importation in U.S. Trademark Law, Westport, Connecticut: Greenwood Press, 1994, pp. 129–131。

論如何適用的問題。所謂「耗盡」或「窮竭」原則(exhaustion)，是指一旦具有智慧財產的物品在商業過程中被售賣，該智慧財產權益亦隨之「耗盡」，原智慧財產權人或其授權人今後即不得再行對該特定產品主張任何智慧財產權益，也從而無法阻止或限制該物品的繼續銷售㊴。在採取屬地主義的國家或地區，權利是否耗盡自然取決於銷售行為是否在其境內發生者為限，所以亦稱為「國內耗盡」原則(domestic exhaustion)。但是在採取普遍主義的國家或地區，只要一有任何銷售行為，無論是在境內或境外，均發生耗盡的效應，權利人對於該特定物即不得再行主張權利；因此也稱為「國際耗盡」原則(international exhaustion)。這兩個原則雖是一字之差，但卻可以完全影響到權利人的價格和行銷策略，以及一國在政策上是否可以接受「平行輸入」(parallel imports)，乃至整個國家社會的消費政策與科技移轉，衝擊不可謂不大㊵。

正因為如此，各國在烏拉圭回合談判中觸及此一問題時便明顯呈現出兩極化的意見，終至無法妥協㊶。因此 TRIPs 協定第六條規

㊴ 孫遠釗，同上註。

㊵ 參見 David Perkins, Marleen van Kerckhove and David Rosenberg, Exhaustion of Intellectual Property Rights, contained in David Bender and Robert Taylar, co-chairs, PLI's Fifth Annual Institute for Intellectual Property Law, Vol. 2, New York, NY: Practising Law Institute, Intellectual Property Course Handbook Series No. G–574, 1999, pp. 43–113。

㊶ 其中贊成採行國際耗盡主義的國家包括了加拿大、澳大利亞、紐西蘭及印度等；而持反對立場的則包括了美國及歐洲聯盟等。值得一提的是，雖然美國在國際談判上一向是領銜反對國際耗盡，但是其國內的實務卻不盡然如此。尤其是聯邦最高法院最近的一項判決，已明白阻卻權利人對於在美國境內製造後輸出至境外，然後再輸入回美國境內的「來回旅行式」平行輸入行使或主張著作權。參見 Quality King Distributions Inc. v. L'Anza Research, Inc., 523 U.S. 135 (1998)。

定：「就本協定爭端解決之目的而言，並受第三條（國民待遇）及第四條（最惠國待遇）規定之限制，本協定不得用以處理智慧財產權耗盡之問題。」亦即此一問題最後是交由各會員國依其主權自行裁量定奪，不受 TRIPs 協定的約束或節制。

由此也可以看出，只要國際間有價格的差異，就會有平行輸入的問題。而且平行輸入基本上是由經濟與消費所產生的問題，因此也恐怕無法只憑單純的法律或政策調整來解決。事實上，平行輸入乃是在國際法規整合的過程當中，由於屬地主義與普遍主義在適用上的差異而成為較為突顯的問題。其他諸如跨國性的判決承認與執行[42]，以及域外管轄權(extra-territorial jurisdiction) 的行使範圍等[43]，都可能因此二原則或法則的適用而產生極大的差異，從而必須再度被提出和討論[44]。而關於智慧財產權的國際授權與規範，也勢將成為未來國際間需要互相協商並共謀解決之道的重要課題，其影響所及，並將決定國際電子商務的發展前景[45]。

---

[42] 參見 Convention for the Recognition and Enforcement of Foreign Judgements in Civil and Commercial Matters, done at the Hague, 1 February 1971 (entered into force 20 August 1979)。截至二〇〇〇年十月止，海牙國際私法會議(Hague Conference on Private International Law)已決定在翌年針對其一九九九年十月對此一公約所提出的最近修正版進行討論，其中的關鍵問題之一便是在電子商務時代的跨國管轄與執行問題。

[43] 如一國法院在不具合理基礎時，仍對涉外案件行使（域外）管轄權，即頗易引起他國的強烈反應乃至報復行動，從而導致當事人乃至國際間的法律關係更加不確定。參見劉鐵錚著，國際私法論叢，臺北：國立政治大學法律學系法學叢書編輯委員會，民國七十一年元月（第一版），頁二四三至二六二。

[44] 例如，雖然依據國際私法法則，一國法院必需適用他國的實體法來進行判決，該國法院可否以該他國係採用普遍原則為由，認為構成違反本國的公共秩序或政策（屬地主義），從而仍然拒絕適用該當的國際公約或準據法？

五、民間整合

鑒於科技的發展日新月異,而政府間的國際整合卻是曠日持久,往往不能及時跟進,民間的整合努力也成為國際整合運動之中的一大動力。這尤其在電子商務時代的到來更為顯著。其中較為突出的當是在自律規範、授權契約以及爭端處理三個方面。

在自律規範方面,近來已有愈來愈多的商業公會或利益團體在國際間推動反仿冒的自律公約以及執法合作。例如國際唱片業交流

㊺ 美國國會業已通過,並經柯林頓總統在二〇〇〇年六月三十日正式簽署生效,一項名為「全球暨國家商務電子簽章法」的立法,參見 Electronic Signatures in Global and National Commerce Act, Pub. L. No. 106–229, 114 Stat. 464 (2000)。而由民間組成但極具影響力的「全國統一州法委員會」 (National Conference of Commissioners on Uniform State Laws)也在一九九九年七月三十日正式通過了「統一電子交易法」(Uniform Electronic Transaction Act)以及「統一電腦資訊交易法」(Uniform Computer Information Transaction Act),並已獲得若干州的正式採納成為法律。雖然在表面上這都是美國的國內立法,但其影響卻毋庸置疑是全球性的。這僅從法案的名稱即可見一斑。適用到電子商務,未來只要具備當事人的合意,一項國際的電子商務交易行為便可以完全由美國的相關法規來規範其中的各種關係,而未必再受制於其他國家的國內法規。而美國政府也準備在國際間推動針對電子商務的新一波法規整合。參見 Charlene Barshefsky, U.S. Trade Representative, The Networked World Initiative: Trade Policy Enters A New Era, 23 October 2000, Remarks at the Federal Communications Bar Association);另參見 Catherine Kessedjian, Electronic Commerce and International Jurisdiction, Summary of Disscussions at Ottawa, 28 February–1 March 2000, as *Preliminary Document No.12, Preliminary Draft Convention on Jurisdiction and Foreign Judgments in Civil and Commercial Matters*, 30 October 1999。

基金會(International Federation of the Phonographic Industry, IFPI)、商業軟體聯盟(Business Software Alliance, BSA)、電影協會(Motion Picture Association)以及藥品製造暨研發人協會(Pharmaceutical Manufacturers and Researchers Association, PhAMRA)等均設有全球性的網絡(network)，並積極地從事這方面的工作㊻。

在授權契約方面，前述的商業團體也展開了積極的行動，分別和各國的相關產業建立授權乃至合資經營的關係，甚至包括了與前此從事仿冒活動最甚的廠商締結技術授權協定，化非法為合法，冀圖減少以至杜絕國際間的仿冒行為㊼。

在爭端處理方面，做為與前二者相關的配套措施，目前絕大多數的契約（無論是技術授權協定或其他類型）都已載有爭端處理條款，包括指定具有管轄權的法院或仲裁等非訟處理方式(alternative

㊻ 這些商業利益團體除了國際唱片業交流基金會的總部（或祕書處）是設在英國的倫敦市外，其餘均係由來自美國的業界（者）主導。參見劉江彬、孫遠釗著，論美國國際貿易和智慧財產權之協商策略及展望，載中國國際法與國際事務年報（中文版、民國八十一年至八十三年），頁三至四〇。此外，業界的自律公約也表現在有關電子商務的隱私保護方面，詳見 Stephen J. Davidson and Katheryn A. Andersen, UCITA and Other U.S. Laws in An International Perspective，載 Practising Law Institute, *The UCITA Revolution*, pp. 553, 561 (1999)。

㊼ 例如美國電影協會（Motion Picture Association of America，即前述電影協會的真正幕後支持者）向來為批評中國大陸仿冒活動最烈的單位之一，但卻在一九九八年與當時被其指認為全球最大的仿冒業者，位於廣東省深圳市的「深飛激光光學有限公司」達成授權協議。而在美國境內，由微軟公司(Microsoft Corporation)和其所支持的商用軟體聯盟也在二〇〇〇年十一月份共同展開了一項為期一個月，名為「軟體和解」(“Software Truce”)的活動，冀圖勸服美國境內所有可能使用非法軟體的商用終端用戶「改邪歸正」，否則在期滿之後即可能遭到調查與起訴，不再寬容。

dispute resolution)。而近來尤為值得注意的，是美國各州已開始針對電子商務的蓬勃發展，分別通過所謂的「統一電腦資訊交易法」(Uniform Computer Information Transaction Act)㊽。而德國也在一九九七年率先通過了一部全盤規範網際網路(Internet)，名為「多元媒體法」(Multimediagesetz)的法規㊾。尤其是前者雖然在表面上是由美國各州分別予以立法，但實際上卻完全是由民間的整合而形成。因此，即使其中仍不乏具有爭論性的條款或問題，一旦獲得決議，即產生對於全國乃至全球性的影響㊿。這兩部法規雖然內涵不同，但在精神上卻有一個共通點：亦即對於電子商務的未來發展採取開放尊重的態度，因此只對基礎性的問題進行原則性的規範，並儘量以當事人的協議為依歸(51)。

㊽ 見前㊺。截至西元二〇〇〇年十月，馬里蘭及維吉尼亞兩州已正式通過接受本法，另外包括伊利諾、德拉瓦、夏威夷與奧克拉荷馬五州以及哥倫比亞特區也已正式提出本法的立法草案。但另有二十四個州的州檢察官則表示了反對的立場。

㊾ 其正式名稱為「資訊服務與通訊服務法規環境法」(Gesetz Zur Regelung der Rahmenbedingungen für Informations-und Kommunikations dienste, IuKDG)，係於一九九七年六月十三日經德國國會通過，並於同年八月一日正式生效。見 BT-Drs. 13/7934 vom 11.06.1997。

㊿ 統一電腦資訊交易法的前身為統一商法典第二編之B。從一九九六年二月第一個草案版本提出到最後獲得全國統一州法委員會在其二〇〇〇年八月上旬的年度會議中通過，前後共歷經了二十七個修正版本，並經過各個利益團體以及學者專家的無數次辯論而定案。舉凡此一法案的名稱、適用範圍、是否准用買賣法（或傳統契約法／債編）中的若干法則（諸如銷售行為中的默示保證(implied warranty)）等，均曾引發熱烈的討論。

(51) 參見統一電腦資訊法第一〇九條(a)款；美國法律整編（國際私法）第二版(Restatement (Second) of Conflict of Laws)第一八八條。多元媒體法第三條及第四條。此外，聯合國國際貿易法委員會(United Nations

由最近的發展趨勢已可以看到，在歐美等地，由科技與市場的快速成長所帶動的民間整合需求，已促成與電腦軟體和資料庫(database)相關的授權契約或協定原則上走向自律自主的局面。其影響所及，未來那一個國家或經濟體在政策或執法上愈是保護智慧財產和鼓勵公平競爭，便愈能獲得企業界的青睞，從而獲得高品質的投資與科技移轉。隨著「業務方法」(business methods)亦可獲得專利保護，此中所育含的競爭優勢更是無遠弗屆。

六、中文整合

當國際間對於經貿以及智慧財產權的法規與政策整合正在方興未艾之際，臺灣海峽兩岸之間的互動又將如何也成為必須正視的問題。目前雙方僅僅是在名稱方面便已產生了相當的歧異，更遑論其他[52]。由於中文已是國際間正式必須使用的文本之一（至少在聯合國的相關機制下是如此），而目前代表中國席次的是中國大陸政府，因此實際的情況自然也就是以中文簡體字（輔以漢語拼音系統）和中國大陸方面的名詞和定義來做為各項文件的基準。此一狀況也並不太可能因海峽兩岸先後獲得加入世界貿易組織而會有所改變。因

Commission on International Trade Law, UNCITRAL)在一九九六年六月十二日所召開的第六〇五次會議第二十九會期上通過了一部「電子商務模範法」(Model Law on Electronic Commerce)，對於美國、德國等俟後的相關立法產生了重大的影響。見 Official Records of the General Assembly, 51st Session, Supplement No. 17 (A/51/17), annex Ⅰ (1996)。

[52] 例如，“intellectual property rights” 一詞，在中國大陸是稱為「知識產權」，而臺灣地區則稱為「智慧財產權」；“copyright” 在中國大陸稱為「著作權」，但仍習用「版權」。“Licensing” 在中國大陸是「許可」，在臺灣地區則稱為「授權」或「實施」（援引日文講法）。以此而下，不一而足，頗易滋生混淆和誤解。

此，如何因應在國際整合的大環境下來進行相關的中文整合，已不可避免的成為臺灣地區產、官、學、研所必須面對的問題，並且必須亟速找出解決之道。否則即有可能影響到自身的競爭力，並孤立於國際社會之外。

雖然其中的方案或許不少，但是最終仍是需要海峽兩岸彼此協商，在理想的情況下共同訂出一套名詞與定義的基準，既可讓中國大陸方面釐清其內部尚且頗為混亂不一的名稱，亦可讓臺灣地區有機會對其既有的名目進行全面的檢討[53]。由語文整合到法規整合，無論政治情勢演變如何，乃是促進海峽兩岸均能獲得最好科技的重要關鍵。由於現代的智慧財產法概念基本上並非中國傳統文化所固有，而雙方對於其中相關問題的處理也較歐美日等起步為晚，因此可以預見的是，至少在短期內這方面的努力恐怕仍舊是以「譯名承受」與「迎頭趕上」為主，而後俟環境的發展愈臻成熟，或再產生「具有中國特色」的見解來肆應若干特殊的問題[54]。

[53] 至少其中的一個可行方案是由雙方的學術界來合力彙編相關的專業辭書，以求未來雙方的法制基礎建設能做到「書同文」的要求，對彼此均提供便利。

[54] 不過，目前已可見到具有「中國特色」的問題逐漸浮現。例如，上海市高級人民法院在一九九五年判決確定的「錢鍾書、人民文學出版社訴胥智芬、四川文藝出版社侵害著作權案」，即產生了由被告未經授權將原告的知名小說「圍城」歷來所出版的版本予以匯集校勘（稱為「匯校本」）而後另行出版是否構成侵權的問題。法院在此確認了中級人民法院對於侵權構成的認定，判決原告勝訴。然而「校勘本」的適法性則尚未完全解決，亦即究竟非假藉「校勘」之名而行盜版之實的學術性研究（考據或校注等）是否仍得構成「合理使用」從而免責尚且有待釐清。此一問題亦已成為目前全國人民大會常務委員會以及國家版權局著手修改著作權法的考量重點之一。參見陳旭主編，上海法院知識產權案例精析，上海市：人民法院出版社出版，一九九七年，頁二一至三五。另參見于友先（新聞出版署署長兼國家版權局局長），關於

參、展望及結論

在經過兩次世界大戰和「冷戰」的教訓後，全球各地在經濟上的相互依存關係愈加緊密，而對於相關基礎建設（尤其是在法制方面）的整合需求也愈為強烈。待至近二十餘年，資訊與生化兩大科技的快速發展，事實上已為全球的經濟發展帶來了新一波的工業革命，也對傳統的法制規章帶來了空前的挑戰[55]。

在國際智慧財產法規和相關配套制度的整合方面，事實上在近三十餘年也發生了相當重大的變化：電腦軟體從基本上不受任何保障到今日可以同受著作權及專利權的保護；即連業務方法都可以轉化為電腦軟體從而受到保障；微生物以及其衍生的醫藥製品於今也可獲得專利權；而國際間原本相互壁壘的智慧財產制度也大幅開放，並且彼此開始承認對方的檢索與認證。總結來看，無論整體的態勢是否仍是分分合合，目前的趨勢乃是走向了「合」的方向。而其中又有若干發展尤值注意：

㈠目前的國際整合努力當可不斷促進國際交流與合作，然而這個過程多少還仍在起步階段，並且似已跨越了重要的門檻（例如有關喪失部分國家主權的爭議）。未來的努力當在於尊重市場與強化執法兩大方面，並且必然不會是一帆風順。

㈡雖然未來的路途仍遙，但是國際整合的努力從長遠的角度來看應是符合各國的經濟利益，並多少紓解傳統上「南與北」貧富

「中華人民共和國著作權法修正案（草案）」的說明（一九九九年）（於著作財產權的項目中擬增加一項「匯編權」，並列入第十條）。

[55] 參見 Organization for Economic Cooperation and Development, 21st Century Technologies: Promises and Perils of A Dynamic Future, Geneva, Switzerland: OECD, 1998。

不均甚至差距更大的問題56。因此，未來的整合努力也需更加著重於管轄尊重與司法或執法合作，也可確保有效的跨國性執行。

(三)雖然開發中和未開發經濟體在未來的國際智慧財產保護的整合協商中會有愈來愈多的影響，在若干關鍵性的法律架構和實質內容方面，尤其是與高科技有關的法制規範，仍將是以美國、歐盟與日本三地的發展趨勢為主導；但這三地的立場如果相去太遠，則易造成國際間對於同一問題的處理陷入僵局57。

(四)另外對國際智慧財產整合努力會造成障礙的因素是費用的問題，尤其是在專利保護方面最為明顯。固然每一個發明專利所需的費用都因其權利要求的內容、申請的地區以及是否透過諸如專利合作協定(PCT)來達到國際保護的目的等而有所不同，但據一項調查顯示，一家屬於「財星五百」(Fortune 500)的美國公司對旗下的一組主要發明從專利申請到專利失效所需的全部全球相關費用約為美金二十五萬左右。而另一家公司則表示其費用約為美金五十萬元58。費用的居高不下勢必會造成發明人裹足不前，不願分享其研發成果，結果社會的科技發展也連帶受阻，恰巧造成與設立智慧財產保護制度相反的效果。為了避免

56 參見 Raj Bhala，*supra* note 19, pp. 55–57。

57 美國專利商標局(U.S. Patent and Trademark Office)、歐洲專利局(European Patent Office)以及日本特許廳(Japan Patent Office)自一九八三年起便建立了正式的三邊合作機制，稱為「三邊〔專利〕局」(Trilateral Offices)，並每年舉行固定會議，研商彼此間的專利法規整合、專利行政（檢索及審查等）、資訊交流等。此一機制對於 TRIPs 協定的起草和通過曾產生了積極的作用。

58 參見 Julie L. Davis, *Using Your IP to Increase Shareholder Value*, presentation before the 2000 annual conference of the American Intellectual Property Law Association (Oct. 20, 2000)。

適得其反的效應，許多國際組織和國際協定都正設法提出解決之道(59)。但其成效如何則仍有待觀察。

㈤國際間區域性的整合仍將持續不斷，但此一發展究竟對全球性的整合是利是弊則仍難定論。根據世界貿易組織的統計，截至一九九四年，在關稅暨貿易總協定(General Agreement on Tariffs and Trade, GATT) 大會(Working Parties)轄下審理的六十九個地區性貿易組織或架構，其中只有六個被認為是完全符合了該協定第二十四條（關於領域適用 (territorial application)、邊境貿易(frontier traffic)、關稅同盟(customs unions)及自由貿易區(free-trade areas)之規定）(60)。誠然這裡所指的是整體、一般性的貿易組織安排，鑒於智慧財產權的相關規定是在一九九五年起才被正式納入到世界貿易組織的體系中，該組織的執法機制

(59) 目前已知的相關國際公約，至少包含了下列：⑴專利合作公約 (PCT，世界智慧財產組織)、⑵歐洲專利公約(European Patent Convention)、⑶歐洲專利局與東歐諸國所達成的若干合作協議、⑷歐亞專利公約(Eurasian Patent Convention)、⑸建立非洲智慧財產組織(African Intellectual Property Organization)、⑹在非洲地區工業財產組織(African Regional Industrial Property Organization, ARIPO)架構下的哈拉瑞議定書(Harare Protocol, 1982)、⑺TRIPs 協定（世界貿易組織）、以及⑻設立阿拉伯國家灣區合作會議(Gulf Cooperation Council of the Arab States, GCC)下的專利局等。參見 Shozo Uemura, WIPO Programs and Activities for the Reduction of Patent Costs, contained in CASRIP, *Streamlining International Intellectual Property: Enforcement and Prosecution, University Technology Transfer, and Incentives for Inventors*, pp. 180–188 (1999)。另參閱 Franklin Pierce Law Center's Fifth Biennial Patent System Major Problems Conference: Patent Costs, contained in IDEA, *Journal of Law and Technology*, Vol. 36, pp. 350–382 (1996)。

(60) 參見 World Trade Organization, *Regionalism and the World Trading System*, Geneva, Switzerland: WTO, 1995, p. 16。

已截然不同於關貿總協定時代，而依 TRIPs 協定第七十一條規定，其成員中的開發中經濟體在一九九九年年底前均可免於被訴（印度當是唯一的例外），因此最快也必須待至西元二〇〇〇年年底方可初步看出其中的互動與成效。

㈥雖然國際間的智慧財產保護整合運動早已積極展開，但全球的仿冒活動卻也日益猖獗，並無稍憩之象[61]。而高科技的迅速發展使得盜版抄襲更加便利，也愈形令國際的整合與執法互助顯得疲於奔命，緩不濟急[62]。

㈦有鑒於此，由民間自發的整合運動也隨之展開，透過授權協定或契約的方式，將各當事人間的權利義務予以詳細規定。隨著電子簽章法及電腦資訊交易法在美國逐步獲得通過，其他國家也勢需跟進，以維持其本身的競爭態勢。但這也使得契約取得了較法律在原則上更為優勢的地位。然而所不同於傳統的買賣

---

[61] 根據國際智慧財產聯盟(International Intellectual Property Alliance, IIPA)的估計，全球在一九九七年的仿冒造成了著作權人共計美金一百十八億四千二百萬元的經濟損失。而這個數字在翌年則上升到了美金一百二十三億八千萬元。參見 IIPA, 1999 Special 301 Recommendations, Appendix A, p. 3 (February 16, 1999)。不過，該組織的翌年報告書卻將一九九八年的損失總額修改為美金一百億四千一百萬元，而一九九九年的損失則降低至美金九十九億一千萬元。參見 IIPA, 2000 Special 301 Recommendations, Appendix A, p. 3 (July 28, 2000)。

[62] 例如，Recording Industry Association of America v. Diamond Multimedia Systems, Inc., 180 F. 3d 1072 (1999)（判認電腦並非「數位錄音裝置」，因而拒絕了原告頒布禁制令的聲請）； Amazon.com, Inc. v. Barnesand-Noble.com, Inc., 73 F. Supp. 2d 1228 (W.D. Wa 1999)（法院針對原告的專利——即所謂的「一次觸點」技術("One-Click" technology)頒發禁制令， 但已被聯邦巡迴庭所駁回， _F.3d_, 2001 WL 123818 (Fed. Ci. 2001)）。此外，目前仍在進行中的 Napster 案亦是，參見 A&M Records, Inc. v. Napster, Inc.,_F.3d_, 2001 WL 115033 (9th Ci. 2001)。

契約，授權協定已逐漸成為主流，而其中的法律關係亦與買賣行為大相徑庭。在授權關係下，授權方與被授權方從定義而言本來便是處於非常不平等的地位，因此有關買賣關係中的若干保護消費者條款是否在授權關係下仍得完全適用便頗有爭論。然而無論如何，到了二十世紀結束之際，在許多涉及到高科技的使用上，國際間的智慧財產保護的整合也似乎再度應驗了梅因爵士所謂的「從身分到契約」的社會發展模式("the movement of the progressive societies has hierto been a movement from status to contract.")。[63]然而，與前此的社會演進所不同的是，授權契約的本身，就是重新界定在商業環境下當事人間的主宰與從屬身分。所以，至少在有關科技移轉方面，我們或許看到的是「從身分經契約再回到身分」。

(八)由於科技的類型差異甚大，在不同類別的科技間也較為不易產生定型化的複合授權契約(cohesive contracts)。這意謂著未來國際間亟須一套完整的案例法體系來處理各項日新月異的爭議事件。於是不可避免的問題便是究竟是否要讓諸如世界貿易組織下的爭端處理機制發展成一個真正、完全具有能制頒享有既判力(*stare decisis*)的國際司法判決中心？或是至少讓它成為國際間關於貿易問題的最終審判機制，以避免當事人在契約中設法規避法律管轄，或是預留餘地，以便將來有機會從事所謂的「法院篩選」(forum shopping)？亦或預先排除(pre-empt)某地或某項法規的適用，以達到特定的目的？

(九)雖然目前並無強有力的證據顯示對於開發中或低度開發的經濟體而言，強化其國內對智慧財產的保護必然會導致對該地外國直接投資(foreign direct investment, FDI)的增加或減少，[64]但是

[63] 參見 Sir Henry James Sumner Maine, *Ancient Law*, London, Toronto & New York: J.M. Dent & Sons, Ltd., 1931, pp. 180–182。

可以確定的是，對於欠缺良好智慧財產保護的經濟體而言，其在國際間的市場競爭力必將受到影響，從而想引進最先進的科技時，恐將事倍功半。

㈩在國際貿易與智慧財產整合的大環境下，海峽兩岸要如何來因應彼此也成為極具挑戰性的問題。從專有名詞的使用與定義、法規的協調與尊重到執法的合作互助，這其中無一不需要雙方的領導者運用高度的智慧、涵養以及遠見來努力達成。

總之，國際整合的過程乃是「同中存異、異中求同」，而其目的乃是冀圖能樹立相當的基準，裨全球相關的法規皆有所據，並求得其間的穩定性與一致性，終使各國的商務往來均能明朗(transparent)、便利，並且互蒙其利。因此，開發中或低度開發的經濟體自不宜動輒將國際法規整合完全視為已開發經濟體（尤其是其中的大型企業）意圖以大勝小，以強擊弱的手段。而在另一方面，開發中和低度開發經濟體現已無可避免的必須採取一系列的措施（包括修改法令規章、變更政府的運作方式等）來符合國際間的要求，否則即將面臨嚴重的法律與政治後果。固然這其中難免會引起其社會上某種程度的緊張，但這也正是教育民眾的良好契機：從長遠以觀，有了好的智慧財產保護制度方可開創好的研究發展意願與空間，讓屬於該經濟體的本土科技與產業有生根萌芽的機會，從而開創就業市場與從事國際競爭合作的能力，透過交互授權(cross licensing)協議的訂定，既可減少爭訟與資源的浪費，復可引進先進、優質的科技，從而真正帶動當地科技與經濟的發展。

---

64 參見 United Nations, *Intellectual Property Rights and Foreign Direct Investment*, ST/CTC/SER. A/24, 1993, pp. 33–34。

國際法對性交易之態度

徐慧怡 *

壹、前　言

貳、國際法之歷史背景與內容

一、國際協定
二、聯合國方面
三、歐盟方面
四、國際勞工組織部分

參、公約之比較分析

一、禁止性交易
二、內國立法打擊罪犯
三、注重保護被害人
四、加強國際合作
五、實施定期報告制度
六、設置監督審查機關
七、建立司法訴訟管道

* 作者為美國聖塔克拉拉大學法學博士，現任國立臺北大學司法學系專任副教授。

八、設立聯合國特別報告員

肆、國際法執行面之檢討

一、優點及成效

二、缺失及不足

三、執行實況

伍、結　語

國際法對性交易之態度

壹、前　言

性交易是世界上最古老的工作，也是一直被視為「罪惡」之社會現象之一。蓋其所涉及之價值問題，不但為「父權」社會下之產物，亦為傳統重視婦女貞操觀下，對男性寬容之回應。是以儘管自古以來，性交易常被視為「必要之惡」，而被法令積極禁止或消極容忍，但無論合法與否，性交易仍綿延不絕，是不爭之事實。目前西方國家對性交易從事者問題之著眼點，因女性運動之覺醒，除傳統犯罪與否之問題外，多在於健康、安全考量與利用性交易之第三人上，其重點亦包括此行業所衍生之利益。

我國娼妓存在之情形由來已久，民國十七年公佈施行之刑法規定中，對性交易之問題，僅處罰性交易有關之助長行為，對從事性交易本身之賣淫者或嫖客，未有處罰之規定。臺灣光復初期，省政府曾頒禁娼令，然未見成效。民國四十五年，省政府頒佈「臺灣省娼妓管理辦法」，將娼妓劃定區域，登記管理，並輔導從良。民國四十九年另訂「臺灣省各縣市（局）管理娼妓辦法」，民國六十二、七十一年臺北市、高雄市相繼制訂「公娼管理辦法」，將公娼集中管理，是以雖然過去之「違警罰法」與現行之「社會秩序維護法」中均有處罰賣淫之規定，然因前述之公娼管理辦法容許妓女與妓女戶之存在，是以一直以來，我國所禁止者，乃為暗娼與違反娼妓管理辦法中公娼之行為。臺北市於民國六十八年廢止北投公娼，性交易並未因此而減少；前任市長任內因掃黃而形成之廢娼政策，將使臺北市由來已久之公娼，在民國九十年初因緩衝期間屆滿，而走入歷史。

臺北市是否將因公娼制度之消失，而使得性交易就此絕跡，答案非常明顯。更進一步言，廢娼政策所引發之種種爭議，與由性交易所延伸之各種色情問題，同時突顯出市民，甚至國人對色情產業與性交易之分歧態度。廢娼政策是否得使色情產業之管理更加易於掌控，使色情產業之範疇更加易於確定，並使性交易問題獲得合理與圓滿之解決，以符合國人之認知，提高國人之生活品質，實有待觀察。

各國對性交易所採取之態度不同，解決之方式亦異。不僅各國之國內法對此問題有所規範，聯合國、聯合國成立前之國際協定與其國際組織，如歐洲聯盟、國際勞工組織等，對此亦多有著墨，如一九〇四年之「禁止販賣白奴國際協定」、一九一〇年之「禁止販賣白奴國際公約」、一九四九年十二月之「禁止販賣人口及取締意圖營利使人賣淫公約」、一九五六年「禁止販賣奴隸、奴隸交易及其他一切形式奴隸制度公約」、一九六六年之「公民權利及政治權利國際公約」、「經濟、社會、文化權利國際公約」、一九七九年「消除對婦女一切形式歧視公約」、一九五〇年「歐洲人權公約」、一九八九、一九九六年之歐洲會議決議案，與一九三〇年「國際勞工組織販賣勞工公約」及一九五七年「禁止販賣奴隸及勞工公約」等等，均引為世界人權之重要指標之一。

我國在國際組織之加入上雖蒙受打壓，但在國際社會之參與與義務之履行上一向勇於參與、樂於遵循，色情活動既存在於世界各國，經由聯合國與其他國際組織有關公約之探討與觀察，與國際間對此問題之態度與處理，或可提供我國更進一步之資料庫，以供制定較周延之色情政策與有效之管理辦法。是以本文擬就國際法上有關色情活動之主要公約（本文不包括兒童保護之有關公約）內容與背景加以研究，以觀察國際法上對性交易之態度。

貳、國際法之歷史背景與內容

雖然性交易為人類最古老之工作之一，國際上將性交易視為國際性之問題仍遲至十九世紀末期才開始。從最初國與國間之各種國際協定，隨之而來是聯合國欲保障婦女之平等權利，而締定各種之國際公約，國際勞工組織從另一角度亦參與此議題，乃至最近仍在積極努力之歐洲聯盟，均締定一連串規範性交易之公約或協定。以下即就各種國際公約，根據上述之分類，分為國際協定、聯合國、國際勞工組織與歐盟等四部分，分別就其制訂之背景與性交易有關之內容加以說明之。

一、國際協定

「禁止販賣白奴國際協定」及「禁止販賣白奴國際公約」

一般而言，國際上正式廣泛重視人權之發展，乃在一九四五年聯合國憲章制訂「每個人均有人權與基本自由」之人權法之後；事實上，早在聯合國憲章制訂前，國際上已有條約與議定書，雖未提到人權，然對防止婦女被逼迫賣淫之問題，有直接之規範。

十九世紀末期，歐洲經濟情況惡劣，被迫賣淫婦女之數量持續增加，為防止歐洲大陸國家將婦女販賣至新殖民地之美洲國家，逼迫婦女賣淫及販賣人口等問題，開始被視為國際性之事件。然最初期各國主要均僅針對白人婦女被販賣之情形，而規範禁止「販賣白人奴隸」，對其他人種之婦女則不加以理睬❶。此時期，不少西方國

❶ Laura Reanda, Prostitution as a Human Rights Question: Problems and Prospects of United Nations Action, 13 HUM. RTS. Q. 202, 207 (1991).

家均簽署一九〇四年之「禁止販賣白奴國際協定」(International Agreement for the Suppression for White Slave Traffic in 1904)❷與一九一〇年之「禁止販賣白奴國際公約」(International Convention for the Suppression for White Slave in 1910)❸。此二公約，可謂國際間對於防止逼迫婦女賣淫問題，最早期之公約。

詳言之，「禁止販賣白奴國際協定」，為第一個禁止販賣婦女之國際公約。此協定之宗旨，在防止歐洲白人婦女被販賣以賣淫，故在協定之名稱上即可看出，僅有白人婦女受到剝削時，才有公約之保護❹。此協定並進一步將婦女區分為「純種與無辜」之婦女與已經從事性交易之婦女，僅對身分為被迫賣淫者加以保護❺；且協定之目的乃在保護受害者，而非懲罰淫媒。惟嗣後此公約被證明毫無成效，是以歐洲各國於一九一〇年又制定「禁止販賣白奴國際公約」，要求各締約國嚴厲處罰僱用、誘拐或引誘未滿二十一歲之婦女，或使用強暴、脅迫、詐欺或其他強迫行為，使二十一歲以上婦女從事不道德之行為。但對於將婦女或未成年少女留置於妓女戶，則將其定義為內國管轄之範圍，而不在一九一〇年公約之內容中❻。雖然

---

❷ International Agreement for the Suppression for White Slave Traffic, May 18, 1904, 35 Stat. 426, 1 L.N.T.S. 83.

❸ International Convention for the Suppression for White Slave Traffic, May 4, 1910, III L.N.T.S. 278.

❹ 有關白人奴隸之歷史背景，請參閱 Nora V. Demleitner, Forced Prostitution: Naming an International Offense 18 Rordham Int'l L.J. 163, 167 (1994) (quoting Marlene D. Beckman, Note, The White Slave Traffic Act: The Historical Impact of a Criminal Law Polisy on Women, 72 Geo. L.J. 1111, 1113 (1984))。

❺ Janie Chuang, Redirecting the Debate over Trafficking in Women: Definitions, Paradigms, and Contexts, 11 Harv. Hum, Rts. J. 65, 74 (1998).

❻ Demleitner, *supra* note 4, at 167–169.

其中有十三個締約國均同意制訂內國刑法以懲罰淫媒，但因一九〇四年之協議與一九一〇年之公約均明白將公約之內容，侷限在招募或運送婦女，並不及於最終目的之「意圖營利」上，故此時期之公約所強調者，為被逼迫者之人權侵害，而非禁止賣淫之行為。一九三三年之「禁止販賣成年婦女國際公約」(The International Convention on the suppression of the Traffic in Women of Full Age)，則更進一步宣稱縱使婦女可能同意被販賣，但此「同意」不能成為國際販賣婦女犯罪之合法抗辯。可見於此時期，國際所關注之焦點，仍為販賣人口，婦女賣淫之情形，則仍繼續被視為內國事件❼。

二、聯合國方面

聯合國於一九四五至一九六二年間，致力促進婦女在法律上之平等權利，並制定國際公約加以保障。此時期與性交易有關，且較具代表性之法案有二：一為國際聯盟於一九三七年擬定，一九四九年通過之「禁止販賣人口及取締意圖營利使人賣淫公約」(The Convention for the Suppression of the Traffic in Persons and of the Exploitation of the Prostitution of Others)❽；二為根據一九二六年「奴隸公約」(1926 Slave Convention)❾所制定，規範奴隸及與其相類似組織之草案，並將其納入聯合國體系之內，成為一九五六年之「禁止販賣奴隸、奴隸交易及其他一切形式奴隸制度公約」(The 1956 Sup-

❼ Chuang, *supra* note 5, at 74–75.

❽ Convention for the Suppression of the Traffic in Persons and of the Exploitation of the Prostitution of Others, opened for signature Mar. 21, 1950, 96 U.N.T.S. 271 (hereinafter 1949 Convention).

❾ Slavery Convention of 1926, Sept. 25, 1926, 46 Stat. 2183, T.S. No. 778, 60 L.N.T.S. 253.

plementary Convention on the Abolition of Slavery, the Slave Trade, and Institutions and Practices Similar to Slavery)⑩。

保障人權之聯合國憲章制訂後，人權範圍依國際法之發展而逐日拓展，一九七八年聯合國出版之「國際文件彙編」，即將有關人權之文件分類為十四項。其中，第一項為一般宣稱之國際人權憲章⑪，包括一九四八年十二月十日聯合國大會通過之世界人權宣言、一九六六年十二月十六日通過之「公民權利及政治權利國際公約」(International Convention on Civil and Political Rights)⑫，與「經濟、社會、文化權利國際公約」(International Convention on Economic, Social and Cultural Rights)⑬中列舉之個人權利。「政治權利及公民權利國際公約」與「經濟、社會、文化權利國際公約」二公約之內容，雖然主要目的在於落實世界人權宣言，但內容上，直接或間接上均對逼迫婦女賣淫之問題，有所著墨。

六〇年代初期，聯合國對婦女平等權益之關懷，已從法律層面擴展至婦女日常生活之經濟、社會處境，特別是如何保障第三世界國家婦女之權益。比較具體之行動包括聯合國大會於一九六七年通過「消除對婦女歧視宣言」(一九七九年「消除對婦女一切形式歧視

⑩ The 1956 Supplementary Convention on the Abolition of Slavery, the Slave Trade, and Institutions and Practices Similar to Slavery, entered into force Apr. 30, 1957, 266 U.N.T.S. 40 (hereinafter 1956 Convention).

⑪ 丘宏達，現代國際法，臺北：三民書局，民國八十四年十一月初版，頁四四五。

⑫ International Convention on Civil and Political Rights, G.A. Res. 2200A (XXI), U.N. GAOR, 21st Sess., Supp. No. 16, at 52, U.N. Doc. A/6316 (1966), 999 U.N.T.S. 171 (opened for signature Dec. 16, 1966, entered into force Mar. 23, 1976) (hereinafter ICCPR).

⑬ International Convention on Economic, Social and Cultural Rights, (Dec. 16, 1966), 993 U.N.T.S. 3, opened for signature Mar. 21, 1950.

公約」之前身)，並定一九七五年為國際婦女年，設定國際婦女年之三個目標為：提昇兩性之平等地位，確定女性在世界整體發展中之重要性，與強調女性在提昇世界和平上之貢獻。

晚近，聯合國將一九七六至一九八五年訂為「聯合國婦女十年」，強調女性在世界整體發展中所扮演之重要角色，及女性發展之權利。其中最重要之成就莫過於通過一九七九年「消除對婦女一切形式歧視公約」(Convention on the Elimination of All Forms of Discrimination Against Women)⓮，以建構國際婦女之人權憲章。

(一)「禁止販賣人口及取締意圖營利使人賣淫公約」

「禁止販賣人口及取締意圖營利使人賣淫公約」為國際間第一個未把婦女當成唯一保護對象，且同時處罰國際與國內販賣人口之公約；簡言之，此公約保護之對象不但為性別中立，且視強迫婦女賣淫為國際法事件。公約中，開宗明義即明確規定公約處罰之主體有二，一為使人為性交易者，無論為老鴇或其他媒介之人，且無論其行為之態樣為逼迫賣淫或自願賣淫；二為性交易之經營者，無論為直接經營者，或間接之出資者均包括在內，甚至非經營者，僅單純知情提供場所者，亦不允許⓯。公約更進一步，強調各國應廢棄其內國允許經由特別註冊或監督後得合法性交易之規定⓰。蓋根據一九二〇至一九三〇年之研究顯示，廢棄執照制度或妓女戶之國家，

⓮ The Convention on the Elimination of Discrimination Against Women, G. A. Res. 34/180, U.N. GAOR, 34th Sess., Supp. No. 46 (1979), art. 1, 6, 7–17 (hereinafter CEDAW).

⓯ 公約第一條規定：「對於意圖滿足他人情慾而有下列行為之一者：一、凡召僱、引誘或誘拐他人使其賣淫，縱得本人同意者；二、使人賣淫，縱得本人同意者。」第二條規定：「一、開設或經營妓院，或知情出資或資助者；二、知情而已或將租賃房舍或其場所，或以其一部供人經營妓業者」，1949 Convention, *supra* note 8, art.1 & 2, 96 U.N.T.S. at 274。

⓰ Id. art. 6, 96 U.N.T.S. at 277.

性病既未增加，公共秩序亦未變壞，是以公約拒絕容忍性交易，而以明文加以管理之方式，認為其存在乃為逼迫賣淫之動機。惟一九四九年公約之重點在於逼迫賣淫，即仍以人身自由為規範之重點，認為「性交易與人類之尊嚴乃互相衝突，不應被禁止，其應為個人選擇與私人事件。」⑰因此應被禁止者為利用性交易之行為者，而非性交易本身，是以其禁止之態樣為使人為性交易之利用者行為，與行使利用行為之妓院，即使經過該國政府核准成立之妓院，亦在禁止之列，故不但應處罰媒介之人，更要處罰妓院經營者⑱。

除事後之處罰外，公約並進一步規範事前必要之防範措施，要求締約國對各職業介紹之機關應加以監督，以防止謀求就業之人，尤其是婦女及兒童，有被誘賣淫之危險；且對移人或移出人口之遷動，應設法為適當之宣導，於火車站、飛機場、海港、沿途及其他公共場所，嚴為監督，以防止國際販賣人口組織以賣淫為業。此外，在積極之輔導部分，締約國應經由公私教育、衛生、社會、經濟及其他有關機關採取或推進各種措施以防制妓業，並使公約所指之被害人能恢復原狀，並設法改善其社會地位等⑲。

---

⑰ 此種理論，亦在一九八五年聯合國之報導中印證。根據該報導，各國對於妓女與妓女户雖然有許多管理、監督之規定，但此類規定之內容不一，有容忍其存在者，亦有對被強迫賣淫之婦女亦加以監督、處罰者；此外，此種對賣淫行為最低限度之規範，且對其行為有導致公共衛生或妨害風化之違反時，即加以處罰之規定，反而促使已經從事性交易之婦女不願離開其環境，因其認為自己已經為犯罪之人，如此將促使從事性交易之婦女成為社會之邊緣人，而暴露於大量增加之暴力下。是以除非將有關妓女户之管理監督法規廢除，提供國際販賣婦女賣淫之網絡即會部分消失，Demleitner, *supra* note 4, at 173–174。

⑱ Joan Fitzpatrick, The Use of International Human Rights Norms to Combat Violence Against women, in Human Rights of Woman: National and International Perspective 531, 551 (Rebecca J. Cook, ed., 1994).

(二)禁止販賣奴隸、奴隸交易及其他一切形式奴隸制度公約

聯合國於一九五六年訂定「禁止販賣奴隸、奴隸交易及其他一切形式奴隸制度公約」，締約國承諾「防制及禁止奴隸貿易」，並且採取「全面禁止各種形式之奴隸制度」與草擬必要之內國法律，以期用嚴厲之刑罰來制裁犯罪者。此公約雖未直接提及性交易亦在禁止之列，然早於一九二六年之「奴隸公約」中，即將奴隸之定義，解釋為「個人或群體之權利被雇主強權所操縱者」⑳，逼迫賣淫之被害者，即涵蓋在奴隸之定義中。

一九五六年之公約約定各締約國必須互相合作或與聯合國合作，以使該條約法案生效，並允諾交給聯合國一般安全會議一份「所有有關於執行或致力推動該公約條文之法律規章或管理辦法」之報告書；而聯合國一般安全會議亦經由程序將收到之資訊再傳遞給其他締約國㉑。

(三)「公民權利及政治權利國際公約」

在「公民權利及政治權利國際公約」中，有關性交易之規定與一九五六年之公約一樣，乃包括在奴隸之定義下，且其所強調者仍在保障人身之自由上。對締約國必須承擔義務，以防止其國內逼迫賣淫之情形，其具體之公約內容，則規定於公約之第八條與第二條。依第八條第一項規定：「任何人不得使他人為奴隸；一切形式之奴隸制度及奴隸買賣，均應予以禁止。」第二條第二項則規定：「凡未經現行立法或其他措施予以規定者，本公約之締約國承擔按照其憲法程序與本公約所採取之必要步驟，以採納並實施本公約所承認之權利所需之立法或其他措施。」㉒可知，締約國若疏於採取方法以制止

⑲ 1949 Convention, *supra* note 8, art. 17 & 20，婦女權益發展促進會編，女人六法，婦女權益發展促進會出版，民國八十八年，頁六二五。

⑳ Slavery Convention of 1926, *supra* note 9, art. I.

㉑ The 1956 Convention, *supra* note 10, art. VIII.

奴隸及被私人營利之奴隸交易時，即違反公約中各國所應盡之義務。

因此締約國必須確保在公約中承認所有個人權利之範圍，並排除執行層面之障礙，換言之，被害人權利在遭受侵害時，公約強調其應能得到「有效之救濟」。

㈣「經濟、社會、文化權利國際公約」

嚴格說來，「經濟、社會、文化權利國際公約」並未直接規範逼迫賣淫之行為，然因公約中包含許多婦女生存之權利，是以有認為類推其內容，認公約亦反對婦女被逼迫賣淫之情事。如公約第六條為有關工作權之規定，約定「締約各國承認工作權，包括人人應有機會依其自由選擇和接受之工作來謀生之權利，並將採取適當之步驟以保障此一權利」；第七條規定：「人人有權享受公約之公正和良好之工作條件」並保證給予最低工資、男女同工同酬、衛生條件、升等機會與合理之工作時間等；第九條規定：「人人有權享受社會保障，包括社會保險」；第十一條規定：「人人有權為自己及家庭獲得相當之生活水準，包括足夠之食物、衣著和住房，並能不斷改善生活條件」；第十二條規定：「人人有權享有能達到最高之體質與身心健康之標準」，與第十三條規定：「人人享有受教育之權利」等㉓。解釋上，此公約對於被逼迫，即非自願從事性交易者，固保障其自由之權利，惟此公約因著重點於工作權，為實現工作權，並要求各締約國提供技術與職業之指導訓練（第六條第二項），是以現階段對於自願從事賣淫者是否可積極解釋為屬於公約中工作權之範疇，而需提供技術與職業之指導訓練，不但爭議頗大，執行上亦顯有困難。故是否為直接肯定性交易為工作權之一環，而更進一步禁止逼迫賣淫之行為，實有疑問。

㉒ 丘宏達編，現代國際法參考文件，臺北：三民書局，民國八十五年十一月初版，頁三九六至三九八。

㉓ 同前註，頁四一二至四一七。

㈤「消除對婦女一切形式歧視公約」

根據「消除對婦女一切形式歧視公約」第一條公約之目的,「對婦女之歧視」一詞,乃是指基於性別而做任何區別、排除或限制者,其影響或目的均足以妨礙或否認婦女,不論已婚、未婚,在男女平等基礎上之認識、享有,或行使在政治、經濟、社會、文化、公民或任何其他方面之人權和基本自由。為消除對婦女之歧視,公約中對各種婦女之權益以積極之方式加以訂定,包括保障婦女參政權(第七條)、保障婦女參加國際組織(第八條)、保障國籍權(第九條)、保障教育權(第十條)、保障婦女職業權(第十一條)、保障婦女保健(第十二條)、保障婦女社會經濟地位(第十三條)、保障農村地區婦女(第十四條)、保障婦女法律權之平等(第十五條)與保障婚姻家庭關係(第十六條)等。其中,對於禁止逼迫賣淫之情形,乃直接加以規定,「締約各國應採取一切適當措施,包括制定法律,以禁止一切形式販賣婦女和強迫婦女賣淫,以對其進行剝削之行為」(第六條),且要求委員會竭盡所能地去尋求一個各締約國可據以消除歧視之實施手段(第十七條),而定期向聯合國提出報告(第十八條)㉔。

三、歐盟方面

歐洲人權公約與歐洲議會決議案

由於中、東歐之市場經濟不佳,貧窮和失業遲至日前仍無法解決㉕,致使歐洲國家婦女賣淫問題相當嚴重,其中,俄羅斯、烏克

㉔ 同前註,頁四九九至五〇七。

㉕ Organized Crime Moves Into Migrant Trafficking, Trafficking In Migrant (International Organization for Migration Quarterly Bulletin, Geneva, Switzerland), June 1996, at 1–2.

蘭、捷克共和國等東歐婦女，是被支配控制用以賣淫之來源㉖；復因東歐至西歐間之旅遊規範相當開放，因此許多婦女得自由遷移至失業率較低、生活水準較高之西歐鄰近國家尋找工作，使得歐盟國家面臨十分棘手之難題。蓋若西歐國家對遷徙及工作採取更嚴格之限制，東歐婦女反而會透過人口販子偷渡至西歐國家，且因其為偷渡，無法合法工作，是以往往造成非法僱傭及偷渡之結果㉗。其次，婦女常以「藝術家」或「舞蹈家」之身分進人藝術圈，而此多半與色情行業有關，其利益與自由均被操控在皮條客手中。為逃避西歐國家勞工法令之規範，高度組織化及營利走私集團於焉成立。此類集團通常與熟悉國際犯罪之組織網有所聯繫，並網羅各種不同區域之犯罪組織，因此很難將其繩之以法。事實上，逼迫婦女賣淫之所以變成誘人之商業，乃因其具有高報酬、低風險之特性。舉例而言，販毒者將被判刑達二十年之久，反觀逼迫婦女賣淫者，在許多歐洲國家中甚至並未課以刑責；加上賣淫之婦女多半為非法移民，少有人敢依循合法途徑控告被皮條客非法運送之剝削，以及老鴇之虐待㉘。基於以上種種因素，歐盟組織先後簽署一九五〇年歐洲人權

㉖ Marshall Ingwerson, E. Eurpe's New Money Culture Rips Families Apart Series, Christian Sci. Mpintor, Sept. 12, 1996, available in 1996 WL 5044176.

㉗ Mugur Gabriel Stet, Europe-Women: Social Measures Urged to End Women Trafficking, Inter Press Serv., July 17, 1996, available in LEXIS, News Library, Curnws File. Referring to a study issued by the International Organization for Migration (IOM)。根據其研究，德國有百分之七十五之妓女為外國人，米蘭約有百分之八十，維也納的色情俱樂部中百分之九十的女服務生來自東歐或中歐。 Together in Europe, European Union Newsletter For Central Europe, June 15, 1996, at 91。

㉘ International Organization For Migration Trafficking and Prostitution: The Growing Exploitation Of Migrant Women From Central and Eastern Eu-

公約(European Convention of Human Rights)、一九八九年歐洲議會決議案(1989 Resolution by the European Parliament)與一九九六年歐洲議會決議案(1996 Resolution by the European Parliament)，以解決逼迫婦女賣淫之問題。

早在一九五〇年間，歐洲人權委員會及歐洲人權法院即共同催促歐盟各會員國組成委員會，草擬歐洲人權公約，而歐盟所訂立之多項法案均被國際間評論為最有成效，最能保障受害者人權之法案㉙。其中最特別者，為規定「被害人得將被侵犯人權之事實，向國家提起訴訟㉚」(第二十五條)。歐洲議會在一九八九年決議案中，提出一個涵蓋法律及非法律層面之策略，以對抗逼迫婦女賣淫之情形。該決議案建議成員國增加法律上懲罰逼迫賣淫之規定，一如懲罰奴隸貿易一般懲罰逼迫婦女賣淫者。同時為顧及非法律之架構，該決議案並要求歐盟提供各國販賣人口來源之資訊，藉以提醒婦女在西歐國家尋求職業時，有被皮條客剝削之風險。各國必須承諾制定保護被害人之方案，及建議成員國採取回復原狀之規定，為被害人建立避難所、職業訓練所、及提供免費健康照顧等㉛。一九九六年一月，歐洲議會修正了一九八九年之決議，作成另一項對販賣人口之決議，要求歐盟採取方法給予被害者援助，並避免販賣人口，同時亦要求歐盟加強本身與販賣人口來源國間之合作，致力於制定

rope 8, 12–14 (1995) (hereinafter CEE STUDY).

㉙ Warwick Mckean, Equality and Discrimination Under International Law 204 (1983); Laurence R. Helfer, Consensus, Coherence and the European Convention on Human Rights, 26 Cornell Intl. L.J. 133 (1993).

㉚ European Convention for the protection of Human Rights and Fundamental Freedoms, Nov. 4, 1950, 213 U.N.T.S. 221, art. 25 (hereinafter ECHR).

㉛ Resolution on the Exploitation of Prostitution and the Traffic in Human Beings, 1989 O.J. (C120), Eur. Parl. Doc. (A2–52/89) 352–354, art. 6, 8.2, 9 (1989) (hereinafter 1989 European Parliament Resolution).

歐盟基本政策，並強化各國間之合作[32]。

一九九六年於都柏林所召開之會議中，歐盟司法暨家庭事務部部長提出三項制止逼迫販賣婦女之共同行動。第一、共同行動計畫指稱擴張歐洲毒品管制組織之職權，使其包含逼迫販賣人口之查察，並使組織負有蒐集逼迫販賣人口資料之責任。第二、該項行動計畫委託對抗犯罪集團之各會員國列舉規則細目。第三、該項行動計畫建立一套對法官、檢察官、警察及特別專家之研究及訓練計畫[33]。同年在維也納召開之歐洲防制婦女被迫賣淫會議中則提出四項政策：遷徙管制、司法合作、法律制裁、及警察合作等[34]。因此，一九九六年之維也納會議更可證明歐盟承認婦女被迫賣淫之嚴重性，以及預備以具體之行動遏止此情形之發生[35]。

---

[32] Resolution on Traffic in Human Beings, 1996 O.J. (C32), 88, art 91–92 (hereinafter 1996 European Parliament Resolution).

[33] Justice and Home Affairs: Ministers Agree Action Plan to Wipe Out Child Sex Abuse, Eur. Rpt., Sept. 28, 1996, available in 1996 WL 11073189.

[34] Conclusions from the European Conference on Trafficking in Women (June 12, 1996) (unpublished manuscript, on file with the European Union Delegation of the European Commission, Washington D.C.) (hereinafter 1996 Vienna Conference).

[35] European Conference on Trafficking in Women, IOM NEWS (International Organization for Migration Newsletter, Geneva, Switzerland), June/July, 1996, at 4 (hereinafter IOM Newsletter)。此外，歐盟在一九九七年四月舉行有關販賣婦女之內閣會議，建議對曾被販賣之婦女提供更多保護，EU: EU/SOCIAL-Recommendations for European Action to Fight Against Trafficking in Women, AGENCE EUROPE, Apr. 29, 1997, available in LEXIS, Intlaw Library, Eclaow file。一九九七年十二月，歐洲議會委員會採用一報告，促使所有締約國採用一九七七年歐盟聯合行動之所有方案，Women's Rights Committee Passes Trade in Women's Report, EUR. RPT., Dec. 3, 1997, available in LEXUS, Intlaw Library,

四、國際勞工組織部分

「國際勞工組織販賣勞工公約」及「國際勞工組織禁止販賣奴隸及勞工公約」

國際勞工組織(International Labor Organization)，為聯合國第一個專門機構，其於一九二〇年正式成立於日內瓦。事實上國際勞工組織於聯合國成立前早已存在，且與國際聯盟有所聯繫，但其組織一直維持獨立性之特色㊱。

國際勞工組織之中心活動，乃在制訂國際勞工標準，故嚴格說來，在國際勞工組織公約中，並未特別強調性交易。但在公約中，各締約國不但承諾致力廢除並懲罰販賣勞工之情形，且將販賣勞工定義為「任何人所提供之服務或勞動，是在非自願或受迫之情形下被雇主所利用」㊲，是以認為解釋此項定義時，即可將其適用於逼迫賣淫之行為，依此見解，國際勞工組織即有二部規範逼迫賣淫行為之公約，即一九三〇年制定之「國際勞工組織販賣勞工公約」(Forced Labor Convention, ILO Convention 29)㊳，與一九五七年之「禁止販賣奴隸及勞工公約」(The 1957 Abolition of Forced Labor Convention)㊴。

在國際勞工組織制度下，締約國必須每兩年向勞工組織提交一份有關於致力推行任何曾簽署國際勞工組織公約之報告書，同時必

Eclaw file。

㊱ 丘宏達，前引⑪，頁九二七至九二八。

㊲ Forced Labor Convention, ILO Convention 29, June 28, 1930, 39 U.N.T.S. 55.

㊳ Id.; 39 U.N.T.S. 58.

㊴ 1957 Abolition of Forced Labor Convention (No. 105), June 25, 1957, 320 U.N.T.S. 291.

須準備向該組織提出一份有關於勞資雙方關係發展情形之複本㊵。而國際勞工組織將對該締約國，就公約之內國法案執行情形進行觀察，並且各締約國均會收到來自於國際勞工組織所觀察之結果㊶。定期報告制度亦存在於未簽署國際勞工組織公約之其他會員國間，此等國家必須向國際勞工組織一般安全會議報告有關該國之法律立場，及對其未簽署公約之內國執行情況進行報告，並於每年國際勞工年會中，將所有報告之摘要送達給參加會議之各國㊷。

綜上所述，無論為國際協定、聯合國、國際勞工組織公約，或歐盟下所制訂之公約或決議案，基本上對性交易之規範均環繞在人身自由之人權保障上，而非對善良風俗之關注，此可從公約強調之行為態樣，除一九四九年之「禁止販賣人口及取締意圖營利使人賣淫公約」包括自願從事性交易之行為外，均為逼迫之行為上可印證得出。

參、公約之比較分析

上述各個公約，無論直接或間接之目的，要之，均在禁止逼迫之性交易行為。惟因其制訂之背景，往往影響公約之內容，是以各個公約所保護之標的、採行之方式與立場，均有所不同，試分析比較如下。

㊵ Constitution of the International Labor Organization, Oct. 9, 1946, art. 22–23, 62 Stat. 3532, 15 U.N.T.S. 18 (hereinafter ILO Constitution).

㊶ Nicolas Valticos, The International Labor Organization, in The Effectiveness Of International Decisions 134, 145 (Stephen M. Schwebel ed., 1971).

㊷ ILO Constitution, *supra* note 40, art. 19 (5) (e), 23 (1).

一、禁止性交易

各公約無論所使用之名稱為何，要之，對性交易之規範，有直接規定禁止賣淫者，如「禁止販賣人口及取締意圖營利使人賣淫公約」、「消除對婦女一切形式歧視公約」是；有間接將其置於在販賣奴隸或販賣人口之範圍內者，如「禁止販賣白奴國際協定」、「禁止販賣白奴國際公約」、「公民權利及政治權利國際公約」、「奴隸公約」與「禁止販賣奴隸、奴隸交易及一切形式之奴隸制度修正公約」等是；亦有根本未言及性交易，僅因其條約所保障之權利，在解釋上涵蓋此一範圍而已，如「經濟、社會與文化權利國際公約」。在直接或間接規定禁止性交易之公約中，對於性交易禁止之範疇，並不一致，雖然條文多提及「禁止一切形式」之性交易，但此全面性之禁止性交易，絕大多數均僅限制禁止販賣婦女，及將婦女視為奴隸或貨品而交易之範疇而已。如一九二六年之「奴隸公約」，締約國即承諾「禁止奴隸交易」，並且採取「全面禁止各種形式之奴隸制度」；國際政治權利及公民權利公約中第八條第一項，亦規定「應禁止一切形式之交易奴隸行為」㊸等，即為典型之代表是。

惟性交易之範疇並不僅限於販賣婦女或使人為奴隸，一九四九年之「禁止販賣及取締營利使人賣淫公約」則更進一步(1)限制妓院之經營，即使經過該國政府核准成立之妓院，亦不允許存在，甚至要求締約國廢止所有規定妓女必須註冊之法律㊹，(2)禁止媒介自願性之性交易，即「即使得本人同意者」亦然。因根據經驗法則中，婦女確實有自願從事性交易之情形，且各種不同形式之強暴脅迫，均有可能潛在地影響婦女之自願行為，故縱使為自願行為，媒介者

㊸ ICCPR, *supra* note 12, art. 8.2.

㊹ 1949 Convention, *supra* note 8, art. 6.

亦在禁止之列㊺。換言之，一九四九年之公約不但禁止販賣婦女、經營性交易，甚至禁止經營性交易之處所與自願從事之性交易之媒介者；然對要求締約國廢止所有規定妓女必須註冊之法律與媒介自願性之性交易，是否即為禁止性交易本身，則有不同之見解，有認為此即為全面性禁止性交易之表示，亦有認為此並未禁止性交易本身。主張後者之「反販賣婦女聯盟」則批評若公約未禁止性交易本身，則因其未採取正確保護被販賣婦女之步驟，並將被害者驅逐出境，性交易之本身使得婦女之地位矮化，且因性交易會奪取並減低從事性交易婦女之尊嚴、身體自主、與身心福祉等權利，並且形成嚴重之性別歧視。其否定平等、提高人種與性別歧視，違反世界人權宣言第一、第四與第五條之規定。「有權性交易」將使所有保護婦女人權——對從事性交易與最終對所有婦女之保護——徒勞無功，是以未禁止性交易本身，將使得此公約之價值有限㊻。雖然如此，一九四九年公約對被販賣之婦女仍有些程序上之保護，使其在內國法律允許時得參與訴訟程序以對抗販賣者。

綜上所述，在規範性交易之公約中，嚴格來說，除一九四九年之公約外，多僅為禁止販賣人口或逼迫使人從事性交易者，並非禁止性交易本身，是以自願從事性交易，而非經由販賣人口時，則非國際公約之規範範圍。

㊺ Chuang, *supra* note 5, at 76.

㊻ U.N. ESCOR, Commission on Human Rights, Sub-Commission on Human Rights, Sub-Commission on Prevention of Discrimination and Protection of Minorities, Working Group on comtemporary forms of Slavery, 16 th Sess., at 7, U.N. Doc. E/CN. 4/Sub. 2/AC. 2/1991/6/Add 1.

二、內國立法打擊罪犯

各公約對性交易規範之最終目標為「禁止逼迫」該行為，而其手段之一，則多要求內國制訂法律，以實現公約之目標。事實上對販賣婦女者處以刑法，並要求締約國以內國立法規範之手段，起始於第一次世界大戰後之國際聯盟。「國際聯盟」為關懷世界上販賣婦女及兒童之問題，曾草擬一項草案，其中規定對販賣婦女、兒童或鴉片及其他危險之毒品者，應處「死刑」㊼；要求各締約國必需用最嚴厲之刑罰制裁犯罪者，並制定實現公約並使之有效推行之內國法律㊽。而前述之公約中，「消除對婦女一切形式歧視公約」第六條中，即規定「締約國應採取一切適當措施，包括制定法律，以打擊一切形式販賣婦女和迫使婦女賣淫以進行剝削之行為」㊾。

歐洲議會則於一九八九年決議案中，建議一個法律策略，來對抗逼迫婦女賣淫之情形，而其最後之決議，即建議成員國訂立法律，以懲罰逼迫賣淫，並像懲罰奴隸貿易一般㊿。一九九七年歐洲議會理事會共同行動方案，亦要求會員國將販賣人口視為一項犯罪行為[51]，當時，荷蘭、比利時、奧地利等三個會員國即直接將逼迫婦女賣淫問題，立法予以規範。嗣後，荷蘭及比利時更進一步於最近通過一項法案，授與被害婦女臨時居留權，以鼓勵其對加害者提起訴訟，荷蘭並允許被迫賣淫之被害人暫時居留於其國內，直到審判

㊼ League of Nations Convenant, art. 23, para. 1 (c).

㊽ Slavery Convention of 1926, *supra* note 9, art. II (a)–(b), VI, 60 L.N.T.S. 265.

㊾ CEDAW, *supra* note 14, art. 6.

㊿ 1989 European Parliament Resolution, *supra* note 31, art. 8.1.

[51] Council Joint Action 04/03/1997 on Trafficking in Human Beings and Sexual Exploitation of Children, 1997 O.J. (L 063) 2–3.

程序全部終結為止。奧地利之立法方式則較為特殊，其將逼迫行為定義為刑法中傷害罪之一種， 而賣淫行為則明白地涵蓋於該定義中[52]。歐盟認為內國法之明確規定，較諸歐洲人權公約、一九九七年歐洲議會理事會共同行動方案、一九八九及一九九六年歐洲議會決議案之約定或決議，更能提供清晰、對等而可行之體系架構。至於其他歐盟國家亦有在內國移民法中，增訂類似之規定者[53]。

三、注重保護被害人

前述各公約中除有懲罰販賣人口或妓院之經營者外，對被害人亦有積極性之保護規定。「禁止販賣人口及取締意圖營利使人賣淫公約」中，籠統要求締約國同意經由公私教育、衛生、社會、經濟及其他有關機關採取或加強各種措施以防制妓業，使公約所指之被害人能恢復原狀，並設法改善其社會地位。「政治權利及公民權利國際公約」中，則明確要求每一締約國承擔保證之責任，保證：㈠任一被侵犯本公約所承認之權利或自由之個人，能得到有效之補救，儘管此侵犯係以官方資格形式之人所為者；㈡任何要求此種補救之人能由合格之司法、行政或立法當局，或由國家法律制度規定之任何其他合格當局，斷定其在此方面之權利，並發展司法補救之可能性；㈢合格當局於批准此等補救時，確能付諸實施[54]。」

歐盟國家對於保護被害人所付諸之行動，更是不遺餘力。各締約國在推展公約並保障被害者方面，除鼓勵被害人提供證據以起訴

---

[52] CCE STUDY, *supra* note 28, at 24–26; International Organization for Migration, Trafficking in Women to Austria for Sexual Exploitation 6 (1996) (hereinafter AUSTRIA STUDY).

[53] Id.

[54] 丘宏達，前引[22]，頁三九六。

皮條客外，並積極增加被害人之收容所、加強特別證人之保護、提供財務援助、醫療服務、及免費之法律諮詢顧問、制定勞工訓練及職業安全之法律以幫助被害人恢復原狀，及協助其返回原國籍地等。此外，在幫助被害人返回其母國時，並需確保其有必要之求職技能，以避免再次被逼迫賣淫(55)。如一九八九年之決議案即要求締約國承諾支持被害人之方案，建議成員國制定回復原狀之規定，並為被害人建立避難所、職業訓練所及免費健康照顧(56)。一九九六年之維也納會議，亦草擬一項社會計畫，以保護受害者，建立其需要之社會援助包括避難所、緊急醫療照顧，及法律顧問等，並強調使受害者遠離並擺脫老鴇之控制，被害人於接受社會服務後，能安心療傷，且不必再為被強制遣送回國，而感到恐懼等(57)。

四、加強國際合作

雖然「販賣婦女」之定義，並不一定要跨越國界，但公約中則有要求加強國際合作，以加強公約之效力，落實公約之目的者。

在「禁止販賣奴隸、奴隸交易及其他一切形式奴隸制度公約」中，規定締約國必須「互相合作或與聯合國合作，以使該條約法律案生效。」(58)之後，一九九六年在維也納召開之歐洲防制婦女被迫賣淫會議中，大會除提出包含四個層面：合法遷徙政策、持續司法交

(55) Philip Alston, The Committee on Economic, Social, and Cultural Rights, in The United Nations and Human Rights: A Critical Apraisal 473, 504 (Philip Alston, ed., 1992).

(56) 1989 European Parliament Resolution, *supra* note 31, art. 9.

(57) Report on the Tenth and Eleventh Sessions, U.N. ESCOR, Committee on Economic, Social, and Cultural Rights, 10th and 11th Sess., Supp. No. 3, para. 188–189, U.N. Doc. E/C.12/1994/20 (1995).

(58) 1956 Convention, *supra* note 10, art. VIII, @1.

流、統一法律制度、及加強警察合作等為討論之議題外[59]，並建議歐盟必須建立一套體系來傳播資訊至全體各會員國，以監督各單獨成員國間之執行架構，及解決中、東歐國家中跨國人口販賣之問題。而這些努力，均必須依賴相當密切之國際合作，及緊密之聯繫網路才能有效打擊新興之組織犯罪，其中，首要面臨者，即為最棘手之販賣婦女問題[60]。

五、實施定期報告制度

為有效瞭解並監督締約國實踐公約之情形，各公約分別要求締約國向共同之有關組織定期提出報告。其中，聯合國通過之公約，需向聯合國之一般安全會議報告，國際勞工組織之公約，則需向國際勞工局提出報告複本。

前者，如「禁止販賣公約人口及取締意圖營利使人賣淫公約」要求各締約國向聯合國一般安全會議，提出有關法律規章，及其致力與實踐該公約所制定內國法案之報告書，安全會議則直接出版並傳送此資訊給所有聯合國會員國及其他非會員之國家，以邀請其他國家一同簽署該項公約[61]；「禁止販賣奴隸、奴隸交易及其他一切形式奴隸制度公約」之締約國亦必須交給聯合國一般安全會議一份「有關執行或致力推動該公約條文之法律規章或管理辦法之複本」[62]。後者，在國際勞工組織制度下，各締約國則必須向國際勞工局提交一份有關於致力推行任何簽署之國際勞工組織公約之報告書，締約

---

[59] 1996 Vienna Conference, *supra* note 34; IOM Newsletter *supra* note 35, at 1, 2, 4.

[60] 1996 European Parliament Resolution, *supra* note 32, art. 11, 20.

[61] 1949 Convention, *supra* note 8, art. 21.

[62] 1956 Convention, *supra* note 10, art. VIII, @1.

國亦須準備向該組織提出一份有關於勞資雙方關係情形之複本[63]。此外,「消除對婦女一切形式歧視公約」、「國際政治權利及公民權利公約」與「經濟、社會、文化權利國際公約」亦有類似之定期報告。

惟並非所有之締約國均會定期提交報告,對於經過數次要求仍未提交報告之國家,經濟、社會、文化權利國際公約之委員會,將會開始覆審缺交國家之執行情形,未提出報告形同未履行公約之義務;若委員會認為存在之問題太多,則該國必須重新提交一份報告書,換言之,重提報告書即意味委員會認定「該國完全沒有執行其所應盡之義務」[64]。

六、設置監督審查機關

對於締約國之報告,則受理機關並非接受存查而已,其尚有監督審查之功能。如國際勞工局申請暨法案審查委員會中之專家,為國際勞工組織(ILO)執行架構下之關鍵角色,該委員會乃在審查有關締約國之報告書、相關之法律、政府出版品、及有關於勞資雙方組織所提供之資料,且對各締約國之實行情況及該國政府所交給國際勞工組織報告書之內容,提出「觀察」結果,並將執行成效良好之國家推薦給其他政府[65]。「國際政治權利及公民權利公約」則設立人權委員會來覆審各締約國之報告,給予各國建議函,以及對個別國家提出質疑,甚至在年報中提出相關議題供大會討論[66]。

[63] ILO Constitution, *supra* note 42; Valticos, *supra* note 41.

[64] *Supra* note 54.

[65] Valticos, *supra* note 41, at 146–147.

[66] Stephanie Farrior, The International Law on Trafficking in Women and Children for Prostitution: Making it Live Up to its Potential, 10 Harv. Hum. Rts. J. 213, 226–227 (Spring 1997).

現代形式奴隸工作小組(The Working Group on Contemporary Forms of Slavery)則於一九七四年建立，由該工作小組來調查奴隸交易之情形，提供從可考資源中所獲得關於該議題之資訊，並採取行動。此項集會亦提供非政府組織一口頭及書面報告之機會[67]。

七、建立司法訴訟管道

欲減低販賣人口、逼迫賣淫之最直接且立見時效之方式，即為建立訴訟管道，對涉嫌逼迫婦女賣淫之有關加害人（包含皮條客、妓院經營者及老鴇等），依法予以起訴。一般咸認禁止販賣人口或使人賣淫之公約如此之多，但迫使賣淫之情形並未減低之最大之原因在於各會員國仍未將公約轉化為內國之法律[68]，同時亦無明確允許被害人得直接對個案起訴之規定[69]。

歐洲人權公約中最特別之貢獻，即為被害人得因被侵犯人權之事實，向國家提起訴訟[70]，同時被害人亦可對於老鴇一類之個人提出訴訟。為鼓勵被害者向皮條客及老鴇起訴，被害婦女即不能被視為罪犯看待，甚至在未起訴前即被驅逐出境，且若不阻止媒體對被害婦女之大肆報導，反而更會造成婦女之恐懼，而無法脫離老鴇之陰影，並對其加以起訴。是以，被害人應被允許得暫時在該國居留，給予其時間緩衝，使其做出是否提起訴訟之決定[71]。

---

[67] Decision 16 (LVI), 56th Sess., Supp. No. 1 at 25, U.N. Doc. E/5544.

[68] 1996 Vienna Conference, *supra* note 34.

[69] CEE STUDY, *supra* note 28, at 35.

[70] ECHR, *supra* note 30.

[71] CEE STUDY, *supra* note 28, at 25.

八、設立聯合國特別報告員

聯合國在落實公約之內容上，較諸其他組織聯盟，有更進一步之做法。一九九四年，聯合國開始委託專人，專門調查逼迫賣淫之情形，設置消除婦女歧視特別報告員，任期三年。特別報告員之任務在尋找或接收來自於各國政府消除婦女暴力之行動、條約架構、聯合國各類組織、及內國政府機關或非政府機關組織所提供之資訊，並建議消除婦女暴力之做法，及與專家密切合作，並面對來自侵害婦女人權之挑戰[72]。為完成其受託事項，特別報告員採取直接與政府對話之方式，從其所接收到之資料中，找出該國對消除婦女暴力之完整答覆；同時，其亦受有對全世界各區域國家調查之任務，向聯合國提出包含各國之法律及執行之報告，與分析各種消除婦女暴力之情形，並建議政府對於防止暴力所採取之步驟[73]。雖然一如委員會中之專家或各國政府之特派員般，一年只有幾天之會面，特別報告員仍具有獨特之影響力，在特殊之案例或情況中，特別報告員甚至可以採取直接之行動。惟特別報告員目前正面臨一個嚴重問題，即支持其成立之必要預算並未通過，致使工作上之成效有所折扣[74]。

---

[72] C.H.R. Res. 1994/45, U.N. ESCOR, 50th Sess., Supp. No. 4, U.N. Doc. E/1994/24 (1994), endorsed by E.S.C. Res. 1994/254, U.N. ESCOR, 1st and 2d Special Session of 1994, Supp. No. 1, U.N. Doc. E/1994/94 (1995).

[73] For her preliminary report on and analysis of prostitution and trafficking, see Futher Promotion and Encouragement of Human Rights and Fundamental Freedoms, Including the Question of the Programme and Methods of Work of The Commission, Special Rapporteur, U.N. ESCOR, Commission on Human Rights, 50th Sess., para 206, U.N. Doc. E/CN. 4/1995/42 (1994).

[74] Frank Newman & Weissbrodt, International Human Rights: Law, Policy,

肆、國際法執行面之檢討

一、優點及成效

雖然各公約規定之內容與採取之手段不甚相同，然對共同目的之一之打擊逼迫婦女賣淫，仍有一些成效在。

在歐盟中，包括歐洲人權宣言、歐盟決議法案、共同行動綱領，及存在於一些國家間之協定，均或多或少討論到逼迫婦女賣淫之問題。為防止人口販賣之問題更形惡化，歐洲各國必須制定內國法，保障被害人對侵犯者起訴之權利，且內國之法律執行機構必須合作以實行其所提之方案；在非法律架構方面，各成員國則必須提出對被害者之訴訟援助與保護計畫，以確保被害人恢復原狀及協助其返回原國籍地。最後，為了使這些法案有效執行，各不同國家間必須相互合作。因此，加強國際合作、保護被害人、及敦促完成內國立法乃是歐盟成功之三大策略[75]。

國際勞工組織，則是唯一既能代表政府、又能代表勞資雙方之組織，並同時擁有決策權之機構[76]。一般認為該組織於法律技術上之成就，及由其組織中禁止販賣兒童計畫提供之顧問諮詢服務，乃是制止逼迫賣淫及販賣奴隸使其賣淫之重要步驟，且因該計畫之範圍，包括歸納並分析在特殊範疇中逼迫賣淫之情形，及為各國提供

and Process 210 (2d ed., 1996).

[75] Laurie Hauber, The Trafficking of Women for Prostitution: A Growing Problem Within the European Union, 21 B.C. Int'l & Comp. L. Rev. 183 (1998).

[76] ILO Constitution, *supra* note 40, at art. 7 (1).

內國可行之行動綱領(77)，因此諮詢服務、歸納分析與提供行動綱領為國際勞工組織充分發揮其決策權之重要成效。

消除對婦女一切形式歧視委員會，則為另一有執行權限之委員會，雖然公約第六條就規定打擊販賣婦女之行為中，並未定義何者為「可行之手段」，然公約在第二條仍建立了執行法案之體系，亦確定締約國必須遵守之實行架構總綱，即委員會應竭盡所能以制定各締約國可據以消除歧視之實施手段(78)。如在調查突尼西亞執行該公約第五條時，委員會成員第一次「試圖營造正確之印象並製造教科書中對婦女及人權教育之積極角色」(79)。此等成就均顯示消除對婦女一切形式歧視委員會，在防範逼迫婦女賣淫及追求婦女權益之問題上功不可沒。

二、缺失及不足

有關公約雖然在保護被害人、內國立法與國際合作上提供實行之架構總綱，然因公約之內容或有互相矛盾之處，或因執行架構不當，或欠缺直接制裁之管道，導致各國簽署意願不高，約束力不強，致使公約制訂之美意，大打折扣。

一九四九年之「禁止販賣人口及取締意圖營利使人賣淫公約」，為早期且對禁止逼迫賣淫最直接且涵蓋範圍最廣之公約，理論上應得多數國家之認同，且成果斐然，然因存公約內容互相衝突與執行

(77) Panudda Boonpala, the role of the International Labor Organization, in Forced Labor: The Prostitution of Children 53, 56–57 (Maureen Jaffee & Sonia Rosen eds., 1996).

(78) CEDAW, *supra* note 14, art 2, 5, 7, 9, 12–14.

(79) Report of the Committee on the Elimination of All Forms of Discrimination Against Women, U.N. GAOR, 50th Sess., Supp. No. 38, para. 227, U. N. Doc. A/50/38 (1995).

上之障礙，致使有意願簽署該公約之國家不多。按依公約之第一條乃規定應處罰之人，前已述及，而第十二條則規定「本公約不影響約文內所稱罪行應由各國當地法律予以確立、追溯及處罰之原則。」此二條文在適用時，後者之規定即對前者產生潛在之衝突。蓋依第十二條之解釋，若內國法之規定與公約有異時，則仍可被解釋為遵守一九四九年公約之規範。其次，公約期望達成廢除妓院之目標，並無法有效防制賣淫，「反對販賣婦女聯盟」甚至指出該公約對防治賣淫行為之所以失敗，乃因該公約中「狹隘之價值觀」，並將賣淫行為視為附屬於女性下之產物[80]。第三，公約中所提供之執行架構極不妥適。舉例而言，受害者對老鴇及皮條客所提之訴訟，僅適用於雙方當事人之原國籍均為簽約國時，若有一方非為簽約國，受害人則無權提起訴訟[81]，更進一步，此時受害人亦不得要求國家代表其起訴[82]，此種架構無形中限制司法訴訟管道之暢通，而防止公約之有效執行。最後，公約與各國內國法間亦存在其他之衝突，如公約中積極促進各國同意全面廢止逼迫賣淫之內容，亦被視為有害人權法案之推行。是以因公約中實質條款之缺失，致使當時聯合國雖有一百六十個會員國，但僅有不及一半之六十六個國家願意簽署該公約[83]。

---

[80] *Supra* note 46.

[81] First Optional Protocol of the International Convenant on Civil and Political Rights, G.A. Res. 2200A (XXI), U.N. GAOR, 21st Sess., Supp. No. 16, at 59, U.N. Doc. A/6316 (1966), 999 U.N.T.S. 302 (entered into force Mar. 23, 1976).

[82] Id; Sian Lewis-Anthony, Treaty-based Procedures for Making Human Rights Complaints Within the UN System, in Guide to International Human Rights Practice (Hurst Hannum ed., 2d ed., 1992).

[83] U.N. GAOR, Report of the Human Rights Committee, 46th Sess., Supp. No. 40, para. 320, U.N. Doc. A/47/40 (1994).

一九七九年之「消除對婦女一切形式歧視公約」，則是另一直接規定禁止逼迫婦女賣淫問題之重要國際公約，其亦因存在相當嚴重之執行問題，以致成效相當有限。按依公約規定之執行架構，乃在聯合國委員會中，即聯合國提升婦女地位委員會。然該委員會並無權向各國政府提出任何建議；反之，因委員會成立之宗旨，在於「讓政府間有談判協商之管道，而非具體執行改變現狀之機構」[84]，是以委員會「僅能將其建議提交經濟及社會理事會」，而該會議「始能決定採取何種方式，最能符合發展趨勢及協商之程序」[85]。雖然在其年度工作中，委員會曾試圖提出對逼迫婦女及女童賣淫情形之解決方案，以引起各國之注意，並要求該國採取適當措施防止此種情形發生，呼籲各政府盡力防止利用觀光團名義進行逼迫婦女及未成年少女賣淫，　或其他容易獲取資訊之科技如網際網路中賣淫之情形[86]，然因缺乏具體改變現狀之權力，是以成效有限。此外，公約因內容規定模糊且不明確，亦為執行問題之一部分[87]。

此外，各個公約因其本身之歷史背景或內容不同，導致均有缺

[84] Laura Reanda, The Commission on the Status of Women, in The United Nations and Human Rights: A Critical Appraisal, *supra* note 55, at 265, 269.

[85] Resolution and Decisions of the Economic and Social Council, E.S.C. Res. 1983/27, U.N. ESCOR, Org. Sess. And 1st Reg. Sess., for 1982, Supp. No. 1, at 21, para. 4 (a), U.N. Doc. E/1983/83 (1983).

[86] Follow-Up to the Fouth World Conference on Women, Fiji, Ghana, Nigeria, Philippines and Thailand: Draft Resolution, Trafficking in Women and girls, U.N. ESCOR, Commission on the Status of Women, 40th Sess., Agenda Item 3, para. 5, U.N. Doc. E/CN. 6/1996/L. 5 (1996).

[87] Reanda, *supra* note 84, at 219. For example, CEDAW fails to specify the measueres governments must take to comply with the requirements stated in Article 6, CEDAW, *supra* note 14, art. 6.

失，如「禁止販賣白奴國際協定」與「禁止販賣白奴國際公約」，其保護之對象僅侷限在白人婦女，以致格局過小而成效不彰；一九二六年之「奴隸公約」，雖採取嚴厲之刑罰，但因無監督機關，故書面報告形同虛設；一九五六年之公約雖有國際合作之規定，但同樣無監督機關，故其書面報告亦形同虛設；而「公民權利與政治權利國際公約」之內容，雖禁止一切奴隸交易，然其規定過於鬆散，無法確實執行。是以公約雖存在，成效並不彰顯，充其量，僅能使國際上益發關注此項問題而已[88]。

此外，締約國通常不會對於其所應承擔公約中之義務，提供完整而詳細之報告書，甚至根本不提交任何報告書；影響所及，委員會之成員國對各締約國即缺乏必要之資訊，而無法對其提出質疑。相形之下，非政府組織(Non-governmental Organization)或其他組織之角色即更顯重要。

非政府組織往往藉公約向各國政府機關施壓，促使各政府履行公約之內容，阻止販賣人口之性交易，如「消除對婦女一切形式歧視公約」為非政府組織最常藉以向政府機關施壓之公約[89]。非官方組織並同意向經濟、社會與文化權利委員會提交書面或口頭說明。非官方組織在公約組織之各委員會召開之前，亦可非正式提出與各國報告有關之資料，委員會得以將該資料與各國之報告相比較，某些非官方組織甚至將詢問各國代表之問題均準備好[90]。其所提供之資料，對於審查各國執行條約架構之情形，有極高之參考價值，並且可對各國政府提出質疑[91]。

---

[88] Susan Jeanne Toepfer & Bryan Stuart Wells, The Worldwide Market for Sex: A Review of International and Reginal Legal Prohibitions Regarding Trafficking in Women, 2 Mich. J. Gender & L. 83, at 91 n. 42 (1994).

[89] Farrior, *supra* note 66, at 227.

[90] Id. at 236–237.

知名勞工法專家 Virgania Leary 教授則建議將具有官方色彩之國際勞工組織，開放給更多非政府組織參與，至少保有非官方性質之組織及非政府人權組織等，而讓「申請加入國際勞工組織者之立場及其所欲達成之目標，均和國際勞工組織一致」，並藉以賦予其資格「取得會議通知、證明文件、及特別許可，而在某些會議中以發給證件或口頭方式加入」，但截至目前為止，國際勞工組織仍未採納是項建議[92]。

三、執行實況

由上述可知，公約之立意雖好，策略雖多，然因部分條款之缺失，與約束力不足，導致短期缺點為僅有少數國家願意簽署公約，而長遠看來公約影響力則相當有限，以致在國際間之執行上難以獲得成效。惟除因締約國有限，難以凸顯效果外，近來更有國家主張應「廢止」該公約。如瑞典認為一九四九年之公約「令瑞典人感到不安(Uneasiness)」，因公約中之基本意旨為「舊法制精神」。瑞典政府指出「他們懷疑該公約僅是提供手段去禁止販賣人口，及壓制現今社會中所產生之賣淫問題而已」，對公約中第七條之規定「使違反者無權行使其民事上之權利」，則認為可能與其他之公約產生衝突，瑞典更關心者，其政府指出乃為隱私權與該公約間所可能產生之衝突[93]。

[91] Alston, *supra* note 55, at 473, 491–492.

[92] Virginia A. Leary, Lessons from the Experience of the International Labor Organization, in the United Nations and Human Rights: A Critical Appraisal 580, *supra* note 55, at 586, n. 6.

[93] Review of Information Received on the Status and the Implementation of Conventions on Slavery and Slavery-Like Practices, Working Group on Contemporary Forms of Slavery, Commission on Human Rights, Sub-

相對於主張廢止公約，近年來歐盟中許多國家之內國立法，不但願意落實歐洲人權公約、歐洲議會理事會共同行動方案、及歐洲議會決議案，且提供比該公約、方案及決議案更清晰、明確，且可供歐盟執行之法律。如為鼓勵被害婦女對加害者予以起訴，荷蘭及比利時通過立法，授與被害婦女臨時居留權[94]；為防止被害人立即被驅逐出境，比利時、荷蘭及奧地利立法給予其時間將案情告知警方；奧地利刑法中將逼迫行為定義為傷害罪之範疇，而賣淫行為則明白地將其包含於該定義中[95]。尤有甚者，荷蘭不但允許被迫賣淫之被害人暫時居留於其國內，且「直到審判程序全部終結為止」。其他歐盟國家則在其移民法中，增訂類似之規定，一如簽署其他許多歐盟之法律一樣，並包括一九九七年歐盟委員會之共同行動方案[96]。

亞洲國家對逼迫賣淫問題一向受國際矚目，而各國通常亦將逼迫賣淫問題看得比其他犯罪問題還要嚴重。蓋亞洲國家之政府中，有些官員甚至直接涉入有關逼迫婦女賣淫之事件，並與皮條客一同從中獲取暴利。例如從緬甸運送婦女至泰國賣淫事件中，均可明確發現有官員利用職權，涉入運送販賣人口之程序；泰國邊境的警方有時甚至向皮條客收受保護費，私自通融販賣人口之事件發生。在印度，皮條客則由尼泊爾販賣婦女及女童至印度，並且支付印度警方一筆為數不小之保護費，更有甚者，則直接提供警方一些性交易之服務，或根本警察就身兼皮條客及販賣人口組織中之一員[97]，無

Commission on Prevention of Discrimination and Protection of Minorities, 16th Sess., Agenda Item 3, at 2, U.N. Doc. E/CN. 4/Sub. 2/1991/4/Add. 1 (1991).

[94] CEE STUDY, *supra* note 28, at 26.

[95] AUSTRIA STUDY, *supra* note 52.

[96] CEE STUDY, *supra* note 28, at 25, 26.

[97] Asia Watch and the Women's Rights Project, A Modern Form of Slavery: Trafficking of Burmese Women and Girls into Brothels in Thailand 44,

怪乎泰國所提交給聯合國工作小組之一九九一年報告中指出,「逼迫賣淫之情形被我國視為國內最嚴重之社會問題[98]」。在眾所皆知逼迫賣淫相當嚴重之日本,則並未看到有關之解決方案,其所提之報告書中,亦僅簡單提到日本存在兒童賣淫之問題,但對於其他逼迫賣淫之情形則隻字未提,可見其對提交報告書之敷衍態度[99]。

伍、結語

從以上之公約可知,性交易不但是世界上最古老的工作,也是二十世紀以來,世界性最重要之議題之一。蓋從各公約本身制訂之目的而言,從禁止販賣奴隸、販賣女性、消除歧視、男女平等,一直到人權宣言,甚至公民權利等公約,只要與人權有關,性交易則被納入其內,並視為主要或重要之內容之一;不但如此,討論性交易公約之數目,亦高達十多個,此尚不包括歐洲會議之決議案;而討論之國際組織,除聯合國之積極運作外,亦為歐盟之主要議題,甚至連勞工組織,都數次對此加以檢討。而性交易之內涵,亦從早期之避免人口販賣,至今日轉為男女平等人權問題之討論。

然除一九四九年之公約外,各公約之著眼點,多僅為禁止販賣人口或禁止使人從事性交易之部分,而不及於其他性交易之範疇,是以公約對於從事性交易之女性,視其為受害人,固不加以處罰,

75–77 (1993).

[98] Information Paper on the Prevention of Traffic in Persons and the Exploitation of the Prostitution of Others, U.N. ESCOR, Commission on Human Rights, Sub-Commission on Prevention of Discrimination and Protection of Minorities, 16th Sess., Provisional Agenda Items 4–5, at 2–3, U.N. Doc. E/CN.4/Sub.2/AC.2/1991/5/Add.3 (1991).

[99] Report of the Human Rights Committee, U.N. GAOR, 43d Sess., Supp. No. 40, paras. 626–627, U.N. Doc. A/43/40 (1988).

對於與之為性交易之男性主體亦不加以處罰，至於對於自願從事性交易，而非經由販賣人口之女性，則更非國際公約所規範之範圍。

各個公約之目標雖然一致，但在內容上，著眼點則各有不同；換言之，為達到最終目標之「禁止逼迫」性交易行為，公約多要求內國制訂法律，尤其是對販賣婦女者或妓院之經營者處以刑罰；公約對被害人亦有積極性之保護要求，被害婦女不能被視為罪犯看待，且得因被侵犯人權之事實，向國家與老鴇一類之個人提起訴訟；更進一步，為使被害人能恢復原狀，要求透過公私教育、衛生、社會、經濟及其他有關機關採取或加強各種措施，以設法改善其社會地位。

為有效瞭解並監督締約國實踐公約之情形，各公約分別要求締約國向聯合國之一般安全會議報告或國際勞工局提出報告，聯合國甚至設置特別報告員，調查逼迫賣淫之情形。對於締約國之報告，則受理機關並非接受存查而已，其尚有監督審查之功能。然締約國通常不會對於其所應承擔公約中之義務，提供完整而詳細之報告書，甚至根本不提交任何報告書，非政府組織或其他組織於此時，即扮演重要之角色，其往往藉公約向各國政府機關施壓，促使各政府履行公約之內容，阻止販賣人口之性交易。

儘管有為數不低之公約，戮力在解決性交易之問題，然因多數參與公約討論之國家，並未真正簽署，再加上落實公約之執行架構不當，欠缺直接制裁之管道，致使公約缺乏拘束力，效果大打折扣。是以遲至二十一世紀之今日，性交易之爭議性仍舊存在，如何落實解決販賣人口之問題固為性交易之問題一也，然新興公約多尚未言及自願性性交易問題，其恐為緊接而來之世界性議題。

惟無論公約之具體成效如何有限，事實上亦因此類公約之存在，使得國際上益發關注此項問題，泰國即在其提交給聯合國工作小組之報告中指出逼迫賣淫為其國內最嚴重之社會問題，日本在其所提之報告書中，未提到兒童賣淫以外其他逼迫賣淫之情形，亦同樣受到高度之注意。

我國雖在參與國際公約上，顯有困難，但在執行公約之內容上，則不遺餘力。刑法、社會安全秩序維護法等與其他行政法令，如臺北市公娼管理辦法等，不但對逼迫賣淫、販賣人口等問題有所規範，對於媒介者、經營妓院者、買春者，甚至從事性交易之婦女均有所規範。惟從現行之法令中，吾人僅能確定我國對於性交易中有關之人權規定，規範甚至比國際公約來得廣泛，但經由現行之立法，欲得知我國是否為全面禁娼之國家，則因法律規範不夠明確，而難以確認。

（本文部分節錄自美歐季利第十四卷第四期）

論國際投資爭端之仲裁
— 西方國家與開發中國家立場之比較

高玉泉 *

壹、前　言

貳、西方國家之立場

一、投資協議之國際化
二、晚近之發展

參、開發中國家的質疑及立場

一、對國際化理論的挑戰
二、對現行機制的批評
三、自身之立場及理論基礎

肆、檢討與省思——代結論

* 作者為英國 Warwick 大學法學博士，現任世新大學法律系副教授。

論國際投資爭端之仲裁

— 西方國家與開發中國家立場之比較

壹、前　言

二次大戰結束後，國際間的投資與貿易活動與日俱增。西方國家的跨國企業以其雄厚的資金、技術及人才投注於開發中國家，企圖利用其豐富的天然資源及低廉的勞動力，謀取最大的商業利益。另一方面，開發中國家基於發展國家整體經濟及提昇人民福祉，亦對外國之投資咸表歡迎。於是雙方乃簽定所謂的投資協議(investment agreement)或稱經濟開發協議(economic development agreement)。此等協議的目的在於創造一合適、友善的法律環境供外國投資人於開發中國家進行長期的投資。投資之內容，可大抵分為三類：㈠交通及公共設施的建設；㈡天然資源如石油、煤礦、及其他礦物之採取；及㈢製造業及商業活動之開創等❶。儘管內容有所不同，其共通點則為：

㈠締約之當事人一方為主權國家，另一方為外國之企業；

㈡雙方所建立之法律關係係屬長期且有繼續性；

㈢協議通常給予外國投資人相當之優惠；及

㈣雙方約定以仲裁解決所生之紛爭❷。

---

❶ Rainer Geiger, "The Unilateral Change of Economic Development Agreements," *Int'l & Comp. L. Q.*, Vol. 23 (Jan., 1974), pp. 74–75.

然而由於西方之投資人與開發中國家在目的上及立場上未見一致，故時生紛爭，尤其是開發中國家往往基於所謂公共利益，徵收外國人之資產，使其蒙受鉅大損失❸。要之，外國之投資人所著眼者，乃利潤之最大化(maximization of profits)，此與開發中國家以國家發展及整體人民利益之通盤考量，畢竟有所差異。再者，由於開發中國家過去大都曾淪為西方國家的殖民地，飽受剝削之苦，在獨立後，隨著民族情緒的高漲，對外國人之投資，乃心懷慎戒❹。表現在法律上，尤其是投資爭端訴諸仲裁解決時，對立的立場，極為鮮明。究竟西方的投資人，乃至西方國家與開發中國家在投資爭端仲裁的問題上，有何不同？其所持理由為何？仲裁庭的立場為何？實為國際法上值得探討之議題。

本文擬就西方國家及開發中國家就投資爭端仲裁所提出的不同論點，作一比較及分析，期能藉此更進一步瞭解其意義及其本質。又本文所謂西方國家，主要係指美、英等國政府及主流學者之立場。所謂開發中國家，則為拉丁美洲國家、亞洲、中東及部份非洲之較落後國家而言，核先說明。

貳、西方國家之立場

一、投資協議之國際化

西方國家的學者認為，投資協議之仲裁條款，其主要目的在於

❷ Id.

❸ 有關外國人財產徵收所衍生之問題，見丘宏達，現代國際法，頁七四〇至七四八，民國八十四年。

❹ Joseph Mclanghlin, "Arbitration and Developing Countries," *Int'l Lawyer* (1979), p. 213.

保護外國投資人，或資本輸出(capital exporting) 之當事人❺。也因此，在仲裁協議的基本設計上，其重點便在於如何免除國家當事人主權的干涉，避免使資本輸出當事人蒙受不可預期的損害。事實上，在過去數十年來，由許多西方法學者所組成的仲裁庭所作關於投資爭端的仲裁判斷中，可以窺知所謂的仲裁協議，已有逐步邁向國際化(internationalization)的趨勢。以下茲就其中主要的設計予以說明分析。

(一)投資協議之條約化

著名的西方國際法學者 Mann 早於二十世紀六〇年代時即曾表示，國家與外國投資人簽定投資協議（國家契約）後，如國家之一方任意以立法或其他行政權行使的方式，使該國家契約無法履行，從而導致外國投資人受損時，應負擔國際責任(international responsibility)❻。Mann 就過去數十年來之仲裁案例所整理出的見解認為，國家以主權者的地位違反其先前所作出之承諾係屬主權之獨斷行使(arbitrary exercise of sovereign power)及罔顧外國人之合法利益(disregard of aliens' legitimate interests)，故構成國際之不法行為❼。再者，以立法的力量使國家免除契約上的責任，不但違反人類日常及普遍之經驗(daily and universal experience of mankind)，亦不符正義的訴求❽。基此，儘管吾人在性質上無法認定國家契約係屬條約的一種，但亦應具違反條約之效果。另外，亦有學者認為此種國家與外國人所簽訂之投資協議不妨稱為國際契約(international contrac-

❺ J. Paulsson, "Third World Participation in International Investment Arbitration," ICSID Rev., Vol. 2 (1987), p. 19.

❻ F. A. Mann, "State Contract and State Responsibility," *Am. J. Int'l L.*, Vol. 54 (1960), p. 572.

❼ Id., p. 574.

❽ Id., p. 588.

t)[9]或「準國際協定」(quasi-international agreement)[10]並一舉將此種協議的地位提昇至國際公法的層面，從而排除其為一國國內法管轄之事件。此種論調，雖然與常設國際法院所作之判例及國際私法的原理原則未盡相符（詳後述），但卻能有效將外國投資人之一方視為國際公法上的主體，立於與國家相對等的地位看待。而此舉，亦為投資爭端仲裁的國際化立下第一道基石。

(二)穩定條款之植入

所謂穩定條款(stabilization clause)，又稱凍結條款(freezing clause)，係指於投資協議中，國家當事人承諾將來不會以立（修）法或其他任何公權力的行使，變更協議之內容、履行或效力。此項條款的植入，限制了國家當事人以主權者的身份干擾協議的履行。比較令人困惑的是，此項條款究竟有無實質的拘束力？亦即，國家未來的主權行為是否得以先前的契約關係加以約束？頗成疑問。有學者認為，此種條款不具法律上之意義，因為一國的立法主權不容任何人以任何方式加以限制[11]。此項見解，於國內法的層次而言，或許言之成理，但如認為整個涉外契約已經被國際化而提昇至準國際協定的地位，則國家當事人之一方即須受國際公法的約束。亦即，國家當事人如果違反承諾，以立（修）法方式阻礙契約之履行，將因此而負擔國際責任。另外，著名的法學者 Verdross 甚至認為經濟開發協議僅受當事人所約定之條款所拘束，故不僅國內法無從適用，

[9] Jean Flavien Lalive, "Contracts Between a State or a State Agency and a Foreign Company," *Int'l & Comp. L. Q.*, Vol. 13 (July 1964), p. 987.

[10] A. Verdross, "Quasi-International Agreements and International Commercial Transactions, *Y.B.W.A.*, Vol. 18 (1964), p. 240.

[11] Virtus Chitoo Igbokwe, "Developing Countries and the Law Applicable to International Arbitration of Oil Investment Disputes: Has the Last World Been Said?" J. Int'l Arb., Vol. 14 No. 1 (Mar., 1997), p. 121. (Hereinafter Igbokwe)

即使國際公法亦無被援用的餘地⓬。換言之，協議如約定一方不得變動內容，自應嚴格遵守。Verdross 之論點雖然被批評為不切實際，且無法實行，然其強調應貫徹條約必須遵守(Pacta Sunt Servanda)原則，則與其他學者無異。比較溫和的論點則係由身兼仲裁人的 Dupuy 教授所提出。Dupuy 認為，穩定條款並不至於排除一國的立法權，但國家當事人仍應就其所承諾的部份受到約束。基此，國家當事人的一方如於投資協議中為不徵收標的物的承諾，自應遵守。此外，Dupuy 尚認為，一旦當事人協議以仲裁解決紛爭，該國家契約即已國際化⓭。

很明顯地，穩定條款的植入，完全係基於對投資當事人一方之保護而設。其主要作用在於提供一個穩定、符合投資當事人期待的環境，使投資契約得以順利的履行。此項設計，進一步地確保外國投資人的權益。

㈢準據法適用國際法

仲裁之當事人，基於當事人意思自主原則(the Doctrine of Party Autonomy)，本得自由選定應適用之法律。於國家契約之情形，如果當事人明示或默示的選擇應適用之法律，則問題當不至於發生。然而若仲裁契約當事人並未選定準據法時，究應適用何國之法律，即成疑問。根據學者 Sornarajah 的整理分析，自五〇年代以來，一連串的投資糾紛仲裁案件樹立了適用國際法原則的先例⓮。

最早的案例為一九五一年的阿布達比(Abu Dhabi arbitration)仲裁案⓯。本案所涉者為採油之特許協議(concession agreement)究竟應

⓬ P. F. Sutherland, "The World Bank Convention on the Settlement of Investment Disputes," *Int'l & Corp. L. Q.*, Vol. 28 (July, 1974), p. 393.

⓭ Igbokwe, *supra* note 11, pp. 121–122.

⓮ M. Sornarajah, "The Climate of International Arbitration," *J. Int'l Arb.*, Vol. 8, No. 2 (June 1991), pp. 57–59. (Hereinafter Sornarajah)

適用阿布達比的國內法（地主國法）或其他國法律。仲裁人，英國籍的 Asquith 爵士認為本案如果適用國內的法律，則應推定為阿布達比法，但「很難想像在這塊原始的地區，有任何既成的法律原則能夠適用於解釋現代商業文書。」(“it was fanciful to suggest that in this very primitive region, there was any settled body of legal principles applicable to the construction of modern commercial instruments”)。仲裁人於是認定本案無從適用阿布達比之國內法。兩年後，在吉達仲裁案(Quatar arbitration)，亦出現類似解釋。仲裁人，英國籍的 Bucknill 表示伊斯蘭法(Islamic law) 雖然為吉達之法律而似乎得適用於本案。但根據專家之證詞，適用的結果將使特許協議因而失效。而這種結果不可能是雙方當事人訂立契約時的真正意圖，從而拒絕適用吉達法。Bucknill 更進一步認為本案應根據正義(justice)、衡平(equity)及良知(good conscience)等原則解決⓰。五年後的阿倫哥仲裁案(Aramco arbitration)亦採類似見解⓱。

綜觀上述仲裁案例可知，仲裁人所以拒絕適用被投資國之國內法主要係因為該國法律尚未進步到足以解決此種糾紛之故。這一連串的案例似乎樹立了投資契約之當事人得選擇國際法作為準據法的依據。進而，在當事人未選擇應適用之法律時，只要契約之一造為外國投資人，仲裁人亦得推定應適用國際法之原理原則⓲。

此項見解到了賽菲爾仲裁案(Sapphire petroleum)⓳時，又有進一步的突破。本案為伊朗與外國石油公司關於採油之特許契約所生之爭議。該特許契約並未明定應適用之法律。伊朗政府主張應適用

⓯ (1951) 18. I.L.R. 144. Recited from Id., p. 59.

⓰ (1953) 20. I.L.R. 534. Recited from Id.

⓱ (1958) 27. I.L.R. 53. Recited from Id.

⓲ Id., p. 60.

⓳ (1963) 35. I.L.R. 136. Recited from Id., pp. 60–61.

其國內法以資解決。但仲裁人 Cavin 拒絕適用伊朗法，理由是採油工程所涉及的資本風險極大，因此，外國投資人不可能同意適用伊朗法，因為伊朗政府可以隨時變更其國內法以為有利於己的結果。本仲裁案最大的特點在於其揚棄了國內法過於落後而不適用的理由，而直接從外國投資人主觀的立場否決國內法之適用。換言之，國家當事人是否有足資適用的法律已不重要。重要的是，投資人之一方並不信任它。而國際公法的原理原則，就在這些仲裁案例的累積之下，逐漸成為投資協議的準據法之一。

㈣仲裁條款之獨立性

仲裁條款之獨立性或可分割性(separability)本為仲裁法理上之原則。但在國家契約的層面上，卻有進一步促使其國際化的傾向。簡而言之，所謂仲裁條款之獨立性，係指仲裁約定不因原契約之無效或經撤銷等事由而失其效力⑳。依此，契約之一方主張契約有無效或得撤銷之原因時，亦應提付仲裁，由仲裁人判斷。故除非當事人於締約時限定仲裁事項之範圍，凡契約所生之任何爭執，皆得以提付仲裁。

在國家契約的情形，仲裁條款獨立性最大的功能在於其排除了法院的司法管轄，使所有契約所生之爭執皆不在一國法院管轄之範圍。故其可謂將法院介人國家契約的可能性降至最低點，大大地減少了外國投資人擔心地主國法院不當審判的憂慮。此種「排除法院」(ousting of courts)的效果，其實正是仲裁制度廣為投資協議所接受的原因之一。

⑳ 參照我國仲裁法第三條之規定。

二、晚近之發展

前已言之，自二十世紀五〇年代以來，有關投資爭端仲裁之案例逐漸累積，終而使其邁向國際化的趨勢。然而，由於事涉一國司法主權之放棄，及巨大投資利益之保障問題，單憑個案所樹立之原則無法杜絕爭議，亦無法進一步促進其發展。有鑑於此，西方國家──主要為資本輸出國，乃邀集開發中國家共同研商一套通行之仲裁制度。此即「解決國家與他國國民間投資爭端公約」(Convention on the Settlement of Investment Disputes Between States and Nationals of Other States)㉑之由來。另外，各國亦相互訂立投資保護協定，將「解決國家與他國國民間投資爭端公約」之規定予以落實。以下僅就此二發展予以介紹，並分析其中重要規定。

㈠解決國際投資爭端中心

一九六五年三月十八日訂立的「解決國家與他國國民間投資爭端公約」(以下簡稱公約)，係由西方工業國家與開發中國家共同簽署。締約國同意以仲裁的方式解決其間的紛爭。公約的基本理念乃認為外國人投資對開發中國家的發展有所助益，因此有必要設計一套保護投資的制度，以促進外資的繼續注入。另外，依據公約，成立了一個永久性組織，稱解決國際投資爭端中心（International Center for the Settlement of Investment Disputes；簡稱 ICSID)。中心設在世界銀行（International Bank for Reconstruction and Development；又稱 World Bank）之下。直至一九九三年為止，全球已有一百零七個國家參加此項公約㉒。

㉑ UNTS, Vol. 575, p. 159；中文譯文載立法專利第三十五輯，頁六十。有關本公約之介紹，見丘宏達，同❸，頁九三五。

㉒ 丘宏達，同❸，頁九三五。

公約較為特別的設計為中心所作成的仲裁判斷，具有執行力，其效力與締約國法院所做之確定判決相同。至於公約在國家契約國際化的努力方面，至少有二點值得論述：

1. 準據法包括國際法

公約第四十二條第一項規定當事人得基於當事人意思自主原則選擇應適用之法律。當事人如未（明示或默示）選擇準據法時，中心應適用國家當事人一方之國內法及「得適用之國際公法原則」(“such rules of international law as may be applicable”)。根據參與公約準備會議的學者表示，本條項適用之情形如下㉓：

> 仲裁庭應先檢視地主國之國內法，並決定其應先適用於本案之爭議事實。其適用結果應以國際公法檢驗之。此項過程並非意謂肯定或否定地主國之法律，但卻可能發生（適用結果）違反國際公法，而生拒卻適用的結果。就此而言，依據第四十二條第一項之規定，國際公法之位階高於國內法。

此項解釋，可謂進一步擴大先前一連串仲裁案件所樹立適用國際法之結果。首先，所謂國際法，已不限於一般法律原則，而包括國際法院規約(Statute of the International Court of Justice)第三十八條所列之國際公法的法源㉔。尤其值得注意的是適用條約及習慣的可

㉓ 136 Hague Recueil 330. Recited from Sornarajah, *supra* note 14, p. 82.

㉔ 國際法院規約第三十八條規定：「一、法院對於陳述各項爭端，應依國際法裁判之，裁判時應適用：（子）不論普通或特別國際協約，確立訴訟當事國明白承認之規條者。（丑）國際習慣，作為通例之證明而經接受為法律者。（寅）一般法律原則為文明各國所承認者。（卯）在第五十九條規定之下，司法判例及各國權威最高之公法學家學說，作為確定法律原則之補助資料者。二、前項規定不妨礙法院經當事國同意本『公允及善良』原則裁判案件之權。」本條規定被認為係國際法法源最

能性。前者可透過國與國間之約定樹立新的法則；後者則國際社會反覆之實踐亦可能被接受為新的準據。另外，先前仲裁之案例雖有排除適用國內法而改用國際法之一般原則，但並未明言後者之效力優於前者。然此項解釋，卻進一步增加及確認適用國際法之可能性。

2. 仲裁契約之效力問題應提付仲裁

前已言之，仲裁條款具獨立性。故主契約之效力成疑時亦應由仲裁人認定之。此種見解對於排除一國法院之管轄，雖具相當成效，但並不夠澈底。蓋其未對仲裁條款本身之效力問題應由何者解決有所交待。質言之，仲裁條款本身的作成係有無效或得撤銷之原因（如錯誤、詐欺等等）時，是否仍得提付仲裁，則有疑問。為了進一步解決投資人的疑慮，公約第四十一條規定仲裁條款本身有爭執時，亦得由仲裁人決定。此項規定將一切可能由國家法院介人的空隙，做了最後的填補，使一國法院，幾乎於任何情形之下皆無從插手當事人之爭議。

㈡雙邊投資保障條約

為進一步確保海外投資的安全性，西方的資本輸出國常透過雙邊條約的方式，要求被投資國承諾遵循中心的仲裁機制，以解決紛爭。其中尤以英美二國所訂之投資保障協定最為具體，在約文中明定締約國同意將其與他方締約國所屬公司所生之一切爭議交付中心仲裁[25]。

此種以條約明定應遵循中心之機制解決投資爭端，有其在法律上之重要意義。蓋依照條約必須遵守原則，締約國應善意地履行條約。如有違反，即構成國際法上之國家責任。今被投資國既然對資本輸出國承諾由中心解決其與外國投資人間之糾紛，如發生違反情事而主張司法管轄權時，自然構成國家責任。換言之，雙邊條約的

權威之依據。

[25] Sornarajah, *supra* note 14, p. 85.

訂立，使被投資國負有履行依照中心解決紛爭之國際義務。此舉大大地強化了中心的地位，並增加其被利用的可能性。

參、開發中國家的質疑及立場

一、對國際化理論的挑戰

開發中國家對於將投資協議條約化或視為「準國際協定」的國際化理論不以為然，蓋其適用的結果似乎始終對其不利。至於其所持論點主要可歸納為下列幾項：

㈠傳統之國際法係以國家及國際組織為主體，不包括個人（公司及自然人）。因此國家與外國公司所訂立之契約自非具條約或國際協定之地位。否則，此無異將外國公司之地位提昇至與國家地位相等，殊難想像。常設國際法院(Permanent Court of International Justice) 於一九二九年的塞爾維亞貸款案(the Serbian Loan Case) 中即表示：「任何契約非由國際法主體資格之國家所訂立者應以某國家之國內法為基礎。」[26]再者，從國際私法的角度而言，由於契約的訂立地及履行地皆在地主國（host state；即被投資國），基於關係最密切的原則(the principle of closest connection)，理應適用地主國的法律解決[27]。此等應為各國所遵循的

---

[26] 其原文為 "...any contract which is not a contract between states in their capacity as subjects of international law is based on the municipal law of some country"。見[1929] P.C.I.J. Rep. Series A., No. 20, p. 41; recited from Sornarajah, *supra* note 14, p. 53。

[27] 有關關係最密切原則之介紹及分析，見 CMV Clarkson & J. Hill, *Jaffey on the Conflict of Laws*, London: Butterworths, 1997,pp. 206–207。

原則及法理，何得罔顧之？總之，國際化理論係建構在地位不平等的基礎上而發展：認定開發中國家的法律制度不夠完善，不值得信賴。其充滿偏頗心態，甚為明顯。

㈡所謂準據法適用國際法原理原則，內容模糊，很難明確界定。就算認定所謂國際法之原理原則係指一般的法律原則，其內容仍屬抽象。例如曾有學者質疑國際公法對於「錯誤」的問題如何看待？亦即「錯誤」是否構成無效抑得撤銷之情形？國際公法對此並無明確答案㉘。由此可知，訴諸所謂的國際法，只會使糾紛更為複雜，對當事人而言，未必有利。

㈢所謂投資協議適用國際法乃係經由一連串之國際仲裁案例所樹立，雖為事實，卻為偏差之認定，毫無基礎。其最重要的理由為在這些仲裁案件裡充任仲裁人者全為西方國家之法界人士，無一為開發中國家之立場著想。且所謂仲裁案例，並非國際法公認具有拘束力之法源，何得成為援用之基礎？

㈣穩定條款之效力法理上有疑義。穩定條款嘗試以契約條款之方式約束主權國家未來之立（修）法，在法理上根本不通。蓋主權國家之立法權本屬至高無上，不可能以單一私法上之契約加以限制。唯一能使穩定條款發揮效力者，即為視投資契約為「準國際協定」，使國家當事人之一方負有國際義務不得變更現有法律。然前已言之，將投資契約視為具有拘束力之條約在傳統國際法的領域裡根本無所附麗，無法成立。其結果，穩定條款根本只是具文。

二、對現行機制的批評

開發中國家對於現行機制的批評主要集中於世界銀行解決投資

㉘ Igbokwe, *supra* note 11, p. 105.

爭端中心適用法律的問題上，亦即，公約第四十二條第一項適用國際法的規定。開發中國家認為公約第四十二條第一項一方面規定國內法的適用，但另一方面又以所謂國際公法牽制、監督國內法的妥適性。這完全是西方工業國家刻意製造的騙局，其目的在於誘使那些並不完全瞭解狀況的落後國家能夠加人此項公約， 並為公約背書㉙。至於適用國際法的結果，當然符合西方國家排除地主國法律的最終目的。

其實，已有學者指出，公約第四十二條第一項之規定並不應解釋為國際法優於（地主國）國內法的關係，而係相反地，認為此項規定應係肯定國內法的優先性。而國際法最多僅立於次要或補充的地位㉚。更有部份開發中國家認為，公約第四十二條第一項有關適用國際法的規定根本係屬多餘，因為國際法發展至目前為止仍無關於國際投資的具體規範㉛。即使認為國際法並非無相關法則，僅係未被有系統的探索，此項論點亦無法接受。因為有權解釋國際法者應非國際法院(International Court of Justice)莫屬， 而非中心的仲裁人。換言之，中心並不具備解釋國際法的權威。

總而言之，開發中國家認為公約第四十二條第一項關於適用國際法之規定應被認為不具實質意義。而此種解釋亦符合時代潮流。原來，公約制定之初正值國際化理論盛行之際。然隨後聯合國大會相繼通過有關國際新經濟秩序(New International Economic Order)的一連串決議(詳下述)，主張地主國在此等問題上應具主導性的地位。因此，如果中心仍執意採行國際化理論，則不僅罔顧國際思潮的發展，更失去其公正客觀的立場，實為不智。比較可行之道為中心採

㉙ Sornarajah, *supra* note 14, p. 83.

㉚ M. Sornarajah, "Power and Justice in Foreign Investment Arbitrations," J. Int'l Arb., Vol. 14, No. 3 (Sept. 1997), p. 112.

㉛ Id.

較開放的態度，於衡諸地主國之發展及外國投資人之保障後，自行發展出一套不偏不倚的法則。此種做法，不但有助於建立中心的權威地位，亦可藉此建立一套普遍為國際社會所能接受的國際法則。

三、自身之立場及理論基礎

開發中國家對於投資爭端仲裁的批判，論其原因，除了長期對仲裁結果感到不滿外㉜，尚有其理論上的依據。要之，其乃基於國家自身之發展處境及二十世紀七〇年代以後落後國家對國際經濟關係不平等及不民主的全面反彈。前者係本於人民之發展權；後者則係基於所謂的國際新經濟秩序。茲分別論述之：

(一)人民之發展權

此說認為國際經濟秩序，應朝向一較公平的方向發展，以兼顧落後地區人民的需要。此即七〇年代學者所倡導之國際發展法(international law of development)㉝。易言之，國際發展法所欲形成的規範，乃係建立在所謂分配正義(distributive justice)的理念上，並強調給予弱勢的一方更多的考量。具體表現在仲裁的問題上，此說認為仲裁人就投資協議之爭議為判斷時，應對國家當事人之一方特別給予下列二方面的考慮：

1. 可商品性(merchantability)之考量

所謂可商品性之考量，係指仲裁人於判斷爭議時，應該認識到外國人之投資應與被投資國發展的目標相符，且其所生產販售之產

㉜ Mauro Rubino-Sammartano, "Developing Countries vis-à-vis International Arbitration," J. Int'l Arb. Vol. 13, No. 1 (Mar. 1996), p. 21.

㉝ 有關國際發展法之討論，見 Oscar Schachter, "The Evolving International Law of Developing," in Yash Ghai et. al. (ed.), *The Political Economy of Law*, Delhi: Oxford, 1989, pp. 406–415。

品，應達到該產品販售目的之利用價值[34]。因此，如果投資人之一方為不利於國家當事人之行為，應被視為違反國家契約之默示條款(implied term of the state contract)，而負違約之責任。此時，仲裁人應為國家當事人有利之判斷。

2. 消費者保護(consumer protection)

此說認為當今之世界經濟，雖仍以市場經濟(market economy)為主軸，然國家基於保護契約弱勢之一方，常以公權力介人，使當事人法律上之地位得以平衡。最常見的例子即為勞動契約中之勞方及消費者。在一般國內的商務仲裁事件中，如遇國家基於公共利益而介人之情形， 即應以不具備仲裁容許性(arbitrability) 而排除仲裁之可能。在投資仲裁之情形，由於國家當事人承諾以仲裁解決紛爭，故不得再行主張事件不具備仲裁容許性。然此說認為仲裁庭此時應以正義及合理之理念(pleas of justice and reasonableness) 為基礎，建立一套保護國家當事人之法則[35]。這些法則包括交付商品公平價格原則(payment of just prices for commodities)，避免跨國公司從事限制性商業行為(avoidance of restrictive business practices)，禁止賄賂原則(prohibition of bribery)， 及符合地主國發展計畫原則[36](conformity with the development programme of the host state)等等。也只有如此，國家當事人及外國投資當事人之地位方屬實質平等。

(二)國際新經濟秩序

自七〇年代以來，聯合國大會相繼通過一連串的決議，企圖提昇第三世界國家的經濟地位。這些決議包括：一九六二年之「天然資源永久主權」(Permanent Sovereignty Over Natural Resources)[37]；

---

[34] Sornarajah, *supra* note 14, p. 77.

[35] Id.

[36] Id.

[37] Yearbook of the U.N. 1962, N.Y: Columbia University Press, 1964, pp.

一九七四年之「建立新國際經濟秩序宣言」(Declaration on the Establishment of a New International Economic Order)㊳；及「各國經濟權利及義務憲章」(Charter of Economic Rights and Duties of States)㊴等。

這些決議的重點之一在於肯定國家對於其本國經濟資源的掌控能力及自主權。表現在法律上，即為由地主國的法院依其國內法解決。例如,「各國經濟權利及義務憲章」第二條第二項(c)款規定:「……因賠償問題引起的任何爭論均應由實行國有化國家的法院依照其國內法加以解決，除非有關各國自由和互相同意根據各國主權平等並依照自由選擇方法的原則尋求其他和平解決辦法。」

基此，爭端當事國固得基於平等原則及自由意志合意以仲裁解決紛爭。然就準據法之適用而言，原則上仍應以地主國的國內法為準。因為唯有如此，方能實現較為公平合理的國際經濟關係，並鼓勵世界經濟的結構變革。

再者，如果發生對地主國履行契約不利之客觀因素時，仲裁人應容許國家當事人採取若干「契約平衡」(contractual equilibrium) 之調整措施或甚至以「情勢變遷」(*rebus sic stantibus*)為由，終止契約之履行。另外，外國投資人之一方，則有義務隨時提供契約客觀環境改變之資訊予國家當事人。開發中國家的學者並認為，世界市場價格的改變導致地主國履行契約顯無利益時，地主國亦有權終止契約或調整契約之內容㊵。

503–504；中文譯文載丘宏達編，現代國際法參考文件，頁六二〇至六二一，民國八十四年。

㊳ 中文譯文載丘宏達，同上註，頁六二四至六二八。

㊴ 中文譯文載丘宏達，同上註，頁六二八至六三七。

㊵ Sornarajah, *supra* note 14, pp. 77–78.

肆、檢討與省思——代結論

傳統的法學教育灌輸給法律人的思維是，法律為公正、客觀及不偏不倚的普遍性法則。而法律制度的運作亦因此具有獨立性，不容許其他因素的干涉。在國際投資爭端仲裁的領域，一般認為其運作之結果，應無偏頗之虞。惟本文以上之分析卻得出相反的結論。亦即，過去數十年來有關投資協議爭端之仲裁，不但在法理上頗具爭議，西方國家與開發中國家在立場上亦旗幟鮮明。要之，西方國家基於保護本國之投資人，總希望將投資爭端仲裁的問題提昇至國際公法的層次，一方面限制開發中國家之「恣意行為」，一方面加重其法律責任。反觀開發中國家的立場，則始終認為國家的自身發展高於一切，西方投資人的權益只有在符合國家利益的前提下，方獲保障。故其不但駁斥西方學者所提之國際化理論，更進而主張在法律的適用上，應擴大法理的範疇，使投資爭端仲裁的結果，更符公允及衡平原則。

其實，有關投資仲裁的爭議，其癥結仍為國際經濟制度意識形態之爭。即先進工業國家與開發中國家對國際經濟結構及經濟秩序認知上的差異。簡而言之，開發中國家之所以對投資仲裁表現出相當的不滿，甚至敵意，原因在於其認定整個投資仲裁制度已淪為西方工業國家剝削開發中國家的工具之故[41]。因之，其等之主張在結

[41] 此即左派政治經濟學中結構主義之主張。結構主義學者認為世界經濟係由工業化的中心國家及落後的邊陲國家所組成。此即所謂的「中心—邊陲」理論。落後國家以低廉的農產品及天然資源換取工業國家的工業產品，導致貿易赤字龐大，經濟崩潰。而國際間的各種機制，正是維繫此種剝削關係的工具。見 Robert Gilpin, *The Political Economy of International Relations*, New Jersy: Princeton, 1987, pp. 276–277。

構面即為要求修正，乃至廢止仲裁制度。所謂修正，係指擴大仲裁人就爭議事件考量之層面，包括從開發中國家之發展及新國際經濟秩序等角度為巨觀之思考。此種論調，當然不為西方學界所採。然長遠觀之，只要西方國家與開發中國家的經濟差異持續存在，此種立場上的爭執，將不會平息。至於西方國家的立場，則甚為明確，即保障投資人，去除投資過程中之非經濟因素，使其能夠謀求最高的利潤。而此亦是帶動國家發展的最佳動力。

從學術的角度言之,開發中國家的論點確有值得吾人深思之處，因其不但提供了一個我們重新瞭解投資爭端仲裁運作的情形，尚對其背後的意識形態之爭勾出了一個輪廓。至於西方國家的論點，則可做為當今「市場經濟」或「全球化經濟」下法律制度「應然面」的註腳。總之，習法者應從中認識到國際法的運作，其實係與政治及經濟主張有密不可分的關係。

航空器事故調查國際法規重要原則之分析與我國相關民用航空法規之簡評

高聖惕 *

壹、前　言

貳、國際航空法之相關規定

一、芝加哥公約及其附約之拘束力

二、芝加哥公約與第十三號附約相關的實質規定

參、歐洲共同體及會員國關於航空器事故調查法制建立之實踐

一、歐洲共同體理事會一九九四年之指令

二、歐洲共同體會員國之實踐（以德國為例）

肆、其他國家之實踐（以美國為例）

---

* 作者為英國劍橋大學及倫敦大學國際法雙碩士，荷蘭萊登大學國際法博士，現任國立高雄大學政治法律系專任助理教授， 私立東吳大學法律研究所兼任副教授。

伍、我國民用航空法規相關規定之評析

陸、結論與展望

航空器事故調查國際法規重要原則之分析與我國相關民用航空法規之簡評 *

壹、前　言

民國八十九年八月二十四日，強烈颱風碧利斯侵襲臺灣之際，一架立榮航空公司由臺北飛往高雄的 MD-90 型客機，在下午一時四十九分降落時衝出高雄機場跑道，停在跑道末端的草地中動彈不得。機場被迫關閉，班機不得起降❶。經過當地工作人員的努力，終於在二十五日上午將航機拖離，機場始得開放。此一事件，連帶導致了國內及國際航線各航空公司約一百二十個航班以及近萬名旅客行程的延誤，媒體亦同聲指責❷。

一個航空器重大意外事件❸，即便發生❹在本島起降航班並非

* 作者在行政院飛航安全委員會任職法規及行政組組長時（民國八十七年九月至八十九年七月），曾擔任「民用航空法」第八章（航空器失事調查）修正條文之草擬工作，並負責「航空器失事及重大意外事件調查處理規則」之草擬及推動法制作業之工作。本文雖可作為此二項業已完成之工作之回顧，惟其中意見僅屬個人看法，不代表任何機關或其他個人之立場或意見。

❶ 詳中國時報，八十九年八月二十五日，第九版。

❷ 詳中國時報，八十九年八月二十六日，第五版。

❸ 「航空器重大意外事件」之定義，詳見由總統於八十九年四月五日公布修正的民用航空法（以下簡稱修正條文）第二條第十八款：「航空器

最為密集的高雄機場，尚可造成如此怨聲載道的影響。吾人不難想像，倘若在國際航線班機起降高度頻繁的機場（如桃園中正機場❺）

重大意外事件：指自任何人為飛航目的登上航空器時起，至所有人離開該航空器時止，發生於航空器運作中之事故，有造成航空器失事之虞者。」其詳細定義，參見由行政院飛航安全委員會（以下簡稱飛安會）依民用航空法第八十四條第四項制定，並於本年七月二十七日依（八九）飛安字第〇〇一八二號令公布施行的「航空器失事及重大意外事件調查處理規則（以下簡稱調查處理規則）」第三條及附表一，全文刊載於「行政院公報」第六卷第三十二期，頁一七至二八。並請參考國際民航組織於一九九四年修正第八版的芝加哥公約第十三號附約（以下簡稱第十三號附約）的附件 D。International Standards and Recommended Practices–Aircraft Accident and Incident Investigation–Annex 13 to The Convention on International Civil Aviation, 8th ed. July 1994, Attachment D. List of Examples of Serious Incidents. ICAO 1994, 7/94, E/P 1/6000, Order No. AN 13, Printed in ICAO。

❹ 八十九年八月二十四日發生之事故，符合「調查處理規則」附表一中的第十三項（起飛或降落時發生之事故，例如落地過早、衝出或偏出跑道者。）的定義，詳「行政院公報」*ibid.*, p. 24。亦符合第十三號附約的附件 D 中的第十三個例子(Take-off or landing incidents. Incidents such as undershooting, overrunning or running off the side of run ways.)詳 Attachment D to ANNEX 13, *ibid.*, p. 25。

❺ 據作者之前整理國際民航組織官方的統計以及其他非官方的出版品後，發現桃園（中正機場）與香港間搭乘定期班機的旅客數量，在全世界國際空中交通最為繁重的二十五個城市對(City Pairs)中，總是居於前三名，而中正機場與日本東京之間搭乘定期班機的旅客數量，亦有進入前二十名之成績。詳 ICAO, *The World of Civil Aviation 1994–1997*, Circular 138–AT/107, p. 34. Richard Lampl (ed.), *The Aviation & Aerospace Almanac 1995*, p. 120 (1995). Michael Sheng-ti Gau, *Governmental Representation For Territories In The International Civil Aviation Organization*, p. 5 (Ph.D. thesis defended at Leiden University on 25 February 1997)。

發生程度更為嚴重的航空器失事❻，對國內及國際社會將造成何等嚴重的人命、財產損失以及政府形象的負面影響。

遺憾的說，我國民航業的飛安水準❼，衡諸歷年來國籍航空公司的失事率，就全世界排名而言，成績的確是敬陪末座❽。在民國八十七年二月十六日華航大園空難以及同年三月十八日國華航空新竹外海墜機失事兩大慘劇發生後，不但交通部部長與民航局局長雙雙去職以示負責，行政院更是火速地依據同年一月二十一日修正公布的民用航空法，於五月二十五日成立「航空器飛航安全委員會（以下簡稱飛安會）❾」，負擔起獨立調查航空器失事、鑑定原因及提出

❻ 航空器失事之定義，詳見由總統於八十九年四月五日公布修正的民用航空法第二條第十七款：「航空器失事：指自任何人為飛航目的登上航空器時起，至所有人離開該航空器時止，於航空器運作中所發生之事故，直接對他人或航空器上之人，造成死亡或傷害，或使航空器遭受實質上之損害或失蹤。」詳 *supra* note 3。其詳細定義，則請參考「調查處理規則」第二條，詳行政院公報，*supra* note 3, pp. 17–18。並請參考第十三號附約中的定義，詳 Annex 13, *supra* note 3, p. 1 (CHAPTER 1. DEFINITIONS)。

❼ 其評估報告詳見「歷年國籍航空公司飛安失事事件及處理情形統計表」，載於監察院交通及採購委員會（專案小組委員為趙昌平及江鵬堅）於民國八十九年三月編印之「飛航安全執行績效專案小組報告——交／八八／三（以下簡稱「監察院專案報告」）」附錄之一，頁八三至九六。

❽ 依據交通部民航局統計，從一九七〇年到一九九九年八月二十二日，我國二萬公斤以上航空器失事案件共計十五件，死亡人數達七百四十七人，其中七十八年至八十七年間失事次數為七架次，死亡人數即高達五百三十人。而財團法人中華民國臺灣飛行安全基金會亦指出，據國際民航組織統計，過去十年（一九八九至一九九八年）航空器飛行每百萬小時之失事率的全世界平均數值為零點八一八六次，而臺灣則高達三次，幾乎是世界飛航失事率平均值的三點五倍。引自「監察院專案報告」，*ibid.*，頁七十。

失事報告與飛安改善建議的任務。

飛安會成立後，亟思重整我國航空器事故調查的法規架構，透過了立法院交通委員會鍾金江委員的協助，對於民用航空法第八章有關航空器失事調查的部份，提出「民用航空法部份條文修正草案」，由鍾委員領銜於民國八十八年十月直接在立法院內提案❿。在不到

❾ 詳 Infra note 17，民用航空法規彙編（第一冊），頁三、二二至二三。依據八十九年四月五日公布修正的民用航空法第八十四條第一項，「航空器飛航安全委員會」業已改名為「行政院飛航安全委員會」。詳修正條文，*supra* note 3。

❿ 此項民用航空法修正條文之立法程序，並非由飛安會循一般管道，先向行政院提出，再由行政院向立法院提出。而係直接經由立委提出草案。其妥當性固然有討論之空間，然而其效率之提升卻有目共睹。值得注意的是，交通部對於民用航空法第一百十一條及第一百十二條之一亦另有修正草案，原計畫經由行政院向立法院提出。然有鑒於立委鍾金江先生提案討論之速度極高，行政院恐反應不及，遂改由立委黃昭順對該二條文提出草案，逕付二讀，最後併入鍾金江委員之提案，共同通過立法院的三讀，一併由總統公布。詳立法院第四屆第二會期第四次會議議案關係文書，立法院議案關係文書，院總第八五號，委員提案第二五八七號，民國八十八年十月六日印發。另見鍾委員金江等八十九人擬具「民用航空法部份條文修正草案」之案由及說明（八十八年十月二十二日院會交付審查），載於立法院交通委員會議案關係文書，由立法院交通委員會於八十八年十一月編印，鍾委員金江等八十九人擬具「民用航空法部份條文修正草案」，張委員旭成等三十八人擬具「民用航空法第三十四條條文修正草案」條文對照表。另見立法院第四屆第二會期第十二次會議議案關係文書，立法院議案關係文書，院總第八五號，委員提案第二五八七／二六五二號之一，民國八十八年十二月八日印發。至於黃昭順之提案，載於立法院第四屆第二會期第十四次會議議案關係文書，立法院議案關係文書，院總第八五號，委員提案第二八一一號，民國八十八年十二月二十二日印發。並請對照交通部林豐正部長之民用航空法部份條文修正草案（口頭報告），於民國八十八年十一月十七日於立法院第四屆第二會期交通委員會中提

半年的時間內，完成了立法院三讀的程序，遂由總統於民國八十九年四月五日公布施行。此項部份條文修正的重點有六，簡述如下：

一、在航空器失事的既有定義外，增加了航空器「重大意外事件」以及航空器「意外事件」的定義⓫。

二、擴張飛安會調查航空器事故之範圍，除航空器失事外，更有調查航空器重大意外事件之職權⓬。

三、確立飛安會直屬行政院，為一常設委員會⓭。至於行政院依據原民用航空法制定的飛安會的組織規程，則充滿了臨時性任務編組的意味⓮。

四、宣示民航局與飛安會對同一事故均得處理及調查的平行作業權責以及民航局不妨礙飛安會調查之原則⓯。

五、明定飛安會對於航空器事故調查之目的，旨在避免失事之再發生，不以處分或追究責任為目的⓰。原條文規定失事調查結果如發現有違反民用航空法之情事者，除依民用航空法處罰外，其涉有其他刑責者，並應移送司法機關偵辦⓱。

出。

⓫ 見修正條文第二條第十八款及第十九款。詳 *supra* note 3。

⓬ 詳見修正條文第八十四條第一項。*ibid*。

⓭ 詳見修正條文第八十四條第一項。*ibid*。

⓮ 「航空器飛航安全委員會組織規程」，係行政院依據（八十七年公布施行的）民用航空法第八十四條規定，於八十七年三月二十三日以臺八十七交字第一二一二一號令發布施行。

⓯ 詳見修正條文第八十四條第二項。*supra* note 3。

⓰ 詳見修正條文第八十四條第三項。*ibid*。

⓱ 詳見原民用航空法第八十五條第二項。中華民國八十七年一月二十一日華總㈠義字第八七〇〇〇〇八四二〇號令公布修正。載於民用航空局編印，民用航空法規彙編（第一冊），民國八十八年四月，第 01–01A 項，頁二二。

六、民用航空法有關航空器事故調查之子法「航空器失事及重大意外事件調查處理規則（以下簡稱「調查處理規則」)」之制定權責，移交飛安會。⓲值得注意地，原民用航空法第一百二十一條第一項規定，「航空器失事調查處理規則」由交通部定之。

民用航空法部份修正條文施行後，飛安會取得了制定「調查處理規則」的法源依據，遂於八十九年七月完成了相關的法制作業程序，並於七月二十七日將其公布施行。

上述有關我國航空器事故調查基本法規架構的重整，可謂政府因應我國航空業飛航安全記錄之低落，謀求改進做法之起點。在政府極力拓展航權，成績斐然的情況下，吾人很容易瞭解，發生在我國境內的航空器事故不能免於國際社會合理的關切，甚至責難。國際間既存共守之相關法規，我國不得不加以重視。本文主旨，即在於觀察國際航空法及相關之外國法規中有關航空器事故調查規範的實質內容以及其拘束力之來源、檢視此類國際及外國法規對我國民用航空法相關規定之影響、呈現我國相關法規回應國際法規之圖像，並對其做出評估。

具體而言，本文在架構上，首先討論國際航空法的相關規定，基於國際航空法基本特性以及我國特殊的國際關係與國際地位，有必要先檢討作為國際航空法根本大法的芝加哥國際民用航空公約及其附約對我國的法律拘束力，再討論公約及附約相關的實質規定，作為與我國法規比較的基礎。接著作者要討論世界上民用航空飛安成績良好的幾個國家的相關法規，期望一方面能顯示在國際航空法的大框架下，抽象的規範是如何地在各國國內法中得到具體化。另一方面，這些具體的規定，又可作為進一步與我國國內法比較的材料。

有關航空器事故調查的法規，不論是國際法或是國內法，其實

⓲ 詳見修正條文第八十四條第四項。*supra* note 3。

質內容均相當龐雜，作者受限於丘宏達教授祝壽論文集編輯對篇幅之要求，僅能暫時以選擇性的眼光，挑出幾項目前看來最具原則性及最有爭議性的議題來討論。然而，欲健全我國航空器事故調查的法制基礎，從事全面性之比較法研究，實屬勢在必行。本文或可作為此項任務之開端，並達拋磚引玉之效。

貳、國際航空法之相關規定

任何具有人民、土地及政府的政治實體，不論其作為國家⑲之自我主張(Claim as a State)在國際間是否受到普遍承認，或是否為聯合國所接受，倘若具有與其他國家在國際法架構下交往之意圖，均宜尊重⑳存於國際社會中的相關國際法規則。中華民國也不例外，

⑲ 習慣國際法中對於國家屬性(Statehood)所設之條件，請參見於一九三三年十二月二十六日於 Montevideo 簽訂之國家權利義務公約(Convention on the Rights and Duties of States)第一條之規定：「國家作為國際法人，應具備下列資格：⑴固定之人民；⑵一定界限之領土；⑶政府；及⑷與他國交往之能力。」此定義性條文銜認為習慣國際法之成文化，不但拘束該條約之當事國，亦拘束該條約之第三國。參見 165 League of Nations Treaties Series 19。並請參考丘宏達，現代國際法，臺北：三民書局，民國八十四年十一月，頁二四九。

⑳ 我國是否「應遵守」國際法義務，與是否「宜尊重」國際法義務，是二種不同的問題，應予區分。前者其實不是問題，所謂國際法義務，其實係指對我國有拘束力(applicable)的國際法義務而言，可能源自於我國既已簽署批准的雙邊條約或多邊公約，也可能源自於對國際社會每一份子均有法律拘束力的國際習慣法規則，均當遵守。就第二問題而言，有可能因為我國無法簽署、批准以及加入國際公約，即便無嚴格之國際法義務遵守該類公約所含之規則（該公約所含之習慣法成文化規範內容不在此限），然而可能因為該公約之普遍性及重要性，幾乎達到世界各國均納入其國內法的程度，同時建立國際間交往共守的法

在經營與外國的國際民用航空運輸的國際關係上㉑，即便是它的國家屬性受再多的漠視㉒，也必須遵守一九四四年簽訂於芝加哥的國際民用航空公約㉓（以下簡稱芝加哥公約），以及「高度尊重」由國

律機制，我國基於參與該類國際交往的考慮，仍不得不高度尊重之。

㉑ 詳見 AASL, infra note 23, pp. 5 & 9。芝加哥公約第一條（主權）規定：「締約各國承認每一國家對其領域之上空，具有完全及排他專屬之主權。」第六條（定期航空業務）規定：「定期國際航空運輸業務，不得飛越締約國領域上空或飛入其領域內。但經該國之特准或其他許可，並依該特准或許可之內容執行者，不在此限。」在此二基本原則之指導下，國際民用航空運輸關係，以主權國家其政府之同意為必要條件。此種國際關係一旦建立，亦無法避免芝加哥公約內容之拘束。

㉒ 與我國保持國際民用航空通航關係的國家（如美國、加拿大、巴拿馬、日本、香港、澳門、越南、馬來西亞、泰國、印尼、新加坡、澳大利亞、紐西蘭、奧地利、義大利、瑞士、法國、比利時、荷蘭、盧森堡、英國及德國）均承認中華人民共和國之北京政府為中國之合法政府，均不反對或不挑戰中共政府所持之「臺灣為中國之一部份」之立場。詳細討論，請參考 Michael Sheng-ti Gau, *supra* note 5, pp. 14–17 & 82–84。並請詳參李子文教授在立法院外交及僑務委員會中所提出之二篇研究報告（於民國八十三年六月一日及八十四年二月十日提出），見立法院公報，第八十三卷第四十一期（下），頁二二五至二三四；及第八十三卷第八十二期，頁二七六至二八三。在此二篇報告中，李教授就所有與中共政府建交之國家所簽署之建交公報，檢視外國政府對於中共政府所持之上述主張而表達之回應。

㉓ 本公約名稱為 Convention on International Civil Aviation，於一九四四年十二月七日簽署於美國芝加哥，並於一九四七年四月四日生效。英文全文參見 15 UNTS 295，另刊載於 XVIII–II Annals of Air And Space Law (AASL), pp. 3–75 (1993)。中譯本公約全文請參見趙維田所著國際航空法，臺北：水牛出版社，民國八十一年十一月出版，頁五七〇至六〇九；另可參考交通部民用航空局企劃組於民國七十三年三月編印之民用航空法修正草案參考資料，頁二五至六四。根據國際民航組織最新的統計（民國八十九年八月二十九日上網查閱之資料），至一九九

際民航組織[24]所制定的芝加哥公約之附約。

一、芝加哥公約及其附約之拘束力

芝加哥公約，作為國際民用航空運輸的憲法，即在於依公約創設[25]的國際民航組織具有制定與國際民航之安全(Safety)、規律(Regularity)及效率(Efficiency)有關事項的「國際標準(International Standards)」、「建議措施(Recommended Practices)」及程序之權責，旨在協助締約國間對於有關航空器、人員、航路及各種輔助服務之各種法規、標準、程序及組織進行合作，並在可行範圍內謀求各國法規最高程度之一致性[26]。依據公約第五十四條第十二款之授權，國際民

八年十二月七日，公約締約國已達 185。詳國際民航組織之網站 http://www.icao.int/icao/en/members.htm。

[24] 有關中華民國政府與國際民航組織之關係，詳見 Michael Sheng-ti Gau, *supra* note 5, pp. 20–27。以及高聖惕，「國際民航組織觀察員制度暨領域代表普遍化之概念」，東吳法律學報第十一卷第一期（民國八十七年一月），頁七六，註七。

[25] 國際民航組織係依據芝加哥公約第二部份(Part II)，即第四十三條至第六十六條所設置。詳 AASL，*supra* note 23，pp. 35–51。

[26] *Ibid*., pp. 29–31。關於由國際民航組織所制定之國際標準及建議措施其事項範圍，參見公約第三十七條（國際標準及程序之採用）：

「締約各國承允對有關航空器、人員、航路及各種輔助服務之各種法規、標準、程序及組織進行合作，凡採統一做法能便利及改進空中航行者，締約各國承允盡力在可行範圍內謀求最高程度之一致性。

為此，國際民用航空組織應視需要就下列事項隨時制定及修正國際標準、建議措施及程序：

一、通信系統及助航設備，包括地面標誌；

二、機場及降落地區之特性；

三、空中規則及空中交通管制措施；

航組織的理事會得依公約第六章議定「國際標準」及「建議措施」；並定名為本公約之「附件(Annexes)」㉗。然而，公約締約國並無嚴格義務遵守此種國際標準及建議措施。公約第三十八條即明白表示，容許締約國背離國際標準及程序，其唯一的義務，是通知國際民航組織其背離之措施與「國際標準」間的差別㉘。

再就我國而言，自從一九七一年十一月十九日國際民航組織理事會決定追隨聯合國大會的腳步，承認中華人民共和國政府為中國在該組織內的唯一合法代表，我國即失去該組織的會員資格，同時不再為芝加哥公約之當事國㉙。依據維也納條約法公約㉚第三十四

四、作業及機械人員之證照；
五、航空器之適航；
六、航空器之登記及識別；
七、氣象情報之蒐集及交換；
八、航程日記簿；
九、航空圖及圖表；
十、海關及移民手續；
十一、航空器遇難及失事之調查。
以及隨時認為適當之有關空中航行之安全、規律及效率之其他事項。」

㉗ *Ibid*., p. 45.

㉘ 公約第三十八條規定：「任何國家如認為遵行任何上述國際標準或程序於所有之方面並非可行，或在任何國際標準或程序修正後，認為令其國內之法規或實踐完全符合此種國際標準或程序係並非可行，或該國認為有必要在任何特定方面訂定有背於國際標準之法規或實踐者，均應立即將其本國之實踐與國際標準間所存之差別通知國際民航組織。任何國家在國際標準修正後，不欲依此修正國內有關法規及實踐者，應在國際標準之修正條文議定後六十天內通知理事會，或表明擬採行之措施。遇此類情況，理事會應立即將該國際標準與該國有關實踐間在一項或多項上存在之差別通知所有其他國家。」*ibid*., p. 31。另詳見 Thomas Buergenthal, *Law-Making in the International Civil Aviation Organization*, Syracuse University Press, 1969, p. 76。

條宣示的習慣國際法的基本原則㉛「條約非經第三國同意，不為該國創設義務或權利」，我國因此不必負擔芝加哥公約之義務。

經過上述二段的說明，吾人可以明瞭，不管是基於芝加哥公約其附約（國際民航組織所制定之國際標準及建議措施）法律義務的特性，或是基於我國特殊的國際地位與遭遇，就這樣一個普遍性公約的整體而言，我國並無嚴格的國際法義務加以遵守。如此說來，是不是意味著各國，不論是當事國或是第三國，都可忽視芝加哥公約架構下所創設的各項國際民航標準規範呢？答案是否定的。事實上，不但公約當事國極度地護衛著所有公約（國際民航組織）創設的國際標準，就是連公約的第三國也是亦步亦趨地遵守。以下謹舉出三個例證，以資說明。

第一、就國際民航組織而論，為了將遵守國際標準乙事亦轉化為對公約第三國的國際法義務，一直呼籲所有會員國（即公約當事國）與非會員國簽署「並行條約(Collateral Agreement)㉜」。具體而

㉙ 而中共政府直到一九七四年方承認於一九四六年由彼時統治中國的國民黨政府所批准的芝加哥公約，之後中共代表團才進入國際民航組織。請參考 ICAO, Action of the Council-74th Session (1971), Doc 8987–C/1004, pp. 47–48. ICAO, C–WP/5469(3/11/71) Restricted Addendum and Corrigendum (9/11/71). ICAO, C–WP/5481(17/11/71) Restricted。

㉚ Vienna Convention on the Law of Treaties 簽署於一九六九年五月二十三日，生效於一九八〇年一月二十七日。詳 1155 UNTS 332–353。中文譯本詳丘宏達編輯，陳純一助編，現代國際法參考文件，臺北：三民書局，民國八十五年十一月，頁六三至八七。

㉛ 詳 Ian Brownlie, *Principles of Public International Law*, Oxford: Oxford University Press, 1998, 5th ed., p. 628。並請比較 Sir Ian Sinclair, *The Vienna Convention on the Law of Treaties*, Manchester: Manchester University Press, 1984, 2nd ed., pp. 98–101. Anthony Aust, *Modern Treaty Law and Practice*, Cambridge: Cambridge University Press, 2000, p. 207。

㉜ 若甲條約之 X 條款受抄錄納入該條約第三國（A 國）自身所締結之乙

言，該組織要求會員國在其與非會員國簽署的雙邊交換航權的通航協定中，以一個概括條款將芝加哥公約及國際民航組織制定之國際標準與建議措施定為雙邊協定法律義務的一部份，規定應適用於兩造之航空關係上。如此，依據這雙邊協定，該非會員國（公約第三國）便有義務在該協定之雙邊關係上遵守芝加哥公約及國際民航組織制定之國際標準與建議措施㉝。

第二、國際民航組織的會員國與非會員國間，在國家實踐上，也確切遵守了前項的要求。當蘇聯尚未成為國際民航組織的會員國前，於一九五七年與英國曾締結了一個雙邊空運協定(U.K.-U.S.S.R. Air Services Agreement)，在該協定的附件(Annex)中的第十四段，即

協定（與甲條約並行之國際協定），則該 X 條款依據乙協定對 A 國即具法律拘束力，並賦與 A 國權利及義務。詳見 Fitzmaurice 對聯合國國際法委員會(ILC)所提之條約法公約之草案第十一條及第二十四條，請參考 II *ILC Yearbook*, pp. 78–79, 82, 91, 105 (1965)。亦請參考 59 *American Journal of International Law (AJIL)* p. 219 (1965)。同時參考常設國際法院(PCIJ)在 Treatment of Polish Nationals and Other Persons of Polish Origin or Speech in the Danzig Territory 一案中所提之諮詢意見(Advisory Opinion)， PCIJ Ser. A/B, No. 44, p. 31 (Advisory Opinion of 4 February 1932)。以及 PCIJ 在 Free Zones of Upper Savoy and the District of Gex 一案中所下之判決(Judgment)， PCIJ Ser. A/B, No. 46, pp. 141, 147 (Judgment of 7 June 1932)。另參考哈佛大學法學院為草擬條約法公約所曾準備之草案，Research in International Law Under the Auspices of the Faculty of the Harvard Law School — Law of Treaties Draft Convention for the Codification of International Law，詳見 29 AJIL Supplement, p. 934 (1935)。同時詳參 Lord McNair, *Law of Treaties*, Oxford: Clarendon Press, 1961, pp. 311–312。

㉝ 參見 ICAO, Proceedings of the Council-2nd Session (1947), p. 63, Doc 7248–C/839。另 Doc 4651–C/568 中提供一遵循之範例如下：「締約雙方同意，國際民航中既定並或一般承認之標準與建議措施，適用於彼等之國內措施與規定中。」

有如此的概括規定㉞。一九九二年盧森堡與中華民國（後者業已失去國際民航組織會員資格）雙方的民航局簽署了一個交換航權的協定㉟，其中第十條亦有如此概括的規定㊱。更有趣的，即便是國際民航組織的非會員國與受組織抵制的國家彼此之間，在簽訂通航協定時，也尊重芝加哥公約及國際民航組織制定之國際標準與建議措施。最好的例子是一九九一年中華民國政府與南非政府㊲簽訂的雙邊空運協定㊳修訂本的第八條及第九條規定㊴。

第三、鑑於國際民航組織所定之國際標準有其適用之彈性與不

㉞ "In principle, for the purposes specified in this Annex, the standards, procedures, and codes established or recommended by the International Civil Aviation Organization (and where appropriate the World Meteorological Organization) shall be adopted." 轉引自鄭斌教授(Bin Cheng), *The Law of International Air Transport*, Londo: Stevens & Sons Limited, 1962, pp. 68 & 329。

㉟ Agreement on Exchange of Traffic Rights Between The Civil Aeronautics Administration of the Ministry of Transportation and Communications of the R.O.C. and The Civil Aviation Department of the Ministry of Transport of the Grand-Duchy of Luxembourg, signed on 24 July 1992.

㊱ Article 10 (Applicability of Convention): "The Principles set forth in the Convention on International Civil Aviation done at Chicago in 1944 shall be applied in connection with the services provided for in the Agreement." 另參考 Michael Sheng-ti Gau, *supra* note 5, p. 158, note 17。

㊲ 南非政府因實行種族隔離政策，自一九六〇年代至一九九四年，受到聯合國以及其專門機構（包括國際民航組織）的抵制，不得參與此類組織之活動。有關國際民航組織考慮聯合國決議而抵制南非的經過，請參考 Michael Sheng-ti Gau, *supra* note 5, Chapter Six, pp. 187–202。

㊳ Amended Bilateral Air Services Agreement Between The Government of the R.O.C. and The Government of The Republic of South Africa, signed on 15 November 1991.

㊴ 參考 Michael Sheng-ti Gau, *supra* note 5, p. 158, note 17。

被適用之潛在危險，美國的聯邦航空總署(Federal Aviation Administration, FAA)在一九九二年八月建立了一個「國際航空安全評估(International Aviation Safety Assessment, IASA)」制度[40]。旨在評估與美國既有或將有通航關係的世界各國執行國際民航組織所制定的國際標準及建議措施的能力，要求此類國家在授與各該國航空器各項有關飛安之證照時，能確實執行國際標準及建議措施。聯邦航空總署基於此項評估之結果，將對美國運輸部(Department of Transportation, DOT)提出是否應准許該外國所指定執行通航業務之航空公司飛抵美國之建議[41]。有趣的是，中華民國的交通部民用航空局時常面臨美國聯邦航空總署此項評估制度之壓力，解決的方法是聘請聯邦航空總署退休之專家來臺提供受評估前之指導[42]。

討論過國際民航組織會員國與非會員國執行該組織制定之國際標準及建議措施之情況後，一個問題仍然存在，中華民國政府遵守國際標準及建議措施的程度為何？

就國際雙邊協定所承擔義務的層次來說，作者在檢討過中華民國與十一個國家的雙邊交換航權協定的相關條文（盧森堡[43]、南非[44]、拉脫維亞[45]、汶萊[46]、馬拉威[47]、保加利亞[48]、印尼[49]、越

[40] 參見 FAA 的公告 Federal Register, Vol. 57, No. 164 (24 August 1992)。以及網站上的說明，網址是 http://www.faa.gov/avr/iasa/iasaxls.htm。

[41] 參見 FAA 的公告 Federal Register, Vol. 60, No. 210 (31 October 1995)。

[42] 見「監察院專案報告」, *supra* note 7，頁四一【標題為：飛安查核制度應依據美國顧問之建議逐一落實（執行單位：民航局）】。

[43] Arts. 9(1), (3) and 10 of the Agreement on Exchange of Traffic Rights Between the Civil Aeronautics Administration of the Ministry of Transportation and Communications of the Republic of China And the Civil Aviation Department of the Ministry of Transport of the Grand-Duchy of Luxembourg, signed on 24 July 1992.

[44] Arts. 8–9 of the Amended Bilateral Air Services Agreement Between the

南㊿、澳洲51、日本52、美國53）後，發現有七個協定具體的提到

Government of the Republic of China And the Government of the Republic of South Africa, signed on 15 November 1991.

45 Art. 10(3) of the Air Transport Agreement Between the Government of the Republic of China And the Government of the Republic of Latvia, signed on 27 May 1993 at Taipei, and 27 April 1993 at Riga.

46 Arts. 6 & 9 of the Agreement on Exchange of Traffic Rights Between the Civil Aeronautics Administration of the Republic of China And the Aeronautical Authority of Brunei Darussalam, signed on 30 August 1991.

47 Art. 16 para. 3 and Art. 18 para. 3 of the Bilateral Air Services Agreement Between the Government of the Republic of Malawi And the Government of the Republic of China, signed on 1 November 1991.

48 Arts. 6 & 9 of the Agreement on Exchange of Traffic Rights Between the Civil Aeronautics Administration of the Ministry of Transportation and Communications of the Republic of China And the Civil Aviation Administration of the Ministry of Transport of the Republic of Bulgaria, signed on 27 March 1992.

49 Arts. 4, 5(2), 10(2) of the Air Services Agreement Between the Chinese Chamber of Commerce to Jakarta And the Indonesian Chamber of Commerce to Taipei, signed on 17 November 1988.

50 Arts. 6, 9–3, 10 of the Agreement Between Taipei Airlines Association and the Airlines Association of Vietnam, signed on 25 November 1993.

51 Arts. 8, 11, 13 of the Arrangements for Air Services Between Australian Commerce and Industry Office, Taipei and Civil Aeronautics Administration in Taipei, signed on 25 March 1994.

52 Art. 1(6) of the Agreement Concerning the Continuation of Civil Air Services Between the Institute of East Asia Relations And the Institute of Exchange (done in Japanese and Chinese) signed on 9 July 1975. The wording of Art. 1(6) was not changed by the 1994 Protocol to this 1975 Agreement. The Protocol was signed on 31 August 1994 in Taipei, and on 2 September 1994 in Tokyo.

在飛航安全(Safety)上應適用芝加哥公約及其附約的相關規定，有八個協定提及在航空保安(Security)方面應適用芝加哥公約及其他相關國際公約規定，還有八個協定概括地指出芝加哥公約及其附約之規定應予適用[54]。

再就我國國內法的規定而言，我國現行[55]的民用航空法第一百二十一條第二項規定:「本法未規定事項，涉及國際事務者，民航局得參照有關國際公約及其附約所定標準、建議、辦法或程序報請交通部核准採用，發布施行。」這一個條款首次出現在民用航空法在民國六十三年一月四日公布[56]修正的版本第九十二條第二項，文字是「本法未規定事項，民航局得參照有關國際民用航空公約之各項附約所頒標準、建議、辦法或程序，報請交通部核准採用。」自民國六十三年後，本法歷經民國七十三年[57]、八十四年[58]、八十七年[59]、

[53] Arts. 5, 6(2), 10(3) of An Air Transport Agreement Between the American Institute in Taiwan And the Coordination Council for North American Affairs (to Succeed All Previous Air Transport Agreements), signed on 5 March 1980.

[54] 參見 Michael Sheng-ti Gau, *supra* note 5, pp. 120–122。

[55] 截至八十九年八月三十一日，最後一次修正公布日期是民國八十九年四月五日。

[56] 中華民國六十三年一月四日總統（六三）臺統(一)義字第〇〇二四號令公布修正。全文詳見交通部民用航空局企劃組於民國七十三年編印的「民用航空法修正草案參考資料」，頁一至一九。

[57] 民國七十三年十一月十九日總統 73.11.19 華總(一)義字第六一六七號令公布修正第二、十、二十二、三十五、三十七、三十八、四十四、四十五、六十四、七十三、七十六至八十九、九十一及九十二條、增訂第三十二條之一、第七十六條之一、及第九十二條之一；並刪除第九十條條文。

[58] 民國八十四年一月二十七日華總(一)義字第〇五七〇號令公布修正第十、十五條，增訂第十條之一條文。

八十八年⑩及八十九年共計五次的修改，均未更動此條款之實質內容。有趣的是，本法係於民國四十二年五月三十日由總統令公布⑪，在該版本中卻無此項條款所含的內容。原因實不難理解，在民國四十二年，也就是西元一九五三年時，我國政府並未預料其代表權終將「被」國際民航組織排除⑫，自應繼續遵守公約之義務，不需要

⑲ 民國八十七年一月二十一日華總(一)義字第八七〇〇〇〇八四二〇號令公布修正。

⑩ 民國八十八年六月二日華總(一)義字第八〇〇一二四三四〇號令公布修正第三十七條。

⑪ 89th Congress 1st Session Committee Print, *Air Laws and Treaties of the World*, Vol. II, prepared at the request of Senator Warren G. Magnuson, Chairman of the Committee on Commerce, U.S. Senate, Washington: U.S. Government Printing Office, 1 July 1965, pp. 2397–2410.

⑫ 中華民國政府在一九五〇年五月曾依芝加哥公約第九十五條之規定，主動致函美國政府表達退出公約之意思。並於一九五一年五月三十一日生效。退出原因是因財政困難，無法支付國際民航組織之會費。後來到了一九五一年五月二十五日，中華民國的民航局復致函國際民航組織，表示當情況恢復正常後，將採取行動支付自一九四八年下半年至一九五一年積欠之會費。一九五三年中華民國駐加拿大的大使主動向國際民航組織的秘書長以及理事會主席提議以十五年分期付款方式繳清積欠之會費。國際民航組織經過討論，在一九五三年七月一日開第三屆大會(Assembly)時，認同分期付款的建議。隨後，中華民國政府於一九五三年年底向國際民航組織提出了公約的批准書，並於一九五四年　月　日再度成為該組織之會員。詳細討論，請看 Michael Sheng-ti Gau, *supra* note 5, pp. 21–24. ICAO, C–WP/5469 Attachment 2 Restricted, pp. 9–10. ICAO, A5–WP/12, AD/3(1/6/51), p. 3. ICAO, A5–WP/13, AD/4(1/6/51), Exhibits V–VII. ICAO, Doc 7114, A5–AD/1 (31/3/51), p. 91. ICAO, C–WP/1476(5/5/53), Appendix A. ICAO, Doc 7409, A7–P/2(1/9/53), p. 35. ICAO, C–WP/1476(5/5/53), p. 1, and Appendix B, p. 5. Secretary General's letter to Ambassador Liu, ICAO, C–WP/1476(5/5/53), Appendix C, p. 6. ICAO, Doc 7390–4 (Open) C/861–4(5/8/53), p. 50.

在國內法中贅言。然而好景不常，到了一九七一年十一月十九日國際民航組織理事會決定承認中共政府為中國在該組織內的唯一合法代表，排除中華民國政府在該組織中的席位後，我政府遵守公約義務也隨之解除。政府基於現實的考慮，如果真的自此忽視芝加哥公約及其附約，將在國際民航關係上受到各國的責難。因此在民用航空法中加入這樣一個條文，一方面用「得參照」這種有彈性的字眼彰顯我國的主權與國格，另一方面在實際作業上，依照公約及附約所含的國際標準及建議措施制定並修改民用航空法及其諸項子法[63]。

綜上所述，芝加哥公約其附約所定之國際標準及建議措施，雖有其基本法律性質上的適用與不適用的彈性，然而基於國際民用航空網路發展的全球化，造成所有公約當事國對其所建立制度之整體性的依賴，透過與公約第三國締結雙邊協定的方法以及依據領空主權原則對意欲與其建立通航關係的國家要求遵守公約及附約之規定等做法，使得本公約及其附約成為國際民航運輸關係中具有普遍及實際效力的根本大法。我國政府面對現實之需要，即便缺乏（芝加

ICAO, C–WP/1476(5/5/1953), Appendix D, p. 7. ICAO, Doc 7390–4 (Open) C/861–4(5/8/53), pp. 50–53. ICAO, Doc 7409, A7–P/2(1/9/53), pp. 35–36. ICAO, A7–WP/81, EX/19(30/6/53), p. 5. ICAO, A7–WP/81 EX/19(30/6/53), Appendix E and A7–WP/100 P/19(7/7/53), p. 3. ICAO, Doc 7418–12 C/865–12(18/12/53), p. 146, para. 5。

[63] 我國民用航空法的子法包括哪些？詳見（八十九年修正的）本法第一百二十一條第一項：「航空器登記、適航檢定給證、飛航、飛航安全相關事件處理、維修廠所設立、航空人員檢定給證、航空器飛航作業、航空人員訓練機構設立、民用航空運輸業、普通航空業、航空貨運承攬業、航空站地勤業、空廚業、航空貨物集散站經營業、民營飛行場、航空貨運站倉儲貨物等管理規則及外籍航空器飛航國境規則，由交通部定之。」見修正條文，*supra* note 3。

哥）國際（民用航空）公約的義務，仍能基於國內法的授權，將公約及附約所建立之制度納入民用航空法規的體系之中。

二、芝加哥公約與第十三號附約相關的實質規定

關於航空器事故調查乙事，芝加哥公約本身只有原則性的敘述，公約第二十六條（標題為失事調查）規定[64]：一締約國之航空器於其他締約國領域內失事，而涉及死亡或重大傷害，或顯示該航空器或航空設施有重大技術缺陷者，失事發生地國將著手調查失事，並宜在該國法令准許範圍內，依國際民用航空組織建議之程序[65]為之。航空器登記國應獲得指派觀察員出席調查之機會。主持調查之國家應將相關之報告及判定通知該國。

簡言之，公約本身在課與締約國從事失事調查的國際義務[66]的

[64] Article 26 (Investigation of Accidents): In the event of an accident to an aircraft of a contracting State occurring in the territory of another contracting State, and involving death or serious injuries, or indicating serious technical defect in the aircraft or air navigational facilities, the State in which the accident occurs will institute an inquiry into the circumstances of the accident, in accordance, so far as its laws permit, with the procedure which may be recommended by the International Civil Aviation Organization. The State in which the aircraft is registered shall be given the opportunity to appoint observers to be present at the inquiry and the State holding the inquiry shall communicate the report and findings in the matter to that State. 詳 *supra* note 23。

[65] 詳公約第三十七條第二項第十一款：「國際民用航空組織應視需要就下列事項隨時制定及修正國際標準、建議措施及程序：……十一、航空器遇難及失事之調查。」詳 AASL，*supra* note 23, p. 29。

[66] 對於「調查之義務」，詳見第十三號附約之前言(Foreword)，在小標題「適用性(Applicability)」該段有言：「雖然本附約之制定係依公約第三

同時，只期望該國能儘量依據相關附約規定從事調查。此外，主持調查的國家另有「通知航空器登記國」以及「容許該國派員出席調查」的義務，內容可謂相當簡單。

為充實公約之規定及建構完整的失事調查制度，第十三號附約對下列重要事項訂出了國際標準及建議措施：

㈠調查之目的[67]；

㈡事故之定義[68]；

㈢事發時對國內外相關機關單位的通知[69]；

㈣現場對證物及航空器殘骸的初步處理[70]；

㈤國內外參與調查人員權責之釐定[71]；

十七條之規定，但是對於航空器失事調查此一主題卻係屬公約第二十六條之內容。第二十六條課予航空器失事發生地國在某些條件滿足時從事調查之義務。同時，在該國國內法容許之範圍中，依據國際民航組織制定之程序執行調查工作。……」另外在前言的小標題「十三號附約與公約第二十六條之關係(Relationship between Annex 13 and Article 26 of the Convention)」該段中有言：「理事會為釐清公約第二十六條與目前這版十三號附約之關係，在一九五一年四月十三日其第十二屆會議中的第二十次會議上通過下列額外的決議：……諒解之事項如下：1國家固得依據公約第三十八條背離第十三號附約之任何條文，但下列有關公約第二十六條所包含之失事及該條所規定之事項不得背離。『失事發生地國將進行調查』、『航空器登記國應獲得指派觀察員出席調查之機會』及『主持調查之國家應將相關之報告及判定通知該國。』」詳見 Annex 13, *supra* note 3, pp. vii–viii。

[67] "Objectives of the Investigation," 詳見 *ibid.*, p. 4。

[68] 對於失事(Accidents)之定義，見 *ibid.*, pp. 1–2。對於重大意外事件(Serious Incidents)之定義，見 *ibid.*, pp. 2 & 25。

[69] "Chapter 4. Notification," 詳見 *ibid.*, pp. 5–6。

[70] "Protection of Evidence, Custody and Removal of Aircraft," 詳見 *ibid.*, p. 4。

[71] 詳見 *ibid.*, pp. 6–7 & 10–12 & 21。

(六)調查行為之內涵⑫；

(七)與司法機關從事平行調查時彼此關係的界定⑬；

(八)調查報告之撰寫及周知⑭；及

(九)調查報告之使用及失事之預防措施⑮。

在上述事項中最具有原則性、指導性及爭議性⑯的，應該是第一項（調查之目的）及第七項（與司法機關從事平行調查時彼此關係的界定)。雖然這兩項在第十三號附約中的文字敘述非常的簡短，然而其意義卻非常重大。

第一項的文字是這樣寫的:「失事及重大意外事件調查規則之執行，目的應僅在於避免失事及意外的發生，與確定懲罰責任之有無及多少無關⑰。」而第七項文字為:「主持調查之國家應承認主任調查官（Investigator-in-Charge；簡稱 IIC）與司法機關人員彼此間協調之必要性。為求調查之成功，對於需要立即記錄與分析的證據，包括對於罹難者遺體之檢驗與識別以及對於飛航資料記錄器之解讀等事項，應予特別之關注⑱。」

---

⑫ "Chapter 5. Investigation," 見 *ibid.*, pp. 8–12。

⑬ "Co-ordination-Judicial Authorities," 詳見 *ibid.*, p. 9。

⑭ "Chapter 6. Reporting: Preliminary Report & Final Report," 詳見 *ibid.*, p. 13。

⑮ "Chapter 7. Accident Prevention Measures," 詳見 *ibid.*, p. 16。

⑯ 詳見飛安會為制定「調查處理規則」所舉辦三次公聽會之綜整記錄，見飛安會網站之資料 http://www.asc.gov.tw/frame.html。

⑰ 作者意譯，原文為 "The sole objective of the investigation of an accident or incident shall be the prevention of accidents and incidents. It is not the purpose of this activity to apportion blame or liability." 詳見 Annex 13, *supra* note 3, p. 4。

⑱ 5.10 The State conducting the investigation shall recognize the need for coordination between the investigator-in-charge and the judicial authorities. Particular attention shall be given to evidence which requires prompt

第一項有關調查目的之基本概念，與第七項的調查機關及司法機關平行調查及相互協調觀念，恰可互為說明。芝加哥公約及附約定義的航空器失事調查，與司法機關對於同一事故、在同時從事之調查，目的不同，衍生出平行調查的概念。兩者區分的基礎，在於前者目標在發現造成事故的技術原因，進而提出改善（改正）建議，達到避免失事再度發生的結果。至於後者（司法調查）的目標則僅在於將偵訊發現的當事人的外顯行為與現行法規比對，確定有無違法情事後即可終結調查，其結果是依法處罰。前者的調查，不以發現人員外顯行為為滿足，更追查背後的層層原因，遠較司法調查更為深入、更須當事人之配合。因之，明定調查不以處罰為目的，或能提供當事人相當之誘因，促其發抒己見。然而困難的是，證物只有一件，而平行調查的諸機關皆欲取得，引發衝突甚至掣附者，比比皆是。如何消除機關之間的緊張狀態，提升工作順暢度，是當前世界飛安先進各國皆欲解決的問題。對此議題，就一個缺乏法律拘束力的十三號附約而言，亦僅能提出「相互協調」之指導原則，供各國參考，實際運作時的如何協調，仍有待各國國內法加以界定。

其實，這種平行調查的觀念，是一種演化的結果。國際民航組織的前身，也就是「國際空中航行委員會(International Commission for Air Navigation)[79]」在一九二六年即曾對航空器失事調查提出建

---

recording and analysis for the investigation to be successful, such as the examination and identification of victims and readouts of flight recorder recordings。見 *ibid*., p. 9。

[79] 這是一個依據一九一九年巴黎空中航行國際公約(The International Convention for Air Navigation)第五十四條設置的國際組織，簡稱C.I.N.A.。公約第五十四條規定：「在國際聯盟的指導下，將成立一個常設性委員會，名為國際空中航行委員會(There shall be instituted under the name of the International Commission for Air Navigation, a permanent commission placed under the direction of the League of Nations.)」公約第

議案，表示各國應彼此簽訂協定規範技術性調查之執行，使其完全獨立於其他法規授權之調查外[80]。到了一九四四年，同盟國在第二次大戰將近尾聲、勝利在即之時，於芝加哥舉行國際民用航空會議，討論國際民用航空公約及其諸附約之草案。有關航空器失事調查、包括航空器搜救事項(Accident Investigation, including Search and Salvage)的附約草案，當時係屬第九小組委員會(Subcommittee 9)負責。此小組委員會討論後，並未採納加拿大代表對於成立「失事調查法庭(Court of Inquiry)」的建議，而採用所謂「失事調查委員會(Commission of Inquiry)」的概念。原委在於：加拿大建議的「失事調查法庭」對於調查蒐集而得之證據，得提供其他民事法庭採用。就加拿大提案之內容而言，這種失事調查法庭並無權就失事之當事人的責任方面加以判斷，亦無權對當事人課予懲罰、罰金或做出此類之判決。然而小組委員會通過的「失事調查委員會」在概念上卻是要對「失事調查法庭」可能引發觀念的混淆，給予積極的澄清，

三十四條授權本委員會行政及立法之功能，包括：一、對於公約的修改及修正事項，收取締約國的建議案或是對締約國提出建議案，同時周知締約國有關之改變；二、執行本條文以及公約第九、十三、十四、十五、十六、二十七、二十八、三十六及三十七條所賦予之責任；三、修正公約第 A 至第 G 號附約；四、蒐集任何有關國際空中航行的資訊，並提供締約國；五、蒐集所有可能與空中航行有關的無線電報學、氣象學、醫學等知識，並提供締約國；六、確保空中航行圖之出版係依據第 F 號附約之規定；七、對於各國提請本委員會檢視之問題提供意見。詳見 Captain Jacob Schenkman, *International Civil Aviation Organization,* Geneva: Librairie E. Droz, 1955, pp. 39–44。

[80] 詳見加拿大代表於一九四四年十一月十六日在芝加哥會議中，研討公約有關「涉及外國籍航空器搜救及失事調查」之附約草案時，提出之建議草案的前言。詳見 U.S. Department of State, Proceedings of the International Civil Aviation Conference, Chicago, Illinois November 1–December 7, 1944, Vol. II, 1949, pp. 1229–1232。

明白表示這種「委員會」絕非任何意義的「法庭」[81]。可見，為不同目的平行調查的想法，在一九四四年（甚至更早到一九二六年）已然存在。然而，即使在第九小組委員會通過的附約內容中，仍看不到所謂「失事調查之目的」這種文字。這個第一版在一九五一年議定的十三號附約，要到一九七五年修正第四版議定時，才能說清楚講明白、加入「調查之目的」[82]。

參、歐洲共同體及會員國關於航空器事故調查法制建立之實踐[83]

一、歐洲共同體理事會一九九四年之指令

就歐洲共同體會員國而言，為建立民用航空器失事及意外事件調查之基本原則，共同體理事會早於一九九四年十一月二十一日通過指令[84]要求所有會員國最遲應於一九九六年十一月二十一日前修正或訂定國內各項相關法規，俾符合此指令之內容[85]。

就「調查的目的」這個基本原則而言，在此指令「前言」的最

[81] *Ibid.*, pp. 1226–1232.

[82] 詳見第十三號附約中的歷次修正版本對照表 Table A. Amendments to Annex 13。詳見 Annex 13, *supra* note 3, p. x。

[83] 詳 John Balfour, *European Community Air Law*, London, Dublin, Edinburgh: Butterworths, 1995, pp. 131–134。

[84] Council Directive 94/56/EC of 21 November 1994 — Establishing the Fundamental Principles Governing the Investigation of Civil Aviation Accidents and Incidents。詳 Official Journal of the European Communities, No L 319/14, 12. 12. 94。

[85] *Ibid.*, No L 319/18.

後一段就寫得很清楚:「有鑑於技術調查之目的在於學習教訓以避免未來失事及意外之發生，因此對事故之分析、結論、以及飛安改善建議並不以確定責任之有無及衡量責任之多少為目的[86]。」指令的第一條復重申:「本指令之目的在於藉由便利迅捷展開調查以求改善飛航安全，調查的唯一目的在於避免未來失事及意外之發生[87]。」

在抽象地敘述調查目的後，本指令更用其他條文具體地說明這樣的原則該如何應用。比如說，在第四條（有關調查之義務）第三項規定：「本條第一項所指之調查在任何情況下不得與責任歸屬有關[88]。」第七條（失事調查之報告）第一項又說:「報告書應陳明第一條所規定之調查目的，並在適當之情況下，應包括飛安改善建議[89]。」第八條（意外事件調查之報告）第一項則明定:「意外事件調查報告書應保護與意外相牽連之人員之匿名性[90]。」在第十條則說:「飛安改善建議在任何情況下均不得據以推定對失事或意外事件責任之存在[91]。」

再就失事調查機關與司法檢調機關之關係而言，在此指令「前言」中揭示兩大原則。第一、失事及意外調查之進行應免於干預[92]。第二、在考慮到各會員國國內法授權司法機關從事調查之情況，各會員國應確保失事及意外之技術性調查在可能達到之最佳狀態下，得以執行工作，惟須與司法機關密切配合[93]。

本指令第五條更進一步規定調查的法律定位(Status of investi-

[86] *Ibid.*, No L 319/14.

[87] *Ibid.*, No L 319/15.

[88] *Ibid.*, No L 319/16.

[89] *Ibid.*, No L 319/17.

[90] *Ibid.*

[91] *Ibid.*

[92] *Ibid.*, No L 319/14. and No L 319/18.

[93] *Ibid.*

gation)。第一項規定：各會員國應在各自國內法之體系中對調查之法律定位給予定義，此項法律定位足以使得主任調查官在最短時間內，得以最有效之方式進行其調查作業[94]。第二項規定：主任調查官在遵守會員國內部有效之法令，以及在適當情形下，協調司法機關之工作後，應獲授權進行下列工作：(a)自由進入失事或意外之發生地，以及自由接觸航空器、其部份機件、以及其殘骸。(b)為檢驗或分析之目的，確保立即將證據以及受控管所移動的殘骸碎片或航空器之部份機件加以登錄。(c)立即接觸及使用飛航記錄器之內容及任何其他記錄。(d)取得罹難者屍體檢驗之結果，或取得對自罹難者屍體取出樣本之試驗結果。(e)立即獲得對於與航空器操作相關人員之檢查檢驗結果，或取得航空器操作相關人員身上取出之樣本之試驗結果。(f)詢問目擊證人。(g)自航空器所有人、使用人、製造廠、民航主管機關及機場主管機關處自由取得任何相關資訊[95]。

簡言之，共同體的做法是要求會員國在法律中「明示列舉」航空器事故調查機關有權採取的每一類行動。司法機關對於這些明定的事項之執行，必須給予尊重。不得再以本身依法調查為理由，阻礙失事調查機關之作業。當然，共同體指令也強調航空器事故調查機關在執行調查工作前，必須先行與司法機關達成協議，取得機關間的協調狀態，以消除機關間的衝突及緊張。

二、歐洲共同體會員國之實踐（以德國為例）

就「調查的目的」這個基本原則而言，依據德意志聯邦共和國最新版之「航空器失事及意外事件調查法(FRG Law Relating to the Investigation into Accidents and Incidents Associated with the Opera-

---

[94] *Ibid.*, No L 319/16.

[95] *Ibid.*

tion of Civil Aircraft, dated August 26th, 1998)[96]」第三條第一項之規定：失事及意外應受調查，唯一目的在儘可能發現原因，目標在於避免未來之失事及意外之發生[97]。同條第二項則說：調查不以追究責任、建立賠償請求權為目的[98]。第十九條第四項規定：在任何情況下，飛安改善建議均不得作為該項失事或意外事件責任歸屬之依據[99]。

再就失事調查機關與司法檢調機關之關係而言，德國法制完全地遵守了前述共同體的做法，也就是除了要求機關間達成協議以消除衝突外，並在法律中「明示列舉」航空器事故調查機關有權採取的每一類行動。此外，德國法制更向司法機關保證該種機關之職權行使不受航空器事故調查機關業務執行之影響。比如說第八條（標題為：調查的法律定位）規定[100]：

㈠聯邦航空器失事調查局從事之調查原則上優先於其他為不同於第三條所述理由所從事之任何技術調查作業。惟檢察機關以及負責審判之法院之管轄權均不受影響。

㈡就特定案件中（不同機關之）不同利益之衝突之解決，應由聯邦航空器失事調查局與相關機關彼此間之切合目的暨適宜之合作安排處理之。

第十一條（標題為：調查的權力）第一項規定：本於本法第三條所述之調查目的，以及在取得當地有管轄權之檢察機關之協議後，主任調查官、調查官、以及其他或授權進行調查之人員，為達成調查

[96] Bundesgesetzblatt Jahrgang 1998 Teil 1 Nr. 57, ausgegeben zu Bonn am 28. August 1998.

[97] *Ibid.*, p. 7.

[98] *Ibid.*

[99] *Ibid.*, p. 21.

[100] *Ibid.*, p. 12.

目的之必要，有權採取任何行動，包括下列：

㈠自由進入失事或意外之發生地，以及自由接觸航空器、其部份機件、以及其殘骸。自由進入及探訪不動產及受損之房舍；為此目的得限制憲法第十三條所規定之房舍之不可侵犯之基本權利。

㈡為檢驗或分析之目的，立即將證據以及受控管所移動的殘骸碎片或航空器之部份機件加以登錄。

㈢立即處理來自航空器及空中航行服務提供單位之記錄設備、記錄媒介、及其他經記錄之資料。扣留此類物品並對其採取評估之行動。

㈣獲得對罹難或受傷者身體或自其體內取出之樣本之檢驗結果。

㈤獲得對於與航空器操作相關人員之身體或取出之樣本之檢驗結果。

㈥藉由對航空器所有人、使用人、製造廠、民航主管機關以及機場主管機關擁有之相關資訊之不受干預之調查，以獲得有關之資訊。如有需要，應製作文件之副本[101]。

第十一條第二項、第十一條第三項、第十二條及第十三條均規定：主任調查官在與有管轄權之檢察機關彼此密切合作之情況下，有權從事下列特定行為：

㈠在合理懷疑該失事係因組員失能所導致，或基於對生還因素調查之需要，有權要求對於死亡之飛航組員及航空器中之乘客之遺體進行驗屍。對於遺體之驗屍以及對於已埋葬之屍體之發掘，須經失事當地法院法官之下令，方得為之。惟因遲延恐導致調查無法遂行者，主任調查官始有權下令從事此類行為。刑事訴訟法第八十七條第一項至第三項以及第四項第二款應適用之[102]；

[101] *Ibid.*, p. 13.

㈡應對適宜作為證據之線索及物品予以保護[103]；

㈢有權許可或拒絕人員進入失事之現場[104]；

㈣有權決定可否進入失事之現場以及可否交還航空器、其殘骸、其部份殘骸、其載運之物品、以及可能之罹難者其遺體[105]。

肆、其他國家之實踐（以美國為例）

就美國而言，有關航空器失事調查之獨立機關，也就是所謂的「國家運輸安全委員會（National Transportation Safety Board；簡稱NTSB）」，其法源[106]中對於 NTSB 與美國司法機關（以及其他機關）之平行調查關係，有下列三原則：

一、在平行調查中，國家運輸安全委員會之執行職權優先原則

第 1131 條（標題為：調查之一般性權力）第⒜項第⑵款規定：由國家運輸安全委員會依據本項第⑴款第Ⓐ目至Ⓓ目或第Ⓕ目從事之調查，優先於美國政府其他部會、機關、或執行公權力之單位所從事之任何調查。國家運輸安全委員會應提供機會予其他部會、機關、或單位，俾使其合適地參與調查。惟各該部會、機關或單位不得參與國家運輸安全委員會判斷失事可能原因之過程[107]。

---

[102] *Ibid.*, pp. 14–15.

[103] *Ibid.*, p. 15.

[104] *Ibid.*

[105] *Ibid.*, p. 16.

[106] 詳見 United States Code, Title 49 中的第十一章(Chapter 11)。

[107] *Ibid.*, §1131 (a) (2).

二、其他機關平行調查權不受影響原則及資訊交換原則

第 1131 條第(a)項第(3)款則規定：本條以及本標題中的第 1113 條、1116 條(b)項、1133 條及 1134 條(a)項及(c)至(e)項不影響（妨礙）政府其他部會、機關、或單位對失事依據有效之法規所從事之調查或直接自失事牽涉之各方及證人獲取資訊之權力。國家運輸安全委員會以及其他部會、機關、或單位均應確保適時地互相交換自失事所發現及研發之資訊[108]。

三、基於事故調查目的與司法責任鑑定無涉之基本原則，司法機關僅得依審判公正之必要，有限度地使用座艙語音記錄

第 1154 條（標題為：對座艙語音記錄及其他資料之發表及使用）有下列規定。第(a)項：文字抄本及聲音記錄——

第(1)款：除非依據本項規定，司法程序的任一方均不得使用「發表」之程序而取得下列資料：(A)座艙語音記錄之文字抄本之任何部份，未被國家運輸安全委員會依據本標題第 1114 條第(c)項規定公開者；及(B)座艙語音記錄器之聲音記錄[109]。

第(2)款：(A)在適用本項第(4)款第(A)目之情形外，當法庭對文字抄本進行禁止旁聽之祕密審查後，判定下列情形存在者，法庭得准許參加司法程序之一方發表該座艙語音記錄器之文字抄本：(I) 依據本標題第 1114 條第(c)項規定公開的文字抄本部份並未提供涉案

[108] *Ibid.*, §1131 (a) (3).

[109] *Ibid.*, §1154 (a) (1).

該方充足之資料，致使該方無法獲得公平之審判者；及 (II) 對於文字抄本其他部份之發表，係促使該方獲得公平審判所需充足資料之必要手段。(B)遇有座艙語音記錄器之聲音記錄不存在之情形，法庭得准許發表依本標題第 1114 條第(c)項規定未被國家運輸安全委員會公開之座艙語音記錄器之文字抄本，或要求就該文字抄本進行禁止旁聽之祕密審查[110]。

第(3)款：在適用本項第(4)款第(A)目之情形外，當法庭對聲音記錄進行禁止旁聽之祕密審查後，判定下列情形存在者，法庭得准許參加司法程序之一方發表座艙語音記錄器之聲音記錄：(A)依據本標題第 1114 條第(c)項規定公開以及依據本條第(a)項第(2)款規定經由發表程序公開的文字抄本部份並未提供該方充足之資料，致使該方無法獲得公平之審判者；(B)對於座艙語音記錄器聲音記錄之發表，係促使該方獲得公平審判所需充足資料之必要手段[111]。

第(4)款：(A)法庭准許在一訴訟程序中發表因適用本標題第 1114 條第(c)項規定致未公開之座艙語音記錄器之部份文字抄本或座艙語音記錄器之聲音記錄者，應開立一保護令，俾以── (I) 將對於該部份文字抄本或聲音記錄之使用限定於訴訟程序中；以及 (II) 禁止將該部份文字抄本或聲音記錄散播至任何在訴訟程序中毋需得知該資料之人。(B)在一訴訟程序中，法庭得准許將因適用本標題第 1114 條第(c)項規定致未公開之座艙語音記錄器之部份文字抄本或座艙語音記錄器之聲音記錄作為證據。惟法院必須在該文字抄本或聲音記錄之上加蓋封印，以避免該文字抄本或聲音記錄以非訴訟之目的使用[112]。

第(5)款：本條第(a)項規定並不妨礙國家運輸安全委員會隨時引

[110] *Ibid.*, §1154 (a) (2).

[111] *Ibid.*, §1154 (a) (3).

[112] *Ibid.*, §1154 (a) (4).

用座艙語音記錄器所含之資訊，以撰寫飛安改善建議[113]。第(b)項：（失事調查）報告──國家運輸安全委員會提出之有關失事或失事調查之報告之任何部份，在該報告所述事件造成損害之請求賠償民事訴訟中，均不得作為證據或加以使用[114]。

伍、我國民用航空法規相關規定之評析

綜上所述，有關航空器事故調查法制中所謂的「調查之目的」及「調查機關與司法機關間的關係」二大重要議題，大概可以整理出下列原則：

㈠應在國內法中明定航空器事故調查之目的在於避免事故重演（積極目標），不在確定法律責任之有無及多少（消極目標）；

㈡為前項之積極目標，應在法律中詳細明定調查機關之職權、給予其法律之定位(Status of Investigation)，並可考慮明示其職權行使之優先原則；

㈢為第一項之消極目標，應在法律中明定事故調查所得證據及資料之處理原則，非為特定重要目的（如求得審判之公平），不得揭露；

㈣為達成第一項消極目標，應在法律中明定調查機關係獨立於司法機關之外，調查機關職權行使並不在遂行司法機關之目的；

㈤為求第一項之積極與消極目標彼此達到平衡，應在法律中定義「平行調查」，防範機關間衝突於未然。並為求「平行調查」定義之完整，調查機關之職權應於「法律」中詳細訂定，司法機關依法遂須尊重之。另為避免造成司法機關職權矮化之印象，埋下機關間摩擦之因子，應於法律中明定其既有職權行使不受

[113] *Ibid.*, §1154 (a) (5).

[114] *Ibid.*, §1154 (b).

影響，調查機關應尊重之；

㈥對於航空器事故調查機關與司法機關從事平行調查時可能發生衝突之情況，法律應力求消除機關間之衝突，宜要求本「尊重協調」原則，達成彼此間之協議，可考慮簽訂機關間的作業協調文件，積極地、具體地說明如何相互協調及支援。

檢驗我國航空器事故調查法規是否達到上述六大原則時，首先吾人應就法律的層次加以檢視。就民用航空法而言，依據作者在本文第壹部份「前言」中所列之八十九年部份修正條文之六大重點，吾人發現第五重點，也就是第八十四條第三項明定的「飛安會對於航空器事故調查之目的，旨在避免失事之再發生，不以處分或追究責任為目的」，相較於原條文（第八十五條第二項）規定「失事調查結果如發現有違反民用航空法之情事者，除依民用航空法處罰外，其涉有其他刑責者，並應移送司法機關偵辦」，可謂達成第一原則之要求，係進步之立法。此外，本法此次修正，保留了原條文第八十四條第二項內容，也就是「飛安會獨立行使職權，不受任何干預」，滿足了第四原則之要求，在這點上並無退步。再者，本法此次的修正，保留了原條文第八十五條第一項的內容：「飛安會於航空器失事後，依職權向相關機關、機構及人員取得與調查鑑定相關之資料及採取必要之調查行為，並對航空器失事適時提出失事原因報告及改正建議事項，政府相關機關及業者應依其建議改正缺失。」但是條次做了變更（將其內容打散到第八十六條及第八十七條），同時擴張飛安會調查範圍及於航空器重大意外事件，對第二原則的要求，只可說部份滿足，因此在這點上並無進步。

可惜的是，第一、第二及第四原則之外的其他三項原則，均未能納入民用航空法修正條文中。惟於八十九年七月二十七日飛安會訂定發布的「航空器失事及重大意外事件調查處理規則」中，大體上涵蓋到其他的原則。

首先，就第二原則而言，「調查處理規則」第十五條詳述了飛安會調查行為的內容，並在第十三條第一項有這樣的文字：「自航空器失事或重大意外事件發生時起至調查終止，飛安會為調查之必要，應優先保管及處理航空器、其殘骸、飛航資料記錄器、座艙語音通話記錄器及其他有助於鑑定事故原因之證據」，明示飛安會職權行使之優先。就第三原則來說，「調查處理規則」第十八[115]及十九[116]條已詳述調查所獲資料如何處理。再就第五原則（平行調查之定義）來說，「調查處理規則」在第二十四條第一項有總綱式的規定「本規則規定事項，涉及檢察機關檢察官之偵查權責者，飛安會應與其協調配合行之。」在第六條第二項則規定「有關航空器失事或重大意外事件之調查或原因鑑定等消息之發布，統一由飛安會為之。但其涉及其他機關權限者，不在此限。」就內容而言，雖不盡完善，尚可謂差強人意。最後，「調查處理規則」在第二十四條第二項有規定「為整體調查作業需要，飛安會得會同內政部、外交部、國防部、法務部、交通部等與調查作業相關之機關訂定作業協調文件。」在內容上滿足了第六原則的要求。

總結我國航空器事故調查的法規現況，雖然在內容來說大體上已涵蓋了前述的六大原則。然而在法規的層級上，出現了大問題。規範飛安會與司法機關之間平行調查的主要內容，均僅規定於「調查處理規則」內。層次太低，無法與司法機關依刑事訴訟法之職權

[115] 第十八條：「參與調查之人員，除具有陳報各該公司上級主管之職務上義務外，不得揭露下列資料：一、在調查過程中獲得之所有證詞。二、操作飛航有關人員間之所有通訊紀錄。三、有關人員之體檢紀錄或其他私人資料。四、航空器座艙語音記錄器及紀錄。五、飛航資料記錄器之分析資料。」詳行政院公報，*supra* note 3，頁二二。

[116] 第十九條：「前條所述資料不得記載於對外發布之調查報告中。但為航空器失事或重大意外事件肇因分析之必要者，不在此限。」詳 *ibid.*，頁二三。

行使取得平衡、無法保障航空器事故調查機關職權行使之有效及順暢，亦無法有效避免與司法機關職權之衝突，遑論解決未來可能發生之衝突[117]。

陸、結論與展望

航空器事故調查法制的建立，是一種演化的過程。調查機關之獨立化以及平行調查概念的產生，也是一種進化的表現。各國因為社會發展情況及速度不同，因此發展的方向及速度也有差異。然而由於國際航空運輸網路發展的全球化、國際民航組織的建立以及各項國際標準的制定，縮小了各國在航空運輸法制發展上的距離。就我國而言，現今（民國八十九年八月底）航空器事故調查的法制內容，比較二年前已有相當的進展。舉凡飛安會的設置、民航法規相關規定其內容的完整化以及平行調查觀念的逐步建立，在在顯示我國在此方面的法制發展方向是前進的，值得鼓勵。然而相較於世界各飛安先進國家的法制水準而言，我國仍有極大的努力空間。首要工作之一，應該是將航空器事故調查的諸項基本原則納入民用航空法（而非僅止於由「調查處理規則」所規範），或是另行制定「航空器事故調查法」，以保障調查機關職權行使之順暢，同時消除與其他機關在從事平行調查時可能發生的衝突。基本工作，仍然在於全面地、徹底地從事比較法的研究。本文限於篇幅，僅能討論「事故調查之目的」及「調查機關與司法機關從事平行調查時彼此關係的界定」二大相關議題。在比較法的素材而言，亦僅能討論芝加哥公約及其附約、歐洲共同體相關法規、歐盟會員國中的德國法制、再加

[117] 詳見我國國際航空法學者楊鴻基教授等人於飛安會為制定「航空器失事及重大意外事件調查處理規則」所舉行之公聽會中提出之見解，詳飛安會網站 http://www.asc.gov.tw/frame.html。

上美國的相關資料，範圍甚為狹窄，參考性亦極為有限。期望來日有心人能進一步地充實相關研究之範圍及深度，作為我國立法之參考，以提升我國的飛安水準。

從超國界法律評析春日輪(KASUGA-1)案之判決

陳長文 *

* 作者為美國哈佛大學法學博士(S.J.D.)。現任理律法律事務所主持律師、兼任國立政治大學、私立東吳大學國際公法、國際私法及超國界法律問題等課程講授。

伍、司法協助

陸、結　論

從超國界法律評析春日輪(KASUGA-1)案之判決＊

法律爭點：「春日輪」案是近年來繫屬於我國法院之公海上的跨國船舶碰撞刑事案件。本文針對其中涉及我國刑法與國際法關於管轄權之衝突與國際司法協助等問題提出討論。

壹、前　言

隨著交通便利及資訊流通，國際間往來活動日趨頻繁，跨國界的刑事案件也隨之增多。在國家往來不密切的時期，各國均以「主權至上」為最高原則來處理國與國間的問題；惟在現今若仍以此觀念來面對跨國間的活動，則可以預期的是衝突將隨之而生，而導致國際法律秩序之紊亂與窒礙難行。因此，為避免衝突發生進而建立和諧的國際秩序，各國必須對其主權的堅持有所讓步，以建立超國界的法律體系。

有鑑於此，國際組織如聯合國及其他相關組織等，已制定了相當多的國際公約以加強國際間之合作。儘管各國有此認識，但實踐上有時仍有裹足不前的現象。我國礙於國際政治的現實被排除在國際社會之外，但實際所從事的國際活動卻是相當頻繁。則對於在我

＊ 感謝長立國際法律事務所陳長律師對於「春日輪」案提供相關資訊，使本文於寫作過程中對部分事實得以釐清（見後引❸、❹、❼）以及東吳法研所陸尚乾同學就參考資料的蒐集。

國退出聯合國之前已簽署或批准的公約、或未能簽署或批准的公約但已是國際法的一部分者或是即將成為國際法一部分者，能否置國際法的發展於不顧？答案顯然是否定的。因此，如何調和國際法與國內法的關係以符合國際法律秩序現況，對於目前無法正式參與國際社會的我國應是重要的課題。

有關本案「春日輪(KASUGA-1)」所涉及的「公海上船舶碰撞刑事管轄權」，可分為靜態與動態兩方面來看：在靜態方面，國內刑法學者基於國家管轄權絕對等傳統根深蒂固的觀念影響，認為屬於公法領域的涉外刑事案件管轄權，只要符合屬人、屬地等原則就應適用國內刑法❶而「無所不管」，這種純粹以內國刑法處理涉外刑事案件的態度，往往忽略了國際法的規定；至於在動態方面，國際間針對特定行為、地點發生之犯罪也開始了合作，並形成公約的規範，對管轄權形成約定的限制，就如同本文後面所要討論之公海上船舶碰撞管轄權一般❷。其實國內刑法如此規定原屬理所當然，一國不

❶ 參閱(1)林山田，刑法通論（上），一九九九年，六版，頁七二以下；(2)陳樸生，實用刑法，一九八五年，頁三一以下；(3)蔡敦銘，刑法精義，一九九九年，頁三〇以下。

❷ 國際間有關船舶碰撞管轄權的規範，如：一九五二年布魯塞爾公約、一九五八年日內瓦公海公約、一九八二年聯合國海洋法公約等，都與內國刑法有著不同規定。另外，如：航空器管轄權，一九四四年芝加哥國際民用航空公約(The Convention on International Civil Aviation)基於避免妨礙民用航空事業發展的考量，規定原則上國家不得對於非在本國註冊的航空器，在其過境時加以扣留而行使管轄權；又一九六三年東京公約(Convention on Offences and Certain Other Acts Committed on Board Aircraft)第三條第一項規定飛機註冊國對於在飛機上（無論國內國外）的犯罪行為具有管轄權，第二項進而要求各締約國航空器登記國對在該國登記的飛機上犯罪行為加以管轄等。上述均說明了國際間針對不同行為的管轄權有限制有放鬆，非僅依據本國刑法便決定有無管轄權。參閱陳長文撰，第十章管轄，丘宏達主編，現代國際法，

可能主動放棄其屬人或屬地的管轄權，各國刑法也都會有類似的規定。但是當國際法針對特定犯罪行為有特別規定而與國內法相衝突時應如何解決?可以確定的是國家不應再以無所不管的態度來處理。本文係以上述背景為出發點，藉由「春日輪」案判決說明靜態國內法與動態國際法間究應如何協調，以凸顯我國法院在面對具涉外性質案件時，儘管根據我國法律確有管轄權，但於公約或國際習慣法有不同規定時，卻忽略了國際公約或國際法效力的態度。在高喊國際化的同時，令人感到遺憾的是我國司法在「春日輪」一案中從檢察官的起訴、地方法院、高等法院、最高法院甚至發回高等法院更審二次的多次審判過程中，對於涉外案件的「管轄權」此一重要問題，除了基隆地方法院有討論外，其他各級法院均隻字不提國際法的規範或是未觸及核心問題(更二審)，認為有管轄權係「理所當然」而做出似是而非的判決。因此，希望藉由本文的提出，提供司法界對於超國界法律的正確認識。

貳、問題提出

一、「春日輪(KASUGA–1)」案件事實

懸掛巴拿馬船旗之貨櫃輪「春日輪(KASUGA–1)」，由印度籍之RAJ KUMAR GOEL（以下稱被告甲）擔任船長、YAGANARSIMHA R.DODLA（以下稱被告乙）為該船三副。「春日輪」於民國八十五年二月四日二十時自香港啟航，預定目的地為洛杉磯；行經過臺灣海峽於距離基隆彭佳嶼最近距離約十七海浬之公海海域與我國籍漁船「日東六號」發生碰撞，導致「日東六號」之我國籍、大陸籍船

臺北：三民書局，民國七十九年八版，頁三七四以下。

員與菲律賓籍船員溺水死亡與失蹤。肇事船舶「春日輪」由於船隻故障申請緊急進入基隆港維修而為警方查獲。案經基隆地方法院檢察署檢察官依刑法第二百九十四條第二項「遺棄致死罪」對被告甲、乙提起公訴，經基隆地方法院八十五年訴字一二五號判決，依刑法第二百七十六條第二項「業務過失致死罪」判處被告有期徒刑四年。檢察官以地方法院判決被告業務過失致死罪部分係未受請求事項予以判決且關於遺棄致死罪無罪係不備理由之判決為由，不服上訴至高等法院（八十五年上訴字四五〇六號）、再上訴至最高法院（八十七年臺上一二七〇號），經最高法院發回高等法院更審（八十七年上更一第一八五號）；再經檢察官上訴最高法院（八十七年臺上四一六九號），最高法院發回高等法院第二次更審（八十七年上更二第五八〇號）。更二審法院以起訴書中犯罪事實既已包含被告業務過失犯行之犯罪事實且於原審與本院審理中就此為充分之辯論，自仍應認為業務過失致死部分亦經起訴，法院自得逕以審判，至於遺棄致死部分則屬尚難證明。本案被告被高院依二百七十六條第二項「業務過失致死罪」分別判處有期徒刑一年六個月、二年，並均宣告緩刑五年確定❸。

無疑的，「春日輪」案係一跨國刑事案件。但是，除了基隆地方法院判決針對超國界的司法管轄權有所著墨外，其他從檢察官起訴、高等法院判決、最高法院判決，甚至發回高等法院更審時均完全忽視國際法與國內法規定不同所產生的管轄權衝突問題。以下謹從檢察官起訴開始到更二審法院判決確定，針對司法管轄權的判決理由，說明我國法院在面對涉外案件之態度。

❸ 據瞭解，被告均已於更二審判決確定後返回所屬國印度。

二、檢察官起訴與法院判決理由摘要

(一)基隆地方法院檢察署八十五年偵字第八一五號

「按我國刑法第三條規定:『本法於中華民國領域內犯罪者適用之。在中華民國領域外之中華民國船艦或航空機內犯罪者以在中華民國領域內犯罪論。』同法第四條『犯罪之行為或結果有一在中華民國領域內者惟在中華民國領域內犯罪。』犯罪之結果發生在我國籍船舶上,依刑法二百九十四條第二項遺棄致死罪提起公訴。」檢察官在起訴書中完全未提及國際公約或國際習慣法❹。

(二)基隆地方法院八十五年訴字第一二五號判決

「布魯塞爾公約『有關船舶碰撞或其他航行事故之統一刑事管轄公約』及一九五八年二月二十四日於瑞士日內瓦舉行之聯合國海洋法會議制定之公海公約第十一條第一款規定,以及一九八二年聯合國海洋法公約第九十七條第一款均定有『因船舶在公海上碰撞或任何其他航行事故涉及船長或任何其他為船舶服務之人員之刑事或紀律責任時,對此等人員之任何刑事訴訟或紀律程序,僅可向船旗國或此等人員所屬國之司法或行政當局提出』,而國際法學說亦咸認上開各公約規定均係為駁斥常設國際法院於西元一九二六年就法國郵輪『蓮花號』於公海撞及土耳其籍運煤船『勃斯寇特號』,導致運煤船沉沒人員死亡事件之判決中,認為被害之運煤船所屬國土耳其,亦有權就該案件進行審判之結論,並認上開公約規定船舶碰撞並導致船長及船員應屬刑事及懲戒責任時,應由加害船舶之船旗國行使管轄權,僅係就既存之國際習慣法予之法典化,幾無異見,而查國

❹ 據瞭解,本案由案發至檢察官起訴雖僅十日,但被告辯護律師於案發當日即曾提出本案印度有專屬管轄權,但檢察官不採,仍認為依據我國刑法當然有管轄權。

際習慣法既屬國際法之法源之一且聯合國憲章前言並宣示凡聯合國之人民應尊重自由條約與國際法其他淵源而生之義務，而我國憲法第一百四十一條更聲明在平等互惠基礎下尊重條約及聯合國憲章之規定，足見雖上開海洋法公約我國雖未簽署，並非我國即無遵守之義務。」

「惟查國際海洋法之上開規定當是指上開國家主張其司法管轄權時其他國家應予尊重，惟如依上開國際公約有權管轄之國家怠於行使其管轄權時，依國際法其他原則取得管轄基礎之國家仍非不得管轄該案件，否則就該案件將無人得追訴審判，且國際法之主體既為主權國家，自亦為主權國家始得主張其國際法上之權利而有權管轄之國家是否主張其司法管轄權亦非他國所得干涉（與國內法院間之管轄權劃分，其有管轄權之法院不得拒絕管轄之情形有異），而本件春日輪船旗國巴拿馬及被告本國印度，自案發迄今數月，均未向我國主張行使其司法管轄權，已無從認為上開國家仍欲主張對本案於國際法上優位之司法管轄權，而因本件船舶碰撞之被害船舶日東六號為中華民國籍，而死亡漁民多為我國國民，且死亡結果亦發生於前開中華民國籍船舶，則依國際法上國家對加害其國民之外國人得行使管轄權之『被害人國籍管轄原則』及因犯罪結果發生於本國而得行使管轄權之『客體管轄原則』，足見於國際法上我國就本案並非無行使管轄權之基礎，且中華民國刑法第三條所定：『本法於在中華民國領域內犯罪者，適用之。但在中華民國領域外之中華民國船艦或航空機內犯罪者，以在中華民國領域內犯罪論』以及第四條所定：『犯罪之行為或結果，有一在中華民國領域內者，為在中華民國領域內犯罪』，亦即依我國刑法，本案亦為我國刑法適用效力所及，則本院就實體審判，並無不當，應先行敘明。」

地方法院判決中論及國際公約規範有關公海船舶碰撞事件的管轄是「專屬管轄權」，並同意該規定既然是國際法之一部，則我國有遵守之義務。地方法院的這項結論是值得肯定的，但既然認定我國有義務遵守國際習慣法，法院卻未貫徹國際法「專屬管轄」規範的立法政策，僅消極地等待印度主張管轄權，待其於案發數月仍未主張，就認為基於國際法其他原則取得管轄權的我國當然有權審判本案，其態度與做法上的落差令人遺憾。

㈢臺灣高等法院八十五年度上訴字第四五〇六號、八十七年更（一）第一八五號、最高法院八十七年第一七二〇號判決、最高法院八十七年第四一六九號

「按我國刑法第三條規定：『本法於中華民國領域內犯罪者適用之。在中華民國領域外之中華民國船艦或航空機內犯罪者以在中華民國領域內犯罪論。』同法第四條『犯罪之行為或結果有一在中華民國領域內者惟在中華民國領域內犯罪。』犯罪之結果既在我國籍船舶上，依前開規定自得依我國刑法規定追訴處罰，被告抗辯我國對本案無管轄權自非可採。」

僅依據我國刑法規定，認為我國法院當然有管轄權，完全未討論國際公約或國際習慣法的規定，則是避重就輕的忽略國際規範的存在，未能切中問題之癥結。

㈣臺灣高等法院八十七年度上更（二）字第五八〇號

「雖然發生碰撞地點係在我國十二海浬領海外，二十四海浬鄰接區內公海上；惟被害船舶日東六號為中華民國國籍，而被害人多為我國漁民且死亡之結果亦發生在中華民國籍船上，則：㈠依國際法上國家對加害其國民之外國人得行使管轄權之『被害人國籍管轄原則』，及因犯罪結果發生於本國而得行使管轄權之『客體領域原則』（參照丘宏達氏著「現代國際法」第六百五十一頁，及丘氏另與陳治世、陳長文、俞寬賜、王人傑等合著之「現代國際法」第二百八十頁），足見國際法上我國就本案並非無行使管轄權之基礎。㈡中華民國刑法第三條『本法於在中華民國領域內犯罪者，適用之。但在

中華民國領域外之中華民國船艦或航空機內犯罪者，以在中華民國領域內犯罪論」；及第四條所定『犯罪之行為或結果，有一在中華民國領域內者，為在中華民國領域內犯罪』。㈢中華民國第七條前段規定『本法於中華民國人民在中華民國領域外犯前二條以外之罪，而其最輕本刑為三年以上有期徒刑者，適用之。』，第八條『前條之規定，於在中華民國領域外對於中華民國人民犯罪之外國人，準用之。」；而所犯之罪是否屬最輕本刑三年以上有期徒刑之罪，係以檢察官之起訴法條為準，非依審判結果而斷。本件公訴人係依刑法二百九十四條第二項遺棄致死罪嫌提起公訴，其最輕法定刑為七年以上有期徒刑，當屬第八條之適用範圍。是依我國刑法上開規定，本案亦為我國刑法適用效力所及，則我國法院就此為實體審判，並無不當。又福明輪與本件並不相同，加拿大政府就我國籍福明輪在公海上涉嫌犯罪，因被害人並非該國國民，而不具司法管轄權，自不能以加拿大政府就福明輪案無管轄權，即遽予比附援引為本件就我國依法具有之管轄權亦不能行使，是印度駐我國代表機構即『印度一臺北協會』雖於原審判決後，曾就本件向本院提出將被告遣送回印度，由該國進行審判之請求，惟因我國就本件有司法管轄權已如前述，本院自屬無從允許，先予敘明。」

本審判決認為我國法院對本案取得管轄權的基礎與檢察官或地方法院判決理由相同，不外乎依據我國刑法規定以及「結果發生地原則」❺、「被害人國籍管轄原則」❻等國際法一般原則來證明我國

❺ 關於「領域管轄原則」(territorial principle)延伸之「行為起源地管轄原則」(subjective territorial principle)與「結果發生地管轄原則」(objective territorial principle)，一般多直接譯作「主觀領域原則」與「客觀領域原則」(參閱丘宏達，前揭書，頁六五二至六五四)，法院判決引用時也稱之「客觀領域原則」。惟直接由英譯為客觀領域原則，不僅無法由名稱了解其定義且其與管轄原則之內容亦無實質關聯，蓋犯罪之行為或結果與主觀、客觀並無關聯；似仍以「行為起源地管轄原則」、「結

果發生地管轄原則」稱之為妥，請參閱陳長文撰，第十章「管轄」，丘宏達主編，「現代國際法」，臺北：三民書局，民國七十九年八版，頁三七四。

❻ 所謂「被害人國籍原則(passive nationality principle)」，為了保護其國民，國家對於致其人民遭受傷害或民事損失的外國加害人，不論其國籍與加害地為何處，行使管轄權。行使此管轄原則是建立在被害人之國籍上，每一個國家都有完整權利來保護其國民無論其在國內或國外。惟此並非一普遍受各國接受之國際法原則，反對的主要理由為(1)此管轄權行使之結果會無限制擴大國家的域外管轄權，(2)一行為可罰性可能因受害人國籍不同而異，(3)更嚴重的是當行為地法律不認為是犯罪行為，而被害國法律認為應受該國刑法適用範圍。故國際法只有在某些條件下才承認「被害人國籍原則」，不承認此一管轄權原則之國家不需基於此原則被迫同意由另一國家針對其國民提起訴訟。「被害人國籍原則」並非在所有國家均有規定，有規定者如奧地利、墨西哥、巴西、義大利、瑞士等，中國大陸雖承認「被害人國籍原則」但將其歸類於保護管轄原則之範疇，而英、美則未明白承認此項原則之正當性。惟近來有些國家在特定法律亦採取此一原則，如：法國刑事訴訟法第六八九條如果被害人具有法國籍，外國人在法國以外犯罪得依法國法律起訴與判決。美國在特定法律也採取此一原則，如一九八六年的「外交安全與反恐怖主義法案」(the Diplomatic Security and Anti-Terrorism Act)中，美國宣稱對在海外為了強迫、恐嚇或報復政府或人民（不論是否為美國）而殺害美國人者，可以行使管轄權。儘管如此，「被害人國籍原則」在國際法上尚未被普遍接受，而被認為此是最少正當性的幾種管轄基礎(least justifiable, as a general principle, of the various bases of jurisdiction) See (1)I. A. Shearer, *Starke's International Law*, 11th ed, London and others: Butterworth (1994), p. 187; (2)Bernard H. Oxman, Jurisdiction of States, Encyclopedia of Public International law, 10 vols, p. 240; (3)Ian Brownlie, *Principle of International Law*, 4th ed., Oxford: Clardon Press (1990), p. 303; (4)高銘軒主編，刑法學，法律出版社，北京，一九八一年；(5)趙永琛，國際刑法與司法互助，法律出版社，北京，一九九四年。我國刑法第八條：「前條之規定，於在中華民國領域

在國際法上也同樣有管轄之基礎❼。惟法院所主張的國際法基礎是

外對於中華民國人民犯罪之外國人，準用之。」是「被害人國籍原則」的表現；至於刑法第六條：「本法於中華民國公務員在中華民國領域外犯左列各罪者，適用之：1. 瀆職罪 2. 脫逃罪 3. 偽造文書罪 4. 侵占罪」與第七條：「本法於中華民國人民在中華民國領域外犯前二條以外之罪，而其最輕本刑為三年以上有期徒刑者，適用之。但依犯罪地之法律不罰者，不在此限。」則是「加害人國籍原則」的表現。

❼ 我國刑法第三條「屬地原則」、第四條「隔地犯」即為國際法「行為起源地管轄原則」與「結果發生地管轄原則」之表現。而除本案所引用的「結果發生地原則」與「被害人國籍原則」外，其他國際法一般原則還包括「普遍管轄原則(Universal Principle)」與「保護管轄原則(Protective Principle)」。「普遍管轄原則(Universal Principle)」，一個屬於普遍管轄的罪行，不論在何處犯下都會受到所有國家之管轄。因此種罪行本質上違反了全人類社會之利益而被當作萬國公罪(delict jure gentium)，任何國家都有權逮捕並懲罰。目前較明確之普遍管轄權存在為海盜罪以及戰爭罪；至於奴隸交易則並不屬之，依一九五八年日內瓦公海公約第十三條與一九八二年聯合國海洋法公約第九十九條，一國只能防止並懲罰授權懸掛船旗的船舶販奴的行為或是為了此目的而非法使用船舶。其他如種族滅絕、販賣毒品、女人、小孩或偽造貨幣等，不是由被發現所在國懲罰就是被引渡至有權利且希望對其行使管轄權的國家受審。其他關於國際社會利益的事項，在國際慣例上尚未成為普遍管轄事項，近則以條約建立其有限的普遍管轄以防罪犯逃避懲罰；惟這些條約並未規定任何締約國均可管轄而只是擴大管轄權之締約國。例如：防止劫機之一九七〇年制止非法劫持航空器（海牙）公約(Hague Convention for the Suppression of Unlawful Seizure of Aircraft)、防止危害飛航安全之一九七一年制止危害民航安全之非法行為（蒙特婁）公約(Montreal Convention for the Suppression of Unlawful Acts against the Safety of Civil Aviation)等。「保護管轄原則(Protective Principle)」，國際法承認國家對於危害其國家安全及完整或重大經濟利益之不法行為可行使管轄權，此為對領域、國籍管轄原則所作之補充。而所謂「不法行為」是其結果對那些國家的生存或重大利益影響至為嚴

傳統國際法一般原則,而這些原則原本即表現在我國刑法的內涵上。但除此之外,國際法仍可能對特定犯罪行為為有別於國際法一般原則的特別規定。可惜的是,法院提及了國際法一般原則卻未掌握國際海洋法對於「公海船舶碰撞管轄權」的發展,已由「共同管轄(犯罪事實有關國家均可行使管轄權)」轉變為「專屬管轄(船旗國與行為人所屬國)」的實際現況。

歸納整個審判過程觀之,法院處理涉外案件管轄權衝突時的態度,有下列三種:㈠地方法院肯定國際習慣法在我國內法地位的態度值得肯定,但既承認我國有義務遵守國際法卻未採取積極作為以貫徹國際法效力,反而急於由我國行使管轄權的做法有過度擴張本國管轄之嫌;㈡高院更二審雖提及國際法,但僅以國際法一般原則之「結果發生地管轄原則」❽與「被害人國籍管轄原則」來佐證「國際法上我國並非無行使管轄權的基礎」,不但沒有掌握國際法的發展

重且屬害之行為且非行使此管轄權,很多罪行都將因未違反犯罪地國之法律(lex loci delicti)而逃避處罰。惟此主觀之認定危害安全可能會過於專斷,故必須在絕對必要下才得引用,原則上應是多數國家所公認之犯罪行為。包括一九二九年「日內瓦禁止偽造貨幣公約(the Geneva Convention for the Suppression of Counterfeiting Currency)」與一九三六年「日內瓦禁止非法藥品運輸公約(the Geneva Convention for the Suppression of the Illicit Drug Traffic)」。我國刑法第五條:「本法於凡在中華民國領域外犯左列各罪者,適用之: 1. 內亂罪 2. 外患罪 3. 偽造貨幣罪 4. 偽造有價證券罪 5. 偽造文書印文罪 6. 鴉片罪 7. 妨害自由罪 8. 海盜罪。」不論本國人、外國人均適用之,即「保護管轄原則」與「普遍管轄原則」之表現,惟僅具輔助性質。詳見⑴LNTS, Vol. 112, p. 371;⑵LNTS, Vol. 198, p. 299;⑶Manley O. Hudson (ed), International Legislation, Vol. 4 (1928–1929), Washington: Carnegie Endowment for International Peace, 1931, p. 2692;⑷陳長文撰,第十章管轄,丘宏達(主編),現代國際法,臺北:三民書局,民國七十九年八版,頁四一六。

❽ 見前❺。

與現況，更忽視原審判決後印度已向我國提出管轄主張之事實❾；㈢其他各級法院全然未提及國際公約或國際法的規定更遑論討論之。對此涉及二國以上不同法域之案件，各該法院概依我國刑法規定主張有管轄權，自然值得商榷。

三、系爭問題

「春日輪」案是一跨國公海上船舶碰撞刑事案件。若從其他相關國家，例如印度、巴拿馬、菲律賓、中國大陸或我國各自刑法與國際法一般原則來看，毫無疑問的各國對本案均有管轄權，但在這個多數國家有共同管轄權的問題處理上，國際間是否已形成「特別專屬管轄權」? 從前述我國各審法院對「春日輪」的判決理由來看，本文認為下列三點值得注意：

㈠公海上船舶碰撞管轄權之演變與現況

鑒於海上交通興盛，船舶碰撞事件日增，若各國仍得依本國刑法對其所涉之船舶碰撞事件行使管轄權，管轄利益的衝突勢將影響海上航行的便捷，因為異國船舶碰撞案件涉及國家少則二國，多則五、六個國家（本案即涉及我國、中國大陸、印度、巴拿馬與菲律賓等)。因此國際間已經逐漸形成特別的規範限縮國家的管轄權限以維護海運秩序與暢通。其改變可以從常設國際法院之蓮花號(Lotus)判決到後來的三個公約（一九五二年布魯塞爾公約、一九五八年日內瓦公海公約與一九八二年聯合國海洋法公約）的規定檢視之。

㈡國際法、國際條約與國內法的關係

❾ 據瞭解，原審判決後，印度—臺北協會已代表印度政府出具宣示主張印度管轄權，並要求法院將被告等遣送回印度以進行相關刑事程序，足證有管轄權之印度已為行使管轄權之意願表示。被告已於高院辯護意旨中提出，但法院未針對印度政府之主張為任何說明。

在一九五〇年代以前，關於船舶碰撞的刑事規範，各國彼此間並無協議，故多依各自刑法行使管轄權。而各國刑法內容同時也大多是國際法一般原則的彰顯，包括「被害人國籍原則」、「結果發生地原則」等，所以國際法與國內法間並不會有太大衝突。在當時國家的管轄權是不容任意限制的，如後述可知常設國際法院在「蓮花號」判決中就認為：「除非有特定之國際法原則存在，否則土耳其在行使管轄權時不得加以限制」。但隨著時空的發展，國際間有條約、協定產生時，國家自不可忽視作為國際社會的一員，條約對於締約國的拘束力或對非締約國產生之影響。對我國而言，前述三個公約，除了一九五八年公海公約我國雖曾簽署但未批准外❿，其他如一九五二年布魯塞爾公約、一九八二年海洋法公約我國均未簽署或批准。那麼我國既非締約國，是否仍要受到公約拘束而優先適用於內國法律？亦即該等公約中關於公海上船舶碰撞專屬管轄權之規範是否已具有國際習慣法之性質？若是肯定的，非締約國的我國有無遵守國際習慣法產生之義務？這些問題的癥結回到後述的國際習慣法對於國家的拘束力。

㈢跨國的司法協助

基隆地方法院在「春日輪」的判決中肯定一九五八年及一九八二年的兩個公約有關公海上船舶碰撞的規定已具備國際習慣法的效力並對我國有拘束力，這點雖值得肯定，但是地院在必須遵守國際法義務下所採取之實際行動卻是消極裹足不前，令人有半途而廢的遺憾。亦即地方法院既然肯定國際習慣法下印度法院（或巴拿馬）對本案有專屬管轄權，那麼在跨國司法協助手段上，便應積極貫徹

❿ 我國於一九五八年四月二十九日簽署，但迄今尚未批准，理由是公約未能確定領海寬度的法律。本公約對於批准或加入國已於一九六四年九月十日生效。See UNTS, Vol. 516, p. 205; U.S. Treaties and Other International Agreements, Vol. 15, p. 1606。

此立法政策。但事實上，基隆地方法院僅「被動」等待有管轄權國家印度提出主張。據瞭解，印度政府囿於與我國無正式外交關係，雖未及時提出印度政府對本案有專屬管轄權之宣示，但印度政府已於原審判決後，透過在臺北辦事處提出管轄權主張。但高等法院或最高法院對印度的主張均不理會亦未提出說明，也可顯見我國法院欠缺超國界法律認識與對於國際司法協助之消極態度。

值此國際化日深的今日，不應僅從內國法角度觀察，更需考慮案件本身之涉外性，在尊重國際法的效力之下，做出符合國際法之判決。以下就上述爭點分別討論之。

參、公海上船舶碰撞管轄權之演變與現況

傳統國際法對於國家行使公海上船舶碰撞管轄權之方式及範圍並無明確之規範。在一九二七年的「蓮花號」案(The Lotus Case)⓫判決中，常設國際法院(Permanent Court of International Justice)即曾強調：「除非確立的國際法原則有相反之規定，管轄權之行使是國家主權行為的表現，所以不得任加限制。而當某一國家主張另一國家對系爭案件無管轄權時，前者負有國際法上舉證之義務。」⓬依「蓮花號」案判決，國家取得管轄權若具有一定之基礎⓭，國際法就不

⓫ 詳見 PCIJ, Series A, No. 10, p. 74 (1927); Hudson, Vol. 2, p. 71; Bishop, pp. 38, 443, 465; Friedmann, pp. 42, 53; Starke, pp. 207, 210, 214–215, 239; Briggs, p. 3. Lauterpacht-Oppenheim (I), pp. 333–334。

⓬ 請參閱陳長文撰、第十章管轄，丘宏達（主編）、現代國際法，臺北：三民書局，民國七十九年八版，頁三七三。

⓭ 國家間的往來必然會有所衝突，故國際法在決定國家管轄權的範圍時必須考慮下列幾點：第一、國家行使管轄權與避免干擾其他國家行使管轄權間必須取得一平衡以維平等與獨立。第二、承認國家間在追求共同目標上能有效行使管轄權。第三、對於可行使共同管轄權事件，

得任加限制。

一、早期：共同管轄權——The Lotus case⑭

本案與「春日輪」有類似碰撞情節。一九二六年八月法國籍船舶蓮花號(Lotus)在公海與土耳其船波茲考特號(Boz Kourt)發生碰撞，後者沉沒並有八人喪生，蓮花號駛入土耳其的君士坦丁堡後，土國檢察官依其刑法第六條⑮起訴蓮花號船員，土耳其法院判處法國籍被告監禁八十天及罰款二十二鎊。但法國政府表示不滿，對土耳其在常設國際法院提起訴訟，主張：㈠依國際法在公海發生之船舶碰撞事件只有船旗國有專屬管轄權(exclusive jurisdiction)起訴加害人，並認為土耳其要主張管轄權必須展現出其受到國際法與實踐證明其為正確才可；㈡犯罪行為地是在「蓮花號」上，而國際法禁止國家以被害人為本國人之理由對外國人在外國的犯罪行為加以處罰⑯。

調和其權利。第四、避免個人遭受不合理管轄權的行使以致負擔重複之義務。Bernard H. Oxman, Jurisdiction of States, *Encyclopedia of Public International Law*, 10 Vols, p. 277。轉引註自丘宏達，現代國際法，臺北：三民書局，一九九四年，頁六五〇。

⑭ See Case of the S.S. "Lotus" P.C.I.J, Ser. A, No.10. Henry J. Steiner, Detlev F. Vages, & Harold Hongju Koh, *Transnational Legal Problem*. 4 th ed., 1994, p. 236.

⑮ 土耳其刑法第六條規定：「任何外國人在國外對土耳其或其國民犯罪，而依土耳其刑法規定，該罪刑度至少為一年以上徒刑者，如該犯罪嫌疑人在土耳其被捕，則應受處罰。」

⑯ 本案最後雖判決土耳其有管轄權，但亦有六位法官認為土耳其刑法第六條之規定所展現之「被害人國籍原則」違反國際法之原則不受允許。See I. A. Shearer, *Starke's International Law*, London: Butterworths., 11th ed. (1994), p. 187。

常設國際法院在本案駁回了法國的主張，法院認為土耳其依據本國刑法起訴法國籍行為人並未違反任何國際法一般原則：即除非有證據顯示特定之國際法原則存在，否則土耳其在行使管轄權時不得加以限制⓱。因此，常設國際法院認為該碰撞行為雖發生於公海上，但行為結果係發生於土耳其船舶，而船舶既被視為一國領土的延伸，則在國際法並未禁止船舶碰撞事件的結果發生地國行使管轄權的情況下，土耳其有管轄權。綜上所述，可歸納出早期國際法有關公海上船舶碰撞管轄權的內涵是在無特定公約拘束各國之下，雖承認船旗國對於在公海上船舶有管轄權，但非專屬。亦即國際法不禁止其他當事國，如被害人所屬國的土耳其基於「結果發生地管轄原則」或「被害人國籍管轄原則」行使管轄權⓲。但常設國際法院在本案的見解在下述國際法之發展上有了重大之變化。

⓱ 其英文原文為：「International law governs relations between independent States. The rules of law binding upon States therefore emanate from their own free will as expressed in conventions or by usages generally accepted as expressing principles of law....... Restrictions upon the independence of States cannot therefore be presumed.」這裡涉及關於國際法拘束力的問題，國際法院採取實證法學派「公共同意說」的見解，認為國際法之所以有拘束力是因為國家同意的緣故，國際法的習慣規則經由國家同意而漸形成，或對某些規則的默示同意、或明示同意而規定在國際立法條約中。See ⑴L. Oppenheim, *International Law*, by H. Lauterpacht, London: Longman, Green, 8th ed (1955), p. 15；⑵丘宏達，現代國際法，臺北：三民書局，民國八十七年十月再版，頁三五。

⓲ 法國曾抗辯土耳其依該國刑法第六條對法國國民行使管轄權是違反國際法原則的，國際法禁止國家以被害人為本國人之理由對外國人在外國的犯罪行為加以處罰。常設國際法院為避免論及土國刑法有關「被害人國籍管轄原則」的適當性，在本案並未表現面對此一原則時的處理態度。

二、現況：專屬管轄權——國際公約[19]

The Lotus Case 判決認為公海上船舶碰撞管轄權為「共同管轄權」的看法歷經㈠一九五二年布魯塞爾「有關船舶碰撞或其他航行事故之統一刑事管轄公約(Brussels, International Convention for the Unification of Certain Rules Relating to the Penal Jurisdiction in Matters of Collisions and Other Incidents of Navigation, 1952)」(以下稱：布魯塞爾公約)、㈡一九五八年「日內瓦公海公約(Geneva, Convention on the High Seas, 1958)」(以下稱：公海公約）與㈢一九八二年「聯合國海洋法公約(United Nation, Convention on the Law of the Sea, 1982)」(以下稱：海洋法公約)，終被確定遭到推翻，此三公約均認為公海上船舶碰撞的刑事責任應從「共同管轄」轉變為「專屬管轄」。雖然公海上船舶碰撞管轄權規定濫觴於一九五二年「布魯塞爾公約」,惟該公約僅是少數國家簽署批准的多邊公約；但一九五八年「公海公約」對公海上碰撞的刑事管轄除了為相同規定外，並在前言明確指出該公約的性質是重申國際習慣法，使其重要性大為增加。因此，一九五八年「公海公約」可說是公海碰撞刑事管轄由共同管轄權轉變為專屬管轄權的分水嶺。

對於發生在公海上船舶碰撞的刑事案件管轄權，相關國際公約的內容幾乎相同。不外乎：除國際條約或該公約有例外明文規定外，在公海之船舶碰撞或其他航行事故僅船旗國或需負刑事或懲戒責任

---

[19] 傳統國際法對於船舶的管轄權採取「浮動領土說」(floating island theory)，由於與現實不符已遭摒棄，而改採功能說，仍承認船旗國原則上對在公海的本國船舶有專屬管轄權。參閱陳長文撰，第十章管轄，丘宏達（主編），現代國際法，臺北：三民書局，民國七十九年八版，頁三八一。

人所屬國具有專屬管轄權[20]。這項規定之目的無非是希望維持公海秩序，將管轄權歸屬於特定國家，以確保船舶航運送的暢通。

(一)一九五二年「布魯塞爾公約」[21]

第一條規定:「船舶在公海上發生碰撞或其他航行事故致船長或船上任何其他服務人員需負刑事責任或受懲戒時，對此等人員之刑事訴訟或懲戒程序僅船旗國或此等人員所屬國有管轄權。」[22]

(二)一九五八年「公海公約」[23]

第十一條第一項規定:「船舶在公海上發生碰撞或其他航行事故

[20] 國際法對於飛機也有特別的規定，航空器註冊國就刑事案件對於在該國領域外的航空器上的犯罪行為有管轄權。一九六三年東京公約(Convention on Offences and Certain Other Acts Committed on Board Aircraft)，第三條第一項規定飛機註冊國對於在飛機上（國內或國外）的犯罪行為有管轄權；第二項規定各締約航空器登記國，對在該國登記的飛機上犯罪行為加以管轄。其他如一九七〇年海牙制止非法劫持航空器公約(Convention for the Supression of Unlawful Seizure of Air craft)與一九七一年蒙特婁制止危害民航安全之非法行為公約(Convention for the Supression of Unlawful Acts Against the Safety of Civil Aviation)均有類似的規定。See (1)U.N. Doc. A/c. 6/418, English, Annex I；(2) Shawcross & Beaumont, Air Law 1 Ch41, edited by Peter B. Keenan, et al., 3rd ed. London: Butterworth & Co. (1966)。

[21] 公約英文本見 *The Ratification of Marintime Convention*, Lloyd's of London Press Ltd. 1997, II. 2. 30。

[22] 其英文原文為:"In the event of a collision or any other incident of navigation concerning a seagoing ship and involving the penal or disciplinary of the master or of any other person in the service of the ship, criminal or disciplinary proceeding may be instituted only before the judicial or administrative authorities of the State of which the ship was flying the flag at the time of the collision or other incident on navigation." See *The Ratification of Marintime Convention*, Lloyd's of London Press Ltd., 1997。

[23] 公約英文本見 UNTS, Vol. 45, p. 11。

致船長或船上任何其他服務人員需負刑事責任或受懲戒時，對此等人員之刑事訴訟或懲戒程序僅船旗國或此等人員所屬國有管轄權。」第三項規定:「除船旗之機關外,任何機關不得命令逮捕或扣留船舶，縱使藉此進行調查亦所不許。」㉔

㈢一九八二年「海洋法公約」㉕

第九十七條第一項規定:「遇有船舶在公海上碰撞或任何航行事故涉及船長或任何其他為船舶服務的人員的刑事或紀律責任時，對此種人員的任何刑事訴訟或紀律程序，僅船旗國或此種人員所屬國有管轄權。」第三項規定「船旗國當局以外的任何當局，即使作為一種調查措施，也不應命令逮捕或扣留船舶。」㉖

肆、國際法對國內法之拘束力

關於國際法與國內法的問題，可從「國際條約與國內法」與「國際習慣法與國內法」兩個層面討論:

㉔ 其英文原文為:“ 1. In the event of a collision or of any other incident of navigation concerning a ship on the high seas, involving the penal or disciplinary responsibility of the master or of any other person in the service of the ship, no penal or disciplinary proceeding may be instituted against such person except before the judicial or administrative authorities either of the flag State or of the State of which such person is a national.” “ 3. No arrest or detention of the ship, even as a measure of investigation, shall be ordered by any authorities other those of the flag State.”

㉕ 一九八二年我國已非聯合國會員國亦未受邀與會，自未簽署或加入。公約英文本見 The Law of the Sea, Official Text of the United Nations Convention on the Law of the Sea with Annexes and Index, New York: United Nations, 1983, pp. 6–110; 中文本見中華人民共和國多邊條約集，第四集，北京:法律出版社，一九八七年，頁二四一至四四一。

㉖ 英文原文請參閱前引㉒、㉔。

一、國際條約與國內法

所謂「條約」是指「二個或二個以上國家或國際法人所締結受國際法規律的任何國際協定」㉗。條約所代表之角色如同在國內法規範下之契約。基於契約僅對當事人有拘束力，同樣的，條約亦僅對於締約國具有拘束力。但是，若條約的內容是在重申習慣法的存在，即將習慣法法典化，則該條約內容便具有普遍的拘束力，非締約國亦須遵守㉘。

自一九五二年布魯塞爾公約規定公海上碰撞事件唯有船旗國及行為人本國具有刑事及懲戒管轄權、一九五八年日內瓦公海公約至一九八二年聯合國海洋法公約亦為相同規定後，國際間對此問題不再是無協議的狀態而是彼此的讓步與合作，尊重「船旗國」及「行為人本國」有「專屬管轄權」。則當國內法律與條約相衝突時，締約國自應優先適用條約之規定。雖然我國不是上述公約之締約國，縱使我國刑法與上述條約規定相牴觸時，法院自可以此為由，主張條約對我國原則上無拘束力，更沒有條約與內國法律何者優先適用的問題而當然應該適用內國法。對此，檢察官或法院也僅依刑法第三條、第四條以及第八條規定認為既然犯罪結果發生於中華民國領域內（日東六號為我國籍船舶）且犯罪被害人為我國籍船員，則我國

㉗ 條約法公約第二條第一項對於「條約」之定義如下：「國家間所締結而以國際法為準之國際書面協定，不論其載於一項單獨文書或兩項以上相互有關之文書內，亦不論其特定名稱為何」；國際組織條約法第二條亦規定：「條約是指 1. 一個或更多國家和一個或更多國際組織間，或 2. 國際組織相互間，以書面締結並受國際法支配之國際協議，不論其載於一項單獨文件或兩項或更多有關文件內，也不論其名稱為何。」

㉘ 關於條約內容重申習慣法存在，可參閱後述㉟的一九五八年公海公約前言。

法院對本案得行使管轄權[29]。就條約與國內法關係而言，法院判決看似無不當，實則不然，因為法院所持理由並非以我國非締約國而無適用條約義務，而是完全忽略條約規定僅以我國刑法決定涉外案件的管轄權；當然法院更沒有進一步探討該條約內容是否已成為國際習慣法。

二、國際習慣法與國內法——國內法之國際化

(一)國家應受到國際法之拘束

國際法是指「大部分包括國家在其相互交往關係中，認為有法律上拘束力的習慣或條約規則的總體。並包括：1.有關國際組織運作以及國際組織相互間及與國家或個人間關係的法律規則；2.某些國際社會關切的非國家的個體及個人的權利義務的法律規則。」[30]

儘管有人認為國際法與一般國內法律係透過立法機關的立法程序所通過相比較下，國際法的形成沒有經過一個中央立法機關制定，故不具備構成法律的要件，因此僅是「實證道德(positive morality)」[31]，所以不僅無法拘束國家且無制裁力。然而觀諸今日的國際法，不但國際規範中以立法條約或多邊公約所構成之「國際立法」大量增加，且各國都將有關國際法問題當作法律問題處理，各國憲法規定條約或國際法為國內法的一部分亦非少數。至於國際法最常受到批評的不具有強制執行力的問題，現今的國家於違反國際法時，

[29] 參閱前引檢察官起訴書與法院判決理由摘錄，頁五。

[30] (1)L. Oppenheim, *International Law*, by H. Lauterpacht, London: Longmans, Green, 8th ed (1955), pp. 4–5；(2)Jennings & Watts, *Oppenheim's International Law,, Introduction and Part 1*, England: Longman Group UK Limited, 9th ed. (1992), p. 4.

[31] 主張之代表為英國法學家John Austin, J. G. Starke, *An Introduction to International Law*, London: Butterworth, 10th ed. (1989), p. 18。

國際社會（特別是如聯合國之國際組織）對違反者不僅有權利而能夠採取不同手段（包括透過武力或經貿的方式）來制裁該國。誠然，某些國家作出違反國際法的行為時，國際間仍未能貫徹對違法國家的制裁。但這如同國內的法律時而會受到違法者行為的挑戰，而法律有時因為種種原因未能對其制裁，並不影響內國法律作為維護國內秩序與規範的能力；同理，國際法強制執行力的問題也不影響其作為維護國際秩序的法律的地位與能力。

所以國際法的效力必須優先於國內法，乃因唯有如此，國際秩序才能真正建立。國際法對於國家的行為設立了共同的標準或準則，各國遵行則彼此均感方便與有利。正如同國內法律對於社會秩序的維持，個人的行為亦不能超越法律規範。

㈡國際習慣法的確認與我國的實踐（福明輪案之立場）

儘管國際條約大量的增加，但國際法中的「習慣」㉜仍佔有相

㉜ 國際法上的「習慣」是指「一種明確而繼續從事某種行為的習性：而這種習性源於堅信根據國際法有義務或權利來這樣做。」國際法上的「習慣」與通常所稱之「習尚(usage)」是不相同的。「習慣國際法」的形成，可以國際法院規約第三十八條第一項第五款規定說明之，該款規定：「國際習慣，作為通例之證明而經接受為法律者。」其中包括兩要件：一、客觀要件：通例，即一行為經普遍反覆實施已為習尚。通常是由國家或國際組織的實踐證明習尚的存在，包括：⑴國家外交關係的實踐，例如：政治家的言行、法律顧問的意見、發言人的新聞或官方聲明；⑵國際機構的實踐，此一實踐可形成有關該機構地位、權力及責任方面的習慣規則；⑶國內法、國內法院的判決或行政方面實踐。二、主觀要件：行為者從事該行為時，主觀認定具有法之信念或義務必須如此。即當一個常被國家採行之國際行為被認為是法律上有拘束力或具有法律上權利時，自這個行為中可以抽出的規則就可被認為是習慣國際法的規則。例如：以立法條約(lawmaking treaties)形成國際習慣法，蓋因真正為所有國家簽署或批准的國際公約並不多，條約原則上對於非締約國又不生效力，但是如一個公約有大多數國家參加，

當重要之地位。因為條約除了創造新的權利義務外，許多條約仍只是將既存的習慣國際法規則予以法典化。故判斷公約對於一國是否具有拘束力，不僅應從是否為締結國來觀察，更必須檢視某特定條約之義務是否同時已形成或反應國際習慣法。若經證明條約具有國際習慣法之內容，則雖非締約國之國家仍有遵守之義務。

檢視一九五二年布魯塞爾公約、一九五八年公海公約、一九八二年海洋法公約等三個公約是否已是國際習慣法之一部分。首先，就布魯塞爾公約而言，由於僅有少數締約國簽署批准，故並非具代表性之典型多邊公約㉝； 至於一九五八年公海公約與一九八二年聯合國海洋法公約， 不論從眾多國家的簽署批准以及公約制定至今經過四十多年各國長時間的實踐來看㉞， 我們可以肯定關於公海上船舶碰撞專屬管轄的規定已是國際習慣法。 一九五八年公海公約便在前言中明白的指出:「一九五八年二月二十四日至四月二十七日在日內瓦所舉行之聯合國海洋法會議， 所採行規範是宣示已建立之國際法一般原則。」亦即公海公約是將既存之國際習慣法予以法典化而已㉟。

則可以逐漸形成國際習慣規則。惟成為國際習慣法過程中需要多少國家實踐遵行：國際法上無明確規定，並有爭議。國際法院曾認為公約生效若只有少數國家參加，不夠構成習慣法；但法院同時也認為只要有廣泛與有代表性的國家，包括對其利益有特別影響者參加便足夠，未指出需多少數目國家參加才能形成習慣。

㉝ 至一九九九年十一月止，僅十八個國家簽署該公約。See *The Ratification of Marintime Convention*, Vol. 1, Lloyd's of London Press, 1997, I. 2. 30。

㉞ 至一九九九年十一月止，公海公約有四十九個國家簽署。海洋法公約有一六二個國家簽署，除美國未簽署外，其他重要國家如英國、法國、德國、俄羅斯（前蘇聯）、日本、中國大陸均已簽署批准，且未對第九十七條規定提出保留，本案印度亦同。See *The Ratification of Marintime Convention*, Vol. 1, I. 2. 30., Lloyd's of London Press. I. 1. 170。

㉟ 公海公約前言原文為："Recognizing that the United Nation Conference

另外，從我國法務部在另一涉外刑事案件「福明輪」❸❻之專案報告中也可看出行政機關肯定公約有關公海船舶碰撞規範為國際習

on the Law of the Sea, held at Geneva from 24 Feb to 27 Ape 1958, adopted the following provisions as generally declaratory of established principles of international law." 至於一九八二年海洋法公約雖未提及公約規範僅是將國際習慣法予以法典化等聲明，係因海洋法公約規範內容遠較公海公約廣泛，並非全部內容均已是國際習慣法，但單從海洋法公約關於公海上船舶碰撞的規定與公海公約相同來看，毫無疑問的海洋法公約關於此部分亦係國際習慣法。

❸❻ 「福明輪」案是我國籍船舶「福明輪」自西班牙阿爾吉西拉港出發，於民國八十五年五月二十四日駛入加拿大哈利法克斯港。船上菲律賓籍船員指控航行途中，船長曾將三名羅馬尼亞籍的偷渡客棄置於大西洋公海。肆該船進入加國後遭加國警方扣留，我法務部主張：「本案犯罪發生地、被害人本國及犯罪嫌疑人本國均與加拿大無關，加拿大不能取得司法管轄權。其所作之逮捕、調查、搜索僅係依『加拿大一羅馬尼亞引渡條約』與加拿大『刑事案件司法互助法』。」在其專案報告中指出「羅馬尼亞主張對本案有管轄權，完全是以『被害人國籍原則』為依據，惟此原則原非國際間普遍接受的原則，如遇他國基於屬人原則（犯罪發生地國）或屬人原則（犯罪嫌疑人本國）而主張管轄權時，便不具正當性管轄基礎。」而我國之所以主張有管轄權除了基於：(1)「屬人原則」（犯罪人為我國籍船員）與「屬地原則」（犯罪事實發生地為我國籍船舶）；(2)我國刑法第三條規定；(3)基於國際公約規定，我國得依船旗國身分專屬管轄該案，故具有充分正當性。而我國主張羅馬尼亞管轄權基礎薄弱，正是因為其僅能依正當性不足之「被害人管轄原則」主張而無法與我國對抗。儘管「福明輪」案與本案「春日輪」並無相關，因為案件性質並不相同，前者為「單一船舶上犯罪行為」；後者為「船舶碰撞」；並且法務部專案報告中也誤解海洋法公約第九十七條條文意旨，將公約船舶碰撞或其他航行事故規範適用於單一船舶上的殺人行為。但提及此一專案報告目的是為說明這是少數我國行政機關對於公約對我國有拘束力表達明顯立場者，為一重要之佐證。請參閱法務部處理「福明輪」案專案報告，八十五年九月四日。

慣法的明顯立場。報告中指出：

> 聯合國海洋法公約，我國則因已失聯合國代表權，並未應邀與會，自未簽署及加入。但是，事實上此一原則已成為各國公認之國際習慣法(customary international law)，誠如一九五八年「公海公約」的前言所稱，該公約無非將有關公海之確定國際法規則加以『編纂』（法典化）(codify)具有『概括宣示』(generally declaratory)的性質而已。換言之，世界各國無論是否已成為該公約的締約國，均應受其拘束，不因是否成為締約國而有所不同。況且羅馬尼亞早在三十五年前即已成為公海公約的締約國，尤應遵守其規定。因此，就本案而言，我國為『福明輪』船旗國，事件發生在公海，故依上開規定享有專屬管轄權應無疑義。[37]

綜而言之，從公約已有大多數國家簽署批准、並歷經數十年長時間的實踐以及我國行政機關肯定的態度來看，我們可以確定就「公海船舶碰撞專屬管轄權」的規定已成為國際法之一部，公約既為國際習慣法的一部，則不論我國為締約國與否，均有遵守的義務。

我國或因較少有機會在國際間締結公約因而忽略了公約的重要，甚至忽略了國際習慣法的影響力，但這不表示國際法對我國而言不是法律；亦即我國未簽署的條約對我國而言不是條約，但不代表它沒有拘束力，因為該條約可能代表的是國際習慣的法典化，例如：聯合國憲章第二條第六款：「本組織在維持國際和平與安全的必要範圍內，應保證非聯合國會員遵行上述原則。」說明了縱使公約對於非會員國不具拘束力，但在維繫國際和平安全的範圍內，屬於國際法一般原則，非會員國仍有義務必須遵守，因為它是國際

[37] 參閱法務部處理「福明輪」案專案報告，同上註。

習慣法㊳。

伍、司法協助

前面提及地方法院承認「布魯塞爾公約」、「公海公約」與「海洋法公約」對於公海碰撞管轄權規定是國際習慣法，對我國有拘束力的見解，雖值得肯定，但仍有不足之處，因為既然肯定國際法對我國有拘束力，則法院在審理期間應「主動」採取各種方式以達移轉予印度專屬管轄的目的。依「司法協助事件之處理程序」第二點「我國法院委託外國法院協助之司法事件，應比照外國法院委託事件協助法第二條至第八條之規定辦理。惟我國於受託國未設使領館或駐外代表機構者，可逕行函請最高法院囑託受託國最高法院協助，並以副本送司法院，如為第一審法院，並應以副本送其直接上級法院。」㊴因此，我國法院應依「外國法院委託事件協助法」第三條「委

㊳ 一九四九年聯合國關於國家權利義務宣言(Draft Declaration of Rights and Duties of States)草案第十三條規定：「各國有秉持誠信履行由條約與國際法其他淵源而產生之義務，並不得藉口其憲法或法律之規定而不履行此種義務。」說明了國際法對於國家有拘束力，其他如人權公約、外交及領事公約也有類似規定。

㊴ 中華民國六十九年十一月十一日司法院(69)院臺廳一字第 03860 號函訂頒。第一點為「我國法院受外國法院委託協助民事或刑事事件，不能依『外國法院委託事件協助法』第三條規定轉送時，仍應參照同法第二條、第四條至第八條規定辦理。受託法院如為最高法院，得逕行囑託管轄法院辦理。並以副本抄送司法院及管轄法院之上級法院；如受託法院為第二審法院，得自行或轉請第一審管轄法院辦理；如受託法院為第一審管轄法院，得逕行辦理或轉請上級法院辦理。第一審及第二審管轄法院於辦理協助事件完畢後，應函請最高法院轉函委託國之最高法院轉知該國委託法院，並以副本抄送司法院。如受託法院為第一審法院時，並應以副本送其直接上級法院。」

託事件之轉送，應以書面經由外交機關為之。」包括可函請司法院請求外交部透過我國駐印度代表處（駐新德里臺北經濟文化中心）徵詢有專屬管轄權的印度行使管轄權與否或責成被告取得印度政府對於本案行使管轄權之態度等；縱使我國於印度未設使領館或駐外代表機構，本案我國地院或高院均可函請最高法院囑託受託國最高法院協助，以達到真正尊重國際法對我國而言亦是法律，而法律必須遵守的態度，而非如法院謂：

> 惟如依上開國際公約有權管轄之國家怠於行使其管轄權時，依國際法其他原則取得管轄基礎之國家仍非不得管轄該案件，否則就該案件將無人得追訴審判，且國際法之主體既為主權國家，自亦為主權國家始得主張其國際法上之權利而有權管轄之國家是否主張其司法管轄權亦非他國所得干涉（與國內法院間之管轄權劃分，其有管轄權之法院不得拒絕管轄之情形有異）。

顯然地方法院尚未體會與貫徹國際法所賦予印度「專屬管轄權」之意義。

本案於地方法院審理期間，印度政府雖未作出任何管轄權的宣示㊵，但依國際法規定，印度有專屬管轄權，則我國法院就必須遵守國際法的義務，這點已從前面推論可證。則所稱「怠於」行使其管轄權應是受案法院用盡各種方式告知有權管轄法院，而其仍不行使者，而非如地方法院「被動」等待印度主張未果即認為印度政府怠於行使其專屬管轄權。否則即使法院具備超國界法律的認識，卻因為其消極的司法協助做法，又將使得「國際法對我國有拘束力」

㊵ 本案發生後，印度政府確欲行使管轄權，惟因與我國無邦交等種種考量因素下，導致時間上未能在地方法院審理期間提出，但已於高等法院提出管轄權宣示。

流於空談。固然依照我國刑法主張管轄權對於法院至為便利，而要法院用盡方法主動取得他國政府的立場，肯定會增加法院審理案件的麻煩。但倘若法院能主動跨出這一步，不但能彰顯我國法院尊重國際法的態度，也能為日後的涉外案件建立一「國際司法協助」之典範❹❶。

而在春日輪原審判決後，印度政府已透過在臺北辦事處提出管轄權主張，惜高等法院、最高法院的判決理由中對此隻字未提不予理會，仍忽略國際公約內容，更未討論國際法對我國的拘束力問題。既然被告所屬國印度已於原審判決後高院審判過程提出依據公約有專屬管轄權之主張，關於本案我國法院應無審判權。高等法院應依據刑事訴訟法第三〇三條第六款「對於被告無審判權者」規定改諭不受理判決；而在最高法院，亦應依刑事訴訟法第三七九條第五款「法院受理訴訟或不受理訴訟係不當者。」以法院受理訴訟係不當而當然違背法令，改諭不受理判決發回更審。顯見高等法院及最高法院若非忽視國際法關於公海上船舶碰撞規定的發展，便是自始對國

❹❶ 在 Liu Su Nai-Chao v. the Boeing Company 一案，發生於我國苗栗三義上空之遠東航空公司空難事件，罹難者家屬於美國加州聯邦法院控告飛機製造商美國波音公司。聯邦法院認為雖然該院對於本案也有管轄權，但是基於證據取得、調查便利、訴訟經濟以及如何最有效發揮判決效果等理由下，同意被告主張以「不便利法庭原則(forum non conveniens)」不行使管轄權。法官並於判決諭示，判決係基於被告等同意下列四項條件：1. 中華民國法院有並會對本案行使管轄權、2. 被告接受中華民國法院所行使之管轄權，並准許其員工赴中華民國作證、3. 被告須放棄自起訴時起至本駁回起訴裁定生效時止，有關法律所給予時效抗辯之權利、4. 被告同意接受中華民國法院所為之判決結果。美國法院之「有管轄權但不一定要行使」態度值得我們學習，See Liu Su Nai-Chao v. the Boeing Company, No. C–81–4235 WHO, United States District Court, Northern District of CA, Apr/12/1982。

際法欠缺認識而以為:「依我國刑法第三條、第四條我國法院即有審判權,自得加以管轄;至於印度雖提出遣返被告由該國行使審判權之要求,惟我國既有管轄權,自屬無從准許。」

至於更二法院在判決理由中提及:「依國際法上『被害人國籍管轄原則』,國家對於加害其國民之外國人得行使管轄權;且依『客體領域原則』,犯罪結果發生於本國而得行使管轄權,足見國際法上我國就本案並非無行使管轄權之基礎。」本文認為,內國刑法原本即隱含國際法的內容,為一體之兩面。但當公海船舶碰撞管轄權已由相關國家均得行使排他的管轄權,除非確立的國際法原則有相反之規定,發展為雖然國家均得依內國法行使管轄權,但是基於國際合作、公海船舶航行便利,限於船旗國或行為人所屬國才可行使管轄權。那麼法院僅以國際法上之一般原則就主張我國在國際法上也有管轄權基礎,其判決理由與七十年前「蓮花號」案相同,實難謂「進步」之判決。

陸、結　論

綜合前述,公海船舶碰撞專屬管轄權的規定對各國而言不僅是條約義務,更是國際習慣法之一部分。亦即縱使我國非締約國,而因此或無須以締約國身分遵守條約之義務,但我國仍必須受到國際習慣法之拘束。因此我國法院不得逕以我國非該公約締約國,條約對我國無拘束力而排除適用;而應進一步檢視該等公約是否已成為國際習慣法的一部分,若肯定公約規定為國際習慣法,則法院自應適用國際法,因為國家必須遵守國際法的規定。

本文開始提及因為國際政治的現實,我國目前無法正式參與國際社會活動,未能簽署批准眾多規範國際事務之國際公約。正因為如此,我國不但不能置身於國際秩序之外,反而必須加倍跟上國際規範的腳步。法院的判決對於國際法國內法的調和深具重要性，惟我國法院在面對涉外案件時，無論是刑事或民商事案件，往往不願處理、面對國際法或外國法的適用，導致忽視國際法的效力與國家在國際間所應扮演的角色。究其原因，除了我國特殊國家環境外，根本問題在於專業法律人的養成，長久以來從法學教育、考試以及在職訓練均忽視涉外案件處理的重要性導致認識不足。吾人認為，未來包括、司法院、法務部等各行政機關以及法學院均應加強對於超國界法律的認識。欲融人國際社會不單是靠經貿往來或民主政治制度的仿效,整體國家法律制度與司法判決更應符合國際法的現況,使法院於未來面對涉外案件法律衝突的解決時，不僅從國內法的角度處理，更能以國際法之內容審視之。藉由將國內法國際法化以及法院不斷的實踐，方能使我國司法法制與國際接軌進而建立和諧、超國界的法律體系。

國際法上有關「停戰協定」的實踐和規範

陳純一 *

壹、前　言

貳、結束敵對狀態的主要方式

一、概　說
二、停火(Cease-fire)
三、休戰(Truce)
四、停戰(Armistice)
五、和平條約(Peace Treaties)

參、現代「停戰協定」的性質和發展趨勢

肆、國際上「停戰協定」的實踐

伍、「停戰協定」的內容

一、結束敵對狀態

* 作者為美國杜蘭大學法學博士，現任文化大學美國研究所專任教授，中國國際法學會秘書長，並於國立政治大學與東吳大學講授國際法相關課程。

二、生效日期

三、有效期間

四、分界線（Demarcation Line，停戰線）的劃分

五、非軍事區(Demilitarization of Border Zones)或是中立區(Neutral Zone)的設置

六、交戰國與戰區居民的關係

七、戰　俘

八、封　鎖

九、監督機構

十、其　他

陸、結　論

國際法上有關「停戰協定」的實踐和規範 *

壹、前　言

長久以來，「停戰協定」(Armistice) 一直都是國際衝突中結束敵對狀態的主要方式。停戰協定的形式有二種：一是「全面停戰協定」(General Armistice)，另一是「局部停戰協定」(Partial Armistice)，二次大戰後的國際實踐顯示「全面停戰協定」不僅僅能讓雙方停火，更能進一步地完全結束戰爭狀態，邁向和平，故重要性不容忽視，而本章也將以「全面停戰協定」為研究重點，從國際法的觀點，分析它的性質、發展趨勢、條款內容、以及國際上相關的實踐，以供參考。

貳、結束敵對狀態的主要方式

一、概　說

戰爭的完全結束一般是經由和平條約來達成，不過在簽署和約完全結束戰爭之前，交戰各方的敵對狀態可以因為事實上沒有戰鬥

* 作者對於「停戰協定」的研究，最早始於丘宏達教授之構想，研究過程中，並獲得其費心協助，今敬獻此文祝壽，並感謝丘師對學生長期的指導與栽培。

行為而中止，但也可以經由停火(Cease-fire)，休戰 (Truce)和停戰(Armistice)而結束❶。單純地停止戰鬥行為沒有法律上的拘束力，因為交戰雙方可以不經警告，隨時重啟戰端。而「停火」、「休戰」、「停戰」和「和約」則具有國際法的效力，因而一向被採納為結束敵對狀態的主要方式❷。歸納以往的經驗，不論其名稱為何，一個能夠結束敵對狀態的協議通常具有下列的特點❸：

第一、以協定結束敵對狀態的提議可以由衝突各方的領導人主動提出；也可以由聯合國安理會等國際組織出面要求；當然更不排除經由第三者的斡旋而展開談判。

第二、結束敵對狀態的協定都應當有一些基本內容，這包括何時開始、期間有多長、涵蓋的領域範圍為何，以及那些行為是被禁止的。另外有些條款則是可以視需要列入，這包括軍隊與人民的關係、戰俘問題、彼此之間的外交關係、以及如何有效的監督彼此是否遵從協議等，此外，衝突各方並且應考慮是否要求有中立國或國際組織參與擔任監督者或是觀察員的工作。

第三、結束敵對狀態的協議不能任意撤銷，國際法上「條約必須遵守」(Pacta sunt servanda)和誠信原則在此都適用。因此如果有一方希望恢復敵對行為，則必須要有符合國際法的原因和理由方可為

❶ Yoram Dinstein, *War, Aggression and Self-Defense*, 2nd ed., Cambridge: Cambridge University Press, 1994, p. 50.

❷ 參考 Sydney D. Bailey, "Cease-Fire, Truces, and Armistices in the Practice of the UN Security Council," *The American Journal of International Law*, Vol. 71 (1977), pp. 461–473。

❸ 參考 Dieter Fleck, "Suspension of Hostilities," in Bernhardt ed., *Encyclopedia of Public International Law* [Installment 4 (1982)], pp. 239–240；並參考 David M. Morriss, "From War to Peace: A Study of Cease-Fire Agreements and the Evolving Role of the United Nations," *Virginia Journal of International Law*, Vol. 36 (1996), pp. 801–931。

之。

必須強調的是，依國際法的觀念，「中止」(Suspension)敵對狀態和「終止」(Cessation)敵對狀態的意義並不相同。一般而言，「終止敵對狀態」指的是戰爭已經結束，而「中止敵對狀態」則表示戰爭狀態依舊存在，只是暫時沒有任何的戰鬥行為❹。而經由以下對「停火」、「休戰」、「停戰」，和「和約」等名詞的介紹討論，我們將發現「停火」和「休戰」偏向於「中止」敵對狀態，「停戰」則可以「終止」停戰狀態，至於「和約」則是完全地結束戰爭，達成和平❺。

二、停火(Cease-fire)

要求停火的場合有三種：❻第一是「地區性的停火」，這往往是為了埋葬死者、運送傷患、或是要進行談判；第二是「全面性的停火」，其主要的目的是中止戰區的一切敵對行為，並有可能會進一步的簽署「停戰協定」；第三種「停火」則是由於聯合國安理會或其他國際組織的要求，例如在「兩伊戰爭」期間，安理會曾要求雙方「停火」。波斯灣戰爭時，安理會也曾通過相關的決議❼。

法律上，不論交戰雙方「停火」的時間有多長都並不表示戰爭

❹ Dinstein, *War, Aggression and Self-Defense*, *supra* note 1, p. 54.

❺ 故以色列總理拉賓(Yitzbak Rabin)和巴解組織領袖阿拉法特(Yasir Arafat)於一九九三年九月間以交換信函的方式表達願意和平解決彼此之間的紛爭，這也是結束敵對狀態的另一種方式。見 "Israel-PLO Peace Accord: Key Texts; Exchange of Letters Clearing Way for Peace," *Facts on File World News Digest*, September 16, 1993；中文可參考中國時報，民國八十二年九月十一日，第十版。

❻ Dinstein, *War, Aggression and Self-Defense*, *supra* note 1, pp. 50–54.

❼ Security Council Resolution No. 687, *International Legal Material*, Vol. 30 (1991), pp. 847–854.

已經結束或是和平已經來臨。「停火」只是提供交戰各方一個磋商達成締結「和平條約」的機會，但是這並不意味著在簽署「和平條約」之前一定要有「停火協定」❽。事實上，有太多的停火協議在被破壞後，反而引起更慘烈的戰鬥。

三、休戰(Truce)

「休戰」一詞主要是源於歷史傳統，尤其是在中世紀時常被使用。在二次大戰結束以前，「休戰」和「停戰」常常被視為同義，不過這種見解在聯合國成立以後已有所改變。依學者意見，「休戰」的達成往往是聯合國干涉的結果，例如一九四八年在巴勒斯坦達成的「休戰」。而「停戰」則一般是由當事者雙方協商談判達成❾至於「休戰」和「停火」有何區別呢？由目前各國的實踐來看，「停火」和「休戰」二字已被視為同義❿。

四、停戰(Armistice)

嚴格來說，停戰只是暫時中止敵對行為，在正常情況下一旦停戰期滿則要重新開始敵對行為。停戰可以是全面的，即中止全部武裝作戰，也可以是部分的或區域性的，即僅限於部分軍隊參與或僅在特定戰區。然而，現在的見解認為「全面停戰」不僅暫時停止敵對行為，而且是一種事實上結束戰爭的方法，例如「韓國停戰協定」事實上結束了一九五〇至一九五三年的韓戰。

此外，有些終止(Cessation)或中止(Suspension) 敵對狀態的協定

---

❽ Dinstein, *War, Aggression and Self-Defense*, *supra* note 1, pp. 54–55.

❾ Bailey, *supra* note 2, p. 463.

❿ Dinstein, *War, Aggression and Self-Defense*, *supra* note 1, p. 51.

雖然不被明文稱作停戰協定，但依其內容，似乎也可以列入「全面停戰協定」的範疇，例如一九五四年七月二十日關於分別在越南、寮國、高棉停止敵對行為的三個「日內瓦協定」，的確在中南半島終止了政府軍與越盟部隊之間的戰鬥。而在一九七三年十月敵對行為中⓫，關於以色列與敘利亞軍隊之間「脫離接觸協定」(The Agreement on Disengagement)，也可歸入此類。

不過一九七三年一月二十七日在巴黎簽署的「關於在越南結束戰爭，恢復和平的協定」(Agreement on Ending the War and Restoring Peace in Vietnam，以下簡述為越南停戰和平協定)，雖然內容主要是規範停戰事宜，但事實上它又具有「和平條約」的特色⓬。印度和巴基斯坦於一九六六年一月十日發表塔什干宣言(Tashkent Declaration)，雖然名為宣言，但它的內容還是涉及了軍隊撤退線和戰俘等問題，所以又具有「停戰協定」的性質。

五、和平條約(Peace Treaties)

交戰國簽訂和平條約(Peace Treaties)以結束戰爭是國際法最早確定的規則之一。一般而言，「和平條約」的功能主要有二：一是「結束戰爭」，另一是「恢復友好關係」⓭。由於現代的「全面性停戰協定」能事實地結束戰爭，這使得「停戰協定」和「和平條約」二者

⓫ 本段有關「停戰」的說明，大致依循 Prof. J. G. Starke 的見解。見 J. G. Starke, *Introduction to International Law*, London: Butterworths, 1989, pp. 574–575。並同時參考何笑冰，「停戰協定」，王鐵崖主編，中華法學大辭典：國際法學卷，北京：中國檢察出版社，一九九六年，頁五五一至五五二。

⓬ Wilhelm G. Grewe, “Peace Treaty”, in Bernhardt ed., *Encyclopedia of Public International Law* [Installment 4 (1982)], p. 108.

⓭ *Ibid*, pp. 104–105.

之間似乎產生了觀念上的混淆，以為它們是相同的，其實，二者之間還是應有所區別。

首先從目的來看⓮，停戰協定只是結束戰爭，而和平條約除了停止戰爭外，還要進一步的使交戰雙方在經濟、外交、及各方面的關係，都恢復正常化。當然要恢復和平，結束戰爭是最重要的一步，但是交戰國之間如未恢復文化或是貿易等其他方面的交流，真正的和平也並沒有來臨。所以僅簽署停戰協定，並不表示「承認」對方為一個新國家，也不表示彼此的外交關係當然恢復，雙方的關係可能會依舊處於一種緊張的狀態，邊界也可能是依舊關閉。換句話說，二國衝突的「武力」層面或許已經完全結束，但是衝突依舊存在。這也就是為何還是有簽署「和平條約」之必要，因為和約能把二國關係導入積極建設的一面，而且「韓國停戰協定」的例子顯示，僅僅停戰而未簽署和約，使得朝鮮半島一直無法排除戰爭的陰影。當然，依現代國際法的觀念，簽訂停戰協定後再度發生戰爭，將被視為是新戰爭，而非舊戰爭的延續。

其次，就內容而言，「停戰協定」和「和平條約」的內容都無絕對標準，但是由於二者的性質不同，二者的條文重點也有所差異，常見的停戰協定重點是強調結束敵對狀態，確定分界線和非軍事區，釋放戰俘和成立監督停戰機構。而和約常見的條款則是：㈠釋放遣返戰俘；㈡恢復外交與領務關係；㈢戰時暫停的若干條約重新生效；㈣歸還或保留在戰時奪取的敵產；㈤償付賠款與割讓土地；以及㈥如何執行和約條款⓯。

最後在追求和平的過程上，一般而言，在締結和平條約之前，通常需要先締結「停戰協定」或是「和平初約」(Preliminaries of

⓮ 參考 Dinstein, *War, Aggression and Self-Defense*, *supra* note 1, pp. 45–46。

⓯ 見 Grewe, *supra* note 12, pp. 106–108。

Peace),「和平初約」不但規定交戰各方同意的事項,也規定了談判「和平條約」的手續,但是現在事實上已很少簽署「和平初約」⑯。而由國際間有關「和平條約」的實踐來看,自二次大戰結束後,除了一九四七年西方國家與保加利亞、芬蘭、義大利、匈牙利和羅馬尼亞有關的和平條約,一九五一年的「舊金山和約」和一九五二年的「中日和約」外,真正有意義而且重要的和約大概只有一九七九年以色列和埃及於美國華盛頓簽訂的和平條約。但這並不代表二次大戰後並沒有發生戰爭,只是停戰協定似乎取代了「和平條約」的角色而已。

參、現代「停戰協定」的性質和發展趨勢

傳統國際法下的「停戰協定」僅能暫時性的中止戰鬥行為,例如一九〇七年海牙和會公約的「陸戰法規及慣例條約的附件」(Hague Regulations Respecting the Law and Customs of War on Land,以下簡稱海牙規則)的第三十六條至第四十一條一向被視為「停戰協定」的基本規則⑰,而該規則即認為「全面停戰協定」雖然能中止敵對狀態,但戰爭狀態繼續,而且還保留了重新恢復戰鬥的可能性⑱。

但是各國的實踐顯示現代停戰協定的性質和海牙規則所處理的對象已大不相同。現在看來,海牙規則規範的對象似乎與「停火」比較相關⑲,而現代的停戰協定傾向於完全地結束戰爭,而不是僅

⑯ 日本國際法學會編,國際法辭典,北京:世界知識出版社,一九八五,頁五六九。

⑰ 參考薛典曾,郭子雄編,中國參加之國際公約彙編,臺北:商務印書館,一九七二,頁一三至一九;五七至六三。

⑱ 第四十條,同上,頁六二。

僅中止戰鬥。這種國際法觀念演進的新趨勢，始於使一次世界大戰結束的停戰協定、歷經二次世界大戰、並在二次大戰結束後，隨著一九四九年以來所簽訂的一系列的「全面性停戰協定」，包括以色列與埃及、黎巴嫩、約旦和敘利亞所簽署的四個停戰協議，一九五三年在韓國所簽訂的板門店協定(Panmunjom Agreement)，而發展到最高峰⓴。隨後中南半島三國於一九五四年和法國達成的日內瓦停戰協定，以及一九七二年有關越南戰爭的和平協定，也都有別於傳統形式的「停戰協定」。

那麼到底有何不同呢？二次大戰後，有關「停戰協定」的發展，呈現出下列的趨勢：

第一、傳統觀念的停戰往往只是交戰者之間的事務，而現代的停戰協定卻受到國際社會的普遍關心，這也是為什麼許多停戰協定的監督組織都有聯合國或是第三中立國的參與；

第二、現代的停戰協定幾乎都是「全面」，而少見區域性的停戰協定，主要的原因有二點：一是「全面停戰協定」除了軍事目的，還有很重大的政治性；二是今日國際上雖存在不少的武裝衝突，但很少是國際法所謂的「戰爭」，在這種情況下，戰鬥的結束不必以締結「和平條約」為前提，「全面停戰協定」可以充分達成目的㉑。

第三、由巴勒斯坦和韓國的例子可知，朝鮮半島和中東的和平並沒有在簽定停戰協定後就立刻來臨，但從國際法的角度來看，協定簽署前的戰爭則已經因為協定的簽署而結束㉒。

⓳ 見 Yoram Dinstein, “Armistice,” in Bernhardt (ed.), *Encyclopedia of Public International Law* [Installment 3 (1982)], p. 32。

⓴ *Ibid*.

㉑ 國際法辭典，前引⓰，頁七九五。

㉒ Dinstein, Armistice, *supra* note 19, p. 33.

肆、國際上「停戰協定」的實踐

一個「全面停戰協定」的達成往往要經過冗長而費心的談判過程，雖然每一次的談判策略和背景都不盡相同，但從以往的國際實踐，可以歸納出以下幾點重點，作為未來進行談判時的參考：

第一、「停戰協定」正如同其他種類的條約一般，應當是基於雙方同意而簽署的。而且除了自由決定是否簽署「停戰協定」，交戰團體還可以在協定中增加彼此希望的各種型式的條款，換句話說，並沒有一定的規則或是慣例要求一個停戰協定一定要具備何種內容㉓。

第二、關於誰有資格締結停戰協定的問題，首先必須確定這是局部停戰還是全面停戰，如果是局部停戰，可以由有關軍隊的司令官訂定，而且各自為停戰的後果對其本國政府負責，但如果是全面停戰協定，由於它具有極大的政治重要性，所以需要由雙方軍隊的統帥或政府簽訂㉔。例如在二次大戰結束時有關義大利等國的停戰協定，在形式上是盟國代表以同盟國家的名義與義大利等國締結的㉕，而韓國停戰協定的簽字者則分別是金日成（朝鮮人民軍最高司令官，朝鮮民主主義人民共和國元帥）、彭德懷（中國人民志願軍司令員）和馬克、克拉克（聯合國軍總司令，美國陸軍上將）。

第三、實際參與談判的人員並未限於一定要由文職或是武職人員從事，例如荷蘭和印尼的瑞威爾休戰協定(Renville Truce Agree-

---

㉓ Howard S. Levie, "The Nature and Scope of the Armistice Agreement," *The American Journal of International Law*, Vol. 50 (1956), p. 882.

㉔ L. Oppenheim, *International Law*, Vol. 2, ed., H. Lauterpacht, London: Longmans, Green, 1952, p. 550.

㉕ 王鐵崖等編著，國際法，臺北：五南，民國八十一年，頁六三三。

ment)是由外交人員代表談判； 以色列和四個阿拉伯國家的停戰協定，以方以軍人、文人混合代表團的方式與阿方四國談判，而阿方四國均由軍人來談判簽約；韓國停戰協定完全是由雙方的軍事人員談判簽約，阿拉伯國家談判人員由軍方人士擔任，有可能是避免暗示承認以色列。㉖而依學者的建議，由軍人和外交人員合組代表團從事停戰協定談判可能是最佳的方式㉗。

第四、因為全面性停戰協定能結束所有的敵對狀況，而且常常包含政治、經濟、和軍事條款，故一般以為只有代表國家主權者才能訂定停戰協定。而主權的表示可經由下列二種方式之一來達成。第一，停戰協定中可包含一個特別條款，陳明該協定僅在批准後才生效；或是第二，國家指定談判的代表，不論是軍人、文人或是二者皆備，必須獲得全權授權(full powers)㉘。現代的實踐顯示較傾向使用第二種方法。例如不論是一次大戰或二次大戰期間所達成的停戰協定就都不需要經過批准。而二次大戰後主要的幾個停戰協定都是由獲得充分授權的代表談判簽訂，所以也不需要批准。以色列和四個阿拉伯國家於一九四九年簽定的停戰協定，甚至更明文規定不需要批准㉙。無論如何，由於協定中一般都會對是否要批准有所規定，所以應不是問題㉚。

最後，必須強調的是除非在協定的內容中明示，否則作戰雙方簽訂停戰協定並不能表示「承認」對方為國家㉛，例如以色列和阿

㉖ 丘宏達，臺海兩岸以停戰協定終止敵對狀態的可行性，分析與相關問題，見丘宏達主持，兩岸簽訂停戰協定之可行性研究，國統會專題研究報告，民國八十一年，頁九。

㉗ Levie, *supra* note 23, p. 884.

㉘ *Ibid*. p 883.

㉙ *Ibid*.

㉚ 丘宏達，前引㉖，頁九〇。

㉛ 見 Yoram Dinstein, “Armistice,”, *supra* note 19, p. 34。

拉伯四國於一九四九年簽署的停戰協定並不表示這四個阿拉伯國家在當時已經承認了以色列。此外在一九四九年的協定中，阿拉伯國家更明白地表示，停戰協定的簽訂「無損於」(without prejudice to)它們在最終和平解決巴勒斯坦問題時所有的權利、主張和立場[32]。

伍、「停戰協定」的內容

如前所述，一個停戰協定的簽約當事人可以自由地加入他們認為合宜的條文，不論是軍事或是政治的。這種訂約自由所受的唯一要求是停戰協定的條文，必須不違反一般國際法的強制規律(Jus Cogen)。事實上，綜合過去所簽訂的數以百計的停戰協定，可以發現它們曾經包含的條文種類非常廣泛，不過大部分都是為了適用個別的情況，所以並不重要，而大多數停戰協定所涵蓋的重點條文如下：㈠停止敵對行為：相關的問題包括協定的生效日期與有效期限；㈡確定分界線 (Demarcation Line，或稱停戰線)；㈢設立非軍事區(Demilitarization of Border Zones)或是中立區(Neutral Zone)；㈣釋放戰俘；和㈤成立監督機構。

以下將對「全面停戰協定」常見的條文逐一介紹。

一、結束敵對狀態

其實簽署「停戰協定」本身就能促成停火，結束交戰國之間的敵對狀態，因此並不需要特別地加入此一條文，說明中止雙方敵對行為。雖然如此，經驗顯示，很少有當事國不在停戰協定中加入此一條款的[33]。

---

[32] Dinstein, *War, Aggression and Self-Defense*, *supra* note 1, p. 43.

[33] Levie, *supra* note 23, p. 889.

二、生效日期

現代的停戰協定都很明白地指出何時生效，主要是為了避免產生不必要的誤解。除了以條款明示簽訂日為生效日外，確定生效日期的方式有下列幾種㉞：

㈠當停戰協定中沒有特別規定生效日期時，則假設在簽定時立即生效；

㈡由於很難確定是否所有指揮官都接到命令通知、或是其他的原因，　有時建議停戰協定在較後的日期生效，例如尼克斯堡(Nikolsburg)停戰協定（奧地利、普魯士）簽於一八六六年七月二十六日，但一星期後生效；

㈢基於相同的原因，有時雙方會規範在不同的地區，停戰協定會有不同的生效日期。

三、有效期間㉟

傳統型式的「停戰協定」對有效期間的規範有二種方式，第一種是規定一特定的期間，例如「尼克斯堡停戰協定」規定停戰四個星期。另一種則是沒有特定的期限或是沒有這方面的條文，在這種情形下，「停戰協定」持續有效到交戰國一方通知廢棄時為止。

不過現代的情況則不同，二次大戰結束後的主要「停戰協定」都另有規範期間的方法。例如「瑞威爾休戰協定」規定，除非一方當事國因為另一方違約而終止協定，否則「停戰協定」有效。以色列和黎巴嫩之間的停戰協定則規定「在當事國達成和平解決方案前，

㉞ *Ibid*. p. 891.

㉟ *Ibid*. pp. 892–893.

停戰協定持續有效。」「韓國停戰協定」規定它一直有效，直到「雙方在政治層面上，達成一個適當的和平解決方案為止。」由這些實例可知，現代的「全面停戰協定」似乎不一定要「明定」期限。

四、分界線（Demarcation Line，停戰線）的劃分

停戰協定中需要確定分界線（或是停戰線）的假設是如果能在交戰團體之間劃定界限，並設置非軍事區（或是中立區）作為緩衝區，可以防止雙方再度發生衝突，因而重啟戰端。所以一個重要的原則是，「分界線」絕不是二國之間政治或領土的疆界線㊱。

二次大戰前的許多停戰協定都劃定了「分界線」，在戰後，幾個主要停戰協定也不例外，但是在韓國和越南，「分界線」的劃分事實上影響了當時南北韓和南北越的領土疆域。例如一九七三年有關越南的停戰和平協定就規定了分界線為緯度十七度。此外，為了確定「分界線」和「非軍事區」之位置，有必要在協定後附圖，例如「韓國停戰協定」和「一九七三年的越南停戰和平協定」都附圖詳細說明何處為「分界線」。

五、非軍事區(Demilitarization of Border Zones)或是中立區(Neutral Zone)的設置

「非軍事區」通常是靠近停戰線的緩衝區，一般所謂的「非軍事化」(Demilitarization)指的是一國不能在其領土的特定部分駐軍或是維持軍事設施，從軍事戰略的觀點來看，「非軍事區」的設置目的主要是要避免或是降低武裝衝突再度爆發的可能性，所以所有的軍

㊱ Hartmut Schiedermair, "Demarcation Line," in Bernhardt ed., *Encyclopedia of Public International Law* [Installment 3 (1982)], p. 147.

事力量、供應、和裝備，除非另有規定，否則都應撤出。必須強調的是「非軍事區」的設置和「中立區」的觀念不盡相同，「中立」(Neutralization)指的是國家面臨武裝衝突時，立場應保持中立，不能與衝突的任何一方軍事同盟，但這並不是表示該國不可以在境內維持軍事立場。同理，武裝軍事衝突不應在「中立區」發生，但這並不表示該區一定要「非軍事化」，所以「中立區」內也可以駐軍㊲。

二次大戰後，在對峙的交戰團體間建立「非軍事區」或是「緩衝區」的例子屢見不鮮，例如一九五三年韓國停戰協定就是一個著名的例子。它規定「確定一軍事分界線，雙方各由此線後退二公里，以便……建立一非軍事區。」

六、交戰國與戰區居民的關係

停戰期間，交戰國和戰地居民之間的主要問題有二點：第一、平民是否可從一個交戰團體的領域遷移至另一個交戰團體的領域；第二、交戰雙方人民之間是否可以通商。這兩個問題其實性質類似，依一九〇七年的海牙規則第三十九條，「相約停戰之國在戰地上彼此之間與人民應有之關係由該訂約國雙方於停戰條款中規定之」。換句話說，這兩個問題可以由當事國在停戰協定中自由規範。如果沒有特別規定呢？有學者以為，人民之間依舊不能進行交往。而到目前為止，一般人同意的正式觀點是當事國可以在停戰協定中加入有關平民的條款，如果沒有對人民遷徙和通商自由加以限制，則應保持先前狀態㊳。

關於這一方面的實務可以「韓國停戰協定」為例，該協定並沒

㊲ Jost Delbruck, "Demilitarization," in Berhardt ed., *Encyclopedia of Public International* [Installment 3 (1982)], p. 150.

㊳ Levie, *supra* note 23, p. 895.

有恢復雙方通商的條文，但其第五十九條規定，如在一九五〇年六月二十四日居於軍事分界線（停戰線）以北而現在聯合國部隊軍事控制地區的平民，如願返鄉，應獲得准許協助，同樣的情形也適用於原住軍事分界線以南，但卻在北韓控制地區的人民，也應獲得北韓政府的允許返回家鄉。

七、戰　俘

戰俘問題在以往一直是停戰協定中最難處理的條款，例如韓國停戰協定在談判時，雖然其他問題皆已談妥，但有關戰俘問題的爭議，使得談判時間延長了一年以上[39]。「戰俘」問題會造成協定幾乎難產的原因是因為當交戰國雙方所擁有的戰俘數目如韓戰般的懸殊時，完全釋放和遣返戰俘可能會顯著地改變雙方的均勢。雖然有如此的顧慮，但一九四九年「日內瓦戰俘待遇公約」明文規定，戰俘必須在戰鬥停止後立刻釋放。交換戰俘甚至可以在停戰協定簽定前舉行，但絕不可拖延至較後的時期。如果有關戰俘之事沒有在停戰協定中解決，則每一個交戰國必須在停戰後，立刻單方面地釋放所有的戰俘。而實例顯示，釋放戰俘時並不需要考慮雙方所擁有的戰俘數目[40]。

八、封　鎖

「全面性停戰協定」當然隱含地禁止海上砲擊，或是海上戰鬥。然而比較有爭議的問題是海上封鎖，因為以往有許多國際法學者認

[39] 有關「韓國停戰協定」的談判過程，請參考柴成文，趙勇田，板門店談判，北京：解放軍出版社，一九九二。

[40] Renville Truce Agreement, par. 7f.

為，若「停戰協定」沒有任何明文規定，則交戰國有權在全面性停戰期間，繼續實施以前所執行的海上封鎖[41]。另一方面，有鑒於在現代戰爭中，空軍扮演著絕對重要的力量，並且也能執行封鎖的工作。所以「停戰協定」中最好加入有關封鎖的清楚條文，免得重啟戰端。實際的例子有「韓國停戰協定」第十二條要求終止所有的敵對行為，包括海上；而第十五條和第十六條分別規定該停戰協定適用於一切敵對的海上或是空中軍事力量。而一九五四年的越南停戰協定第二十四條，則要求所有的武力「不在越南進行任何形式的封鎖。」

九、監督機構

「停戰協定」中加入有關監督機構的條文非常重要，因為它具有二種主要功能：第一是在停戰初期，監督組織將要面臨並解決很多執行上的問題，例如確定戰鬥停止的時間和地點，以及是否有違反停戰協定的事宜。第二則是當交戰國之間長期處於停戰狀態，但是卻又沒有達成真正和平時，這個組織的存在提供了雙方溝通的管道，而且也可以提供諮詢意見給交戰各方[42]。

監督機構的組織型態通常是委員會，由交戰團體代表組成，而且為了增加影響力和公信力，它常常包含有聯合國和中立國的代表。事實上，各主要的停戰協定都成立了某種型式的委員會以司監督停戰之責，有時甚至還不只成立一個，例如依據「韓國停戰協定」就成立了「軍事停戰委員會」、「中立國監督委員會」，和「遣返戰俘委員會」[43]。

---

[41] Levie, *supra* note 23, p. 904.

[42] Dinstein, Armistice, *supra* note 25, p. 33.

[43] Levie, *supra* note 23, p. 900。有關聯合國維持和平部隊的設置，可參考

十、其　他

除了前述常見於停戰協定的條款外，停戰協定還可以考慮加上下列各種條款：

㈠協定的解釋與爭端的解決

任何條約協定都有可能發生解釋上產生歧異的地方，如何以和平的方式解決爭端，可在協定中說明。

㈡政治和經濟條款

本文一再強調，停戰協定除了軍事條款外，還可以含有經濟條款和政治條款。例如前面曾提到規範人民之間和通商自由的條款就是一種經濟條款，第二次世界大戰將要結束時，盟國以聯合國家名義和義大利等國所簽訂的停戰協定，就包含了掃除法西斯主義和建立民主制度等政治性條款。而一九五三年七月二十三日所簽訂的韓國停戰協定，還規定雙方應召開高一級的政治會議，協商解決從韓國撤退所有外國部隊和和平解決韓國問題。由此看來，交戰國可以視需要在協定中加入彼此同意的政治或是經濟條款。

陸、結　論

經由上述的分析，我們可以得到下列幾點結論：

㈠由國際法的角度來看，「停火」、「休戰」、「停戰」，和「和平條約」，都能結束交戰雙方的敵對狀態，但是它們的意義和功能都不同。而國際的實踐顯示，四者之中，「全面停戰協定」和「和平條約」並不是僅僅地暫時中止敵對狀態，而是能事實永久地結束戰爭。

Morriss, *supra* note 3, pp. 910–912。

㈡「停戰協定」和「和平條約」雖然事實上都能結束戰爭，但法律上的意義有差別。「停戰協定」的目的是消極的結束戰爭，而「和平條約」則在積極的導致交戰國之間關係的正常化，不同的目的，也當然使得二者包含的內容不同。而比較二者的內容，由於「停戰協定」較「和約」單純而側重於軍事層面，所以較易締結。

㈢另一方面，國際間的實踐顯示，自二次世界大戰以後，雖然國際間發生過不少次的戰爭，但「和平條約」簽署的次數不多，這主要反映一個國際趨勢，即「全面停戰協定」正逐漸取代「和平條約」的角色與功能。

㈣國際實踐還顯示，不少以全面停戰為主要內容的國際協定，名稱不一定被明文稱作「停戰協定」，例如：一九七三年一月二十七日在巴黎簽署的「關於在越南結束戰爭和恢復和平的協定」(Agreement on Ending the War and Restoring Peace in Vietnam)雖然內容主要是規範停戰事宜，但是卻用了「恢復和平」等字樣。而印度和巴基斯坦於一九六六年一月十日發表的塔什干宣言(Tashkent Declaration)，內容涉及了軍隊撤退線和戰俘等問題，因此具有「停戰協定」的性質，但名稱也未明文用「停戰協定」，而用「聲明」代之。

㈤綜合過去所簽訂具有停戰協定性質的協定，可以發現曾經包含過的條文種類非常廣泛，但是其型態則不外是二種：一種是以純粹的軍事停戰事宜為主；另一種除了包含前者的內容外，還就個別的需要情況增列條文。前者我們或許可以稱之為狹義的停戰協定，而後者可以被形容為廣義的停戰協定。

從國際法論美國漁業法律制度

陳荔彤 *

壹、緒　論

貳、一九七六年以前美國國內漁業法制濫觴

參、一九七六年以後美國國內漁業法制發展

一、一九七六年美格尼遜漁業養護與管理法案的立法過程

二、一九七六年美格尼遜漁業養護與管理法案的程序實體規範目的

三、一九九六年美格尼遜一史蒂文斯漁業養護及管理法案修正案要旨

四、一九九六年修正案第一八〇一至八三條的修正要點

肆、現時重要的限制入漁權計劃之實踐方式——個別的商業交易配額(ITQ)

* 作者為英國威爾斯大學法學博士，現任國立臺灣海洋大學海洋法律研究所副教授。

伍、美國漁業法的近代實踐

陸、結　論

從國際法論美國漁業法律制度

壹、緒　論

依據美國商業部(U.S. Department of Commerce)於一九九四年的美國漁業報告，全球海洋魚類的總捕獲量為八千六百萬公噸(metric tons)，比較一九八九年的捕獲量為八千九百萬公噸，顯然降低；聯合國糧食暨農業組織(the Food and Agriculture Organization, the United Nations)指出，依據美國商業部於一九九四年報告，海洋世界的魚種庫存(fish stocks)約百分之七十已被過度開發而超出生物永續再生水平，且永續水平(sustainable level)僅達六千萬公噸❶。這海洋魚群的降低，已在依靠蛋白質(protein)來源的低度開發國家引起關切。世界各國的漁業政策莫不正視此項問題，然至今最嚴重的是某些開發國家的漁業政策，藉著保護或賦稅補助等政府政策，反而鼓勵世界漁業船隊的過度開發，在一九七〇至九〇年間，世界捕魚船隊快速增長兩倍，約百分之九十的公海魚類已被少數遠洋漁業國的日本、波蘭、韓國、俄羅斯、西班牙和臺灣等的拖網船隊所囊括殆盡，而導致魚類存量下降；此外，多數國家並未嚴格管控其工業汙

❶ U.S. Department of Commerce, National Oceanic and Atmospheric Administration, National Marine Fisheries Services (hereinafter cited as NMFS), "Fisheries of the United States 1994, 1995," in *Current Fisheries Statistics*; U.S. Department of Commerce, *Our Living Oceans: the Economic Status of U.S. Fisheries 1996*, F/SPO 22.

染致傷害沿岸的魚類棲息地。職是之故，吾儕在國際漁業法的大架構下，必要考慮個別政府漁業管理政策，能否有效保護海洋漁業資源，良以捕魚乃實際各國單方作業。再者美國係擁有全球最長海岸線國家，其戮力漁業政策與法制不遺餘力，故美國的一九七六年美格尼遜養護和管理法案（the Magnuson Fishery Conservation and Management Act；以下簡稱 FCMA）已成一漁業管理的國內法制典範，頗具研究價值並供各國參考借鏡。

美國海洋生物資源管理的基本原則，如同國際漁業法一般標準，長久以來持續不斷論戰何種適切的標準原則可適用於其漁業管理，其考量因素繁多，然首要仍端視生物性質能否提供最大食物蛋白質數量，而仍能一致於適當的保育概念；其次則為經濟層面考量，即提高漁業商業需求的效率並保障沿岸漁業社區的經濟福祉；最後則是生態考量要素，即捕獲某魚種將可能同時捕獲和其有生物連結的其它魚種，甚或依食用此魚種為生的其它魚種等。適切平衡考量上述這些因素以獲得最佳管理制度將是高度的技術，尤以在管理全球最狹長海岸之漁業資源的美國。乍見美國的漁業管理，其遵循國際漁業法制，而以之為經，並以一九七六年制定之合乎國際漁業法的 FCMA 法案，而以之為緯，獨步構成一套管理自身漁業法案系統。

以下乃觀察美國的漁業政策，其係以上述三項主要衡量基礎原則為主軸，俾獲得有效之漁業管理目的和技術，並將之內國法典化，此國內立法已逐一規範三大主要漁業問題，即一：什麼(what)是最好的方法？以完成最佳漁業管理計劃；二：誰(who)將是最好方法的決策者；及三：管理者如何(how)分配魚種庫存予不同的人漁者❷？以下將依時序審視美國的漁業養護與管理法制，內容著重在國際漁業

❷ 陳荔彤，國際漁業法律制度之研究，中興法學，第四十三期，（臺北：國立中興大學（今臺北大學）法律學系，民國八十六年十二月），頁二二九至二三〇。

法律規範下的 FCMA 管理法案之探究。

貳、一九七六年以前美國國內漁業法制濫觴

美國漁業政策的決策者已選擇最好的目的適用其需要，有效的執行機制並被立法實現以達成其政策目的。現代美國的公海漁業政策係奠基於一九四五年九月二十八日的杜魯門總統第二六六八號宣言(President Harry Truman Proclamation)，這宣言宣稱美國政府認知到建立一具明文拘束性的公海漁業保育養護區是適切必要的，且外國國民的漁業活動將僅依照美國和此外國政府所簽訂的協定執行，質言之，假若美國漁民被某外國准許於其海岸外捕魚，則美國亦將承認該外國於美國海岸外進行漁業活動❸。此項政策完全一致於美國其後簽署加入的一九五八年日內瓦公海魚類生物資源暨養護公約，並依此政策制定一系列的特定國內漁業立法。杜魯門宣言保持作為美國公海漁業政策的基石直到一九七六年，僅在一九六六年作了一次修正。此美國基本的漁業政策基礎是一：超出海岸線三浬以外乃公海，將適用公海自由之一的捕魚自由原則；二：公海的管理和養護規範制度僅在有關國家的協定體系下方受拘束；及三：任何國家無權單方排除其它國家在超出其海岸線三浬外進行捕魚活動。

美國第一個國內漁業立法係一九五四年八月二十七日的漁民保護法案(the Fishermen's Protective Act of 1954)，立法意旨在反應其鮪魚(tuna)漁船被南美洲國家如智利(Chile)、秘魯(Peru)等國所扣押，法案規定美國政府將補償其漁民遭受不被承認為沿海國專屬漁業區的拉丁美洲海域國家所扣押並罰款的美國鮪魚漁船❹。

其次美國在六〇年代欲擴展其專屬漁業區以保護其漁業資源，

❸ U.S. Department of States, *Bulletin*, Vol. 13 (1945), p. 486.

❹ 22 U.S.C. §§1071–1079; 68 Stat. 883.

在一九六六年十月十四日國會通過十二浬專屬漁業區域法(the Twelve Nautical Mile Exclusive Fishery Zone of 1966)，以拓展原本三浬的專屬漁區，法案建立一鄰接美國領海的漁業區域，宣示美國「運作專屬的漁業權利，如同是它的領海。」❺；進一步，依照前於一九六四年五月二十日國會通過制定的巴列特法案(Bartlett Act)，未事先獲得美國授權或准許而於其十二浬海域內捕魚， 應以刑事犯罪論處❻。然而，在十二浬法案公布施行後，美國並未自動終止所有在此海域內傳統外國的入漁活動，事實上此法案雖主張十二浬專屬漁業區，惟仍立法保留既有的外國人漁權，法案第一部份即規定「在此海域內仍繼續存在被美國承認的傳統外國捕魚活動。」，這是美國考量自身或國際社會海洋法的趨勢走向更寬廣的專屬漁業海域，故並未單獨自己被十二浬所設限而期保持彈性漁業政策，循此，美國透過協定，接續承認其與墨西哥及加拿大的傳統漁業權❼。此外，美國在不承認傳統漁權下亦以協定方式而准許前蘇聯、日本、韓國、波蘭等國的入漁權❽。

再者，在一九七三年，美國國會制定「海岸外蝦類漁業法(Off-shore Shrimp Fisheries Act of 1973)」， 以規範如蝦類等定居種群(sedentary species)魚類的權義關係❾， 美國依照其所簽署的一九五

❺ 16 U.S.C. §§1091–1094; P.L. 89–658.

❻ 16 U.S.C. §1081 et seq.; 78 Stat. 194.

❼ Agreement with Mexico in Traditional Fishing in the Exclusive Fishery Zones Contiguous to the Territorial Seas of Both Countries, October 17, 1967, see 3 U.S.T. 2724 (1967), T.I.A.S. No. 6359; Agreement with Canada on Reciprocal Fishing Privileges in Certain Areas off Their Coasts, June 15, 1973, see 2 U.S.T. 1729 (1973), T.I.A.S. No. 7676.

❽ Engene Fidell, “Ten Years Under the Bartlett: A Status Report on the Prohibition of Foreign Fishing,” *Boston University Law Review*, Vol. 54 (1974), pp. 703–756.

八年日內瓦大陸礁層公約，規定在其大陸礁層的定居種群擁有專屬權利，除某些有限的被總統行政協定(executive agreement)所特准者外，外國在其大陸礁層捕捉定居種群亦依前述之巴列特法案論處刑事責任；該法案並授權頒布聯邦行政命令規定除入漁國與美國訂定協定獲准，否則在公海以特別指定之漁具捕捉美國大陸礁層魚類，或在公海捕魚而可能導致捕獲其大陸礁層魚類者，美國將予逮捕並扣押此類漁船船舶⑩；此外，上述定居種群亦頒定行政命令羅列明定⑪。

為保護鯨魚，美國於一九七二年制定海洋哺乳動物保護法案(the Marine Mammals Protection Act of 1972)，一九七三年更通過前漁民保護法案的培利修正案(Pelly Amendment)，制定制裁條款⑫。惟前揭一九六六年的十二浬專屬漁業區法與巴列特法案已被一九七六年的 FCMT 所廢止；然而大部份的法案如上述之一九七三年海岸外蝦類漁業法案暨其相關行政命令等迄今仍皆有效。

在一九八二年聯合國海洋法公約(United Nations Convention on the Law of the Sea)簽署之前，各國基於不同的自我利益或管理考量而主張不同距離的領海或專屬漁區，如上述一九七六年以前的美國內國立法主張以領海基線算起十二浬，超出十二浬則為公海自由範疇，任由外國漁船無限制進行漁業活動，此對魚類的傷害是既深且鉅。在百分之九十的海洋魚類生存於二百浬之內，十二浬的短近距離寬度固無法養育保護魚類資源，然缺乏十二浬外的海域管轄權，美國自無法執行前揭所訂定之漁業法規，況各國主張專屬漁區或領海的寬度更有不同，從而美國在對外國漁船執行其國內十二浬專屬

⑨ 87 Stat. 1061; P.L. 93–242.

⑩ 41 Fed. Reg. 26019 (1976).

⑪ 50 C.F.R., pt. 295 (1973).

⑫ 陳荔彤，前揭註，頁三〇〇。

漁區或領海寬度常須獲得當事外國的同意，因為同意(consent or agreement)是必要的，良以國內法無法超越或衝突於國際法，況統一的國際法寬度仍屬不明，這同意是需要由美國與它國透過協商過程，最終制定雙邊條約協定，或由美國與多數外國人漁者制定一國際漁業公約或委員會。這些條約協定及委員會依照特別漁業性質而有不同規範，例如一項法規系統可能適用於降河產卵種群(Catadromous species)的蝦、鰻等，卻不適合溯河產卵種群(anadromous species)的鮭魚或高度迴游魚種(highly migratory species)的鮪魚⓭。

過去美國的雙重條約或協定之實踐並未特別成功，但卻賦予其原本缺乏十二浬外海域的管轄權，並代表美國政府戮力保護海洋資源，藉著協定的制定機制可檢視出其具多項實踐意義，一：美國欲透過協定獲得利益常須作出某些讓步，例如其欲保護多種對美國有利益的魚群，常可犧牲某一種對美國較無利益的魚種，這種漁業談判技術常被利用，在美日雙重漁業協定談判中，美國同意給予日本增加其較無利益的鱈魚(pollack)捕獲量，以交換日本降低大王蟹(king crab)的捕獲量；此外，在美蘇的雙重協定，前蘇聯須要被授權使用美國港口供水豐休閒、漁船補給及進行魚貨運搬，此前蘇聯的附加利益要求則在其它捕魚事務作出讓步；二：缺乏充足客觀獨立的權威科學資訊，作為協商決策基礎以決定捕獲量，良以雙方皆有自己的科學家舉證不同的數據，從而並無公正的協定制度，有時難免陷入政治考量；及三：談判者時常受制於該外國的外交考量，事實上縱然協商僅涉及漁業規範，但不可能忽略規範後的整體外交利益傷害，例如減低日本某魚種捕獲量可能導致其某企業的關閉，致影響雙邊的經濟外交關係。基於上述因素，欲以雙重條約協定促進養護海洋漁業資源的進步頗多困難，實踐證據顯示這些雙邊條約協定並未提升保護效益，依照一九七五年四月二十日眾院商船和漁業

⓭ 同上註，頁二七二至二八〇。

委員會(the Merchant Marine and Fisheries Committee)的報告，事實上「依照這些國際協定執行結果，幾乎所有魚種被認為是枯竭或有枯竭的威脅。」⑭。這無效的真正原因乃由於無一般國際認定的沿海國專屬漁業區域，從而無法令外國完全接受美國單方的執行機制，更無法允許美國派遣其觀察員至外國船舶檢驗捕獲魚群的種類和大小，此實應歸咎於國際法制的殘缺不健全。職是之故，國際法順應潮流而產生專屬經濟區，這二百浬的沿海國漁業資源主權權利和管轄權行使，或可降低上述雙重或多邊漁業協定的需要，但吾儕考量某些魚種事實上迴游超出二百浬外或鄰近周邊國家的專屬經濟區，從而過去美國的條約協定機制，實質上仍將有漁業養護功能上的實際需求。

綜據上述，這一九七六年以前的美國漁業政策內國立法及國際條約協定機制，已反應美國漁業的需要和利益，並為一九七六年的FCMT 奠定前置基礎，今日美國的漁業政策和法制等措施，不無七六年前機制的延續性痕跡。

參、一九七六年以後美國國內漁業法制發展

一、一九七六年美格尼遜漁業養護與管理法案的立法過程

如前所述，一九六六年的專屬漁業區域法，僅擴展專屬漁業區

⑭ Report of the House Merchant Marine and Fisheries Committee to the Committee of the whole House, No. 94–445, U.S. House of Representative, 94th Congress, 1st session (Washington, D.C.: U.S. Government Printing Office, April 20, 1975).

至十二浬，實踐上乃期透過談判簽署條約或協定以處理超出十二浬的美國漁業資源，這不能完全保護美國的漁業資源。然觀察美國制定漁業政策是極其謹慎，事實上美國長久以來是極困難地決定其政策，蓋其漁業活動並非侷限於沿海，尚存在大量具實質意義的遠洋漁業，故是否再度擴張其專屬漁業區則顯得裹足不前，雖然美國漁業保育政策可謂係奠基於一九四五年的杜魯門宣言，惟當一九五二年拉丁美洲國家步美國後塵，企圖管理中南美洲海域沿海的鮪魚資源而宣示著名的聖地牙哥宣言(the Santiago Declaration)，旨欲擴展專屬漁業區域至二百浬，便招致美國反對，然而此二百浬的專屬經濟海域經國際實踐後漸成習慣國際法，美國遂於一九七〇年代後在國際及國內雙重壓力下，只得從善如流，結果早於一九八二年聯合國海洋法公約的二百浬專屬經濟區制度出現之前，即在一九七六年通過 FCMT，正式接受國際社會主張海域遼闊的二百浬專屬漁業區域，並進一步在一九八三年三月於八二年之海洋法公約國際立法完成後，總統雷根正式向國際社會宣示白宮第五〇三〇號二百浬專屬經濟海域的專屬經濟區宣言(the Proclamation on an Exclusive Economic Zone)⓯，以即刻反應一九八二年海洋法公約的二百浬專屬經

⓯ 一九八三年三月十日總統隆納雷根的白宮第五〇三〇號專屬經濟區宣言摘要臚述如次：

The Exclusive Economic Zone extends to a distance 200 nautical miles from the baseline from which the breadth of the territorial sea is measured. In cases where the maritime boundary with a neighboring State remains to be determined, the boundary of the Exclusive Economic Zone shall be determined by the United States and the other State concerned in accordance with equitable principles.

Within the Exclusive Economic Zone, the United States has, to the extent permitted by international law, (a) sovereign rights for the purpose of exploring, exploiting, conserving and managing natural resources, both liv-

濟區制度⓰。

從美國國內漁業觀點言，其亦有二百浬專屬經濟海域的實質需求，惟若主張二百浬卻非全面絕對有利，吾儕可從美國國內五大魚類分析其漁業活動與二百浬經濟海域關連性，一：在一般的近海沿岸漁業，由於美國沿岸漁業事實面對來自外國如日本、韓國、前蘇聯、波蘭及臺灣等多數遠洋漁業國家的大肅採捕競爭威脅，美國漁民所賴以維生的多種魚類庫存量已急速下降，危及經濟與養護雙重功能，故美國漁民早已期盼能透過內國立法或國際雙邊或多邊公約，拓展其專屬經濟海域至二百浬，以合法排除外國的遠洋船隊；二：美國高度迴游魚種的鮪魚漁業活動在南美洲和非洲大陸西部海岸，美國遠洋船隊常在此海域的二百浬內捕魚，從而常與南美洲的秘魯、厄瓜多或智利等國發生國際合法捕魚活動的衝突，美國漁船常被上述國家逮捕、罰款、甚至扣押，故美國漁民盼能透過國際管理措施，俾維持其在上述二百浬內海域合法漁業活動，縱然存在二百浬經濟海域而不致增加經濟負擔；三：美國降河產卵種群主要係蝦類(shrimp or prawn)，如同上述近海漁業及高度迴游魚種的鮪魚，大部份的蝦類捕獲地為墨西哥灣一帶， 約有百分之二十來自墨西哥、巴西等外國，美國漁業政策雖然希望在自己沿海一帶享有二百浬專屬漁業權利， 卻同時期盼享有上述外國海域的蝦類漁業接近權；四：美國的定居種漁業主要是蟹類(crab)及龍蝦(lobster)等來自於美國自身的大陸礁層，依照一九五八年大陸礁層公約，已經擁有

ing and non-living, of the seabed and subsoil and the superjacent waters and with regard to other activities for the economic exploitation and exploration of the zone, such as the production of energy form the water, currents and winds; and (b) jurisdiction with regard to the establishment and use of artificial islands, and installations and structures having economic purposes, and the protection and preservation of the marine environment.

⓰ 陳荔彤，前揭註，頁二四四至二五一。

專屬權利，美國已於一九七三年制定海岸外蝦類漁業法案及巴列特法案及一九七六年的大陸礁層法規，已充分保障養護二百浬內的定居種漁業資源；及五：美國最不能同意專屬海域為二百浬的原因即為其溯河產卵種群的鮭魚(salmon or chinook)，其認為此種群，在美國的河口江口產卵，卻游至超出二百浬以外的公海，從而外國遠洋船隊可合法捕獲，故美國漁民期盼享有漁源國應享有唯一的專屬主權權利及管轄權行使，以管理此種群，縱其遠離二百浬之外，這政策近似於上述近海沿岸漁業，僅係有無二百浬海域之限制而已。

由於外國船隊的過度濫捕而無法有效管控，美國認為基於自身的利益及保護世界魚群枯竭的利益，必須即刻採取行動，期盼先透過內國立法，即管理規範其海域內二百浬的捕魚活動，至於高度迴游魚種及大陸礁層的超出二百浬定居種則再透過可接受的國際協定機制加以規範，從而在一九七四年國會即開始進行立法，參院的三個委員會，即商業(Commerce)、外交(Foreign)、和國防(Armed Services)等，共同進行二百浬法案建制程序，雖外交委員會反對，惟最後仍由參院於一九七四年十二月通過；然而眾院雖有進行立法程序，惟最後並未大會投票，從而因眾院未決致第九十三屆國會的漁業立法程序胎死腹中⓱。一九七五年九十四屆國會，由眾院的商船暨漁

⓱ *Hearings before the subcommittee on Oceans and atmosphere of the Senate Committee on Commerce on S. 1988*, et. al., U.S. Senate, 93th Congress, 2nd Session, et. al. (Washington, D.C.: U.S. Government Printing Office, February 11–April 1, 1974); *Hearing before the Senate Committee on Foreign Relations on S. 1988*, U.S. Senate, 93th Congress, 2nd Session (Washington, D.C.: U.S. Government Printing Office, September 5, 1974); *Hearing before the Senate Committee on Armed Services on S. 1988*, U.S. Senate, 93th Congress, 2nd Session (October 8–11, 1974). Senate Report No. 93–1166, U.S. Senate, 93th Congress, 2nd Session (September 23, 1974)— Foreign Relations; Senate Report No. 93–1079,

業(Merchant Marine and Fisheries)及國際關係(International Relations)兩委員會通過草案於一九七五年十月九日交大會表決通過一 HR 200⓲；參院則仍由上述三委員會進行審議，雖商業及國防兩委員會通過，惟外交委員會仍持異議⓳，但最後仍於一九七六年一月二十八日通過參院版本——S. 961； 在由兩院協商委員會(Committee of Conference)達成同一版本後，各發回參眾兩院各於一九七六年三月二十九及三十日表決通過⓴，同年四月十三日美國總統簽署法案，成為國內佔重要經濟地位的美格尼遜漁業養護與管理法案(the Magnuson Fishery Conservation and Management Act)㉑。

U.S. Senate, 93th Congress, 2nd Session (August 8, 1974) Commerce; Senate Report 93–1300, U.S. Senate, 93th Congress, 2nd Session (November 27, 1974)— Armed Services.

⓲ *Hearings before the Subcommittee on Fisheries and Wildlife Conservation and the Environment of the House Committee on Merchant Marine and Fisheries on H.R. 200*, et. al., U.S. House of Representative, 94th Congress, 1st Session (Washington, D.C.: U.S. Government Printing Office, March 10–14, 18, 20, 27, 1975); *Special Oversight Report of the House Committee on International Relations*, House Report No. 94–542 (October 8, 1975).

⓳ Senate Report No. 94–416, U.S. Senate, 94th Congress, 1st Session (October 7, 1975)— Commerce; Senate Report No. 94–515, U.S. Senate, 94th Congress, 1st Session (December 8, 1975)— Armed Services; Senate Report No. 94–459, U.S. Senate, 94th Congress, 1st Session (November 18, 1975).

⓴ "Fishery Conservation and Management Act of 1976," in *Report of the Committee of Conference on H.R. 200*, U.S. Senate, 94th Congress, 2nd Session (Washington, D.C.: U.S. Government Printing Office, March 24, 1976).

㉑ *A Legislative History of the Fishery Conservation and Management Act of 1976*, 94th Congress of the U.S., 2nd Session (Washington, D.C.: U.S.

二、一九七六年美格尼遜漁業養護與管理法案的程序實體規範目的

FCMA法案的規範功能架構在反應美國國內漁業船隊要求保護的壓力，沿岸海洋資源的枯竭，及七〇年代海洋法公約的立法協商未能成功㉒。歷史傳統上，美國的商業性和娛樂（運動）性漁業向由進行捕魚活動沿岸的州所管理，然由於漁業技術及商業價值的增加，漁船船隊便成資本集中及效益更大的沿岸漁業資源生產來源，一九五〇年代起外國船隊進入美國沿岸捕魚日漸增多，結果漁業活動進一步從岸邊向廣大的外海擴張而超出領海，從而美國國內漁業管理遂逐漸由傳統的州管理演變成由聯邦法規所管控，外國船隊一九五〇年起出現在大西洋美國海岸水域，一九六〇年更出現在太平洋水域進行漁業活動，依前所述，在一九六六年以前，美國僅主張三浬的領海，超出三浬即為公海，自一九六六年起美國拓寬其領海自三浬至十二浬，此時的美國雖非國際社會第一個國家拓寬領海寬度，然其行動卻引起世界各國積極迴響。在一九七六年的 FCMA 法案將美國的外海海域分成三個部份；㈠州水域——自領海基線至三浬內；㈡聯邦水域或專屬經濟區——自三浬外至二百浬計一九七浬（一九八三年二百浬漁業保護區被雷根總統的 EEZ 行政命令所取代)；及㈢國際水域(International waters)——自領海基線起算二百浬

Government Printing Office, October, 1976); P.L. 94–265, April 13, 1976; 16 U.S.C. 1801 et seq.

㉒ 按美國並未批准一九八二年聯合國海洋法公約(the United Nations Convention on the Law of the Sea)，由於未能同意海底區域(Area)涉及礦產探勘制度，但並非不同意漁業制度，故既不能批准上述公約，只得進行國內立法制定與國際同一步調的二百浬專屬經濟區制度。

以外的外海。這美國已透過內國立法，惟並非國際立法（其並未批准一九八二年聯合國海洋法公約)，建立自岸邊的領海基線起向外海的二百浬專屬海域，主張享有唯一排他的法律上管轄權，包括漁業資源的管轄權，但美國仍維持超出二百浬乃公海而無管轄權；按公海上的魚類，包括跨界種群(stradding stocks)及高度迴游種群，對美國而言已浮現出對此魚群管理上的挑戰，由於缺乏國內或國際法規之公海管轄權或財產權，前者如鱈類(cod or pollack)種群迴游於專屬經濟區及超出二百浬的廣闊公海，但後者如鮪魚則迴游於各種不同的州和聯邦及多國二百浬專屬經濟水域及公海。這 FCMA 法案已大致解決前揭兩魚群的管理，短期而言已可排除外國船隊的入漁而有效保護魚群免於枯竭，然就長期而言，此法案仍將造成漁業傷害，良以法案仍繼續地進行商業和娛樂運動目的漁業活動，勢將導致海洋資源的枯竭。

綜觀這一九七六年的 FCMA 法案，係基於下述的養護漁業資源目的：㈠防止濫捕達成最適宜生產量(Optimum Yield)原則；㈡建立可得的最佳科學資訊之法規；㈢防止不同州居民間之歧視；㈣促進各種漁業活動的有效性除了以經濟分配為唯一的目的；㈤承認許可變動性或偶發性的漁業活動、漁業資源或可捕性；㈥避免漁業活動的重複性以降低成本；㈦在區域委員會、聯邦和州機構間對以個別魚群為一單位或相關魚群為一單位等的管理協調。這 FCMA 法案涵蓋四項主題(Titles)，即主題 I： 美國漁業管理機構(Title Ⅰ: Fishery Management Authority of the United States)； 主題II： 外國入漁和國際漁業協定(Title Ⅱ: Foreign Fishing and International Fishery Agreement)；主題III：國家漁業管理計劃(Title Ⅲ: National Fishery Management Program)； 及主題IV： 雜項規定(Title Ⅳ: Miscellaneous Provisions)等。主題II、III及IV自總統簽署日一九七六年四月十三日起生效，而主題 I 及執行規定(enforcement provisions)，即第三〇七至三一一條則自一九七七年三月一日始生效，以下將按主題次序逐一論述 FCMA 的實質重要規範要旨暨目的。

㈠美國聯邦漁業管理機構

FCMA 法案第一八〇二條(Section 1802)建立一個漁業保護區，命名為「專屬經濟區（exclusive economic zone；以下簡稱 EEZ)」，係依照雷根總統一九八三年三月十日發布的白宮宣言建制，它擴寬原來的十二浬領海區域，自各州領海基線(Territorial baseline)向外海算起至二百浬㉓。在 EEZ 內，美國設置唯一的聯邦漁業管理機構(exclusive fishery management authority)，對其 EEZ 內的所有魚類(all fishs)及大陸礁層之漁業資源行使主權權利(sovereign rights)；在 EEZ 外，所有溯河產卵種群（即鮭魚類）通過的迴游區域（除在外國的領海或相當於美國的 EEZ)，及所有大陸礁層漁業資源（即定居種群)，美國亦將由此一機構行使主權權利㉔。至於高度迴游魚種（即鮪魚)，由於其可於幾個月內迴游於跨洋之間，或迴游於多數沿海國家的 EEZ 且通過公海，故第一八一二條特別豁免高度迴游魚種主權權利及管理機構排除對此魚種的管轄㉕。又依照第一八一一條，美國政府於商業部(the Department of Commerce)之國家海洋暨大氣管

㉓ Sec. 1802. Definitions.
(6) The term “exclusive economic zone” means the zone established by Proclamation Numbered 5030, dated March 10, 1983. For purposes of applying this chapter, the inner boundary of that zone is a line coterminous with the seaward boundary of each of the coastal States.

㉔ 16 U.S.C. §1801.

㉕ Sec. 1812. Exclusion for highly migratory species
The sovereign rights and exclusive fishery management authority asserted by the United States under section 1811 of this title over fish do not include, and may not be construed to extend to, highly migratory species of fish.

理局(the National Oceanic and Atmospheric Administration)下設立一國家海洋漁業署（the National Marine Fisheries Services；以下簡稱NMFS)，作為執行此法案的專責機關，這 NMFS 將提供科學資訊給區域委員會，並審核各項漁業計劃是否符合 FCMA 法案及其它聯邦法規。在一九九六年，國家海洋暨大氣管理局的年度預算為二十億美元，而 NMFS 的年度預算為該局的約百分之十四或二億七千五百萬美元㉖；這 NMFS 和美國海岸巡防署(U.S. Coast Guard)兩機構被授權執行漁業管理計劃，國會並監督執行過程，且分配預算給 NMFS 及各區域委員會及海岸巡防署。

㈡外國入漁和國際漁業協定

依 FCMA 法案第一八二一條，外國的入漁除非被一既存有效的漁業協定(existing international fishery agreements)，或依照本法案協商的新官方國際漁業協定(governing international fishery agreements)之每一外國漁船船舶在美國 EEZ 內入漁必須有一有效的許可證(permit)㉗。並依第一八二二條，既存的國際漁業協定將在一九七七年二月二十八日後繼續有效，如果此協定的當事國尚未與美國重新協商檢討停止；並授權國務卿與既存協定的當事國重新協商 EEZ 內所有魚類及 EEZ 外的溯河性魚種和大陸礁層定居種之採捕活動，必須一致符合於本法案的目的、政策和條文，否則既存協定將無法繼續有效。至於新的官方國際漁業協定，法案授權美國政府可以與任何有意願至美國 EEZ 內入漁，或依本法案美國享有對溯河種群及定居種群管轄權的漁業區域磋商，時間係在本法案生效後或既存的協定失效後。許可證將僅頒發給入漁的外國，已與美國達成新官方漁業協定的當事國任何漁船船舶。此新協定內的要點乃外國入漁必須透過美國的漁業管理機構進行，並且外國及其漁船船舶必須受本法

㉖ The 1997 Funding levels of the United States Government.

㉗ 16 U.S.C. §1821.

案由商業部所頒佈之法規所拘束，即依法在 EEZ 內必須受美國的搜索檢查規範；依照外國人漁可捕量進行捕魚活動；確保外國的國內法採取步驟保證其許可證持有者遵守該適用的條件及限制等。又基於國際互惠原則，外國人漁並不能被美國獲准，除非渠等國家亦提供美國相同的人漁條件㉘。

又新官方的國際漁業協定係依美國憲法由總統直接簽署批准的行政協定(executive agreements)性質，換言之，此協定並未經國會審議通過的國際立法㉙，故本法案第一八二三條特別訂定國會對此協定的監督，即每一國際漁業行政協定必須提交國會核准，它不能在六十天內有效， 國會並可在六十日有效期間內以共同決議案(joint resolution)，而非立法方式核駁㉚。

㉘ 16 U.S.C. §1822.

㉙ 美國的外國人及國籍法案(Aliens and Nationality Act)之 Title 8 第 1254 (c) (2)條，授權國會眾議院以決議案方式否決行政權的行政行為，一九八三年 Immigration and Naturalization Service v. Chadha 的案例，法院宣告行政權違憲而無效，103 S. Ct. 2764; 457 U.S. 830; 73 L. Ed. 2d 418. Section 1823 即為如上述案例類似的立法。

㉚ Sec. 1823. Congressional oversight of governing international fishing agreements

(a)In general

No governing international fishery agreement shall become effective with respect to the United States before the close of the first 60 calendar days of continuous session of the Congress after the date on which the President transmits to the House of Representatives and the Senate a document setting forth the text of such governing international fishery agreement. A copy of the documents shall be delivered to each House of Congress on the same day and shall be delivered to the Clerk of the House of Representatives, if the House is not in session, and to the Secretary of the Senate, if the Senate is not in session.

再者，依照有效的管理計劃(management plan)而已依最適宜生產量分配予外國人漁的部份，美國漁船並不得享有，這外國人漁的可捕量將由國務卿會同商務部長斟酌考量三項要點：1.傳統漁業活動；2.與美國進行漁業資源研究、養護、管理及執行等程度；及3.某些國務卿及商務部長認為適當者㉛。

依照第一八二二條(e)項，本法案包涵一國會認知(the sense of Congress)條款，即美國政府將不承認外國 EEZ 的主張超出該外國自己的領海，如果這國家(1)未考慮美國漁船的傳統漁業活動；(2)未承認並接受高度迴游魚種將被可適用的國際漁業協定所管理，無論這國家是否為此一協定的當事國；及(3)對美國漁船施加任何條件或限制，而無關於漁業養護和管理等。過去美國長期宣稱南美洲沿海國家主張二百浬專屬漁業區為非法，以保護其遠洋鮪魚船隊在此海域的漁業活動，由於本法案已規範其沿岸二百浬為專屬經濟區，自難繼續主張南美洲國家海域的二百浬專屬漁業區為非法；本條項的立法意旨在承續一九五四年的漁民保護法案，俾美國的鮪魚漁船能繼

....

(2) "fishery agreement resolution" defined

For purposes of this subsection, the term "fishery agreement resolution" refers to a joint resolution of either House of Congress —

(A)the effect of which is to prohibit the entering into force and effect of any governing international fishery agreement the text of which is transmitted to the Congress pursuant to subsection (a) of this section; and

(B) which is reported from the Committee on Merchant Marine and Fisheries of the House or Representatives or the Committee on Commerce or the Committee on Foreign Relations of the Senate, not later than 45days after the date on which the document described in subsection (a) of this section relating to that agreement is transmitted to Congress.

㉛ 16 U.S.C. §1821 (d) (e).

續在南美洲二百浬內水域進行捕魚活動，並將以國際漁業協定方式管理運作，近乎強迫式地令中南美洲國家接受其可能為非締約當事國的協定，此是否合乎國際法準繩不無商榷餘地㉜。

至於外國人漁的許可證，美國僅能核發給與其已與美國簽訂新官方漁業協定的外國，其係向國務卿提出申請，時效是一年，主體是每一漁船船舶，範圍乃美國的EEZ或超出EEZ外的溯河產卵種群及大陸礁層定居種群，故申請案必須詳述捕魚海域、季期、期間等，並登載於聯邦（行政法規）公報(the Federal Register)，且應將正本送交商業部長，地區管理委員會，交通部長（予海岸巡防署），眾院商船暨漁業委員會，及參院商業和外交關係委員會等。許可證的批准係由上述所有單位諮商決定，商務部長被授權制定許可證內的條件及限制，許可證的核發則由國務卿核轉給該當事外國，商務部長將向漁船船主或捕魚者收取合理的費用，此外，違反本法案規定許可證將被吊銷或中止，或負擔額外的條件及限制等㉝。

本法案亦制定一經濟制裁條款，依第一八二五條規定，國務卿將單獨決定任何外國若1.不允許美國漁船在其專屬漁區內人漁，如同美國給予相似的條件允許該特定外國漁船在美國EEZ人漁；2.不允許美國漁船依照可適用的國際漁業協定進行高度迴游魚種的人漁活動，無論這外國是否為該協定的當事國；3.不負擔任何義務在既存的漁業協定下；或4.扣押美國漁船而違反公約或國際法等，以上若有任何一項違反，則財政部長應禁止該相關魚類和魚產品進口美國，或禁止有關國家的其它魚類和魚產品進口美國㉞。

依一九九六年實踐統計，自一九九一年起並無外國漁船獲得允許在美國的EEZ內進行捕魚活動，雖然一九九四年美國決定大西洋

㉜ 16 U.S.C. §1822 (e).

㉝ 16 U.S.C. §1824.

㉞ 16 U.S.C. §1825.

的鯖魚(mackerel)可給予外國人漁者五萬五千公噸的可捕量，然迄今尚未接受到任何許可證的申請㉟。

㈢國家漁業管理計劃

FCMA 法案設計一項機制俾執行涉及美國主權權利及管轄權的海洋漁業資源管理計劃，這管理計劃係依照本法案所制定的七項國家漁業養護和管理標準，此標準旨在防制濫捕(over-fishing)，茲依本法案第一八五一條臚述如次：1.完成每一魚種的適宜生產量；2.適用可得的最佳科學資訊；3.管理迴游漁場範圍而以密切相關的魚種為一單位；4.不同州民的不歧視政策；5.促進漁業資源利用的有效性；6.考量漁業資源和捕獲魚類的變動性和互補性；7.降低成本並避免不需要的重複浪費等；本法案並指定商業部長建立七項國家標準的指導方針(guidelines)㊱。

㉟ 同前❶。

㊱ Sec. 1851. National standards for fishery conservation and management

(a) In general

Any fishery management plan prepared, and any regulation promulgated to implement any such plan, pursuant to this subchapter shall be consistent with the following national standards for fishery conservation and management:

(1) Conservation and management measures shall prevent over-fishing while achieving, on a continuing basis, the optimum yield from each fishery for the United States fishing industry.

(2) Conservation and management measures shall be based upon the best scientific information available.

(3) To the extent practicable, an individual stock of fish shall be managed as a unit throughout its range, and interrelated stocks of fish shall be manage as a unit or in close coordination.

(4) Conservation and management measures shall not discriminate between residents of different States. If it becomes necessary to allocate or

依照第一八五二條，這法案建立八大地區性漁業管理委員會(the Regional Fishery Management Councils)，即 1. 新英格蘭(New England)、2. 中大西洋(Mid-Atlantic)、3. 南大西洋(South Atlantic)、4. 加勒比海(Caribbean)、5. 海灣(Gulf)、6. 太平洋(Pacific)、7. 北太平洋(North Pacific)及 8. 西太平洋(Western Pacific)等委員會㊲。這地區漁業委員會功能在協調海岸漁業資源的管理，例如大西洋海岸的委員會可能包括新英格蘭、中大西洋、及南大西洋漁業管理委員會。區域間漁業管理委員會成員將由會員（含具投票權及無投票權）、政府代表、及私人個人或團體組成；委員會職員涵蓋科學家、生物學家、經濟學家及其它需要或適當者；每一委員會設置一「科學和統計委員會(scientific and statistical committee)」和一或多個顧問小組

---

assign fishing privileges among various United States fishermen, such allocation shall be (A) fair and equitable to al such fishermen; (B) reasonably calculated to promote conservation; and (C) carried out in such manner that no particular individual, corporation, or other entity acquires an excessive share of such privileges.

(5) Conservation and management measures shall, where practicable, promote efficiency in the utilization of fishery resources; except that no such measure shall have economic allocation as its sole purpose.

(6) Conservation and management measures shall take into account and allow for variations among, and contingencies in, fisheries, fishery resources, and catches.

(7) Conservation and management measures shall, where practicable, minimize costs and avoid unnecessary duplication.

(b) Guidelines

The Secretary shall establish guidelines (which shall not have the force and effect of law), based on national standards, to assist in the development of fishery management plans.

㊲ 16 U.S.C. §1852 (a).

(advisory panels)；委員會具投票權的委員(voting members)包括國家海洋漁業署的地區主管、州地區海洋漁業機構的代表、及由州長及商務部長指定的代表等；無投票權委員(non-voting members)包括聯邦漁業和野生動物署(the U.S. Fish and Wildlife Services)，聯邦海岸巡防署，海洋漁業委員會(the Marine Fisheries Commissions)，國務院(the U.S. Department of State)，及其它涉及的區域間管理活動委員會代表等㊳。

依第一八五三條，區域委員會或商務部長被授權擬定「漁業管理計劃（Fishery management plans；以下簡稱 FMP)」，這計劃涵括適用於外國或美國漁業活動的養護及管理措施㊴。商務部長收到委員會提出的 FMP 後應於六十天內通知委員會是否核准、核駁或部份核准，若未核准或部份核准則須備文說明理由及改進建議之道，且要求委員會修正計劃；而商務部長的審核基準乃檢視是否合於前揭七項國家標準、本法案相關規定及其它應適用之法規；涉及外國人漁則商務部長應另外諮商國務卿及交通部長，涉及法規執行則商務部長應另外諮商交通部長。這地區漁業委員會的主要功能即附隨商務部長共同發展有效的 FMP，制定一組完成漁業管理及養護系統的目的及戰略；非獨商務部長，這委員會基於職權得修改 FMP 並得在 FMP 的架構內作出行政決定，例如設定配額；委員會或部長的決定係基於最佳可得的科學資訊並必須適用聯邦環境法規，包括瀕臨絕種動物法案(the Endangered Species Act)，海洋哺乳動物保護法案(the Marine Mammal Protection Act)，海洋保護、研究及禁獵法案(the Marine Protection , Research and Sancturaries Act)，海岸區域管理法案(the Coastal Zone Management Act)，及國家環境政策法案(the National Environmental Policy Act)等。 商務部長亦可自己單獨擬定

㊳ 16 U.S.C. §1852 (b)～(k).

㊴ 16 U.S.C. §1853.

FMP，假如區域委員會未於合理期間發展並提交 FMP 或部長核發或部份核發後而委員會並未修正該 FMP，在此情況下，商務部長自己擬定的 FMP 仍須送交該地區委員會考量及評議，於四十五天內作出改變或修正，職是這部長並未擁有專屬權限決定 FMP，除非事先獲得該地區委員會多數委員投票通過授權㊵。

FMP 的發展著眼在多方向，第一個管理的步驟係以一劃定的範圍審視其是否溢捕，質言之，以區域發展出某些措施以防止漁業資源所涉及人類過度掠奪的管理問題，這區域委員會文件仍須登載於聯邦（行政法規）公報，作為全國性的公共公告通知，雖然有人會質疑它可能並無全國性聯邦性質的價值，且僅涉及區域性，然而魚種枯竭係全國性的聯邦利益問題，聯邦通知在強調其全國性，惟區域仍歸區域，在美國漁業管理少有全國共通性，大部份皆相關於區域的利益和誘因，漁業枯竭管理控制主要仍由區域委員會規範主導。

法案第一八五五條制定執行 FMP 的正當法律程序準備，這包括登載聯邦（行政規章）公報、公共聽證(public hearing)、司法審查(judicial review)及每年的報告，並賦予商務部長及委員會的緊急行動程序(emergency actions)，本條在本法案制定後，國會曾予以修正，廢除其中的(a)(b)及(f)等項㊶。

第一八五六條制定聯邦與州漁業權限的分際，該條明示本法案並未擴張或限縮任何州在其疆界範圍內的管轄權限，假若某州因作為或不作為而可能實質影響涉及該州漁業區域的 FMP 之執行，則商務部長應通知該州和相關的區域漁業委員會訂定該州範圍內可適用的漁業管理規範，但此不能涉及該州的內水漁業活動。此外，本條亦規範外國在美國內水(interal waters)的人漁作業程序㊷。再者，

㊵ 16 U.S.C. §1854.

㊶ 16 U.S.C. §1855.

㊷ 16 U.S.C. §1856.

本法案雖建制二百浬的 EEZ 為聯邦管轄權的規範對象，然而州仍保持象徵性的三浬權限；這法案允許州和八大區域委員會相互協調 FMP 的執行，然實際上委員會的規範權限只有超出三浬的一百九十七浬而已。

本法案條款的執行，依第一八六一條規定將由商務部長及交通部長（由海岸巡防署運作）負責，兩部長被授權使用美國任何機關的公務員、設備及要求提供服務等，並明文指定任何機關包括國防部及其所屬機構；獲授權的執法官員被賦予警察權，得而允許依本法案逮捕、登船、搜索、檢查及扣押船舶、魚貨及其它證據等㊸。

據上論述可知，區域漁業委員會的設置在以區域性方式解決大部份的漁事問題，其方式係透過 FMP 的規劃執行，截至一九九四年統計，美國的所有地區委員會執行過三十四個 FMP，十一個已完成各種預設的步驟，三個係由二個以上的區域委員會共同發展，大部份 FMP 皆迭經多次修正，甚達三十次之多㊹。

吾儕試舉一案例 —— 新英格蘭區(New England)以研究 FCMA 法案之 FMP 的漁業計劃實踐：

在一九六五年新英格蘭區的東北種群(groundfish)包括鱈魚(cod)、北大西洋鱈魚(haddock)及鰤類比目魚(yellowtail flounder)等捕獲量有十億六千萬磅，然至一九九一年統計卻降至二億二千萬磅，故一九九一年美國的養護法律基金會(the Conservation Law Foundation)及麻州阿杜磅協會(the Massachusetts Audubon Society)向法院提出訴訟，最後法院以和解收場，法院令聯邦政府應於五個月內再植 cod 及 yellowtail flounder，十年內再植 haddock，從而新英格蘭漁業管理委員會(the New England Fishery Management Council)擬定一 FMP 以尋求於時限內解決此問題，本 FMP 歷經迭次修正最後提出

㊸ 16 U.S.C. §1861.

㊹ 同前❶。

多種方案企圖減低五至七年內的百分之五十年捕獲量，這包含設備、漁季等限制因素的再生 FMP 計劃重點： 1.所有船舶的工作者均應予以特許； 2.暫緩發出新的漁船許可證； 3.擬定一計劃以減少 groundfish 捕魚活動；4.至少增加 6 至 7 吋篩目的網；5.擬定計劃減低刺網魚船(gill net vessels)的 harbor porpoise 的共同捕獲(bycatch)； 6.強制性報告；7.haddock 的擁有限制；及 8.關閉漁場及限制漁具以降低捕獲。在一九九四年一月， 國家海洋漁業署批准該委員會的 FMP，但豁免州三浬水域的 haddock 及 winter flounder 之限制，惟商業部提出四百萬美元給沿岸社區及漁業團體補助；同時漁業署作出一嚴格緊急限制 Georges Bank 水域的 haddock 捕獲量，並將此水域漁場的關閉擴大成三倍至二千六百五十平方哩[45]；一九九四年三月新英格蘭區要求六千萬美元緊急協助，因為商業部已認定減少捕魚所得依法已構成災區(disaster)； 漁民並要求政府禁止進口被限制魚種，和承購多出的漁船及設備；商業部經濟發展局(the Economic Development Administration)及勞工部(the Department of Labor)撥款一千一百萬美元以協助轉業輔導；在一九九四年十二月十二日，漁業署宣示九十天緊急關閉部份 Georges Bank 及其它南新英格蘭水域漁場；一九九五年二月，商業部再宣布延長九十天至一九九五年六月；一九九五年六月，漁業署再宣布延至直到新英格蘭漁業委員會訂出一九九六年新法規為止。這新格蘭 FMP 計劃當然引起某些漁業直接衝擊，如其它魚種的壓力或是其它領域漁場的違法行為等，因降低某魚種的捕獲量意即漁民將尋找其它的魚種代替，例如一九九五年鮪魚(bluefin tuna)漁民抗議增大漁網尺寸將傷害鯡魚(whiting and herring bait)的漁民漁業活動； 龍蝦類漁民亦訴求已造成其經濟壓力， 蓋漁網捕獲的小龍蝦遭丟棄或傷害； 此外， 既有的 cod 及 flounder 等漁民更沿 Georges Bank 的 Hague Line 進入加拿大水域

[45] 59 Fed. Reg. 26 (1994).

非法進行漁業活動等。從而可知如新英格蘭區的枯竭防止及再生FMP計劃之再進一步執行將進一步造成其它魚種漁民的財務壓力，漁民為了生活的需要及保護其投資，只有通達權變，從而本案例的執行結果並未有效求得濫捕及過度資本化(over-capitalization)兩者間的平衡，論者批評這尋求直接限制魚種捕獲的管理方法，不如發展以商業市場為主導機制的管理計劃，或許更能有效管理漁業資源。

㈣雜項規定

本法案規定美國將批准簽署包含漁業養護與管理規範條文完整的海洋法公約，商務部長在諮詢國務卿之後，被授權宣布本法案的修正條文，如果這將是必要且適當地一致於國際公約的規定。至於固有的漁民保護法案的修正案將一致於本法案；並且仍維持有效，若美國漁船在外國漁業海域獲得如該外國的漁船依本法在美國EEZ享有相同的待遇。又一九六六年的十二浬專屬漁業區法案及巴列特法案宣告廢除。

綜據上論，這法案所企圖建立的美國漁業管理制度之目的，依法案之序言綜合如下：1.即刻採取行動以保護和管理美國海岸外的漁業資源，及美國的溯河產卵種群及大陸礁層漁業資源，並執行(A)擁有EEZ內除了高度迴游種群外的所有魚類探勘、採捕、養護及管理的主權權利，及(B)超出EEZ外的溯河產卵種群及大陸礁層資源的專屬漁業管理權限；2.支持並鼓勵高度迴游魚種的養護和管理國際漁業協定的履行，並鼓勵此類協定的協商和執行；3.促進國內商業和娛樂性漁業活動在一良好的養護和管理原則之下；4.依照國家標準提供完成每一魚種永續適宜生產量的FMP準備和執行。在和一九八二年聯合國海洋法公約的比較，本法案可謂係一九八二年海洋法公約之內國優良立法例，然仍存有一原始立法與海洋法公約規範不相一致，此即上述目的1.(A)之排除高度迴游魚種的主權權利，然在一九九〇年國會刪除高度迴游魚種的除外條款，這推翻美國長久以來所持鮪魚沿海國並無專屬管轄權的立場，旨在避免和鄰近的中南美洲國家再持續進行漁業爭端，並一致於國際公約所規範的法條語言㊻。此外，本法案特針對大陸礁層的定居種魚類訂定具體範圍，第一八〇二條特別劃定並定義其種類表，如本表包含螃蟹(crab)及美國龍蝦(American lobster)，但龍蝦僅指新英格蘭之雙爪類(the two-claw variety)品種，並不包含佛羅里達海域的熱帶多刺種(spiny lobster)㊼，此立法明文界定種類範圍勢將與國際公約產生未來解釋上

㊻ 一九九〇年國會刪除高度迴游魚種除外條款，而代以下述之立法：
The United States shall cooperate directly or through appropriate international organizations with those nations involved in fisheries for highly migratory species with a view to ensuring their conservation and promoting the objective of optimum utilization of such species throughout their range, both within and beyond the exclusive economic zone。

㊼ Sec. 1802 Definitions

....

(4) The term "Continental Shelf fishery resources" means the following:

COLENTERATA

Bamboo Coral — Acanella spp.;

Black Coral — Antipathes spp.;

Gold Coral — Callogorgia spp.;

Pricious Red Coral — Corallium spp.;

Bamboo Coral — Keratoisis spp.; and

Gold Coral — Parazoanthus spp.

CRUSTACEA

Tanner Crab — Chionoecetes tanneri;

Tanner Crab — Chionoecetes opilio;

Tanner Crab — Chionoecetes angulatus;

Tanner Crab — Chionoecetes bairdi;

King Crab — Paralithodes camtschatica;

King Crab — Paralithodes platypus;

的衝突。

King Crab — Paralithodes brevipes;

Lobster — Homarus americanus;

Dungeness Crab — Cancer magister;

California King Crab — Paralithodes californiensis;

California King Crab — Paralithodes rathbuni;

Northern Stone Crab — Lithodes maja;

Stone Crab — Menippe mercenaria; and

Deep-sea Red Crab — Geryon quinquedens

MOLLUSKS

Red Abalone — Haliotis rufescens;

Pink Abalone — Haliotis corrugata;

Japanese Abalone — Haliotis kamtschatkana;

Queen Conch — Strombus gigas;

Surf Clam — Strombus gigas;

Ocean Quahog — Artica islandica.

SPONGES

Glove sponge — Hippiospongia canaliculata;

Sheepswool sponge — Hippiospongia lachne;

Grass Sponge — spongia graminea; and

Yellow Sponge — Spongia barbera.

If the Secretary determines, after consultation with the Secretary of State, that living organisms of any other sedentary species are, at the harvestable stage, either —

(A) immobile on or under the seabed, or

(B) unable to move except in constant physical contact with the seabed or subsoil, of the Continental Shelf which appertains to the United States, and publishes notice of such determination in the Federal Register, such sedentary species shall be considered to be added to the foregoing list and included in such term for purposes of this chapter.

....

三、一九九六年美格尼遜—史蒂文斯漁業養護及管理法案修正案要旨

一九七六年 FCMA 法案在實施近二十年後，一九九四年的美國第一〇三屆國會進行修正，首先眾院於一九九五年以懸殊票數 388 對 37 票通過眾院 H.R. 39 修正草案，次年十月參院另通過 S. 39 草案，兩院修正草案差異甚鉅，最後以 H.R. 39 為主要版本而涵蓋 S. 39 於該屆國會完成立法，訂名為一九九六年美格尼遜—史蒂文斯漁業養護及管理法案修正案(the 1996 Amendment of Magnuson-Stevens Fishery Conservation and Management Act)㊽。

一個主要討論的要點乃過度的資本化問題，將透過限制入漁計劃——即各別商業交易配額(ITQ)予以解決；另一個爭論的問題乃使用者付費或其它課稅方式能否直接貯備為養護和管理計劃的基金；另外如 ITQ 計劃的執行是否將傷害傳統的小型漁村和漁業企業等。當修正案在參院審議時，由於華盛頓州的民主黨參議員模利(Murray)及共和黨參議員高登(Gorton)皆反對法案而陷於膠著，渠等要求延期至西元二千年俟新的個別捕獲分配計劃(individual harvest share programs)——蛤蚶／蚌蜊類， wreckfish 及大比目魚／黑貂魚(surf clam/ocean guahog, wreckfish and habibut/sablefish)，擴大授權(expanded the authorization for community development quotas)等計劃通過後再予表決，此考量乃基於可能的歧視華盛頓州而獨惠於阿拉斯加的拖撈船隊(factory trawler fleet)，然此反對並未成功，蓋這些基本

㊽ Magnuson-Stevens Fishery Conservation and Management Act, Public Law 94–265 (1996 Amendments); 16 U.S.C.S. §§1801–1803 (United States Code Service, Lawyer edition, Cumulative Supplement, May 1999); 16 U.S.C. §§1801–1803 (Title 16 in Conservation §§1513–5600).

的分配問題將嚴重影響 FCMA 法案的執行，但將可保留給地區委員會研擬而由 NMFS 的地區主管作最後裁決。這一九九六年修正案的內容在五項主要範圍，即 1. 漁群的棲息地(habitat)； 2. 魚種枯竭(stock depletion)； 3. 併隨捕獲及丟棄(bycatch and discards)； 4. 海洋管理活動(marine management activities)； 及 5. 未來的 ITQ 等㊾。

四、一九九六年修正案第一八〇一至八三條的修正要點

㈠魚群的棲息地：修正案規定給予基本的魚群棲息地(essential fish habitat)更大的保護，定義魚種的生命周期(life cycle)、基本生活圈和適宜生產量的再生，FMP 必須包含基本棲息地的說明，且其它聯邦機關亦必須有效反應並通知地區漁業委員會及商業部長關於此特別影響基本漁業棲息地的漁業活動。㈡魚種的再生：這修正案規定枯竭的魚種必須恢復至一致於最高持續生產量(the maximum sustainable yield)原則。㈢附隨捕獲：修正案規定必須制定一項降低附隨捕獲魚種的國家標準，商業部必須尋求制定附隨捕獲標準及措施的國際協定，以減低符合美國措施的附隨捕獲魚種；北太平洋委員會必須作出低度併隨捕獲魚種比率建議案，或對在北太平洋漁區進行漁業活動的高度併隨捕獲比率之漁船予以徵收費用。㈣使用者付費原則：修正案授權政府仍將對商業性捕魚活動徵收費用，這收費用以彌補其它費用支出，雖然新的個別捕獲分配計劃免除此種收費五年，這收費設計各種不同的標準，但最高僅以被授權每條漁船捕獲價值不超過百分之三計，收費將被使用支付有關的管理和執行計劃

㊾ *Improving Fisheries Management in Magnuson Act on H.R. 39*, U.S. House, 104th Congress, 1st Session (January 23, 1995) (Washington, D. C.: U.S. Government Printing Office, 1996).

之開銷；蛤蚶／蚌蜊類及 wreckfish 可免除收費直到西元二千年元月，惟大比目魚／黑貂魚的漁業活動將立刻徵收，所徵收費用的百分之二十五將給予小型漁船船主和新入漁者購買額外配額的保證貸款[50]；此外，美國及經濟合作發展組織(OECD)將協商以刪除建造新漁船的國家補助[51]。㈤產量減低計劃：修正案制定漁船和許可證的收買計劃(buy-out program)；東北 groundfish 的二千五百萬美元收買計劃亦明文規範於修正案中。㈥溢捕：修正案規定當溢捕條件存在時，將由區域漁業委員會或商務部長在合理期間採取必要行動，以確保魚群不再被濫捕，區域委員會給予的合理期間是一年，商務部長則另給予額外的九個月。㈦個別商業轉讓配額：這修正案亦規定一有限的入漁計劃限制條款，主要即 ITQ，這些新法條的制定在反應原 ITQ 的一般或特別的漁業計劃之效果對小型沿岸地區的影響，當修正案在參院時，S. 39 已擬定禁止任何新個別漁業配額計劃的執行直到西元二千年；墨西哥灣(the Gulf of Mexico)的紅提棘魚(red snapper) ITQ 計劃被修正案所廢止，並進一步規定墨西哥灣漁業委員會必須將 ITQ 計劃交由紅提棘漁民公民投票決定；並規定國家科學院(the National Academy of Sciences)應從事一項個別漁業配額計劃的全面性研究，俾建立東岸墨西哥灣及西海岸的漁業配額顧問小組；這些修正案的立法，從經濟學理論而言，旨在調整傳統組織社會的政經利益（小型沿岸地區）與一般社會大眾利益兩者間之平衡。

近頃美國國會通過一項二千年海洋法案，柯林頓政府於二〇〇〇年八月七日簽署成為法案，此法案似與 FCMA 無直接關係，然仍有間接影響；本海洋法案在探討如何在保護海洋生態保育及海洋經濟發展（漁礦業及其它產業）兩方面求取平衡，法案將設立一個全國諮詢委員會，負責聯邦海洋政策的通盤研究，並在研究進行十八

[50] *Ibid.*

[51] *The Wall Street Journal*, October 4, 1996.

個月後向國會及白宮彙報，預計二〇〇一年起開始運作，將在包括阿拉斯加在內的沿岸地區舉行公聽會；委員會計十六名委員，人數之多旨在確定該委員會能代表漁、礦業及其它依賴海洋為生的產業，委員會亦將囊括聯邦及地方政府官員、環保及學界人士等[52]。上述單行法規旨在反應美國漁業基本法（一九七六及九六年 FCMA）規範之不足，乃針對特殊事務之單獨特別立法，應屬 FCMA 的特別法。除上述二千年海洋法案外，其它如一九七二年之海洋哺乳動物保護法案(the Marine Mammals Protection Act of 1972)[53]及一九九二年國際海豚保育法案(the International Dolphin Conservation Act of 1992)[54]等均是。

肆、現時重要的限制入漁權計劃之實踐方式——個別的商業交易配額(ITQ)

吾儕再進一步討論本法案所建立的總可捕量（Total Allowable Catch；以下簡稱 TAC），這 TAC 概念乃一最高持續生產量(MSY)觀念之分支，它源自一九七四年東北大西洋漁業委員會（The North East Atlantic Fisheries Commission；以下簡稱 NEAFC）對每一會員國的限量計算配額，本 FCMA 法案規定之美國必須每年決定外國捕漁的總可捕量(Total Allowable Level of Foreign Fishing——TALFF)，而在美國 EEZ 內，不允許美國漁船採捕魚種之最適宜生產量(MSY)部份，將必須與外國人漁國磋商解決，這 TALFF 模式實係上揭 NEAFC 所建立 TAC 系統的修正版本[55]。由於漁區開放所有大眾的

[52] *UPI*, August 7, 2000.

[53] 16 U.S.C. §§1361 et seq.

[54] Public Law 102–523 (October 26, 1992).

[55] 陳荔彤，前揭註，頁二六。

採捕將導致魚類枯竭，這法案制定一制度架構期待完成預先養護海洋資源之法規目的，美國基於科學性魚種的評估，這法案建立一數量性限制，即所謂之TAC，易言之，這TAC系統即是針對各別漁船限制其捕獲量，這法案的邏輯乃在聯邦或州的許可下目標魚種的捕獲將進一步減低，以完成法規目的，例如減少非目標魚群的同時捕獲魚種，這非目標而同時捕獲的魚種包括不同的普通魚種、海洋哺乳類動物及各類瀕臨危險種群等，這為數極多的非目標魚已被商業性或娛樂性漁民所捕獲，事實上這些種類因其聚居一處是不可能被排除，在管理上相當困難，甚難以有效的立法技術管制，這法案形式暗示可透過對漁業活動的課稅予以管理，然藉著對可允許的船舶大小、漁具使用、漁具配置量、或船員數量等規格清單將使捕魚活動更加困難，此立法技術已被批評無法有效保護同時捕獲的保護魚種，如特定漁具的使用於某一魚類將如同非故意或過失的設置陷阱同時捕獲瀕臨絕種海豚或海龜等(56)。在法令管制下保護魚類應重回海洋，然揀選和拋棄非目標魚不僅勞力昂貴，且丟回海洋前或後可能死亡，從而論者評述這法案規範措施未必有效養護海洋魚類資源，從而更進一步制定有效法令措施限制漁具、網孔大小和某些器具的排除，以防止同時捕獲其它魚種將是本法案或其它行政命令的進階走向。(57)

近頃美國漁業進一步的立法管制以減低傳統的 FCMA 法案之效率低落性，即是一九九〇年代引進的個別商業交易或移轉配額（Individual Tradeable Quotas or Individually Transferable Quotas；以

(56) 例如國際海豚保育法案旨在降低當進行鮪魚捕魚活動時同時伴隨捕獲或傷害海豚，詳見"U.S. President Bush signs tuna — Dolphin moratorium legislation," in *Oceans Policy News*, Vol. IX, No. 11 (November, 1992)。

(57) 陳荔彤，前揭註，頁二九。

下簡稱 ITQ)，乃分派從事捕魚者的可捕量持分之設計制度，它的方法是每年決定 TAC 的持分及比率，或明示每年固定的捕獲量，這 ITQ 已被很多環境及經濟學者專家認定為海洋資源管理最有效的方式。而美國亦從善如流，將 ITQ 作為美國限制入漁權(limited entry right)計劃的實踐方式之一（另一方式為有限的許可證 —— limited permit）(58)。這 ITQ 就是政府針對某一特定漁業制定 TAC 的個別漁民持分或比率，其可能是基於上代的歷史性繼承而來，亦或來自買賣或交換所得，在 ITQ 系統下，TAC 將被切割成個別分派的單位，它可以以購買(purchase)、租賃(lease)、或互易(trade)等方式而自由移轉(59)。目前在美國執行的三個 ITQ 系統：㈠南大西洋的 wreckfish 漁業：總計二百萬美元的二十艘漁船船隊；㈡阿拉斯加的大比目黑貂魚(the halibut sable fish)漁業：約有五千艘半工(part-time)漁船船隊，每一漁船不得多於百分之一的配額；及㈢馬利蘭州東部海岸的蛤蚶和蚌蜊類(the surf clams and ocean quahog —— SCOQ)漁業：總計五千萬美元的六十艘漁船船隊。在現行美國三個 ITQ 系統的實踐上，目前的入漁者係基於歷史性捕漁權（稱為 grandfathered）而獲得配額。上述三個 ITQ 漁業系統，仍適用 FCMA 法案規範如下，㈠魚尺寸限制(fish size restrictions)：需要避免捕捉有機會產卵的過小魚種，使其能繼續繁殖；㈡漁場限制(spatial restrictions)：需要保護產卵場所基於可能的毒物汙染或漁具問題，而導致的食物安全考量；㈢捕魚季節的時間及週期(time and length of fishing seasons)：需要保護正常魚群產卵；㈣漁具限制(gear restrictions)：需要調整未成熟魚類的同時捕獲；及㈤漁船船舶及船具的大小等。這配額乃每年以生物變數彈性調整決定，在每一收穫期間，ITQ 變成本期間對上期間的比率，

(58) 同上註，頁三〇至三一。

(59) 詳參 the FCMA of 1976 and 1996，及 U.S. House, 104th Congress, *supra* note 60。

而 ITQ 的持有者將被通知本期的 TAC，由於配額的可移轉性，漁船船隊的規範大小和資本設備係緊密相配對稱於魚獲的生產力，更由於受個別分配配額的捕魚者知悉其 TAC，其將無意在其漁船船舶或設備作過度投資，但將儘可能努力捕魚以滿足其 TAC[60]。最後 ITQ 雖有明顯缺點，即其可能基於 TAC 限制而隨意丟棄已撈獲的魚類，惟 TAC 究屬重量或數目限制，在美國國內法或國際法尚無明文，雖有缺失然論者認為其理論架構似是成功的管制設計，在其它漁業大國如加拿大、冰島、紐西蘭及荷蘭等皆已成功實踐 ITQ 系統。

然而一九九六年的 FCMA 修正案似乎不鼓勵目前的 ITQ 系統進一步採行。它規定聯邦政府應建立國家指導準則(national guidelines)，以利八大區域漁業委員會在選擇特別的 ITQ 計劃前，考慮衡量所有可能的設計變化及地方狀況，因為 ITQ 可能已先被保育養護目的所束縛，基於不可預測的改變因素而可能有充分的魚類資源，或原先估算記錄不確切而本有巨量的魚類資源；此外，它亦規定聯邦政府可以基於衡平法(equity law)考量而提供財務援助，以允許多年獻身於漁業活動的漁船船長及船員購買 ITQ 漁業權，然國家指導準則應絕對優先於考慮新的 ITQ 計劃之批准，在 ITQ 計劃被執行前，必須評估 ITQ 對漁業及地區可能造成的衝擊傷害，以衡平基礎為考量調整而獲得的 ITQ 將禁止移轉其配額，而對此種 ITQ 之控制仍適用舊有傳統養護保育措施，如時間及漁場的關閉、漁網的限制及共同捕獲的限制等。上述修正案的 ITQ 新的實質設限仍係基於最主要的永續生產量保育漁業目的[61]。

---

[60] *Ibid.*

[61] Organisation for Economic Co-operation and Development (hereinafter cited as OECD), *Towards Sustainable Fisheries: economic aspects of the management of living marine resources* (Washington, D.C.: OECD Washington Center, 1997), p. 58.

在形式設限上，這修正案對新的 ITQ 計劃有五年的禁止限制，然此規定並不禁止既存的 ITQ 計劃，這對漁民追求 ITQ 將有冷卻穩定的效果；區域漁業委員會將可允許討論 ITQ 計劃，但這計劃直到二〇〇一年止不能有效實施， 兩個主要的理由暫緩處裡這 ITQ 系統，其一乃漁民畏懼渠可能無法分配到配額，或自已預估充足合理的配額可能在漁業活動領域裡遭到淘汰；其二則漁民或其它相關漁業活動有懼怕可能造成漁業船隊過度集中，而引起漁業地區不穩定的改變。

這一九九六年的 ITQ 修正案可謂已改變原本的偏重海洋資源分配之經濟角色到整體社會最高價值的使用目的，現時的 ITQ 系統除了管理屬於大家共同的財產資源外，應已有追求更寬廣的社會，經濟及保育養護等綜合性目的。

伍、美國漁業法的近代實踐

美國漁業法的實踐重心在地區性的八大漁業委員會及國家的雙邊和多邊國際漁業協定，這區域性漁業委員會代表不同的利益團體，並擬定包含多樣的利益層面的 FMP，大部份的委員係由各地區的州長提名，多數委員會利用廣泛的漁業企業及科學顧問團體之資訊數據，妥適建立良善機制供大眾參與及審酌。傳統上，委員會運作涉及的利益團體主要為商業性及娛樂性漁業活動之企業；在最近幾年，娛樂性漁業團體的利益已漸增強，環境團體並成為委員會更活躍的參與者，上述兩團體無論在委員會的實際決策運作，或委員會的顧問團體或增加參與公共意見及審核程序，環境團體甚至更成為定期解釋和修正 FCMA 法案的主要角色之一。在州的漁業（三浬內），個別的州與橫跨二州以上的州團體負責管理州水域的大部份漁業活動，此外，一種結合州及聯邦的所謂「州一聯邦 FMP (State-Federal

FMPs)」已被發展出來，俾管理發生於兩州以上的主要漁業活動，實踐上，這些 FMPs 的發展皆已借重㈠太平洋(Pacific)、㈡北太平洋(North Pacific)、㈢西太平洋(Western Pacific)、㈣海灣(Gulf)、㈤中大西洋(Mid-Atlantic)、㈥南大西洋(South Atlantic)等漁業委員會的協助，在某些案例中，例如阿拉斯加外部海域，聯邦管理機構已被納入作為該州漁業管理的代表成員[62]。一九九六年 FCMA 法案修正案建立一以社區發展為衡量著眼的計劃，稱為社區發展配額計劃(Community Development Quota Program)，此計劃攤派多種魚類的總可捕量(TAC)變動比率給阿拉斯加西部社區居民，在一九九九年底前，白令海 groundfish 和蟹類的總可捕量之百分之七點五將被分配給上述西阿拉斯加漁民；這修正案亦允許在夏威夷及其它屬於美國的太平洋島等（如美屬 Northern Marians、Kingman Reef 及 Palmyral 島），所歸屬於西太平洋漁業管理海域建立一類似的社區配額計劃[63]。在與同如美國擁有狹長海岸的北方鄰國加拿大，兩國海域所產的大比目魚傳統上一向由兩國公同共有分享，多年來兩國早已依據一九三〇年北太平洋及白令海大比目魚漁業保存公約(Convention for the Preservation of the Halibut Fishery of the North Pacific Ocean and Bering Sea of 1930)設立國際太平洋大比目魚委員會（International Pacific Halibut Commission——簡稱 IPHC)，從事管理大比目魚漁業活動，這 IPHC 由美國及加拿大共同擁有平等比率的資金及代表權，建立海洋中大比目魚的配額及季節，定義法定的漁具，制定最

[62] Committee on Ecosystem Management for Sustainable Marine Fisheries Ocean Studies Board 及 Commission on Geosciences, Environment, and Resources, National Research Council, National Academy of Sciences (hereinafter cited as NRC-NAS), *Sustaining Marine Fisheries* (Washington, D.C.: National Academy Press, 1999), pp. 31–32.

[63] OECD, *supra* note 61; *Hearing on the U.S.— Canada Pacific Salmon Treaty*, U.S. House, 105th Congress, 1st Session (September 18, 1997).

小大比目魚尺寸的限制等，在各自的海域界限內每個國家各自擁有自由裁量的管轄權以管理大比目魚，例如在阿拉斯加海域加拿大執行自己的漁船配額多年，但美國在自己所屬海域並無此項計劃。又近頃美國在一九九七年，眾院曾舉行公聽會討論制定美加太平洋鮭魚條約(64)。

在美國漁業的過度資本集中化(over-capitalization)問題上，吾儕先檢視其所投入的人力、物力及資金之事證，按美國漁船船隊涵蓋單一及多種漁業船舶，單一及多樣漁具類型船舶，及近海和遠洋漁船船舶，大部份的船舶僅從事捕魚活動，但某些兼具捕魚及加工功能，更有些則僅從事加工處置之漁業活動；漁船長度從小於十公尺至大於一百五十公尺；主要的漁具類型包括拖網(trawls)、多鉤長線和其它吊鉤(longlines and other hook)、線齒輪(line gear)、壺或嘴(pots or traps)、曳網(seines)、鰓網(gillnets)及爬網(dredges)等；漁船船主從擁有一小型船舶的獨立船主至大型多功能船舶，和垂直性的一貫作業生產整合船舶公司；漁業加工工廠的大小亦從僅僱用少數人的小型個人獨立工廠到擁有多數工廠並僱用千人以上的跨國企業，這垂直整合性質常隨著漁業活動的改變而調整(65)。以上所論述的美國漁船船舶、船員、漁具、工廠及廠主等之事實可謂五彩繽紛、包羅萬象，證明美國的漁業所投入的人力、物力及資金為數甚鉅，根據聯合國農業暨糧食組織報告，美國漁業除在少數地區外，大部份均有不符合美國國家過度投資標準的問題，一九九六年美國國家海洋漁業署(NMFS)報告在一九八七年時美國的商業性漁業船舶約有二萬三千艘（NMFS 並無更新的統計數據出現）(66)，這已超出美國長

(64) *Ibid.*, p. 59.

(65) NMFS 並無一九八七年以後的統計數目，惟根據 OECD 於一九九九年出版的書籍敘述美國擁有船隊和噸位 “a fleet of 17850 vessels and 823, 169GRT”，參閱 *ibid.*, pp. 58–59。

期應完成的計劃生產量，例如依據一九九二年北太平洋漁業委員會報告，在阿拉斯加海域的船舶數目估計超出可捕獲的漁業資源應用船舶數目的二點五倍；此外，新英格蘭漁業總收入的降低亦主要肇因於太多漁船的溢捕(67)。

在檢驗溢捕(over-fishing)的問題上，吾儕應先審視美國漁業的主要魚種，這是評估美國漁業活動實踐的重要指標。美國的漁業具廣泛多樣性，在大西洋、太平洋及墨西哥灣從事採捕多種類的魚群，以下是美國漁業重要的生產魚種及其數量和價值排次，在數量上依序為：㈠阿拉斯加鱈類(Alaska pollock)，㈡鯡魚(menhaden)，㈢鮭魚(salmon)，㈣太平洋鱈魚類(Pacific hake)，㈤鱈(cods)，㈥蟹類(crabs)，㈦蝦(shrimp)等，至於價值高而列入重要生產魚種的龍蝦(lobster)因數量較少而未列入排名；在價值上依序為：㈠蝦，㈡蟹類，㈢鮭魚，㈣阿拉斯加鱈類，㈤龍蝦，㈥鱈(cods)，㈦鯡魚，至於產量第 4 而列入重要生產魚種的太平洋鱈魚類，因價值甚低而未列入排名。在美國從事的漁業活動有單一及多種魚種漁業、單一及多樣漁具漁業、及四季及單季漁業，由於生物因素某些魚種有週期季節性，但某些魚種則太過豐富而捕獲及處置能力顯屬不足(68)。依據美國私人性質的環境保護基金會(Environmental Defense Fund)的報告，目前美國約有百分之四十以上的魚種遭到溢捕。依據一九九六年美國國家海洋漁業署的統計數據，在一九九二至九四年期間，估計有二百七十五種魚種在美國近海沿岸、專屬經濟區及公海被捕獲，其中有一百九十一種魚種的資訊是可以獲得的，經過評估統計這近二百種的近一半即百分之四十九已完全被捕獲利用，而約三分之一即百分之三十三係過度使用，而有約百分之十八並未過度捕撈；經過科學分析，

(66) NRC-NAS, *supra* note 62, pp. 32–33.

(67) OECD, *supra* note 61.

(68) NRC-NAS, *supra* note 62, p. 32.

約近一半即百分之四十六已低於所謂的「充分水平(the level of abundance)」，而須要產生最大的「長期潛在生產量(the long-term potential yield)」；又依據一九九六年 NMFS 的統計，美國漁業的單一魚種基礎在專屬經濟區的長期潛在生產量估量每年八百一十萬噸，這估量是遠大於最近的生產量；再依據此估量所計算的結果，為完成美國未來長期潛在生產量的增加，某些尚未過度開發的魚種將須要加速採捕，但更重要者乃採捕已過度利用的魚種、併隨捕獲魚種(bycatch)及未估計死亡率的魚種等的捕撈將要被降低，而使魚種能夠再度重建；上述估量的長期潛在生產量及最高持續生產量（Maximum Sustainable Yield,即 MSY），其水平可用來作為漁業持續發展和經營的指導準據，或重建已遭過度濫捕的海洋漁業魚種(69)。

最後吾儕再以詳細漁業的實際生產量數字，以驗證美國執行 FCMA 法案後的國家實踐成效，作為調整溢捕、過度資本集中化，及入漁執照或 ITQ 等管理措施的參考指標：

美國係全世界最大專屬經濟區(EEZ)的國家，擁有 EEZ 海域寬達一千一百萬平方公里，依據一九九五年聯合國糧農組織報告，在一九九三年時美國是在繼中國、日本、秘魯及智利之後的世界第五大漁業生產國，生產魚類(fishs)及甲殼類及貝類(shellfish)超出四百七十萬噸，約值三十八億美元，約佔世界性商業性產量百分之六(70)。美國主要海洋漁業活動可分為商業性(commercial)、娛樂性(recreational)及原住民漁業等(indigenous people's fisheries)等三類型。在商業性漁業方面，回溯往昔在一九七六年美國制定 FCMA 法

(69) OECD, *supra* note 61.

(70) NRC-NAS, *supra* note 62, pp. 29–30，美國國家海洋漁業署(NMFS)對數量的統計僅計魚肉(meat)，並不包括貝類或甲殼類動物（shellfish，如蛤蛤、蝦蟹等）的殼(shell)，然聯合國 FAO 的統計卻計及殼，從而 FAO 的統計數量經常超越 NMFS 約七十萬噸。

案擴展其二百浬 EEZ，而排除外國人漁前的三、四十年間，其商業性漁業皆保持每年約二百萬噸的穩定狀態；目前由於外國漁船船隊並不被允許在美國的 EEZ 入漁──雖然有些例外，如緬茵灣(the Gulf-Maine)的鯡魚，故自一九七七年後，依據 NMFS 一九九八年報告，在一九九七年的商業性漁撈已有二倍多成長而達四百四十七萬噸，約值三十五億美元，對 GDP (Gross Domestic Product)的貢獻達二百零二億美元。這成長主要原因係一九七〇年代末後外國鱈魚(pollock)漁場的位移，故美國的國內鱈魚捕獲量自一九八〇年代後快速增長；這商業性捕獲量的一半來自於阿拉斯加外海，主要魚種為鼓眼類鱈魚(walleye pollock)、太平洋鱈(Pacific cod)及各種不同的鮭魚等[71]。再由上述一九九三及九七年的比較，九七年的生產量及收入價值顯著降低，這顯然是無效的法律機制所造成的溢捕而致庫存量下降，雖然捕獲價值增加百分之一點一，而所有的捕撈重量總計卻下跌約百分之零點零一，縱然總產量價值增加約百分之十；以重要的北大西洋（新英格蘭、中大西洋及契斯皮克【Chesapeake】海域等）拖網漁業論，過去一九八五至一九九四年之十年間之統計，在捕撈及價值兩指標皆呈現下降現象，商業性總產量從三億七千萬下降至一億八千萬磅(pounds)，價值則從二億三千五百萬下降至一千零一百萬美元，試細部舉出一例，以一九九三及九四年比較，九四年北大西洋的溜魚(butterfish)、大西洋鱈(Atlantic cod)、cusk、比目魚(flounders)、鱈(haddock)、海鱸(ocean perch)、（大西洋）鱈類及銀鱈(pollock and silverhake)等魚種總產量是一億五千三百萬磅，約值一億三千一百八十萬美元，這比九三年生產量降低三千九百六十萬磅，即百分之二十一，收入價值則減少二千四百一十萬美元，其中比目魚(flounder)及大西洋鱈(Atlantic cod)幅度最大各為百分之四十六及二十七；另外一例乃定居種的大西洋海扇貝(Atlantic sea scal-

[71] NMFS, *supra* note 1 (Fisheries of the United States, 1994).

lops)，在一九九〇年高峰達到三千九百萬磅，約值一億六千萬元，但一九九三年卻急速下滑一半至一千八百萬磅[72]。

其次，娛樂性漁業對美國漁業亦極端重要，海洋旅遊社區常是美國漁業管理機制的一個重要利益團體代表； 依據一九九五年 NMFS 統計，在一九九四年雖然美國娛樂性漁業總捕獲量僅及商業性漁業的百分之二約九萬噸，然所投人的海洋娛樂性漁業人口則多達一千七百萬人次，最近幾年每年皆約有六千六百萬船次航程的娛樂性漁業活動，捕獲約三億六千二百萬條魚，相關漁業活動的費用估計每年高達二百五十三億美元；在比較一九八六年的六千萬船次，約獲四億零七百萬條魚，一九九四年漁獲量比率亦顯有降低[73]。試以大西洋及墨西哥灣為例，百分之三十四之娛樂性漁業活動從事於南大西洋，百分之三十於墨西哥灣，百分之二十四於中大西洋，及百分之十於北大西洋等；在一九九四年於此海域的 EEZ 捕獲者為紅棘鬣魚(red snapper)、墨海鱸魚(black sea bass)、大西洋鱈(Atlantic cod)、鯛魚(scup)及竹筴魚(bluefish)等，其中約僅百分之十來自 EEZ；在大西洋海域，一九九四年捕獲的魚種為太平洋鯖魚(Pacific mackerel)，海草鱸(kelp bass)、條紋沙鱸(barred sand bass)、嘉魚或鱒魚(rockfish)、及海青魚(surf smelt)等，以上其中百分之六十來自南加州，百分之二十捕獲於南太平洋的 EEZ 內[74]。從上述事證可得娛樂性漁業受限於氣候、漁具及漁事海域的遠近，一般娛樂性漁船規模較小，固不能遠赴太遠的 EEZ，且漁具亦不先進，所捕獲皆為特定的狹小魚種，況受寒冬及娛樂漁業活動本非專職等因素影響，從而漁業法制的管理措施應有專屬機制，以避免產生與商業性漁業管理目的與方法的衝突。在某些漁業政策實踐上，有些娛樂性漁業管理

[72] *Ibid*. (Fisheries of the United States, 1995).

[73] *Supra* note 71.

[74] NRC-NAS, *supra* note 62, pp. 30–31.

決策常成功有效影響政府政策，如最近美國多州已州立法禁止在沿岸以漁網從事娛樂性捕魚活動，如一九八八年德州立法禁止使用刺網(gillnets)，加州於一九九〇年起禁用魚網(nets)，佛羅里達及陸易斯安娜兩州各於一九九三及九四年通過立法禁用魚網；另一娛樂性漁業管理機制的要點乃其與商業性漁業資源的適當分配問題，此分配的衝突常是區域性漁業管理委員會的主要爭論審究問題之一，然一項肯定適當的比例分配目前仍屬不可得，此乃基於娛樂性漁業並未有一權威性完整周延的統計報告，且已開發國家（如美加澳紐）的極力發展生態觀光事業，職是兩漁業活動比重衝突勢難避免[75]。

最後論述美國的原住民或傳統部落的漁業，此種漁業雖佔美國漁業比率極小，但係美國聯邦憲法保障原住民部落之憲法權利一部份，其亦表現美國人文及社會色彩。此種漁業活動發生於西部美國印地安人居住較多的州，即華盛頓、奧勒崗及加州等及獨立存在於美國大陸之外的阿拉斯加州等四州。太平洋漁業委員會(Pacific Council)及其所屬科學和技術委員會(the Scientific and Technical Committee)和鮭魚技術團(the Salmon Technical Team)已有印地安部落代表。在阿拉斯加西部社區，大部份居民皆為阿拉斯加原住民，一九七六年 FCMA 法案及九六年的修正案設置一「社區發展配額計劃」賦予阿拉斯加及夏威夷和南太平洋群島等法定專屬漁業配額已見前述；聯邦政府常與傳統部落團體訂立內國雙邊協定，根據一九九六年 NMFS 報告，在華盛頓州設立一西北印地安漁業委員會(Northwest Indian Fisheries Commission)俾處理涉及普吉松(Puget Sound)海域一帶的印地安鮭魚條約權利，此外，華盛頓州亦分配給該州印地安居民在州外海的黑貂魚(sablefish)漁業配額；在奧勒崗州，設立一哥倫比亞河泛部落漁業委員會(the Columbia River Inter-

[75] NMFS, *supra* note 1 (Fisheries of the United States, 1996); NRC-NAS, *supra* note 62, pp. 31–32.

Tribal Fisheries Commission)以代表哥倫比亞河流域盆地內的四個印地安部落；在加州，州的行政法規將克拉瑪斯河(Klamath River)流域一帶的支奴干鮭魚(Chinook salmon)分配給河域盆地的三個印地安部落[76]。

除了上述三種美國漁業活動之外，尚有一種存在於世界上而為很多國家國內法所承認，且有別於商業性或娛樂性的漁業，即所謂的自給性漁業(subsistence fisheries)，此種漁業僅見諸於特殊小地方性的未開發或部落社會，惟迄今美國並無此項立法或行政規範。

陸、結 論

美國海洋漁業管理目的雖因地區有別而互見差異性，然就整體原則性而言仍相似於其它漁業國家，其漁業法制主旨功能在保護採捕魚種的生物及經濟生產力，以平衡生態系統的其它構成分子，及保障某些依賴漁業的個別及社區團體之工作和生存機會，並提供漁產品一般消費者的最大利益。然而，上述目標主旨一再受到生物和經濟系統複雜性、預測生物經濟系統的要素、及發展和執行有效機制以分配漁業資源的困難性等因素之挑戰，著實難以達成實現真善美的理想境界。

一九七六年的美格尼遜漁業養護和管理法案賦予聯邦政府管理美國專屬經濟區的漁業。固然，美國商業部透過國家海洋暨大氣管理局和國家海洋漁業署有最高管理專屬經濟區內海洋漁業資源的權限，然而八大區域漁業委員會卻擁有研擬和修正大部份的漁業管理計劃(FMP)，以管理個別地區的漁業。通常區域委員會的 FMP 建議案被商務部長批准並執行，在區域委員會發展出不同的漁業管理顯示這些委員會具自由裁量權限，俾決定地區漁業管理的問題及答案，

[76] *Ibid*., p. 32.

美國國會亦充分支持區域委員會的事務運作。又商業部長當缺乏區域委員會的建議案時可自行擬定FMP，然而這不常發生，且應在某些類型的管理措施無法使用而直接被區域委員會建議時方可，這部長的聯邦FMP——即所謂的限制入漁權計劃(limited access or entry programs)，包括有限的許可證(limited licensing or license limitation)及個別的商業交易配額(ITQ)，一般而言，大部份的漁業皆適用一般法律規範的開放性入漁管理，然而有限的許可證及個別的商業交易配額等兩管理制度係適用在某些特定的漁業。某些一般開放性的漁業使用配額(Quotas)方式來管制，但並非全部；某些漁業適用非直接管制方式例如漁網尺寸法規、季節和最低法令限制尺寸等，以代替配額方式；然而某些漁業則上述配額及非直接管控等兩種方式兼採之。

一九九六年的漁業養護和管理法案修正案係依照生物自然及經濟社會兩科學架構制定，俾探究兩項主要漁業管理問題，即魚種的枯竭及分配，其立法重心係期以ITQ達到可捕量制度選擇的法律定位，雖然得到某些利益團體的政治支持而可能成功，然卻仍衍生某些參議員代表的團體強有力的反對尋求制止進一步的新ITQ計劃，職是立法系統企圖修正既存的ITQ制度並未真正成功，從而並無新的ITQ計劃付之實踐直到西元二千年，吾儕只得對二千年後之未來實踐拭目以待。

中華民國（臺灣）之國際地位
——回顧與展望

陳榮傑 *

壹、前　言

貳、海峽兩岸對一個中國的堅持——合法性的挑戰

一、合法性與正統
二、「一個中國」原則
三、代表權之源起
四、零和的遊戲
五、影響中華民國（臺灣）國際地位的兩件大事
六、結　語

參、從國際法國家及承認概念看中華民國（臺灣）之國際地位

一、國家概念與中華民國（臺灣）之國際地位
二、從承認的理論與實踐看中華民國（臺灣）的國際地位

* 臺大法律系畢業、美國南美以美文學比較法學碩士、法律博士；曾任東吳大學、中央警官學校兼任教授、海基會秘書長、自立報系社長、外交部條約法律司司長、駐美國副代表；現任僑務委員會副委員長。

肆、從國家實踐及學說探討中華民國（臺灣）之國際地位

一、從國家實踐探討中華民國（臺灣）之國際地位

二、國際公法學者對中華民國（臺灣）國際地位之觀點

三、結　語

伍、民族自決與臺灣地位

一、民族自決的歷史背景及演進

二、聯合國與民族自決

三、民族自決之國家實踐

四、民族自決與國土分離

五、結　語

陸、幾點觀察

中華民國（臺灣）之國際地位

── 回顧與展望

壹、前　言

一九四九年中華民國政府遷臺，中共逐漸有效控制中國大陸，惟兩岸敵對狀態並未隨之終止。事實上，雙方之戰場從軍事轉為外交，彼此在「一個中國」的架構下，競爭國際地位之合法性：在雙邊關係上爭取第三國排他性之承認；在多邊關係上爭取聯合國體系及其他政府間國際組織之代表席位。

其間，影響最大之事件為一九七一年十月二十五日中華民國被迫退出聯合國，及一九七九年一月一日美國撤回對中華民國之承認並終止雙方共同防禦條約。前者影響兩岸在國際體系包括多邊及雙邊關係之均勢；後者改變臺海地區之安全架構。自此以後，中共對所謂「臺灣問題」的處理，不但更有信心，而且較有急迫感，致使兩岸關係的發展成為影響臺灣國際地位之最大變數。

此外，冷戰結束以來，國際政治體系產生基本變化，臺灣之戰略地位，已有今不如昔之感。戰後造成的四個分裂國家中，越南已被合併，德國業已統一，南韓及北韓均以國家身分融入國際體系。至於海峽彼岸之「中華人民共和國」在國際體系之「國家」地位業已確立，其在國際關係之角色日趨重要，惟獨臺灣之地位仍然模糊不清。凡此種種，益使臺灣處在一個以國家為中心之國際體系中顯得孤立。

另一方面，臺灣由於政治、經濟、社會及安全之穩定與發展，其內部統治權之合法性愈形鞏固，人民更有需求及信心追求符合臺灣實況之國際地位。

本文試從國際法及國際關係之層面，回顧並展望中華民國（臺灣）之國際地位。

貳、海峽兩岸對一個中國的堅持——合法性的挑戰

一、合法性與正統

合法性(Legitimacy)是政府（統治者）權力的基礎❶。此種合法性對內來自被統治者的同意，對外來自國際體系的接受（即國際法的承認）。合法性與中國古代的「正統」思想及現代「國家認同」概念有相當程度的重疊。易言之，國家合法性之對內意義，在於人民的支持；其對外意義，在於國際法律地位；就兩岸關係而言，在於競爭正統地位，競爭代表地位。

二、「一個中國」原則

五十年來，海峽兩岸在國際社會爭吵「一個中國」原則，彼此對「一個中國」內涵的認知大不相同。大陸認為中共政權是中國的正統，即唯一合法代表；臺灣則認為在臺北的中華民國政府是中國的正統，即唯一合法代表；為此，在雙邊關係上尋求其他國家之排

❶ Dolf Sternberger, “Legitimacy”, in the *Encyclopedia of the Social Sciences*, Vol. 9 (1968), pp. 244–248.

他性承認（政府承認），在多邊關係上競爭國際組織之代表權（就特定國際組織之目的，爭取會員國之集體承認）。

三、代表權之源起

一九四九年十月一日，中共宣佈「建國」，同年十一月十五日周恩來致電聯大主席及聯合國秘書長，聲稱中華人民共和國為中國唯一合法政府，蔣廷黻所率領的代表團無權代表中國。一九五〇年一月八日、十九日及二月二十日迭次致函聯合國，要求「驅逐」國民黨代表， 並指派張聞天為中華人民共和國出席聯合國會議首席代表❷。兩岸所謂「一個中國」之爭於焉開始。

四、零和的遊戲

在上述「一個中國」的架構下，兩岸外交對抗基本上是零和的遊戲。例如一九八九年十月十三日貝里斯與中華民國建交，中共外交部於十月二十三日宣佈與貝里斯終止外交關係。同月二十八日新華社評論員以「只有一個中國是我們不可動搖的立場」為題，發表下列評論：

「世界上只有一個中國，中華人民共和國政府是中國唯一合法政府，臺灣是中國領土不可分割的一部分。承認這一確定不移的事實，是任何一個國家建立和維持外交關係的前提……企望中國在這樣重大的原則面前退讓是根本不可能的。」❸

---

❷ UN Doc. A/1364, Sep.14, 1950; Jerome Alan Cohen and Hungdah Chiu, *People's China and Int'l Law*, A Documentary Study, Princeton Univ. Press, New Jersey, Vol. 1, 1974, pp. 268–269.

❸ 原載一九八九年十月廿八日人民日報，輯入「臺聯工作手冊」㈢，一

「一個中國」的原則有如二刃之刀，必須小心運用。就多邊關係的代表權而言，當建交國家數目居優勢時，固可做為競爭合法性的手段；但當優勢失去時，合法性必須面臨嚴酷的考驗。例如一九五〇年至一九六三年間聯合國會員國中與我有邦交者約在三十九國至六十三國之間，與中共有邦交者約在十八國至五十國之間，故聯合國代表權大體上尚可維持。一九六四年與我有邦交者有五十九國，與中共有邦交者有五十國；一九六五年與我有邦交者有五十七國，與中共有邦交者有五十國，兩者相當接近，聯合國代表權開始出現警訊。到了一九七一年與中華民國有邦交者，減至五十四國，與中共有邦交者增至六十七國，當年終於被迫退出聯合國❹。

五、影響中華民國（臺灣）國際地位的兩件大事

㈠中華民國被迫退出聯合國

一九七一年十二月二十五日聯合國大會通過第二七八五(XXVI)號排我決議❺。聯合國秘書長隨即通電所有專門機構及附屬組織幹事長提請彼等注意大會第 396 號決議❻。中華人民共和國政府復於同月二十九日發表聲明，重申聯合國大會有關排我決議必須澈底執行❼。因此，聯合國專門機構及其他附屬機關均先後將中華民國排除❽。至於金融體系的國際組織，因中共的經濟體制一時無

九九〇年五月，頁二三至二四。

❹ 外交部條約法律司統計資料。

❺ *Yearbook of the United Nations*, Vol. 25 (1971), pp. 126–133.

❻ 指大會有關聯合國代表權之態度應為聯合國其他機關及專門機構所考慮。請參閱丘宏達，聯合國研究，國立政治大學國際關係研究中心（國際及中國大陸情勢專題報告，編號：〇〇九），八十三年十月，頁四一。

❼ See Cohen and Chiu, *People's China and Int'l Law*, *supra* note 2, p. 285.

❽ 丘宏達，聯合國研究，前引❻，頁四一至四三。

法接軌，遲至一九八〇年四月十七日（國際貨幣基金）及一九八〇年五月十五日（世界銀行、國際金融公司及國際開發協會）始將中華民國排除❾。

中華民國退出聯合國後，由於許多國家之中國政策依循聯合國大會有關決議，以致與兩岸建交之國家數目差距急速擴大，影響對外雙邊關係至鉅❿：

年　份	1971	1972	1973	1974	1975
建交國家數目（臺灣—大陸）	54–67	41–86	37–88	31–96	27–105

年　份	1976	1977	1978	1979	1980
建交國家數目	26–110	23–113	22–115	22–119	22–123

為適應退出聯合國後之國際情勢，中華民國政府於一九七〇年代推行「總體外交」，試圖經由政治、經濟、科學、文化、技術暨運動等雙邊與多邊，官方與非官方，直接與間接交流，提升國際地位⓫。總體外交就實質關係而言，當有助益，惟如以上述雙邊邦交國家數目作為指標，成效不易彰顯。

❾ *Yearbook of the United Nations*, Vol. 25, pp. 132–135; Hungdah Chiu, Rong-jye Chen and Tzu-wen Lee, "Contemporary Practice and Judicial Decisions of the Republic of China Relating to International Law," in *the Chinese Yearbook of International Law and Affairs*, Vol. 1 (1981), pp. 142–143.

❿ 外交部條約法律司統計資料。

⓫ 一九七三年九月二十五日行政院長在立法院之施政報告。

㈡美國撤回對中華民國之承認並終止雙邊共同防禦條約

一九七八年十二月十五日美國與中共發表聯合公報，雙方同意相互承認並自一九七九年一月一日起建立外交關係⑫。美國政府並於同日發表聲明，援引中美共同防禦條約之終止條款，終止該約⑬。美國與臺灣斷交並廢約之後，中共認為國際情勢對其有利，處理臺灣問題的時機已漸成熟，因此，中共與美國建交當天，除由國防部長徐向前宣佈停止對金門炮擊外，並由人大發表告臺灣同胞書，提出三通四流建議⑭。一九八一年九月三十日葉劍英發表告臺灣同胞書（通稱葉九點），宣示臺灣將成為高度自治的特別行政區⑮。一九八二年十二月四日通過新憲法，第三十一條規定：「國家在必要時得設立特別行政區。」⑯同年八月十七日與美國簽署限制臺灣軍售之公報，宣示對臺軍售之質與量將不超過「中」美建交以後幾年的水準並將逐年遞減迄至終局解決⑰。

綜上所述，中共自與美國關係正常化以後，亟欲早日解決臺灣問題，爰以一國兩制為戰略目標，輔以外交空間的壓縮、軍售限制及武力威脅等戰術目標。面對中共上述舉措，臺灣對內加速民主改革，持續推動經濟建設，並開放兩岸交流；對外推行「彈性外交」⑱。

「彈性外交」與「總體外交」之主要差異，在於放棄若干「合法性」與「正統」的堅持，願意與其他國家發展外交或其他官方關係而無意影響該國與大陸之雙邊關係；並願意與大陸共同參與國際

⑫ 李大維，臺灣關係法立法過程，臺北：風雲論壇出版社，八十五年再版，附錄一，頁二七四。

⑬ *Internationl Legal Materials*, Vol. 18 (1979), pp. 272–275.

⑭ 郭立民編，中共對臺政策資料選輯，上冊，頁三二八至三三二。

⑮ 郭立民，同⑭，頁四一二至四一四。

⑯ 陳長文主編，中國大陸法規彙編，五南出版社(1992)，上冊，頁四。

⑰ *International Legal Materials*, Vol. 21 (1982), pp. 1147–1157.

⑱ 行政院長有關彈性外交之談話，中央通訊社，一九八八年七月十二日。

組織。在彈性外交之驅動下，漢賊不兩立的立場已見鬆動。同時為回應中共兩岸談判的攻勢，李總統曾表示在一定的先決條件下，兩岸可以進行政府對政府的談判⑲。嗣後又提出兩個對等的政治實體，以回應中共一國兩制。同時對外工作之方式也較不受傳統的拘束，靈活而有彈性，例如學術及渡假外交。

1. 漢賊不兩立

臺灣與大陸五十年來在國際社會競爭絕對合法性，堅持「漢賊不兩立」，彼此排斥對方。事實上，「漢賊不兩立」變成臺灣發展國際空間包袱。東、西德及南、北韓在分裂初期，即一九五〇年代及一九六〇年代初期，雖亦各自堅持唯一合法代表（在德國通稱 Hallstein Doctrine)，嗣因交叉承認的國家日多，不得不調整立場。東、西德於一九七二年簽訂條約互相承認在昔日德國之領域內(former Reich)存有二個國家；但東德把西德視為外國，西德不把東德視為外國。南、北韓不願視對方為「國家」，惟默許第三國雙重承認，及在國際組織中同時擁有平行代表權⑳。

臺灣在退出聯合國前，與大陸在國際社會競爭絕對合法性，彼此堅持「漢賊不兩立」原則。其後歷經「總體外交」與「彈性外交」二階段的調整，臺灣已漸鬆動，大陸始終如一。依照上述兩德及兩韓之成例以觀，期待大陸調整立場之客觀情勢目前並不存在。

2. 雙重承認

在一個中國的架構下，所謂「雙重承認」理論上應屬於政府承認的範疇，即承認中國之內存有兩個合法政府；但在事實上產生國家承認及政府承認的雙重效果，即承認中國的現況是分裂國家，亦

⑲ 對臺灣當局「一國兩府」主張的表態參考口徑，輯入「臺聯工作手冊」㈢，頁四三至四四。

⑳ Meinhard Hilf, "Divided States", in R. Bernhardt (ed.), *Encyclopedia of Public International Law*, Vol. 10 (1981), pp. 126–131.

即一個民族(one nation)，二個國家(two states)，二個政府(two governments)。

惟中共對兩岸關係的現況，迄不認為具有分裂國家的地位；對於兩岸關係的未來，反對分離(secession)，堅持統一；兩者均難提供第三國雙重承認的空間。臺灣所提「兩個對等政治實體」，概念模糊，僅能適用於兩岸關係，以彰顯臺灣與大陸在形式層次之「對等」。但在國際關係上此一概念欠缺明確的國家地位(statehood)，很難提供第三國雙重承認之法律架構。

一九六四年一月二十七日法國與中共簽署公報，相互建立外交關係並於三個月之內互換大使，證據顯示戴高樂並無意與臺灣斷交，歐美報紙亦普遍推測中共與法國建交將為兩個中國開一窗口。惟其間中共發表聲明重申一個中國立場，至於法國有無因而對臺施壓則無佐證。中華民國政府終於同年二月十日撤回駐法大使㉑。美國學者有謂，中共原先接受法國所提不與中華民國斷交之條件，嗣因中華民國寧可玉碎，不願瓦全而撤回駐法大使，如非誤判歷史將改寫云云㉒。

自臺灣推行彈性外交後，中共對雙重承認之立場轉趨強硬，認為雙重承認是對中國主權的侵犯，聲稱在「一個中國」及「祖國統一」問題上，沒有「彈性」可言㉓。因此，對於承認中華民國並建交之案例，毫無例外地終止(terminate)外交關係。例如格瑞那達於一九八九年七月二十日與中華民國建交，中共於八月七日宣佈終止外

㉑ Cohen and Hungdah, *People's China and International Law*, Vol. 1, *supra* note 2, pp. 237–239.

㉒ Arthur Waldron, "Back to Basics: The U.S. Perspectives on Taiwan-PRC Relations," in James Lilly and Chucks Downs (ed.), *Crisis in the Taiwan Strait*, National Defense University Press (1997), p. 337.

㉓ 人民日報評論員，「雙重承認」是對中國主權的侵犯，載人民日報，一九八九年十月十一日，輯入「臺聯工作手冊」㈢，頁二一至二三。

交關係。賴比瑞亞於一九八九年十月二日與中華民國復交，中共於十月十日宣佈終止外交關係。貝里斯於一九八九年十月十一日與中華民國建交，中共於十月二十三日宣佈終止外交關係㉔。雖然臺灣宣佈建交或復交日期與中共宣佈終止外交關係日期之間，有短暫重疊，但法律上與事實上均難謂構成雙重承認。至於建立次於外交關係或其他官方關係，中共的反應較為溫和。茲舉例說明如下：

⑴建立領事關係

中華民國與拉脫維亞於一九九二年二月二十二日建立領事關係並於里加設置總領事館。中共暫時中止(suspend)外交關係並於二月二十五日撤回大使，迄至拉脫維亞於一九九四年七月二十八日聲明終止與中華民國領事關係為止㉕。

⑵設置冠用「中華民國」之代表機構

目前中華民國在巴林、斐濟、厄瓜多、模里西斯、安哥拉、玻利維亞、剛果民主共和國、馬達加斯加、奈及利亞、巴布亞紐幾內亞、約旦及阿聯十二國設置中華民國代表團或辦事處，其中巴林、斐濟、厄瓜多、模里西斯四處係在一九八七年（即推行彈性外交）以前設置，其餘均在推行彈性外交以後設置。對於此類機構中共之彈性較大，並未立即採取報復措施，特別對於第三世界國家尤然。

3. 雙重代表權

過去五十年，中華民國對國際組織及活動的參與，有堅持，也

㉔ 外交部條約法律司編，我國與世界各國關係一覽表（以下簡稱「世界各國關係一覽表」），八十七年十二月；郭立民，中共對臺政策資料選輯，下冊，前引⑭，頁一〇〇六、一〇三六、及一〇四二。

㉕ Samuel Kim, "Taiwan and the International System: The Challenge of Legitimation," in Robert Sutter and William Johnson (ed.), *Taiwan in World Affairs*, Westview Press (1994), p. 155；世界各國關係一覽表。

有妥協。其間，從唯一合法代表的堅持，到一九七一年美國正式提出雙重代表權案，再到現階段的實質參與。此三階段相當程度地反映當時對外雙邊關係的情勢。

一九六六年聯大第二十一屆大會，加拿大基於國際政治現實之考慮，擬提「兩個中國」案，允許中共入會並取代中華民國在安理會之席位。但當時中華民國幕後反對而未能成案㉖。

一九七一年第二十六屆大會，由於國際情勢不利於我，美國等十九友邦在中華民國之默許下正式提出「雙重代表權」案。說明節略嘗言:「聯合國對於中華人民共和國及中華民國彼此衝突之權利主張毋庸採取立場，宜待依憲章規定和平解決。」「中華人民共和國應有代表權，同時應規定不剝奪中華民國之代表權。」㉗美國駐聯合國代表布希發言表示:「聯合國應注意到中華民國及中華人民共和國之存在。」㉘

上述兩案顯示，一九六六年代，與中華民國有邦交之國家有六十二個，與中華人民共和國有邦交之國家有四十七個，故中華民國堅守唯一代表權㉙。一九七一年與中華民國建交之國家有五十四個，與中華人民共和國建交之國家有六十七個，此時，中華民國雖然默許美國提出雙重代表權案，但已經沒有機會付諸表決㉚。

中華民國退出聯合國後，在非政府間國際組織的參與日多：一九六六年（182 個），一九七七年（239 個），一九九二年（695 個），一九九九年（945 個）㉛。惟政府間國際組織的參與則未見成長：

㉖ 丘宏達，聯合國研究，上引❻，頁三四。

㉗ *International Legal Materials*, Vol. 11 (1972), pp. 561–573.

㉘ *International Legal Materials*, Vol. 10 (1971), p. 1100.

㉙ 外交部條約法律司統計資料。

㉚ Hungdah Chiu, "Taiwan and The United Nations," in Martin Ira Glassner (ed.), The United Nations at Work, Praeger-Westport, Connecticut/London (1998), p. 169, note 11.

一九六六年（39 個），一九七七年（10 個），一九九二年（7 個），一九九九年（16 個）㉜。考其原因，中共對於主權屬性較強之地位，即政治性國際組織及活動堅持絕對合法性（零和的堅持）。對於主權屬性較弱之地位，即經濟性之國際組織及活動，中共有堅持亦有妥協。

就主權屬性較強之國際組織及活動而言，中共深恐臺灣在追求國際地位之過程，迂迴而進，逐漸累積取得國家地位。為此，中共於一九八八年十二月二十三日向聯合國安理會遞交一項備忘錄，對於「臺灣同一些與我（中共）建交的國家發展『官方關係』，包括設立『中華民國商務辦事處』，把一些民間機構升格為『總領事館』，甚至建立或恢復『外交關係』，還要重返國際組織」表示嚴重關切，提醒會員國注意臺灣推行「彈性外交」所衍生的問題㉝。中共所憂心者，有學者戲稱為「潛行的合法性(creeping officiality)」㉞。

至於主權屬性較弱之國際組織及活動，中共堅持必須符合一國兩制的框架。一九八九年中共發佈指令禁止在對外活動中將⑴臺灣作為政治實體與中國併列，⑵臺北與北京併列，或⑶單獨使用臺灣，不冠以中國的稱謂。因為上述三種情形會構成「兩個中國」或「一中一臺」㉟。

在實務上，對於作為主權表徵之國號、國旗及國歌加諸不合理限制，名稱必須彰顯臺灣是中國之一部分，並限制平等參與之權利。

㉛ 外交部國際組織司統計資料。

㉜ 同上引註。

㉝ S/20355, Dee 28, 1988.

㉞ Samuel King, Taiwan and the International System: The Challenge of Legitimation, *supra* note 25, p. 166.

㉟ 在對外活動中要防止出現「兩個中國」或「一中一臺」，原載中宣部對外宣傳通訊，第二期（一九八九年），輯入「臺聯工作手冊」㈢，頁四二至四三。

例如亞洲開發銀行要求臺灣以 Taipei, China 名義參加[36]。國際奧會以 Chinese Taipei Olympic Committee 名義參加，同時改用專屬的會旗及會歌[37]。亞太經濟合作會議使用 Chinese Taipei 名義，並協議由經濟部長代表而非由常態之外交部長參加[38]。

六、結　語

㈠在目前國際法架構下，中華民國國際地位的兩項重要指標為外交承認（雙邊關係）和國際組織會籍（多邊關係）。自從退出聯合國及美、中（共）關係正常化之後，上述兩項指標大幅下跌，在此情形下，開創新局必先回顧過去。

㈡「一個中國」政策係基於傳統國際法國家主權及承認概念的思維。五十年來中華民國對外關係歷經變遷，所謂「一個中國」政策亦宜隨著時代變遷賦予新的內涵。

㈢中共持其綜合國力的優勢，堅持絕對合法性，大幅削減臺灣與他國發展外交關係的空間。因此，臺灣必須有效率的利用一些可能的空間始能節省資源以收事半功倍之效。目前與中華民國維持外交關係的國家中，有五國（布吉納法索、查德、甘比亞、賴比瑞亞，及塞內加爾）曾歷經建交→斷交→復交的循環，顯示中華民國與友邦之間共同基礎脆弱，亟需發展中、長期的共

[36] 外交部國際組織司統計資料。

[37] Ralph H. Clough, “Taiwan’s International Status”, in *The Chinese Yearbook of International Law and Affairs*, *supra* note 9, Vol. 1, 1981, pp. 31–32; Contemporary Practice of International Law: “Readmission of Chinese Taipei Olympic Games”, in *the Yearbook of International Law and Affairs*, *supra* note 9, pp. 145–146.

[38] Samuel Kim, Taiwan and the International System: The Challenge of Legitimation, *supra* note 25, pp. 162–163 and accompanying note 32.

同利益。

㈣臺灣與大陸一方面通商往來，他方面在國際社會進行零和的對抗。兩岸關係缺乏雙方合議的定位，形成無法接軌的情形。此種模糊的兩岸關係腐蝕臺灣國際地位長程的利益。

參、從國際法國家及承認概念看中華民國（臺灣）之國際地位

一、國家概念與中華民國（臺灣）之國際地位

傳統國際法及國際關係係建立在以國家為中心之基礎上。多數國際爭端，從領土糾紛，武力使用到分裂國家問題，無不涉及國家地位及主權爭議。

國際組織之會籍，多以國家為要件。聯合國憲章第四條規定申請入會者必須是「愛好和平之國家」。國際聯合會盟約第一條第二項雖規定「完全自治國及此類屬地或殖民地」亦得在一定條件下申請入會，惟實踐上僅限國家入會[39]。

若干領域實體(Territorial entity)，雖然具備一般國家要件，亦能有效管理國家事務，但因政治或法律理由被剝奪國家地位，昔日南羅德西亞與目前的臺灣即是適例。

聯合國成立後，嘗試將國家定義納入國家權利及義務宣言(Declaration on the Rights and Duties of States)。國際法委員會特別報告員嘗謂:「如果一個 country 不能符合 state 存在所需具備的條件，它就不能算是 state；反之，一個國家既已存在，顯示其必也具備存在所

[39] James Crawford, "The Criteria for State in International Law," in *The British Yearbook of International Law*, Vol. 48 (1976–1977), p. 93, n. 6.

需的條件。」因此，無庸賦予定義。本案在國際法委員會討論時，英國及印度代表主張將國家定義列入；亦有代表認為國際社會既然沒有公正之權威機構，即使訂定國家要件也無意義；另有代表表示，一個團體(Community)是否為國家，應由國際社會決定。最後委員會認為，國家乙詞，以前既然沒有定義，仍應依國際實踐接受的意義使用㊵。

一九五六年條約法公約(Vienna Convention on the Law of Treaties)草案第三條，曾列國家要件如下：「(a)除基於特殊理由而被承認為國家之實體外，國家乙詞係指一個由住居於確定領域之人民所組成，在一有組織系統的政府下，有能力直接或經由其他國家從事國際關係並受拘束之實體；(b)包括該國之政府。」㊶惟上述定義未獲接受，因此，國家定義迄為一項頗具爭議且政治導向之主題。國際法委員會並未期盼尋找一般均可接受的定義。

目前國際學術界經常援引之國家定義為一九三三年十二月二十六日「蒙特維多關於國家權利與義務公約(Montevideo Convention on Rights and Duties of States)：國家是擁有下列資格之國際法人(1)永久的人口(2)確定的領域(3)一個政府(4)與其他國家交往的能力。」㊷美國

㊵ Jorri Duursma, Self-determination, Statehood and International Relations of Micro-States, The Cases of Liechtenstein, San Marino, Monaco, Andorra and the Vatican City, Thesis, University of Leyden, 1994, p. 108.

㊶ Drafted Article 3 stated: ‘(a) In addition to the case of entities recognized as being States on special grounds, the term “State” (i) means an entity consisting of a people inhabiting a defined territory, under an organized system of government, and having the capacity to enter into international relations binding the entity as such, either directly or through some other State; (...) (ii) Includes the government of the State’. See *International Law Commission Yearbook*, Vol. II (1956), p. 107, Para 4.

㊷ Jorri Duursma, Self-determination, Statehood and International Relations

法律學會「美國對外關係法律大要(Restatement Third of Foreign Relations Law of the United States)」對於國家乙詞給予如下定義:「一個擁有確定領域及永久人口之實體，在其自己政府之管領下，並與其他實體從事或有能力從事正式關係。」㊸上述國家定義無法說明下列情形:

㈠一八七〇年至一九二九年之教廷(Holy See)

一八七〇年教皇國(Papel State)被義大利兼併，教廷之世俗主權(Temporal sovereignty)被廢止，但宗教主權(Spiritual sovereignty)並未貶損，迄至一九二九年二月十一日義大利與教廷簽訂 Lateran Agreement，教廷取得 Vatican City 之領土主權㊹。

㈡以色列

一九四七年十一月二十九日聯合國大會通過第 181(11)號決議，批准聯合國巴勒斯坦特別委員會(UN Special Commission on Palestine)所提巴勒斯坦分割方案，將巴勒斯坦分為阿拉伯及猶太兩國。以色列於同日宣佈建國，此時以色列尚無確定之領域㊺。

㈢白俄羅斯與烏克蘭

前蘇聯加盟共和國白俄羅斯及烏克蘭於一九四五年十月二十四日以國家身分成為聯合國會員國，其時，並無主權獨立之事實，而是雅爾達會議中羅斯福與史太林(原要求十六個加盟共和國之席位)

---

of Micro-States, *supra* note 40, p. 107; League of Nations Treaty Series, Vol. 165, p. 19.

㊸ §201 of the Restatement of the Law of the Foreign Relations of the United States, 3rd ed., Vol. 1, St. Paul, Minn.: American Law Institute Publisher, 1987, p. 72.

㊹ Jorri Duursma, Self-determination, Statehood and Int'l Relations of Micro -states, *supra* note 40, pp. 414–415.

㊺ The Encyclopedia of the United Nations and International Agreement, Taylor and Francis, Philadelphia/London, 1985, pp. 425–426.

妥協的結果[46]。

其實，主權與獨立是國家地位之核心要素。主權的特徵就對外關係而言，就是獨立；就對內關係而言，在其領域之內行使排他之國家權力。惟一國是否獨立自主，不能僅靠口頭主張，必須實際存在。亦即獨立有形式獨立(formal independence)與實質獨立(actual/real independence)，當兩者併存於某一實體時，始能夠成為國家。有名無實或有實無名，影響國家地位[47]。

此外，學者另提出長期穩定(permanence)、遵守國際法意願及能力、適當程度的文明、他國承認以及法律秩序等作為決定國家地位之輔助要件。對於分裂國家及欠缺某些國家要件之實體，長期持續存在有助於其國家地位之確立。遵守國際法的意願與能力可能構成國際組織拒絕入會或拒絕承認的理由[48]。

上述國家定義基本上植基於「有效原則(Principle of Effectiveness)」，反應國家存在之事實狀態。如上所述，有效能的領域實體並不一定被接受為國家。反之，無效能的實體卻有可能被接受為國家，如幾內亞比索共和國於一九七三年九月二十四日宣佈獨立之後，一九七四年九月十日葡萄牙承認之前一般認為是無效能的實體，但仍獲得許多國家的承認。其他如一九六一年阿爾及利亞革命及印尼獨立在沒有獲得有效控制及穩定之前即獲得普遍承認[49]。

現行國際法有關國家的定義尚未成為國際法院規約第三十八條

[46] Bruno Simma (ed.), The Charter of the United Nations, A Commentary, Oxford University Press (1994), Para 40, p. 10.

[47] Jorri Duursma, Self-determination, Statehood and Int'l Relations of Micro-States, *supra* note 40, p. 171.

[48] Jorri Duursma, Self-determination, Statehood and Int'l Relations of Micro-States, *supra* note 40, pp. 127–129.

[49] Christine Haverland, "Secession", in *Encyclopedia of Public Int'l Law*, *supra* note 20, Vol. 10, p. 387.

所謂「法律原則為文明國家所承認者」。國際體系亦無超越國家之權責機構負責判斷。因此，一個領域實體是否構成國家而為完整國際法人便由既存國家或國際組織經由承認或決議個案判斷。其結果可能造成國際社會某些處於特殊情況的實體及其人民無法融入國際體系。

另一方面，第二次世界大戰以後國際政治體系正緩慢地面臨結構性改變，由國家為中心之體系(Statecentric World)變成多極體系(Multicentric World)㊿。在此情形下，國際法主體，除國家外，尚包括國際組織及其他實體。而國際組織的會員資格，基於行政便利及經濟效益，逐漸擴大至非國家實體。例如世界貿易組織(WTO-ITO)包括個別關稅領域，世界衛生組織(WHO)包括領域，國際電信聯盟(ITU)與萬國郵政聯盟(UPU)在實務上包括地區代表[51]。另，糧食暨農業組織(FAO)與聯合國教科文組織(UNESCO)之會員資格亦包括領域[52]。

歸納若干學者認為臺灣沒有國家地位之理由：

1. 臺灣消極不主張國家地位

臺灣並不主張自己的國家地位，而承認是中國的一部分，因此，不是國家[53]。

2. 臺灣主張的主權及治權超過有效管領的範圍

臺灣主張主權及管轄權及於大陸，缺乏國家要件所需確定的領

㊿ Samuel Kim, Taiwan and the International System: the Challenge of Legitimation, *supra* note 25, p. 187 n. 26.

[51] H. Lauterpacht, *International Law*, Vol. 2, The Law of Peace, Cambridge University Press, 1975, pp. 529–530.

[52] The Encyclopedia of the United Nations and International Agreements, *supra* note 45, at p. 261 and p. 827, respectively.

[53] James Crawford, The Criteria for Statehood in International Law, *supra* note 39, p. 181.

域，故不具國家地位。易言之，主權及管轄權不能僅依口頭宣示[54]。

3. 主權沒有獨立

中共主張中國只有一個，臺灣是中國的一部分，依此，臺灣的主權獨立受到中共挑戰而不能成為國家[55]。

上述評論顯係以「一個中國，一個政府」為基礎之觀察，認為一個中國就是古老的中國，其合法政府為中共政權。或認為臺灣不主張有別於中國之實體(separate entity)，而承認是中國的一部分，自然沒有國家地位。或認臺灣既然不能代表中國，但卻主張主權及治權及於大陸，顯示臺灣欠缺確定的領域，因此，不能成為國家。或認為中共主張對臺主權，挑戰臺灣的主權獨立，因此，不能成為國家。

二、從承認的理論與實踐看中華民國（臺灣）的國際地位

㈠承認制度的背景

十八世紀以前，國際法尚無承認的概念。當時崇尚自然法的學者咸認主權係特定領域內之最高權力。此項權力來自領域本身，亦即國家基於對內主權而存在，無庸其他國家承認[56]。

多數實證法學者，認為遵守國際法之義務來自個別國家之同意。一旦國際法主體的國家誕生，對既存國家創設新的義務，因此，必

[54] Robert Heuser, "Taiwan", in *Encyclopedia of Public International Law*, *supra* note 20, Vol. 10, p. 370.

[55] James Crawford, The Criteria for Statehood in International Law, *supra* note 39, pp. 125–126.

[56] James Crawford, The Criteria for Statehood in International Law, *supra* note 39, p. 96; Jorri Duursma, Self-determination, Statehood and International Relations of Micro-States, *supra* note 40, p. 105.

須取得相關國家之同意[57]。

另惠頓(Wheaton)認為國家主權可分對內主權(internal sovereignty)及對外主權(external sovereignty)前者無庸承認，後者需要承認[58]。

基於上述背景，演繹成二種不同派別：

1. 構成說(Constitutive Theory)

一個實體如何變成國家，對傳統國際法而言並非重要議題，惟國家成立後必須透過國際法承認的機制， 有如法律的洗禮(Juristic baptism)，方能成為文明社會的一員，國家權力與責任於焉產生。易言之，國家的誕生是事實問題；經由承認（法律問題）之後成為國際法的主體。此說以奧本海為代表[59]。

2. 宣示說(Declaratory Theory)

國家基於自身而存在，承認僅宣示其存在而已。對於新國家之承認具有政治及任擇(optional)性質，並非法律義務[60]。

鑒於構成說破壞國際法的一致性，對國際關係造成不穩定的結果，多數公法學者支持宣示的觀點，認為一個國家的國際人格應依國際法之客觀要件認定[61]。

美洲國家組織憲章第九條「一個國家之政治存在無關承認。」[62]

宣示說將國家地位與存在之事實劃上等號，不無過於簡化之處，故有學者建議處理承認問題應該脫離教條之爭，而宜包容兩說之內

[57] See *supra* note 39 at p. 97.

[58] *Ibid*., p. 98, n. 6；（惠頓）萬國公法，中國國際法學會印行，一九九八年五月初版，頁七五至七六。

[59] Oppenheim, *International Law*, Vol. 1 (8th ed.), p. 18.

[60] Ian Brownlie, *Principles of International Law*, Clarendon Press, London, 3rd ed., 1979, pp. 90–93.

[61] Jorri Duursma, *supra* note 40, p. 106.

[62] *United Nations Treaty Series*, Vol. 119 (1952), p. 54.

涵，以促進國際法之發展[63]。

事實上，對於一個具備國家要件的實體畀予承認，構成說與宣示說之結果差異不大。惟如對於一個不具國家要件的實體畀予承認，此時承認具有構成效果，宣示說無法予以合理解釋。反之，如果一個具備國家要件的實體，因政治或法律理由而未獲承認，其對外關係將有困難，不能參與國際組織及與他國進行正式交往。此亦宣示說無法圓滿解決之處。

㈡承認或不承認之效果

1. 承認之效果

⑴一個實體如果廣泛獲承認為國家，特別承認並非出於政治考慮時，可作為國家地位之重要證據[64]。

⑵某一特定實體之地位有疑義或欠缺某些要件時，承認除具有證據的重要性外，承認國有義務將被承認國視為國家，建立雙邊法律權利與義務關係，對被承認國之地位而言，有強化的效果[65]。

⑶承認有時確可創設特定國家或法律人格，例如一項建立新國家的多邊條約，簽署本身無異畀予新國家承認。

⑷分裂國家，例如臺灣，承認可強化國際法律地位並有證據作用。

2. 不承認之效果

⑴一個主張具有國家地位的實體，如果其他國家不予承認，通常足資證明尚未達到國際法所要求之獨立與控制。但如不承認並非基於事實主權及完全控制之價值判斷，而是基

[63] James Crawford, *supra* note 39, pp. 181–182.

[64] Taft C. J., Tinoco Arbitration, cited in James Crawford, *supra* note 39, p. 103.

[65] *Ibid.*, pp. 106, 142.

於合法性考量，上述不承認的證據力相對減弱[66]。

(2)不被承認的國家並不免除國際法之適用，事實上，彼此之間進行非正式交往，包括參與同一國際組織[67]。例如臺灣不管在國際社會是否被承認為國家，並無違反國際法的自由。

(3)對於一個具有國家地位的實體，如果拒絕承認，不承認的國家無權在行動上將該實體視同非國家。不承認的國家與不被承認的國家仍有國家關係之基本權利與義務[68]。

(4)一九七四年十二月十四日聯合國大會通過關於侵略定義第3314(XXIX)決議，其第一條「侵略是一個國家使用武力侵犯另一個國家的主權、領土完整及政治獨立……。」「本定義國家一詞，其使用不影響承認問題或一個國家是否為聯合國會員國問題……。」[69]國家之地位如果分為對內及對外兩個層面，對內建立在統治之合法性，對外在某種程度內仰賴國際承認而建立或加強。對於不承認的國家而言，國家地位即受質疑。

再者國家實踐並不認為國家有要求他國承認的權利，也不認為他國有承認之義務。且承認又屬各國自由裁量事項，可因政治或法律理由而予拒絕，即使某個特定實體符合國家要件亦然。拒絕承認的結果將使該國雙邊及多邊關係陷於窘境。臺灣目前情況正是如此。

時值臺灣國際地位受到質疑與挑戰之際，爭取雙邊承認對於臺

[66] See Tinoco Arbitration, *supra* note 64.

[67] Whiteman, *Digest of International Law*, U.S. Government Printing Office, Vol. 2, pp. 524–604.

[68] James Crawford, *supra* note 39, p. 106.

[69] Burn H. Weston, et al., *Basic Document in International Law and World Order*, St. Paul, Minn. West Publications Co., 1980, p. 116; *Yearbook of the United Nations*, Vol. 28, 1974, pp. 846–848.

灣之國際地位，除有證據價值外，亦有累積性之效果。因此，維持一定數目之邦交國家對於臺灣之國際地位亦有一定之指標作用。

反之，臺灣雖然未被大多數國家所承認，惟其不承認的理由大多基於「一個中國」之代表權問題而非基於有效控制或事實主權之價值判斷。因此，國際社會很難不將臺灣視同國家，承認臺灣的國家權利而進行實質往來。同時，除非臺灣出於違反國際法的行動，否則應受聯合國憲章有關和平解決國際爭端的適用。

肆、從國家實踐及學說探討中華民國（臺灣）之國際地位

一、從國家實踐探討中華民國（臺灣）之國際地位（※）

依照傳統國際法有關國家及承認概念，未被承認之國家實體，因不具完整的國際法人地位，不但不能締結條約，參與國際組織及活動，而且無法與他國透過設置使館及互派使節從事正式往來。惟多年來中華民國與許多無邦交國家交往所形成之國家實踐與傳統國際法概念與規則相較，業已彰顯若干變革。茲分述如下：

㈠締約能力

1. 雙邊條約

依據維也納條約法公約第二條第一項甲款，條約是「國家間所締結而以國際法為準之國際書面協定」[70]。亦即傳統國際法之締約主體限於主權國家；因此，對外締約能力係檢驗一政治實體是否具

（※有關國家實踐之基本資料承外交部條約法律司申副司長佩璜及丁專門委員千城協助整理）

[70] *Ibid.*, p. 60.

備國家地位之重要證據[71]。數十年來中華民國與許多無邦交國家間仍以簽署不同名稱、形式及內容之協定作為規範雙方實質關係之準據。目前此類現行有效之雙邊協定計有 479 項，其內容涵蓋航權、租稅及技術合作等涉及國家公權力(state functions)之事項[72]。

此外，臺灣與某些國家之外交關係終止後，原簽署之雙邊條約協定，或依雙方協議或經特殊安排仍繼續有效，此類安排可以美國、沙烏地阿拉伯、韓國及南非為例。

⑴美國

中美終止外交關係後，美國特別制定臺灣關係法規範雙邊實質關係，據該法第四條第三項規定，「為了該法各條之目的，包括在美國任何法院中進行訴訟，國會認可美國與在一九七九年一月一日以前被承認為中華民國之臺灣統治當局所簽訂，並迄至一九七八年十二月三十一日一直有效之各項條約包括多邊協定在內之其他國際協定，繼續有效，除非並迄至依法終止為止。」[73]目前中美間在斷交前簽署迄今繼續有效及斷交後簽署現行有效之協定共有一百四十三項[74]。

⑵沙烏地阿拉伯

中沙斷交後，雙方達成諒解，就中沙兩國在一九九〇年七月二

---

[71] 有學者認為締約能力是國家主權的結果，而非國家地位的必要條件，因此，至少可視為國家地位的重要證據。參閱 Jorri Duursma, *supra* note 40, p. 127。

[72] 請參閱外交部條約法律司編，中外條約輯編索引，一九九四年（以下簡稱中外條約輯編索引）；外交部條約法律司編，中外條約輯編（以下簡稱中外條約輯編），第十編及第十一編；本註統計資料承條約法律司林專員家琦協助。

[73] 丘宏達編輯，現代國際法參考文件（以下簡稱現代國際法參考文件），臺北：三民書局，民國八十五年十一月，頁九四八。

[74] 請參閱中外條約輯編索引暨中外條約輯編（第十編、第十一編）。

十二日終止外交關係前所簽署之二十項條約協定，除中沙友好條約外，均繼續有效(75)。

⑶韓國

中韓兩國終止外交關係後，雙方於一九九三年七月簽署「大阪協定」，其中規定：「除一九六四年十一月二十七日簽署之中韓友好條約作廢外，雙方原有之各項協定暫續有效，直至依據平等互惠原則，透過相互磋商，改以其他方式取代為止。」(76)

⑷南非

中斐於一九九七年十二月調整雙邊關係架構，曾以換文達成協議，雙邊協定除依終止條款廢止者外，繼續有效(77)。

2. 多邊公約

中華民國退出聯合國後，由於大多數多邊公約，特別聯合國體系下制定之多邊公約，均限定締約國須為聯合國或專門機構之會員國或原子能總署之會員國或國際法院規約當事國，即通稱之「維也納模式(Vienna Formula)」，且批准書均以聯合國或其專門機構為存放機構(78)，造成臺灣無法參加國際公約之窘境。目前為應現實需要，權宜以簽署雙邊協定方式，與有關國家間相互實施某些國際多邊公約。例如一九八二年與韓國相互換文，共同遵守一九六九年國際船舶噸位丈量公約；一九八二年與美國換函，相互實施一九七四年海上人命安全公約(79)。

另中華民國於退出聯合國之前，曾簽署維也納領事關係公約，

(75) 請參閱中外條約輯編索引，頁四〇至四五。

(76) 外交部資料。

(77) 外交部資料。

(78) 請參閱條約法公約第八十一條及第八十二條，現代國際法參考文件，頁八四。

(79) 中外條約輯編，第七編，頁一二二及二七八。

惟國內批准程序遲至一九八三年四月十三日始告完成，此時，業已退出聯合國，乃宣佈並通知有關國家，中華民國願與已批准該公約者，在雙邊領事關係上共同遵守該公約之規定[80]。

(二)參加國際組織及活動

國際聯盟及聯合國創立之時，若干國家提議會籍普遍原則(Principle of universality)，但巴黎和會及舊金山會議仍採會籍選擇原則(Selected membership)[81]。目前臺灣參與國際組織，特別政府間國際組織，所面臨之困難，乃多數國際組織會章所定會員資格限於「國家」，因此，入會問題涉及國家地位，國家承認與政府承認問題。

目前臺灣在亞洲開發銀行，亞太經濟合作會議等十六個政府間國際組織以彈性務實方式保有會籍；其中在亞洲開發銀行及亞太經濟合作會議等組織與中共同時參與。臺灣在非政府間國際組織以不同形式及名稱擁有會籍之數目亦達九百四十五個[82]。

(三)駐外機構及其地位與功能

依照傳統國際法，國家之相互往來通常經由互設使領館與互換使節為之。目前中華民國除在二十八個友邦設置二十八個大使館、三個總領事館外，並在六十三個無邦交國家設置六十三個代表處及三十二個辦事處[83]。在友邦之使領館可執行外交領事功能並享有維也納外交關係公約及領事關係公約中所規定之特權暨豁免。在無邦交國家則依協定、協議或互惠原則享有不同程度之特權暨豁免，並可執行不同程度之外交領事功能。例如一九八〇年北美事務協調委

[80] 請參閱「維也納領事關係公約」白皮書所載「締約之經過及我國參加之情形」。

[81] The Encyclopedia of the United Nations and International Agreement, *supra* note 45, p. 847.

[82] 外交部國際組織司統計資料。

[83] 外交部統計資料。

員會與美國在臺協會簽署特權、免稅暨豁免協定，畀予雙方機構及人員執行職務所需之豁免及特權[84]。一般而言，此包括駐外人員之簽證居留、機場禮遇、官員互訪、官署洽公、僑民保護、特種車牌、廳舍駐警、郵袋通訊、管轄豁免及免稅優遇等。

中華民國在無邦交國家之機構地位大致可分為比照外交地位如沙烏地阿拉伯等；比照領事地位如波蘭、玻利維亞；比照國際組織地位如美國[85]，加拿大、菲律賓、奧地利、土耳其、荷蘭、以色列；比照外國政府機構地位如印尼；比照公益性團體地位如日本；比照外國社團法人地位如英國、西班牙、愛爾蘭[86]。為因應需要，中華民國亦在一九八二年制訂公佈「駐華外國機構及其人員特權暨豁免條例」，對於無邦交國家在臺設立之代表機構及其人員得享之特權豁免提供法制基礎。

(四)購置財產

中華民國在無邦交國家，雖然不具國際法人地位，但實際上仍以雙邊協議或依駐在國之國內立法等方式取得或擁有財產。前者如中沙斷交後根據雙邊協議，中華民國繼續保有在沙國之外交財產[87]。後者如中美斷交後，依據臺灣關係法臺灣可在美國擁有或持有財產，不因承認中華人民共和國而受影響[88]。

(五)訴訟能力

依照傳統國際法，一國未獲他國承認時，在拒絕承認國之法院

[84] 中外條約輯編，第六編，頁三七八。

[85] 有學者認為中、美間之安排類似準外交關係，請參閱 Robert Heuser, "Taiwan", in *Encyclopedia of Public International Law*, *supra* note 20, Vol. 12, p. 371。

[86] 外交部資料。

[87] 外交部資料。

[88] 臺灣關係法第四條第二項第三款(b)，請參閱現代國際法參考文件，頁九五〇。

不能享有訴訟能力。然由於現今國際社會各國往來密切，一國如在國際社會具有經貿等重要地位，他國縱然出於政治考慮而拒絕承認，但基於事實需要，有經由國內立法或司法判決來改變傳統國際法中一些概念，以維護兩國及人民之利益。例如美國「臺灣關係法」第四條第二項第七款規定：「臺灣依據美國法律在美國各法院進行訴訟和被訴訟之能力，不得因為無外交關係或承認而受到廢止、侵害、修改、拒絕或任何方式之影響。」日本大阪高等裁判所於一九八七年在光華寮案裁決，臺灣政府事實控制並有效統治臺灣，得為訴訟當事人[89]。

(六)司法互助

廣義而言，司法互助包括引渡、人犯交換、裁判之相互承認與執行、調查證據、文書送達、及犯罪資訊交換等。其中大多涉及司法管轄權問題，在無邦交國家間之執行有其困難。中美斷交後曾簽署犯罪偵查與訴訟合作方面之瞭解備忘錄；中韓兩國曾簽署司法資料交換協定換文[90]。中華民國商務仲裁協會與日本、西班牙及泰國之仲裁協會或法院，亦分別簽署商務仲裁合作協議[91]。另在文書送達及調查證據方面，我國法院採互惠原則，依據「外國法院委託事件協助法」第四條辦理。目前與美國、德國、南非、新加坡、馬來西亞及比利時等國均依此辦理[92]。

---

[89] Robert Heuser, "Taiwan", *supra* note 85, p. 371.

[90] 中外條約輯編，第十一編，頁四三六及一三〇。

[91] 中外條約輯編，第八編，頁二八四（日本）；第八編，頁五八六（西班牙）；第十一編，頁二八六（泰國）。

[92] 外交部條約法律司資料。

二、國際公法學者對中華民國（臺灣）國際地位之觀點

臺灣國際地位問題，不但情況特殊而且相當獨特，公法及政治學者討論者日眾，惟建立完整理論架構者尚乏其人，茲就若干學者觀點析釋如下：

(一)認為臺灣是「獨立實體」

美國學者 Gerhard von Glahn 認為從事實觀點而言，中華民國即使僅獲二十三國承認，惟仍繼續以獨立實體(Independent entity)存在。美國仍繼續維持與臺灣非政府間之雙邊關係及防衛性軍售[93]。

(二)將臺灣歸為「特類實體(Entity sui generis)」

特類實體通常用於某些實體，因某種理由無意將其定位為國家者，即不符一般國家分類之實體，例如教廷－梵蒂岡。

1. 認為臺灣是「獨立政權」

美國學者 Louis Henkin 等人認為臺灣之內存在一個獨立政權(Independent regime)，即中華民國。此一政權自一九四九年中共在大陸建國之後繼續在臺灣行使有效統治並主張其為中國之合法政府。雖然有人認為臺灣是中國的一部分，但事實上必須承認臺灣係在一個政府的事實權力之下並從事對外關係暨締結國際協定[94]。

2. 認為臺灣是「特殊政權」

英國學者 Ian Brownlie 認為臺灣類似特殊政權(Special regime)，

---

[93] Gerhard von Glahn, The Law Among Nations, An Introduction to Public International Law, 4th ed., New York, MacMillan Publishing Co., 1992, pp. 62–63.

[94] Louis Henkin, et al., *International Law*, 3rd ed. (1993), St. Paul, Minn.: West Publishing Co., pp. 300–301.

即不依特定國家而存在，例如國際化領土，應該具有接近國家之有限人格(modified personality)[95]。

㈢將臺灣歸為地方事實政府（政權）或實體

1. 認為臺灣是「地方事實政府」

英國學者 James Crawford 認為臺灣並非國家，因為臺灣不主張也未被承認國家地位。雖然如此，臺灣並非沒有任何國際法律地位，就國際社會而言，臺灣相當於地方事實政府(local de facto government)，有能力從事某類交往[96]。

2. 認為臺灣是具有國際人格之「事實實體」

美國學者李浩(Victor H. Li)教授於一九七九年二月在美國參議院外交委員會，就美國撤回承認後之臺灣法律地位作證表示：「臺灣為具有國際人格之事實實體(de facto entity with international personality)」。易言之，雖然不再被美國視為國家或法律政府(de jure government)，臺灣仍然繼續控制一定的領域及人口，執行通常政府職能[97]。

3. 認為臺灣是「事實政權」

國際公法百科全書(*Encyclopedia of Public International Law*)對

---

[95] Ian Brownlie, Principles of Public International Law, *supra* note 60, pp. 68–69.

[96] James Crawford, The Creation of States in International Law, London: Oxford University Press, 1979, pp. 151–152, Cited in Hungdah Chiu, The International Legal Status of the Republic of China, Occasional Papers/Reprints Series in Contemporary Asian Study, No. 5 (1992), University of Maryland Law School, p. 11.

[97] Taiwan, Hearing before the Committee on Foreign Relations, 96th Congress, 1st session, on Bill 245, Feb. 5–8 and 21, Washington D.C.: U. S. Government Printing Office, 1979, p. 148, cited in Hungdah Chiu, The International Legal Status of the Republic of China, *ibid.*, p. 8.

於臺灣地位有如下之描述:「鑑於第二次世界大戰之後面對有些政權不被承認為國家，但在一定領域範圍行使有效管領之現象，認為國際法對於這些事實政權(de facto regime)不能視而不顧，必須將其視為享有國際法權利及義務之國際法主體。」[98]

㈣認為臺灣是「非國家領域實體」

英國學者 Malcolm N. Shaw 認為臺灣是非國家領域實體(Non-state territorial entity)。渠認為影響臺灣地位之主要問題在於海峽兩岸咸認各該政府代表全中國。臺灣並未主張個別國家地位，而且缺乏承認。臺灣該當非國家領域實體。此一實體法律上雖是中國的一部分(de jure part of China)，但在個別行政管轄下[99]。

三、結　語

㈠臺灣在國際社會之處遇可謂史無前例，現行國際法亦無準則可資依循。因此，僅能透過國家實踐不斷調整，期能形成一套反映臺灣特殊情況的規範。

㈡目前臺灣發展雙軌的對外關係：與友邦發展外交關係；與無邦交國家發展實質關係。臺灣在無邦交代表機構之法律地位、功能及人員之優遇雖然各有不同，但基本上尚能包含相當程度的保護僑民及官署洽公等基本功能。此類準外交領事的機制已在國際法有關外交領事功能及特權豁免規則中開創新的模式。

㈢目前國際組織為擴大參與，似有開放(open)與包容(inclusive)之趨勢。特別是人權、環保及經濟發展等功能性國際組織，其入會資格除國家外，逐漸擴及經濟體、關稅領域、領域(Territory)

---

[98] Robert Heuser, “Taiwan”, *supra* note 85, p. 371.

[99] Malcolm N. Shaw, *International Law*, Cambridge, UK: Grotius Publications, 3rd ed., 1991, pp. 162–163.

等非國家實體，臺灣應該掌握這個趨勢。因此，臺灣參與國際組織與活動應兼顧主權宣示與實質參與兩層的意義。對於以主權為導向的國際組織，現階段宜以宣示國家地位為主；至於非以主權為導向的國際組織，宜以實質參與為目標，透過實體參與喚起國際社會對臺灣國際地位的認知與關注。

㈣條約協定是國家與國家間交流合作的法律基礎，亦是雙邊關係重要證據。目前中華民國與無邦交國家間之締約實踐，雖然事務性多，政治性少，但此等條約協定仍是臺灣國際地位的重要指標。

㈤綜合上述對外關係實踐，中華民國（臺灣）顯已具有相當程度的國際法律地位。至於此一法律地位的內涵為何？目前尚無定論。依據美國臺灣關係法第四條第二項：「凡美國法律提及關於外國、外國政府……時，此等條文應包括臺灣，且此等法律應適用於臺灣」，即就適用美國法律而言，將臺灣視同「政府」或「外國」。

㈥上述國際公法學者的見解，歸納而言，不外承認臺灣之事實存在及有效管領，因此，基本上臺灣是事實實體（政府或政權）。至於其國際法律地位，有認臺灣具有國際人格，有認臺灣具有接近國家之限制人格，也有認為臺灣是中國的地方政府。對於臺灣存在的事實，其法律地位確有諸多不同見解，顯示臺灣國際地位問題目前處於國際法之灰色地帶，有待進一步討論釐清。

伍、民族自決與臺灣地位

一、民族自決的歷史背景及演進

民族自決有兩層意義:

㈠一個國家有權選擇自己的政府組織不受外來干涉，即所謂對內的民族自決(Internal Self-determination)，不涉及國土變更。

㈡一特定領域（人民）有權選擇自己政府組織，不顧該領域所屬國家其他部分之意願，即所謂對外的民族自決(External Self-determination)，涉及國土變更，包括國家分離[100]。

民族自決源於自然法思想，築基在人類有權決定自己命運的思惟上。十七及十八世紀的哲學家，例如洛克(John Louke)及盧梭(Jean-Jacques Rousseau)等人均崇尚自治(Self-government)及民約(Consent of the governed)[101]。

美國獨立宣言正式宣示:「人民享有改變或廢除政府的權力」。[102]國際聯合會盟約第二十二條所訂委任統治制度，亦含有某種程度民族自決的精神[103]。大西洋憲章第三原則「所有人民有權選擇彼等所欲之政府組織」，係人類首次將民族自決正式納入國際文件[104]。

---

[100] Jorri Duursma, Self-determination, Statehood and International Relations of Micro-States, *supra* note 40, p. 36.

[101] *Ibid.*, pp. 6–7.

[102] "U.S. Declaration of Independence 1776", in the Encyclopedia of the United Nations and International Agreements, *supra* note 45, pp. 843–844.

[103] 條文請參閱現代國際法參考文件，頁一九。

[104] "Atlantic Charter, 1941", in the Encyclopedia of the United Nations and International Agreements, *supra* note 45, pp. 56–57.

總之，第二次世界大戰結束以前，所謂民族自決係指人民自由選擇其國內之政府組織，包括委任統下的自治(autonomy)，但只是工作原則(working principle) 而非可以主張之法律權利[105]。

二、聯合國與民族自決

聯合國憲章第一條第二項規定:「發展國際間以尊重人民平等權利及自決原則為根據之友好關係並採取其他適當辦法以增進世界和平」。

第五十五條規定:「為造成國際間以尊重人民平等權利及自決原則為根據之和平友好關係所必要之安定及福利條件起見，聯合國應促進：(子) 較高之生活程度，全民就業，及經濟與社會進展。(丑) 國際間經濟、社會、衛生、及有關問題之解決；國際間文化及教育合作。(寅) 全體人類之人權及基本自由之普遍尊重與遵守，不分種族、性別、語言、或宗教。」

民族自決原為一項政治原則，自從納入聯合國憲章後，已漸成為法律原則。惟學者對其法律性質仍有爭議。有認為民族自決應可視為法律原則(legal principle)；有認為屬於國際法的規則(Rule of International Law)[106]。

嗣聯合國大會於一九六〇年十二月十四日通過第一五一四號(XV)決議「給予殖民地國家和人民獨立宣言(Declaration on the

[105] Jorri Duursma, Self-determination, Statehood and International Relations of Micro-States, *supra* note 40, pp. 9–11.

[106] Olga Sukovic, “Principle of Equal Rights and Self-determination of Peoples,” in Milan Sahovic (ed.), Principles of International Law Concerning Friendly Relations and Cooperation, Oceana Publications, New York, 1972, pp. 326–327.

Granting of Independence to Colonial Countries and Peoples)」:

二、「所有的人民都有自決權，依據這個權利他們自由地決定他們的政治地位，自由地發展他們的經濟、社會和文化。」

五、「在託管領土及非自治領土或其他尚未達成獨立之領土內立即採取步驟，不分種族、信仰或膚色，按照此等領土人民自由表達之意志，將一切權力無條件無保留移交他們，使他們能享受完全之獨立及自由。」[107]

此一決議宣示「所有的人民都有自決權」，而且要在託管領土及非自治領土……立即採取步驟，將一切權力無條件無保留移交他們……。

其後一九六六年十二月十六日聯合國大會第 2200A(XXI)號決議通過公民和政治權利國際公約(International Covenant on Civil and Political Rights)及經濟、社會、文化權利國際公約(International Covenant on Economic, Social and Cultural Rights)，上述二項公約第一條均規定:

一、所有人民都有自決權。他們憑這種權利自由決定他們的政治地位，並自由謀求他們的經濟、社會和文化的發展。

三、本公約締約各國，包括那些負責管理非自治領土和託管領土的國家，應在符合聯合國憲章規定的條件下，促進自決權的實現，並尊重這種權利。[108]

一九七〇年十月二十四日聯合國大會第二六二五(XXV)號決議

[107] 參閱現代國際法參考文件，頁三八四。

[108] 參閱現代國際法參考文件，頁三九五及四一三。

通過關於各國依聯合國憲章建立友好關係及合作之國際法原則之宣言(Declaration on Principles of International Law Concerning Friendly Relations and Cooperation Among States in Accordance with Charter of the United Nations)，揭櫫各民族享有平等權利與自決權之原則：

> 根據聯合國憲章所尊崇之各民族享有平等權利及自決權之原則，各民族一律有權自由決定其政治地位，不受外界之干涉，並追求其經濟、社會及文化之發展，且每一國均有義務遵照憲章規定尊重此種權利。
>
> 每一國均有義務依照憲章規定，以共同及個別行動，促進各民族享有平等權利及自決權原則之實現，並協助聯合國履行憲章所賦關於實施此項原則之責任[109]。

聯合國上述系列決議對於民族自決權利的效力及內涵均具有累積性效果。就效力而言，聯合國大會決議雖非當然具有拘束力，但上述決議均係根據憲章規定所做，而且在沒有國家異議的情況下通過，依照聯合國實踐應該具有拘束力。且公民及政治權利公約及經濟社會文化權利公約均分別於一九七六年二月二十三日及一九七六年一月三日生效，對締約國具有國際協定之拘束力[110]。

上述二個公約，不但賦予人民自決權利，而且課締約國以「促進自決權實現」的義務，特別就非自治領土及託管領土而言，應屬國際法上之強制規定(jus cogen)。自決權的內涵，從政治地位擴大到經濟、社會及文化生活。至於人民乙詞，其範圍如何？是否限於殖民地人民或所有人民？一般認為不應限於殖民地人民，而適用於所有人民[111]。但亦有極少學者持不同意見，認為聯合國創設民族自決

[109] 參閱現代國際法參考文件，頁一〇至一一。

[110] 現代國際法參考文件，頁三九五及四一二。

權利係為殖民地及其他受外國統治(domination)之人民(112)。

三、民族自決之國家實踐

(一)委任統治地、託管體系及非自治領土

國聯時代的委任統治系統於第二次世界大戰後由聯合國憲章第十二章及第十三章之託管制度取代，但兩者目標並無二致。依照國際法院在西南非地位之諮詢意見，民族自決原則適用於上述二種系統(113)。

至於憲章第十一章之非自治領土，國際法院在 Western Sahara Case 重申民族自決原則適用於非自治領土脫離殖民統治(114)。

(二)其他特殊領土爭端或情勢

(1)以公民投票決定領域調整之妥當性，在第一次世界大戰以後特別盛行(115)。例如印度巴基斯坦關於 Kashmir 糾紛，安理會曾於一九四八年八月十三日及一九四九年一月五日通過決議，基於民族自決原則，依公民投票解決(116)。

(2)以民族自決作為協商之基礎。例如關於 Saar Territory(117)及阿

---

(111) Olga Sukovic, "Principle of Equal Rights and Self-determination of Peoples", *supra* note 106, pp. 372–373.

(112) Jorri Duursma, Self-determination, Statehood and International Relations of Micro-States, *supra* note 40, p. 42.

(113) I.C.J. Reports (1971) p. 31.

(114) I.C.J. Reports (1975), p. 12 at para. 33.

(115) D. W. Bowett, "Self-determination and Political Rights in the Developping Countries," in the Proceedings of American Society of International Law, Vol. 60 (1966), p. 129.

(116) Rudolf Geiger, "Kashmir", in the *Encyclopedia of Public International Law*, *supra* note 20, Vol. 12, pp. 195–200.

爾及利亞獨立[118]。

⑶一九七三年越南停戰協定承認南越人民自決權利[119]。

⑷領土主權存在不明確之情況。一九四七年十一月二十九日聯合國大會通過巴勒斯坦分割方案[120]，英國於一九四八年五月十四日放棄監督權，其後巴勒斯坦組織(PLO)遲至一九六四年成立，期間造成巴勒斯坦主權存在不明確之情況。實務認為巴勒斯坦雖未建國，但其人民對於主權與獨立之權利，即民族自決權利，並未終止[121]。

四、民族自決與國土分離

所謂分離(secession)係指一群人民從既存國家分割以建立新的獨立國家或加入另一既存獨立國家[122]。

現行國際法並未賦予人民國土分離的權利，但亦未禁止以國土分離達到獨立之目的[123]。事實上，民族自決在某種情況下包含國土分離權利業已在國際法上逐漸浮現[124]。

---

[117] Fritz Munch, "Saar Territory", in the *Encyclopedia of Public International Law*, *supra* note 20, Vol. 12, pp. 334–336.

[118] Daniel Thurrer, "Self-determination", in the *Encyclopedia of Public International Law*, Vol. 8, p. 473.

[119] *Ibid.*

[120] See *supra* note 45.

[121] Frank L. M. Vande Craen, "Palestine", in the *Encyclopedia of Public International Law*, Vol. 12, pp. 275–278.

[122] Christine Haverland, "secession", in the *Encyclopedia of Public International Law*, *supra* note 20, Vol. 10, p. 384.

[123] Christine Haverland, "secession", *ibid.*, p. 385.

[124] *Ibid.*

依據關於各國依聯合國憲章建立友好關係及合作之國際法原則之宣言,「一個民族自由決定建立自主獨立國家,與某一獨立國家自由結合或合併,或採取任何其他政治地位,均屬該民族實施自決權之方式。」「以上各項不得解釋為授權或鼓勵採取任何行動、局部或全部破壞或損害在行為上符合上述各民族享有平等權及自決權原則並因之具有代表領土內部不分種族、信仰或膚色之全體人民之政府之自主獨立國家之領土完整或政治統一。」[125]

上述宣言,不但對分離之合法性賦予法律基礎,而且提供行使民族自決的三種模式,即分離而獨立,分離而與其他國家自由結合或合併,或追求其他政治地位。唯一的限制在於民族自決與領土完整之權衡問題。

在國家實踐上,國土分離如經母國同意,國際社會無不樂觀其成。例如塞內加爾自馬利聯邦(一九六〇年)、敘利亞自阿拉伯聯合大公國(一九六一年)、新加坡自馬來西亞(一九六五年)、斯洛伐克(Slovak)自捷克(一九九三年),均經雙方協議分離[126]。惟上述情形都是從聯邦體系分離,此不知是否單一國家或中央集權國家國土分離之難度較高,值得觀察。

如分離受到母國反對,則分離國之地位取決於第三國之承認。惟承認如果不具普通性,母國為維持法律與秩序,得使用武力重新取得有效控制,國際社會不得視為侵略或對領土主權之侵犯。故分離是否能夠成功,是實力而非法律問題。

茲舉若干案例說明分離所涉及之一些問題:

(一)分離必須具有民意基礎,不能基於精英份子或外力干預

一九六〇年至一九六三年,比屬剛國 Katanga 省宣佈獨立,行

[125] 參閱現代國際法參考文件,頁一〇至一一。

[126] Jorri Duursma, Self-determination, Statehood and International Relations of Micro-States, *supra* note 40, p. 93.

使有效控制，但因外力介入遭受聯合國安理會譴責，因而未獲其他國家承認[127]。

(二)違反基本人權及政治權利

1. 奈及利亞之案例

奈及利亞境內之 Ibo 族，因彼等之集體人權及參政權受到相當程度之限制，遷徙奈及利亞東部家邦(Homeland)，並於一九六七年五月宣佈脫離奈及利亞聯邦成立 Biafra 共和國。聯合國及非洲國家團結組織(OAU)均未表態，認為事屬奈及利亞之內部事務，因而未獲普通承認。一九七〇年一月十二日奈及利亞重新取得控制[128]。

2. 孟加拉之案例

孟加拉（東巴基斯坦）亦因基本人權及參政權受到限制於一九七一年宣佈脫離巴基斯坦獨立後，很快獲得國際承認。一般認為東、西巴基斯坦地理差異，文化與種族亦不相同，是導致分離成功的重要原因[129]。

五、結　語

(一)五十年來民族自決原則已由政治原則演變為法律原則，迄今已成為具有拘束力的國際法規則，關於託管領土及非自治領土更成為國際法的強制規範。民族自決的內涵並由對內的自決（政府組織）發展到對外的自決（國際地位）。

(二)(1)分裂國家人民，特別違反人民自由意志而分裂之情形，愈來愈多學者主張其統一與否，應依民族自決原則[130]。德國統一

[127] Christine Haverland, “secession”, *supra* note 122, p. 386.

[128] Jorri Durrsma, Self-determination, Statehood and International Relations of Micro-States, *supra* note 40, p. 94.

[129] Jorri Duursma, *ibid*., p. 89.

條約第四條第一項即作如是規定[131]。

⑵英國劍橋大學教授 D. W. Dowett 於一九六六年在美國國際法協會年會，對臺灣前途未與民族自決掛鉤表示遺憾[132]。國際公法百科全書引述美國法學教授李浩之著作，認為臺灣未來新的地位應由臺灣人民共同決定[133]。美國學者 Richard Bush 認為美國人民，基於獨立革命而與民族自決結緣，在本能上有支持臺灣人民自決之傾向[134]。

⑶未來臺灣不論與大陸統一或走向分離，人民的意願應該經由法定的機制，得到尊重。

㈢金山和會時，埃及代表表示，對日和約雖然規定日本放棄臺灣，但未明定中國為受益者，此項省略就是為臺灣地位，將來得依自決原則及人民願望處理預留空間[135]。由此可見，臺灣問題究係國內問題抑或國際問題，兩岸立場容有不同，但至少係屬國際關切事項(A matter of international concerns)。

---

[130] Denial Thurer, "Self-determination", *supra* note 118, p. 474.

[131] The Treaty on the Establaishment of German Unity, *International Legal Materials*, Vol. 30 (1991), p. 457.

[132] D. W. Dowett, Self-determination and Political Rights in the Developping Countries, *supra* note 115, p. 130.

[133] Robert Heuser, "Taiwan", in the *Encyclopedia of Public International Law*, *supra* note 85, Vol. 12, p. 371.

[134] Richard Bush, "Taiwan's International Role: Implications for U.S. Policy, " in Robert G. Sutter and William R. Johnson (ed.), *Taiwan in World Affairs*, Westview Press, Boulder, San Francisco, Oxford (1994), p. 295.

[135] Robert Heuser, "Taiwan", *supra* note 130, p. 372.

陸、幾點觀察

一、中華民國（臺灣）之國際地位，涉及政治與法律之障礙。政治上，大陸持其在國際體系的優勢地位，包括其人口、面積、經貿、國防武力以及國際政治影響力等綜合國力，與臺灣競爭絕對合法性，特別在主權導向之雙邊及多邊關係上進行零和的遊戲。在法律上，臺灣面臨國家地位、國際承認及兩岸關係定位問題。臺灣所追求之國際地位，究係有別於「中華人民共和國」的地位還是相同的地位？如果是個別的地位，那是「國家地位(stateship; statehood)」，或是經濟體或是其他領域實體(Territorial entity)？似有釐清的必要。此種釐清，對內涉及憲法程序，對外涉及兩岸協商及國際承認。

二、五十年來中華民國（臺灣）的對外關係實踐顯示，臺灣作為事實政權(de facto regime)已告確立。此一事實狀態，已獲學者及實踐的支持。目前臺灣當務之急在於如何使臺灣的事實存在(de facto existence)經過國際社會之浸禮(baptize)而變成法律存在(de jure existence)。

三、依傳統國際法，主權是一國之內最高權力，尤其在十八～十九世紀民族主義高漲時期，鮮有學者認為國家的主權得被限制。然在今日國際社會相互依存，特別在人權、安全合作及經濟發展方面似有跡象超越傳統國家主權的界限，形成國際或區域共同體。因此，國家勢必在某一方面限制主權行使的範圍，所謂相對主權(Relative sovereignty)或限制主權(Limited sovereignty)。惟在其他領土主權方面，除昔日的共管制度(condominium)外，似難有共享的空間。

再者，主權國家在主觀上必須有成為主權國家的意願並主張主權地位，客觀上必須有行使主權的事實[136]。國統會議決議：「中華民

---

[136] Marius Oliver, "Aspects of the Establishment of Sovereignty and Transfer

國的主權及於整個中國，但目前治權則僅限於臺澎金馬」。上述所謂「主權共享，治權分享」在形式上指一國兩府。在單一國家之內如何使二個以上的合法政府併存，共享主權，仍有待建立理論架構[137]。

四、在臺灣的人民比其他實體更有理由主張在國際體系享有某種主權國家地位。徵諸臺灣的政治、經濟、文化、社會及國防暨一個民選的政府，其對內合法性業已完全確立應毋庸置疑。如果人民主權(Popular sovereignty)是國家地位的基礎，臺灣在實質上已是國家。至少基於上述完全確立的對內合法性，更有理由追求對外合法性（國際地位）。

五、對臺灣未來國際地位的思考應從宏觀的架構建置開始，在空間上包括國際、區域及兩岸關係；在時間上包括近程、中程及遠程；在內涵上包括戰鬥、戰術及戰略層次。為顧及大陸強烈的民族主義思維及包容臺灣內部之統獨意見，追求臺灣國際地位，除考慮對臺灣的認同外，似乎尚難完全脫離舊的包袱。

---

of Government Authority," *South African Yearbook of International Law*, Vol. 14 (1988–1989), pp. 55–128 at 101.

[137] Ko Swansik, "The Dutch-Taiwanese Submarine Deal: Legal Aspects," Netherlands Yearbook of International Law, Vol. 113 (1982), pp. 140–141, cited in Hungdah Chiu, The Legal Status of the Republic of China, *supra* note 96, pp. 13–14.

由國際法觀點論武裝衝突事件中文化資產之保護

陳榮傳 *

---

* 作者為國立政治大學法學博士，現任東吳大學法律學系專任教授。

陸、附　錄：Convention for the Protection of Cultural Property in the Event of Armed Conflict

由國際法觀點論武裝衝突事件中文化資產之保護*

壹、緒　言

人類文明是生活經驗的累積，人類歷史的成就與發展的軌跡，是今昔對照的重要依據，也值得人類共同珍惜。對於見證人類歷史的文化資產，人類在「擁有過去、珍惜當下、夢想未來」的共同基礎上，也應該從保存文化的角度，共同予以保護，但文化資產在歷史上，還是經歷了無數次的浩劫，其中有不可抗力的天災，也有蓄意破壞的人為因素。

文化資產的保護所涉及的政策層面甚廣，目前關於文化資產的法規範，無論在國內法和國際法的層面，都已發展成形。不過，徒法不足以自行，各國相關國內法的功能，主要在指出該國保存文化資產的政策方向❶，其雖規定移除或破壞文化資產的法律效果，但

---

* 丘宏達教授在現代國際法一書中曾指出：「在目前與可預見的將來，世界各國均將奉行一個國際法的體系，但這個國際法體系由於許多新興國家的參加，其內涵已不是原來以西歐基督教文化為主的國際法體系，而包括世界各個不同文化國家所貢獻的內涵。」（後引❷，頁三二。）文化資產的保護，有強調其代表各國之不同文化者，亦有著眼於文化之世界共通性者，欣逢丘宏達教授六秩晉五華誕，特撰本文敬申祝賀之忱。

❶ James A. R. Nafziger, "Comments on the Relevance of Law and Culture to Cultural Property Law," *Syracuse Journal of International Law & Commerce*, Vol. 10 (1983), p. 323.

其實際的作用仍然有賴執法機關的切實執行。國際法規範的執行，基本上係以相關國家的認同為前提，在各國文化資產保護政策不一致的情形下，所能發揮之作用自相當有限。

現代國際法對於文化資產的保護，主要是以條約或公約為法源，依其適用範圍的不同，可以分為普遍性規則和區域性規則❷。前者主要為聯合國教科文組織（以下簡稱 UNESCO）推動的下列三項公約及相關的建議(recommendations)：一九五四年海牙武裝衝突事件中文化資產保護公約（1954 Hague Convention for the Protection of Cultural Property in the Event of Armed Conflict,以下簡稱一九五四年海牙公約）❸、一九七〇年 UNESCO 關於禁止和防止非法進出口文化資產和非法轉讓其所有權方法之公約（Convention on the Means of Prohibiting and Preventing the Illicit Import and Export and Transfer of Ownership of Cultural Property,以下簡稱一九七〇年 UNESCO 公約）❹及一九七二年關於世界文化暨自然遺產保護公約（UNESCO Convention concerning the Protection of the World Cultural and Nation-

❷ 一般認為國際法規則大致可以分為普遍性規則(general rule)及區域性規則(regional rule)兩類，前者普遍適用於世界各國，後者僅僅適用於某一特定區域。國際法院於一九五〇年 *Colombia-Peruvian Asylum* 一案中，曾就區域性規則之內容有所說明。請參閱丘宏達，現代國際法，臺北：三民書局，民國八十四年，頁一〇至一三。關於文化資產的普遍性規則和區域性規則之簡介，可參閱 Theresa Papademetriou, "International Aspects of Cultural Property: An Overview of Basic Instruments and Issues," *International Journal of Legal Information*, Vol. 24 (1996), pp. 274–287; Gael M. Graham, "Protection and Reversion of Cultural Property: Issues of Definition and Justification," *The International Lawyer*, Vol. 21, No. 3 (1987), pp. 767–782。

❸ May 14, 1954. 249 U.N.T.S. 215。本公約之英文本參見本文附錄，本文中所引之中文本，其內容係作者根據英文本自行翻譯。

❹ Nov. 14, 1970, 823 U.N.T.S. 231, 10 I.L.M. 289 (1971).

al Heritage,以下簡稱一九七二年 UNESCO 公約）❺。此外，私法統一國際組織(UNIDROIT)在一九九五年通過關於盜贓及非法出口文物之國際返還公約（UNIDROIT Convention of the International Return of Stolen or Illegally Exported Cultural Objects,以下簡稱一九九五年 UNIDROIT 公約）❻，也屬於普遍性規則。採取區域性規則者，主要為歐盟(European Union)國家、斯堪地那維亞半島諸國及美洲國家組織(The Organization of the American States)的會員國。

本文擬以一九五四年海牙公約（含公約前言及本文）的重要實體內容，作為研究的重點，透過其規範意旨之適度闡明及在國際間具體案例之觀察，期能評估本公約之施行成效及其對相關國際慣例形成之影響。

貳、文化資產保護的國際化

文化資產在歷史上，甚早即被以宗教器物之性質，在法律上受特別之保護。例如我國唐律第十九卷「賊盜」中，即有「盜大祀神御物」條之規定❼，其意旨係將祭祀所用物品，自一般之財產中獨立出來，使其盜賊適用特別規定。文化資產在國內法上的保護，源於各國對其本國歷史之緬懷，故在立法上並無太大的困難。不過，當戰爭發生時，各國幾乎都認為只要戰勝，即可對其敵國的有形或無形資產，乃至其人民，予取予求，此時要求保護他國之文化資產，即不切實際。再加上人類各族群間同中有異，族群間的衝突與征戰

❺ Nov. 16, 1972, 11 I.L.M. 1358 (1972).

❻ June 24, 1995, 34 I.L.M. 1322 (1995).

❼ 其規定謂：「諸盜大祀御之物者，流二千五百里。」參見長孫無忌，唐律疏議，第三冊，臺北：臺灣商務印書館，民國七十三年二月臺四版，頁五七。

從未間斷，敵對的族群彼此不易尊重對方的文化，要由各國共同以國際法，保護屬於某國之文化資產，其要件之分寸拿捏，即非易事。

當前世界各國都曾有過戰爭的經驗，但無論是為何而戰，戰爭造成人類浩劫的事實，均不容否認。由於文化資產可以代表歷史發言，而且在被破壞後很難完全復原，其所涉及的利益非僅一國或一族而已，所以其破壞對於戰爭的當事國或其他國家而言，都是無法彌補的損失。從全人類的利益來看，避免戰爭的發生固為最上策，否則至少為保護關於文化資產的利益，也應該在關於戰爭的國際法上，對於文化資產形成特別的規定。

對於戰亂期間的文化資產，認為應予以特別保護者，最初是出於文人的呼籲。在西元前第二世紀，希臘歷史學家卜立彪(Polybius, 202–120 BC)之著作即已指出:「關於戰爭之法律及權利，使戰勝者得摧毀敵方之要塞、堡壘、市鎮、船舶、資源及其他類似之物，並得殺害其人民，以消敵人戰力，長自己威權。儘管其得從中獲得利益，但自甘墮落而漫無目的地破壞廟宇、雕塑及其他聖物者，其行徑即與狂徒無異。❽」其後在羅馬帝國降服各國之征戰中，西賽羅(Cicero)雖未譴責戰爭之行為，但仍認為掠奪行為如為私利而為之者，即不得為之，但為祖國之富饒而為者，其情可原，故建議應克制之。

到中世紀時，情況仍無太大改變。日耳曼軍隊及十字軍鐵蹄所

❽ “The laws and right of war oblige the victor to ruin and destroy fortresses, forts, towns, people, ships, resources, and all other such like things belonging to the enemy in order to undermine his strength while increasing the victor’s own. But although some advantage may be derived from that, no one deny that can deny that to abandon oneself to the pointless destruction of temples, statues and other sacred objects is the action of a madman.” 引自 Jiri Toman, *The Protection of Cultural Property in the Event of Armed Conflict*, England/Paris: Dartmounth/UNESCO, 1996, p. 4.

到之處，均盡成廢墟，文化資產毀於其中者，不知凡幾！教會雖試圖緩和其情況，且聖奧古斯丁(Saint Augustine)亦曾謂掠取戰利品之行為乃是罪過，但仍無法禁止對文化資產之破壞。西方國家正式以國內法之形式，宣示在戰時保護文化資產之旨者，乃西元八九八年夏洛斯宗教會議(The Synod of Charrous)宣布禮拜場所應受保護，一一五八年日耳曼國王符瑞德一世(Frederick I)發布命令禁止掠奪，以保護教堂❾。但儘管如此，其間關於紀念物、教堂、宮殿、寶藏及其他歷史、考古文物被破壞與掠奪之記載，仍不絕如縷，例如亞歷山大大帝對波斯城邦之破壞及掠奪，十字軍東征對回教聖地之大規模破壞，拿破崙鐵蹄之蹂躪義大利及埃及等，均屬著例。

由上述可知文化資產之保護，要由國家利益提昇為國際利益，首先即須建立保護文化資產之目的，非在保護某一國家之優良文化，而在保存全人類的共同經驗與整體利益。國際法既無法禁止戰爭，要在戰爭期間避免造成文化資產的破壞，對於在戰前不惜開戰，開戰之後不惜與敵方同歸於盡者而言，實際上也很難有效予以拘束。在戰爭之後，戰勝者往往明白要求割地、賠款或取得某些特權，其參與者也常常掠奪財物作為「戰利品」，如果是為仇恨而開戰者，戰勝者則可能希望乘勝徹底毀滅敗戰者，當然也不會放過代表其靈魂的文化資產。所以在戰爭期間限制當事國破壞或掠奪文化資產，固然有助於人類從戰後的廢墟中重新站立，實際上卻很難發生規範的作用。

在時序上較晚形成的國際法，起初關於文化資產的保護，也無特別的規範。在羅馬法上，宣戰之後敵國財產即被視為無主物(res nullius)，所以戰勝者依戰利法(prize law, *jus praedae*)的規定，即當然取得其所占有之敵國財產；但此一原則到中世紀時，已被限制僅以該戰爭為「正義之戰」(just war)為限，才有其適用❿。然而，國

❾ Jiri Toman, *ibid*.

際法之父格勞秀斯(Hugo Grotius)在解釋當時的國際法規範時，仍謂:「對於敵人，損害其人身及財產之行為，均為法律所許」，準此，對其燒殺劫掠，均非不法，且「國際法本身並未就聖物，即崇敬上帝或諸神之物，設有例外規定。」「依國際法，在公開之戰爭中，任何人就其由敵人取得之物，即當然成為其所有人，不受任何限制。」⓫

十八世紀初期的國際法學者，原則上與格勞秀斯採相同見解，直到該世紀後半葉，華特(Emmerich de Vattel)主張戰爭中之行為亦有合法及不法之分，恣意毀損文化資產形同向全人類宣戰，絕非國際法所許，才開始形成戰爭時期保護文化資產的規則⓬。相對於節制戰爭行為的規則的難以形成，戰爭結束後應回復在戰亂中被移除的文化資產，其原則在各國間顯然較容易形成共識。從一六四八年神聖羅馬帝國與法國國王所締結的西伐利亞和約(Treaty of Westphalia)起⓭，許多文件都開始記載應將文化資產，返還至原處所，其內容從歷史檔案到藝術品，均包含在內⓮。一八一五年拿破崙戰敗後，法國在所締結的巴黎和約未明文規定的情形下，將拿破崙所掠取或強索之藝術品，返還給其原來所屬國，不但伸張了國際法的

---

❿ Wojciech W. Kowalski, *Art Treasures and War*, Leicester, UK: Institute of Art and Law, 1998, p. 6.

⓫ 譯自 Jiri Toman, *supra* note 8, p. 5。

⓬ 參見 Sharon A. Williams, *The International and National Protection of Movable Cultural Property: A Comparative Study*, Dobbs Ferry, NY: Oceana Publications, Inc., 1978, pp. 5–6。

⓭ Peace Treaty Between the Holy Roman Emperor and the King of France and Their Respective Allies, Oct. 24, 1648, art II (Tufts University, Olde English trans. 1997)。引自 Joshua E. Kastenberg, "The Legal Regime for Protecting Cultural Property During Armed Conflict," *Air Force Law Review*, Vol. 42 (1997), p. 283, fn. 20。

⓮ Jiri Toman, *supra* note 8, p. 5.

簡單正義(simple justice)，也為華特的理論作了最好的實踐⑮。

由上述可知，除非文明已經使戰爭發生本質上的改變，否則要一面進行戰爭，一面保護文化資產，實際上有其困難，規定此項意旨的規範，也必然徒具形式；但如以國內法之形式，約束己方戰鬥人員之行為，應較能發揮規範的功能。近代首度為此項嘗試，而對交戰團體在敵方領域內之行為規範者，當推美國於一八六三年所制定的李柏法典(Lieber Code)⑯。李柏法典所規範者，除交戰雙方在戰場上的行為外，於其第三十四條至第三十六條，並規定文化資產的保護事項⑰。

李柏法典之後，戰爭逐漸脫離你死我活的零和色彩，逐漸趨向於認為除戰略上須予以破壞者外，文化資產即使在戰爭期間亦應受保護。各國也開始嘗試以國際公約的方式，形成戰爭的國際新規則，並將文化資產的保護，列為一項重要原則。例如一八七四年俄國召集十五個國家在布魯塞爾集會，並發表全文五十六條的「布魯塞爾宣言」(Declaration of Brussels)，其第八條即明示斯旨；一八八〇年國際法協會(Institute of International Law)的「戰爭之法律及慣例手冊」(Manual of Laws and Customs of War)第五十六條，亦有類似條文；一八九九年俄國召集二十六國在海牙集會，除締結「陸戰之法律及慣例公約」(Convention with Respect to the Laws and Customs of

⑮ 參見 Sharon A. Williams, *supra* note 12, pp. 8–9。

⑯ 李柏法典為李柏所擬，一九六三年四月二十四日由聯軍統帥以第一〇〇號命令(General Order No. 100)發佈之，正式名稱為「聯軍戰場行為之管制準則」(Instructions for the Governance of Armies of the United States in the Field)，全文共一五七條。John H. Merryman, "Two Ways of Thinking about Cultural Property," *American Journal of International Law*, Vol. 80 (1986), p. 833。由於其內容完整，後來一八九九年、一九〇七年召開之海牙國際和平會議，均深受影響。

⑰ 條文內容可參閱 John H. Merryman, *ibid.*, pp. 833–834。

Wars on Land)外，全文六十條的「陸上戰爭之法律及慣例之規則」(Regulations Respecting the Laws and Customs of Wars on Land)第五十六條，亦就文化資產之保護設有類似規定。

在二十世紀的初期，文化資產的保護更成了國際戰爭法不可或缺的部分。一九〇七年美、俄二國共同召集四十四國在海牙集會，各國所締結的「陸戰之法律及慣例公約」(Convention on Laws and Customs of Wars on Land,即一九〇七年海牙公約第四號）附有全文六十條的「陸戰之法律及慣例之規則」(Regulations Respecting the Laws and Customs of Wars on Land)，其第五十六條就文化資產之保護，固有類似上述的規定⑱；該次會議所締結的「戰爭時期海軍轟炸公約」(Convention Concerning Bombardment by Naval Forces in Time of War,海牙公約第九號）第五條、一九二三年「海牙空戰規則」(the Hague Rules of Air Warfare)第二十五條、第二十六條，亦均有關於文化資產保護的規定⑲。此等規定在第二次世界大戰以前，乃是國際間對於交戰團體的戰爭行為的重要規範，至於文化資產的保護，則是責成各國約束其投入戰爭的人員，並對於違反者實施制裁。

值得注意的是，在李柏法典以降的前述規定中，文化資產的保

⑱ 本公約第五十六條規定：「自治市之財產、以宗教、慈善及教育為目的之機構之財產、藝術及科學之財產，縱其為國家之財產，亦視為私有財產。」「對於此種性質之機構、歷史紀念物、藝術及科學作品，其扣押、破壞或蓄意毀損，均被禁止，並應依法律程序追究。」(原文為“The property of municipalities, that of institutions dedicated to religion, charity and education, the arts and sciences, even when State property, shall be treated as private property.” “All seizure of, destruction or willful damage done to institutions of this character, historic monuments, works of art or science, is forbidden, and should be made the subject of legal proceedings.”)

⑲ John H. Merryman, *supra* note 16, pp. 834–835.

護都只是戰爭法上的一項議題而已，尚無單獨就該議題予以完整規範者。直到一九三五年，二十一個美洲國家締結「保護藝術、科學機構及歷史紀念物公約」(Treaty on the Protection of Artistic and Scientific Institutions and Historic Monuments)⑳，才以單一公約之方式，喚醒各國保護文化資產的意識，並蔚為風氣。其後在國際聯盟時期，比利時、西班牙、美國、希臘及荷蘭等國亦曾於一九三九年，於國際聯盟提出「戰爭時期保護紀念碑及藝術品之國際公約草案」(Draft International Convention for the Protection of Monuments and Works of Art in Time of War)㉑。不過，此等努力在第二次世界大戰中，隨著技術、戰術及戰略的改變，再加上納粹黨人對文化資產系統性的蓄意破壞，實際上無法發揮應有的規範作用。

第二次世界大戰以後，國際法關於文化資產的保護，又有重要的發展。先是紐倫堡大審對於納粹頭目羅森保(Alfred Rosenberg)，以其指揮掠奪占領區內的文化資產及其他罪狀，而直接予以處刑，使文化資產的破壞者不僅受其本國的制裁而已，實際上已開創了文化資產保護規範的新紀元㉒。

---

⑳ Apr. 15 1935, 49 Stat. 3267, TS No. 899, 167 LNTS 279.

㉑ 1 U.S. Dep't of State, Documents and State Papers 859 (1949); John H. Merryman, *supra* note 16, p. 835.

㉒ 關於紐倫堡判決之相關問題，參見 Sharon A. Williams, *supra* note 12, pp. 23–29。

參、一九五四年海牙公約的特色

一、公約的結構設計

一九五四年海牙公約的範圍包括三部分，即：公約本身（含公約前言及公約本文四十條）、公約的施行規則（二十一條）及議定書（分為三部分）。前言主要宣示公約的基本原則，公約本文部分為文化資產主要的保護規定，施行規則主要係為公約本文之施行，提供必要之輔助規定，而議定書主要是規定文化資產的返還問題。議定書所規定之事項，其實亦與文化資產的保護有關，且幾乎為一六四八年以後的戰後和約必備的內容㉓。本公約的草擬者把這些本來可以規定於公約的本文的條文，置於公約以外的議定書之中，是希望透過切割內容、個別締結的方式，增加締約國的選擇可能性，使其得先就爭議較少的部分（公約本文），完成締約程序，再經由協商、溝通，就各國法制上差異較大的返還問題，取得共識，逐漸選擇加入議定書㉔。此一方式使公約成為「彈性而一致之整體」(flexible and consistent whole)㉕，對締約國在利益上的求同存異，頗有裨益，也

㉓ Stanlislaw E. Nahlik, "International Law and the Protection of Cultural Property in Armed Conflicts," *Hastings Law Journal*, Vol. 27 (1976), p. 1082.

㉔ *Ibid*., p. 1083。截至二〇〇〇年八月四日止，有九十九國加入本公約，有八十二國加入議定書。http://www.unesco.org/culture/laws/hague/html_eng/page9.htm（二〇〇〇年十一月二十五日查詢時，其資料更新至同年八月四日。）

㉕ 此為 Makaminan Makagiansar 所言，引自 Etienne Clément, "Some Recent Practical Experience in the Implementation of the 1954 Hague Con-

能符合國際法發展的趨勢㉖。

二、文化資產定義的明定

一九五四年海牙公約在國際法上，首開純為保護文化資產之目的，而締結單一普遍性國際公約的先河，就國際文化資產法的發展，具有重要意義。後來的一九七〇年 UNESCO 公約、一九七二年 UNESCO 公約及一九九五年 UNIDROIT 公約，實際上也都是建立在本公約的基礎之上。值得注意的是，在本公約以前，英文的法律文件中尚無使用「文化資產」(cultural property)之例㉗，所以本公約除文化資產保護的實質意義外，也有其開創法律用語上的形式價值。

(一)文化資產及文化遺產的區別

文化資產在法律上的保護，由國內法的層次提昇到國際法的層次，其原因可能是因為國內法的保護功能不彰，須賴國際法予以補強國內法的不足，也可能是因為各國就文化資產的保護，已形成共識，乃訂定保護文化資產的最低標準，並要求各國共同遵守。由於文化資產的性質，同時包含代表公益的「文化」及表彰私益的「資產」，所以其保護法制也一直在公益與私益之間擺盪。在國內法上，公共利益的重視已經使文化資產，不再適用物之所有權的一般原則，但這種全國一致的公共利益，得否擴而推之，而成為全球一致的公共利益，仍有疑問。

---

vention," *International Journal of Cultural Property*, Vol. 3, No. 1 (1994), p. 13。

㉖ 「國際公約與議定書」切割締結的方式，已成為國際間處理環境保護等新興問題的新趨勢。參見丘宏達，前引❷，頁一五一。

㉗ Lyndel V. Prott & Patrick J. O'Keefe, "'Cultural Heritage' or 'Cultural Property'?," *International Journal of Cultural Property*, Vol. 1, No. 2 (1992), p. 312.

對於上述問題，一九五四年海牙公約透過以國際公約的規範形式，保護文化資產的立場，表示其採肯定見解，並認為文化資產所關係者乃全人類之文明，而非一國之利益而已。在本公約前言第二段及第三段的下列文字中，草擬者更進一步指出:「深信對於文化資產(cultural property)之破壞，不論其為何人所有，均為對世界人類文化遺產(cultural heritage)之破壞，蓋每一民族對於世界文化，均有其貢獻」;「考慮到文化遺產之保存，對世界上所有民族均極為重要，使此等遺產獲得國際保護，亦屬重要。」由此可見本公約保護的客體，依公約的條文雖然是「文化資產」，但是範圍更廣的「文化遺產」，顯然才是各國於締約時意之所在。

㈡文化資產的定義

本公約前言之中所提及的「文化」或「文化遺產」，其意義及內容甚難確定，所以公約並未以具體條文，規定其定義及範圍，但由於「文化資產」是公約保護的客體，公約第一條為確定其範圍，遂規定:「本公約所稱文化資產，無論其來源及所有權之歸屬如何，均應包括：一、對每一民族之文化遺產均極重要之動產或不動產，如具建築、藝術或歷史價值之宗教性或世俗性碑塔、考古場址、整體具有歷史或藝術價值之建築物群組、具歷史、藝術或考古利益之抄本、書籍與其他物品，就書籍、檔案或上述資產之複製品，為科學性收藏與重要收藏者，亦同。二、以保存或展示前款所定義之文化資產中之動產，為主要與實際目的之建築物，例如博物館、大型圖書館或檔案儲藏所、為在武裝衝突時保護前款所定義之文化資產中之動產，所設置之防護避難所。三、容納大量前二款所定義之文化資產之中心，稱為『容納紀念物之中心』(centres containing monuments)。」

㈢廣義及狹義的文化資產

一九五四年海牙公約在前言中將文化資產與文化遺產並列，固有如前述，各國法律及國際文件中以文化資產或文化遺產為保護客體者，亦分別在各該文件中規定其定義㉘。此二名詞因而成為國際法上的「不確定概念」，其法律上的定義在學者間也成為棘手的難題㉙。大致言之，文化資產的定義，本可延伸至包含動產、不動產、景觀、藝術及民俗在內，也可以限縮到很窄的範圍。我國民國七十一年制定的文化資產保存法㉚、日本一九五〇年（昭和二十五年）文化財保護法㉛均採廣義說，但一九七〇年 UNESCO 公約則採狹

㉘ Roger W. Mastalir, "A Proposal for Protecting the 'Cultural' and 'Property' Aspects of Cultural Property under International Law," *Fordham International Law Journal*, Vol. 16 (1993), p. 1040.

㉙ 學者曾謂「文化遺產」(cultural heritage)的法律定義問題，可列為學界所遭遇的最大難題。Lyndel V. Prott, "Problems of Private International Law for the Protection of the Cultural Heritage," *Recuiel des Cours*, Vol. 1989 V (1990), p. 224。

㉚ 文化資產保存法第三條規定：「本法所稱之文化資產，指具有歷史、文化、藝術價值之左列資產：

一、古物：指可供鑑賞、研究、發展、宣揚而具有歷史及藝術價值或經教育部指定之器物。

二、古蹟：指古建築物、遺址及其他文化遺蹟。

三、民族藝術：指民族及地方特有之藝術。

四、民俗及有關文物：指與國民生活有關食、衣、住、行、敬祖、信仰、年節、遊樂及其他風俗、習慣之文物。

五、自然文化景觀：指產生人類歷史文化之背景、區域、環境及珍貴稀有之動植物。」

㉛ 日本文化財保護法第二條規定：「本法中文化財乃指下列之物：

一、建築物、繪畫、雕刻、工藝品、書跡、典籍、古文書，以及其他在我國具有歷史和藝術價值之有形文物資產（包括土地與結合於土地之其它物品），以及考古標本和其它具有崇高學術性與歷史性價值之物品。（以下稱為有形文化財）

二、戲劇、音樂、工藝技術等在我國具有高度歷史和藝術價值之無形

義說㉜，以有體物為限。在本公約草擬之初，草擬者也面臨文化資

文物資產。（以下稱為無形文化財）

三、有關於食物、衣服、住家、生活事業、信仰、節慶等風俗習慣和民俗藝能，以及其使用之衣服、器具、房屋等對於瞭解國民生活的進展所不可或缺者。（以下稱為民俗文化財）

四、具有崇高學術性與歷史性價值之貝殼、古墳、古城、舊家宅等遺跡，以及在我國具有藝術或觀賞價值之庭園、橋樑、狹谷、海濱、山岳和名勝，以及動物（含其棲息地、繁殖地和移居地），植物（含其棲息地），地質特色和礦物（含產生特別自然現象之地面），而在本國具有高度科學價值者。（以下稱為紀念物）

五、和周遭環境形成高度歷史價值之傳統建築物。（以下稱為傳統建築物）」

㉜ 一九七〇年 UNESCO 公約第一條規定：「本公約所稱文化資產，是指各國基於宗教或世俗之理由，就下列各類之物，認為具有考古、史前、歷史、文學、藝術或科學之重要性，而特別予以指定者：

㈠動物、植物、礦物和骸骨及具有古生物學價值之物品之珍藏；

㈡關於歷史，含自然、科技、軍事之歷史及社會歷史，或關於國家領袖、思想家、科學家、藝術家之生平，或有關具有全國重要性之事件之資產；

㈢考古挖掘（包括正常和秘密方式）或考古發現之物；

㈣由藝術性或歷史性之紀念碑或考古遺址，所移除之成分；

㈤碑銘、錢幣、印章等古董，其年代已超過一百年者；

㈥具人種學價值之物品；

㈦具藝術價值之物品，如：

1. 完全以手工，在支柱與材料上做成之圖像、漆畫及繪畫（工業設計品及大量製造而以手工修飾之物品，不在此限）；

2. 以任何材料之雕塑、雕刻藝術之原創作品；

3. 蝕刻版、印刷製版、板畫製版之原創版；

4. 任何材料做成之藝術集合物或聚合物之原創作品；

㈧單獨或集體具有特別價值（歷史、藝術、科學、文學等），而稀有之原稿及古版本、古籍、古文件及古出版品；

產的多重範圍間的衝突問題，有些國家傾向於僅規定概括性的定義，有些認為應該具體表列，以求明確。最後之所以折衷為上述較狹義的定義，並兼採例示及列舉的方式，乃為避免因保護的客體範圍太廣，致使保護的成效減損[33]。

就字義上來說，文化資產與文化遺產之間並無必然的差別，有時二者可以相互替換，但有時文化資產被認為文化遺產的一支，範圍比較狹隘[34]。由於文化遺產在客觀上涵蓋的文化因素的範圍較廣，其內容可以包括有形及無形的文化資產在內，再加上其強調文化的抽象價值或品質的程度，超過關於有體物的物質意義，並且以遺產繼承的觀念闡釋世代傳承的重要性[35]，所以該名詞在國際法上也較具開展性。不過，對於有體物的文化資產來說，法律上如果僅就其所代表的文化遺產予以保護，難免有過度迂迴與間接的缺點，所以一九五四年海牙公約以文化資產為保護客體，尚無不妥。

一九五四年海牙公約既對於位在締約國境內的文化資產，給予國際法上的保護，此種保護所意味者，即是文化資產所在的國家，就該文化資產之行使其主權，應受最低標準(minimum standards)的限制。此一規範方式強調文化資產所涉者，非僅其所在國之利益而已，其保存或損害已攸關乎全人類的文化遺產。從這個角度來看，其所在國並未因為其地利之便，而享有得任意處分的絕對權，其權利之性質，似係為全人類之利益，而得依正常方法予以占有及管理之權。這種規範方式將文化資產的保護，由攸關一國利益的層次，

㈨單獨或集體之郵票、印花及類似之票證；

㈩檔案記錄（含聲音、照片與電影之檔案記錄）；

㈩一百年以上之傢俱及古樂器。」

[33] Jiri Toman, *supra* note 8, pp. 46–48.

[34] Janet Blake, "On Defining the Cultural Heritage," *International and Comparative Law Quarterly*, Vol. 49 (2000), p. 66.

[35] *Ibid.*, p. 82.

提升到全人類利益的層次，使原來呼籲各國珍惜他國文化資產的道德勸說或理念，因為落實在公約的具體條文，而提升為可以拘束締約國的法律概念，並且成為後來相關國際公約的典範。

文化資產的法律保護，依其客體範圍的不同，可以分為總括保護及個別保護二種。前者是對於屬於文化遺產的文化資產，以集合物的方式給予概括的保護，後者則是將個別的文化資產，視為單一的物權客體，而就個別財產權給予保護。在此一分類之基礎上，一九七二年 UNESCO 公約屬於前者，一九五四年海牙公約則較接近後者。不過，由於一九五四年海牙公約所保護的文化資產，係由各締約國自行決定，遂使構成該締約國文化遺產的所有文化資產，均得受該公約之保護[36]，其範圍反而比一九七二年 UNESCO 公約所保護者更廣。可見國際公約的適用範圍，有時無法單由其所使用的名詞判斷，必須綜合關於其定義的規定及各國的具體認定標準，才能有效予以掌握。

三、國際法與國內法接軌

一九五四年海牙公約雖然對文化資產的定義，設有明文規定，但其內容仍非描述特定的標的物，所以究竟何等文化資產才能適用該公約的問題，仍應就各標的物之特性，分別予以認定。而就特定的標的物，個別認定其是否適用本公約時，究應依據舉世皆準的標準，或由相關國家自行認定，亦有疑問。關於此點，本公約雖未明文予以規定，但由第三條規定文化資產的所在國，於承平時期亦有

---

[36] 本公約所保護者，不限於一國文化資產的菁華部分而已，受本公約保護的標的物也因此未成為「超級文化資產」。Roger O'Keefe, "The Meaning of 'Cultural Property' under the 1954 Hague Convention," *Netherlands International Law Review*, Vol. XLVI (1999), p. 55。

就文化資產，採取積極保存措施之義務，第十條、第十六條及第十七條再規定其所在國，就受公約特別保護的文化資產，得附配公約規定之標誌，以資識別觀之，似可認為其標準是由所在國自行訂定[37]。

當締約國就在該國境內的文化資產，認定其應適用本公約時，其除受該國法律的「國家級」保護外，亦同時受公約的「國際級」保護。此種文化資產對締約國而言，由該國完全支配，到形同其接受全人類之「託管」而予以占有，該締約國在主權的作用上，實際上並未因其受公約之保護，而獲得具體之利益，難怪乎論者直陳締約國不太慷慨，其受本約保護之文化資產，亦相當有限[38]。不過，由締約國定期提交 UNESCO 的實施報告觀之[39]，絕大多數的締約國都將公約的適用範圍，普及於屬於該國文化遺產的文化資產的全部或相當部分，使此等文化資產，在國家級的意義之外，還含有國際級的重要性[40]。

一九五四年海牙公約根據紐倫堡大審的前例，強調文化資產已受國際法之保護，且個人違反此項國際法者，亦應負其責任。但為方便執行，本公約第二十八條除肯定個人為國際法上之責任主體的原則外，仍規定各締約國均應負擔追究該個人責任之義務：「締約國應於其一般刑事管轄之架構內，採取一切必要之行動，對於違反本公約或命令他人違反之者，不分國籍，予以追訴，並處以刑罰或行政罰。」此項設計使本公約保護文化資產之規定，具有普遍的強制性，

[37] *Ibid.*, p. 26.

[38] Jiri Toman, *supra* note 8, p. 49.

[39] 本公約第二十六條第二項規定：「此外，其應至少每四年一次，向執行長提交報告，載明其認為適當之所有資訊，說明各該政府為履行本公約及其施行規則，已經採取、預備採取或可期待將採取之一切措施。」

[40] Roger O'Keefe, *supra* note 36, pp. 48–49.

同時將違反公約的行為，賦予各國普遍性的管轄權，在國際文化資產法的發展上，實具有重要意義㊶。

四、新、舊公約的併行互補

一九五四年海牙公約於一九五四年五月十四日開放簽署時，即有四十五國簽署，並自一九五六年八月七日起生效㊷，目前締約國已增加至九十九國㊸。法國、德國、俄羅斯等均為其締約國，本公約對加拿大及中共，亦分別於一九九九年三月十一日及二〇〇〇年四月五日生效，但美國及英國仍未加入之。此種情形顯示，至少有些國家仍然認為本公約的內容，尚未成為習慣國際法之既定規則㊹。

(一)新、舊公約的差異

除前述關於文化資產的定義之外，本公約對於前此文化資產所受之國際法保護，在範圍上也有重要的擴張。其中最明顯者，是將文化資產受特別保護的條件，從以前公約的「戰爭」，擴大為「武裝

㊶ 有認為本公約欠缺本身的制裁手段，形同老虎無牙齒，無法強制各國遵守，但其普遍被接受及遵守的情形，仍未稍減，故已具備習慣國際法之姿態者。David A. Meyer, "The 1954 Hague Cultural Property Convention and Its Emergence into Customary International Law," *Boston University International Law Journal*, Vol. 11 (1993), p. 357。

㊷ 依本公約第三十三條規定，本公約於第五份批准書寄存於聯合國教科文組織秘書長後，三個月後生效。一九五六年五月七日墨西哥批准後，本公約對其與南斯拉夫、聖瑪利諾(San Marino)、麥恩馬(Myanmar)、匈牙利等五國，即於同年八月七日生效。

㊸ 各締約國之名稱及其批准、生效日期等相關資訊，參見 http://www.unesco.org/culture/laws/hague/html_eng/page9.htm （二〇〇〇年十一月二十五日查詢時，其資料更新至同年八月四日。）

㊹ Joshua E. Kastenberg, *supra* note 13, p. 290.

衝突」。

在國際法上，戰爭(war)與武裝衝突(armed conflict)並不相同：武裝衝突是尚未構成戰爭狀態的武裝對立，而戰爭是兩國或多國之間，透過武裝力量的衝突，以征服敵國或敵對團體，並強制執行本國的和平條件為目的。武裝衝突是否已達戰爭的狀態，可依下列因素決定之：1.衝突的規模，2.敵對的交戰國的意向(animus belligerence)，3.非敵對國家的態度與反應[45]。由於一八九九年及一九〇七年之公約適用範圍太小，形成文化資產未受完整保護之漏洞，本公約填補此等漏洞後，文化資產在所有類型之武裝衝突，均得受國際法之保護[46]。

本公約第十八條規定：「本公約除應適用於承平時期之規定外，應適用於二個或二個以上之締約國宣戰或其他武裝衝突之事件；其中縱有一國或數國不承認戰爭之狀態，仍適用之。」「締約國領域之一部或全部被占領者，縱其占領未遭遇武力抵抗，亦適用本公約。」「衝突當事國之一方非屬本公約之締約國者，其他為締約國之當事國，就其相互之關係，仍受本公約之拘束。其對於該當事國，於其宣布接受本公約之規定時，在其適用範圍內，亦應受本公約之拘束。」由本條規定可知，只要是締約國間發生武裝衝突，無論衝突之期間多長、是否造成人員傷亡、是否為簡單的鎮暴行動、是否為合法的自衛行為、是否宣布敵對狀態等，均有本公約之適用。此外，本公約之規定對於非締約國而言，只要其符合接受(acceptance)及事實予以適用(de facto application)等二要件，亦受其拘束[47]。

[45] 參閱王鐵崖主編，國際法，北京：法律出版社，一九九五年，頁六一四；慕亞平等著，當代國際法，北京：法律出版社，一九九八年，頁五三九；雪瑞爾著、陳錦華譯，國際法，臺北：五南，民國八十八年三月初版一刷，頁六七三。

[46] Stanlislaw E. Nahlik, *supra* note 23, p. 1078.

本公約不僅適用於各種大小不同的國際武裝衝突，依第十九條的下列規定，其對不具國際性之武裝衝突，亦得適用之：「締約國領域內發生非國際性之武裝衝突者，衝突各方至少應適用本公約關於尊重文化資產之規定。」「衝突之各方應以特別協議之方式，努力使本公約其他規定之全部或一部，得以實施。」「聯合國教育科學文化組織對衝突之各方，得提供服務。」「前三項規定之適用，於衝突之各方之法律地位，無影響。」可見武裝衝突依其是否具有國際性(international character)之不同，應適用不同之規範，但就國際武裝衝突及盜匪、暴動等國內武裝衝突間之區別，本公約並未予以明確規定，適用上仍有疑義[48]。一般認為本公約之精神及目標，既在保護文化資產免因武裝衝突而毀損或滅失，故其規範之重點，應在文化資產是否因而有毀損或滅失之虞，至其究屬國際或國內之性質，並不重要[49]。

另外值得注意的是，本公約第十九條第一項以「衝突各方」(each party to the conflict)為規範對象，表示除已被承認的國家之外，其他國家地位(statehood)尚未被承認之主體，亦得適用本公約。雖然此等主體所適用者為國際公約，亦無法改變其原來之法律地位（未經國家承認），而與其簽訂第二項之特別協議之國家，亦不因此項簽訂行為，而構成對其合法性之事實承認或默示承認[50]。此等設計，

---

[47] Jiri Toman, *supra* note 8, p. 199.

[48] 一九四九年維也納公約規定對陷於「非國際性之武裝衝突」(armed conflict not of an international character)者，亦應提供最起碼之保護。論者有認為武裝衝突之國際性，應從寬認定，以擴大國際法之人道保護範圍者。Tom Farer, “Humanitarian Law and Armed Conflict: Toward the Definition of ‘International Armed Conflict’,” *Columbia Law Review*, Vol. 71, No. 1 (1971), p. 72。

[49] Jiri Toman, *supra* note 8, p. 214.

[50] *Ibid.*, p. 216.

均以保護文化資產為最高指導原則，對於一向強調主權形式的國際社會❺❶，或可作為全盤省思之參考。

當然，對於規範的遵守義務主要來自道德壓力，而非執行機關得依規定予以制裁的本公約而言，「徒法不足以自行」是最真實的寫照。一九九一年南斯拉夫發生的內戰，依上述規定雖然亦屬本公約的適用範圍，但原來保存最完整的歷史港城杜布洛尼(Dubrovnik)，仍未能倖免於難。其與衝突各方所進行者為文化之戰(cultural war)，固有關係，文化資產的所有權認定不易，且又承載太多的文化及政治意義，反而使脆弱的文化資產成為攻擊的標的❺❷，也是原因之一，而 UNESCO 欠缺有效之執行措施，未能適時制止衝突，亦難辭其咎❺❸。

㈡新、舊公約的併行

由於新、舊公約的適用範圍及對象均有不同，在本公約生效後，舊公約是否失效及新公約之適用得否溯及既往等，均有問題。為此，本公約第三十六條規定：「當事國受海牙公約之拘束者，無論其內容係關於陸戰之法律及慣例（第四號）或關於戰爭時期海軍之轟炸（第九號），亦不分其締結於一八九九年七月二十九日或一九〇七年十月十八日，以其為本公約之締約國者為限，關於其間之關係，本公約之規定對前述公約（第九號）及該公約（第四號）之附屬規則，應

❺❶ 一國境內的武裝衝突，性質為該國之國內事務(internal affair)，國際人道法雖得適用於國內事務，如何兼顧當事國之利益，尤其排除其畏懼因適用國際公約，被誤解為在法律上承認其存在及合法性之疑慮，實為問題。參閱 Sharon A. Williams, *supra* note 12, p. 44。

❺❷ Gregory M. Mose, "The Destruction of Churches and Mosques in Bosnia-Herzegovina: Seeking a Rights-Based Approach to the Protection of Religious Cultural Property," *The Buffalo Journal of International Law*, Vol. 3 (1996), p. 187.

❺❸ David A. Meyer, *supra* note 41, pp. 379–381.

為其補充規定，其就該公約（第九號）第五條規定之識別標誌，於本公約及其施行規則規定應使用其識別標誌之情形，應以本公約第十六條之識別標誌代替之。」「當事國受一九三五年四月十五日保護藝術、科學機構及歷史紀念物公約之華盛頓公約（即駱立其公約）之約束，且為本公約之締約國者，關於其間之關係，本公約之規定對駱立其公約，應為其補充規定，其就該公約第三條規定之識別旗幟，於本公約及其施行規則規定應使用其識別標誌之情形，應以本公約第十六條之識別標誌代替之。」

由上述規定可知，本公約雖受前此之公約所確立原則之指導❺❹，但在本公約生效後，舊公約並非當然失效。即舊公約仍適用於其原來之締約國❺❺，而本公約亦僅適用於本公約之締約國。此項意旨除宣示本公約具有補充性，其目的非在廢棄前此之公約，而重在強調與其同時併存之關係外❺❻，亦隱約透露無論新、舊公約之規定，即使接受之國家為數不少，但其效力均尚未達於習慣國際法之程度。

---

❺❹ 參照本公約前言第四段。

❺❺ 第二次世界大戰所使用的方法及技術，與一九〇七年海牙公約所規範者已大不相同，因此該公約得否適用於第二次世界大戰之交戰國，頗有疑問。但因一九五四年海牙公約無溯及既往之效力，且乃戰後所締結者，故第二次世界大戰期間關於文化資產之保護，主要係以一九〇七年海牙公約第五十六條為依據。請參閱 Wilfried Fiedler, "Safeguarding of Cultural Property during Occupation — Modifications of the Hague Convention of 1907 by World War II?", in Martine Briat & Judith A. Freedberg ed., *International Sales of Works of Art*, Vol. V (*Legal Aspects of International Art Trade*), Paris/New York: ICC Publishing S.A., 1996, pp. 175–183。

❺❻ Jiri Toman, *supra* note 8, p. 318.

肆、保護文化資產的具體措施

一九五四年海牙公約的名稱中雖然含有武裝衝突，並常被理解為國際戰爭法的重要內容，其主要目的也是在保護文化資產，避免其因武裝衝突而毀損或滅失，但本公約也未忽略承平時期的保護措施。此由本公約前言第五段的下列文字，即可得知：「認為要達到在武裝衝突事件中保護文化資產之目的，非於承平時期整合國內及國際之措施，即難期有效。」前述本公約第十八條第一項的規定，實際上亦已指出本公約的規定，有適用於承平時期者，亦有適用於宣戰或其他武裝衝突之事件者，茲將其規定分述如下。

一、承平時期的一般保護

關於文化資產的保護，其手段固有戰時及平時之分，但其觀念在任何時期均無不同，所以本公約第二條規定其保護之方式，應廣泛到足以「包含對文化資產的保全及尊重」。本條所稱「保全」，係指採取避免其毀損滅失之積極措施，「尊重」則具有消極規範之性質，主要強調不為禁止行為之義務[57]。由此可知本公約的重點，是在文化資產的全方位保護規範中，指明文化資產在武裝衝突事件特別需要保護的特性，但「平時重於戰時」、「居安思危」的保護理念，仍貫串整個公約的規定。

㈠文化資產之保全

在文化資產的保全方面，本公約第三條規定：「締約國就位於其領域內之文化資產，為保全其免受武裝衝突可預見之影響之害，於承平時期應採取其認為適當之措施。」 締約國依本條規定雖負擔義

[57] *Ibid*., p. 57.

務，但在義務內容之認定上，仍有甚大之裁量空間及自由，再加上得依本公約第二十三條之規定，請求 UNESCO 技術援助，故困難不大。在各國實務上，為履行本條之義務所採行之措施，包含甚廣，舉凡在國防政策上加入防衛文化資產的戰略及戰術考量、立法使文化資產遠離軍事攻擊的高危險地帶、擬定政府內部關於保護文化資產的分工架構、籌募必要之經費等，均為其例，至於具體的行動，更包括考古挖掘、屏障保護、庫存管理、編目統計、重建儲藏、防盜避災、鼓勵研究等[58]。

為進一步落實本公約第三條關於保全文化資產之規定，本公約第五條對於占領他國領土之情形，亦有下列規定:「締約國於占領其他締約國領域之全部或一部時，關於其文化資產之保全及保存，應盡可能支持被占領國之主管機關。」「占領區域內因軍事行動而毀損之文化資產，有必要採取保存之措施，而被占領國之主管機關無法採取該措施時，占領國應盡其可能，且應與該主管機關密切合作，採取最必要之保存措施。」「締約國之政府，為實行反抗運動之成員認定為合法政府者，就本公約尊重文化資產之規定，應於可能時提醒其應遵守之義務。」此一規定使占領國，負有積極協助被占領國保全文化資產之義務，尤其克制其在占領地區挖掘考古文化資產，對於文化資產之保存，具有重要意義。

本公約之重點既在保護文化資產，如何與一般財產區別，而賦予其「一般保護」(general protection)[59]，亦為問題。本公約第六條規定:「文化資產得依第十六條之規定，附配顯著之標誌，以利辨識。」此外，武裝衝突時的紀律也有待承平時期之訓練及準備，所以第七

[58] *Ibid*., pp. 62–65。有些國家，例如瑞士，係在軍事地圖上標示受公約保護之地區。見 Etienne Clément, *supra* note 25, p. 13。

[59] 文獻上亦有稱之為「簡單保護」(simple protection)者，如 Sharon A. Williams, *supra* note 12, p. 37。

條乃規定:「締約國於承平時期,應於其軍事規章或訓令中,納入確保本公約被遵守之規定,並培養其武裝部隊之成員,尊重所有民族之文化及文化資產之意志。」「締約國於承平時期,應於其武裝部隊中,為確保尊重文化資產,並與負責予以保全之文官當局合作之目的,計畫或設置部門或專業人員。」一九八九年南斯拉夫曾向UNESCO報備,謂其準備為紀念物進行附配標誌事宜,待一九九一年該國爆發內戰時,該國政府已進行附配,後來克羅埃西亞的專家寄送的照片中,也有顯示半毀的紀念物旁即有該標誌者[60]。

文化資產所賴以保全的,不是詳密的公約設計,也不是毀損後的法律救濟,而是安全的保存環境。所以文化資產只要歷經武裝衝突的洗禮,無論公約的規定如何執行,均無法彌補人類文明的共同損失。例如一九九〇年至一九九一年的波斯灣戰爭,就發生在現代文明的發源地,無數的珍貴文化資產的安全,都受到嚴重的威脅。在聯軍執行「沙漠風暴」(Desert Storm)的期間,伊拉克受到強烈轟炸,該國文化資產因而毀損、滅失或被盜者,難以精確估計[61]。在伊拉克占領科威特的七個月中,伊拉克自科威特運至巴格達的文化資產,約有十七卡車之載量[62]。伊拉克戰後依聯合國安理會第六八六號及第六八七號決議,於一九九一年九月十六日運回科威特者,據統計也有百分之十已毀於戰禍[63]。

---

[60] Etienne Clément, *supra* note 25, p. 14.

[61] 相關事實之說明,參閱 Harvey E. Oyer III, "The 1954 Hague Convention for the Protection of Cultural Property in the Event of Armed Conflict–Is it Working? A Case Study: The Persian Gulf War Experience," *Columbia-VLA Journal of Law & the Arts*, Vol. 23 (1999), pp. 62–64。

[62] Iraqi Raiders, Wash. Post, June 15, 1991, at A22。引自 Harvey E. Oyer III, *ibid.*, p. 59。

[63] Sarah Gauch, Kuwait Museum Remains a Casualty of the Gulf War, Wash. Times, June 8, 1992, at A9。引自 Harvey E. Oyer III, *ibid*。

尤其應注意的是，本公約的上述規定看似明確，實際適用時仍可能發生爭議。例如在前述波斯灣戰爭中，當時伊、科二國均為一九五四年海牙公約之締約國，參與聯軍者也只有英、美、加拿大未加入批准該公約，伊拉克在占領科威特時就文化資產之所為，戰後自宜依該公約予以評斷。諷刺的是，對此有認為伊拉克不當掠取、移除文化資產，違反該公約之規定者，亦有認為伊拉克已樹立遵守該公約之最佳典範者[64]。後者主要是著眼於伊拉克之古物部長於一九九〇年秋，曾依該公約第五條規定向 UNESCO 報告，謂該國將派遣專家前往科威特，將命在危殆之文化資產移往巴格達妥予保存，而該國在戰後亦迅速依聯合國安理會之命，將其送返原處。無論如何在公約上判斷伊拉克之行為，科威特的文化資產在此次戰爭中已獲得基本的保存，至少也證明本公約締約國的努力並未白費。

㈡文化資產之尊重

在文化資產的尊重方面，本公約第四條規定:「締約國為尊重位於其領域內及其他締約國領域內之文化資產，就該文化資產及其直接周邊或為予以保護而設置之設施，於其使用可能致其於武裝衝突事件中滅失或毀損者，即不得為之，並不得針對此等資產，為任何敵對行為。」(第一項)「前項義務，僅於絕對之軍事上必要時，始得免除之。」(第二項)「締約國就文化資產任何形式之竊盜、掠奪或侵占，或針對文化資產而為之任何野蠻行為，均應進而禁止、避免，且於必要時阻止之。其就位於其他締約國領域內之動產性質之文化資產，不得徵收之。」(第三項)「締約國對文化資產，不得採取任何報復行為。」(第四項)「締約國依本條規定對其他締約國所負之義務，不得以其未採取本公約第三條規定之保全措施為理由，而規避之。」

---

[64] 國際媒體傾向於譴責伊拉克，認為該國已遵守一九五四年海牙公約者，主要為美國之巴格達研究協會(American Association for Research in Baghdad)。參見 Harvey E. Oyer III, *ibid.*, pp. 60–61。

(第五項)

本公約第四條之上述規定，強調各國尊重文化資產之義務，且此項義務不適用屬地原則(territoriality)，同時亦將義務之內容分為二類，其屬於第一項所規定者，僅於軍事上之絕對必要時，始得免除之，至於其他義務之免除，則不以軍事上有絕對必要者為限。由於「軍事上必要」一詞為不確定之概念，在無具體限制的情形下，由軍方恣意擅斷，非無濫用之可能㊺。美國未參加本公約，其國防部謂該國在波斯灣戰爭期間，均遵守本公約之規定㊻，並宣稱其對伊拉克之攻擊目標，已選擇避開伊國置於文化資產附近之武器，對於刻意以文化資產掩護其武器的伊拉克而言，已仁至義盡㊼，蓋即使英、美均已加入本公約，依本公約第四條第二項之規定，聯合部隊即使攻擊該等目標，亦屬合法㊽。

在本條規定之其他具體實踐上，無論倡議承認「開放市鎮」(open town)或維持中立以免文化資產遭殃，均有其價值。UNESCO 在柬埔寨吳哥(Angkor)劃定非軍事區的模式，一方面保護文化資產，另一方面亦提供平民及傷患必要之避護場所㊾，可謂是將文化資產的保護與國際人道法結合的範例。由伊拉克的文化資產被毀損的程度觀察，在適用本公約的波斯灣戰爭期間，較諸其國內在戰爭結束後的起義、

㊺ Jiri Toman, *supra* note 8, p. 79.

㊻ Conduct of the Persian Gulf War, Final Report to the Congress, April 1992, pp. 611–612。引自 Keith W. Eirinberg, "The United States Reconsiders the 1954 Hague Convention," *International Journal of Cultural Property*, Vol. 3, No. 1 (1994), p. 31。

㊼ 有推斷美國之遵守本公約之規定，乃將其視為習慣國際法者。見 Joshua E. Kastenberg, *supra* note 13, p. 297。

㊽ 參見 Keith W. Eirinberg, *supra* note 66, pp. 32–33; Joshua E. Kastenberg, *supra* note 13, p. 301; David A. Meyer, *supra* note 41, p. 376。

㊾ Jiri Toman, *supra* note 8, p. 80.

動亂時期及實行禁運的時期，文化資產均受到較高的保護及尊重，可見本公約確已發揮保護的作用[70]。

二、武裝衝突時的特別保護

一九五四年海牙公約之主要宗旨，既係在武裝衝突時提供文化資產公約的保護，每當締約國發生武裝衝突時，本公約的規範作用即受考驗。為使公約發生效力，UNESCO 的執行長於承平時期，固極力爭取各國加入本公約，在武裝衝突發生時，通常更主動要求各交戰團體遵守本公約之規定[71]。茲將本公約武裝衝突時保護文化資產之規定，分述如下。

(一)特別保護的標的物

本公約第一章中前述條文之規定，可謂係對文化資產在承平時期所設的最低度保護，第二章係以「特別保護」(Special Protection)為名，其規定係針對一定範圍的文化資產，賦予其在武裝衝突時的特別保護。關於得受特別保護的文化資產，本公約第八條第一項規定:「為於武裝衝突事件中防護動產性質之文化資產，而限量設置之防護避難所，或容納紀念物之中心及其他非常重要之不動產性文化資產，符合下列要件者，得受特別保護：一、其與易受攻擊之大工業區或重要軍事目標，如機場、廣播電臺、國防設施、港口、相對重要之鐵路車站、交通幹線等，有適當之距離者。二、其非為軍事之目的而使用者。」

[70] David A. Meyer, *supra* note 41, p. 377.

[71] 實際的案例包括：一九六九年宏都拉斯和薩爾瓦多的對峙、一九七一年印度和巴基斯坦的衝突、一九七四年土耳其和塞普路斯的衝突、一九八〇年兩伊戰爭、一九九〇年波斯灣戰爭、一九九一年南斯拉夫內戰。見 Etienne Clément, *supra* note 25, pp. 16–18。

上述關於標的物定義之規定，先是將標的物分為三類，即動產性質文化資產之防護避難所、容納紀念物之中心及其他非常重要之不動產性文化資產，如與本公約第一條之定義對照觀察，更可以發現本公約認為文化資產依其重要性之不同，得受不同之保護：極重要者(of great importance)得受一般保護， 非常重要者(of very great importance)始得受特別保護。此外， 為兼顧特別保護之實際效果，標的物更應符合二項要件，即位於相對安全之處所，且用於相對安全之非軍事目的。

本條第一項所揭櫫的相對安全要件，無論「適當之距離」或「軍事之目的」，其認定均無絕對標準，只能在具體個案中分別認定之[72]。因此本條的下列補充規定，在實務上即甚為重要：「動產性質之文化資產之防護避難所，於其構造完全無受炸彈損害之虞者，無論位於何處，均得受特別保護。」(第二項)「容納紀念物之中心被用以移動軍事人員或物資者，即使轉運，均視為使用於軍事之目的。於該中心內，進行與軍事活動、軍事人員之駐留或戰爭物資之生產直接有關之任何行動者，亦同。」(第三項)「第一項所述之文化資產之防護，係由特別授與防護權之武裝人員執行，或該文化資產附近有通常負責維持公共秩序之警察部隊者，不視為使用於軍事目的。」(第四項)此等武裝人員或警察部隊如配備攻擊性之武力，或為挑釁之行為，即應認定其係使用於軍事目的[73]。

此外，為使公約之適用更有彈性，本條第五項更進一步規定：「本條第一項所述之任何文化資產，其位置靠近該項所稱之重要軍事目標者，如請求使其受特別保護之締約國，承諾於武裝衝突事件

[72] 由於限制太嚴，實際上能獲得特別保護之文化資產，乃寥寥無幾。有認為保護之形式越特別者，越無法對文化資產提供真正的保護，在性質上是理想多於實用者。參見 Sharon A. Williams, *supra* note 12, p. 39。

[73] Jiri Toman, *supra* note 8, pp. 105–106.

中不使用該目標，尤其不使用該港口、鐵路車站或機場疏導交通時，仍得受特別保護。前述情形，其交通疏導應於承平時期準備之。」此種承諾有助於文化資產之保護，值得推廣。締約國如依本項規定，就位於外國之文化資產提出請求，亦無不合。在實際之案例中，義大利於一九五九年九月十八日，即曾聲明其於武裝衝突事件中，絕不在他國境內的菲奧利亞(Via Aurelia)，使用於軍事目的[74]。

㈡特別保護之效力

本公約第八條第六項規定：「文化資產之特別保護，應登記於『受特別保護之文化資產國際登記簿』。此項登記應符合本公約之規定，並應具備本公約施行規章規定之要件。」第九條規定：「締約國應確保受特別保護之文化資產，自登記於國際登記簿時起，即免受針對該文化資產所為之任何敵對行為，且除第八條第五項規定之情形外，就該文化資產或其周邊，均不使用於軍事目的。」第十條規定：「武裝衝突期間，受特別保護之文化資產應附配第十六條規定之識別標誌，並應受本公約施行規章規定之國際監管。」

由上述規定可知，文化資產之特別保護，非經登記於國際登記簿，不生效力，締約國決定是否辦理登記而受特別保護，主要乃著眼於其因特別保護所獲利益及負擔之義務間之衡量。根據 UNESCO 之資料顯示，曾經就防護避難所及容納紀念物之中心，請求辦理登記者，僅奧地利、前西德、高棉共和國、荷蘭及羅馬教廷等五國而已，其完成登記而受特別保護者，包括八個防護避難所及一個容納紀念物之中心[75]。

文化資產受特別保護後，其免被各種敵對行為攻擊的豁免利益，

[74] *Ibid*, p. 106.

[75] 最早登記者為梵諦岡市（容納紀念物之中心），防護避難所一個在奧地利、一個在德國、六個在荷蘭。*ibid*., p. 108; Etienne Clément, *supra* note 25, p. 15。

其實並非絕對。蓋本公約第十一條對於締約國得不受拘束的例外情形，仍有下列規定:「締約國就受特別保護之任何文化資產，違反第九條規定之義務時，其相對國於其持續違反之期間內，得免除確保系爭文化資產免被攻擊之義務。但相對國於可能時，應於合理期間內先請求停止其違反行為。」(第一項)「除本條第一項規定之情形外，受特別保護之文化資產之免被攻擊資格，其撤回以無法避免之軍事需要者為限，且以該需要持續之期間為限。此種需要之認定，僅得由指揮相當於一師或師以上之部隊之指揮官為之。撤回免被攻擊資格之決定，以情況許可時為限，應於合理之期間前，通知相對國。」(第二項)「撤回免被攻擊資格之締約國，應儘速以書面敘明理由，通知本公約施行規章規定之文化資產總監。」(第三項)

根據本公約第十一條規定，只要締約國違反公約之規定，其文化資產原來免被攻擊之資格，也將隨而喪失，其目的在以文化資產免被攻擊之資格為誘因，使締約國樂於遵守公約之規定。不過，從締約國遵守公約規定之義務來看，本來所有締約國都應共同遵守的公約，只要有一締約國違反其規定，其他締約國即可以跟進，不必再遵守公約。此種互惠的設計，由於可能誘導締約國共同遵守單一規範標準，也可能使已締結之公約流為形式，是否符合公約之原始立意，頗有疑義。難怪論者認為應加強對高級將領之訓練，輔以拘束其職權行使之規範及罰則，以維護公約之基本精神[76]。

文化資產的國際保護，徒憑一紙公約也無法成就，而實際上發生作用的，通常是防災避難的具體措施。例如一九七〇年柬埔寨因政爭爆發武力衝突時，柬國即請求 UNESCO 協助保護該國的文化遺產，UNESCO 派往協助的人員，也自柬國博物館將文化資產移往

[76] Jiri Toman, *supra* note 8, p. 147。為增進本公約之執行效果，一般建議應增加 UNESCO 的資源分配，以加強宣導本公約之內容。Etienne Clément, *supra* note 25, p. 22。

安全處所，並提供特別之設備以應需要。UNESCO 的專家在惡劣的環境下，將文化資產成功移往安全處所後，該組織至少有十五年之久，未再獲得任何相關訊息。後來該組織的專家再獲得機會檢查時，發現其仍原封存放在安全處所[77]。當時 UNESCO 的人員在金邊的國立博物館，曾附配本公約規定的藍白標誌，該博物館得以倖免於難，未被摧毀，或許與該標誌有關[78]。

此外，本公約的保護措施也可能因為政治的因素，而未能順利實施。例如高棉共和國(Khmer Republic)於一九七二年三月三十一日依本公約第八條，請求 UNESCO 辦理登記以保護其文化資產時，UNESCO 執行長依規定通知締約國後，因古巴、埃及、羅馬尼亞及南斯拉夫等四個締約國，質疑其未經其所認定之唯一合法政府，代表該國提出請求，執行長遂未續行共登記程序[79]。所幸，UNESCO 的技術支援與協助，在此之前已經提供，而且發生前述作用，否則恐將釀成文化資產為政治力破壞之憾事。

三、文化資產的運送

一九五四年海牙公約為保護文化資產，除對其提供上述可能之物理防護外，更強調「逃難」式的保護機制，以疏散遠離砲火射程，作為保存文化資產的方法。為確保文化資產得及時有效疏散，本公約於第三章（第十二條至第十四條），亦就其運送設有保護之明文規

[77] 請參閱 Etienne Clément, "UNESCO: Some Specific Cases of Recovery of Cultural Property after an Armed Conflict," in Martine Briat & Judith A. Freedberg ed., *supra* note 55, p. 16; Etienne Clément, *supra* note 25, p. 15。

[78] Etienne Clément, *supra* note 25, p. 14.

[79] Jiri Toman, *supra* note 8, pp. 108–109. Etienne Clément, *ibid.*, p. 15.

定。

第十二條規定:「專為移動文化資產之運送，不問一領域內實施或運送至其他領域，其實施得經相關之締約國之請求，依本公約施行規則規定之條件，受特別保護。」「受特別保護之運送，其實施應受前述施行規則規定之國際監督，並應顯示第十六條規定之識別標誌。」「締約國對受特別保護之運送，應克制不為任何敵對行為。」

第十三條規定:「締約國為特定文化資產之安全，認為有移動之必要，而其情事緊急，無法依第十二條所定之程序辦理者，尤其於武裝衝突開始時，以其未申請第十二條之免被攻擊資格而被拒絕者為限，其運送得顯示第十六條之識別標誌。其運送，應盡可能通知相對國。但將文化資產移往他國領域之運送，除經明示賦予免被攻擊資格者外，不得顯示識別標誌。」「締約國於可能時，應採取必要之預防措施，避免對本條第一項規定且顯示識別標誌之運送，採取敵對行為。」

第十四條規定:「下列各項，均應賦予其免被攻擊資格，免被扣押、淪為戰利品或捕獲:一、受第十二條或第十三條規定之保護之文化資產。二、專供移動文化資產之運送工具。」「本條之規定，不得限制登臨及搜索之權利。」

上述規定中，第十二條第一項強調受特別保護之運送，應以專為移動文化資產者為限，排除其他混合目的之運送[80]，主要在喚醒各國之防範意識，在承平時期即隨時作好類似防火、防災的準備措施。第十三條則是以較務實而彈性之方式，提供緊急狀態下的最低度保障。第十四條則說明此等保護僅適用於陸上運送，對於海上及空中運送，本公約仍無法賦予其免被攻擊之資格[81]。

---

[80] Jiri Toman, *ibid*., p. 154.

[81] *Ibid*., p. 168.

伍、結 論

㈠戰爭不是解決問題的上策，以戰止戰實際上會引起更多的戰爭。對文化資產或全體人類而言，人類的戰爭或武裝衝突，無論規模大小、持續期間久暫或使用之武器為何，都不可能有贏家。因為其結果必然造成文化資產的毀損或遺失，其對人類的身體或生命無情摧殘，也使人類文明的發展頓時受挫，所以無論對戰勝國、戰敗國或第三國，都是一種災劫。

㈡國際法上與武裝衝突有關之文化資產問題，固以保護其避免武裝衝突而毀損為中心，惟文化資產因武裝衝突而流落異域者，武裝衝突結束後如何依法予以回復或返還之問題，亦不容忽視。本文先就前一問題，嘗試予以說明、評析，後一問題俟於另文再予詳述。

㈢一九五四年海牙公約的締結，使保護文化資產的國際法，擴大成為戰爭法的重要分則，並經由法律的作用，改變各種武裝衝突的毀滅性格，其對衝突各方共同利益之發現及相互尊重，亦有貢獻。此一公約之實施，間接促成以人道為主軸的國際法之發展，使人類文明邁入新紀元。相信在後冷戰時期，各國均將放棄武力圍堵之思維，念念不離天下蒼生及文化之延續，逐漸以交流、溝通及共榮，化解彼此的仇恨、誤會及對立。

㈣我國所保存的文化資產，無論在質或量方面，均為國際間所重視，惟目前仍礙於國際現實，無法加入一九五四年海牙公約及其他相關公約。將來除繼續爭取，積極參與國際活動，將我國納入保護文化資產的國際法制外，亦應加強此等規範之研究及宣導。即不論最終的結果能否完全如願，由於本公約之規定在一定之程度內，已具有習慣國際法之性質，我國作為國際社會之一員，至少應在軍事訓練的相關課程中，適度增加保護文化資產之內容。

陸、附 錄：

Convention for the Protection of Cultural Property in the Event of Armed Conflict

Preamble

The High Contracting Parties,

Recognizing that cultural property has suffered grave damage during recent armed conflicts and that, by reason of the developments in the technique of warfare, it is in increasing danger of destruction; Being convinced that damage to cultural property belonging to any people whatsoever means damage to the cultural heritage of all mankind, since each people makes its contribution to the culture of the world;

Considering that the preservation of the cultural heritage is of great importance for all peoples of the world and that itis important that this heritage should receive international protection;

Guided by the principles concerning the protection of cultural property during armed conflict, as established in the Conventions of The Hague of 1899 and of 1907 and in the Washington Pact of 15 April, 1935;

Being of the opinion that such protection cannot be effective unless both national and international measures havebeen taken to organize it in time of peace;

Being determined to take all possible steps to protect cultural property;

Have agreed upon the following provisions:

I. General provisions regarding protection

Article 1.

Definition of cultural property

For the purposes of the present Convention, the term "cultural property" shall cover, irrespective of origin or ownership:

a.movable or immovable property of great importance to the cultural heritage of every people, such as monuments of architecture, art or history, whether religious or secular; archaeological sites; groups of buildings which, as a whole, are of historical or artistic interest; works of art; manuscripts, books and other objects of artistic, historical or archaeological interest; as well as scientific collections and important collections of books or archives or of reproductions of the property defined above;

b.buildings whose main and effective purpose is to preserve or exhibit the movable cultural property defined in sub-paragraph (a) such as museums, large libraries and depositories of archives, and refuges intended to shelter, in the event of armed conflict, the movable cultural property defined in subparagraph (a);

c.centres containing a large amount of cultural property as defined in subparagraphs (a) and (b), to be known as "centres containing monuments".

Article 2.

Protection of cultural property

For the purposes of the present Convention, the protection of cultural property shall comprise the safeguarding of and respect for such property.

Article 3.

Safeguarding of cultural property

The High Contracting Parties undertake to prepare in time of peace for the safeguarding of cultural property situated within their own territory against the foreseeable effects of an armed conflict, by taking such measures as they consider appropriate.

Article 4.
Respect for cultural property

1. The High Contracting Parties undertake to respect cultural property situated within their own territory as well as within the territory of other High Contracting Parties by refraining from any use of the property and its immediate surroundings or of the appliances in use for its protection for purposes which are likely to expose it to destruction or damage in the event of armed convict; and by refraining from any act of hostility directed against such property.
2. The obligations mentioned in paragraph 1 of the present Article may be waived only in cases where military necessity imperatively requires such a waiver.
3. The High Contracting Parties further undertake to prohibit, prevent and, if necessary, put a stop to any form of theft, pillage or misappropriation of, and any acts of vandalism directed against, cultural property. They shall refrain from requisitioning movable cultural property situated in the territory of another High Contracting Party.
4. They shall refrain from any act directed by way of reprisals against cultural property.
5. No High Contracting Party may evade the obligations incumbent upon it under the present Article, in respect of another High Contracting Party, by reason of the fact that the latter has not applied the measures of safeguard referred to in Article 3.

Article 5.
Occupation

1. Any High Contracting Party in occupation of the whole or part of the territory of another High Contracting Party shall as far as possible support the competent national authorities of the occupied country in safeguarding and preserving its cultural property.

2. Should it prove necessary to take measures to preserve cultural property situated in occupied territory and damaged by military operations, and should the competent national authorities be unable to take such measures, the Occupying Power shall, as far as possible, and in close co-operation with such authorities, take the most necessary measures of preservation.
3. Any High Contracting Party whose government is considered their legitimate government by members of a resistance movement, shall, if possible, draw their attention to the obligation to comply with those provisions of the Convention dealing with respect for cultural property.

Article 6.
Distinctive marking of cultural property

In accordance with the provisions of Article 16, cultural property may bear a distinctive emblem so as to facilitate its recognition.

Article 7.
Military measures

1. The High Contracting Parties undertake to introduce in time of peace into their military regulations or instructions such provisions as may ensure observance of the present Convention, and to foster in the members of their armed forces a spirit of respect for the culture and cultural property of all peoples.
2. The High Contracting Parties undertake to plan or establish in peacetime, within their armed forces, services or specialist personnel whose purpose will be to secure respect for cultural property and to co-operate with the civilian authorities responsible for safeguarding it.

II. Special protection

Article 8.

Granting of special protection

1. There may be placed under special protection a limited number of refuges intended to shelter movable cultural property in the event of armed conflict, of centres containing monuments and other immovable cultural property of very great importance, provided that they:
   a. are situated at an adequate distance from any large industrial centre or from any important military objective constituting a vulnerable point, such as, for example, an aerodrome, broadcasting station, establishment engaged upon work of national defense, a port or railway station of relative importance or a main line of communication;
   b. are not used for military purposes.
2. A refuge for movable cultural property may also be placed under special protection, whatever its location, if it is so constructed that, in all probability, it will not be damaged by bombs.
3. A centre containing monuments shall be deemed to be used for military purposes whenever it is used for the movement of military personnel or material, even in transit. The same shall apply whenever activities directly connected with military operations, the stationing of military personnel, or the production of war material are carried on within the centre.
4. The guarding of cultural property mentioned in paragraph 1 above by armed custodians specially empowered to do so, or the presence, in the vicinity of such cultural property, of police forces normally responsible for the maintenance of public order shall not be deemed to be use for military purposes.
5. If any cultural property mentioned in paragraph 1 of the present Article is situated near an important military objective as defined in the said paragraph, it may nevertheless be placed under special protection if the High Contracting Party asking for that protection undertakes, in the event of armed conflict, to make no

use of the objective and particularly, in the case of a port, railway station or aerodrome, to divert all traffic therefrom. In that event, such diversion shall be prepared in time of peace.

6. Special protection is granted to cultural property by its entry in the "International Register of Cultural Property under Special Protection". This entry shall only be made, in accordance with the provisions of the present Convention and under the conditions provided for in the Regulations for the execution of the Convention.

Article 9.

Immunity of cultural property under special protection

The High Contracting Parties undertake to ensure the immunity of cultural property under special protection by refraining, from the time of entry in the International Register, from any act of hostility directed against such property and, except for the cases provided for in paragraph 5 of Article 8, from any use of such property or its surroundings for military purposes.

Article 10.

Identification and control

During an armed conflict, cultural property under special protection shall be marked with the distinctive emblem described in Article 16, and shall be open to international control as provided for in the Regulations for the execution of the Convention.

Article 11.

Withdrawal of immunity

1. If one of the High Contracting Parties commits, in respect of any item of cultural property under special protection, a violation of the obligations under Article 9, the opposing Party shall, so long as this violation persists, be released from the obligation to ensure the immunity of the property concerned. Nevertheless,

whenever possible, the latter Party shall first request the cessation of such violation within a reasonable time.

2. Apart from the case provided for in paragraph 1 of the present Article, immunity shall be withdrawn from cultural property under special protection only in exceptional cases of unavoidable military necessity, and only for such time as that necessity continues. Such necessity can be established only by the officer commanding a force the equivalent of a division in size or larger. Whenever circumstances permit, the opposing Party shall be notified, a reasonable time in advance, of the decision to withdraw immunity.

3. The Party withdrawing immunity shall, as soon as possible, so inform the Commissioner-General for cultural property provided for in the Regulations for the execution of the Convention, in writing, stating the reasons.

III. Transport of cultural property

Article 12.
Transport under special protection

1. Transport exclusively engaged in the transfer of cultural property, whether within a territory or to another territory, may, at the request of the High Contracting Party concerned, take place under special protection in accordance with the conditions specified in the Regulations for the execution of the Convention.

2. Transport under special protection shall take plate under the international supervision provided for in the aforesaid Regulations and shall display the distinctive emblem described in Article 16.

3. The High Contracting Parties shall refrain from any act of hostility directed against transport under special protection.

Article 13.

Transport in urgent cases

1. If a High Contracting Party considers that the safety of certain cultural property requires its transfer and that the matter is of such urgency that the procedure laid down in Article 12 cannot be followed, especially at the beginning of an armed conflict, the transport may display the distinctive emblem described in Article 16, provided that an application for immunity referred to in Article 12 has not already been made and refused. As far as possible, notification of transfer should be made to the opposing Parties. Nevertheless, transport conveying cultural property to the territory of another country may not display the distinctive emblem unless immunity has been expressly granted to it.
2. The High Contracting Parties shall take, so far as possible, the necessary precautions to avoid acts of hostility directed against the transport described in paragraph 1 of the present Article and displaying the distinctive emblem.

Article 14.

Immunity from seizure, capture and prize

1. Immunity from seizure, placing in prize, or capture shall be granted to:
   a. cultural property enjoying the protection provided for in Article 12 or that provided for in Article 13;
   b. the means of transport exclusively engaged in the transfer of such cultural property.
2. Nothing in the present Article shall limit the right of visit and search.

IV. Personnel

Article 15.

Personnel

As far as is consistent with the interests of security, personnel engaged in the protection of cultural property shall, in the interests of such property, be respected and, if they fall into the hands of the opposing Party, shall be allowed to continue to carry out their duties whenever the cultural property for which they are responsible has also fallen into the hands of the opposing Party.

V. The distinctive emblem

Article 16.
Emblem of the convention

1. The distinctive emblem of the Convention shall take the form of a shield, pointed below, per saltire blue and white (a shield consisting of a royal blue square, one of the angles of which forms the point of the shield, and of a royal-blue triangle above the square, the space on either side being taken up by a white triangle).
2. The emblem shall be used alone, or repeated three times in a triangular formation (one shield below), under the conditions provided for in Article 17.

Article 17.
Use of the emblem

1. The distinctive emblem repeated three times may be used only as means of identification of:
   a.immovable cultural property under special protection;
   b.the transport of cultural property under the conditions provided for in Articles 12 and 13;
   c.improvised refuges, under the conditions provided for in the Regulations for the execution of the Convention.
2. The distinctive emblem may be used alone only as a means of identification of:
   a.cultural property not under special protection;

b.the persons responsible for the duties of control in accordance with the Regulations for the execution of the Convention;

c.the personnel engaged in the protection of cultural property;

d.the identity cards mentioned in the Regulations for the execution of the Convention.

3. During an armed conflict, the use of the distinctive emblem in any other cases than those mentioned in the preceding paragraphs of the present Article, and the use for any purpose whatever of a sign resembling the distinctive emblem, shall be forbidden.

4. The distinctive emblem may not be placed on any immovable cultural property unless at the same time there is displayed an authorization duly dated and signed by the competent authority of the High Contracting Party.

VI. Scope of application of the Convention

Article 18.

Application of the convention

1. Apart from the provisions which shall take effect in time of peace, the present Convention shall apply in the event of declared war or of any other armed conflict which may arise between two or more of the High Contracting Parties, even if the state of war is not recognized by one or more of them.

2. The Convention shall also apply to all cases of partial or total occupation of the territory of a High Contracting Party, even if the said occupation meets with no armed resistance.

3. If one of the Powers in conflict is not a Party to the present Convention, the Powers which are Parties thereto shall nevertheless remain bound by it in their mutual relations. They shall furthermore be bound by the Convention, in rela-

tion to the said Power, if the latter has declared that it accepts the provisions thereof and so long as it applies them.

Article 19.

Conflicts not of an international character

1. In the event of an armed conflict not of an international character occurring within the territory of one of the High Contracting Parties, each party to the conflict shall be bound to apply, as a minimum, the provisions of the present Convention which relate to respect for cultural property.
2. The parties to the conflict shall endeavor to bring into force, by means of special agreements, all or part of the other provisions of the present Convention.
3. The United Nations Educational, Scientific and Cultural Organization may offer its services to the parties to the conflict.
4. The application of the preceding provisions shall not affect the legal status of the parties to the conflict.

VII. Execution of the Convention

Article 20.

Regulations for the execution of the convention

The procedure by which the present Convention is to be applied is defined in the Regulations for its execution, which constitute an integral part thereof.

Article 21.

Protecting powers

The present Convention and the Regulations for its execution shall be applied with the co-operation of the Protecting Powers responsible for safeguarding the interests of the Parties to the conflict.

Article 22.

Conciliation procedure

1. The Protecting Powers shall lend their good offices in all cases where they may deem it useful in the interests of cultural property, particularly if there is disagreement between the Parties to the conflict as to the application or interpretation of the provisions of the present Convention or the Regulations for its execution.
2. For this purpose, each of the Protecting Powers may, either at the invitation of one Party, of the Director-General of the United Nations Educational, Scientific and Cultural Organization, or on its own initiative, propose to the Parties to the conflict a meeting of their representatives, and in particular of the authorities responsible for the protection of cultural property, if considered appropriate on suitably chosen neutral territory. The Parties to the conflict shall be bound to give effect to the proposals for meeting made to them. The Protecting Powers shall propose for approval by the Parties to the conflict a person belonging to a neutral Power or a person presented by the Director-General of the United Nations Educational, Scientific and Cultural Organization, which person shall be invited to take part in such a meeting in the capacity of Chairman.

Article 23.

Assistance of Unesco

1. The High Contracting Parties may call upon the United Nations Educational, Scientific and Cultural Organization for technical assistance in organizing the protection of their cultural property, or in connexion with any other problem arising out of the application of the present Convention or the Regulations for its execution. The Organization shall accord such assistance within the limits fixed by its programme and by its resources.
2. The Organization is authorized to make, on its own initiative, proposals on this matter to the High Contracting Parties.

Article 24.
Special agreements

1. The High Contracting Parties may conclude special agreements for all matters concerning which they deem it suitable to make separate provision.
2. No special agreement may be concluded which would diminish the protection afforded by this present Convention to cultural property and to the personnel engaged in its protection.

Article 25.
Dissemination of the convention

The High Contracting Parties undertake, in time of peace as in time of armed conflict, to disseminate the text of the present Convention and the Regulations for its execution as widely as possible in their respective countries. They undertake, in particular, to include the study thereof in their programmes of military and, if possible, civilian training, so that its principles are made known to the whole population, especially the armed forces and personnel engaged in the protection of cultural property.

Article 26.
Translations, reports

1. The High Contracting Parties shall communicate to one another, through the Director-General of the United Nations Educational, Scientific and Cultural Organization, the official translations of the present Convention and of the Regulations for its execution.
2. Furthermore, at least once every four years, they shall forward to the Director-General a report giving whatever information they think suitable concerning any measures being taken, prepared or contemplated by their respective administrations in fulfillment of the present Convention and of the Regulations for its execution.

Article 27.
Meetings

1. The Director-General of the United Nations Educational, Scientific and Cultural Organization may, with the approval of the Executive Board, convene meetings of representatives of the High Contracting Parties. He must convene such a meeting if at least one-fifth of the High Contracting Parties so request.
2. Without prejudice to any other functions which have been conferred on it by the present Convention or the Regulations for its execution, the purpose of the meeting will be to study problems concerning the application of the Convention and of the Regulations for its execution, and to formulate recommendations in respect thereof.
3. The meeting may further undertake a revision of the Convention or the Regulations for its execution if the majority of the High Contracting Parties are represented, and in accordance with the provisions of Article 39.

Article 28.
Sanctions

The High Contracting Parties undertake to take, within the framework of their ordinary criminal jurisdiction, all necessary steps to prosecute and impose penal or disciplinary sanctions upon those persons, of whatever nationality, who commit or order to be committed a breach of the present Convention.

Final provisions

Article 29.
Languages

1. The present Convention is drawn up in English, French, Russian and Spanish, the four texts being equally authoritative.

2. The United Nations Educational, Scientific and Cultural Organization shall arrange for translations of the Convention into the other official languages of its General Conference.

Article 30.

Signature

The present Convention shall bear the date of 14 May, 1954 and, until the date of 31 December, 1954, shall remain open for signature by all States invited to the Conference which met at The Hague from 21 April, 1954 to 14 May, 1954.

Article 31.

Ratification

1. The present Convention shall be subject to ratification by signatory States in accordance with their respective constitutional procedures.
2. The instruments of ratification shall be deposited with the Director-General of the United Nations Educational, Scientific and Cultural Organization.

Article 32.

Accession

From the date of its entry into force, the present Convention shall be open for accession by all States mentioned in Article 30 which have not signed it, as well as any other State invited to accede by the Executive Board of the United Nations Educational, Scientific and Cultural Organization. Accession shall be effected by the deposit of an instrument of accession with the Director-General of the United Nations Educational, Scientific and Cultural Organization

Article 33.

Entry into force

1. The present Convention shall enter into force three months after five instruments of ratification have been deposited.
2. Thereafter, it shall enter into force, for each High Contracting Party, three

months after the deposit of its instrument of ratification or accession.

3. The situations referred to in Articles 18 and 19 shall give immediate effect to ratifications or accessions deposited by the Parties to the conflict either before or after the beginning of hostilities or occupation. In such cases the Director-General of the United Nations Educational, Scientific and Cultural Organization shall transmit the communications referred to in Article 38 by the speediest method.

Article 34.

Effective application

1. Each State Party to the Convention on the date of its entry into force shall take all necessary measures to ensure its effective application within a period of six months after such entry into force.

2. This period shall be six months from the date of deposit of the instruments of ratification or accession for any State which deposits its instrument of ratification or accession after the date of the entry into force of the Convention.

Article 35.

Territorial extension of the convention

Any High Contracting Party may, at the time of ratification or accession, or at any time thereafter, declare by notification addressed to the Director-General of the United Nations Educational, Scientific and Cultural Organization, that the present Convention shall extend to all or any of the territories for whose international relations it is responsible. The said notification shall take effect three months after the date of its receipt.

Article 36.

Relation to previous conventions

1. In the relations between Powers which are bound by the Conventions of The Hague concerning the Laws and Customs of War on Land (IV) and concerning

Naval Bombardment in Time of War (IX), whether those of 29 July, 1899 or those of 18 October, 1907, and which are Parties to the present Convention, this last Convention shall be supplementary to the aforementioned Convention (IX) and to the Regulations annexed to the aforementioned Convention (IV) and shall substitute for the emblem described in Article 5 of the aforementioned Convention (IX) the emblem described in Article 16 of the present Convention, in cases in which the present Convention and the Regulations for its execution provide for the use of this distinctive emblem.

2. In the relations between Powers which are bound by the Washington Pact of 15 April, 1935 for the Protection of Artistic and Scientific Institutions and of Historic Monuments (Roerich Pact) and which are Parties to the present Convention, the latter Convention shall be supplementary to the Roerich Pact and shall substitute for the distinguishing flag described in Article III of the Pact the emblem defined in Article 16 of the present Convention, in cases in which the present Convention and the Regulations for its execution provide for the use of this distinctive emblem.

Article 37.
Denunciation

1. Each High Contracting Party may denounce the present Convention, on its own behalf, or on behalf of any territory for whose international relations it is responsible.
2. The denunciation shall be notified by an instrument in writing, deposited with the Director-General of the United Nations Educational, Scientific and Cultural Organization.
3. The denunciation shall take effect one year after the receipt of the instrument of denunciation. However, if, on the expiry of this period, the denouncing Party is involved in an armed conflict, the denunciation shall not take effect until the end

of hostilities, or until the operations of repatriating cultural property are completed, whichever is the later.

Article 38.
Notifications

The Director-General of the United Nations Educational, Scientific and Cultural Organization shall inform the States referred to in Articles 30 and 32, as well as the United Nations, of the deposit of all the instruments of ratification, accession or acceptance provided for in Articles 31, 32 and 39 and of the notifications and denunciations provided for respectively in Articles 35, 37 and 39.

Article 39.
Revision of the convention and of the regulations for its execution

1. Any High Contracting Party may propose amendments to the present Convention or the Regulations for its execution. The text of any proposed amendment shall be communicated to the Director-General of the United Nations Educational, Scientific and Cultural Organization who shall transmit it to each High Contracting Party with the request that such Party reply within four months stating whether it:

   a.desires that a Conference be convened to consider the proposed amendment;

   b.favours the acceptance of the proposed amendment without a Conference; or

   c.favours the rejection of the proposed amendment without a Conference.

2. The Director-General shall transmit the replies, received under paragraph 1 of the present Article, to all High Contracting Parties.

3. If all the High Contracting Parties which have, within the prescribed time-limit, stated their views to the Director-General of the United Nations Educational, Scientific and Cultural Organization, pursuant to paragraph 1 (b) of this Article, inform him that they favour acceptance of the amendment without a Conference, notification of their decision shall be made by the Director-General in ac-

cordance with Article 38. The amendment shall become effective for all the High Contracting Parties on the expiry of ninety days from the date of such notification.

4. The Director-General shall convene a Conference of the High Contracting Parties to consider the proposed amendment if requested to do so by more than one-third of the High Contracting Parties.
5. Amendments to the Convention or to the Regulations for its execution, dealt with under the provisions of the preceding paragraph, shall enter into force only after they have been unanimously adopted by the High Contracting Parties represented at the Conference and accepted by each of the High Contracting Parties.
6. Acceptance by the High Contracting Parties of amendments to the Convention or to the Regulations for its execution, which have been adopted by the Conference mentioned in paragraphs 4 and 5, shall be effected by the deposit of a formal instrument with the Director-General of the United Nations Educational, Scientific and Cultural Organization.
7. After the entry into force of amendments to the present Convention or to the Regulations for its execution, only the text of the Convention or of the Regulations for its execution thus amended shall remain open for ratification or accession.

Article 40.
Registration

In accordance with Article 102 of the Charter of the United Nations, the present Convention shall be registered with the Secretariat of the United Nations at the request of the Director-General of the United Nations Educational, Scientific and Cultural Organization.

IN FAITH WHEREOF the undersigned, duly authorized, have signed the present Convention.

DONE at The Hague, this fourteenth day of May, 1954, in a single copy which shall be deposited in the archives of the United Nations Educational, Scientific and Cultural Organization, and certified true copies of which shall be delivered to all the States referred to in Articles 30 and 32 as well as to the United Nations.

再論國際人權法在中華民國法律架構內的適用

傅崑成 *

壹、國際人權法的法源

貳、全球性多邊人權條約與兩岸加入的狀況

參、國際人權條約與中華民國的適用身份

肆、中華民國法院如何適用國際人權條約

伍、與國際人權法一致的中華民國國內立法

陸、人權之暫止與國家安全

柒、戰爭法公約與兩岸中國人政府的立場

* 作者為美國維吉尼亞大學法學博士(SJD)，現任東吳大學法律系所、海洋大學海洋法律研究所副教授。

捌、結語：在國際人權法典的加入上，臺灣已稍落後大陸

再論國際人權法在中華民國法律架構內的適用

壹、國際人權法的法源

國際人權法的法源(sources of law)主要存在於各個有關人權的條約或公約之中。除去國際勞工組織(ILO)及其前身——國際勞工辦公室(ILO)已經從一次世界大戰之後陸續訂定了大約一百項有關勞動標準與其他社會條件最低標準的條約之外，絕大多數的人權規範，還是存在於聯合國憲章與聯合國所創制的若干公約之中。

關於國際人權立法的方式，基本上，可區分為「區域性立法」與「全球性立法」兩類。

所謂「區域性立法」，譬如「(歐洲）人權暨基本自由保護公約」(Convention for the Protection of Human Rights and Fundamental Freedoms, 1950)❶及「人之權利與義務美洲宣言」(American Declaration of the Rights and Duties of Man, 1948)❷是地區性的立法努力，以建立該區域內的人權標準。

所謂「全球性立法」則又可分為三種立法方式，以試圖建立起全球一致的人權標準或規範：

---

❶ 一九五〇年十一月四日簽訂，一九五三年九月三日生效；213 U.N.T.S. 222。

❷ 一九四八年在 Bogota 通過之第九屆美洲國家國際會議第 30 號決議；OEA/SER. L/V/1.4 Rev (1965)。

第一種方法是所謂的「模範立法」(model law)方式。迄至目前為止，只有「聯合國犯人處遇標準最低規則」(The U.N. Standard Minimum Rules for the Treatment of Prisoners, 1955)❸是唯一的例子。

第二種是所謂的「人權宣言」(declaration on human rights)方式。其例甚多。其中內容最綜合完整的當推「世界人權宣言」(Universal Declaration on Human Rights)；其他則為一些特殊的人權宣言，譬如：「消除對婦女歧視宣言」(Declaration on the Elimination of Discrimination against Women)、「兒童權利宣言」(Declaration of the Rights of the Child)、「精神病患者權利宣言」(Declaration of the Rights of the Mentally Retarded Person)……等❹。

第三種則為最重要的「多邊人權條約」(multilateral human rights treaties)方式。

雖然，一項國際條約的名稱，不一定用「條約」、「公約」這樣的名稱；但是被稱為「宣言」的前述「世界人權宣言」，儘管內容最完整，但卻在各國法院內不一定受到被適用的尊榮。畢竟它不是一項經由各國依照國際條約法批准、通過、施行的「條約」。除非被加以國內法化，否則並不生成文法律的拘束力。因此，在上述三種全球性人權立法的方式中，比較上，最具有完全法律拘束力的，當然還是多邊人權條約的方式。

---

❸ 聯合國第一屆犯罪防治與犯人處遇大會於一九五五年八月三十日通過；U.N. Doc. A/CONF.16/1, Annex I, A (1956)。聯合國經濟暨社會理事會於一九五七年七月三十一日通過；E.S.C. Res. 663 (XXIV) C, 24 U.N. ESCOR, Supp. (No. 5) 11, U.N. Doc. E/3048 (1957)。

❹ 所有這些人權宣言形式的全球性立法文件，都可以在下列文獻中取得：Human Rights, A Compilation of International Instrument, U.N. Doc. No. ST/HR/1/Rev.1 (1978)。

貳、全球性多邊人權條約與兩岸加入的狀況

上述「全球性多邊人權條約」，包括了下列二十四項主要的多邊人權條約：❺

編號	條約名稱	簽訂日期	生效日期
1	聯合國憲章	26 June 1945	24 Oct. 1945
2	國際難民組織憲章	15 Dec. 1946	20 Aug. 1948
3	防止及懲治殘害人群罪公約	9 Dec. 1948	12 Jan. 1951
4	懲治人口販賣剝削妓女及其他公約	21 Mar. 1950	25 July 1951
5	難民地位公約	28 July 1951	22 Apr. 1954
6	婦女政治權利公約	31 Mar. 1953	7 July 1954
7	國際矯正權公約	31 Mar. 1953	24 Aug. 1962
8	修正奴役公約議定書	7 Dec. 1953	7 Dec. 1953
9	奴役公約（修正版）	7 Dec. 1953	7 July 1955
10	無國籍人地位公約	28 Sept. 1954	6 June 1950
11	關於廢除奴役奴隸販賣與類似奴役之補充公約	7 Sept. 1956	30 Apr. 1957
12	已婚婦女國籍公約	20 Feb. 1957	11 Aug. 1958
13	減少無國籍人口公約	30 Aug. 1961	13 Dec. 1975
14	關於婚姻同意婚姻最低年齡及婚姻登記之公約	10 Dec. 1962	9 Dec. 1964

❺ 這二十四項人權公約的資料可在下列資料來源中尋得：(1)United Nations Multilateral Treaties Deposited with the Secretary-General, Status as at 31 December 1981, U.N. Doc. ST/LEG/SER.E/I (1982).(2)Restatement of the Foreign Relations Law of the United states (Revised) (1986)。

15	消除各種形式種族歧視國際公約	7 Mar. 1966	4 Jan. 1969
16	經濟社會暨文化權國際公約	16 Dec. 1966	3 Jan. 1976
17	民權與政治權國際公約	19 Dec. 1966	23 Mar. 1976
18	民權與政治權國際公約選擇性議定書	19 Dec. 1966	23 Mar. 1976
19	難民地位議定書	31 Jan. 1967	4 Oct. 1967
20	有關對戰爭罪與違反人道罪不適用法定消滅時效規定之公約	26 Nov. 1968	11 Nov. 1970
21	懲治暨處罰種族隔離罪國際公約	30 Nov. 1973	18 July 1976
22	消除各種形式婦女歧視公約	18 Dec. 1979	3 Sept. 1981
23	反對教育歧視公約	14 Dec. 1960	22 May 1962
24	廢止強迫勞動公約	25 June 1957	17 Jan. 1959

在上述這二十四項多邊人權條約中，中華民國一共簽署（或簽署且批准）了十三項條約。大陸則加入或批准了九項。

中華民國基於國際現實，其簽署及（或）批准的日期都在一九七一年十月二十五日中華民國退出（或被排出）聯合國之前。這十三項多邊人權條約和中華民國的簽署及（或）批准的日期如下表列：❻

編號	條約名稱	簽署日期	批准日期
1	聯合國憲章	26 June 1945	28 Sept. 1945

❻ 同上註。

2	國際難民組織憲章	29 Apr. 1947	（依第 18 條於 20 Aug. 1948 生效）
3	防止及懲治殘害人群罪公約	20 July 1949	19 July 1951
6	婦女政治權利公約	9 June 1953	21 Dec. 1953
8	修正奴役公約議定書	7 Dec. 1953	14 Dec. 1955
9	奴役公約（修正版）	14 Dec. 1953	（依照議定書第 3 條於 7 July 1955 生效）
11	關於廢除奴役奴隸販賣與類似奴役之補充公約	23 May 1957	28 May 1959
12	已婚婦女國籍公約	20 Feb. 1957	22 Sept. 1958
14	關於婚姻同意、婚姻最低年齡及婚姻登記之公約	4 Apr. 1963	（依第 6 條於 9 Dec. 1964 生效）
15	消除各種形式種族歧視國際公約	7 Mar. 1966	10 Dec. 1970
16	經濟社會暨文化權國際公約	5 Oct. 1967	
17	民權與政治權國際公約	5 Oct. 1967	
18	民權與政治權國際公約選擇性議定書	5 Oct. 1967	

在上述這十三項中華民國已經簽署（或簽署且批准）的多邊人權條約中，大陸以「中華人民共和國」名義加入或接受了其中的五項。這是兩岸中國人陸續共同加入的國際人權條約。換言之，兩岸的中國人政府都已曾（在某種程度內）表明了願意接受下列五項國際多邊人權條約之拘束的意願。當然，在目前兩岸的政治現實之下，兩岸的憲法都不接受對方代表整個中國加入這些多邊人權公約❼。

❼ 譬如，大陸在一九八一年十二月二十九日，以「中華人民共和國」名義加入中華民國已經在一九六六年三月三日簽署，一九七○年十二月

這五項多邊人權條約分別是:

編號	條約名稱
1	聯合國憲章
3	防止及懲治殘害人群罪公約
15	消除各種形式種族歧視國際公約
16	經濟社會暨文化權國際公約
17	民權與政治權國際公約

至於大陸已經以「中華人民共和國」名義加入，而中華民國並沒有加入的其他主要國際多邊人權條約，則有下列四個項目，包括:

編號	條約名稱
5	難民地位公約
19	難民地位議定書
21	懲治暨處罰種族隔離罪國際公約
22	消除各種形式婦女歧視公約

此外，大陸已經以「中華人民共和國」名義加入，而中華民國未加入或簽署、批准的其他未被筆者列為主要國際多邊人權條約或宣言者，則還有下列五個項目:

* 禁止酷刑和其他殘忍、不人道或有辱人格的待遇或處罰公約
* 兒童權利宣言

十日批准生效的「消除各種形式種族歧視國際公約」時，就在其存放(deposit)加入書同時附帶聲明:「由臺灣當局以中國名義對本公約之簽署及批准為非法且無效的」。

* 男女同工同酬公約
* 農業工人的集會結社權公約
* 反對體育領域種族隔離國際公約

參、國際人權條約與中華民國的適用身份

在上述表列出之十三項中華民國已簽署的國際人權條約中，有三項（編號：16、17、18）未經中華民國批准。且由於這三項一九六六年簽訂的國際公約約文中明文規定須經簽字國「批准」才能生效，因此，這三項人權條約雖然已於簽約十年之後的一九七六年，正式開始生效了，但對於中華民國卻無效力。

至於其他十項人權條約中，又有一項「國際難民組織憲章」（編號：2）已於一九五一年一月一日因為「聯合國難民主辦官署」之正式成立，而實質上被廢棄了❽。剩下的九項國際人權條約對於中華民國而言，其效力如何？首先應檢視其生效之「形式要件」。由於均經中華民國政府簽字並批准，且將批准書送交聯合國秘書長辦公室存放，所以它們的生效「形式要件」均已完備無疑。其次，應該檢討這九項人權條約對中華民國生效的「實質要件」。按一九六九年維也納條約法公約之規定，條約必須不存在下列情事，始能生效：❾

1. 當事國無條約能力；

❽ 一九五二年二月十五日國際難民組織(IRO)全體理事會議第一〇一次會議通過了第108號決議，正式結束了此一國際組織。參見：Multilateral Treaties Deposited with the Secretary General, p. 143, U.N. ST/LEG/SER.E/1 (1982)。另可參見：A . Gral-Madsen, *The Status of Refugees in International Law*, p. 18 (1966)。

❾ 中華民國曾以中國代表之身份，於一九七〇年四月二十七日簽署維也納條約法公約。

2. 錯誤、詐欺、貪污或強制脅迫；

3. 違反國際法基本強制規範(jus cogen)。

對於不承認中華民國國家身份的其他國家而言，他們中的部份國家，有可能會認為中華民國無第一款中所要求的「條約能力」。但是對於其他承認中華民國國家身份的國家而言，甚至，對於部份不承認中華民國的「國家」身份，但仍認為臺灣是一個「政治實體」的國家而言，仍有可能會同意中華民國在人權事務上的「條約能力」。因此，對於這樣的國家而言，上述九項多邊人權條約都對中華民國有法律拘束力。

肆、中華民國法院如何適用國際人權條約

中華民國國內法院如何適用上述九項國際人權條約？這是另一個重要的問題。基本上，中華民國憲法並未明文規定國際法（包括：習慣國際法與成文條約）在內國法院適用的準則。尤其是國際上有法律性質的習慣，能否被內國法院適用在具體的案件上，相當混淆不清。幸好，國際人權法多半已經法典化(codification)，以成文的條約存在。其適用於國內法院應無疑問。

一九二八年二月十九日中央政治會議所通過的民法總則立法原則中，已明言：經雙方批准之國際條約有拘束力。在此一會議中，曾有人主張這些條約仍然須再經立法，才能對國民產生拘束力。會議最後仍決議：條約可直接對國民生效、適用，不須更經立法手續。因此之故，有關外國法人認許之規定，原擬條文：「外國法人，除依法律及條約規定外，不認許其成立。」遂被改為：「外國法人，除依法律規定外，不認許其成立。」其後最終制定之民法總則施行法第 11 條，也就是按照會議之結論措詞⑩。

事實上，中華民國的最高法院也早自一九三〇年代開始，就已多次適用國際條約⓫。按照中華民國一般的實踐(practice)，如果一項條約要求締約國另行立法以履行條約的內容，中華民國均依約立法，並在國內法院適用該國內立法。在上述的九項對中華民國有拘束力的國際人權條約中，只有「防止及懲治殘害人群罪公約」(編號：3) 以及「關於婚姻同意、婚姻最低年齡及婚姻登記之公約」(編號：14) 要求此種內國立法。針對前者，中華民國於一九五三年五月二十二日(在批准該公約兩年之後)另行訂定了「殘害人群治罪條例」。該條例第一條即稱：「為防止及懲治殘害人群罪，特制定本條例。」違犯該罪行者，最高可處以死刑或無期徒刑之刑罰。針對後者，中華民國未訂定一特別法，因為有關婚姻、婚姻最低年齡及婚姻登記等事項，已散見中華民國民法及戶政法規之中。

對中華民國有拘束力的九項國際人權條約中，另有兩項條約僅建議（而非要求）締約國制定相關之國內法。此二項條約為「奴役公約（修訂版)」(編號：9)，以及「消除各種形式種族歧視國際公約」(編號：15)。中華民國並未特別另訂新法律以履行此二公約，因為在中華民國憲法及刑法中，已包含了相對應的內國法律條款。

伍、與國際人權法一致的中華民國國內立法

一般而言，多數人對於國內法律較熟悉，對國際條約中的有拘束力的內容，常不知如何適用在日常面對的法律關係中。此點即使是法官或檢察官亦然。何況各國的法院也都有優先適用法庭地法的原則。因此，本文特將中華民國內國法律與前述國際人權條約的內容一致者，舉例列述如後；雖然並不完整，且因篇幅限制，不能將

⓾ 立法專刊，第一卷一期，頁一五至一六，(1929)。

⓫ 最高法院判例要旨，1927–1951 年，頁四一二，(1954)。

所有的相對應的本國法律的條文內容列出，僅僅是將條號一一列出，以供在必要時查考、適用。

一、與「防止及懲治殘害人群罪公約」（編號：3）一致的內國法律

殘害人群治罪條例（全部第1–7條）

二、與「婦女政治權利公約」（編號：6）一致的內國法律

憲法（第7、26、64、134條）
憲法增修條文（第4、10條）
地方制度法（第33條）
公職人員選舉罷免法（第45–5、65條）

三、與「修正奴役公約議定書」、「奴役公約（修正版）」、「關於廢除奴役奴隸販賣與類似奴役之補充公約」（編號：8、9、11）一致的內國法律

憲法（第22、23條）
民法（第17、71、72條）
刑法（第26章第296–303條）
兒童福利法（第25條）
檢肅流氓條例（第2條）

四、與「已婚婦女國籍公約」（編號：12）一致的內國

法律

國籍法（第 2 條 1 項、第 8 條、第 15 條）
護照條例施行細則（第 27 條）

五、與「關於婚姻同意、婚姻最低年齡及婚姻登記之公約」（編號：14）一致的內國法律

民法（第 143、573、976、999、1000、1012、1016、1017、1023、1024、1027、1030、1030–1、1034、1038、1041、1046、1047、1052、1061、1063 條）
戶籍法（第 4、17 條）
臺灣地區與大陸地區人民關係條例（第 64、76 條）
刑法（第 237–238、298 條）

六、與「消除各種形式種族歧視國際公約」（編號：15）一致的內國法律

憲法（第 5、7、129、141、159、168、169 及下列第七款關於「聯合國憲章」項下所列之其他內容）
憲法增修條文（第 10 條）
法院組織法（第 84 條）
民法（第 52 條）
公職人員選舉罷免法（第 3 條）
人民團體法（第 50 條）
土地法（第 18 條）
性侵害犯罪防止法（第 8 條）

總統副總統選舉罷免法（第 2 條）

教育基本法（第 4 條）

公司法（第 348 條）

消費者保護法（第 11、12 條）

就業服務法（第 4、5 條）

七、與「聯合國憲章」（編號：1）一致的內國法律

聯合國憲章第一條第三項、第一三條第一項 B 款、第五十五條、第五十六條、第七十三條均為基本之人權條約。除此之外，另外還有前述多項對中華民國無拘束力的人權條約（編號：4、5、7、10、13、16、17、18、19、20、21），其中保護的人權在中華民國內國法律也有相對應的一致規範。這些受法律保護的人權，大多數又都被列入了「消除各種形式種族歧視國際公約」第五條之內。其內容可以區分為下列十九項：

㈠在法院及其他司法機關享有平等處遇之權

憲法（第 7 條）

刑法（第 123–125 條）

法院組織法（第 86–87 條、第 101–106 條、第 112–114 條）

民事訴訟法（第 32–39 條、第 469 條）

刑事訴訟法（第 17–26 條、第 379 條）

行政訴訟法（第 4、5 條）

仲裁條例（第 15–17 條）

㈡人身安全以及受國家保護免受來自政府官員、個人或團體加以暴力或身體傷害之權

憲法（第 8、24 條）

憲法增修條文（第 10 條）

強制執行法（第 53 條）
民法（第 424、623、641、654 條）
刑法（第 10、116、184、185、185–2、185–3、187–3、277、279、280、282、283、284、305、321 條）
國家賠償法（全部）
懲治走私條例（第 4、6 條）
殘害人群治罪條例（第 2 條）
兒童福利法（第 18、34 條）
老人福利法（第 30 條）
身心障礙者保護法（第 14 條）
家庭暴力防治法（第 8、20、23、30、37–40 條）
社會救助法（第 21 條）
國民住宅法（第 22 條）
建築法（第 1、47、63、64、84 條）
公寓大廈管理條例（第 6、13、16、34 條）
警察法（第 2 條）
集會遊行法（第 15、23 條）
社會秩序維護法（第 63、65、68、70、74 條）
保全業法（第 1 條）
槍砲彈藥刀械管制條例（第 1 條）
幼稚教育法（第 21 條）
犯罪被害人保護法（第 1、30 條）
原子能法（第 24 條）
消費者保護法（第 1、10、26 條）
鐵路法（第 1、8、62、71 條）
公路法（第 1、64、66 條）
道路交通管理處罰條例（第 1、35、47、61、68、72–74、78 條）

航業法（第 17 條）

海商法（第 97 條）

船舶法（第 23、32、51、64、73 條）

引水法（第 35 條）

船員法（第 29、52、80 條）

民用航空法（第 91、101、105、110、114、118、121 條）

大眾捷運法（第 46 條）

醫師法（第 28 條）

精神衛生法（第 18、21、22 條）

食品衛生管理法（第 11 條）

健康食品管理法（第 12、19 條）

水土保持法（第 16、26 條）

勞動基準法（第 49、59 條）

工廠法（第 13、41、44、48、50 條）

勞工安全衛生法（第 5、7、9、10、14、17、18、23–26、30、38 條）

勞動檢查法（第 6、24、28 條）

㈢政治權利，特別是參加選舉之權（投票選舉和被選舉）在普遍與平等參政的基礎上，參與各級政府與公共事務，並享有平等接觸公眾服務的權利

憲法（第 17、18、129 條）

公職人員選舉罷免法（第 3 條）

總統副總統選舉罷免法（第 11–14、16 條）

人民團體法（第 16 條）

公司法（第 198、203 條）

工廠法（第 2、53 條）

農會法（第 12、13、47–1、47–3 條）

漁會法（第 15、15–1、50–1、50–3 條）

商業團體法（第 18 條）

工業團體法（第 18 條）

信用合作社法（第 11、14 條）

㈣在國界內遷徙及居住之自由權利

憲法（第 10 條）

㈤離開任何國家，包括自己的國家，以及返回自己國家之權利

憲法（第 10 條）

㈥擁有國籍之權利

國籍法（第 3、8 條）

㈦婚姻以及選擇配偶之權利⓬

憲法（第 22 條）

民法（第 573、976、1012、1049、1050、1052、152–8 條）

刑法（第 238 條）

刑事訴訟法（第 234 條）

軍人婚姻條例（第 11 條）

㈧單獨或與他人共同擁有財產之權利

憲法（第 15 條）

民法（第 668、799、812、817–831、1017、1031–1041、1151、1152 條）

㈨繼承權

民法（第五編「繼承」）

遺產稅法（全部）

⓬ 參見前列：五、與「關於婚姻同意、婚姻最低年齡及婚姻登記之公約」（編號：14）一致的內國法律。

(十)思想、良心與宗教自由之權利

憲法（第 11–13 條）

刑法（第 25、100、311、315–1 條）

(十一)意見與表達自由之權利

同上款(十)

(十二)和平集會結社自由之權利

憲法（第 14 條）

國家安全法（第 2 條）

刑法（第 152、311 條）

集會遊行法（第 1–32 條）

人民團體法（第 1 條）

工會法（第 29、59 條）

(十三)工作之權、自由選擇職業之權、合理有利之工作條件之權、失業保障之權、同工同酬之權，以及合理有利之薪資之權利

憲法（第 7、15、22、152、155 條）

軍人保險條例（全部）

公務員保險條例（全部）

勞工保險條例（全部）

勞動基準法（全部）

勞工安全衛生法（全部）

工廠法（全部）

其他

(十四)組成與參加公會之權利

憲法（第 14、154 條）

勞資爭議處理法（全部）

人民團體法（全部）

工會法（全部）

商業團體法（全部）

工業團體法（全部）

其他

㈤住屋之權利

憲法（第 22 條）

國民住宅條例（第 1、3、8 條）

㈥享受公共衛生、醫療、社會安全與社會服務之權利

憲法（第 155–157 條）

勞工保險條例（第 1 條）

社會救助法（全部）

老人福利法（全部）

婦女福利法（全部）

兒童福利法（全部）

少年福利法（全部）

特殊境遇婦女家庭扶助條例（全部）

職工福利金條例（全部）

儲蓄互助社法（第 1 條）

警察法（第 2 條）

犯罪被害人保護法（第 2 條）

其他

㈦受教育及訓練之權利

憲法（第 21、158–160、162–165、167、169 條）

國民教育法（全部）

強迫入學條例（第 1、3、6–8、13 條）

社會教育法（第 1–15 條）

特殊教育法（全部）

科學技術基本法（第 22 條）
刑法（第 41、86 條）
監獄組織條例（第 4–7 條）
保安處分執行法（第 10、16–17、30–43、53、70 條）
監獄行刑法（第 3、26–2、37、39、40、41 條）
更生保護法（第 8、11 條）
少年事件處理法（第 42 條）
戶籍法（第 50 條）
兒童福利法（第 26 條）
少年福利法（第 8 條）
老人福利法（第 24 條）
社會救助法（第 15、16 條）
工會法（第 5 條）
勞動基準法（第 64–67 條）
工廠法（第 36、43 條）
就業服務法（第 8、18–20、23、26、27、30–32 條）

㈥平等參與文化活動之權利

憲法（第 163、169 條）

㈦接近任何為公眾利用而設之場所或服務，包括：交通、旅社、飯店、咖啡室、戲院與公園之權利

憲法（第 7 條）

陸、人權之暫止與國家安全

中華民國憲法第二十三條提供了一個法律基礎， 允許在四種情況之下，合法地減損(derogate)人民之自由權利，包括上述九項中華民國受其拘束之國際人權條約中，所提供的各種人權。這四種情況是：

一、為防止妨礙他人自由；

二、為避免緊急危難；

三、為維持社會秩序；

四、為增進公共利益。

在有這四種情況之一，且有必要減損人民之人權時，還必須以立法的方式進行，始可為憲法所接受。

以目前的法制而言，減損本文所述之國際人權條約中人權的方式只有三種：

第一、以制定一般法律限縮人權。其例甚多。譬如：刑事訴訟法第七十六條、第一〇五條；兩岸人民關係條例第九至十二條；以及國家安全法第三條、第五條之一……等。

第二、依戒嚴法廣泛減損人權。自一九四八年十二月十日中華民國臺灣地區進入戒嚴，直到一九八七年七月十四日解除戒嚴，中華民國曾經歷了三十九年的戒嚴時期。

第三、在憲法規定的緊急命令制度下，依照緊急命令法，由國家元首發布緊急命令，也可以減損人權。譬如：在九二一大地震之後所發布的緊急命令。

柒、戰爭法公約與兩岸中國人政府的立場

戰爭法公約是否也能算是國際人權法多邊條約的一類？在國際社會上，有不同的見解。許多相關的專家學者傾向於將戰爭法歸類為國際人道法(international humanitarian law)，而不將之歸類於國際人權法。筆者也認為，雖然在法律的領域內，大多數的法律都和人權相關。但為了學習、分析、適用上的便利，將戰爭法與人權法分開，或許較為妥當。因此，本書未列入戰爭法公約的內容，而留由

將來編輯的「國際人道法法典」來包容之。在此，本文僅將兩岸中國人政府在國際戰爭法條約中的立場地位，加以說明如下：（國際戰爭法條約，或非條約之相關國際文件，共有下列二十九個項目。註：其中第十七項「一九四八年聯合國防止及懲治殘害人群罪公約」例外地也已被列為前述全球性多邊人權公約之一，編號：3。）

1.一八五六年巴黎海事法宣言(1856 Paris Declaration Respecting Maritime Law)

——此一宣言自一八五六年在巴黎大會中通過以來，共有五十一個國家加入，迄今並未被廢棄。中國始終未曾簽署加入。

2.一八六八年關於在戰爭期間放棄使用四百克以下砲彈之聖彼得宣言(1868 St. Petersburg Declaration Renouncing the Use, in Time of War, of Explosive Projectiles Under 400 Grammes Weight)

——此一宣言是第一個為避免不必要之傷害而禁用特定武器之協議。共有十九個國家加入。中國從未簽署加入。

3.一八九九年關於神經性毒氣之海牙第二宣言(1899 Hague Declaration 2 Concerning Asphyxiating Gases)

——和下述「海牙第三宣言」一樣，中國（清朝）於一八九九年七月二十九日簽署，一九〇四年十一月二十一日批准生效。

4.一八九九年關於爆炸子彈之海牙第三宣言(1899 Hague Declaration 3 Concerning Expanding Bullets)

──和上述「海牙第二宣言」一樣，中國（清朝）於一八九九年七月二十九日簽署，一九〇四年十一月二十一日批准生效。

5.一九〇七年關於陸戰法與習慣之海牙第四公約(1907 Hague Convention IV Respecting the Laws and Customs of War on Land)

──共有三十七國加入。中國（中華民國）於一九一七年五月十日加入本公約。

6.一九〇七年關於陸戰時中立國家與人民權利義務之海牙第五公約(1907 Hague Convention V Respecting the Rights and Duties of Neutral Powers and Persons in Case of War on Land)

共有三十四國加入。中國（清朝）於一九一〇年一月十五日加入本公約。

7.一九〇七年關於衝突發生時敵對商船地位之海牙第六公約(1907 Hague Convention VI Relating to the Status of Enemy Merchant Ships at the Outbreak of Hostilities)

——共有三十三國加入。中國（中華民國）於一九一七年五月十日加入本公約。

8.一九〇七年關於商船轉換為軍艦之海牙第七公約(1907 Hague Convention VII Relating to the Conversion of Merchant Ships into Warships)

——共有三十四國加入。中國（中華民國）於一九一七年五月十日加入本公約。

9.一九〇七年關於部署潛艇接觸自動水雷之海牙第八公約(1907 Hague Convention VIII Relating to the Laying of Automatic Submarine Contact Mines)

——共有二十七國加入。中國（中華民國）於一九一七年五月十日加入本公約。

10.一九〇七年關於戰時海軍轟炸之海牙第九公約(1907 Hague Convention IX Concerning Bombardment by Naval Forces in Time of War)

——共有三十七國加入。中國（清朝）於一九一〇年一月十五日加入本公約。

11.一九〇七年關於海戰中行使捕獲權之海牙第十一公

約(1907 Hague Convention XI Relative to Certain Restrictions with Regard to the Exercise of the Right of Capture in Naval War)

——共有三十一國加入。中國（中華民國）於一九一七年五月十日加入本公約。

12.一九〇七年關於海戰中立國權利義務之海牙第十三公約(1907 Hague Convention XIII Concerning the Rights and Duties of Neutral Powers in Naval War)

——共有三十國加入。中國（清朝）於一九一〇年一月十五日加入本公約，但是對第十四條第二項、第十九條第三項、第二十七條提出保留(reservation)。

藉由上述保留，中國堅持「所有的」軍船，包括純粹為宗教目的、科學目的、或人道救援目的之船，都「必須」在不獲許可或是停留原因結束時，離開中立港、中立泊船處或中立水域。（第一四條第二項）

同時中國認為，在中立港內的敵對國之軍船，「不可」被許可延長停泊二十四小時，即使它們在入港二十四小時內未能獲得燃煤供應。（第一九條第三項）

同時中國也拒絕接受條約中的通知義務，即將中國有關管制在中國港口內之敵對國家軍船之法律、命令、或其他規範，以適當方式告知他國，包括通知荷蘭政府，由後者立即轉知其他簽約國之安排。（第二十七條）

13.一九二三年海牙空戰規則(1923 Hague Rules of Aerial Warfare)

——此一空戰規則其實只是一項草案，它一直未完成正式的國際立法程序。和海戰與陸戰不同，雖然在二次世界大戰之後，各國都深感有訂定空戰規則的必要，但卻始終未完成空戰的專屬規則。

14.一九二五年有關禁止使用神經性毒氣、其他毒氣和細菌戰劑之日內瓦議定書(1925 Geneva Protocol for the Prohibition of the Use in War of Asphyxiating, Poisonous or Other Gases, and of Bacteriological Methods of Warfare)

——至少一百十四國已經加入此一公約。中國（中華民國）於一九二九年八月二十四日加入此一公約。大陸以「中華人民共和國」名義於一九五二年七月十六日登記繼承中華民國的加入地位，但是附有保留。中華人民共和國宣稱：如果其他締約國互惠地執行本公約，它將也遵守本公約。

15.一九三六年有關一九三〇年四月二十二日倫敦條約第四部份中規定的潛艇作戰規則之倫敦會議記錄(1936 London Proces-Verbal Relating to the Rules of Submarine Warfare Set Forth in Part IV of the Treaty of London of 22 April 1930)

——共有五十國加入，但是中國從未簽署。

16.一九四六年紐倫堡國際軍事法庭判決：有關違反國際法戰犯之部份節文(1946 Judgment of the International Military Tribunal at Nuremberg: Extracts on Crimes Against International Law)

——這並不是一份條約。二次世界大戰的大部分違反國際法之戰犯都由國內法院審判。最著名的戰爭國際審判法庭為紐倫堡與東京軍事法庭。一九四五年八月八日美、英、法、俄四國在倫敦簽署了「起訴審判歐洲軸心國家主要戰犯之協定」。其他十九國加入了此一協定。協定的附件即為紐倫堡軍事法庭之組織章程，建立了法庭的管轄權與準據法。一九四六年十月一日作成判決。二十一個被告受到審判。除其中三人外，其他均被判有罪。

17.一九四八年聯合國防止及懲治殘害人群罪公約(1948 United Nations Convention on the Prevention and Punishment of the Crime of Genocide)

——共有九十九國加入。中國（中華民國）於一九四九年七月二十日簽署，一九五一年七月十九日批准此一公約。同年中華民國通過「殘害人群治罪條例」之國內立法，以實踐公約第五部份所規定之締約國義務。

一九四九年十月一日中共建政。一九八三年四月十八日，大陸以「中華人民共和國」名義，「再度」代表中國批准此一公約。在批准之同時，大陸宣稱：「由臺灣地方當局於一九五一年七月十九日以中國之名義對本公約所做之批准是非法且無效的。」在大陸批准此一公約前十一年，聯合國秘書長辦公室曾於一九七二年九月二十九日收到中華人民共和國的一項通知，聲稱：「自一九四九年十月一日中華人民共和國建立之日以後，蔣介石集團無權代表中國……。」值得注意的是，這是大陸對臺灣一貫的立場。

18.一九四九年關於陸戰戰場部隊傷患者減緩傷痛之日內瓦第一公約(1949 Geneva Convention I for the Amelioration of the Condition of the Wounded and Sick in Armed Forces in the Field)

──共有一百六十五國批准或加入了日內瓦四項公約（第一、第二、第三、第四公約）（另三項公約全名請見以下三個項目）。中國（中華民國）於一九四九年十二月十日同時簽署了這四項日內瓦公約。但是中華民國一直沒有批准這四項公約。一九五二年中華人民共和國宣佈，在有保留的前提下，承認中華民國對此日內瓦四項公約的簽署效力。一九五六年十二月二十八日大陸並進一步批准了此四項公約，但設有保留。其保留內容與當時的各個東歐社會主義共產國家的保留內容一致。

19.一九四九年關於海上部隊傷患、遭難者減緩傷痛之日內瓦第二公約(1949 Geneva Convention II for the Amelioration of the Condition of Wounded, Sick and Shipwrecked Members of Armed Forces at Sea)

──（同上日內瓦第一公約）

20.一九四九年關於戰俘處遇之日內瓦第三公約(1949

Geneva Convention III Relative to the Treatment of Prisoners of War)

——（同上日內瓦第一公約）

21.一九四九年關於暫時平民保護之日內瓦第四公約(1949 Geneva Convention IV Relative to the Protection of Civilian Persons in the Time of War)

——（同上日內瓦第一公約）

22.一九五四年關於在武裝衝突事件中保護文化財產之海牙公約(1954 Hague Convention for the Protection of Cultural Property in the Event of Armed Conflict)

——共有七十五國加入本公約。中國（中華民國）於一九五四年五月十四日簽署了本公約，以及下一項目之一九五四年關於在武裝衝突事件中保護文化財產之海牙議定書。但迄未批准此一公約和下一項目之議定書。

23.一九五四年關於在武裝衝突事件中保護文化財產之海牙議定書(1954 Hague Protocol for the Protection of Cultural Property in the Event of Armed Conflict)

——共有六十三國加入此一議定書。中國（中華民國）於一九五四年五月十四日簽署了本議定書，但迄未批准之。

24.一九七一年關於在聯合國可能參與之敵對武裝衝突中適用人道法之條件的國際法研究中心扎格瑞布決議(1971 Zagreb Resolution of the Institute of International Law on Conditions of Application of Humanitarian Rules of Armed Conflict to Hostilities in which United Nations Forces May Be Engaged)

——由國際法研究中心於一九七一年九月三日在扎格瑞布通過之決議，並非一項國際條約。

25.一九七七年關於禁止將環境改變技術用於軍事或其他敵對行動之聯合國公約(1977 United Nations Convention on the Prohibition of Military or Any Other Hostile Use of Environmental Modification Techniques)

——共有五十三國加入此一公約，包括伊拉克、伊朗、美國和前蘇聯等國家。中國從未簽署或加入此一公約。

26.一九七七年關於在國際武裝衝突中保護被害人之一九四九年八月十二日日內瓦公約之外增修之日內瓦第一議定書(1977 Geneva Protocol I Additional to the Geneva Convention of 12 August 1949, and

Relating to the Protection of Victims of International Armed Conflicts)

——共有七十六國加入此一第一議定書。中國（中華人民共和國）於一九八三年九月十四日加入了此一第一議定書，以及其後的第二議定書，但附有保留。中華人民共和國宣稱:「目前中國的國內法尚未有關於引渡之規定，將依個案處理相關問題。因此，中國不接受第一議定書中第八十八條第二項之規定。」簡言之，中華人民共和國不會就引渡問題與其他締約國合作。

27.一九七七年關於在非國際武裝衝突中保護被害人之一九四九年八月十二日日內瓦公約之外增修之日內瓦第二議定書(1977 Geneva Protocol II Additional to the Geneva Convention of 12 August 1949, and Relating to the Protection of Victims of Non-International Armed Conflicts)

——共有六十七國加入此一第二議定書。中國（中華人民共和國）於一九八三年九月十四日加入上述第一議定書的同時，也加入了此一第二議定書。對此一第二議定書，大陸並未做出任何保留。

28.一九七八年關於在武裝衝突中適用國際人道法之紅十字基本規則(1978 Red Cross Fundamental Rules of International Humanitarian Law Applicable in Armed Conflicts)

——此一包括七項規則的文件，並未經國際紅十字會通過，只是一項非正式的文件，並不是國際條約。

29.一九八一年關於禁止或限制使用某些會造成過度傷害或過度廣泛效果之傳統武器之聯合國公約(1981 United Nations Convention on Prohibitions or Restrictions on the Use of Certain Conventional Weapons Which May be Deemed to be Excessively Injurious or to Have Indiscriminate Effects)

——共有二十九個國家加入此一包含有三項議定書之公約。中國（中華人民共和國）於一九八一年九月十四日有保留地簽署了此一公約；並已於一九八七年三月二日批准該公約。大陸在簽署時聲明指出：「公約未能提供監督或查證違犯條約的機制。」第二議定書「未能嚴格限制侵略者，在被害國家領域內，使用此種武器；並且未能適切提供受侵略之國家，利用一切必要手段自我防衛的權利。」第三議定書「未能嚴格規定限制對戰鬥人員使用此類武器。」中國（中華人民共和國）希望這些「缺陷能夠經由適當程序加以救濟。」不過，在大陸批准時，上述宣示未被再度重申、確認。

捌、結語：在國際人權法典的加入上，臺灣已稍落後大陸

一九八八年筆者在臺大法學院「社會科學論叢」以及東海大學「法學論叢」，分別以英文和中文發表了「國際人權法在中華民國法律架構內的適用」一文。其中在結論的部份，筆者一方面建議：所有九項已經由立法院批准或已經自動生效、對中華民國有拘束力的

國際人權條約，應該由國內法院直接適用；另方面也建議：中華民國早已簽署， 但迄未批准的三項較新的一九六六年國際人權公約——「經濟社會暨文化權國際公約」、「民權與政治權國際公約」以及「民權與政治權國際公約選擇性議定書」，也應立即被批准，並納入國內法院直接適用的範圍。

事實上，筆者當時不但在學術刊物上發表了上述論文，並且曾在報章雜誌上，甚至在國民代表大會、立法院、電視媒體等公開演講的場合，都一再呼籲政府要以批准上述三項一九六六年國際人權公約，作為兩岸良性競爭的方法。畢竟，兩岸在人權問題上的和平競爭，要遠比武備競賽來的有意義得多。

可惜的是，中華民國政府在一些短視政治人物的把持之下，根本聽不進這樣的逆耳忠言，也完全未採取任何正面、積極的行動。相反地，一九九八年的三月和十月，大陸政府當局卻分別正式宣佈加入了上述「經濟社會暨文化權公約」和「民權與政治權國際公約」這兩項公約。至此，臺灣已經失去了先機。在國際人權成文法典的加入上，已稍落在大陸之後。因為，雖然國際人權公約很多，中華民國政府也已經加入了其中的九項。但是，上述一九六六年通過的的兩項國際人權公約 （以及 「民權與政治權國際公約選擇性議定書」），如果再加上一九四八年十二月十日聯合國通過的「世界人權宣言」，將十足構成了一套完整的國際人權基本法典，幾乎包括了所有基本人權保護的項目。在建構人權法典的工作上，遠比其他人權公約來得重要。當然，筆者願強調：關於人權的保護與提升，未必和國際人權法典的加入多寡，完全一致。事實上，兩岸中國人民的人權狀況也還很不理想。但是，畢竟大陸在加入這些人權公約的進程上，已居於稍微領先臺灣的地位。

從中國人民的角度來看，無論大陸或臺灣對國際人權條約的加入，都是值得鼓舞的事。兩岸中國人政府放棄武備競賽，加強人權提升競賽，應該是所有中國人民一致的期望。祝福所有中國人民都能在和平發展中，盡享所有美好的天賦人權。

美日安保條約與東亞安全體系之研究
— 美日安保條約之立法過程及法律效力之研究

游啟忠 *

壹、前　言

貳、安保條約與安保指南之簽訂

參、安保條約與安保指南於日本之法律效力

　一、條約與憲法

　二、條約與法律

肆、條約與協定於美國之法律效力

伍、結　論

---

* 作者為美國杜蘭大學法學博士(S.J.D.)、中華民國律師、美國華盛頓特區律師(Washington D.C.)、美國哈佛大學國際商務律師班、美國路易斯安納州律師、國立中正大學法律系所專任副教授。

美日安保條約與東亞安全體系之研究 — 美日安保條約之立法過程及法律效力之研究 *

壹、前　言

美日安保體系之主要法律架構包括一九五一年安保條約、一九六〇年修正安保條約、一九七八年保安指南、一九九七年新安保指南及宣言和管理協定、議定書等重要安保文件。而前揭美日安保相關文件除美日安保條約(Treaty of Mutual Cooperation and Security between the United States of America and Japan)係以條約為名者外，有稱安保指南者，如一九九七年美日安保新指南(The U.S.-Japan Guidelines for Defense Cooperation of 1997)，有稱宣言者如美日安保共同宣言(U.S.-Japan Joint Declaration on Security: Alliance for the 21 st Century)，有稱管理協定者，如一九五二年二月十八日美日根據安保條約所訂之管理協定(Administrative Agreement)，有稱議定書協定者，如一九五三年九月十九日根據管理協定十七條所簽訂駐日美軍刑事轄權範圍額議定書協定(Protocol Agreement)其與條約之區別及上述安保文件於國際法與美、日兩國國內法之意義、法律位階連同實際運作之原則即為本文所探討之主旨，蓋美日安保條約既為美日關係之礎石，且日本周邊事態之因應(situations in areas surrounding

* 本論文接受國科會專題補助，計劃編號 NSC 89-2420-H-001-SA。

Japan)使日本應支援美國部隊活動包括設施之使用、後方區域支援、美日行動合作等均與我國有密切之關係，研究分析美日安保條約之立法過程及法律效力自深具我政府及學界參考之價值。

貳、安保條約與安保指南之簽訂

美日安保條約為冷戰時期美蘇對抗之產物，一九五一年美日兩國簽署安保條約時，兩極體系浮現，共產集團之侵略使得東亞地區呈現動盪局勢，使日本亟需美國之協助以確保戰後日本經濟之重建，但隨國際與亞太形勢之改變以及美日兩國關係之發展，美日安保條約逐漸轉變成兩國關係之重要架構，雖然仍以軍事安全為重心，但亦逐漸延伸至雙方經濟、政治、文化等結構性議題之支柱。日本根據美日安保條約，為落實與美軍之防衛合作，雙方於一九七八年策定「日美防衛合作指南」(舊指南)。嗣為因應後冷戰國際情勢，復於一九九六年四月美國總統柯林頓訪日時與時任首相之橋本龍太郎簽署「日美安保宣言」，該宣言中明述後冷戰時期亞太地區仍存在若干不確定因素，應重新確認美日安保條約之重要性外，並為因應新國際情勢而決定重新評估日美協防舊指南。經日美兩國官員初步審議，於一九九七年六月公佈「期中報告」，復於同年九月公佈日美協防「新指南」。

然值得注意是聯合國所登記之美日安保條約僅有一九五一、一九五二及一九六〇年所簽署者❶，其他美日雙方所簽署之相關安保指南及行政協定則未在其內，而美國國務院所出版之*Treaties in Force*一書亦未將安保指南列入❷，然聯合國憲章第一〇二條第二項

❶ United Nations Treaty Series, Vol. 639, p. 25.

❷ United States Department of State, *Treaties in Force*, A List of Treaties and Other International Agreements of the United States In force on Jan-

明訂「當事國對於未經依本條第一項規定登記之國際條約或國際協定，不得向聯合國任何機關援引之。」美國法典(U.S.C.)112 亦明訂自一九五〇年一月起國務院應負責編輯美國所參加之條約與國際協定，復規定本書所輯入之條約與國際協定應為美國參與該等條約、國際協定及該等條約、國際協定業經總統公告事實之法律上證據，此項法律證據之效力應及於美國所有法院及美國之領土及屬地，職是之故，深入探討美日安保條約及其相關之安保指南、行政協定之立法過程及其法律效力實為一重要之課題。

參、安保條約與安保指南於日本之法律效力

在日本舊憲法，締結條約為天皇之大權，而無須經過議會之協贊。惟新憲法賦與內閣以締結條約之權，但應於事前經國會之承認，如於不得已情形締結條約時，亦應於事後經國會之承認。此乃因條約有時關係國家之盛衰，與全體國民有重大的利害關係，它固然不宜由國會訂立，但應該得到國會的承認，以杜流弊。而且條約之內容，時常對於國民為一定的命令或禁止，實質上是一種立法，因此自無以內閣單獨的意思，即可成立之理由。所以新憲法，以應於事前得到國會之承認為原則，僅於有不得已之情形時，始得於事後請國會追認。準是而言，條約締結權為內閣與國會所共有❸。

國會之承認為條約之效力要件，因此條約於締約之初，請求國會承認時，國會如不予承認，縱或業經內閣批准亦不生效力。條約

---

uary 1, 1999, (Washington, D.C.: U.S. Government Printing Office 1999) p. 221.

❸ R. D. Master, International Law In National Courts (New York: The Macmillian company, 1932), p. 69，引自劉慶瑞，國際法在國內法上地位之比較研究，社會科學論叢第八輯，頁三四，註一四四。

於締約之後，請求國會追認者，如在締約當時，以獲得國會追認為條件時，條約之效力如何？日本學者之間意見紛歧，大體可分為二說：第一說認為不要批准之條約，因署名而成立；需要批准之條約，因批准而成立，在當事國間，發生確定的效力，故縱令事後不能得到國會的追認，對於條約之效力，亦不發生影響。第二說則認為未得國會承認之條約，不發生效力，其原先的簽字或批准，概歸無效，內閣應負責向當事國說明原委，取消該項條約。第一說著眼於條約之國際法之性質，認為它的國際法上效力，因國際法而決定，不因國內法而決定。第二說則著重於日本憲法方面，認為國會的承認，為條約之成立要件；國會對於條約的承認權，不因事前事後而不同；條約之需要國會承認，亦為對方國家所知曉的事實。於此尚須一提者，條約無論先向何院提出均無不可，然因新憲法承認眾議院之優越權，儘管在實際上，條約案之先向眾議院或參議院提出，均有其例，但重要條約均先向眾議院提出❹。

日本一九四六年日本憲法第九十八條第二項:「日本國所締結之條約及業經確立法規，必須誠實遵守之」。依宮澤教授的註釋，所謂「條約」是指日本與外國之間的一切合意而不問其如何，又不問其有經過議會之承認，凡是依憲法規定所締結者，均包括在內。這種依法而公布的條約，不須經過特別的立法程序，就當然的具有國內法上的效力，而可以拘束國內法及一般人民❺。

條約既有國內法之效力，則其與國內法，即憲法、法律之間關係如何，尚可分別述之❻：

❹ 劉慶瑞，前引文，頁三六。

❺ 宮澤俊義，日本國憲法（日本評論社，昭和三十年）頁八〇八至八〇九。

❻ 清宮四郎，憲法壹（第三版），有斐格法律學全集三（昭和五十六年），頁四五〇至四五一；洪美華，論商標法上商標近似之法律問題，（全國

一、條約與憲法

關於條約與憲法間之關係如何，亦即何者具優位效力，日本學者見解不一，大致有三種學說：

㈠條約優說

其論點根據包括 1. 日本憲法係立足於國際主義以及國際協調主義，由憲法言第三條：「我等深信任何國家均不應僅顧本國之事，而忽略他國。蓋政治道德之法則為普遍的，服從此項法則，乃欲持本國主權，而與他國立於對等關係諸國所應負之責任」❼所揭示之意旨，以及第九條「戰爭之放棄」之規定所示❽，自國際主義立場，超越國家主權思想，而承認條約優於憲法本身。 2. 依憲法第九十八條第二項之規定，日本所締結之條約及確立之國際法規，對國家機關，包括憲法制定權者，均具拘束意味，此即憲法對條約優位之承認。 3. 憲法第九十八條第一項及第八十一條並未列舉「條約」，顯示憲法並非條約、國際法規等之最高法規❾。採「條約優位說」者如

工業總會，民國七十四年)，頁二八至三三。

❼ 譯文參照林紀東，中華民國憲法逐條釋義(第一冊)(臺北：三民書局，民國七十年二月)，頁二〇。

❽ 日本憲法第九條規定：「日本國民誠意希望以正義與秩序為基礎之國際和平永久放棄以發動國全之戰爭，以武力威嚇、或行使武力為解決國際紛爭之手段」譯文參照林紀東，中華民國憲法逐條釋義（第四冊）（臺北：三民書局，民國七十二年三月)，頁二五二。

❾ 日本憲法第九十八條第一項規定：「憲法為國家之最高法規、命令、詔敕及關於國務之其他行為之全部或一部如牴觸憲法者，無效。」第八十一條：「最高法院為最終審法院得審查法律、命令、規則及處分等是否合憲。」田中二郎，新憲法中規定條約與國內法關係，載氏著法律之行政法原理（昭和五十五年)，頁一一六至一一七。

田中二郎、橫田喜三郎等❿。

㈡憲法優位說

其主張有以下諸點：1.雖承認日本憲法立足於國際主義，但不應因此逕下條約優位之結論。條約締結權既為憲法所承認之國家機關權能，即不得變更其權能所依據之法本身。憲法之修正有其必要手續，不得逕依條約變動之。憲法之國際主義並非同時包含排除法所承認之國民主權。2.憲法第九十八條第二項雖承認有效成立之條約具有國內法之效力，並強調其遵守，惟並未提及條約與憲法間之效力關係如何，亦未規定違憲之條約亦應予遵守。3.憲法第九十八條第一項及第八十一條雖未列約，惟前者係因同條第二項對條約已行規定；後者則因考慮條約係國家間之合意，不適於由法院審查之故，故不能以此即謂含有條約優位之意旨。採憲法優位說者包括宮澤俊義⓫、清宮四郎等⓬。

㈢折衷說

此係學者小林直樹所獨倡⓭，依其所見，憲法之規定尚得分為二部分，一為憲法所以為憲法的基本部分——根本規範（例如國民主權、基本人權），一為憲法律（根本規範規定以外之條項）。其中，根本規範在法理論或實際上均優位於一切條約；而憲法律部部分，依憲法的國際協調主義，應解為與條約同位或部分居於下位關係，若以圖示來表示，即：

憲法的根本規範部分＞條約≧通常的憲法律

❿ 橫田喜三郎，國際法之基礎理論（昭和二十四年，有斐閣），頁一四六。

⓫ 宮澤俊義，前引書，頁八一五至八一六。

⓬ 清宮四郎，前引書，頁四五一。

⓭ 小林直樹，憲法講義（下）（改訂版，一九七九年東京大學出版社），頁八三四至八三八。

惟就此，清宮教授認為，根本範圍之優位固無異論；但直接由憲法之國際協調主義即導出條約與憲清律同位甚或較為優位，仍屬無理。從而可知，關於憲法與條約關係如何，在日本學界仍無定論⓮。

二、條約與法律

關於條約與法律間之關係，學說一致採條約優位說並無爭議⓯，而政府間見解亦然，於議會審議憲法之際日本政府，曾清楚說明，由於條約係國家間之合意且條約之締結須經國會之承認，復從日本憲法第九十八條第二項之條約遵守主義以觀，應可解為條約優位。⓰至於審判實務上，則認為兩者並無優劣之分而適用後法廢棄、變更前法之原則⓱。故關於美日安保條約於日本國內法之效力，應準此以解。但關於安保指南於日本之法律效力，則需參照下述之討論。

按日美協防「舊指南」、「新指南」均係日美兩國政府間之行政協議事項，並不具條約性質，因而無需經由國會審議，惟為落實「新指南」之承諾，必須修訂日本相關國內法律以資配合。相關法案包括「周邊事態法」(新訂)、修訂「日美物品、役務相互提供協定」(ACSA)及修訂「自衛隊法」。

1.「新、舊指南」重點之比較：一九七八年訂定之「舊指南」係著重於針對日本遭受直接攻擊時，日美兩國如何進行合作。而一九九七年修訂之「新指南」則著眼於日本周邊地區有事時，兩國如何合作。此一改變係基於冷戰後情勢變遷所致。

2.「新指南」相關三法案之修訂，主要用意在重新檢視「平時」、

⓮ 洪美華，前引書，頁二八至三一。

⓯ 劉慶瑞，前引文，頁三八；清宮四郎，前引書，頁四四九。

⓰ 清宮四郎，前引書，頁四五一。

⓱ 同前註。

「日本有事」(指其遭受攻擊) 及「日本周邊事態發生」(指其周邊地區發生危機)時美日兩國如何進行防衛合作。「平時」雙方根據「日本物品、役務相互提供協定(ACSA)」在各項補給、維修及勤務上相互協助。「日本有事」時，由日本自力加以排除，美方給予適度協助。「日本周邊事態發生」時，美日共同對應，並由日本負責美軍之後勤支援及救助難民、非戰鬥人員之撤離、船舶臨檢等經濟制裁活動、開放有關設施供美軍使用、掃雷、警戒監視及海空管制調整等四十餘項任務；修訂「新指南」相關法案較受爭議者，多在此部分。

日本憲法第九條規定日本不得以武力解決國際紛爭並放棄交戰權，憲法解釋亦規定日本不得行使與其他國家並肩作戰之「集體自衛權」，然「新指南」部分內容恐與上述憲法及其解釋有所牴觸，其中較具爭議之問題如次：(1)倘日本進行掃雷、撤離非戰鬥員、後勤運補等活動，有可能捲人戰爭；(2)「周邊事態」之定義及其範圍；(3)日本自衛隊行對美後勤支援之基本計畫係事後向「國會報告」？抑或須事前徵得「國會同意」？(4)實施船舶臨檢需否「聯合國安全理事會之決議」？(5)地方自治體之支援項目等。

關於「周邊事態」定義及範圍問題包括(1)日本周邊區域發生武力紛爭；(2)日本周邊區域瀕臨武力衝突之邊緣；(3)因周邊區域政治動亂，有可能引發難民大量流人日本之情形；(4)某國之行動經聯合國判定屬侵略行為或有威脅和平，而予經濟制裁；(5)某國發生內亂或內戰，其有擴大成國際問題之虞；(6)日本周邊區域之武力紛爭；雖告停止，惟秩序尚未回復之政府統一衝突。[18]

肆、條約與協定於美國之法律效力

美國與外國訂立國際協約，不外三種方式，即是條約(Treaty)、

[18] 亞東關係協會日本辦事處，美日防衛指南摘譯及分析，八十八年六月。

行政協定(Executive Agreement)、與兩院聯合決議(Joint Resolution)⑲。條約係由總統經參院之諮告及同意並經出席參議員三分之二的批准而締結者⑳；行政協定係由總統單獨締結而無需參院批准者㉑；兩院聯合決議係由參眾兩院依通常立法程序各以出席過半數通過者㉒。

美國聯邦憲法第二條第二項第一段規定:「總統經參議院出席參議員三分之二之通過，有權締結外交條約」。而第六條第一項規定憲法、聯邦法律，與根據聯邦權力而締結之條約，或行將締結之條約，均為美國之最高法律，各州法院法官均有適用之義務。條約與聯邦法完全平等並無從屬關係，兩者如有衝突則適用嗣後制訂聯邦法律或條約之優位性原則㉓。

因總統締結條約，受有須經出席參議員三分之二通過之限制，所以總統又在條約以外，另行締結各種不同之國際協定(International Executive Agreement)，藉以避免提請參院通過之麻煩。而條約、協定在國際法上地位並無太大差異，蓋依一九六九年維也納條約法公約第三條規定:「本公約不適用於國家與其他國際法主體間所締結之國際協定、或此種其他國際法主體間之國際協定、或非書面國際協定，此一事實並不影響：㈠此類協定之法律效力；㈡本公約所載任何規則之依照國際法而毋需基於本公約原應適用於此類協定者，對

⑲ John Sloan Dickey, "Our Treaty Procedure v Our Foreign Policies," Foreign Affairs (April, 1947), p. 358.

⑳ *Ibid.*, p. 361.

㉑ Marshall Edward Dimock and Giadys Ogden Dimmock, American Government in Action (New York: Mc Graw hill book Co., 1949) P. 685.

㉒ Frederic A. Ogg and P. Orman Ray, Essentials of American Government (New York: D. Appleton Century Co., 1952), p. 504.

㉓ Willoughby, The Constitutional Law of the United States, 2nd Vol. I. ed., (New York: The Macmillan Co., 1929), p. 561.

於此類協定之適用；㈢本公約之適用於國家間以亦有其他國際法主體為其當事者之國際協定為根據之彼此關係。」且復屢經法院判決承認條約與行政協定效力完全相等，皆為美國之最高法律之一部㉔。

美國憲法對於行政協定的締結，不但沒有任何規定，且根本找不到「行政協定」(Executive Agreement)這個名詞。然而總統締結行政協定的權力何所從出？歸根到底，仍是來自憲法：㈠總統為全國陸海軍總司令㉕，由這地位，總統得與外國締結軍事協定，以應軍事上的需要；㈡總統應提名大使、公使、領事及代表國家之外交權；㈢總統為國家最高執行機構，負有忠實執行法律的權利與義務㉖，由此身份，總統得締結必要或適當的行政協定，以確保法律或條約的執行，因為依美國憲法第六條的規定，條約亦為國家法律的一部分㉗。

由於權力淵源的分析，可知總統締結之行政協定可以大別之為三種：第一種是主動的，凡總統本於統帥權單獨締結的行政協定屬之；第二種是被動的，凡總統根據國會的授權而締結的行政協定屬之；第三種則是條約授權簽訂之行政協定。至就其效力而言均認其等同於條約㉘。

一九五七年美國法院受理的 Girard v. Wilson 案㉙，涉及行政協

㉔ United States Department of State, "Circular 175 Procedure," 11 Foreign Affairs Manual, Chapter 700, Revised October 25, 1974 (Washington, D. C.: U.S. Government Printing office, 1975), 721, 2b(2).

㉕ 美國憲法第二條第二項第一款。

㉖ 美國憲法第二條第三項。

㉗ Ogg and Ray, *supra* note, p. 503.

㉘ United States Department of State, "Circular 175 Procedure," 11 Foreign Affairs Manual, Chapter 700, Revised October 25, 1974 (Washington, D. C.: U.S. Government Printing office, 1975), 721, 2b(3).

㉙ 354 U.S. 524 (1957).

定是否符合美國憲法的問題。本案事實是：美國駐日部隊的一個名為 Girard 軍士於一九五七年一月三十日在日本的一個營地參加演習，奉令看管於美軍演習地區之一具機關槍和幾件衣服。他的步槍上裝有一個手榴彈發射器。他把一個空彈殼放入該手榴彈發射器內，射了出去，子彈殼穿入了鄰近的一個蒐集已經用過的三〇口徑彈匣日本婦女背部，以致她受傷死亡。美、日兩國當局間對於 Girard 是否是在執行公務中實施的犯罪的問題開始曾有爭論，美國原主張依照美日安保協定，Girard 應係執行公務，故美國有管轄權，但日本則做相反之主張。經冗長之談判後，經過美國總統之核可，經美國國務院和國防部長同意，決定依照美日安保協定之規定放棄其管轄權。

Girard 向美國哥倫比亞特區地方法院對美國國防部長等起訴，請求該法院發出人身保護令，以防止其被交付日本法院審判，理由是：日本當局對他沒有管轄權，而且把他交付日本當局將侵犯他憲法上的權利。該法院的判決認為把他交付日本當局確將侵犯他的憲法上的權利，所以頒發了禁止將他交付日本當局的禁令，但是拒絕發出人身保護令。美國國防部就美國哥倫比亞特區地方法院頒發禁止將他交付日本當局的法院禁令向美國聯邦最高法院上訴，被上訴人 Girard 亦就美國哥倫比亞特區地方法院就拒絕發出人身保護令向美國聯邦最高法院提反訴。美國最高法院支持原審法院拒發人身出庭狀之判決，並且撤銷哥倫比亞特區法院認為將 Girard 交付日本司法當局審判係侵害其憲法上權力之判決：

判決的理由為：

第一、美國政府放棄對 Girard 的管轄權並交付日本當局審判，是基於一九五三年美日安保議定書協定第三條之規定，該協定之締結則以一九五二年的美日管理協定第十七條第一項為法源依據，而該管理協定的締結復以一九五一年美日安保條約第三條為根據。美日安保條約既經過美國總統於參議院三分之二多數認可批准。該管理協定，於參院批准安保條約時亦經仔細審視。而該美日安保議定書協定既係本於管理協定，所以美國最高法院認為，總統基於條約授權所簽之行政協定都是符合憲法的。

第二、上述安全條約締結的兩個行政協定作出放棄管轄權的決定。因此，美國國防部和國務院決定放棄對 Girard 之刑事管轄權並將交付日本當局審判並不侵犯他的憲法上的權利。

而就此類條約授權簽訂行政協定，美國內法地位尚未有不同判決出現，而學者亦無不同意見。

伍、結　論

美日安保條約於美日兩國之法律效力除準上所述外，為瞭解日本學界之立場復赴日本防衛廳下轄之國防研究中心(The National Institute for Defense Studies)參訪蒐集相關資料，期間分赴亞東關係協會日本代表處暨國防研究中心拜會並與承辦官員與研究員座談，臚陳心得如下：

㈠日本根據美日安保條約，為與美軍之防衛合作更為加強雙方於一九七八年簽訂「日美防衛合作指南」。嗣為因應後冷戰國際情勢，尤其日本面對來自朝鮮半島之威脅及中國大陸之軍力擴張，為期制衡，於一九九六年四月美國總統柯林頓訪日時與當時之日本首相橋本龍太郎簽署「日美安保宣言」該宣言中明述後冷戰時期亞太地區仍存在不確定因素，必須重新確認美日安保條約之重要性外，並決定重新評估日美協防指南，經日美官員審議，於一九九七年九月簽署「日美防衛合作新指南」。

㈡一九五一年簽署之美日安保條約係因美蘇冷戰正酣，遠東局勢不穩，一旦盟軍撤離日本，共產主義將趁虛而入，為遏阻蘇聯共產主義繼赤化中國後赤化全亞洲，美國必須扶植日本成為亞洲之盟國。而美日安保條約於日本之效力已明訂於一九四六年日本憲法第九十八條第二項:「日本國所締結之條約及業經確立法規，必須誠實遵守之」。而日本憲法第九條第一項雖規定日本不得以武力行動作為解決國家紛爭之手段，然被詢及安保條約有否違背第九條之規定時，日本最高法院裁判所常以政治問題司法部門不宜介入而迴避之。

㈢而日美合作指南於一九八〇年間及一九九七年間相繼簽署則係源於下列因素：⑴北韓持續發展核武並不斷擴張其軍力，對日本及亞太地區之穩定與安全構成威脅。⑵臺海之對峙使海峽兩岸除於軍事上形成軍備競賽之外，於對外關係上亦呈現零和遊戲，對日本之國防安全與經濟利益形成重大影響，蓋巴士海峽為供應日本原油之必經通道，而臺灣之中華民國政府朝野對日本向來友善，然大陸之中華人民共和國對日本則存有敵意，一旦巴士海峽為中共所控制，實為日本政府所不樂見，且日本領土中有島嶼與臺灣極為接近，若臺海發生軍事衝突，該島嶼之安全易受波及，一九九五年大陸因美國准許李登輝總統訪美對臺灣發動試射飛彈，該飛彈即曾落入日本島嶼之經濟海域中，日本為此對中共亦提出強烈之抗議，亦引發日本之危機感。

㈣日美防衛合作指南因係日美兩國政府間之協議事項並不具條約性質因而無須經由國會審議，為使該防衛指南承諾順利實施，日本政府爰修訂日本相關國內法律以資配合。相關法律包括「周邊事態法」之新訂、修訂「日美物品、役務相互提供協定」(ACSA)及修訂「自衛隊法」。三法案之修訂其主要在檢視平時、日本有事（指其遭受攻擊）及日本周邊事態發生時，美日兩國如何進行防衛合作。

㈤據與日本防衛廳國防研究中心研究人員會談顯示日本對大陸政

策一方面提供大量低利資金加強與大陸之經貿往來，使深化大陸對日本依賴，另一方面亦對大陸之霸權深具戒心，一九九七年之日美防衛合作指南將周邊事態擴及日本周邊區域（包括臺海戰事）即為例證；其對臺之政策則期望臺灣能維持現狀最符合日本之利益，蓋如此臺灣可扮演一緩衝國之角色，以臺灣扼守日本油輪必經之海路通道，並以臺灣民主政治成功催化大陸之質變為其最佳之選項。

「兩國」乎？

黃　異*

* 作者為德國蔓茵滋大學法學博士，現任中正大學法律學系暨研究所教授。

「兩國」乎?

壹、前　言

中華人民共和國政府自一九四九年成立以來，即與中華民國政府形成抗爭的形勢。另一方面，中華民國政府在二次大戰期間軍事佔領臺澎後，即採取一連串的恢復領土主權措施。而日本在一九五二年舊金山和約中放棄對於臺澎的領土主權。前述歷史事實在國際法領域中應給予何種評價，人言各殊。法律學異於自然科學。法律的解釋雖然有其規則與上限，但在此範圍內，個人立場與期望仍有可能影響法律的解釋結果。

「一個中國以及大陸與臺澎皆為中國領土」本是海峽兩岸政府的傳統政策。但自進入九〇年代之後，中華民國政府即顯現出改變政策的意向。這種改變可以由中華民國政府追求雙重承認見之。而中華民國政府放棄與中華人民共和國政府競爭在聯合國中中國代表權而以國家身份爭取成為聯合國會員國，亦是顯現其政策的改變。最近，中華民國政府在一項非正式場合中提出兩國論，似乎是投石問路之舉。兩國論引起正反兩方面的反應。而政府各部門也在各種場合中做各種的辯解。但是政府在不同場合所做相互矛盾的說明只顯示出政府目前尚在傳統政策與「兩國」之間擺盪。

各種政治勢力或個人對於海峽兩岸的何去何從，容有不同企望，但海峽兩岸的分治狀況在國際法上應如何評估，仍值得再度為之。本文將以最近發表之傾向於「兩國」的論文為研究對象，並在對此論文的評析過程中建立本論文的見解。

在本文中，臺灣地區是指中華民國政府及其統治的人民及土地，大陸地區則指中華人民共和國政府及其統治的人民及土地。

貳、「兩國」的意義

「國家」是國際法上的概念。國家是國際法上的人格者；它享有國際法上的權利能力及行為能力。「國家」的概念異於「政府」的概念。政府並非人格者，它僅是國家的機關，對外代表國家為各種行為。政府是形成國家的要素之一。若「兩國」一詞中之「國」是指前述國際法上的國家，並用該詞來描述兩岸分治的狀況，則表示「中華民國」與「中華人民共和國」分別為國際法上的國家。兩者之間僅存有國際法上國與國之間的關係。若以國際法上國家概念來解讀「兩個中國」或「一中一臺」，則這兩個用語的含義與前述「兩國」並無不同。若「中華民國在臺灣為主權獨立國家」一詞中，「國家」係指國際法上國家，則該詞的意涵仍然是：在大陸的中華人民共和國與在臺灣的中華民國分別為兩個不同的國家。

「在特殊關係中的兩個國家」一詞或類似用語，是否即否定了前段所述的海峽兩岸為分別各自存在的兩國，或者至少降低了此方面的意涵？其實，如果該詞中的國家是指國際法上的國家，那麼，在此「國家」之前再加上甚麼形容詞，都在基本上不能否認該詞仍指向海峽兩岸為分別各自存在的國家。此外，「特殊關係」意涵為何至今仍不清楚。 該詞可能是源自兩德模式中所用的特殊關係(inter se-Beziehung; special relationship)。西德與東德在國際社會中對外為兩個國家，但兩者面對面則是原來德國中的一部份。因此兩者間關係為國內關係，但兼具一些國際法關係❶。此種混合關係謂之特殊

❶ 參見本文伍之一的說明及㊱所揭書。

關係。若以此來解讀前揭用語，則該語中之國家，並非指國際法上國家，而是指一國中之部份。

不可否認的「兩國」一詞可以不必從國際法角度來解讀。文字僅是符號，任何人於使用文字時，皆可自行賦予其意義。但這已不是本文所應關心的問題，它也許只是政客們的一種遊戲工具。

參、兩國論的立論

雖然主張兩國論者不只一位，但是立論基礎則大相逕庭。綜合來看，大約有下列各種。

一、一種主張認為：在一九四五年至一九四九年間，以中華民國政府為代表之中國依據投降文件對於臺澎實施軍事佔領時，臺澎即已成為中國領土。但在一九四九年，一個新的國家（中華人民共和國）在原來中國大部份的領土上成立，而致原來以「中華民國」為名的中國領土縮小至僅餘臺澎及大陸沿岸諸島❷。承襲此項主張，則邏輯的結果應是：中華民國是原來中國的延續，而中華人民共和國則是由中國分立出來的另一國家，而兩者是自一九四九年以來併存的兩個國家。

二、一種主張認為：自一九四九年開始，以中華民國政府為代表之中國即軍事佔領臺澎。一九四九年「中華人民共和國」之成立，並非新國家的產生，而是新政府的產生，亦即：原來中華民國政府被推翻，而由新的中華人民共和國政府取代之。因此，做為國際法人格者之中國並未消滅或改變，但其政府已改變❸。但是，由於中華人民共和國政府自其成立以來，即未曾控制臺澎，因此，臺澎不

❷ 王泰升，臺灣的主權問題，月旦法學雜誌，第九期(1996/1)，頁一一。

❸ 黃昭元，二次大戰後臺灣的國際法地位——九十年代的觀察與檢討，月旦法學雜誌，第九期(1996/1)，頁二二。

可能成為以中華人民共和國政府為代表之中國所取得。另一方面，日本於一九五二年舊金山和約中放棄臺澎領土主權之後，臺澎僅由「流亡政府」(中華民國政府)❹予以佔領❺而已。由於「中華民國」政府並非是代表中國之政府，也非代表任何其他國家之政府，而僅為流亡政府，因此，臺澎不屬於任何國家，而是地位未定❻。中華民國政府經由本土化及民主化而由「外來政權」轉變為「本土政權」，而取具其正當性❼。此時，該政府可對外正式主張其所統治之土地及人民為一獨立國家❽。前述主張雖然認為，中華民國政府自一九九〇年以返即朝此方向發展❾，但對於中華民國是否已經發展成為一個國家，則持躊躇不前的態度。

三、一種主張與前述二之主張相呼應，並進一步由國際法上國家定義，來證明中華民國實際所涵蓋的領土及人民是國際法上的國家❿。國際法上國家定義的要素有四⓫：人口、土地、政府、對外事宜之處理能力。而中華民國已符合此四項條件，而已為國際法上國家，即：具有「有別於中國之獨立國家屬性」⓬。但一位學者在檢視中華民國是否符合國家定義之要素後，則認為中華民國政府一直主張大陸為其領土，但又實際上未有效控制，因此，不符合「確

❹ 黃昭元，前揭❸，頁二四。
❺ 同❹。
❻ 黃昭元，前揭❸，頁二二至二三，頁二七。
❼ 黃昭元，前揭❸，頁二四，二七。
❽ 黃昭元，前揭❸，頁二七。
❾ 同❽。
❿ 陳荔彤，國際法的承認與現時我國的法人人格，法學叢刊，第一五一期（八二年），頁六三至七六；姜皇池，論臺灣之國家屬性，臺大法學論叢，第二五卷第四期（八八年），頁一〇九至一七二。
⓫ 陳荔彤，前揭❿，頁六五；姜皇池，前揭❿，頁四六至六三。
⓬ 姜皇池，前揭❿，頁一四二。

定領域」⑬的條件，基此進而認定「中華民國在臺灣」尚難謂符合國際法上國家存在的資格⑭，但卻又同時主張「此惟一欠缺的要件，卻不能阻卻臺灣的國家存在資格合法有效」⑮。何以國家定義要素之一的欠缺，仍然可以稱之為國家，則未見說明。

鑑於國際社會迄今為止尚未給予「中華民國」國家的承認，前揭主張很自然地傾向於主張承認僅具有宣示性質，而非國家成立的要件⑯。

四、最後一種主張，則是從人民自治原則來說明臺澎為「主權獨立國家」⑰。該主張認為，舊金山和約中日本放棄了臺澎領土主權，使臺澎脫離了日本領土⑱。但舊金山和會的共識是：臺灣歸屬未定，而應在適當時機依聯合國憲章及其宗旨和原則決定之，特別是依據不使用武力原則與人民自決原則決定之⑲。人民自決原則不僅適用於反殖民化，同時也用來「解決領土爭端」⑳。人民自決的落實，不一定要用公民投票方式，而經由「全體住民共同努力，發展他們獨特的政治、經濟、社會文化制度就是人民自決的落實」㉑。而臺澎數十年來的發展正符合此條件。故經由人民自決原則，臺澎已成為「主權獨立的國家」㉒。

---

⑬ 陳荔彤，前揭⑩，頁八七。

⑭ 陳荔彤，前揭⑩，頁六七。

⑮ 陳荔彤，前揭⑪，頁六七至六八。

⑯ 姜皇池，前揭⑩，頁一五三至一五四。

⑰ 陳隆修，臺灣的國際法律地位，月旦法學雜誌，第九期(1996/1)，頁一四至三一。

⑱ 陳隆修，前揭⑰，頁一六。

⑲ 同⑱。

⑳ 同⑱。

㉑ 陳隆修，前揭⑰，頁一九。

㉒ 同㉑。

肆、兩國論的評析

一、中國為國際法上人格者始自何時，對本文來說，可以暫且不論。但可以確認的一點是，至少在二十世紀初期，中國已是國際法上的國家。在二次大戰期間，中國的政府為中華民國政府。換言之，當時的中國係以中華民國為名。對日作戰的中國，係以中華民國為名。國家有其名稱，且名稱並非永久固定。國家的名稱可以改變。當然，國家人格的改變，通常顯現於名稱的改變。但名稱改變，未必即表示國家人格的改變。國家名稱的改變，是否即表示國家人格的變更，應就每次變更而為檢視。

一九四五年至一九四九年間，以中華民國為名的中國以交戰國身份軍事佔領臺澎。中國為臺澎的軍事佔領國，而臺澎為中國的軍事佔領區。在國際法上軍事佔領國對於軍事佔領區僅享有一些有限的權利，基此實施有限制的統治。反之，軍事佔領區在佔領期間中仍屬於交戰國對方的領土。因此，在國際法上，在一九四五年至一九四九年間，臺澎並未喪失其為日本領土的性質。

二、一九四九年中國共產黨成立新政府即中華人民共和國政府。很顯然的，中華人民共和國政府並無意以一個有別於原來中國之新國家的政府自居。換言之，中華人民共和國政府並未主張其為一個與原來中國無關之新國家的政府，而僅是取代中國原來的舊政府(中華民國政府)，為中國的新政府。當時被排擠至大陸沿岸島嶼與臺澎的中華民國政府，很顯然也是以此項態度來看待中華人民共和國政府。前述兩個政府的立場，成為後來兩個政府對外關係的基礎。而此項立場也為國際社會所接受。而國際社會主體的共識，則是反映於其與兩岸政府所形成的關係之上。而此種對外關係不是僅單純地靠建交公報來展現。僅憑建交公報可能會演繹出國際社會對於兩岸問題立場的分歧，但若整體檢視兩岸對外關係的內涵，應是可以見到國際社會的共識是：兩岸間的爭議不是兩個國家間的問題，而是一個國家內部之政府地位爭取的問題。因此，兩岸問題在本質上不屬於國家繼受問題，而是政府誰屬的問題。而臺澎法律地位應在此架構之內來了解。此點將於下文另為敘述。

國際社會與兩岸政府對於兩岸問題的共識，具有法律上的性質，也就是說前述兩岸問題的性質與內涵是國際社會依國際法所為評價的結果。析言之，兩岸政府的立場經由國際社會主體的「承認」，而成為法律上的狀況。當然，若兩岸政府立場改變，而國際社會的認知亦隨之改變，則依國際法所為之評價亦可能發生變動。但兩岸法律狀況的改變，極不可能是依靠學者依其意願在學術領域中所建構出來的「兩岸法律狀況」所引起的。

三、中華人民共和國政府在一九四九年成立後，即統治了大部份的領土，而原來的舊政府（中華民國政府）則僅統治了大陸沿海的一些島嶼以及控制了在戰爭期間中軍事佔領的臺澎。雖然中華民國政府所統治的地區十分小，但未喪失其存在。對於其他國家來說，則面臨一項選擇，即應視何者為中國之政府。國際法所提供的標準是有效原則，即：誰有效控制國家，誰即是該國的政府。但二次大戰後，共黨國家與非共黨國家的對峙，導致不同國家分別視中華民國政府或中華人民共和國政府為中國之政府。但此種局勢發展至今已有所改變。國際社會中極大部份國家視中華人民共和國政府為中國之政府。僅極少數國家仍視中華民國政府為中國政府。對於視中華人民共和國政府為中國政府的國家來說，中華民國政府固然可稱之為「流亡政府」，但此「流亡政府」之意義，也僅是「繼續存在但喪失統治大部份領土之政府」。「流亡政府」並不意味著中華民國政府在國際法上毫無意義或在法律上與中國毫無關連的政權。中華民國政府在早期仍被不少國際社會中國家承認為中國之政府並以此發展雙方關係，且在聯合國及其他國際組織中代表中國行使及履行會員權利及義務。不可否認的是，此項承認逐漸移轉至中華人民共和國政府身上。

對於承認中華民國政府為中國政府的國家來說，中華人民共和國政府及其統治的土地及人民則為政治實體。反之，對於承認中華人民共和國政府為中國政府的國家來說，中華民國政府及其統治之人民及土地，則為政治實體。政治實體雖是國際法上的人格者，但卻不是國家。政治實體仍是國家的一部份，它只是在過渡時期中，暫時不受國家政府的統治，而是由其自己之政府統治。中國仍是一個，它包含了中華民國政府及中華人民共和國政府統治的地區、人民。兩個政府分別主張其為中國政府。對於承認其一為中國政府之國家來說，另一政府及其土地和人民，則為政治實體。兩岸的對外關係，若非國家關係即是政治實體關係。此點端視發生關係的對方國家是否給予政府的承認而定。

若中華民國政府自一九四九年以來，即是不具任何國際法上意義的流亡政權，那麼，中華民國政府自一九四九年以來在國際社會中以中國政府所建立的法律關係，即無法解釋，例如：以中國政府身份行使中國在聯合國及其他國際組織之會員國權義，以中國政府身份代表中國與他國建立外交關係，以中國政府身份代表中國與日本簽訂和平條約以及與其他國簽訂其他條約，以中國政府身份行使外交保護權，以及建立其他之各種國際法關係。當然，此種關係因為逐漸喪失被承認為中國之政府而消失，而對外關係則變為政治實體的關係。

政治實體關係是指中華民國政府代表其控制地區和人民與不承認其為中國政府之國家間所建立之國際關係。此種關係不是國家與國家間關係。因此，其內涵及性質皆無法涉及以「國家」身份為前提所建立的關係，例如：與其他國家建立外交關係，或設置領事館。

但「中華民國」以政治實體身份，仍得就其統治所及範圍，與他國建立法律關係。例如，中華民國仍就其統治所及範圍，與其他國家簽訂條約，而產生相關之法律關係。此種法律關係並非國家與國家間之關係，而是政治實體與國家間之關係。但此種關係也是國際法關係。此外，中華民國政府與其他不承認其為代表中國之政府的國際法主體間關係，也是政治實體關係。

中華民國政府及其統治之地區和人民與中華人民共和國政府及其統治的地區和人民面對面在國際法上的地位為何？也許有人以為既然兩者皆為一個國家的部份，則其間僅有「國內法關係」而無國際法關係。此種看法與目前國際法之規定不合，且不能解決問題。若一個國家內部發生革命，則革命團體與母國可以變成交戰團體。而交戰團體關係，則是國際法關係。若交戰團體終止其戰爭狀態，則兩者面對面變成政治實體。此種政治實體關係持續至兩者最終解決其分歧為止。若兩岸面對面不定位在政治實體，那麼兩者間的許多問題在法律上即無法說明。例如：兩者間達成的協議即不可能是國際法上條約，而是國內法上之意思合致。那麼兩岸間的協議（如：停戰協議）到底是依據大陸地區法制而生的意思合致，還是依臺灣地區法制的意思合致？此問題將導致雙方無法達成協議，而致無法解決問題。

綜合而言，兩岸共同形成傳統而古老的國家——中國。目前，國際社會主體大部份皆承認中華人民共和國政府為中國之政府，中華民國政府及其統治的人民與土地對他們來說，則是政治實體。反之，對於少數承認中華民國政府的國際社會主體來說，中華人民共和國政府及其統治的人民與土地則為政治實體。兩岸面對面為政治實體。政治實體與國際社會主體間關係以及政治實體與政治實體間關係，皆為政治實體關係。但此關係異於國家與國家間關係。但兩岸之間兼含國內法關係，此點將於下文敘述。

四、如前所述，中華民國政府若非代表中國的政府即是政治實體的政府，中華民國政府在國際法上並非是沒有任何法律意義的「流亡政府」。臺澎法律地位的釐清，也必須斟酌到此點。

臺澎雖然在二次大戰期間為中國的軍事佔領區，但軍事佔領區並不意味著日本已喪失領土主權。日本對於臺澎領土主權的喪失是經由一九五二年的舊金山和約。在該和約中日本宣示喪失對臺澎的領土主權。舊金山和約並未規定臺澎領土主權由中國取得，而中國也不是舊金山和約的簽字國，因此我們很難從舊金山和約中有關臺澎的條款解釋出臺澎「割讓」給中國的結果。在法律邏輯上，臺澎在舊金山和約生效的當時，成為無主地，即：不屬於任何國家的土地。而無主地可由國家以先占方式取得。

若「臺澎法律地位未定」一詞是指臺澎在舊金山和約生效之後及在被先占取得之前之法律狀況，則該詞之運用並無困難。但一些學者則運用該詞來排除臺澎為無主地地位及排除先占之適用。採取上項主張的學者大都著眼於舊金山和會中對於中國代表政府之分歧意見及其相關處理臺澎方案的不同態度，進而認為會議的共識是：臺澎之歸屬應未定，而應由臺澎住民決定其何去何從。解釋條約固然可以斟酌條約形成過程中之各種準備資料及協商紀錄，但是僅從分歧意見中找出一種給予較高評價而視之為會議共識則難具說服力。前述見解是否為會議共識而被認為是屬於舊金山和約中有關臺澎之條款的內涵之一，十分令人懷疑。這樣重大的「決定」，照常理應以在和約中以文字予以明確表述或者配合和約另以其他文件予以表述。前述見解雖為與會國家曾表述之見解，但視之為締約者之意思合致，則嫌過份。此外，許多締約國在和約生效後，對於中華民國政府或中華人民共和國政府主張臺澎屬中國之主張，並未依前述見解提出異議。此種締約國在條約生效後的行為，亦足以顯示前述見解並非條約之內涵。

中華民國政府在戰爭期間中代表中國軍事佔領臺澎。此項軍事佔領因日本在舊金山和約中放棄對於臺澎領土主權而致喪失存立基礎。另一方面，中華民國政府在軍事佔領臺澎期間中，即積極採取領土併人措施。中華民國在軍事佔領臺澎期間，有否逾越軍事佔領國之權限，值得懷疑。但中華民國政府所採取之併人措施延續至日本放棄對臺澎領土主權之後且一直強化。很顯然地，中華民國政府代表中國對臺澎所實施之管轄應在一九五二年後某一時間點上已達到有效的程度。至於此確切時間為何，在現在來說，已不具重要性。另一方面，中華民國政府以中國政府身份，一直明確表示對於臺澎之取得意思。因此，中華民國政府代表中國滿足了國際法上先占的條件，而取得對於臺澎的領土主權。至於中華民國政府代表中國取得或統治臺澎，是否具有「正當性」，在國際法上則可不問。因為，正當性概念是國內法上概念，而非國際法上概念。目前國際法的各種規定，都未反映正當性的理念。例如，領土取得方法（先占、時效、割讓）及政府承認等等，皆未採納正當性的概念。

對於承認中華民國政府為中國政府的國家來說，臺澎為中國之領土。即使這些國家後來不再承認中華民國政府為中國政府而承認中華人民共和國政府為中國政府，也不會影響「中國」取得臺澎之領土主權。因為，取得領土的是國家，而不是政府，政府僅是為國家取得領土。一個政府代表國家取得領土，不因該政府被取代而影響取得的領土。前述見解實係植基於一個基本的法理：國際法上人格者是國家，政府僅是該人格者的機關。政府代表國家所為行為的法律效果，是對國家發生。此項法律效果不因機關的變更而受影響。

另一方面，自始（一九四九年）即承認中華人民共和國為中國政府的國家來說，臺澎仍為中國領土。因為中華人民共和國政府自始一直主張臺澎為中國領土，而這些國家也明示或默示「承認」中華人民共和國政府的主張。此項承認產生一項法律效果，即：對於承認中華人民共和國政府為中國政府的國家來說，不得否認臺澎為中國領土。因此，即使中華人民共和國政府未曾實際統治過臺灣，但在國際法上臺澎仍是「中國」領土。

五、以先占取得的領土必須是無主地。有些學者似乎認為無主地不僅是指不屬於任何國家的土地，而且還必須具有另一條件，即：沒有眾多人居住㉓。由於臺澎在日本放棄領土主權之時，已有眾多人居住，因此，不是無主地。但此項見解與國際法之規定不合，而無適用可能。

六、中華民國政府能否依據「時效」主張中國對於臺澎的領土主權？時效取得適用的標的是「他國領土」或在兩國或多數國家間發生爭議的領土。臺澎在日本放棄對其領土主權之後即成為無主地，而無適用時效取得的餘地。

七、「人民自決」在二次大戰之後已成為條約法的一部份㉔。「人民自決」中之「人民」意涵為何，頗有爭議。但若檢視二次大戰後之國家實踐，可以確定人民自決是適用於反殖民化的原則。因此，人民是指殖民地的人民㉕，亦即所謂非自治領的人民。這些人民與殖民國家的人民在種族方面不同，且佔非自治領人口中之絕大多數，而為「主流人口」。人民自決原則賦予這些人民自決權，亦即自為決定其何去何從，而免受殖民統治。人民自決原則之人民並非泛指任何一個種族或任何一群團體。國際法尚未發展至此種程度。若人民自決原則發展至如此概括的程度，恐怕國際法的其他規定也要做重大的調適。否則國際法的原始目的（建立國際社會秩序），將蕩然無

㉓ 彭明敏，黃錦堂，臺灣在國際法上的地位，臺北：玉山社出版事業股份有限公司，一九九五，頁一九九。

㉔ D. Musgrave, *Self-Determination and National Minorities*, Oxford: Clarenton Press, 1997, p. 91.

㉕ Musgrave，前揭㉔，pp. 91–96。

存。其次，在二次大戰後之實踐固然顯示出一個國家中的不同種族曾經主張民族自決，以尋求脫離母國。但此僅能視為歷史上偶發的事件，而不能視為反映國際法的實踐。若吾人斟酌目前國際法仍以國家為其主要適用對象，且國際法仍以國家之主權為基本出發點，則國際法不可能賦予一個國家中之不同種族自決權（決定是否脫離原屬之母國）。

人民自決原則除了上述意義外，尚具另一意義，即：一個國家中的全體人民有權決定其政府㉖。因此，政府的產生應基於人民的意願。前段所述之人民自決謂之對外自決，此地所稱之人民自決謂之對內自決。

臺澎的居民絕大多數是大陸移民的後裔。而這些人民或其祖先都是外來移民而非臺澎原住種族。而早期的移民活動導致臺澎納入中國版圖。而中國經馬關條約把臺澎割讓給日本，後經日本放棄而再由中國以先占予以取得。從這整個發展過程來看，實在很難說中國早期及近代對於臺澎的統治是對於臺澎的殖民統治；臺澎極大部份的住民，實際上就是中國勢力延伸的代表。臺澎住民很難解釋成是人民自決原則中所稱之「人民」。臺澎住民的一些歷史經驗也許造成其對於中國的疏離感甚至排斥的心理，但是感情的因素卻不足以使其在法律上享有所謂的人民自決權。當然，若國際法有所變更，則另當別論。不過，學說並非國際法，而是應在習慣法或條約法領域中證明出有適當的規定存在。

不可否認的是，人民自決原則不一定要靠「公民投票」方式來落實，任何一種可以表現「自決」之方式皆為可行。但是，由於基本上人民自決原則不適用於臺灣住民，因此，無論臺灣地區政府的「本土化」或「民主化」，皆在國際法上不具有落實人民自決（對外自決）方面的意義。

㉖ Musgrave，前揭㉔，pp. 96–101。

八、中國的領土涵蓋了大陸地區與臺灣地區。但此兩地區分別存在兩套不同且不相隸屬的法律秩序，以及分別存有兩個互相抗爭的政府——中華民國政府及中華人民共和國政府。在法律邏輯上，大陸地區或臺灣地區皆有「可能」由中國脫離而形成一個新國家。

一個國家的要素包括四點：人民、土地、政府及處理對外事務的能力。只要符合此四要素就是國際法上所稱的國家。大陸地區及臺灣地區分別來看，皆各自符合此四個要素。那麼大陸地區或臺灣地區是否即可依據國際法逕行認定為兩個國家或其中之一為中國，而另一則為由中國分裂出來的國家？國際法並未認為，只要符合國家的要素即是國家。一群人是否形成國家，不僅要符合國家的形成要素還要視其情況符合其他的條件。一個群體要從母國分離自組國家仍要符合兩個條件。第一條件是：要脫離母國的群體應有脫離母國自組國家的意思並明確地表示出來。國際法不可能強行把一個符合國家要素的群體直接規定為國家。此種規定是不合理而不可能存在的。第二個條件是：母國對於要脫離的群體是否採肯定態度或者已放棄阻止脫離活動。同樣地，若就目前國際法的整體架構來看，國際法也不可能直截了當規定凡符合國家要素之群體具有脫離意思即為國家，而無視於母國的意思。國際法尚未發展至此種程度。當然，若國際法對此有例外規定，則另當別論。例如，人民自決原則即是此項條件的例外規定。

把前段所述的兩個條件來檢視大陸地區及臺灣地區，則可確定下述兩個結論。首先是：大陸地區或臺灣地區是否明確地顯示其脫離中國的意思，而想自成為另一個新的國家。很顯然的，大陸地區未有此種意思。臺灣地區中的部份民眾或許有此看法，但重點是代表全民的政府是否有此意思並明確地表達出來。中華民國政府在九〇年代開始背離「堅守」一個中國立場，而開始搖擺，在不同場合暗示脫離中國的意願，但在其他場合又採取一個中國立場。整體來說，臺灣地區自九〇年代開始朝向逐漸形成脫離中國的意思，但是尚未達到確定的程度，當然也尚未對外明確的正式表達。其次，對於承認中華民國政府為中國政府的國家來說，大陸地區是否脫離中國自成一個新國家，中華民國政府的態度具決定性的影響。若中華民國政府採取反對態度，則大陸地區不可能成為新國家，其他國家亦無法以此視之。大陸地區仍為中國的一部份。同樣的道理，對於承認中華人民共和國政府為中國政府的國家來說，臺灣地區是否脫離中國成為新國家，則中華人民共和國政府的態度具決定性影響。若中華人民共和國政府一直持反對態度，則臺灣地區即不可能成為一個新國家，別的國家也不能任意以此看待臺灣地區。

伍、兩岸的定位

一、兩德模式適用於兩岸的困難

二次大戰期間中，德國的全部領土被交戰國美、英、法、俄等四國軍事佔領。原來德國並未因軍事佔領而消滅，軍事佔領國僅享有最高的治權[27]。由於軍事佔領國間的利益衝突，而致戰後德國新秩序的建立無法達成共識。在此狀況之下，美、英、法與俄國分別在其佔領區中扶植設立新的法律秩序，即所謂的西德及東德。西德及東德新憲法基本上皆認為原來的德國未消滅，其為原來德國的延續而其政府則為代表全德國的政府。未來德國的統一則是西德及東

[27] Rudolf Bernhardt, Die deutsche Teilung und der Status Gesamtdeutschlands,載於：Josef Isensee, Paul Kirchhof, *Handbuch des Staatsrechts der Bundesrepublik Dentschland*, Bd. I, Heidelberg: C. F. Müller Verlag, 1995, pp. 324–325。

德新憲法的目標㉘。基於前述立場，兩德自一九四五年至一九七三年間堅持所謂的哈爾斯泰原則(Hallstein-Doktrin)㉙：西德政府為代表全德國的政府，凡與東德建交之國家，西德即與之斷絕外交關係。在法律邏輯上，東德對外關係亦應持相同立場。但由於東德一開始在外交上就處於劣勢，因此並未做如此強烈的表態。

美、英、法於一九五五年經由條約的簽訂結束在「西德部份」的軍事佔領，一九五四年俄國亦經由條約的簽訂結束其在「東德部份」的軍事佔領。美、英、法、俄等國皆持一項立場，即：四國對於整體德國的相關事項保有權責，亦即：德國的統一、對整體德國和平條約的簽訂、德國領土的最終解決等。反之，西德及東德則不得單方面逕自決定此種相關問題㉚。由上述四強立場可演繹出下列兩項結果：㈠未經四強同意，原德國不會消滅；㈡未經四強同意，任何部份不可能由原德國分裂出來㉛。因此，四強的意思對於原德國的消滅及原德國的分裂具有阻卻的效力㉜。

一九七〇年代開始，西德、東德與美、英、法、俄間之關係則發生變動。美、英、法承認東德為一個國家，且與其建交，而俄亦承認西德且與其建交。西德與東德亦分別以國家身份加入國際組織。而西德與東德於一九七二年十二月二十一日簽訂一項基本條約。於

㉘ Grorg Ress, Grundlagen und Entwicklung der innerdeutschen Beziehungen,載於：Josef Isensee, Paul Kirchhof，前⑰所揭書，頁四六五，四六七。西德為彰顯其憲法之過渡性以及統一的目標，特別稱其憲法為「基本法」(Grundgesetz)，而不用憲法(Verfassung)一詞，見：Bernhardt，前揭⑰，頁三二五。

㉙ Bernhardt，前揭⑰，頁三三〇；Ress，前揭⑱，頁四七五。

㉚ 參見：Bernhardt，前揭⑰，頁三二七；Ress，前揭⑱，頁四五六至四五九。

㉛ Ress，前揭⑱，頁四九二。

㉜ 同㉑。

此條約中，東西德互相承認對方為「國家」，且維持統一目標㉝。

西德與東德雖然為兩個國家，但是此種情形與西德主張：原來之整體德國繼續存在顯然發生矛盾。面對此種矛盾，西德聯邦憲法法院發展出所謂的頂蓋理論(Dachtheorie)㉞。戰前的德國（整個德國）在二次大戰之後，特別是在西德及東德兩個法律秩序成立之後，仍然繼續存在，仍然為國際法上人格者，但由於政府組織不存在，因此德國在實際上沒有行為能力。德國並未消滅，可由美、英、法、俄四國對於此整個德國之事項尚保有一些權責可以證之。西德與東德僅是在原來德國的領土上形成的兩個國家。西德與東德皆為國際法上的人格者，只要西德與東德不放棄統一的前景，那麼西德與東德皆為過渡現象。

由前段所述可知，原來的德國在法律上繼續存在，但僅由土地及人民所形成。而此人民與土地則同時又再形成兩個國家，即西德、東德。由於西德與東德係由一個德國的部份土地及人民所形成，因此，西德與東德皆不能代表整體德國，而有關整體德國的事項，東德及西德皆無權置喙。西德及東德僅就其所形成之人民及土地享有治權及主權。在法律上，西德與東德與傳統之國家不同，可謂具有特殊性質的國家，亦即，在原來德國繼續存在之情形下，分別存在的兩個國家。

雖然西德與東德的對外關係，仍為國家與國家間關係。但是西德學者則傾向於避免把西德與東德間關係解釋為國家與國家間關係，而僅視為國際法關係與國內法關係之混合體㉟，其中以國內關係佔大部份。何以西德與東德間之關係主要是國內關係？學者主要是著眼於原來德國的繼續存在。從繼續存在的原來德國來看，西、

㉝ Ress，前揭⑱，頁三三三至三三四。

㉞ Bernhardt，前揭⑰，頁三三九至三四〇。

㉟ Ress，前揭⑱，頁四九三。

東德仍為其部份，因此，其間關係應是國內關係。但兩者是分治狀況，因此兩者間仍適用部份之國際法，兩者間亦有國際法關係。由於此種的特殊關係(special relationship, inter se-Beziehumg)，使得西德與東德在面對面時僅是「在特殊關係中的國家」㊱。

以上所述，在德國、西德及東德三者併存下所生的法律架構，在傳統國際法中是找不到直接相關規定的㊲，此種法律架構是植基於國際社會的共識。此項共識則反映了國際社會的法律見解㊳。

綜合以上所述可知，兩德模式的基本結構如下：原來的德國未消滅，但其人民及土地則同時分別形成兩個過渡時期國家：西德及東德。原來德國無行為能力。西德及東德享有有限的權利能力及行為能力。西德及東德相互間則是一國中兩部份，兩者間是一種特殊關係，即：以國內關係為主，但混入國際法關係。西德與東德面對面是指在特殊關係中的兩個國家。兩德模式的主要目的，在於避免因戰爭而引起之分裂狀態導致德國永久分裂成兩個國家，而致無法統一。

海峽兩岸的分治與德國的分裂在外觀上來看，有一共通特點，即有兩套法律秩序併存。但若深入觀察，則可以發現兩者性質截然不同。海峽兩岸的分裂是新政府（即：中華人民共和國政府）挑戰舊政府（中華民國政府）所形成的結果。海峽兩岸的分裂是內戰所形成的。而海峽兩岸的爭議是在一國之內的「政府」誰屬的爭議。反之，德國的分裂是在原來德國未消滅的前提下，出現兩個國家。東德與西德對外是兩個獨立國家，兩者面對面則是一個德國中的兩

㊱ Ress，前揭⑱，頁四九三至四九四。

㊲ Rudolf Dolzer, Die rechtliche Ordnung des Verhältnisses der Bundesrepublik Deutschland zur Deutschen Demokratischen Republik,載於：Josef Isensee, Paul Kizchhof，前⑰所揭書，頁五五七至五五八。

㊳ Dolzer，前揭㉗，頁五五八。

部份。而兩者的目的則是消滅自己並恢復「沈睡」中的原來德國。簡言之，由兩個併存的國家走向一個統一的國家。

若把兩德模式中的兩個國家的特質適用到兩岸，實是意味著由「政府爭議」走向「國家爭議」，由單一國家走向兩個國家。此種結果與兩德模式用來防止德國走向永久分裂成兩個國家的意旨大相逕庭。除非兩岸所追求的是分裂成兩個國家，否則兩德模式並無適用的價值。

兩德模式中西、東德間的關係不是單純的國際法關係，而是國內關係，混合國際關係。此種混合關係對於闡釋兩岸法律關係具有啟發的作用。兩岸間法律關係，似乎可從此角度予以闡明。

二、兩岸間的法律關係

如前文所述，兩岸在國際法上並非是兩個各自獨立的國家，而是一個國家中的兩個部份：大陸地區與臺灣地區。兩個地區各有政府且相互抗爭希望成為中國的政府。大陸地區與臺灣地區間的法律關係，基本上仍是國內關係。析言之，兩岸之一方僅能把對方視為本國的特殊地區來處理。若兩岸一方的法律不宜適用於對方，則應針對對方訂定特別法來予規制。目前臺灣地區的法律秩序即反映此種態度。中華民國憲法仍視大陸地區為中國領土，但針對大陸地區事項則明定應訂定特別法律予以規制[39]。承襲此項規定，則出現兩岸人民關係條例。而一些其他法律亦配合此項立場而為規制[40]。另一方面，大陸地區的法制也必須針對臺灣地區的事宜訂定一些特別規定來予規制。兩岸間的法律關係內涵即由兩岸分別針對對方所訂定的法規予以形成。

[39] 參見：中華民國憲法增修條文第十條。

[40] 例如：國家安全法、就業服務法、入出國及移民法。

兩岸固然同屬一個國家中的兩個部份，但是兩者面對面尚具有另一個性質，即政治實體，亦即：兩者互為政治實體。政治實體為國際法上的人格者，而具有限制的權利能力及行為能力（包含締約能力）。就政治實體的身份而言，兩岸間亦有國際法上關係，當然此國際法上關係的內涵與性質異於國家間之關係。此種關係的內涵為何，應進一步予以形成。但是，兩岸間的政治實體關係，可經由雙方締結條約予以具體形成。例如，兩岸分別訂定的法規，在適用上發生衝突或在適用上發生銜接的困難時，則可經簽訂條約而達成共識，進而依此修訂各自法規。此外，兩岸間就特定事務，亦可簽訂各種條約，例如停戰協定、有關三通的協定。

整體來說，兩岸間的法律關係具有混合性質，即國內法關係及國際法關係。若套用兩德模式中的用語，此種關係可稱之為「特殊關係」。兩岸其實是在特殊關係中之一個國家的兩個政治實體。

陸、結　語

一、從國際法的角度來檢視兩岸分治的狀況可得下列結論：㈠海峽兩岸並非兩個國家。海峽兩岸同屬於一個國家，即：中國；㈡「中華民國政府」與「中華人民共和國政府」相互抗爭，爭取成為中國之政府。對於承認中華民國政府為中國政府的國際法主體來說，大陸地區為政治實體。對於承認中華人民共和國政府為中國政府的國際法主體來說，臺灣地區為政治實體。對於承認中華民國政府為中國政府的國際法主體來說，其與大陸地區間的關係不可能逾越政治實體的關係。對於承認中華人民共和國政府為中國政府的國際法主體來說，其與臺灣地區的關係不可能逾越政治實體關係。

大陸地區或臺灣地區相互為政治實體。兩者間的關係為一種混合關係，即：由國內關係與政治實體關係共同形成的關係。後者屬國際法性質關係。前者則包含了大陸地區針對臺灣地區所制定法規所形成的關係，以及臺灣地區針對大陸地區所制定法規所形成的關係。

在法律邏輯上，海峽兩岸未來的發展有兩種可能：㈠分裂成兩個主權獨立國家；㈡終止分治狀況，共同納入一套國內法體制。

海峽兩岸未來實際走向為何，是未來發展的問題，但未來的發展並不等同於目前的法律狀況。未來發展在國際法上如何評價，則是未來的事。

二、中華民國政府自一九四九年以來，在事實上即不再控制大陸，而中華人民共和國政府自一九四九年以來也在實際上未曾統治過臺澎。因此，也許有人會認為，把臺灣及大陸視為一個中國中之部份，且以中華民國政府或中華人民共和國政府為代表全中國之政府，與事實不合。在「現實」中，海峽兩岸確實是分治的狀況，這是事實，但以法律規範解析事實的結果是法律上的評價。法律上的評價不等同於現實。前述觀點，顯然不了解法律是一種規範而與事實是不同，兩者是可以區隔的。而前述觀點也顯然不了解「法律適用」的概念為何。

國際法上自衛權之研究

楊永明 *

壹、前　言

貳、國際法上自衛權的發展

參、聯合國憲章第五十一條

肆、集體自衛

伍、預期性自衛

陸、結　論

* 作者為美國維吉尼亞大學博士，現任臺灣大學政治學系副教授。

國際法上自衛權之研究

壹、前　言

武力解決國家間的爭端與衝突是國際關係史上不斷上演的劇碼，戰爭似乎成為國際新聞的常駐頭條，雖然聯合國成立以來透過聯合國憲章建構一套維護國際和平與安全的法律秩序架構，強調禁止武力使用與和平解決爭端，並且賦予聯合國安全理事會廣泛權限維護國際秩序，但是即使是在冷戰時期兩大強權僵持對抗的恐怖和平之下，國際社會還是發生了近百次戰爭。

國際社會並沒有任何世界政府存在以維護國際秩序，因此面對戰爭的威脅，國際法賦予國家受到外來軍事攻擊時得以行使武力自衛措施，就是國家雖然不得以武力解決爭端，但是國家保留有遭受武力攻擊時的武力自衛權利。有些學者認為自衛權是對於禁止武力使用的例外規定，如同聯合國集體安全行動一般，國家只有在這兩種情況下可以合法行使武力與軍事行為。然而，對於國家行使自衛權的規定內容、前提要件、限制範圍等，一直有著不同的主張與爭議，有的是針對規範內容的解釋與認定問題，有的則是隨著時間與環境變化而產生的適用問題，這些問題可能尚未能有完整的解決，但是對於問題的釐清應該有助於我們進一步認識國家行使自衛權的相關規範與實踐。

本文將討論國際法上自衛權發展的歷史與演變，從十九世紀案例到二十世紀的聯合國憲章規範，尤其是憲章第五十一條對於國家行使自衛行為的規範內容，以及由條文規定與國家實踐逐漸產生對於自衛權行使的爭議，主要集中在自衛權行使的前提、原則與限制，特別集中在集體自衛與預期性自衛兩項特別受到重視與辯論的自衛權行使規定。

貳、國際法上自衛權的發展

聯合國憲章之前有關國家行使自衛權的討論，主要集中在確認自衛權的存在與地位。兩個著名案例與條約建立了自衛權在傳統國際法上的地位。首先，十九世紀有關國家自衛權的有名案例是卡洛萊號案例(Caroline Case)，一八三七年英國在加拿大的殖民政府面對加拿大地方叛軍的反抗，美國與英國是處於和平狀態，但是美國籍的卡洛萊號被英國認為援助加拿大叛軍，因此在一八三七年十二月二十九日，英國對於停泊在美國境內的卡洛萊號進行攻擊，殺害船上美國船員，燒毀該船並將之流落至尼加拉瓜瀑布墜毀。美國立即提出抗議並要求損害賠償，但是英國認為該船隻援助叛軍行為造成對英國政府的立即威脅，因此英國進入美國境內攻擊該船是純粹的自衛行為。在兩國政府針對此案的往來文件之中，建立了習慣國際法對於自衛權行使要件的具體內容。

兩項基本要件在卡洛萊號案例中被確認，分別是需要性(necessity)與比例性(proportionality)，首先就需要性而言，自衛權是必須在有需要採取自衛行為以確保其權益時才能行使，美國認為英國政府應該證明在有「立即、明顯、且無其他方法避免」(instant, overwhelming, leaving no choice of means)之下才得採取自衛行為❶。這些原則後來也在國際法院審理尼加拉瓜案例過程中被再度確認其適用

❶ D. Bowett, *Self-Defense in International Law* (Manchester University Press, 1958), pp. 188–189.

性❷。其次有關比例性原則，是指自衛行為應該合乎遭受攻擊的比例，不可非理性反應或自衛過當，而造成懲罰性報復行為或非自衛措施的行為，則這些不合乎比例原則的自衛行為也在卡洛萊號案例中獲得確認❸。

在一九二八年國際社會簽署「非戰條約」將戰爭作為國家政策工具手段予以非法化時，並未提到自衛權相關字眼，當時的美國國務卿為了緩和法國的疑慮，特別寫信指出：「美國所提出的條約草案中，完全並未限制國家的自衛權，這項權利是主權國家的固有權利，並且隱含在所有條約之中。所有國家皆可以對其領土的攻擊或侵略進行自衛，並且可自行決定何時可以採取自衛行為❹。」這項書信被認為是首次正式提到自衛權的法律解釋與認定，特別是針對國家遭受攻擊或侵略時，所採取的自衛行為是固有權利(inherent right)的觀點，後來被廣泛接受甚至納入到聯合國憲章第五十一條條文內容之中。但是，該文對於如何行使自衛權除了指出國家可以自行認定外，並未有進一步闡釋。

這項文件聲明對於自衛權的發展有重要影響，除了確認國家自

❷ Rebecca M. M. Wallace, *International Law* Second Edition (London: Sweet & Maxwell, 1992), p. 247.

❸ J. Brierly, *The Law of Nations* 6th ed. (London: Cambridge University Press, 1962), p. 406.

❹ "There is nothing in the American draft of an anti-war treaty which restricts or impairs in any way the right of self-defense. The right is inherent in any sovereign state and is implicit in every treaty. Every nation is free at all times and regardless of treaty provisions to defend its territory from attack or invasion and it alone is competent to decide whether circumstances require recourse to war in self-defense." See Hilaire McCoubrey and Nigel D. White, *International Law and Armed Conflict* (Vermont: Dartmouth Publishing Company, 1992), p. 88.

衛權存在之外，內容也包含數項重點：首先，文件指出自衛權是國家的固有權利，亦即自衛權在當時已經是習慣國際法的一部份，國家原本就享有保衛領土的自衛權，因此不需要在廢戰條約中再次強調。其次，自衛權應該是避免使得國家受到外來攻擊或侵略，因此並不能從這項文件確定是否一定要國家受到攻擊或侵略之後，才能行使自衛權保衛領土。第三，對於在何時可以採取自衛權，文件認為應該由國家自行決定，不過文件中並未提及自衛權行使是否有限制與條件。無論如何，由此文件可知在當時對於自衛權的一般性規範與認知。

參、聯合國憲章第五十一條

二次大戰之後所建構的國際安全規範，是以聯合國憲章第二條第四項禁止武力使用與威脅為基礎，要求國家以和平方法解決爭端，禁止使用或威脅使用戰爭或任何形式的武力，做為解決爭端的手段。第二條第四項的內容為：「各會員國在其國際關係上不得武力使用或威脅，或以與聯合國宗旨不符之任何其他方法，侵害任何會員國或國家之領土完整或政治獨立❺。」這項條文建立了對於武力使用的一般性禁止，因此，戰爭當然是非法的，更進一步，凡是有侵害其他國家之「領土完整或政治獨立」的武力使用或武力威脅都一律被禁止❻。

❺ "All members [of the United Nations] shall refrain in their international relations from the threat or use of force against the territorial integrity or political independence of any state or in any other manner inconsistent with the Purposes of the United Nations." Art. 2(4), Charter of the United Nations.

❻ 有關第二條第四項的討論請參閱：楊永明，「國際法與禁止武力使用和威脅」，美歐月刊，一九九六年二月，第十一卷，第二期，頁九二至一

然而，為了維護國際和平與確保個別國家安全，聯合國憲章針對第二條第四項禁止使用武力的例外規定有兩項：集體安全與自衛。集體安全制度是憲章第七章有關安全理事會維護國際和平與安全的相關規範❼，而自衛行為則是憲章第五十一條的規範內容，憲章是以對於第二條第四項例外條款的方式界定自衛權，規定因遭受攻擊或侵略而採取武力自衛的合法性，其內容為：

> 聯合國任何會員國受武力攻擊時，在安全理事會採取必要辦法，以維持國際和平及安全以前，本憲章不得認為禁止行使單獨或集體自衛之自然權利。會員國因行使此項自衛權而採取之辦法，應立刻向安全理事會報告，此項辦法於任何方面不得影響該會按照本憲章隨時採取其所認為必要行動之權責，以維持或恢復國際和平與安全❽。

有關對於第五十一條的文字意涵與條文解釋問題，一直是學者辯論的焦點，也是國家實踐上的爭議所在。其中最受重視的問題包

〇八。

❼ 有關集體安全體系，請參閱 Inis L. Claude, JR., Swords into Plowshares: The Problems and Progress of International Organization, Fourth Edition (New York; Random House, 1984), pp. 245–285; David J. Scheffer, eds., Law and Force in the New International Order (Boulder, Co.: Westview Press, 1991); Thomas G. Weiss, Collective Security in a Changing World (Boulder, Co.: Lynne Rienner, 1993)；楊永明，「從國際法觀點看聯合國集體安全體系之法律架構、制度性問題與對應之策」，臺大法學論叢，第二十六卷，第三期，一九九七年四月，頁一八三至二一一。

❽ Nothing in the present Charter shall impair the inherent right of individual or collective self-defense if an armed attack occurs against a Member of the United Nations, ...

括「武力攻擊」定義、國家何時可以採取自衛行為、「固有權利」意涵、以及「集體自衛」等概念，均引起國家實踐與學者意見的不同辯論，不可否認的是第五十一條對於這些概念並未有詳細的定義，也未在憲章其他條文或是安全理事會決議文中進一步解釋，因此才引起激烈的爭執與討論，然而事實上這些辯論也反映出隨著國際環境的變化，對於攸關國家重大利益的安全規範問題的調適與轉變。

首先，何謂「武力攻擊」(armed attack)? 聯合國憲章在條文第一條第一項、第三十九條、第五十一條和第五十三條使用到攻擊(attack)或是侵略(aggression)，但是卻沒有對這兩個概念予以任何進一步的定義或解釋。一直到一九七四年聯合國大會才通過國際法委員會所提出對於侵略的定義的決議文❾，決議文對於侵略的定義並不是依據憲章第二條第四項有關使用武力或威脅使用武力，而是依據憲章第五十一條的武力以構成侵略的要件，然而由決議文的內容以及決議文討論的過程可知，其實當時國際社會對於侵略和武力攻擊有著不同的解釋與認知，因此兩個概念並不是相同的，一般而言，武力攻擊是較為明確與具體的狹義概念，而侵略則較為廣泛，但是相較於第二條第四項的武力使用與威脅武力使用則較為具體與明確。

條文也規定國家在行使武力自衛行為之後，應該立即向聯合國安全理事會提出報告，而安理會的權限並不會因為國家採取自衛行為而受到影響，亦即儘管國家已經針對外來攻擊採取自衛行為，但是安理會仍然可以決議採取相關措施以維護國際安全，這項規定是為了與第七章有關安全理事會的整體精神與功能相符合而制訂的。另外，條文也指出「在安全理事會採取必要辦法，以維持國際和平及安全以前」，國家得採取武力自衛行為，這段文字其實也是為了強調安全理事會維護國際安全的權限，但是安全理事會的程序與溝通

❾ GA of Resolution 3314, December 14, 1974.

問題，尤其是常任理事國的否決權問題，可能無法立即針對一切武力侵略或攻擊行為採取及時的決議與制裁措施，因此國家在遭受攻擊之後，當時可以使用武力以自保。

作者並不贊成部分學者認為這項規定是指如果安理會一旦採取行動，則國家應該放棄所有武力自衛措施⑩，因為憲章第五十一條條文很清楚指出自衛權是國家的固有權利，並不因為聯合國安理會的決議而自然消失，因為安理會雖然是負責維護國際安全與和平的機構，但是程序與政治因素可能會耽誤或無法提供有效措施，協助受攻擊國家避免進一步受到侵害，而且所謂「必要辦法」(necessary measures)亦即是憲章第三十九條所言之「必要辦法」，包括一切安理會認為適合的措施與作為，並且如果國家僅是行使自衛權，則在遵守自衛行為的數項要件規範之下，則應該不會影響安理會決議的權威性與有效性。

其次，對於國家何時可以採取武力自衛行為的解釋，有兩派不同的觀點，較為狹義的解釋認為只有在武裝攻擊情況發生時，國家才能採取武力自衛行為；昆西萊特(Quincy Wright)認為對於第五十一條的解釋必須忠於條文的字義，條文明確指出當國家「受武力攻擊時」得行使單獨或集體自衛，同時憲章第三十三條也要求國家以和平方式解決國際爭端，因此，武力自衛行為必須是反應於武裝攻擊，超越這個限制則不符合第五十一條條文的規定⑪。

⑩ Abram Chayes, The Use of Force in the Persian Gulf, Address at the U.S.-Soviet Conference on the Non-use of Force, Oct. 4, 5, and 6, 1990, in Kathryn S. Elliott, "The New World Order and the Right of Self-Defense in the United Nations Charter," *Hastings International and Comparative Law Review*, Vol. 15, 1991, pp. 55–81.

⑪ Quincy Wright, "The Cuban Quarantine," *American Journal of International Law*, Vol. 57, 1963, p. 546; Louis Henkin, *How Nations Behave*, 2d ed. (New York: Columbia University Press, 1979), pp. 140–144.

狹義解釋觀點指出聯合國憲章第二條第四項和第五十一條之間關係其實是耐人尋味的，第二條第四項指出國家之間不得以使用武力或威脅使用武力處理和其他國家之間的爭端，第五十一條則指出，如果國家在遭受武力攻擊(armed attack)之後，國家可以行使武力自衛的權力，因此，第五十一條所指的自衛行為是針對遭受武力攻擊之後才可以行使的武力自衛行為，而並不是只針對其他國家違反第二條第四項所採取的反制措施或自衛行為。於是，使用武力與威脅使用武力和武力攻擊兩者之間產生概念上和法律定義上的差距，換言之，武力使用或威脅使用武力是較為廣義的概念，所以武力攻擊只是第二條第四項武力使用並破壞其他國家領土完整或政治獨立的具體行為，第五十一條則指出針對類似這種使用武力攻擊的具體行為，國家可以採取武力自衛行為。簡言之，第二條第四項所指稱的武力使用或威脅使用武力是較廣義的定義，而第五十一條的武力攻擊則是包括在第二條第四項內的一項具體使用武力的違法行為。國際法院在一九八六年對於尼加拉瓜案件的判決文當中指出⓬，有一些類似邊境事件或是武裝軍隊在邊境或跨越邊境的巡邏行為，應該被視為違反第二條第四項的使用武力或威脅使用武力的違反行為，但是國際法院卻指出，這些邊境的軍事佈署與威脅或是小規模與範圍的軍事行動，尚不構成武力攻擊的程度與行為。

另一種解釋方式則是較為廣義的分析憲章整體規定、國際法中自衛的歷史發展、以及憲章起草人對於保存自衛合法性的原意等，這派學者認為第五十一條自衛權利應不限於遭受到武裝攻擊之後才可行使。他們認為第五十一條的解釋應該並無限制對於在遭受武裝攻擊之前的自衛權利⓭。他們認為自衛權不僅聯合國憲章第五十一

⓬ ICJ Report 1986 FN. 15, p. 103, PARA, 195.

⓭ D. Bowett, "Collective Self-Defence Under the Charter," *British Yearbook of International Law*, Vol. 32, 1955–1956, p. 148.

條明文確定，並且是習慣國際法中認定屬於國家「固有權利」(inherent right)， 這項文字的意義明確指出自衛權並非是憲章所創設的權利，而是原本就存在屬於國家的權利，憲章僅是在第五十一條承認這項國家權利的固有存在。事實上，在一九二八年的巴黎非戰公約(Kellogg-Briand Pact of 1928)制訂過程之中，就曾經討論過是否應該將自衛權文字放在非戰公約之中，當時的結論認為自衛權是國家固有的權利，因此不需要在公約中載明。

因此，既然自衛權是國家固有權利，憲章文字規定國家在遭受武裝攻擊之後才能行使自衛權是對國家自衛權的限制，可是憲章又指出自衛權是固有權利，所以廣義解釋認為在今天的軍事科技發展之下，遭受到武裝攻擊之後的自衛行為有時並無法提供有效且成比例的武力自衛，且如此規定將會使得國家自衛武力喪失嚇阻他國軍事侵略的效果。廣義解釋牽引出另一項爭議，亦即所謂「預期性自衛」(anticipatory self-defense)，也就是國家在預期會立即遭受武裝攻擊前的自衛行為的合法性問題，對於預期性自衛問題，後文將有專節討論之。

聯合國安理會拒絕接受埃及認為佔領蘇依士運河是自衛行為一案，可以進一步說明國際社會對於自衛的一般性認定標準。埃及在一九五一年將蘇依士運河國有化並且佔領一直由英法共管的運河區域，埃及表示軍事佔領運河行為是以埃戰爭的延續，是一種自衛行為的表現。埃及認為在第一次以埃戰爭之後，雙方一直處於交戰狀態，所以埃及佔領蘇依士運河是自衛行為。但是，聯合國安全理事會以八票贊成（其餘棄權）的表決，拒絕接受埃及佔領運河是自衛行為的主張，安理會認為就當時一般情勢而言，無法以自衛行為合理化埃及軍事佔領運河的行為⓮。這項案例指出自衛主張必須是針

⓮ 參閱 Leland M. Goodrich, Edvard Hambro and Anne Patricia Simons, *Charter of the United Nations: Commentary and Documents*, Third and

對受到外來侵略的自衛行為，對於情勢認定採取較為嚴謹的標準，更不接受國家將本身違反國際法的軍事佔領行為解釋為自衛。

聯合國安理會對於自衛權的觀點延續國際法對於自衛權的限制，包括需要性與比例性兩大原則，並且也在一些案例中指出合法自衛行為不是報復行動(retaliation)，國家行使自衛權不可毫無限制的發展成為報復或報仇行動。例如，一九六四年英國軍隊攻擊葉門村莊，英國認為是基於憲章第五十一條規定對於遭受軍事攻擊之後的軍事自衛行為，並非懲罰性的報復行為，安理會並未譴責英國軍事攻擊是報復行為，但是對於英國軍事行動所造成平民的傷亡表示遺憾，安理會並且特別通過一項決議，指出報復行為不符合聯合國憲章精神與原則⓯。

肆、集體自衛

針對第二條第四項禁止國家使用武力與威脅的規定，第五十一條其實有兩項例外但書，一是個別自衛權(individual self-defense)，另一是集體自衛權(collective self-defense)。第五十一條條文具體指出國家可以行使單獨或集體的自衛權，給予集體自衛概念與行為明確的法律地位。集體自衛意指國家遭受攻擊或侵略時，他國可以採取軍事或非軍事方法，協助受攻擊國家進行武力自衛。集體自衛權也可以說是個別自衛權的延伸，因為其他國家認為該受攻擊國家就如同自身受到攻擊或自身利益受到威脅，因此協助受攻擊國的自衛。因此從憲章條文意涵層面觀之，集體自衛與集體防衛(collective defense)是同樣的概念，本文也交替使用這兩個用語。

Revised Edition (New York: Columbia University Press, 1969), pp. 347–348。

⓯ UN Doc. S/5649, Apr. 8, 1964.

其實憲章第五十一條有關集體防衛的由來，和憲章制訂當時拉丁美洲區域組織關係密切，因為較早的憲章草案之中並沒有第五十一條集體自衛條文，但是由於拉丁美洲國家和美國在第二次世界大戰期間簽署的一項美洲國家之間集體防衛的「卡布德貝條約」(Act of Chapultepec)，該項條約並且指出在二次大戰之後，美洲國家將建立一個永久的集體防衛體系，因此拉丁美洲國家擔心聯合國安全理事會可能會被常任理事國的否決權癱瘓，無法有效執行集體安全制度維護國際安全，所以一方面為了給予此項美洲國家集體防衛條約合法化地位，另一方面為了讓隸屬區域組織的國家遭受攻擊或侵略時，區域組織成員可以協助該國進行集體自衛⑯，於是在舊金山會議時加入有關第五十一條集體自衛條文⑰。因此在平時，國家之間的防禦性軍事同盟，除了有軍事嚇阻效用之外，主要目的就是在提供任何一方遭受外來侵略時，作為集體防衛的聯盟安排。

集體防衛規定也是一種預防性自救措施，特別針對安全理事會可能由於受到常任理事國否決權行使而致癱瘓，無法有效處理制裁侵略國家的軍事行為，此時憲章第五十一條集體自衛條款可以提供相關國家協助受攻擊國家自衛的法律依據，非但可以即時提供受攻擊國家必要的合法協防，也可以作為之後安理會進一步決議的事前準備，例如在波斯灣戰爭時，一九九〇年底伊拉克入侵佔領科威特

⑯ 當時美國即將在西歐建構北大西洋公約組織，並且阿拉伯聯盟(Arab League)也在一九四五年成立，這些組織均是以集體防衛性軍事聯盟為主的區域安全組織，因此也是為了給予這些集體防衛組織的合法地位，因此在第五十一條增加集體自衛條文，並且以憲章第八章的「區域安排」條文，正式確認區域組織在幫助區域國家集體自衛並協助安理會維護區域安全與和平。

⑰ 參閱 Inis Claude, "The OAS, the UN and the United States," in Joseph Nye, ed., *International Regionalism* (NY: Columbia Univ. Press, 1968), pp. 6–13。

之後，五天之內來自於許多相關國家的軍隊開始集結在印度洋與波斯灣，此時聯合國安全理事會還未做出明確授權決議，但是相關國家則是以受到科威特與沙烏地阿拉伯兩國政府的請求，軍事協助兩國進行集體自衛行動，以抗拒伊拉克的攻擊與侵略。之後，聯合國安理會通過第六七八號決議案，授權給集結在此的聯盟軍隊（到此之後組成的聯盟部隊)，可以採取相關措施回復波斯灣區域的國際和平與安全(restore international peace and security)，該項安理會決議授權給集結軍隊得以行使超越集體防衛的措施與行為，使得原本是基於集體防衛而集結的各國軍隊，成為聯合國授權的集體安全體制的強制和平行動⑱。

集體自衛權除了其他國家可協助正遭受攻擊的國家的自衛行為之外，另一項一樣重要的意義則是指在平時數個國家彼此之間得簽署相互協助防衛的軍事聯盟條約，以條約形式確保彼此相互援助其他受攻擊國家的自衛，並且也展現嚇阻可能的軍事威脅與攻擊。亦即國家可以和其他國家共同結合面對可能的外來武力威脅，以集體危機處理方式，共同防禦彼此的安全與利益。因此，集體自衛行為不一定需要有軍事同盟為前提，也不一定要以受攻擊國明示邀請為要件，因為憲章並未明訂行使集體自衛的前提要件，所以任何第三國提供受攻擊國的協助，都可以認定是基於集體防衛的自衛行為。因此，二次大戰之後的多邊與雙邊軍事聯盟，包括北大西洋公約組織、華沙公約組織、美日安保等，都可以說是一種「集體自衛機制」(collective self-defense mechanism)的防衛性與嚇阻性軍事同盟。

例如，美國的「臺灣關係法」(Taiwan Relations Act, TRA) 中的規定，雖然是以國內法方式規範美國對臺安全政策，但是其內容是合乎國際法規範，亦即協助武力自衛和集體防衛的設計。首先，臺

⑱ Hilaire McCoubrey and Nigel D. White, *International Law and Armed Conflict* (Vermont: Dartmouth Publishing Company, 1992), pp. 158–159.

灣關係法規定美國政府應售予臺灣足以自我防衛的武器，是合乎國際法規範受武力威脅國家可以採取軍事武力準備措施，向其他國家購買自衛武器，以確保自身安全與區域和平。其次，「臺灣關係法」指出，「美國認為任何以非和平方式解決臺灣問題的努力，都是對西太平洋和平穩定之威脅，也為美國所嚴重關切。根據臺灣關係法，總統和國會將決定美國在此情況下的任何適當行動。」因此，臺灣關係法規定臺灣安全與西太平洋安全是美國重大關切所在，因此不排除當臺灣遭受武力攻擊時，美國前來軍事協防臺灣安全與自衛，這是國際法規範的集體自衛權利，而且其他國家的軍事援助行為也是合於國際法規範的，因為雖然其他國家並無類似臺灣關係法的國內法規定，但是此類行為是國際法所允許且有許多前例可循。

日本憲法第九條的規定與解釋與集體自衛權（集團自衛權）之間有的重要辯證關係，依據日本憲法第九條規定，日本放棄使用武力解決國家爭端，但是日本政府之後解釋條文規定並未否認日本可以行使自衛權。然而，日本政府也將集體自衛權解釋為對外行使武力解決國際爭端，因為日本政府將集體自衛權解釋為「協助他國自衛的武力行為」，所以日本政府的觀點是認為日本無法援助其他國家遭受外來軍事攻擊的集體自衛行為。但是如果日本遭受外來軍事攻擊，其他國家前來武力協防日本，則是其他國家行使集體自衛權，日本並不因此行使集體自衛權（儘管日本自衛隊會和其他國家協防部隊在日本境內進行軍事合作抵抗外來侵略），所以美日安保是美國行使集體自衛協防日本，日本卻僅是接受美國軍事協防。日本國內對於這項解釋有著爭議，現今日本國內辯論憲法修正有許多主張認為應該將集團自衛權解釋為不違反憲法第九條，或是修正第九條允許日本參與聯合國軍事行動。

聯合國憲章第五十一條允許國家可針對外來軍事侵略，以武力自衛方式對抗之，且可以單獨或集體方式行使，亦即其他國家可以來協助受攻擊國家進行武力自衛行為。二次大戰之後的軍事聯盟都是集體防衛性質的防禦性軍事同盟，美日安保也是其中之一，美日安保是單方面軍事同盟協定，亦即美國協防日本但是日本並無同樣義務協防美國，因此日本政府將美日安保解釋為美國協助防衛日本，不直接碰觸集體自衛權與憲法第九條的可能爭議。但是，從美國的角度而言，美國之所以可以海外駐軍於日本並簽訂美日安保協防日本，其唯一的法律依據就是聯合國憲章第五十一條集體自衛條款，所以對美國而言，美日安保是集體防衛概念下的軍事同盟。

伍、預期性自衛

對於聯合國憲章第五十一條較為廣義的解釋，牽引出另一項爭議，亦即所謂「預期性自衛」(anticipatory self-defense)，也就是國家在預期會立即遭受武裝攻擊前的自衛行為的合法性問題。以目前的軍事科技和戰爭策略而言，雙方第一波攻擊的優劣可能就決定了戰爭的輸贏，而且第一波攻擊造成的毀壞可能是無可彌補的。此問題在冷戰時期的古巴飛彈危機之後，成為一項重要問題，尤其是以目前的軍事科技和戰爭策略而言，如果使用核子武器或是大規模毀滅性武器（weapon of mass destruction, WMD，例如生物、化學、導彈等武器），先攻擊一方的第一波攻勢可能就決定了戰爭的輸贏，而且第一波攻擊造成的毀壞可能是無可彌補的。因此，學者 Waldock 認為面對這種會造成大規模破壞的立即性攻擊，國家可以採取事先預防性武力自衛行為，而不需坐以待斃等待侵略國家攻擊之後才能採取自衛行為⓳。

最早提出有關預期性自衛問題是原子能委員會(Atomic Energy

⓳ C. H. M. Waldock, *The Regulation of the Use of Force by Individual States in International Law*, Hague Recueil, 1951 (81), p. 498.

Commission)於一九四六年的一份報告，該報告是討論如何有效控制原子能發展問題，報告中指出「考量到違反憲章的軍事攻擊行為可能造成非常嚴重的後果，此時則引起憲章第五十一條所承認的自衛固有權利的適用問題。⑳」此外，聯合國大會設置的有關侵略定義問題特別委員會也曾討論自衛行為是否必須在遭受到軍事侵略之後才可以行使的問題；之後，聯合國大會第六委員會也針對該特別委員會提出的報告有過激烈的辯論，但是卻依然沒有結論。

從表面觀之，此種預期性自衛的主張似乎與憲章第五十一條的文字不符，第五十一條條文指出國家在「遭受武力攻擊後」(armed attack occurs)可採取武力自衛行為，因此狹義解釋是國家只有在受到外來攻擊或侵略之後，才能夠動用軍事武力進行防衛反擊。這種依據字面上的解釋方式，是以明確的實際行為(亦即外來武力攻擊)，作為認定何時可以採取武力自衛行為的依據。此外，狹義解釋方式也可以避免國家以可能遭受外來攻擊為藉口，將其對外主動攻擊行為解釋成預期性自衛。

但是，憲章第五十一條的狹義解釋在實際層面上有相當多問題存在，一方面如同前述針對核子武器或大規模毀滅性武器，遭受此類攻擊之後的自衛行為已經不能算是自衛行為了，而且國家對於遭受到此種外來攻擊之後的反擊，如果不是大規模的報復行為，則就是完全喪失自衛反擊的能力與意志了。因此，如果允許對於可能的核武或 WMD 攻擊採取有限度的預期性自衛，避免對方採取此類攻擊，則可能化解大規模戰爭和毀滅的結果。另一方面是針對非核武或大規模毀滅性武器，以今日的軍事科技而言，其實很難預估是否不會造成重大傷害與影響，尤其是在政治、經濟與心理層面的破壞

⑳ Atomic Energy Commission, Special Supp., 1946, pp. 109–110. See Leland M. Goodrich, Edvard Hambro and Anne Patricia Simons, *Charter of the United Nations: Commentary and Documents*, op cit, p. 347.

與影響，也是十分難以正確估計的。因此，如果能夠證明該項可能的攻擊是「立即」且「危險」(亦即會造成重大傷害)，則預期性自衛也同樣具有事前避免的效果與作用。

此外，對於遭受攻擊之後才能採取自衛行為的解釋本身也有相當質疑，例如在一九九一年波斯灣戰爭時，伊拉克對以色列發射許多飛彈攻擊以境內軍事設施和都市區域，在波斯灣戰爭中以色列並不是主要參與國家，伊拉克的攻擊行為是為了轉移其被盟軍包圍的窘境，並希望激起阿拉伯國家參與。針對伊拉克的攻擊行為，以色列採取以愛國者飛彈攔截伊拉克飛彈方式進行自衛。但是問題是如果能夠及早偵測到伊拉克的飛彈，是否可以在伊拉克飛彈進入以色列境內之前，發射飛彈在伊拉克境內攔截來犯飛彈，或是否可以同時採取攻擊伊拉克境內飛彈發射設施，以化解飛彈攻擊的威脅和破壞。這項問題在近年來成為一項相當關鍵的議題，一方面是彈道飛彈技術的擴散使得許多國家掌握發射短程或中程彈道飛彈的能力，因而使得鄰近國家安全和區域秩序受到威脅，另一方面則是反彈道飛彈技術與系統的發展，尤其是美國正在研發測試的國家飛彈防禦體系(national missile defense, NMD)，希望能夠在對方飛彈發射後立即偵測並發射飛彈攔截之。這些問題可能會挑戰國際法有關預期性自衛的解釋問題。

支持預期性自衛的學者舉出習慣國際法的發展中，預期性自衛曾經是習慣國際法的一部份，亦即習慣國際法認為自衛權的行使，不一定要等到外來攻擊發生之後，才能夠採取武力自衛行為[21]。這項習慣國際法的觀點在卡洛萊號案例(Caroline Case)中曾經被提及，

---

[21] Ian Brownlie, "The Principle of Non-Use of Force in Contemporary International Law," in W. E. Butler, ed., *The Non-Use of Force in International Law* (Dordrecht: Martinus Nijhoff Publishers, 1989), pp. 17–28, at p. 18.

因此聯合國憲章第五十一條也明確指出自衛權是國家的一項固有權利(inherent right)，亦即承認習慣國際法上對於國家自衛權的認定，所以預期性自衛應該是國家可以行使的權利，而且並不違反聯合國憲章的規定，只是國家必須能夠證明該項行為的必要性與合法性。國際法院並沒有對這個問題表示意見，但是在尼加拉瓜案中，Schwebel 法官在不同意見書中指出第五十一條並不限制自衛必須是在遭受武力攻擊後行使㉒。

本文作者對於預期性自衛權持折衷的態度，亦即作者贊成自衛權不應侷限在遭受軍事攻擊之後的自衛作為，但是得以採取預期性自衛行為的情勢應有兩項限制，亦即預期性自衛行為必須是在兩國交戰狀態之下且必須是遭受到大規模毀滅性武器的威脅下才可以合法行使。首先，交戰狀態是證明對方可能採取軍事攻擊的行為動機的要件，因為預期性自衛行為是在攻擊行為發生前的自衛行為，因此更必須嚴格界定對方攻擊動機與意圖，才不會成為採取自衛行為國家攻擊其他國家的合理化藉口；至於交戰狀態的定義則不限於實際軍事交戰狀態，當兩國關係嚴重交惡且有一方動員或宣稱欲以軍事手段解決兩國爭端時，應該也可以認定是處於符合行使預期性自衛的交戰狀態。

其次，預期性自衛應該僅能針對可能遭受到大規模毀滅性武器攻擊而採取的預期性自衛作為，至於傳統武器的威脅由於不致於產生嚴重毀滅性後果，因此不可針對傳統武器威脅進行預期性自衛行為，否則將破壞整體國際法對於禁止武力使用的規範精神與設計。由於主張自衛權應該採取廣義解釋者主要從軍事攻擊第一擊的嚴重破壞性後果出發，認為可能受攻擊國家不應該坐以待斃，等待遭受攻擊之後才能採取自衛作為，特別是現代軍事科技的發展已經使得許多國家在受到嚴重毀滅性攻擊之後，例如核武、化學、生物與彈

㉒ 見 The Nicaragua Case, Dissenting Opinion of Judge Schwebel。

道飛彈等會產生大規模毀滅效果的武器，因此如果兩國處於交戰狀態且一方威脅使用此類武器，則對於這些威脅到本國安全的武器可以採取預期性自衛措施，當然這些自衛行為必須遵守比例性原則，不可轉變為實質懲罰或是自衛過當情勢。

陸、結論

自衛權是國家的固有權利，亦即自衛權已經是習慣國際法的一部分，國家享有保衛領土的自衛權，這在十九世紀有關國家自衛權的有名案例是卡洛萊號案例(Caroline Case)就受到確認，之後的國家實踐也確認這項權利。二次大戰之後的聯合國時期，依據聯合國憲章所建構的國際安全法律秩序，更是進一步在憲章第五十一條確認國家自衛權的存在與固有性質，使得國家行使自衛權與參與聯合國集體安全行動，是國家禁止行使武力的僅有的兩個例外規定。

此外本文也針對第五十一條的文字意涵與條文解釋問題提出進一步討論與觀點。這些一直是學者辯論的焦點，也是國家實踐上的爭議所在。其中最受重視的問題包括武力攻擊定義、國家何時可以採取自衛行為、固有權利意涵、以及集體自衛等概念，均引起國家實踐與學者意見的不同辯論。特別是第五十一條條文具體指出國家可以行使單獨或集體的自衛權，給予集體自衛概念與行為明確的法律地位。集體自衛意指國家遭受攻擊或侵略時，他國可以採取軍事或非軍事方法，協助受攻擊國家進行武力自衛。集體防衛規定也是一種預防性自救措施，特別針對安全理事會可能由於受到常任理事國否決權行使而致癱瘓，無法有效處理制裁侵略國家的軍事行為，此時憲章第五十一條集體自衛條款可以提供相關國家協助受攻擊國家自衛的法律依據。至於在預期性自衛方面的爭議，本文則持折衷的態度，亦即作者贊成自衛權不應侷限在遭受軍事攻擊之後的自衛作為，但是得以採取預期性自衛行為的情勢應有兩項限制，亦即預期性自衛行為必須是在兩國交戰狀態之下且必須是遭受到大規模毀滅性武器的威脅下才可以合法行使。

THE DEVELOPMENT AND CODIFICATION OF INTERNATIONAL LAW OF THE SEA: A LEGAL OVERVIEW

J. K. T. Chao*

Ⅰ.LAW OF THE SEA CONFERENCES

A.The First United Nations Conference on the Law of the Sea (1958)

B.The Second United Nations Conference on the Law of the Sea (1960)

C.United Nations Sea-Bed Committee (1968–73)

D.The Third United Nations Conference on the Law of the Sea (1973–82)

Ⅱ.PREPARATION OF CONVENTION

Ⅲ.CONVENTION ON THE LAW OF THE SEA

*LL. B. LL. M. (NCU); M. A. LL. B. LL. M. (Cantab.); Ph. D. (Edin.), Professor of International Law and Diplomacy, National Chengchi University, Taipei.

A.Some Features of the Convention on the Law of the Sea

1. States
2. Coastal States
3. Archipelagic States
4. States Bordering Enclosed or Semi-Enclosed Seas
5. Landlocked States
6. National Jurisdiction
   a.Exclusive Economic Zone
   b.Continental Shelf
7. High Seas
8. Military Activities
9. Submarine Areas
   a.Deep Seabed Mining
   b.International Sea-Bed Authority

B.Rules Governing All Ocean Space

1. Protection and Preservation of the Marine Environment
2. Marine Scientific Research
3. Transfer of Marine Technology
4. Peaceful Settlement of International Disputes
5. Choice of Forum
6. The International Tribunal for the Law of the Sea

IV. STATUS AND IMPACT OF THE CONVENTION

A.Status of the Convention

B.Impact of the Convention

V.CONCLUSION

THE DEVELOPMENT AND CODIFICATION OF INTERNATIONAL LAW OF THE SEA: A LEGAL OVERVIEW

The development of the international law of the sea mirrors the divergent security and economic interests pursued within the international community of states. The first attempts international regulation of the use of the sea with a view to regular navigation were the 1856 Paris Declaration; the 1910 Convention for the Unification of certain Rules of Law regarding Collisions between Vessels, the 1910 Convention of the Unification of certain Rules of Law regarding Assistance and Salvage at Sea; the 1921 Convention and Statute on the Regime of Navigable Waterways of International Concern, and the 1921 Declaration of the Right to a Flag of States having no Sea Coast. These were supplemented by the 1923 Convention and Statute on the International Regime of Maritime Ports, and the 1926 International Convention for the Unification of Certain rules concerning the Immunity of State-owned Ships[1]. The Hague Codification Conference on the Progressive Codification of International Law (13 March to 12 April 1930)[2], a Draft Convention on

---

[1] Rudiger Wolfrum & Christiane Philipp eds., *United Nations: Law, Policies and Practice*, New Rev. English ed., Dordrecht: Martinus Nijhoff Publ., 1995, Vol. 2, p. 834.

[2] Shabtai Rosenne, ed., *League of Nations Conference for the Codification*

"The Legal Status of the Territorial Sea" and "the question of the exploitation on the products of the sea" were prepared for future consideration.

Until fairly recently the problems with regard to the use of the oceans by national states and private actors were relatively simple. The principle of freedom of the seas governed navigation, fish were plentiful, and most states claimed jurisdiction over a three-mile territorial sea adjacent to their shores. Since 1945 these conditions have changed drastically. As the founding of the United Nations (UN) there have been three UN conferences on the law of the sea which have sought to reach political agreement on states' jurisdiction over resources and activities in the oceans. In 1950 the UN General Assembly asked its International Law Commission (ILC)❸ to codify the law of the sea in the light of

---

of International Law, Dobbs Ferry, New York: Oceana Publ., 1975, Vol. 2, pp. 228–416. Cf. George Grafton Wilson Reporter, Part 3: "The Law of Territorial Waters," *American Journal of International Law Supplement*, Vol. 23 (1929), pp. 241–365; C. John Colombos, *The International Law of the Sea*, 6th Rev. ed., London: Longman Group Ltd., 1972, pp. 103–106, paras. 115–117; Sir Robert Jennings and Sir Arthur Watts, eds., *Oppenheim's International Law*, 9th ed., England: Longman Group UK Ltd., 1992, Vol. 1, pp. 102–103, para. 29.

❸ The ILC is the principal United Nations organ concerned with the preparation of proposals for the progressive development and codification of international law. Sir Hartley Shawcross, "The International Law Commission, " *International Law Quarterly*, Vol. 3 (1950), pp. 1–8; Bin Cheng, "The International Law Commission," *Current Legal Problems*, Vol. 5 (1952), pp. 251–273; Shabtai Rosenne, "The International Law Commission: 1949–59", *British Year Book of International Law*, Vol. 36 (1960), pp. 104–167; Herbert W. Briggs, *The International Law Commission*, Ithaca,

changing state practices and policies. Codification of the law of the sea has been the object of three major UN conferences. The First UN Conference on the Law of the Sea (UNCLOS I) in 1958 resulted in conventions on the territorial sea and contiguous zone, high seas, continental self, and fishing and the conservation of living resources. A Second UN Conference on the Law of the Sea (UNCLOS II) was convened great deal of support but was finally defeated by a single vote. Therefore, in 1960, a proposal for a six-mile territorial sea and an additional six-mile fisheries zone admits for these zones of coastal-state jurisdiction were included in the Convention on the Territorial Sea and the Contiguous Zone. The Third UN Conference on the Law of the Sea (UNCLOS III), 1973–82, adopted the comprehensive 1982 United Nations Convention on the Law of the Sea.

On 10 December 1982, 119 nations signed the United Nations Convention on the Law of the Sea (LOSC) at Montego Bay, Jamaica, bringing to a close a protracted series of negotiations going back to 1967. This was the second major collective effort by states since the Second World War to design a comprehensive legal regime for the international management of the oceans. The product of almost ten years of negotiating, the convention was, in the end, surrounded by controversy because of the absence of the United States, the United Kingdom, and the Federal Republic of Germany as signatories. Nevertheless, the general acceptance of or acquiescence in most of the convention regime, even by non-signatories, means that the convention probably will pro-

New York: Cornell Univ. Press, 1965, pp. 294–299; Sir Ian Sinclair, *The International Law Commission*, Cambridge: Grotius Publ., 1987, pp. 46–48; Jennings and Watts, eds., *supra* note 2, pp. 103–115, paras. 30–32.

vide the legal framework for regulating the oceans for many years to come and be the touchstone for measuring national claims to manage or appropriate ocean resources.

Ⅰ.LAW OF THE SEA CONFERENCES

A.The First United Nations Conference on the Law of the Sea (1958)[4]

The First United Nations Conference on the Law of the Sea (UNCLOS I) met in Geneva from 24 February to 27 April 1958 with eighty-six States represented which resulted in the adoption of four conventions on the law of the sea. There were: the Convention on the High Seas; the Convention on the Territorial Sea and the Contiguous Zone; the Convention on the Continental Shelf; and the Convention on Fishing and Conservation of the Living Resources of the High Seas. The Geneva four Conventions were based on drafts prepared by the International Law Commission which essentially codified existing rules and state practices. At the Conference, no agreement could be reached on the breadth of the territorial sea.

---

[4] *United Nations Conference on the Law of the Sea, Official Records, First Conference 1958*, reprinted ed., Vols. 1–7, New York: William S. Hein & Company, 1980; *The Law of the Sea: The Final Act & Annexes of the United Nations Conference on the Law of the Sea, Geneva, 1958, together with a Synoptical Table of Claims to Jurisdiction over the Territorial Sea, the Contiguous Zone & the Continental Shelf*, London: the Society of Comparative Legislation and International Law, 1958. D. W. Bowett, *The Law of the Sea*, Manchester: Manchester Univ. Press, 1967, pp. 4–12.

B.The Second United Nations Conference on the Law of the Sea (1960)[5]

The Second United Nations Conference on the Law of the Sea (UNCLOS II) met in Geneva from 16 March to 26 April 1960 with eighty-two States attended which made an unsuccessful effort to reach agreement on the breadth of the territorial sea and the question of fishing zones.

C.United Nations Sea-Bed Committee (1968–73)[6]

In 1966, during the launching of an oceanographic research vessel, President Lyndon Johnson observed that we should not allow the prospects of rich harvests and mineral wealth to create a new form of colonial competition among the maritime nations. We must be careful to avoid a race to grab and hold the lands under the high seas. We must ensure that the deep seas and the ocean bottoms are, and remain, the lega-

---

[5] *United Nations Conference on the Law of the Sea, Official Records, Second Conference 1960*, reprinted ed., Vols. 1–2, New York: William S. Hein & Company, 1980; Bowett, *ibid.*, pp. 13–19.

[6] For details, see J. A. C. Gutteridge, "The U.N. and the Law of the Sea," R. Churchill, K. R. Simmonds *et al.*, eds., *New Directions in the Law of the Sea*, Dobbs Ferry, New York: Oceana Publ., 1973, Vol. 3, pp. 313–334; Theodore G. Kronmiller, *The Lawfulness of Deep Seabed Mining*, New York: Oceana Publ., 1980, Vol. 1, pp. 12–53; Euripides L. Evriviades, " The Third World's Approach to the Deep Seabed," *Ocean Development of International Law*, Vol. 11 (1982), pp. 201–264; Shigeru Oda, *The Law of the Sea in Our Time, Vol. II, The United Nations Seabed Committee, 1968–1973*, Leyden: Sijthoff, 1977.

cy of all human beings. This vision was meant to discourage national seaward claims that might control or limit mining access to the nodules. The American proposal met with only qualified support by many industrialized countries. In 1967 two events sparked renewed interest in the law of the sea. One was a diplomatic initiative by the superpowers to promote an agreement which would deal solely with the territorial sea and passage through straits. The other was the proposal of Ambassador Arvid Pardo of Malta that the seabed beyond the limits of national jurisdiction be designated as "the common heritage of mankind" and be governed by the international community ❼. While the industrialized countries had serious reservations about the creation of a UN authority to exploit the deep seabed, the developing countries–by then constituting approximately two-thirds of the UN membership–reacted very positively. The General assembly in 1968 established an *Ad Hoc* Committee on the Peaceful Uses of the Sea-Bed and the Ocean Floor beyond the Limits of National Jurisdiction. In 1969, the Committee began work on a statement of legal principles to govern the uses of the seabed and its resources. In 1970, as a result of the work of the United Nations Committee on the Peaceful Uses of the Sea-Bed and the Ocean Floor Beyond the Limits of National Jurisdiction, established in 1967 to identify issues requiring international cooperation ❽, the General Assembly unanimously adopted a Declaration of Principles declaring that the sea-bed

---

❼ For Arvid Pardo's initiation, see United Nations, *General Assembly Official Records*, 22nd Sess., 1st Committee, 1515th Mtg, 1 Nov. 1967, p. 12; UN Doc. A/AC. 135/WG, 1/SR. 3; 6–14, 3 Sept. 1968, p. 52.

❽ GA Res. 2340 (XXII) on 18 December 1967, Res. 2467 (XXIII) on 21 December 1968 & Des. 2574 (XXIV) on 15 December 1969.

and ocean floor and the sub-soil thereof, beyond the limits of national jurisdiction, ... "as well as the resources of the area, are the common heritage of mankind" [9], "to be reserved for peaceful purposes, and shall not be subject to appropriation by any means by States or persons" except in accordance with an international regime. It was declared moreover that this area "shall be open to use exclusively for peaceful purposes by all States...without discrimination" [10]. The precise limits of that area had yet to be determined. These fundamental principles and the regime and machinery to give effect to them were to be incorporated into the future treaty. In December 1970 the General Assembly agreed

---

[9] The Concept of the Common Heritage of Mankind was first discussed by Ambassador Arvid Pardo of Malta at the General Assembly in the context of preservation of the sea-bed and ocean floor exclusively for peaceful purposes. For details, see Max Sorensen, *Law of the Sea, International Conciliation*, New York: Carnegie Endowment for International Peace, 1958, pp. 195–255; David Krieger, "The Oceans: A Common Heritage," *Peace Research Review*, Vol. V, No. 6, 1974, pp. 1–61; Arvid Pardo, "The Convention on the Law of the Sea: A Preliminary Appraisal," *San Diego Law Review*, Vol. 20 (1982–83), pp. 489–503; Markus G. Schmidt, *Common Heritage or Common Burden?*, Oxford: Clarendon Press, 1989, pp. 261–306; R. P. Anand, "Common Heritage of Mankind: Mutilation of an Ideal, " *Indian Journal of International Law*, Vol. 37 (1997), pp. 1–18.

[10] The Concept of the Common Heritage of Mankind is embodied in Declaration of Principles Governing the Sea-Bed and the Ocean Floor, and the Subsoil beyond the Limits of National Jurisdiction, GA Res.2749(XXV) on 17 December 1970. For discussion, see Atwood C. Wolf, Jr., "The United Nations Declaration of Principles Governing the Deep Sea-Bed," in Nigel S. Rodley and C. Neale Ronning, eds., *International Law in the Western Hemisphere*, The Hague: Martius Nijhoff, 1974, pp. 70–87.

to the holding of such a conference in 1973, and it re-organized and expanded the Sea-Bed Committee to undertake the preparatory negotiations for it ⓫. It was organized into three subcommittees: Subcommittee I to deal with the seabed issue; Subcommittee II to consider the traditional law of the sea issues such as the territorial sea, fishing, and passage through straits; and Subcommittee III to focus on environmental protection and scientific research. Besides determining the agenda for the conference, the meetings of these subcommittees between 1971 and 1973 were devoted mainly to the development and articulation of negotiating positions and the formation of caucusing groups of states with specific or broad interests. The achievements of the ILC on the Geneva Regime of the Law of the Sea in the 1950s have been overshadowed by the increased pressure throughout the 1960s for the creeping of coastal State jurisdiction over the resources of the sea and the sea-bed, and for the regulation of the exploitation of areas of sea-bed lying beyond the limits of national jurisdiction, led the Assembly to convene the UNCLOS III and further to prepare a single, comprehensive treaty.

D. The Third United Nations Conference on the Law of the Sea (1973–82) ⓬

In 1970, the General Assembly had charged the Conference with

⓫ With the decision in 1970 to proceed to a third conference, the mandate of the United Nations Sea-Bed Committee was consequently expanded to that of preparatory commission for the Conference.

⓬ United Nations, *Third United Nations Conference on the Law of the Sea, Official Records*, Vols. 1–17, New York: United Nations, 1975–82; Renate Platzoder, comp. and ed., *Third United Nations Conference on the Law of the Sea: Documents 1973–1982*, Vol. 1–18, Dobbs Ferry, New

resolving the growing number of problems which had arisen between nations concerning the use of ocean space, and with elaborating a new and comprehensive legal code to govern the use of the oceans. The General Assembly determined that the preparation of a new and comprehensive convention was the only approach to the resolution of the growing problems of ocean space. In deciding to convene the UNCLOS III in 1973, the Assembly was acknowledging that a variety of political, economic, scientific and technical developments had created a new interest in the oceans, and that the existing regime, based on four separate conventions adopted in Geneva in 1958 by the UNCLOS I could no longer provide a satisfactory legal framework for international cooperation. None of the four conventions had been ratified by more than 43 coun-

York: Oceana Publ., 1982–88; idem, comp. and ed., *The Law of the Sea Documents: 1983–89*, Vols. 1–16, Dobbs Ferry, New York: Oceana Publ., 1989–1994; idem, compiled and introduced, *Third United Nations Conference on the Law of the Sea: Documents of the Caracas Session 1974*, Hamberg: Maritime Law Association of the Federal Republic of Germany, 1975; idem, compiled and introduced, *Third United Nations Conference on the Law of the Sea: Documents of the Geneva Session 1975*, Hamberg: Maritime Law Association of the Federal Republic of Germany, 1975; idem, compiled and introduced, *Third United Nations Conference on the Law of the Sea: Documents of the New York Session 10 March–7 May 1976*, Hamberg: Maritime Law Association of the Federal Republic of Germany, 1976; Shabtai Rossenne & Louis B. Sohn, eds., *United Nations Conference on the Law of the Sea 1982: A Commentary*, Vols. I–V, Vol. I (1985), Vol. II (1993), Vol. III (1995), Vol. IV (1991), Vol. V (1989), Dordrecht: Martinus Nijhoff Publ., 1985–1995; David L. Ganz, "The United Nations and the Law of the Sea," *International and Comparative Law Quarterly*, Vol. 26 (1977), pp. 1–53.

tries. Moreover, the UNCLOS II, convened in 1960, failed to establish an agreed limit for the territorial seas. [13]

Why the ILC was not asked to prepare draft treaty articles for the UNCLOS III despite the fact that it has been drafted the 1958 four Geneva Conventions on the Law of the Sea? The reasons were mainly political "non-legal" character [14]: the desire on the part of the Afro-Asian States to revise the 1958 "pre-colonial" Geneva Regime of the Law of the Sea; the desire not only avoid long delay that normally occurs in the ILC, but also participate directly in the negotiating process; and the desire to have the sea law issues solved at the political level

---

[13] The 1958 & 1960 Conferences were characterized by an East-West confrontation between the Communist and non-Communist states, in which the law of the sea issues were sharply divided and decided by these two groups with the developing countries playing a minor balancing role. The Western Maritime Powers were still strong enough to enforce the traditional law of the sea in their favour. R. P. Anand, *Origin and Development of the Law of the Sea: History of International Law Revisited*, The Hague: Martinus Nijhoff Publ, 1983, p. 236.

[14] U.N. Doc. A/C.N.4/SR.1265, para. 12; *Yearbook of International Law Commission*, 1973, Vol. 1, p. 173, paras. 6–9. See also B. G. Ramcharan, *The International Law Commission: Its Approach to the Codification and Progressive Development of International Law*, The Hague: Martinus Nijhoff, 1977, pp. 117–118. Although the 1982 LOSC contains many innovations, such adoption of the 12-mile territorial sea, codification of the 200-mile EEZ and the elaboration of a regime governing deep sea-bed, it is noteworthy that it incorporates with minimal changes (but with some additions) many of the provisions on the regimes of the territorial sea and of the high seas formulated by the ILC in 1956 and embodied in the 1958 Geneva Convention on the Territorial Sea and the High Sea.

rather than the legal level.

In the years immediately following two Conferences, interest in the ocean and its resources grew apace, extending even to the deep sea-bed area beyond any national jurisdiction. With it grew the potential for conflict and the increasing number of discrepancies in jurisdictional claims, most notably in fisheries, was important warning signals for the international community. The General Assembly, in deciding to convene the Conference, expressed the view that the problems of ocean space are closely interrelated and need to be considered as a whole, and noted that the political and economic realities, scientific development and rapid technological advances of the past decade have accentuated the need for early and progressive development of the law of the sea, in a framework of close international cooperation. The Assembly noted also the fact that many of the present States Members of the United Nations did not take part in the previous UNCLOS.

The UNCLOS III opened with a brief organizational first session in New York from 3 to 14 December 1973. At its second session from 20 June to 29 August 1974 was held in Caracas, Venezuela, [15] it endorsed the Sea-Bed Committee's recommendation that it work on a new law of the sea treaty as a "package deal". With no one article or section to be approved before all the others were in place. This reflected not only the interdependence of all the issues involved but also the need to reach a delicate balance of compromises if the final document was to prove vi-

[15] Ann L. Hollick, "The Third UN Conference on the Law of the Sea: Caracas Review," Ryan C. Amacher & Richard James Sweeney, eds., *The Law of the Sea: U.S. Interests and Alternatives*, Washington, D.C.: American Enterprise Institute for Public Policy Research, 1976, pp. 123–132.

able.

The UNCLOS III has presented the Third World with its first opportunity to see some of its aspirations transformed into hard law. Third World countries have shown remarkable steadfastness in achieving a common point of view in maintaining it in the face of severe pressures. The Group of 77 was then by far the most numerous "bloc" which the international community has ever known,[16] by the mid-1980s, had fad-

[16] The Group of 77 countries of the South located primarily in Africa, Asia and Latin America that cosponsored the Joint Declaration of Developing Countries in 1963 calling for greater equity in North-South trade. By the time of the UNCLOS III, this Group, which was originally composed of 77 States, its membership had grown to over 130 states and represents the interests of the less developed countries of the South, has negotiated on behalf of the developing countries in various international fora. Alan G. Friedman and Cynthia A. Williams, "The Group of 77 at the United Nations: An Emergent Force in the Law of the Sea," *San Diego Law Review*, Vol. 16 (1978–79), pp. 555–574; Geoffrey Hornsey, *International Law–All at Sea*, An Inaugural Lecture, The Queen's Univ. of Belfast, 31 January 1979, pp. 1–16; Donald Cameron Watt, *The Future Governance of the Seas*, An Inaugural Lecture delivered on 10 October 1979, London: The London School of Economics & Political Science, 1979; A. O. Adede, "The Group of 77 and the Establishment of the International Seabed Authority," *Ocean Development and International Law*, Vol. 7 (1979), pp. 31–64; R. D. Lumb, *New Bearings in the Law of the Sea*, An Inaugural Lecture, Univ. of Queensland, 29 April 1981, pp. 3–16; Philip Allot, " Power Sharing in the Law of the Sea," *American Journal of International Law*, Vol. 77 (1983), pp. 1–27; James K. Sebenius, *Negotiating the Law of the Sea*, Cambridge, Mass.: Harvard Univ. Press, 1984; *A Quiet Revolution: the U.N. Convention on the Law of the Sea*, New York: UN Dept. of Public Information 1984, pp. 1–61.

ed as a consequential political force in the UN as a result of diverging national development experiences. In the Law of the Sea sessions, the developing countries, banding together as the Group of 77, proposed an International Sea-Bed Authority. This Authority would exclude private mineral leases and do the mining itself; revenues⑰ would go into a global fund for developing countries. The fate of world fisheries also tended to harden the position of the Group of 77. At the behest of Latin America, most developing countries promoted the concept of a 200-mile-wide Exclusive Economic Zone (EEZ) off each coastal nation. In effect, the coastal waters, where fish stocks are most abundant and easily harvested, would be controlled by coastal nations, depending on the length of their coastlines.

II.PREPARATION OF THE 1982 CONVENTION⑱

The General Assembly had long recognized that law or the sea is-

⑰ Jonathan I. Charney, "The Equitable Sharing of Revenues from Seabed Mining," AJIL Studies of the Working Group on Technical Issues of the Law of the Sea, *Policy Issues in Ocean Law*, Boulder, Corolado: Westview, 1975, pp. 53–120; Shigeru Oda, "Sharing of Ocean Resources-Unresolved Issues in the Law of the Sea". Rene-Jean Dupuy, ed., *The Management of Humanity's Resources: The Law of the Sea*, The Hague: Martinus Nijhoff Publ., 1982, pp. 49–62.

⑱ Shigeru Oda, *The International Law of the Ocean Development: Basic Documents*, Leiden: Sijthoff, 1976, 2 Vols.; idem, *The Law of the Sea in Our Time*, Vol. I: *New Developments, 1966–1975*, Leyden: Sijthoff, 1977; Clyde Sanger, *Ordering the Oceans: The Making of the Law of the Sea*, Toronto & Buffalo: Univ. of Toronto Press, 1987.

sues were of primary political importance and not limited to legal and economic issues alone. That was the reason why the work of the UNCLOS III was based on a negotiation process and not on draft articles prepared by the ILC, as is the practice for international legal conferences. A priority for the Conference was therefore to devise procedures and methods of work that would support the negotiation process and protect the consensus [19] approach needed to build acceptable compromise solutions. Its procedural innovations and its emphasis on informal negotiating techniques have become a major subject of study in view of their significance for the progressive development of the treaty-making process. [20]

---

[19] Sovereign has traditionally carried with it overtones of the requirement of consent. Consensus implies a collective will which can be noticed either as an approval by acclamation or revealed by voting of certain initiatives; or as a means of ratifying or applying the unanimity rule. Anthony D'Amato, "On Consensus," *The Canadian Yearbook of International Law*, Vol. 8 (1970), pp. 104–122; Giuseppe Sperduti, "Consensus in International Law," *Italian Yearbook of International Law*, Vol. 2 (1976), pp. 33–38; Tullio Treves, "Devices to Facilitate Consensus: The Experience of the Law of the Sea Conference," *ibid.*, pp. 39–60; Guiseppe Barile, "Consensus and Voting at the Third Conference on the Law of the Sea," *ibid.*, Vol. 5 (1980–1981), pp. 3–13; Rosalyn Higgins, *International Law and the Reasonable Need of Governments to Govern*, An Inaugural Lecture delivered on 22 November 1982, London: London School of Economic and Political Science, 1983, pp. 3–4.

[20] The first stage of the regular treaty-making procedures has to do with acquiring domestic authority to negotiate and subsequently adopt or authenticate a treaty; the second consists of the negotiations themselves; the third relates to expressing consent to be bound to a treaty, while the fourth is the

The Rules of Procedure of the Conference[21] were firmly based on consensus and the formulation of so-called "package deals": before any vote on a question of substance could take place, the Conference had first to decide that it had exhausted all efforts to reach consensus. The rules further sustained the search for consensus by providing that if such a determination were made, various "cooling off" periods would be used to give further opportunities to reconcile divergent positions. The consensus rule stood firm and around it grew the Convention. Only at the very end of its work, in 1982, was the Conference compelled to vote.

Linked to this procedural innovation were the special methods of work developed. Because of the large number of participants but essentially because of the sensitive issues involved, formal proceedings were mostly avoided in favour of informal working groups. Negotiations tended to move to yet smaller and yet more informal meetings in search of solutions, moving again to larger or more formal bodies as more acceptable compromise formulas were developed. Every opportunity had also to be given to the many special interest groups to consider their positions as negotiations proceeded. Examples of such groups were: coastal States which wanted a legal regime allowing them to manage

---

period, if any, between expressing consent to be bound and actual entry into force. Sir Ian Sinclair, *The Vienna Convention on the Law of Treaties*, 2nd ed., Manchester: Manchester Univ. Press, 1984, p. 29; Jan Klabbers, *The Concept of Treaty in International Law*, The Hague: Kluwer Law International, 1996, pp. 30–31.

[21] *The United Nations Conference on the Law of the Sea: Rules of Procedure*, New York: UN, 1976, adopted at its 20th Meeting on 27 June 1974 and amended at its 40th & 52nd Meetings on 12 July 1974 and 17 March 1975 respectively.

and conserve the biological and mineral resources within their jurisdiction; archipelagic States wanting recognition for the new regime of archipelagic waters; landlocked States seeking general rules of international law granting them transit to and from the sea and rights of access to the living resources of neighbouring coastal States; industrialized countries wanting guaranteed access to deep sea-bed mineral resources within a predictable legal framework; countries which produce the same minerals in their territories wanting assurances that sea-bed production would not undermine their economies or result in a *de facto* monopoly; developing countries seeking real participation in, and more direct benefit from, marine scientific research and technology development; and States bordering straits requiring assurance that free passage would not result in damage to their marine environment or threats to their national security.

In the absence of draft articles as a framework for negotiations, the problem of creating proper working tools was resolved in 1975, with the preparation of the first single negotiating text. The first informal text [22] was prepared in 1975 as a basis for negotiation. Over the next seven years, in Conference committees and in special negotiating and working groups, the text underwent several major revisions.

The new international law of the sea which is emerging from these negotiations constitutes a revolution in the rights of different types of states and hence in the benefits flowing to them from various uses of the oceans. In particular, coastal states have achieved greater control over the resources in a broad 200-mile coastal zone adjacent to their coasts,

---

[22] U.N. Doc. A/CONF. 62/WP. 8/Part I, published at the end of the Third Session in 1975.

and to a lesser extent over the activities of foreign vessels in such waters. Also, with the possible creation of an International Sea-Bed Authority to exploit a part or all of the deep seabed, there may be formed an international public corporation to distribute some of the wealth derived from this international area to the large number of developing countries without the technological capabilities to exploit the seabed minerals themselves. The main beneficiaries of the new international law will almost certainly be those states with long coastlines but without ocean-ranging commercial enterprises and capabilities (in the fishing, shipping, and mining fields). While many developing countries are members of this group, industrialized countries such as Canada, Australia, New Zealand, and even to an extent the United States fail into it.

A process of constant revision and "upgrading" of that text produced what ultimately became the treaty. Additional understandings were reached as that basic text evolved in order to protect general understandings reached and to foster agreement on outstanding and unresolved issues. [23] In 1977, at the Seventh Session of the Conference, following the first consolidation of the text in a single working paper, the Informal Composite Negotiating Text (ICNT), [24] a program of work was

[23] U.N. Doc. A/CONF. 62/WP. 9/Rev. 1 (1976).

[24] U.N. Doc. A/CONF. 62/WP. 10 and Add. 1 (1977); A/CONF. 62/WP. 10/Rev. 1 (15 July 1977); United Nations, Third Conference on the Law of the Sea, *Reports of the Committees and Negotiating Groups on negotiations at the Seventh Session*, Geneva: United Nations, 19 May 1978, pp. 6–7; United States of America, House of Representatives, Committee on International Relations, *Law of the Sea Conference Status Report Summer 1978*, Washington, D.C.: US Government Printing Office, 1978, p. 37; John Norton Moore, ed., *International and United States Documents on*

adopted recognizing that negotiations had reached a very delicate stage, one where important and lasting agreement had been reached but where "hard-core" issues remained that had the capacity to jeopardize the work already achieved. Successful Conference practices of the past were used to establish special negotiating groups to attack the "hard-core" issues and to appoint the President's Collegium, the body of principal officers of the Conference, as virtual guardian of the text. The Conference imposed stringent rules: no revision could be made to the text without prior presentation of the proposed change to the Plenary body, where it must receive "widespread and substantial support", indicating that it offered a "substantially improved prospect of consensus". It was thus possible to improve the composite text without unraveling agreements reached previously.

The UNCLOS III was notable also for another innovation in the treaty-making process. Since the objective was to achieve a convention that would be universally acceptable, all six language versions of the Convention–Arabic, Chinese, English, French, Russian and Spanish-needed to be equally authentic. The Drafting Committee of the Conference ㉕ therefore faced a challenge never before present in the treaty-making process: it required harmonization of usage in each language version to produce a unified text which should be considered as part of

---

Oceans Law and Policy, Buffalo, New York: William S. Hein & Co., 1986, 5 Vols.

㉕ L. D. M. Nelson, "The Drafting Committee of the Third United Nations Conference on the Law of the Sea: The Implications of Multilingual Texts", *British Year Book of International Law*, Vol. 57 (1986), pp. 169–199.

the *travaux preparatories*; it then required an article-by-article examination to ensure that each provision was identical in meaning in each version. The work was mostly accomplished in informal language groups.

The next to last stage of the Conference began in 1981 when it decided to revise the ICNT as a Draft Convention ㉖ and to adopt a timetable that called for the final decision-making session in 1982. The President Reagan of USA demanded that some amendments should be made to the provisions of the 1980 draft concerning the deep sea-bed and the Authority, in order to make them more favorable to the industrialized countries. The Conference made a few changes to the text of the 1980 draft in order to make it more acceptable to the industrialized countries. It passed a law authorizing United States companies to start exploiting the deep sea-bed. ㉗ Similar laws have also been passed by several other industrialized countries, such as France, West Germany, Italy, Japan, the UK and the USSR. Time was allowed for negotiation of the remaining outstanding points and also to decide about arrangements

㉖ The Draft Convention, which envisages four separate legal regimes–territorial sea, contiguous zone, continental shelf, international seabed area, unfortunately omits to define the concept of submarine antiquities. UN Doc. A/CONF.62/L.78 (1981).

㉗ The laws in question do not purport to create rights over any part of the deep seabed which will be exclusive as against states which have not passed such laws; moreover, the laws are intended to apply only during the period before the entry into force of a convention on the law of the sea to which the legislating state is a party, and they provide that all or part of the revenue received by the government concerned from the exploitation of the seabed will be shared with developing countries or transferred to the International Seabed Authority.

for the transition period prior to the entry into force of the Convention and the creation of the institutions to be established by the Convention. This required establishing the mandate of a Preparatory Commission and reaching agreement on how to meet the concerns of industrialized countries that had a specific interest in assured access to the mineral resources of the deep sea-bed because of the investments they had made in exploration, research and development. Two interrelated resolutions had therefore to be prepared: one on "Establishment of the Preparatory Commission for the International Sea-Bed Authority and for the International Tribunal for the Law of the Sea (ITLOS)"; and the other on " Government preparatory investment in pioneer activities relating to polymetallic nodules".

On 23 April 1982, after more than 90 weeks of work, the UNCLOS III, in accordance with its rules of procedure, determined that all efforts to reach a consensus had been exhausted and set in motion the machinery for final decision-making. On 30 April, the Draft Convention and the four resolutions that were before the Conference were, at the request of one delegation, put to the vote. Four countries voted against the text of the Convention: Israel, Turkey, the United States and Venezuela. Israel maintained that it could not accept a convention which gave increased standing to the Palestine Liberation Organization (PLO). [28] Turkey felt that some of the text's provisions could jeopardize its legitimate interests. [29] The United States voted against the Convention be-

[28] R. G. Sybesma-Knol, *The Status of Observers in the United Nations*, Antwerpen: Kluwer, 1981, p. 274.

[29] *Third United Nations Conference on the Law of the Sea, Official Records*, Vol. 16, Summary Records of Mtgs, New York, 8 March–30 April 1982,

cause the treaty did not "fully satisfy any of the United States objectives in the deep sea-bed mining regime". [30] Venezuela maintained that the Convention's provisions on delimitation of maritime boundaries were unacceptable.

The final text of the LOSC was approved by the Conference at United Nations Headquarters on 30 April 1982, by a vote of 130 in favour to 4 against, with 17 abstentions. The final meetings of the Conference were held at Montego Bay, Jamaica on 10 December 1982. [31]

New York: UN, 1984.

[30] For U.S.'s attitude, see Henry Reiff, *The United States & the Treaty Law of the Sea*, Minneapolis, Univ. of Minnesota Press, 1959, pp. 327–334; *Conventions on the Law of the Sea: Hearing before the Committee on Foreign Relations, United States Senate*, the 86th Congress, 2nd Session, January 20, 1960, Washington D.C.: Government Printing Office, 1960; H. Gary Knight, "Special domestic Interest and United States Oceans Policy, " Robert G. Wirsing, ed., *International Relations and the Future of Ocean Space*, Columbia, South Carolina: Univ. of South Carolina Press, 1974, pp. 10–43; Ann L. Hollick, *U.S. Foreign Policy & the Law of the Sea*, New Jersey: Princeton Univ. Press, 1981; Lawrence Juda, ed., *The United States Without the Law of the Sea Treaty: Opportunities and Costs*, Proceedings from the Seventh Annual Conference held June 12–15, 1983, Center for Ocean Management Studies, University of Rhode Island, Wakefield, Rhode Island: Times Press, 1983; Myron H. Nordquist and Choon-ho Park, eds., *Reports of the United States Delegation to the Third United Nations Conference on the Law of the Sea*, Honolulu: Law of the Sea Institute, Univ. of Hawaii, 1983; Steven R. David & Peter Digeser, *The U.S. & the Law of the Sea Treaty*, Washington D.C.: The Johns Hopkins Foreign Policy Institute, 1990; James B. Morell, *The Law of the Sea: An Historical Analysis of the 1982 Treaty & Its Rejection by the U.S.*, Jefferson, North Carolina: McFarland & Co., 1992, p. 96.

After closing statements by delegation[32] were made, the Final Act was signed.[33] When the LOSC[34] was opened for signature, it was signed by 117 States and two other entities[35]–119 signatures were appended to the Convention, and Fiji deposited its ratification on the same day, the largest number ever recorded on the opening day for the signing of a treaty.

The LOSC covers almost all ocean space and its use-navigation and overflight, resource exploration and exploitation, conservation and pollution, fishing and shipping. Its 320 articles and nine annexes constitute a guide for behaviour by States in the world's oceans, defining maritime zones, laying down rules for drawing sea boundaries, assigning le-

---

[31] *Third United Nations Conference on the Law of the Sea, Official Records*, Vol. XVII, Plenary Mtgs., Montego Bay, 6–10 December 1982, New York: UN, 1984.

[32] U.N. Doc. A/CONF.62/PV.185–193.

[33] The Final Act was signed by 119 delegations which signed the Convention, including full participants; states and territories with observer status, i.e. Netherlands Antilles Trust Territory of the Pacific Islands; Intergovernmental Organization, i.e. European Economic Community; National Liberation Movements, i.e. African National Congress of South Africa, Pan Africanist Congress of Azania, Palestine Liberation Organization, South Africa People's Organization. *The Law of the Sea: Final Act of the Third United Nations Conference on the Law of the Sea*, New York: United Nations, 1983, p. 190.

[34] *The Law of the Sea: Official Text of the United Nations Convention on the Law of the Sea, with Annexes & Index*, New York: UN, 1983, pp. 1–157.

[35] See, e.g. the Cook Islands and United Nations Council for Namibia were appended to the Law of the Sea Convention. Since Cook Islands is ratified the Convention, it is now a State Party.

gal rights, duties and responsibilities to States, and providing machinery for the settlement of disputes. Adopted together with the Convention were four resolutions–first on "Establishment of the Preparatory Commission for the International Sea-Bed Authority and for the International Tribunal for the Law of the Sea"; second on "Government preparatory investment in pioneer activities relating to polymetallic nodules"; a third relating to Territories whose people have not obtained either full independence or some other self-governing status recognized by the United Nations or Territories under colonial domination; and a fourth relating to national liberation movements.[36]

The Adoption of the 1982 LOSC is likely to raise acute problems concerning the application of the 1958 Geneva Conventions (successive treaties) relating to the same subject matter. Article 311 of the LOSC stipulates that "this Convention shall prevail, as between States Parties, over the Geneva Conventions on the Law of the Sea of 29 April 1958."[37]

[36] The Third United Nations Conference on the Law of the Sea decided that the national liberation movements, which have been participating in the Third United Nations Conference on the Law of the Sea, shall be entitled to sign the Final act of the Conference, in their capacity as observers.

[37] Shabtai Rosenne, *The Law of Treaties: A Guide to the Legislative History of the Vienna Convention*, Leyden: A. W. Sijthoff, 1970, pp. 208–212; idem, *Developments in the Law of Treaties 1945–1986*, Cambridge: Cambridge Univ. Press, 1989, pp. 319, 342; Sinclair, *supra* note 20, pp. 93–98.

III.CONVENTION ON THE LAW OF THE SEA

The 1982 LOSC is generally acclaimed as one of the most outstanding achievements of the United Nations. It establishes a comprehensive set of rules to govern virtually all uses of the oceans, including navigation, fisheries, mineral resource development and scientific research. It seeks to protect the world's seas from pollution and encourage rational management of their riches, so that their benefits will be available on a just basis to all peoples of the world.

The basic aim of the Convention is spelled out in its preamble: the establishment of "a legal order for the seas and oceans which would facilitate international communication and promote their peaceful uses, the equitable and efficient utilization of their resources, the study, protection and preservation of the marine environment and the conservation of the living resources thereof".

The Convention is the product of nine years of complex deliberations, the goal of which was to negotiate a treaty that would mesh the vastly different concerns of nations from all regions of the world, nations representing disparate legal, economic and social systems, nations rich and poor, and nations with thousands of miles of coastline and those with none at all.[38]

---

[38] I.e. land-locked or geographically disadvantaged states. The political interests which attach to the oceans and seas include surface and under water transport, fish and whales, the riches beneath the sea-bed, international waterways, marine boundaries, strategy and defence, and the special prob-

The task was carried out by the UNCLOS III, which met from 1973 to 1982. The spirit of this process is reflected in the preamble to the treaty, signed in 1982 by 159 States, "that the codification[39] and progressive development of the law of the sea achieved in this Convention will contribute to the strengthening of peace, security, cooperation and friendly relations among all nations". After the Conference ended, the U.S. President Reagan, although endorsing the rest of the Convention, cited the defects of Part XI as justification for refusing to join the Convention's 159 other signatories.

The Convention is the first world treaty to recognize that the problems of ocean space are closely interrelated and to incorporate all of the rules governing the oceans, their uses and resources, in a single coherent body of law covering all aspects of States' rights and responsibilities in their use of the oceans, including the settlement of disputes. The Convention also provides for the creation of two major international organizations, namely the International Sea-Bed Authority and the ITLOS. It

---

lems of access to the seas faced by landlocked States. W. Gordon East and J.R. V. Prescott, *Our Fragmented World: An Introduction to Political Geography*, London: The MacMillan Press Ltd., 1978, pp. 188–197.

[39] Yuen-li Liang, "Methods for the Progressive Development of International Law and its Codification," *Yearbook of World Affairs*, 1948, pp. 237–271; "The Progressive Development of International Law and its Codification under the United Nations," *Proceedings of the American Society of International Law*, 1947, pp. 24–40; "The General Assembly and the Progressive Development and Codification of International Law," *American Journal of International Law*, Vol. 42 (1948), pp. 66–97; "Le Development et la Codification du Droit International," *Hague Recueil des Cours*, Vol. 73 (1948–II), pp. 411–527.

represents not only the codification of customary norms, modified or greatly elaborated upon in some cases, but also the progressive development of international law.

It is also the first treaty to have been prepared with the active participation of the entire international community. The many issues involved were of such fundamental economic and political importance to States, both individually and collectively, that the Convention is consequently the most thoroughly negotiated document in treaty-making history. The preparation of the Convention by the UNCLOS III will serve as an example of how broadly based negotiations can forge compromise solutions commanding general acceptance.

A.Some Features of the Convention on the Law of the Sea

The LOSC establishes a comprehensive framework for regulation of all ocean spaces: the various areas under national jurisdiction, the high seas and the international sea-bed area. Within that framework, it establishes a balance between the rights and the obligations of States and provides a comprehensive system for the settlement of disputes. The Convention serves also as the comprehensive instrument for the protection and preservation of the marine environment.

1. States

- All States would enjoy the traditional freedoms of navigation, overflight, scientific research and fishing on the high seas; they would be obligated to adopt, or cooperate with other States in adopting, measures to manage and conserve living resources.
- Ships and aircraft of all states would be allowed "transit passage" ㊵

through straits used for international navigation; States alongside the straits would be able to regulate navigation and other aspects of passage.

- States would be bound to prevent and control marine pollution and would be liable for damage caused by violation of their international obligations to combat such pollution.[41]
- States would be obliged to settle by peaceful means their disputes concerning the interpretation or application of the Convention; disputes could be submitted to an International Tribunal for the Law of the Sea (hereinafter cited as "the Tribunal") to be established under the Convention to the International Court of Justice, or to arbitration. Conciliation would also be available and, in certain circumstance, submission to it would be compulsory. The Tribunal would have exclusive jurisdiction over deep seabed mining disputes.
- States would be bound to promote the development and transfer of marine technology "on fair and reasonable terms and conditions".

[40] The term of "transit passage", which is to distinguish it from the normal regime of innocent passage through the territorial sea, appears designed, subject to certain safeguard for coastal States, to establish the same unrestricted right to freedom of passage for all ships and aircrafts as they enjoy on or above the high seas. CI. Humphrey M. Waldock, *The International Court and the Law of the Sea*, The Hague: T.M.C. Asser. Instituut, 1979, pp. 1–17. Cf. E. Lauterpacht, "Freedom of Transit in International Law," *Transactions of the Grotius Society*, Vol. 44 (1985 & 1959), pp. 313–352.

[41] W. van Reenen, "Rules of Reference in the New Convention on the Law of the Sea, in particular in connection with the Pollution of the Sea by Oil from Tankers," *Netherlands Yearbooks of International Law*, Vol. 12 (1981), pp. 3–39.

2. Coastal States

- The LOSC provides for a partition of maritime areas into different zones: international waters, archipelagic waters, the territorial sea, the contiguous zone, ㊷ the exclusive economic zone, and the high seas. Vast and varied zones of coastal State jurisdiction are subject to precise maximum limits, expressed in nautical miles.
- Internal waters are part of the territory of a coastal state. A coastal State enjoys sovereignty over its internal waters to the same extent as over its land territory. ㊸
- Coastal States would exercise sovereignty over their territorial sea up to 12 nautical miles in breadth, but foreign vessels would be allowed peaceful "innocent passage" through those waters.
- Coastal States would have sovereign rights in a 200-nautical-mile EEZ with respect to natural resources and certain economic activities, and would also exercise jurisdiction over marine science research and environmental protection; all other States would have freedom of navigation and overflight in the zone, as well as freedom to lay submarine cable and pipelines; landlocked and geographically disadvantaged States would have the opportunity to participate in exploiting

㊷ The 1958 Geneva Convention on the contiguous zone article has been incorporated verbatim into the LOSC. A. V. Lowe, "The Development of the Concept of the Contiguous Zone," *British Year Book of International Law*, Vol. 52 (1981), pp. 109–169.

㊸ C. John Colombos, "The Distinction between Territorial and International Waters," *Symbolae Verzijl: présentees au Professeur J. H. W. Verzijl a l' occasion de son LXX-ieme anniversaire*, The Hague: Martinus Nijhoff, 1958, pp. 118–123; V. D. Degan, "Internal Waters," *Netherlands Yearbook of International Law*, Vol. 18 (1986), pp. 3–44.

part of the zone's fisheries on an equitable basis when the coastal State could not harvest them all itself; highly migratory species of fish[44] and marine mammals would be accorded special protection.

- Coastal States would have sovereign rights over the continental shelf (the national area of the seabed) for exploring and exploiting it; the shelf would extend at least 200 nautical miles from the shore; and more under specified circumstances; coastal States would share with the international community part of the revenue they would derive from exploiting resources from any part of their shelf beyond 200 miles; a Commission on the Limits of the Continental Shelf would make recommendations to States on the shelf's outer boundaries when it extends beyond 200 miles.

---

[44] Canada would like to see some aspects of UNCLOS strengthened; in particular, those governing migratory fish stocks. Canada and the UN are working toward developing new conventions in this area. Canada will take a leading role in developing these agreements. Department of Foreign Affairs and International Trade, *Canadian Reference Guide to the United Nations*, Ottawa: Department of Foreign Affairs and International Trade, 1994, p. 33. Cf. the 1995 Agreement for the Implementation of the Law of the Sea Convention in the field of Straddling Fish Stocks and Highly Migratory Fish Stocks. Canada opted to take unilateral action to conserve straddling stock in the Northwest Atlantic Fisheries Organization. Peter G. G. Davies & Catherine Redgwell, "The International Legal Regulation of Straddling Fish Stocks," *British Year Book of International Law*, Vol. 67 (1996), pp. 199–274; Jean-Pieere Levy & Gunnar G. Schram compiled and introduced, *United Nations Conference on Straddling Fish Stocks & Highly Migratory Fish Stocks: Selected Documents*, The Hague: Martinus Nijhoff Pub., 1996.

3. Archipelagic States ㊺

Archipelagic States-those States made up of a group or groups of closely related islands and interconnecting waters-would have sovereignty over a sea area enclosed by straight lines drawn between the outermost point of the islands; all other States would enjoy the right of passage through designated sea lanes.

The archipelagic State may not impede foreign vessels enjoy the right of innocent passage within archipelagic waters or the right of transit passage through designated sea lanes and air routes suitable for the continuous and expeditious passage of foreign vessels and aircraft through the archipelagic waters and the adjacent territorial sea.

4. States Bordering Enclosed or Semi-Enclosed Seas

States bordering enclosed or semi-enclosed seas would be expected

---

㊺ In the *Anglo-Norwegian Fisheries* Case, International Court of Justice held that the method of straight baselines employed by Norway in connecting the outermost islands, adjacent to its coast was not contrary to international law. *ICJ Reports*, 1951, pp. 131, 139. At the first United Nations Conference on the Law of the Sea, the Philippines and Yugoslavia submitted proposals concerning the application of straight baseline methods to archipelagos distant from the coast. The question of archipelagos was raised again by Indonesia and the Philippines. *The United Nations Conference of the Law of the Sea, Official Records*, Vol. 3, First Committee, 52 Mtg., paras. 28, 29 &41. In 1970, Indonesia and the Philippines referred to the question of archipelagic states in the First Committee of the General Assembly at its 25th session. First Committee, 1785th Mtg., paras. 5–11; 1782nd mtg., paras. 14–24. Office for Ocean Affairs and the Law of the Sea, *The Law of the Sea: Archipelagic States, Legislative History of Part IV of the United Nations Convention on the Law of the Sea*, New York: United Nations, 1990.

to cooperate in managing living resources and on environmental and research policies and activities.

5. Landlocked States[46]

- Landlocked States would enjoy freedom of transit through the territory of transit States.
- Geographically disadvantaged States should also have a limit share in the exploration and exploitation of the sea-bed resources, both within the 200-mile EEZ and on the high seas, including the ocean floor.

6. National Jurisdiction

For areas under national jurisdiction, a maximum limit of 12 miles is established for the territorial sea and various methods are provided for establishing the baselines from which its breadth is measured. The traditional right of innocent passage through territorial waters is made more elaborate and supplemented by a new system of transit passage, more liberal in character, applicable to straits used for international navigation. A right of transit passage for all ships and aircraft through and over

[46] At the UNCLO III, the landlocked countries of the world, together with their geographically disadvantaged counterparts, made a determined effort to obtain special recognition in the Law of the Sea Convention. For details, see Martin Ira Glassner, *Access to the Sea for Developing Land-Locked States*, The Hague: Martinus Nijhoff, 1970; A. Mpazi Sinjela, *Land-Locked States and the UNCLOS Regime*, New York: Oceana Publ. 1983; Stephen Vasciannie, "Landlocked and Geographically Disadvantaged States and the Question of the Outer Limit of the Continental Shelf," *British Year Book of International Law*, Vol. 58 (1987), pp. 271–302; idem, *Land-Locked and Geographically Disadvantaged States in the International Law of the Sea*, Oxford: Clarendon Press, 1990.

straits connecting two parts of the high seas used for international navigation that are less than 24 miles wide. Transit passage is regarded by some States as inherently non-innocent. The right of unimpeded transit passage would be subject to international traffic and anti-pollution controls.[47] Provision for archipelagic sea-lane passage is made as a consequence of another new concept of archipelagic waters, applicable to States that consist of island groups.

a.Exclusive Economic Zone

A maximum limit of 200 miles is allowed for an EEZ. The EEZ may be regarded as sui generis, neither high seas nor under full national jurisdiction. The LOSC established this concept thereby significantly reduced the area of oceans freely open to exploitation by all States. This is a zone wherein a coastal State would exercise sovereign rights over the stretch of adjoining sea for all resources and economic activities, and jurisdiction over such matters as the conduct of marine scientific research and protection and preservation of the marine environment. The recognition and elaboration of this concept was the major issue facing the Conference when it began its work. The provisions on the EEZ represent a series of delicately balanced compromises that illustrate the way in which the Convention seeks to balance the rights and obligations of States. For example, on fisheries, landlocked or geographically disadvantaged States must be allowed access to the catch that their neigh-

[47] R. Palmer Cundick, "International Straits: The Right of Access," *Georgia Journal of International and Comparative Law*, Vol. 5 (1975), pp. 107–140; Karin M. Burke and Deborah A. Dello, "Innocent Passage and Transit Passage in the UN Convention on the Law of the Sea," *The Yale Journal of World Public Order*, Vol. 9 (1983), pp. 389–406.

bouring coastal State does not take; for navigation and communication, the traditional freedoms of the high seas are maintained in the EEZ. To help safeguard the protection of the many different interests in the new zone, special dispute settlement procedures were elaborated. ㊽

b.Continental Shelf

The sea-bed and sub-soil of the continental shelf also fall within national jurisdiction according to specified criteria relating to the formation of the continental margin itself. Its limits, however, are not to exceed 350 miles from the baselines or 100 miles from the 2,500-metre isobath. Since the limits of the international sea-bed area can only be determined as a consequence of final determination of the limits of national jurisdiction on the continental shelf, the Convention provides for the establishment of a commission of experts to advise on delineation of the outer limit. ㊾

㊽ The move from the concept of preferential rights to that of an EEZ represents the outermost limit within which greater certainty coincides with the needs for justice. Karin Hjertonsson, *The New Law of the Sea: Influence of the Latin American States on Recent Development of the Law of the Sea*, Leiden: A.W. Sijthoff, 1973, pp. 68–79; Ralph Zacklin, "Latin American and the Development of the Law of the Sea: An Overview," in Ralph Zacklin, ed., *The Changing Law of the Sea: Western Hemisphere Perspectives*, Leiden: Sijthoff, 1974, Ch. 3, pp. 59–74; Paolo Mengozzi, "The International Court of Justice, the United Nations Conference and the Law of the Sea," *Italian Yearbook of International Law*, Vol. 3 (1977), pp. 92–114.

㊾ In the *North Sea Continental Shelf* Cases, *ICJ Reports*, 1969, p. 3, the Court decided that the rights of the coastal State to its continental shelf areas were based on its sovereignty over the land domain, of which the shelf area constituted the natural prolongation of the land territory into and un-

On the delimitation of the EEZ and the continental shelf, identical provisions have been made which made no distinction between the two maritime zones or between States with opposite or adjacent coasts. The delimitation criteria emphasis the need for an agreement, which is based on applicable international law and which leads to an equitable solution. [50]

7. High Seas

The high seas embraces all parts of the sea that are not included in the exclusive economic zone, the territorial sea or internal waters of a State, or in the archipelagic waters of an archipelagic State. The freedoms of the high seas comprises *inter alia* the freedom of navigation, of overflight, of laying cables and pipelines, of constructing artificial islands and other installations, of fishing, and of scientific research. Freedom of transit on the high seas is generally limited to vessels that fly the flag of a single state. With few exceptions, the flag State has exclusive jurisdiction over all persons abroad its vessels on the high seas. [51] The

---

der the sea. This concept was adopted in Article 76 of the LOSC. L. F. E. Goldie, "The International Court of Justice's 'Natural Prolongation' and the Continental Shelf Problem of Islands," *Netherlands Yearbook of International Law*, Vol. 4 (1973), pp. 237–261; D. N. Hutchinson, "The Concept of Natural Prolongation in the Jurisprudence concerning Delimitation of Continental Shelf Areas," *British Year Book of International Law*, Vol. 55 (1984), pp. 133–187; Jose Maria Ruda, "The Outer Limit of the Continental Shelf," in Nigel S. Rodley and C. Neale Ronning, eds., *supra* note 10, pp. 38–69.

[50] Under Articles 74 and 83, no direct reference has been made either to equitable principles or to equidistance.

[51] *Zniam Nolvan* v. *Attorney General for Palestine* (The "*Asya*") [1948] A.

Convention augments that law in several important respects, with regard, for example, to pollution and safety regulations, conservation of living resources and prevention of illicit drug traffic. [52]

8. Military Activities

- The right of innocent passage for warships through territorial seas during peacetime can be understood as existing. Nevertheless, several states have a different system in their national law and require prior notification or even authorization before foreign warships may navigate through their territorial seas. Warships and their crews are accorded sovereign immunity from all but flag State jurisdiction. [53]

C. 351, 368. Jurisdiction exists solely as a consequence of the vessel's status as stateless. In *U.S.* v. *Marino-Garcia* 679 F.2d 1373 (11th Cir.) (1982), the Court held that a stateless vessel is by itself sufficient to establish jurisdiction over the crew members.

[52] The 1961 Single Convention on Narcotic Drugs calls for worldwide cooperation in controlling narcotic drug abuse. The penal provisions governing illicit drug traffic grant prosecutional authority to any signatory State in whose territory an offense was committed or an offender is found. Cf. the 1970 Comprehensive Drug Abuse Prevention and Control Act; the 1980 Marijuana on the High Seas Act and the 1986 US Maritime Drug Law Enforcement Act which was intended to reach acts of possession, manufacture, or distribution committed outside the territorial jurisdiction of the US. See Jeffrey D. Stieb, "Survey of United States Jurisdiction Over High Seas Narcotics Trafficking," *Georgia Journal of International and Comparative Law*, Vol. 19 (1989), pp. 119–147. Cf. Article 4(1)(2)(3) and 5(1) of Canadian Narcotic Control Act, R.S.C. 1970, c. N–1.

[53] In the *Corfu Channel* Case, *ICJ Reports*, 1948, p. 53, the Court declared that foreign warships in time of peace have the right to navigate through international straits without coastal State's consent. Coastal States may not prohibit such navigation, and under an obligation to warn ships proceeding

- The EEZ articles do not contain restriction on military activities. The military activity exception reflects the usual demand of states not to submit their armed forces to any form of outside control. Thus, in law, there should be no problem for passing naval vessels or warships. But with regard to shows of force, the exercise of the naval presence mission, or in using one nation's EEZ for operations against another nation, the argument might be made that these naval activities interfere with coastal state EEZ or not fall with general rights of navigation. As regards naval influence in the Law of the Sea Convention, Part IV Article 18(2)(b) of the Statute of International Tribunal for the Law of the Sea dispute settlement provides that a ratifying party may declare that it will not bind to submit to the Tribunal disputes concerning military activities. [54]

---

through international straits of any dangers, such as sunken wrecks, mines or uncharted rocks, to which they might be exposed. These views were revived in Articles 14(1) and 15 of the 1958 Geneva Convention on the Territorial Sea and then incorporated into Part II, Section III (Innocent Passage in Territorial Seas) and Part III (Straits used for International Navigation) of the LOSC. Article 236 of the LOSC is confined to making the necessary reservation that the provisions of the Convention regarding the protection and preservation of the marine environment do not apply to warships and others enjoying sovereign immunity. George P. Smith II, *Restricting the Concept of Free Seas: Modern Maritime Law Re-Evaluated*, Huntington, New York: Robert E. Krieger, 1980, pp. 40–45.

[54] Mark W. Janis, *Sea Power and the Law of the Sea*, Lexington, Mass.: D. C. Heath & Co., 1976, pp. 84–85; Finn Laursen, "The Law of the Sea and International Security: Aspects of Superpower Policy," Finn Laursen, ed., *Toward a New International Marine Order*, The Hague: Martinus Nijhoff Publ., 1982, pp. 71–88; Ken Booth, *Law, Force and Diplomacy at Sea*,

- The anti-ship mines fall into three categories: physical-contact, depression, and magnetic/acoustic mines. Generally, physical-contact mines are either moored or free-floating. Depression and magnetic/acoustic mines, have ranges of about thirty fathoms, always rest on the sea floor. Depression mines depend on fluctuations in hydrostatic pressure, while magnetic/acoustic mines are sensitive to changes in surrounding magnetic or acoustic energy levels for explosion on impact. Since the 1907 Hague Convention No. VIII Relative to the Laying of Automatic Submarine Contact Mines regulates only on the use of naval contact mines, does it apply to the magnetic/acoustic mines which can be turned on and off and programmed to choose only certain types of vessel as target? Under the LOSC, whether the coastal State or foreign State is entitled to fix magnetic/acoustic mines on the sea-bed of the EEZ? The coastal State may be justified on the grounds of superior interest in self-defense and of minimal interference with foreign State non-military use of its national sea-bed areas to fix magnetic/acoustic mines on the sea-bed of its own EEZ or beyond, to the outer limit of its continental margin. The coastal State is entitled to enact regulations prohibiting foreign State military installations or structures on the sea-bed of its EEZ. [55]

London: George Allen & Unwin, 1985, pp. 61–96; W. J. Fenrick, "The Exclusion Zone Device in the Law of Naval Warfare," *The Canadian Yearbook of International Law*, Vol. 24 (1986), pp. 91–126; J. Ashley Roach & Robert W. Smith, *US Responses to Excessive Maritime Claims*, 2 nd ed., The Hague: Martinus Nijhoff, 1914, pp. 409–414.

[55] See, e.g. The United States' Sonar Surveillance Systems lie on the continental shelf off the coasts of the United States, in the North Sea and in the Mediterranean. These devices may be regarded as military "structures",

9. Submarine Areas [56]

Submarine areas may be classified as follows: (i) national sea-bed area, which includes the seabed of the internal waters and territorial seas of coastal states, the continental shelf areas, and the sea-bed of the EEZ; (ii) international sea-bed area, which includes the sea-bed and ocean floor beyond the outer limits of the continental shelf and EEZ. The formulation of the provisions governing the Area and its resources were especially difficult, since there were no precedents or traditional practices to guide the Conference in its work. These provisions thus represent

---

and thus within the provisions of Article 60 of the Convention. R. R. Churchill & A. V. Lowe, *The Law of the Sea*, Rev. ed., Manchester: Manchester Univ. Press, 1988, pp. 306–314. It has been suggested there should be regional cooperation among coastal states in the monitoring and surveillance of any possible military structures placed by a foreign state inside their EEZs. The international Sea-bed authority may be the proper body to monitor and verify both peaceful & military activities in the international Sea-bed Area. Clyde Sanger, *Ordering the Oceans: The Making of the Law of the Sea*, Toronto & Buffalo: Univ. of Toronto Press, 1987, pp. 208–209. Rex J. Zedalis, "Military Uses of Ocean Space and the Developing International Law of the Sea: An Analysis in the Context of Peacetime ASW (anti-submarine warfare)," *San Diego Law Review*, Vol. 16 (1978–79), pp. 575, 590–591, 648–651. Does the Hague Convention No. VIII prohibit the use of mines as the sole means of enforcing a naval blockade? In this context, was the United States action in mining the approaches to Haiphong in 1972 a blockade?

[56] Barry Buzan, "Seabed Issues at the Law of the Sea Conference: The Caracas Session," *The Canadian Yearbook of International Law*, Vol. 12 (1974), pp. 222–238; L. Caflisch, "Submarine Antiquities and the International Law of the Sea," *Netherlands Yearbook of International Law*, Vol. 13 (1982), pp. 3–32.

progressive development of the law.

a.Deep Seabed Mining[57]

The most complicated part of the Convention involves deep-sea mining of manganese nodules. Articles 156–191 establish a new body known as the International Sea-bed Authority. It is an international legal

[57] The provisions on deep sea-bed mining of the LOSC were described by Mr. Rifkind, the Ministers, as being fundamental unacceptable and unattractive to the government. *Official Report*, 13 December, 1983, Vol. 50, Col. 981. For details, see Evan Luard, *The Control of the Sea-bed: A New International Issue*, London: Heinemann, 1974, pp. 210–261; R. P. Anand, *Legal Regime of the Sea-Bed and the Developing Countries*, New Delhi, 1975; Barry Buzan, *Seabed Politics*, New York: Praeger Publ., 1976, pp. 285--294; Benedetto Conforti, "Notes on the Unilateral Exploitation of the Deep Seabed," *Italian Yearbook of International Law*, Vol. 4 (1978–79), pp. 3–19; John R. Harry, *Deep Seabed Mining in the Law of the Sea Negotiation (I): The Contours of a Compromise*, Charlottesville, Virginia: The Michie Co., 1978, pp. 1–18; John Norton Moore, Rudiger Wolfrum *et al.*, *Deep Seabed Mining in the Law of the Sea Negotiation (II): Toward a Balanced Development System*, Charlottesville, Virginia: The Michie, 1978, pp. 2–102; Kronmiller, *supra* note 6, Vol. 1, pp. 445–453; Tullio Treves, "Seabed Mining and the United Nations Law of the Sea Convention," *Italian Yearbook of International Law*, Vol. 5 (1980–81), pp. 22–51; Wolfgang Hauser, *The Legal Regime for Deep Seabed Mining under the Law of the Sea Convention*, trans Frances Bunce Dielmann, Deventer, The Netherlands: Kluwer, 1983, pp. 31–36; E. D. Brown, "The United Nations Convention on the Law of the Sea 1982: The British Governments Dilemma", *Current Legal Problems*, Vol. 37 (1984), pp. 259–243; Roderick Ogley, *Internationalizing the Seabed*, England: Grower Publ., 1984; Vaughan Lowe, "The United Kingdom and the Law of the Sea," in Tullio Treves and Laura Pineschi, eds., *The Law of the Sea: The European Union and its Memeber States*, The Hague: Martinus Nijhoff

person with responsibilities, privileges and immunities which would grant mining concessions and would conduct mining operations through its subagency called "the Enterprise." Under a "parallel system", each private agency seeking a mining permit would submit two proposed tracts to the Authority and the Authority could choose one for its own operation. A private or national contractor would be required to submit two prospective mine sites. One site and the appropriate mining technology would be transferred to the Enterprise, which would mine for the authority. Each contractor would be required to make the technology available to the Enterprise on fair and reasonable commercial terms and under certain conditions, to some coastal developing countries. The Enterprise first would have to make good-faith efforts to obtain technology on the open market. [58] Certain fees and sharing of technology are also involved. Safeguards to prevent undue depression of world mineral prices are included. Revenues accruing to the Authority are earmarked for aid for development.

Under the Convention, all exploring and exploiting activities in the international seabed Area would be under the control of the International Sea-Bed Authority; the Authority would be authorized to conduct its own mining operations through its operating arm, the Enterprise, and also to contract with private and State ventures to give them mining rights in the Area, so that they could operate in parallel with the Authority. The first generation of seabed prospectors, dubbed "investors",

Publ., 1997, pp. 521–253.

[58] Wesley Marx, *The Frail Ocean: A Blueprint for Change in the 1990s and Beyond*, Updated ed., Chester, Connecticut: The Globe Pequot Press, 1991, pp. 79–90.

would have guarantees of production once mining was authorized.

For many years, following the adoption of the Convention in 1982, the provisions of Part XI, dealing with deep sea-bed mining, were viewed as an obstacle to the universal acceptance of the Convention. That was particularly true in view of the fact that the main opposition to those provisions came from the industrialized countries. [59] Objections to the Convention's provisions dealt mainly with the detailed procedures for production authorization from the deep sea-bed; cumbersome financial rules of contracts; decision-making in the Council of the Sea-Bed Authority; and mandatory transfer of technology.

---

[59] A. Bos, "The Third UN Law of the Sea Conference, Standpoint of the Delegation of the Kingdom of the Netherlands on Certain Aspects of the Regime for the Exploitation of the Sea-bed," *Netherlands Yearbook of International Law*, Vol.11 (1980), pp. 157–166; Simon Webley, *The Law of the Sea Treaty: Some Crucial Questions for the United Kingdom*, London: Institute for European Defence and Strategic Studies, 1982, pp. 26, 33; Dean Rusk and Milmer S. Ball, "Sea Changes and the American Republic, " *Georgia Journal of International and Comparative Law*, Vol. 9 (1979), pp. 1–19; Bernard H. Oxman, David D. Carson & Charles L. O. Buderi, eds., *Law of the Sea: U.S. Policy Dilemma*, San Francisco, Calf.: Institute for Contemporary Studies, 1983; Katherine Dixon, "Law of the Sea-Deep Sea Mining-United States position in Light of Recent Agreement and Exchange of Notes with Five Countries Involved in Preparatory Commission of United Nations Convention on the Law of the Sea," *Georgia Journal of International and Comparative Law*, Vol. 19 (1988), pp. 497–515; Elizabeth Riddell-Dixon, *Canada and the International Seabed: Domestic Determinants and External Constraints*, Kingston, Montreal: McGill-Queen's Univ. Press, 1989; Jennings and Watts, eds., *supra* note 2, Vol. I., pp. 812–814.

Part XI (Deep Sea-Bed Regime) of the LOSC sets out a detailed regime for the exploration and exploitation of the deep sea-bed and its resources and places deep sea-bed mining under the regulatory control of the International Sea-Bed Authority. At the UNCLOS III, State opinions on the legal impact of the deep sea-bed provisions in the Convention may be divided into two categories. The developing countries, acting through their representative in the Group 77, the landlocked and geographically disadvantaged countries, maintain that the deep sea-bed area and its resources are "Common Heritage of Mankind" and thus open to exploitation in conformity with the terms of Part XI. However, the United States and some industrialised countries have adopted a negative position towards various issues which consisted of the cumbersome financial rules of the contracts to be issued by the International Sea-Bed Authority to entities seeking to exploit minerals in the area, the composition of the Council of the Sea-Bed Authority, financing and decision-making within the Authority, functions of the Enterprise, the revenue sharing, production controls, review clause and mandatory transfer of technology. They deny that Part XI is binding *erga omnes* and insist that all non-parties to the Convention are fully entitled to exploit the resources of the deep sea-bed in accordance with the principle of freedom of the high seas. In keeping with this position, some industrialised countries have unilateral enacted national legislation which sanctions deep sea-bed mining outside the conventional regime and have entered into a series of mutual treaty arrangements on the resolution of conflicts in matters pertaining to the deep sea-bed. The question whether the provisions in Part XI may actually be binding even vis-a-vis non-parties to the Convention. When the United States and some industrialised countries originally agreed the LOSC they implicitly represented to other State that they would accept Part XI along with the other new rules in the Convention. If they were seeking to drive advantages from the new rules, they should, as a matter of equity and fairness, be estopped[60] from denying the force of Part XI.[61]

To overcome these objections, the Secretary-General undertook informal consultations with all parties, lasting nearly four years. As a result, the General Assembly adopted in 1994 the Agreement Relating to the Implementation of Part XI of the United Nations Convention on the Law of the Sea. The Agreement removes the obstacles that had stood in the way of universal acceptance by substituting general provisions for the detailed procedures contained in the Convention and by leaving it to the Authority to determine at a future date the exact nature of the rules it will adopt with respect to the authorization of deep sea-bed mining operations. The Agreement also removes the obligation for mandatory trans-

---

[60] Estoppel by express or implied agreement, Michael Cababe, *The Principles of Estoppel*, London: Maxwell & Son, 1888, pp. 6–44; Melville M. Bigelow, *A Treatise on the Law of Estoppel*, 6th Revised by James N. Carter, Boston: Little, Brown & Co., 1913, pp. 495–497; Arthur Caspersz, *Estoppels and the Substantive Law*, 4th ed., Calcutta: Butterworth & Co. (India) Ltd. 1915, pp. 43–62; D. W. Bowett, "Estoppel before International Tribunals and its Relations to Acquiescence," *British Year Book of International Law*, Vol. 33 (1957), pp. 176–202; I. C. MacGibbon, "Estoppel in International Law," *International & Comparative Law Quarterly*, Vol. 7 (1958), pp. 468–513; Yoursef Issa Youakim, *Estoppel in International Law,* unpublished Ph. D. dissertation, Cornell Univ., 1969.

[61] Stephen Vasciannie, "Part XI of the Law of the Sea Convention and Third States: Some General Observations," *Cambridge Law Journal*, Vol. 48 (1989), pp. 85–97.

fer of technology and ensures the representation of certain countries, or groups of countries, in the Council while giving those countries certain powers over decision-making.

b.International Sea-Bed Authority

The International Sea-bed Authority, to consist of all States parties to the Convention, has been based in Kingston, Jamaica. It will administer the seabed area and regulate its exploration and exploitation. Like other specialized international organizations, the Authority will have a plenary Assembly and an executive Council of limited membership, representative of the special interests involved, which will have primary responsibility over sea-bed mining activities. It will constitute a promising innovation in global management.

The actual functions of the Authority, however, are unprecedented in the history of international organizations since it is given the power to regulate purely commercial activities directly and to engage in them itself. Sea-bed mining activities can be carried out by individual States and entities sponsored by States under contractual arrangements with the Authority, and by an Enterprise of the Authority, working on behalf of all States. Known as"the parallel system", this arrangement was first introduced in 1976 as a compromise between the notion of a purely administrative Authority and that of an Authority as sole operator in the Area. Its basic elements therefore concern the financial and technical qualifications of those that apply to mine and the terms of their contracts; and the allocation of mining areas to the Enterprise, its financing and acquisition of technology and expertise. The operation of this system will be reviewed 15 years after commercial production begins.

The Convention seeks to avoid having new sea-bed production adversely affect the economies of developing countries producing the same minerals by awarding production authorizations with contracts, calculated according to trends in world mineral consumption.

A major responsibility of a Preparatory Commission created under a resolution of the Conference is the drafting of a "sea-bed mining code", the detailed set of rules, regulations and procedures necessary to give effect to the provisions of the Convention. Its other related responsibility is to implement the special regime for protecting pioneer investment, established by another resolution of the Conference, and to prepare for the Enterprise, so that the "parallel system" can operate from the beginning of the first commercial production from the Area.

B. Rules Governing All Ocean Space

1. Protection and Preservation of the Marine Environment [62]

Among the most important global concerns which Article 192 of the LOSC addresses is the protection and preservation of the marine environment. It sets forth general practices and policies and details the

[62] R. P. Barston and P. W. Birnie, eds., *The Maritime Dimension*, London: George Allen & Unwin, 1980, pp. 108–125; Vincenzo Starace, "Protection and Reservation of the Marine Environment in the United Nations Convention on the Law of the Sea: An Appraisal," *Italian Yearbook of International Law*, Vol. 5 (1980–81), pp. 52–64; Gerard J. Mangone, *Law for the World Ocean*, Calcutta: Univ. of Calcutta, 1981, pp. 277–285; Patricia W. Birnie & Alan E. Boyle, *International Law & the Environment*, Oxford: Clarendon Press, 1993, pp. 516–538; Patricia Birnie "The UN and the Environment," Adam Roberts and Benedict Kingsbury, eds., *United Nations, Divided World: The UN's Roles in International Relations*, 2nd

specific rights and duties of States, in the adoption and enforcement of legislation. These vary according to the type of pollution involved and its location. The Convention is intended to be both compatible with existing environmental treaties of more limited scope, whether as to subject-matter or area of application, and to provide a broad framework for the continuing development of international environmental law. States under the responsibilities to promote programs of scientific, educational, technical and other assistance to developing countries for the protection and preservation of marine environment.

The 1991 Gulf War and the Iraqis detonated six Kuwaiti oil wells have brought warfare's environmental destructiveness to the international attention. A case of environmental destruction involving near-universal condemnation of the international community. Under the 1977 Protocol 1 Relating to the Protection of Victims of International Armed Conflicts to the Geneva Conventions of 1949 and the 1977 Convention on the Prohibition of Military or Any Other Hostile Use of Environmental Modification Techniques, the State which causes environmental destruction involves state responsibilities. [63]

---

ed., Oxford: Clarendon Press, 1995, pp. 327–383; Philippe Sands, *Principle of International Environmental Law*, Manchester: Manchester Univ. Press, 1995; Douglas M. Johnston, Phillip M. Saunders & Peter Payayo, " Conservation and Management of the Marine Environment," *The Law of the Sea: Priorities & Responsibilities in Implementing the Convention*, The World Conservation Union, 1995, pp. 150–153.

[63] Michael N. Schmitt, "Green War: An Assessment of the Environmental Law of International Armed Conflict," *Yale Journal of International Law*, Vol. 22 (1997), pp. 2–109; Aaron Schwabach, "Environmental Damage Resulting from the NATO Military Action Against Yugoslavia," *Columbi-*

2. Marine Scientific Research [64]

- All marine scientific research in the EEZ and on the continental shelf would be subject to the consent of the coastal State, but they would in most cases be obliged to grant consent to other States when the research was to be conducted for peaceful purposes and fulfilled specified criteria.
- With respect to coastal State rights regards research by foreign States in its EEZ and continental shelf, it may participate in research projects and receive data, results, samples, and assistance in interpreting them.
- The right of the coastal State on the conduct and promotion of ma-

---

a Journal of Environmental Law, Vol. 25 (2000), pp. 117.

[64] The underdeveloped countries generally favor the imposition of national controls on foreign marine scientific research activities located within 200 miles of the shore. The major sea powers wish to minimize the erosion of their freedom to conduct research off alien coasts. William T. Burke, "Legal Problems in Ocean Development," *Towards a Better Use of the Ocean*, Stockholm: Almqvist & Wiksell, 1969, pp. 114–123; *Marine Science Research and International Law*, Law of the Sea Institute, Univ. of Rhode Island Occasional Paper No. 8, Sept. 1970; *Scientific Research Articles in the Law of the Sea Informal Single Negotiating Text*, *ibid.*, Occasional Paper No. 25, June 1975; Alfred H. A. Soons, *Marine Scientific Research and the Law of the Sea*, The Hague: T.M.C. Asser Instituut, 1982, pp. 214–219; Office for Ocean Affairs and the Law of the Sea, *The Law of the Sea: Marine Scientific Research*, New York: UN, 1991, pp. 1–20; Lee A. Kimball, "The United Nations Convention on the Law of the Sea: A Framework for Marine Conservation," *The Law of the Sea: Priorities & Responsibilities in Implementing the Convention*, The World Conservation Union, 1995, p. 108.

rine scientific research is not absolute, since the consent regime provides a balance of interests between the coastal States' rights and the rights of international scientific community. Article 246, para. 5 of the Law of the Sea Convention recognised that there may be circumstances under which the coastal States can rightly exercise its discretion to withhold consent.

- To promote collaboration in scientific research, States must make available information on proposed major research programs and the acknowledge resulting. They must cooperate to promote the flow of scientific date and information and the transfer of knowledge and to strengthen marine research capabilities in developing countries.
- Whether the regime of scientific research is applied to intelligence gathering activities carried out in the EEZ? The answer is not simple and that at least some provisions of the regime of scientific research should be applied, such as the competence of the coastal State to withhold consent in relation to projects that entail drilling in the Continental Shelf, the use of explosives, or the introduction of harmful substances into the marine environment. In any event, scientific research conducted by warships or similar vessels will be subject to the regime of Part XIII of the Convention.[65]

3. Transfer of Marine Technology

The Convention also fosters the development and transfer of marine technology, providing adequate safeguards for the holders of the rights concerned, and establishes a more predictable framework for the

[65] Francisco Orrego Vicuna, *The Exclusive Economic Zone, Regime and Legal Nature under International Law*, Cambridge: Cambridge Univ. Press, 1989, pp. 113–120.

conduct of marine scientific. Transfer of marine technology includes the acquisition, evaluation, and dissemination of information, data, and knowledge on marine technologies as well as the development of appropriate marine technologies. Anticipating Agenda 21, States are encouraged to foster legal conditions favourable for the transfer of marine technology. [66]

4. Peaceful Settlement of International Disputes

Part XV of the LOSC stipulates the settlement of dispute. The treatment of dispute settlement in the Law of the Sea is highly significant. It creates a regulatory framework for dispute settlement in the Law of the Sea. [67] It is the first global treaty of its kind to require, without a right of reservation, that an unresolved dispute between States Parties concerning its interpretation or application shall be submitted at the request of either Party to arbitration or adjudication for a decision binding on the other Party. This indeed has a double effect. It extends the obligation contained in Art. 2(6) of the United Nations charter to non-members of the United Nations if they become parties to the Convention; and for all States it confirmed that disputes relating to the Convention must be settled in accordance with 2(3) of the United Nations Charter. [68]

[66] William C. Brewer, Jr., *Transfer of Mining Technology to the International Enterprise*, Charlottesville, Virgina: The Michie Co., 1980, pp. 1–22; Kimball, *supra* note 64, p. 108.

[67] Thomas A. Mensah, "The Place of the International Tribunal for the Law of the Sea on the International System for the Peaceful Settlement of Disputes," *Indian Journal of International Law*, Vol. 37 (1997), pp. 466–477; Alan E. Boyle, "Dispute Settlement and the Law of the Sea Convention: Problems of Fragmentation and Jurisdiction," *International and Comparative Law Quarterly*, Vol. 46 (1997), pp. 37–54.

A notable feature of the LOSC from the standpoint of international law is its comprehensive set of provisions governing the peaceful settlement of disputes. The system established is compulsory and binding: a States Party has no choice except in very limited cases but to submit to settlement procedures if requested to do so by the other disputant and is bound to abide by the findings of the body to which the dispute is submitted.

5. Choice of Forum

States may make a prior determination as to which forum they would prefer: the International Tribunal for the Law of the Sea, the International Court of Justice, arbitration, or the special tribunal established by the Convention.[69] In cases where the Convention does not call for a binding method of settlement, the parties must submit their dispute to conciliation.

6. The International Tribunal for the Law of the Sea[70]

The ITLOS, through its Sea-Bed Disputes Chamber, has exclusive competence, however, over all disputes involving the international seabed area. Private and juridical persons will also have access to that

---

[68] Disputes regarding military activities that are before the UN Security Council may be excluded from judicial settlement. J. G. Merrills, *International Dispute Settlement*, 2nd ed., Cambridge: Grotius Publ., 1991, pp. 155–178.

[69] The choice of procedure is made by means of a declaration as provided for in Article 287(1) of the Law of the Sea Convention. A State Party which has not made a declaration of choice is deemed to have opted for arbitration in accordance with Annex VII to the Convention under Article 287(3).

[70] A. R. Carnegie, "The Law of the Sea Tribunal," *International and Comparative Law Quarterly*, Vol. 28 (1979), pp. 669–684; Merrills, *supra* note

Chamber on an equal footing with States. The LOSC and the foundation of an effective, impartial, independent tribunal are essential steps towards for an effective international judicial institutions. The Tribunal is one of the mechanisms devised by the Convention to ensure that disputes regarding the interpretation and application of the provisions of the Convention will be settled through procedures which result in final and binding decisions.

IV. STATUS AND IMPACT OF THE CONVENTION

A. Status of the Convention

The LOSC received a total of 159 signatures. With modifications to the 1982 text, the Convention has been ratified by 62 nations and came into force on 16 November 1994 after receives 62 ratifications an. It is significant that the majority of states are already giving effect to it: the legislation of the 89 States that had extended their territorial sea to the 12-mile limit established by the Convention and the 79 States that

68, pp. 176–177; Sabine Leutheusser-Schwarzenberger, "The Establishment of the Tribunal," *International Journal of Marine and Coastal Law*, Vol. 11 (1996), pp. 139–140; Gritakumar Chitty, "Opening Statement," *ibid.*, pp. 143–146; Alexander Yankov, "The International Tribunal for the Law of the Sea: Its Place within the Dispute Settlement System of the UN Law of the Sea Convention," *Indian Journal of International Law*, Vol. 37 (1997), pp. 356–371; Thomas Mensah, "The International Tribunal for the Law of the Sea and the Promotion of A Legal Order in the Oceans," *Australian International Law Journal*, 1998, pp. 1–10.

had adopted 200-mile EEZ, by 1985, is largely consistent with the relevant provisions of the Convention. This consistency in State practice, evident at regional and global levels also, reinforces the new and comprehensive legal regime and promotes the desired uniformity in its application.

For many States, the review process required for ratification entails a comprehensive examination of their marine and marine-related activities and interests, at national, regional and global levels, as well as a review of existing legislation. The General Assembly has recognized that acceptance of the Convention and development of a consistent and uniform approach to the new ocean regime may depend greatly on the information, advice and assistance that is available to States. It has requested the Secretary-General to ensure that those needs are met, and to report annually on developments relating to the Convention. The Assembly has also introduced into the work of the United Nations a new central program on law of the sea affairs, in response to the new needs of States following adoption of the Convention, and has designated the Office of the Special Representative for the Law of the Sea as the core office in the Organization for these matters.

B. Impact of the Convention

The Convention was the most ambitious attempt ever to provide an international legal regime for the management of the oceans. The resulting convention represents a major step towards an integrated management for the oceans. Even before its entry into force, the Convention had provided States with an indispensable foundation for their conduct in all aspects of ocean space, its uses and resources. States have consistently, through national and international legislation and through related decision-making, asserted the authority of the Convention as the pre-eminent international legal instrument on all matters within its purview. Thus far, its major impact has been on the establishment by 128 coastal States of a territorial sea not exceeding 12 nautical miles, and by 112 coastal States of exclusive economic zones or exclusive fishery zones not exceeding 200 nautical miles, all in conformity with the Convention. Another area positively affected in the passage of ships in the territorial sea or through straits used for international navigation. The freedom of navigation in international straits can only be limited by the coastal States concerned with safe navigation, the prevention, reduction, and control of pollution, and the protection of fishing resources and other state interests of a limited nature. The Convention's provisions relating to this matter have been incorporated into the legislation of many coastal States.

The fact that peaceful uses of the seas will only be assured through an organised system that the ratification of a Convention will command. In the absence of a convention, conflicts among states on the seas are likely to ensue and disrupt minimum public order of the oceans. The 1958 and 1982 Conventions on the Law of the Sea were intended to regulate the uses of the seas in time of peace. Military uses of the sea in peacetime includes, *inter alia*, navy maneuvers and weapons testing on the high seas, rights of passage for warship, and the deployment of monitoring devices.[71] The Conference on the Law of the Sea consciously

[71] See, e.g. The United Sates' Sonar Surveillance Systems lie on the continental shelf off the coasts of the United States, in the North Sea and in the Mediterranean. These devices may be regarded as military "structures",

avoids negotiation of the rules applicable to military operations on the seas. Consequently, the extent to which the conventions are modified or suspended in time of war is a highly controversial matter, although that does not mean that all uses of the sea by naval vessels are controversial. Thus, routine law enforcement of fishery limits is plainly regulated by those Conventions, and other specific treaties regulate certain other matters.[72]

V. CONCLUSION

The 1982 Convention on the Law of the Sea covers all aspects of ocean access and usage and is composed of 320 articles. It establishes a 12-mile territorial sea with the right of "transit passage" through and over straits used for international navigation. It provides for a 200-mile exclusive economic zone with respect to natural resources, scientific research, and fishing, in which the coastal State would determine the rules for any sharing of resources. Coastal States would also have sovereign

---

and thus within the provisions of Article 60 of the Convention. Churchill & Lowe, *supra* note 55, pp. 306–314. It has been suggested there should be regional cooperation among coastal States in the monitoring and surveillance of any possible military structures placed by a foreign state inside their EEZs. The international Sea-bed Authority may be the proper body to monitor and verify both peaceful & military activities in the international Sea-bed Area. Clyde Sanger, *Ordering the Oceans: The Making of the Law of the Sea*, Toronto & Buffalo: Univ. of Toronto Press, 1987, pp. 208–209.

[72] D. P. O'Connell, *The International Law of the Sea*, I. A. Shearer ed., Oxford: Clarendon Press, 1984, Vol. 2, pp. 1062–1093.

rights over exploitation of resources on the continental shelf to a distance of 350 miles from shore, subject to sharing with the international community part of the revenue from such exploitation beyond 200 miles. Landlocked States would have the right of access to and from the sea and a share in fishing rights in the exclusive economic zone of coastal States when the coastal State cannot harvest all the supply. Measures to prevent and control marine pollution are also included. Provisions are made for compulsory submission of disputes not settled by negotiation to a variety of arbitral or judicial procedures, including a newly created International Tribunal for the Law of the Sea and a Seabed Disputes Chamber. The contribution of the Convention to the development of international law from the viewpoint of protection of preservation of marine environment is quite meagre. The Convention seems inadequate in the field of safeguarding the ecological balances in the sea and in that of the international liability for damages to the marine environment. It pays more attentions to the sources of pollution which International Maritime Organization (IMO) has already progressed than to those regarding which such cooperation needs stimulation.

The years since 1982 have seen a shift from concern about jurisdiction over the oceans to a concern with ocean management. The 1982 Convention establishes a jurisdictional framework, indicating who gets what, and when obligations to share and cooperate arise. However, it was not possible in these broad-ranging multilateral negotiations to establish precise, specific rules and principles to deal with all the questions likely to arise for states in the domestic regulation of their waters or in their international maritime relations. The result is that there is considerable scope for the Convention's norms to be amplified and clarified by state practice. Accordingly, the years immediately following conclusion of the LOSC require close examination to determine how the new prescriptions and norms are actually being applied by specific States and by States generally. This approach can provide important insights into contemporary international ocean management and regulation.[73]

The law of the sea remains on the agenda of the General Assembly, so that States can regularly examine all developments relevant to the Convention. The Preparatory Commission established by the Conference began its work in 1983.[74] By adopting procedures and working methods appropriate to its mandate, it too will operate essentially on a consensus basis. It is elaborating rules for the registration of "pioneer investors",[75] in accordance with the Conference resolution on that

---

[73] Barbara Johnson and Mark W. Zacher, eds., *Canadian Foreign Policy and the Law of the Sea*, Vancouver: Univ. of British Columbia Press, 1977, pp. xv–xx; Donald McRae and Gold Munro, eds., *Canadian Oceans Policy: National Strategies and the New Law of the Sea*, Vancouver: University of British Columbia Press, 1989, p. vii.

[74] It should be borne in mind that the Preparatory Commission remains existence until the conclusion of the first session of the assembly of the International Seabed Authority beginning on 16 November 1994. Renate Platzoder, comp. and ed., *The Law of the Sea: Documents 1983–1994*, Doffs Ferry, New York: Oceana Publ., 1994, Vol. XVI.

[75] Laborious negotiations in the Preparatory Commission found a formula in 1987 for the registration of three categories of "pioneer investors": (1) the four states that had expended $30 million on exploration of given areas before 1 January 1983, (2) four private consortia (two which include Canadian mining companies) and (3) developing countries that had registered by 1 January 1985. *U.N. Law of the Sea Bulletin, Special Issue III: Registra-*

question. Four applications for such status had been made by mid-1985. The Commission is at the same time proceeding with its special work on the drafting of a sea-bed mining code and preparations for the Enterprise, as well as with its more conventional preparatory work for the International Sea-bed Authority and the International Tribunal for the Law of the Sea. By the end of the period of signature, 9 December 1984, 159 States and several other entities such as the European Economic Community had singed the Convention. The Convention entered into force for 68 countries on 16 November 1994, one year after the deposit of the sixtieth instrument of ratification or accession. By 2 May 1995, it had 75 States parties. Many others have initiated ratification processes. Indeed, the most significant initial action that states can take in the interest of the oceans' threatened life support system is to ratify the Convention.

tion of Pioneer Investors, September 1991.

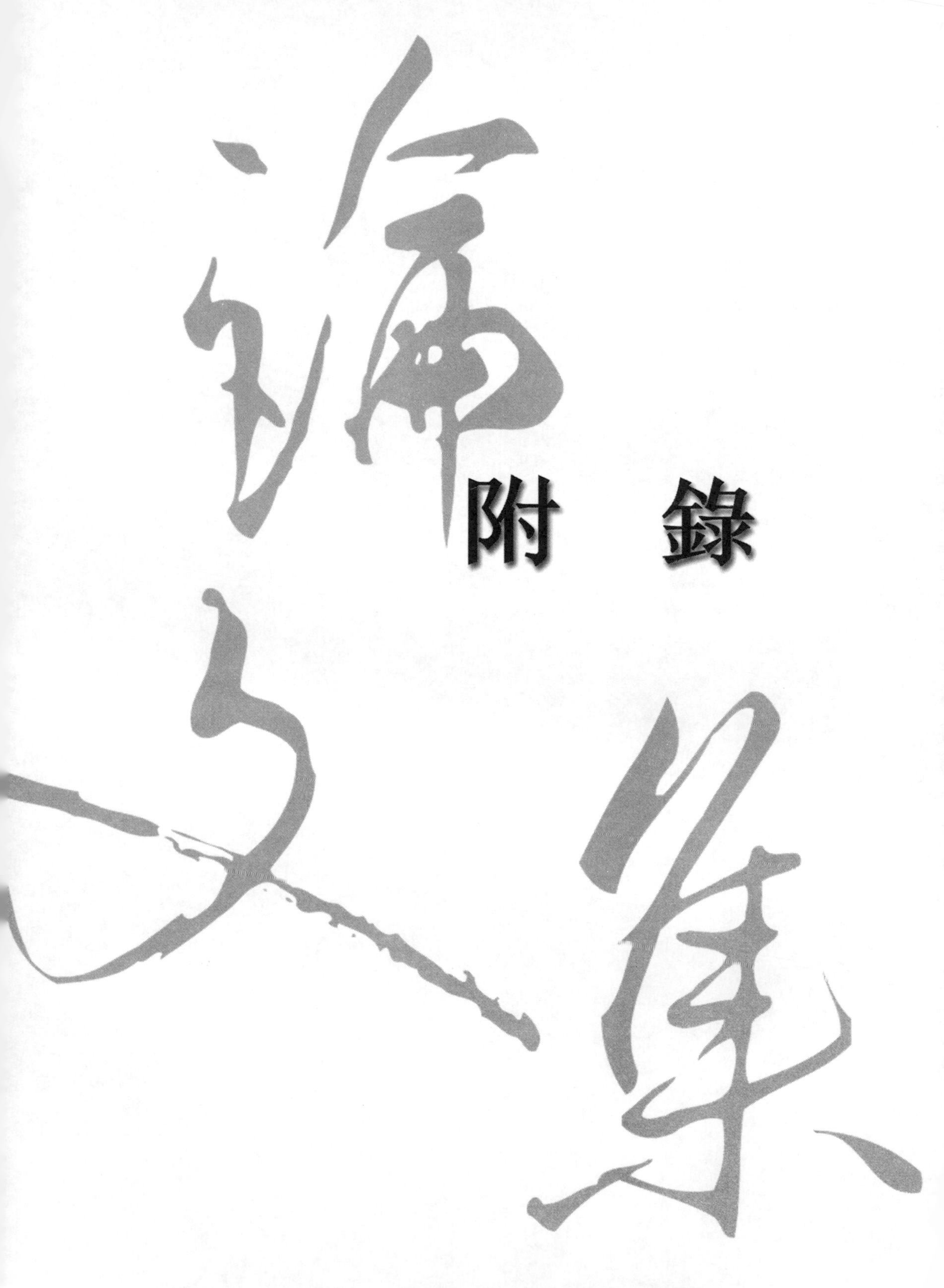

附　錄

丘宏達教授略歷與中英文著作目錄

壹、學經歷、現職及曾獲之學術獎

一、學　歷

1. 國立臺灣大學法律系畢業（民國四十七年）
2. 美國長島大學政治學碩士（民國五十一年）
3. 美國哈佛大學法律碩士（民國五十一年）
4. 美國哈佛大學法學博士（民國五十四年）

二、經　歷

1. 美國哈佛大學東亞研究中心研究員（民國五十三年至五十四年）
2. 國立臺灣大學政治系副教授（民國五十四年至五十七年，但五十五年至五十七年請假）
3. 美國哈佛大學法律學院研究員（民國五十五年至五十九年，六十一年至六十三年）
4. 國立政治大學法律系教授（民國五十九年至六十一年）
5. 國立臺灣大學政治研究所兼任教授（民國五十九年至六十一年）

6. 中華民國國際關係研究所（後改為國立政治大學國際關係研究中心）兼任研究員（民國五十九年至六十年），特約研究員（民國六十一年至六十二年）
7. 美國馬里蘭大學法律學院副教授(民國六十三年至六十六年)
8. 美國馬里蘭大學法律學院研究委員會主席（民國六十三年至六十九年；民國七十三年至七十四年）
9. 美國馬里蘭大學國際貿易法學報（現改稱馬里蘭國際法與貿易學報）指導教授（民國六十三年至八十三年；民國八十四年至八十五年）
10. 美國馬里蘭大學國際法學會指導教授：負責指導學生參加美國國際法學會主辦之國際模擬法庭比賽
11. 代表國際法學會（倫敦）出席第三次聯合國海洋法會議觀察員（民國六十五年至七十一年）
12. 法律榮譽學會馬里蘭分會會員
13. 美國國際法學會中國與國際秩序研究會委員（民國五十八年至六十二年）
14. 美國亞洲研究學會亞洲法律委員會委員（民國六十五年至六十八年）
15. 美國喬治華盛頓大學中蘇研究所研究員(民國六十八年夏季)
16. 美國維吉尼亞大學政府及外交系兼任客座教授（民國六十九年秋季）
17. 美國法律學院聯合會國際法學交換組織執行委員會委員（民國六十六年至六十七年）及主席（民國七十五年至七十七年）
18. 全美中國研究協會副會長（民國七十一年至七十三年）；會長（民國七十四年至七十六年）
19. 美國國際法學會太平洋區域法律研究組主席（民國七十八年至八十二年）

20.行政院政務委員（民國八十二年至八十三年）
21.海峽交流基金會董事（民國八十三年至八十四年）
22.中國國際法學會理事長（民國八十四年至八十八年）
23.國際法學會（International Law Association，總部設於倫敦）總會長（民國八十七年至八十九年）
24.中華民國無任所大使（民國八十七年至八十九年）

三、現　職

1. 美國馬里蘭大學法律學院教授（民國六十六年迄今）
2. 中國國際法學會理事長及中國國際法及國際事務年報（中英文版）總編輯（英文版已出版十六卷，中文版已出版十一卷）（民國七十年迄今）
3. 美國馬里蘭大學法學院現代亞洲研究專刊主編（已出版一五八冊）（民國六十六年迄今）
4. 國際法學會副總會長（民國八十九年迄今）
5. 蔣經國國際學術交流基金會董事（民國七十八年迄今）
6. 國家統一委員會委員（民國八十四年迄今）

四、曾獲之學術獎

1. 一九七六年美國國際法學會(American Society of International Law)著作優績獎(Certificate of Merit)，每年頒獎兩本國際法書，獎狀中稱與哈佛大學法律學院教授柯恩(Jerome Alan Cohen)合著之人民中國與國際法(People's China and International Law, Princeton University Press, 1974)一書為卓越之著作(A work of great distinction)。

2. 一九八二年美國軍事工程師學會(Society of American Military Engineers)杜爾曼(Toulman)銀牌獎，在頒獎說明中認為「兩個中國能和解嗎?」(A Raprochemont Between the Two Chinas?)為 1981 年軍事工程師(The Military Engineers)雜誌中最佳之論文。

貳、中文著作目錄（至八十九年二月止）

一、中文學術論文

1. 我國參加聯合國周邊的國際組織之可行性，中華民國與聯合國，臺北：國立政治大學國際關係研究中心，民國八十二(1993)年，頁一三九至一九五。
2. 中國國籍法研究，中國國際法與國際事務年報第五卷（民國七十八(1989)年至七十九(1990)年），臺北：商務印書館出版，頁一至三二。
3. 釣魚臺列嶼爭執問題及其解決方法的研究，國立政治大學國際關係研究中心，國際及中國大陸情勢專題報告 004 號，民國八十(1991)年一月出版，頁六七。
4. 我國參加國際政府間組織的法律問題，中國國際法與國際事務年報第四卷（民國七十七(1988)年至七十八(1989)年），頁五二至五八。
5. 我國國際法律地位及重返國際組織問題，中國國際法與國際事務年報第三卷（民國七十六(1987)年至七十七(1988)年），頁三至二六。
6. 國際慣例，條約，協定及非（準）官方協定在我國國內法上的地位，中國國際法與國際事務年報第二卷（民國七十五(1986)年至七十六(1987)年），頁一至二七。

7. 美國國家主權豁免法中對外國國家或其官員或其代理人的侵權行為之管轄問題，中國國際法與國際事務年報第一卷（民國七十四(1985)年至七十五(1986)年），頁三至一七。

8. 海洋法上的群島問題，慶祝朱建民先生七十華誕論文集，臺北：正中書局經銷，民國六十七(1978)年，頁四〇七至四二〇。

9. 釣魚臺列嶼問題研究，政大法學評論第六期（民國六十一(1972)年六月），頁二四一至二七〇。

10. 日本對釣魚臺列嶼主權問題的論據分析，政大法學評論第五期（民國六十(1971)年六月），頁一至二五。

11. 大陸礁層與海床開發的法律問題，政大法學評論第四期（民國六十(1971)年六月），頁一至十一。

12. 香港法律地位之研究，東亞季刊第二卷第四期（民國六十(1971)年四月），頁四至一〇。

13. 從國際法觀點論中共與蘇聯的領土糾紛問題，東亞季刊第二卷第二期（民國五十九(1970)年六月），頁一至九。

14. 琉球問題研究，政大法學評論第二期（民國五十九(1970)年六月），頁一至一二。

15. 中國與西方關於不平等條約問題的研究，政大法學評論第一期（民國五十八(1969)年十二月），頁一至九。

16. 中國國際法名詞的研究，國立臺灣大學法學院社會科學論叢第十七輯（民國五十六(1967)年七月），頁二五七至二七四。

17. 聯合國大會通過的決議的法律效力，薩孟武先生七十華誕政法論文集，臺北：海天出版社（民國五十五(1966)年），頁四八五至五〇〇。

二、中文學術書籍

1. 現代國際法參考文件（陳純一助編），臺北：三民書局，民國八十五(1996)年出版。
2. 現代國際法，臺北：三民書局，民國八十五(1996)年出版。
3. 中共談判策略研究（與任孝琦合編），臺北：聯合報社，民國七十六(1987)年出版。
4. 抗戰勝利的代價——抗戰勝利四十週年學術論文集（與許倬雲合編），臺北：聯合報社，民國七十五(1986)年出版。
5. 現代國際法基本文件，臺北：三民書局，民國七十三(1984)年出版。
6. 關於中國領土的國際法問題論集，臺北：臺灣商務印書館，民國六十四(1975)年出版。

   （※德國 Zeitschrift Fur Auslandisches Offentliches Recht Und Volkerrecht 對本書有評介）
7. 現代國際法參考文件，臺北：三民書局，民國六十一(1972)年出版。
8. 現代國際法，臺北：三民書局，民國六十二(1973)年出版（主編兼寫作第一章至第五章及合寫第七章）
9. 現代國際法問題，臺北：新紀元出版公司，大中國圖書公司經銷，民國五十五(1966)年出版。

參、英文著作目錄（至八十九年二月止）

I. Articles

1. "An Analysis of the Sino-Japanese Dispute Over Tiaoyutai Islets," 15 *Chinese Yearbook of International Law and Affairs* 9–31 (1996–1997).
2. "A Perspective on the International System in the Post-Cold War Era," 14 *Chinese Yearbook of International Law and Affairs* 15–18 (1995–1996).
3. "Recent Chinese Criminal Justice Reforms," *The American Asian Review, An International Journal on Modern and Contemporary Asia*, Vol. XV, No. 2 (Summer 1997), pp. 53–60.
4. "Recent Cross-Strait Relations and United States," 32 *Issues and Studies, A Journal of Chinese Studies and International Affairs*, No. 12 (December 1996), pp. 1–13.
5. "Reviewing China-Watchers' Evaluations: With an Emphasis on Chinese Legal Studies," in Yu-ming Shaw, ed., *Tendencies of Regionalism in Contemporary China*, Taipei: Institute of International Relations, National Chengchi University, 1997, pp. 307–312.
6. "International Legal Status of Taiwan," in Jean-Marie Henckaerts, ed., *The International Status of Taiwan in the New World Order, Legal and Political Considerations*, London/The Hague/Boston: Kluwer Law International, 1996, pp. 3–8.

7. "Sino-Canadian Relations: An Overall View," in C. W. Kenneth King, Bih-jaw Lin, Thomas A. Wilson and Roger N. Wolff, eds., *Canada and Taiwan (ROC): Evolving Trans-Pacific Relations*, Toronto, Canada: University of Toronto Faculty of Management, 1996, pp. 26–39.
8. "China's Most-Favored-Nations," XIV *The American Asian Review, An International Journal on Modern and Contemporary Asia*, No. 4 (Winter, 1996), pp. 117–130.
9. "Growth of the Chinese Military and Its Threat to Taiwan," XIV *The American Asian Review, An International Journal on Modern and Contemporary Asia*, No. 1 (Spring 1996), pp. 87–96.
10. "The UN Membership for Taiwan," XIII *The American Asian Review, An International Journal on Modern and Contemporary Asia*, No. 4 (Winter, 1995), pp. 23–40.
11. "The Right of the Republic of China and its 21 Million Chinese People to Participate in the United Nations," 28 *The John Marshall Law Review* 247–257 (1994) (also published in 12 *Chinese Yearbook of International Law and Affairs* 9–20 (1992–94)).
12. "Koo-Wang Talks and the Prospect of Building Constructive and Stable Relations Across the Taiwan Straits," 29 *Issues & Studies* No. 8 (August 1993), pp. 1–36; a shortér version was also published in Gerrit W. Gong and Bih-jaw Lin, eds., *Sino-American Relations at a Time of Change*, Washington, D.C.: The Center for Strategic and International Studies/Taipei, The Institute of International Relations, National Chengchi University, January 1994, pp. 3–21.
13. "The Koo-Wang Talks and Intra-Chinese Relations," 2 *Ameri-*

can Journal of Chinese Studies 219–262 (1994).

14. Introductory Note to "Association for Relations Across the Taiwan Straits (ARATS) [Established in the People's Republic of China]-Straits Exchange Foundation (SEF) [Established in the Republic of China]: Agreements Concerning Cross-Strait Activities," 32 *International Legal Materials* 1217–1218 (1993).

15. "Institutionalizing a New Legal System in Deng's China," in Michael Ying-mao Kau and Susan H. Marsh, eds., *China in the Era of Deng Xiaoping, A Decade of Reform*, Armonk, New York/London, England: M.E. Sharpe, 1993, pp. 60–97.

16. "The Problem of Delimiting the Maritime Boundary between the Exclusive Economic Zone and the Continental Shelf of Opposite States," in R. S. J. MacDonald, ed., *Essays in Honour of Wang Tieya*, London/Boston/Dordrecht [The Netherlands]: Martinus Nijhoff, Kluwer Academic Publishers, 1993, pp. 181–190.

17. "Constitutional Development of the Republic of China in Taiwan," in Steve Tsang, ed., *In the Shadow of China, Political Developments in Taiwan Since 1949*, London: Hurst & Co., 1993, pp. 17–47.

18. "Hong Kong's Transition to 1997: Background, Problems and Prospects," 11 *American Asian Review*, No. 2 (Summer 1993), pp. 1–24.

19. "Constitutional Development and Reform in the Republic of China," 29 *Issues & Studies*, No. 1 (January 1993), pp. 1–38.

20. "Taiwan's GATT Application: Working Party Formed," 14 *East Asian Executive Reports*, No. 12 (December 15, 1992), pp. 8, 12–16.

21. "China's Criminal Justice System and the Trial of Pro-Democracy Dissidents," 24 *New York University Journal of International Law and Politics* 1181–1201 (1992).

22. "Introduction" to Bih-jaw Lin, ed., *The Aftermath of the 1989 Tiananmen Crisis in Mainland China*, Boulder/San Francisco/Oxford: Westview Press, 1992, pp. 1–12.

23. "Recent Constitutional Development in the Republic of China on Taiwan," 1 *American Journal of Chinese Studies* 325–338 (1992).

24. "The Current State of Divided China: New Perspectives and Policies on the Republic of China (Taiwan) Side," 1 *American Journal of Chinese Studies* 1–16 (1992).

25. "The International Law of Recognition and the Status of the Republic of China," in Steven W. Mosher, ed., *The United States and the Republic of China, Democratic Friends, Strategic Allies, and Economic Partners*, New Brunswick (U.S.A.) and London (U.K.): Transaction Publishers, 1992, pp. 13–30.

26. "The Reunification of China: Perspectives from Taiwan," in Kevin Crim, Andrew C. Hsieh and H. Wayne Moyer, eds., *The Reunification of China: Issues & Perspectives*, Grinnell, Iowa: Grinnel College [1991], pp. 27–34.

27. "Taiwan's Membership in the General Agreement on Tariffs and Trade," 10 *Chinese Yearbook of International Law and Affairs* 198–205 (1990–1991).

28. "The New International Order and Intra-Chinese (Taiwan-Mainland) Relations," 10 *Chinese Yearbook of International Law and Affairs* 8–26 (1990–1991).

29. "Le nouvel ordre international et les relations Taiwan-continent, " *Etudes et Documents, Revue d'etudes chinoises et de relations internationales*, December 1991, pp. 1–23.

30. "El nuevo orden internacional y las relaciones Taiwan-China continental," *Estudios y Publicaciones, Revista de Estudios Chinois Y Asuntos Internacionales*, December 1991, pp. 1–29.

31. "The Taiwan Relations Act and Sino-American Relations," Jaw-Ling Joanne Chang, ed., *R.O.C.-U.S.A. Relations, 1979–1989*, Taipei: Institute of American Culture, Academia Sinica, 1991, pp. 23–58.

32. "Recent Chinese Communist Policy Toward Taiwan and the Prospect for Unification," 27 *Issues & Studies*, No. 1 (January 1991), pp. 13–38.

33. "The National Affairs Conference and Constitutional Reform in the Republic of China on Taiwan," 26 *Issues & Studies*, No. 12 (December 1990), pp. 12–22.

34. "The Legal System of the Republic of China," 13 *Loyola of Los Angeles International & Comparative Law Journal*, No. 1 (October 1990), pp. 44–61.

35. "The Taiwan Relations Act and Sino-American Relations," *Occasional Papers/Reprints Series in Contemporary Asian Studies*, No. 5–1990 (100), 34 pp.

36. "Nationality and International Law in Chinese Perspective," Ko Swan Sik, ed., *Nationality and International Law in Asian Perspective*, The Netherlands: Martinus Nijhoff Publishers, 1990, pp. 27–64.

37. "The Case of Wei Jingsheng, The Pioneer of Democracy Move-

ment," Winston L. Y. Yang and Marsha L. Wagner, eds., *Tiananmen: China's Struggle for Democracy — Its Prelude, Development, Aftermath, and Impact*, Baltimore: University of Maryland OPRSCAS, 1990, pp. 7–22.

38. "Paracel Archipelago," R. Bernhardt, ed., *Encyclopedia of Public International Law*, Vol. 12, *Geographic Issues*, Amsterdam: North-Holland, 1990, pp. 289–292.

39. "Spratly Archipelago," *ibid*., pp. 357–360.

40. "Delimitation of Maritime Boundary Between the Exclusive Economic Zone and the Continental Shelf," 22 *Law/Technology* [World Peace Through Law Center], No. 4 (4th Quarter 1989), pp. 39–62.

41. "The International Law of Recognition and the Status of the Republic of China," 3 *Journal of Chinese Law*, No. 2 (Fall, 1989), pp. 193–203.

42. "The International Legal Status of the Republic of China," 8 *Chinese Yearbook of International Law and Affairs*, pp. 1–18 (1988–1989).

43. "Chinese Attitudes Toward International Law of Human Rights in the Post-Mao Era," in Victor C. Falkenheim, editor and Ilpyong J. Kim, series editor, *Chinese Politics From Mao to Deng*, New York: Paragon House, 1989, pp. 237–270.

44. "Tibet's Political History and Status," in Hungdah Chiu and June Teufel Dreyer, *Tibet: Past and Present*, No. 4–1989 (93), pp. 1–9. (This was originally a speech delivered at the Panel Discussion on Tibet, March 2, 1988, Resident Associate Program, The Smithsonian Institution, Washington, D.C.)

45. "The International Law of Recognition and Multi-System Nations: Special Reference to the Mainland-Taiwanese Case," in Harvey Feldman and Ilpyong J. Kim, eds., *Taiwan in A Time of Transition*, New York: Paragon House, 1988, pp. 201–222.

46. "The Status of Customary International Law, Treaties, Agreements and Semi-Official or Unofficial Agreements in Chinese Law," 7 *Chinese Yearbook of International Law and Affairs*, pp. 1–22 (1987–1988).

47. "China's Changing Criminal Justice System," 87 *Current History*, No. 530 (September 1988), pp. 265–268, 271–272.

48. "Introduction" to Hong Kong — Transfer of Sovereignty, 20 *Case Western Journal of International Law*, No. 1 (Winter 1988), pp. 1–16.

49. "Legal Problems with the Hong Kong Model for Unification of China and their Implication for Taiwan," 2 *Journal of Chinese Law*, No. 1 (Spring 1988), pp. 83–93.

50. "Recent Legal Issues Between the U. S. and the People's Republic of China," 12 *Maryland Journal of International Law and Trade*, No. 1 (Fall 1987), pp. 1–33.

51. "Chinese Attitude Toward International Law in the Post-Mao Era: 1978–1987," 21 *International Lawyer* 1127–1166 (1987).

52. "Legal Issues Affecting Present and Future Taipei-Peking-Washington Relations," 5 *American Asian Review*, No. 1 (Spring 1987), pp. 7–36.

53. "Chinese View on Sources of International Law," 28 *Harvard International Law Journal*, 289–307 (1987).

54. "Democratic Challenge in Taiwan," The World & I, *A Chronicle*

of Our Changing Era, Washington, D.C., March 1987, pp. 149–153.

55. "The Hong Kong Agreement and American Foreign Policy," 22 *Issues & Studies*, No. 6 (June 1986), pp. 76–91.

56. "Recent Legal Development and the Human Rights Situation in China," Hearings on Political Developments and Human Rights in the People's Republic of China, Subcommittee on Human Rights and International Organizations and the Subcommittee on Asian and Pacific Affairs of the House Committee on Foreign Affairs, October 10 and 31, 1985, Washington, D.C.: U.S. Government Printing Office, 1986, pp. 56–73.

57. "The Law of the Sea and the Delimitation of Maritime Boundaries in the East China Sea," in Ronald C. Keither, editor, *The Politics of Energy Supply in East Asia*, London & Sydney: Croom Helm, 1986, pp. 222–248.

58. "Political Geography in the Western Pacific After the Adoption of the 1982 United Nations Convention on the Law of the Sea," 5 *Political Geography Quarterly* (England) No. 1 (January 1986), pp. 25–32.

59. "Asian Americans and American Justice," in Hyung-chan Kim, ed., *Dictionary of Asian American History*, New York, Westport (Conn.) and London: The Greenwood Press, 1986, pp. 55–60.

60. "China's Struggle Against the Unequal Treaties, 1927–1946," *Chinese Yearbook of International Law and Affairs*, Vol. 5 (1985), pp. 1–28.

61. "China's Legal Reform," *Current History*, Vol. 84, No. 503 (September 1985), pp. 268–271, 275–276.

62.“The Position of Customary International Law and Treaties in Chinese Law,” in Herbert H. Ma, editor, *Trade and Investment in Taiwan: The Legal and Economic Environment in the Republic of China*, 2nd edition, Taipei: Academia Sinica, 1985, pp. 209–239.

63.“Legal and Political Considerations in U.S.-ROC Relations,” in *U.S.-Taiwan Relations, Economic and Strategic Dimensions*, San Francisco: Institute for Contemporary Studies, 1985, pp. 43–48.

64.“The 1982 Chinese Constitution and the Rule of Law,” 11 *Review of Socialist Law*, No. 2 (1985), pp. 143–160.

65.“Hugo Grotius in Chinese International Law Literature,” *International Law and the Grotian Heritage*, T. M. C. Asser Instituut, The Hague, 1985, pp. 310–313.

66.“Some Problems Concerning the Application of the Delimitation of Maritime Boundary Provisions of the 1982 United Nations Convention on the Law of the Sea Between Adjacent or Opposite States,” 9 *Maryland Journal of International Law and Trade*, No. 1 (Summer 1985), pp. 1–17.

67.“The 1984 Sino-British Agreement on Hong Kong and Its Implication on China's Unification,” 21 *Issues & Studies*, No. 4 (April 1985), pp. 13–22.

68.“The 1984 Sino-British Settlement on Hong Kong: Problems and Analysis,” 2 *Journal of Chinese Studies*, No. 1 (April 1985), pp. 95–111.

69.“Legal Development in the Republic of China on Taiwan,” in Hungdah Chiu and Shao-chuan Leng, editors, *China: 70 Years*

After the 1911 Hsin-hai Revolution, Charlottesville, Va.: University Press of Virginia, 1984, pp. 287–330.

70. (Co-author) "The Legal System of the Republic of China in Taiwan," in Kenneth R. Redden, editor, *Modern Legal Systems Cyclopedia*, Buffalo, N.Y.: William S. Hein & Co., 1984, pp. 602–662.

71. "The 1982 United Nations Convention on the Law of the Sea and the Settlement of China's Maritime Boundary Dispute," in Thomas Burgenthal, editor, *Contemporary Issues of International Law: Essays in Honor of Louis B. Sohn*, Kehl, Strasbourg & Arlington: N. P. Engel, 1984, pp. 189–208.

72. "Certain Legal Issues in Washington-Peking Relations," in Frederick Tse-shyang Chen, editor, *China Policy & National Security*, Dobbs Ferry, New York: Transnational Publishers, Inc., 1984, pp. 198–212.

73. "Some Problems Concerning the Delimitation of the Maritime Boundary between the Republic of China and the Philippines," 14 *Ocean Development and International Law Journal*, 79–105 (1984).

74. "Exploration and Exploitation of Ocean Resources in the Western Pacific: The Legal and Political Implications for Regional Cooperation and Joint Prosperity," *The Korean Journal of International Studies*, Vol. XV, No. 1 (Winter 1983/84), pp. 17–37.

75. "The Use of International Law in Communist Chinese Treaty Negotiation and Implementation — Four Case Studies with the United States," 10 *Issues & Studies*, No. 2 (February 1984), pp. 37–56.

76. "Some Obstacles to the Further Development of United States-People's Republic of China Relations," in Peter C. Y. Chow and Peter A. Lawler, editors, *Papers and Proceedings of the Dr. Sun Yat-sen Symposium, A Conference of China Update Developments in Relation to the U.S.*, Minneapolis: Alpha Edition, A Division of Burgess Publishing Co., 1983, pp. 111–119.

77. "Island Disputes in the Far East," in Rudolf Bernhardt, ed., *Encyclopedia of Public International Law* (published under the auspices of the Max Planck Institute for Comparative Public Law and International Law, Federal Republic of Germany), Vol. 6, *Regional Cooperation, Organizations and Problems*, Amsterdam: North-Holland, 1983, pp. 233–236.

78. "Prospects for the Unification of China: An Analysis of the Views of the Republic of China on Taiwan," XXIII *Asian Survey*, No. 10 (October 1983), pp. 1081–1094.

79. "Sino-American Relations Eleven Years After the Shanghai Communique: Selected Issues and Future Prospects," in *Hearings on Sino-American Relations Eleven Years After the Shanghai Communique*, House Subcommittee on Asian and Pacific Affairs, 97th Congress, 2nd Session (1983), pp. 28–65.

80. "The People's Republic of China and the Third United Nations Conference on the Law of the Sea," 1 *International Property Investment Journal*, 545–598 (1983).

81. "Chinese Law and Justice: Trends Over Three Decades," in *Occasional Papers/Reprints Series in Contemporary Asian Studies*, No. 7–1982, 39 pp.

82. "An Analysis of Certain Problems of U.S.-China Joint Commu-

nique on U.S. Arm Sales to Taiwan (August 17, 1982) and the Need to Clarify the U.S. Position on Certain Vital Issues," in *Hearings on Taiwan Communique and Separation of Power, Senate Subcommittee on Separation of Power*, 97th Congress, 2nd Sess. (1982), pp. 213–221.

83. "China's Response to Western International Legal Order," in Graciela de la Lama, editor, 30th *International Congress of Human Sciences in Asia & North Africa, 1976, China 3*, Mexico: El Colegio de Mexico, 1982, pp. 106–113.

84. "A Rapprochement between the Two Chinas," *The Military Engineer*, Journal of the American Society of Military Engineers, No. 476 (November–December 1981), pp. 382–383, 402–405. (Awarded Toulmin Medal for best article in 1981 by The American Society of Military Engineers.)

85. (Co-editor and contributor of Chapter) "Law and Justice," in James C. Hsiung, editor, *Contemporary Republic of China, The Taiwan Experience*, New York: Praeger Publishers, A Division of CBS, Inc., 1981, pp. 283–337.

86. "The Future of U.S.-Taiwan Relations," 9 *Asian Affairs, An American View*, No. 1 (Sept. 10, 1981), pp. 20–30.

87. "Socialist Legalism: Reform and Continuity in Post-Mao People's Republic of China," *Mainland China's Modernization: Its Prospects and Problems*, Institute of International Studies, and Institute of East Asian Studies, University of California at Berkeley (1981), pp. 62–92. (A slightly revised version also published in 17 *Issues & Studies*, No. 11 (Nov. 1981), pp. 45–75 and *Occasional Papers/Reprints Series in Contemporary Asian*

Studies, No. 1–1982 (46).)

88. "The International Law of Recognition and Multi-system Nations — with Special Reference to Chinese (Mainland-Taiwan) Case," 1 *Chinese Yearbook of International Law and Affairs*, 1–16 (1981).

89. "Certain Legal Aspects of the Recent Peking Trials of the Gang of Four' and Others," 6 *Asian Thought & Society*, 54–62 (No. 16, April 16, 1981). (Revised version published in James C. Hsiung, ed., Symposium: "The Trial of the Gang of Four' and Its Implication in China," *Occasional Papers/Reprints Series in Contemporary Asian Studies*, No. 3–1981 (40), pp. 27–39 and 22 *Chengchi Law Review* 191–201 (1981).)

90. "Structural Changes in the Organization and Operation of China's Criminal Justice System," 7 *Review of Socialist Law* 53–72 (1981).

91. "China's Legal Position on Protecting Chinese Residents in Vietnam," 74 *American Journal of International Law*, 685–689 (1980).

92. "China's New Legal System," 79 *Current History*, No. 458, at 29–32, 44 (September 1980).

93. "The Future of Political Stability in Taiwan," paper prepared for *Workshop on Taiwan: One Year After U.S.-China Normalization*, jointly sponsored by Senate Foreign Relations Committee and the Congressional Research Service, Washington, D.C., March 6–7, 1980), pp. 32–45.

94. "The Outlook for Taiwan," 7 *Asian Affairs, An American View*, 137–147 (1980).

95. "Certain Problems in Recent Law Reform in the People's Republic of China," in 3 *Comparative Law Yearbook, 1979*, at 1–33 (Leyden: A. W. Sijthoff, 1980).

96. "China and the Law of the Sea Conference," in James C. Hsiung and Samuel Kim, editors, *China in the Global Communities: Issues and Problems* (New York: Praeger Publishers, 1980, published under the auspices of Center of International Affairs, Princeton University), pp. 187–215.

97. "Status of Force Agreement with the Republic of China: Some Criminal Case Studies," 3 *Boston College of International and Comparative Law Review*, 67–88 (Fall 1979).

98. (Editor) "Asian Immigrants and their Status in the United States, " *Occasional Papers/Reprints Series in Contemporary Asian Studies*, No. 1–1979 (22), 54 pp.

99. "Social Disorder in Peking After the 1976 Earthquake as Revealed by a Chinese Legal Document," 5 *Review of Socialist Law*, 5–16 (1979).

100. "Legal Problems Concerning the Security of Taiwan in the Post-Normalization Period," in*Senate Foreign Relations Committee's Hearings on Taiwan*, February 5–8, 21–22, 1979, pp. 817–825.

101. "Remarks on Legal Aspects of Recognizing the People's Republic of China," *Proceedings of the 72nd Annual Meeting of the American Society of International Law*, 250–255 (1978).

102. "South China Sea Islands — Implication for Delimiting Seabed and Future Shipping Route," *The China Quarterly* (London), No. 72, pp. 743–765 (1978).

103. "Normalizing Relations with China: Some Practical and Legal

Problems," 5 *Asian Affairs: An American View*, 67–87 (Nov.–Dec., 1977). (A slightly longer version of this article also appears in *Normalization of Relations with the People's Republic of China: Practical Implications*, Hearings before Subcommittee on Asian and Pacific Affairs of the House Committee on International Relations, 95th Congress, 1st Session, September 20–21, 28–29; October 11 and 13, 1977, pp. 215–231.)

104. "Criminal Punishment in Mainland China: A Study of Some Yunnan Province Documents," 68 *Journal of Criminal Law & Criminology*, 374–398 (1977).

105. "Chinese Attitude toward Continental Shelf and its Implication on Delimiting Seabed in Southeast Asia," *Occasional Papers/Reprints Series in Contemporary Asian Studies*, No. 1 (1977), 32 pp.

106. "Mainland China and International Law: A General Observation," 12 *Issues & Studies*, 79–93 (No. 6, June 1976).

107. "The Judiciary in Post-Cultural Revolution China," *Proceedings of the Fifth Sino-American Conference on Mainland China* (Taipei: Institute of International Relations, 1976), pp. 95–121.

108. "The Judicial System under the New PRC Constitution," in *The New Constitution of Communist China: Comparative Analyses* (Taipei: Institute of International Relations, 1976), pp. 63–121.

109. "China and the Question of Territorial Sea," 1 *International Trade Law Journal*, No. 1, pp. 29–77 (1975).

110. "Legal Status of the Paracel and the Spratly Islands," (with Choon-ho Park), in *Oil and Asian Rivals, Sino-Soviet Conflict, Japan and the Oil Crisis* (Washington, D.C.: U.S. Government

Printing Office, 1974), pp. 422–469. (A revised version of this article appears in 3 *Ocean Development and International Law*, No. 1, pp. 1–28 (1975).)

111. "The Reception of Modern International Law in China," 9 *Chengchi Law Review*, 189–203 (Dec. 1973).

112. "The Position of Customary International Law and Treaties in Chinese Law," in Richard Cosway, Herbert H. P. Ma, and Warren L. Shattuck (editors), *Trade and Investment in Taiwan: The Legal and Economic Environment in the Republic of China*, Taipei: China Council on Sino-American Cooperation in the Humanities and Social Sciences, Academia Sinica, distributed by Mei Ya Book Co., 1973, pp. 191–214.

113. "[Communist China's] Concept and Practice of International Law," in Yuan-li Wu (editor), China: *A Handbook* (New York: Praeger, 1973, pp. 393–411.

114. "Comparison of the Nationalist and Communist Chinese Views of Unequal Treaties," in J. A. Cohen (editor), *China's Practice of International Law: Some Case Studies* (Cambridge, Massachusetts: Harvard University Press, 1972), pp. 233–267.

115. "The Development of Chinese International Law Terms and the Problem of their Translation into English," 27 *Journal of Asian Studies*, 485–501 (May 1968).

116. "Suspension and Termination of Treaties in Communist China's Theory and Practice," 15 Osteuropa-Recht, 169–190 (Sept. 1969).

117. "Communist China's Attitude Toward the United Nations: A Legal Analysis," 62 *American Journal of International Law*,

20–50 (Jan. 1968).

118. "Communist China and the Law of Outer Space," 16 *International and Comparative Law Quarterly*, 1135–1138 (1967).

119. "Certain Legal Aspects of Communist China's Treaty Practice," *Proceedings of the American Society of International Law, Sixty-first Annual Meeting*, 117–126 (1967).

120. "The Theory and Practice of Communist China with Respect to the Conclusion of Treaties," 5 *Columbia Journal of Transnational Law*, 1–13 (1966).

121. "Communist China's Attitude toward International Law," 60 *American Journal of International Law*, 245–267 (April 1966).

122. "Reservations and Declarations Short of Reservations to Treaties," 15 *Journal of Social Sciences*, 71–118 (Taipei, 1965).

123. "Communist China's Attitude toward Nuclear Tests," *The China Quarterly*, No. 21, pp. 96–107 (Jan.–March 1965).

124. "Succession in International Organizations," 14 *International and Comparative Law Quarterly*, 83–120 (1965).

II. Books

1. (Editor) Knight and Chiu, *The International Law of the Sea...*, Supplement 1 [through Summer 1996], Dublin, Ireland and Washington, D.C.: UNIFO Publishers, Inc. 1996. 239 pp.
2. (with Su Yun Chang, Chun-i Chen, Chih-Yu Wu) *Proceedings of the International Law Association (ILA) First Asian-Pacific Regional Conference* (May 27–30, 1995), Taipei: Chinese Society of International Law, 1996. 496 pp. Index.

3. (Co-author) *The International Law of the Sea: Cases, Documents and Readings*, London and New York: Elsevier Applied Science and UNIFO Publishers, Inc., 1991. 923 pp. Index.
4. (Editor) *The Draft Basic Law of Hong Kong: Analysis and Documents*, Baltimore, Maryland: Occasional Papers/Reprints Series in Contemporary Asian Studies, No. 5–1988 (88). 153 pp. Index.
5. (Co-editor) *The United States Constitution and Constitutionalism in China*, Washington D.C.: U.S. Global Strategy Council, 1988. 166 pp. Index.
6. (Editor) *Survey of Recent Developments in China (Mainland and Taiwan) in 1985–86*, Baltimore, Maryland: Occasional Papers/Reprints Series in Contemporary Asian Studies, No. 2–1987 (79). 223 pp. Index.
7. Co-editor and contributor, *The Future of Hong Kong, Toward 1997 and Beyond*, New York, Westport (Conn.) and London: Quorum Books, the Greenwood Press, June 1987. 254 pp. Index.
8. (Editor and contributor) *Symposium on Hong Kong: 1997*, Occasional Papers/Reprints Series in Contemporary Asian Studies, 1985–3 (68). 99 pp. Index.
9. (Co-author) *Criminal Justice in Post-Mao China, Analysis and Documents*, Albany, N.Y.: State University of New York Press, 1985. 330 pp. Index.
10. (Co-editor and contributor) *China: 70 Years After the 1911 Hsin-hai Revolution*. Charlottesville, Virginia: University Press of Virginia, 1984. 589 pp. Index.
11. (Editor) *Chinese Yearbook of International Law and Affairs*, Vol. 1 (1981), 294 pp. Index; Vol. 2 (1982), 432 pp. Index; Vol.

3 (1983), 340 pp. Index; Vol. 4 (1984), 393 pp. Index; and Vol. 5 (1985), 390 pp. Index; Vol. 6 (1986–87), 517 pp. Index; Vol. 7 (1987–88), 548 pp. Index; Vol. 8 (1988–89), 586 pp. Index; Vol. 9 (1989–90), 664 pp., Index; Vol. 10 (1990–91), 766 pp., Index; Vol. 11 (1991–92), 678 pp., Index; Vol. 12 (1992–94), 847 pp., Index; Vol. 13 (1994–95), 801 pp., Index; Vol. 14 (1995–96), 726 pp. Index.; Vol. 15 (1996–97), 646 pp., Index.

12. (Co-editor and contributor) *Multi-system Nations and International Law: The International Status of Germany, Korea and China*, Proceedings of a Regional Conference of the American Society of International Law, June 23, 1981. Baltimore, Maryland: Occasional Papers/Reprints Series in Contemporary Asian Studies, No. 8–1981 (45), 203 pp. Index.

13. *Agreements of the People's Republic of China, 1966–1980: A Calendar*. New York: Praeger Publishers, A Division of Holt, Rinehart and Winston/CBS, Inc., 1981, 329 pp.

14. (Co-editor) *The Chinese Connection and Normalization*, Proceedings of a Law Professor Workshop sponsored by the American Bar Association and the University of Maryland School of Law, June 8–9, 1979. Baltimore, Maryland: Occasional Papers/Reprints Series in Contemporary Asian Studies, No. 1–1980 (30); also published in the *International Trade Law Journal*, Vol. 5, No. 1, Fall 1979, 207 pp. Index.

15. (Co-editor and contributor) *U.S. Status of Forces Agreements with Asian Countries: Selected Studies*. Baltimore, Maryland: Occasional Papers/Reprints Series in Contemporary Asian Studies, No. 7–1979 (28), 144 pp. Index.

16. (Editor and contributor) *China and the Taiwan Issue*. New York: Praeger Publishers, A Division of Holt, Rinehart and Winston/ CBS, Inc., 1979, 295 pp. Index.
17. *Normalizing Relations with the People's Republic of China: Problems Analysis and Documents*, edited by Hungdah Chiu, with contributions by G. J. Sigur, Robert A. Scalapino, King C. Chen, Eugene A. Theroux, Michael Y.M. Kau, James C. Hsiung and James W. Morley. Baltimore, Maryland: Occasional Papers/ Reprints Series in Contemporary Asian Studies, University of Maryland School of Law, 1978, 207 pp. Index.
18. (Co-editor) *Proceedings of Conference on Legal Aspects of United States-Republic of China Trade and Investment* (A Regional Conference of the American Society of International Law). Baltimore, Maryland: Occasional Papers/Reprints Series in Contemporary Asian Studies, University of Maryland School of Law, 1977; also published in the *International Trade Law Journal*, Volume 3, No. 1, Fall, 1977, pp. 1–209; 217 pp. Index.
19. (Co-author) *People's China and International Law: A Documentary Study*, 2 Volumes (with J.A. Cohen at Harvard Law School). Princeton, New Jersey: Princeton University Press, 1974, 1790 pp. (Awarded a Certificate of Merit by the American Society of International Law in 1976.) Index.
20. (Editor and contributor) *China and the Question of Taiwan: Documents and Analysis*. New York: Praeger, 1973, 396 pp.
21. (Co-editor and contributor) *Law in Chinese Foreign Policy*. Dobbs Ferry, New York, Oceana, 1972, 387 pp. Index.
22. *The People's Republic of China and the Law of Treaties*. Cam-

bridge, Massachusetts, Harvard University Press, 1972, 178 pp. Index.

23.(with D. M. Johnston) *Agreements of the People's Republic of China, 1949–1967: A Calendar*. Cambridge, Massachusetts: Harvard University Press, 1968, 286 pp. Index.

24.*The Capacity of International Organizations to Conclude Treaties and the Special Legal Aspects of the Treaties So Concluded*. The Hague, Martinus Nijhoff, 1966, 225 pp. Index.

III. Book Reviews

Reviewed books in *American Journal of Comparative Law, Issues & Studies, Chengchi Law Review, American Journal of International Law, Chinese Yearbook of International Law*, and others. [List omitted here to save space.]

IV. Monographs, audio-visual materials, or other (specify type of published work)

1. One of the three specialists who helped the production of *National Geographic, China*, shown on October 3/4, 1994 on Channel 26 (MPT), see *TV Guide* (Oct. 1–7, 1994), p. 35. (My name appeared at the end of the program.)
2. "A Special Transition in the Asia Pacific: The Case of Hong Kong," *Asia, Latin America* [A publication of The Latin American Faculty of Social Science, FLACSO, Chile], p. 2 (in both English and Spanish).

3. "Selected Foreign Cases Concerning Taiwan/The Republic of China," *Chinese Yearbook of International Law and Affairs* (1991–1992), Vol. 11, pp. 238–254.
4. Remarks at the Panel on "Negotiating a Place at the Table: Taiwan's Role in the International Community of the 1990's," in Harvey J. Feldman, ed., *Constitutional Reform and the Future of the Republic of China*, Armonk, New York/London, England: M.E. Sharp, Inc., 1991, pp. 137–142.
5. "Foreign Case Concerning Taiwan/Republic of China," *Chinese Yearbook of International Law and Affairs* (1988–89), Vol. 8, pp. 218–241.
6. "American Cases/Legal Opinions Concerning Taiwan/Republic of China," *Chinese Yearbook of International Law and Affairs* (1987–1988), Vol. 7, pp. 212–225.
7. Hungdah Chiu, Rong-jye Chen and Tzu-wen Lee, "Contemporary Practice and Judicial Decisions of the Republic of China Relating to International Law (1979–1981)," in *Chinese Yearbook of International Law and Affairs*, Vol. 1 (1981), pp. 141–156; "Contemporary Practice...," Vol. 2 (1981–83), pp. 228–283; Hungdah Chiu, Rong-jye Chen and James C. T. Hsia, " Contemporary Practice," Vol. 3 (1982–84), pp. 182–239; "Contemporary Practice...," Vol. 4 (1983–84), pp. 243–291; "Contemporary Practice...," Vol. 5 (1985–86), pp. 253–286; Hungdah Chiu, Rong-jye Chen and Sheng-tsung Yang, "Contemporary Practice...," Vol. 6 (1986–87), pp. 319–368; Hungdah Chiu et al., "Contemporary Practice...," Vol. 7 (1986–88), pp. 226–302; Hungdah Chiu and Su Yun Chang [from this volume on, both

are responsible for compiling "Contemporary Practice..." in subsequent volumes], "Contemporary Practice...," Vol. 8 (1987–89), pp. 246–330; "Contemporary Practice...," Vol. 9 (1989–90), pp. 224–276; "Contemporary Practice...," Vol. 10 (1990–91); pp. 291–319; "Contemporary Practice...," Vol. 11 (1991–92), pp. 266–349; "Contemporary Practice...," Vol. 12 (1992–94), pp. 213–301; "Contemporary Practice...," Vol. 13 (1994–95), pp. 277–366; "Contemporary Practice...," Vol. 14 (1995–96), pp. 111–145.; "Contemporary Practice...," Vol. 15 (1995–1997), pp. 142–232 (1996–97).

8. "Selected Recent Foreign Cases/Legal Opinions Concerning the Republic of China, 1979–1981," 3 *Chinese Yearbook of International Law and Affairs*, 104–181 (1983).

9. "Selected Documents Concerning United States Arms Sales to Taiwan," in *Chinese Yearbook of International Law and Affairs*, Vol. 2 (1982), pp. 192–227.

10. "Reflection on Criminal Justice in China: With Sentencing Documents," (Text by R. R. Edwards, translation of documents by R. R. Edwards and Hungdah Chiu), *Columbia Journal of Transnational Law*, Vol. 16 (1977), pp. 45–103.

11. "Comments on Japan's Assimilation of Western International Law," in *Proceedings of the 69th Annual Meeting of the American Society of International Law*, April 1975, pp. 78–79

12. Contributor to Chinese cases, *International Law Reports* (London: Butterworths (now Grotius Publications)), Volumes 41–45.

13. "U.S.-ROC (Taiwan) Mutual Defense Treaty," "The Chinese Representation Question in the United Nations," "The Taiwan

Relations Act," and "The Diaoyutai Controversy," published in Ken-wen Wang (ed.), *Modern China: An Encyclopedia of History, Culture and Nationalism*, Garland Publishers, a member of the Taylor and Francis Group, 1998.

本書作者簡介

第一部份　我所認識的丘宏達教授（依作者姓氏筆劃排列）

任孝琦　美國西東大學亞洲研究碩士，現任中國國際法與國際事務年報總編輯特別助理

杜芝友　美國馬里蘭大學政策學碩士，現任馬里蘭大學法律學院東亞法律研究計畫副主任及研究員

孫揚明　南華大學亞太研究所碩士，現任聯合報記者

馬英九　美國哈佛大學法學博士，現任臺北市長

黃　剛　臺大政治學研究所碩士，現任東吳大學專門委員

劉振強　三民書局股份有限公司董事長

第二部份　學術論文（依作者姓氏筆劃排列）

王志文　英國愛丁堡大學法學博士，現任文化大學法律暨法律研究所教授

王冠雄　英國布里斯大學法學博士，現任文化大學政治系助理教授

宋燕輝　美國加州大學柏克萊分校法學博士，中央研究院歐美研究所研究員兼法政組主任

李子文　澳洲雪梨大學法學博士，現任立法院參議

李念祖	美國哈佛大學法學碩士，現任理律法律事務所合夥人
姜皇池	英國倫敦大學瑪莉皇后學院國際法博士，中央警察大學水上警察系副教授
孫遠釗	美國馬里蘭大學法學博士，現任美國亞太法學研究院執行長
徐慧怡	美國聖塔克拉拉大學法學博士，現任國立臺北大學法律學系副教授
高玉泉	英國 Warwick 大學法學博士，現任世新大學法律系副教授
高聖惕	荷蘭萊登大學國際法博士，現任國立高雄大學政治法律系助理教授
陳長文	美國哈佛大學法學博士，現任理律法律事務所主持律師
陳純一	美國杜蘭大學法學博士，現任文化大學美國研究所教授
陳荔彤	英國威爾斯大學法學博士，現任國立臺灣海洋大學副教授
陳榮傑	美國南美以美大學法學博士，現任僑務委員會副委員長
陳榮傳	國立政治大學法學博士，現任東吳大學法律系教授
傅崑成	美國維吉尼亞大學法學博士，現任東吳大學法律系所與國立臺灣海洋大學海洋法律研究所兼任副教授
游啟忠	美國杜蘭大學法學博士，現任國立中正大學法律系所專任副教授

黃 異　　德國蔓茵滋大學法學博士，現任國立中正大學法律系所專任教授

楊永明　　美國維吉尼亞大學國際法與國際組織博士，現任國立臺灣大學政治學系副教授

趙國材　　英國愛丁堡大學法學博士，現任國立政治大學外交系國際法教授

三民大專用書書目——國父遺教

書名	作者		服務單位
三民主義	孫文	著	
三民主義要論	周世輔	編著	前政治大學
三民主義要義	涂子麟	著	中山大學
大專聯考三民主義複習指要	涂子麟	著	中山大學
建國方略建國大綱	孫文	著	
民權初步	孫文	著	
國父思想	涂子麟	著	中山大學
國父思想	涂子麟 林金朝	編著	中山大學 臺灣師大
國父思想（修訂新版）	周世輔 周陽山	著	前政治大學 臺灣大學
國父思想新論	周世輔	著	前政治大學
國父思想要義	周世輔	著	前政治大學
國父思想綱要	周世輔	著	前政治大學
國父思想概要	張鐵君	著	
國父遺教概要	張鐵君	著	
中山思想新詮——總論與民族主義	周世輔 周陽山	著	前政治大學 臺灣大學
中山思想新詮——民權主義與中華民國憲法	周世輔 周陽山	著	前政治大學 臺灣大學

三民大專用書書目——法律

書名	作者		單位
民法債編總論（修訂版）	鄭玉波	著	前臺灣大學
民法債編總論	何孝元	著	
民法債編各論	戴修瓚	著	
判解民法債編通則（修訂版）	劉春堂	著	行政院
民法物權	鄭玉波	著	前臺灣大學
判解民法物權	劉春堂	著	行政院
民法親屬新論	陳棋炎 黃宗樂 郭振恭	著	前臺灣大學 臺灣大學 東海大學
民法繼承論	羅鼎	著	
民法繼承新論	陳棋炎 黃宗樂 郭振恭	著	前臺灣大學 臺灣大學 東海大學
商事法	編輯部	編	
商事法	潘維大	編著	東吳大學
商事法	劉渝生	著	東海大學
商事法	潘維大 羅美隆 范建得	合著	東吳大學
商事法論（緒論、商業登記法、公司法、票據法）	張國鍵	著	前臺灣大學
商事法論（保險法）	張國鍵	著	前臺灣大學
商事法要論	梁宇賢	著	臺北大學
商事法新論	王立中	著	臺北大學
商事法概要	張國鍵 著 梁宇賢 修訂		前臺灣大學 中興大學
商事法概要	蔡蔭恩 著 梁宇賢 修訂		前中興大學 臺北大學
公司法	潘維大	著	東吳大學
公司法（增訂版）	鄭玉波	著	前臺灣大學
公司法論（增訂版）	柯芳枝	著	臺灣大學
公司法論（修訂版）	梁宇賢	著	臺北大學
公司法要義（增訂版）	柯芳枝	著	臺灣大學
公司法新論	王泰銓	著	臺灣大學
稅務法規概要	劉代洋 林長友	著	臺灣科技大學 臺北商專
租稅法新論	林進富	著	協和國際法律事務所
證券交易法論	吳光明	著	臺北大學

書名	作者		單位
票據法	鄭玉波	著	前臺灣大學
票據法	潘維大	著	
銀行法	金桐林	著	
銀行法釋義	楊承厚	編著	銘傳大學
國際商品買賣契約法	鄧越今	編著	外貿協會
國際貿易法概要（修訂版）	于政長	編著	東吳大學
國際貿易法	張錦源	著	前政治大學
國際商務契約——實用中英對照範例集	陳春山	著	臺北大學
貿易法規	張錦源 白允宜	編著	前政治大學 中華徵信所
海商法（增訂版）	鄭玉波 著 林群弼 修訂		前臺灣大學
海商法論	梁宇賢	著	臺北大學
海商法修正草案	編輯部	編	
保險法論（修訂版）	鄭玉波	著	前臺灣大學
保險法規	陳俊郎	著	成功大學
合作社法論	李錫勛	著	前政治大學
民事訴訟法	陳榮宗 林慶苗	著	臺灣大學 銘傳大學
民事訴訟法概要	莊柏林	著	律師
民事訴訟法釋義	石志泉 原著 楊建華 修訂		文化大學
民事訴訟法論（上）（下）	陳計男	著	司法院大法官
破產法	陳榮宗	著	臺灣大學
破產法論	陳計男	著	司法院大法官
商標法論	陳文吟	著	中正大學
刑法總整理（增訂版）	曾榮振	著	內政部
刑法總論（修訂版）	蔡墩銘	著	臺灣大學
刑法各論	蔡墩銘	著	臺灣大學
刑法特論（上）（下）	林山田	著	臺灣大學
刑法概要	周冶平	著	前臺灣大學
刑法概要（修訂版）	蔡墩銘	著	臺灣大學
刑法概要	黃東熊	著	前中興大學
刑法之理論與實際	陶龍生	著	律師
刑事政策（增訂版）	張甘妹	著	臺灣大學
刑事訴訟法（上）（下）	朱石岩	著	公懲會
刑事訴訟法論（增訂版）	黃東熊	著	前中興大學

書名	作者		單位
刑事訴訟法論	胡開誠	著	監察委員
刑事訴訟法概要（修訂版）	蔡墩銘	著	臺灣大學
德國刑事訴訟法	Claus Roxin 吳麗琪	著 譯	
行政法	林紀東	著	前臺灣大學
行政法	張家洋	著	政治大學
行政法之一般法律原則㈠㈡	城仲模	主編	司法院副院長
行政法總論（增訂版）	黃異	著	海洋大學
行政法總論	林騰鷂	著	東海大學
行政法概要（增訂版）	管歐	著	國策顧問
行政法概要	左潞生	著	前中興大學
行政法之基礎理論	城仲模	著	司法院副院長
行政法導論（修訂版）	李震山	著	中正大學
行政法案例分析與研究方法	葉俊榮	著	臺灣大學
少年事件處理法（修訂版）	劉作揖	著	東方學院
犯罪學	林山田 林東茂	著	臺灣大學 中央警察大學
交通法規概要	管歐	著	國策顧問
陸空運輸法概要	劉承漢	著	前成功大學
郵政法原理	劉承漢	著	前成功大學
勞動基準法論	林豐賓	著	台新銀行
勞工安全衛生法——概論與實務	林豐賓	著	台新銀行
土地法釋論	焦祖涵	著	前東吳大學
土地登記之理論與實務	焦祖涵	著	前東吳大學
引渡之理論與實踐	陳榮傑	著	外交部
國際法概要	彭明敏	著	前臺灣大學
國際私法	劉甲一	著	前臺灣大學
國際私法論	劉鐵錚 陳榮傳	著	司法院大法官 東吳大學
國際私法新論	梅仲協	著	前臺灣大學
國際私法論叢	劉鐵錚	著	司法院大法官
現代國際法	丘宏達	著	馬利蘭大學
現代國際法參考文件	丘宏達 陳純一	編輯 助編	馬利蘭大學 文化大學
平時國際法	蘇義雄	著	臺北大學
國際海洋法——衡平劃界論	傅崐成	著	臺灣大學

書名	作者	單位
中國法制史概要	陳顧遠 著	
中國法制史	戴炎輝 著	前臺灣大學
法學概論	陳惠馨 著	政治大學
法學概論(修訂版)	劉作揖編著	東方學院
法學緒論(修訂版)	鄭玉波 著 黃宗榮修訂	前臺灣大學
法學緒論	孫致中編著	各大專院校
法律與生活	潘維大編著	東吳大學
法律實務問題彙編	周叔厚 段紹禋 編	司法院
誠實信用原則與衡平法	何孝元 著	
工業所有權之研究	何孝元 著	
強制執行法(修訂新版)	陳榮宗 著	臺灣大學
法院組織法論	管歐 著	國策顧問
醫事護理法規概論	蘇嘉宏編著	輔英技術學院
財經法論集 ——柯芳枝教授六秩華誕祝賀文集	柯芳枝教授六秩華誕祝賀文集編輯委員會編	
固有法制與當代民事法學 ——戴東雄教授六秩華誕祝壽論文集	戴東雄教授六秩華誕祝壽論文集編輯委員會編	
憲法體制與法治行政 ——城仲模教授六秩華誕祝壽論文集(一)憲法	城仲模教授六秩華誕祝壽論文集編輯委員會編	
憲法體制與法治行政 ——城仲模教授六秩華誕祝壽論文集(二)行政法總論	城仲模教授六秩華誕祝壽論文集編輯委員會編	
憲法體制與法治行政 ——城仲模教授六秩華誕祝壽論文集(三)行政法各論	城仲模教授六秩華誕祝壽論文集編輯委員會編	
——衡平劃界論		

三民大專用書書目——政治・外交

書名	作者		單位
政治學	薩孟武	著	前臺灣大學
政治學	鄒文海	著	前政治大學
政治學	曹伯森	著	陸軍官校
政治學	呂亞力	著	臺灣大學
政治學	凌渝郎	著	美國法蘭克林學院
政治學概論	張金鑑	著	前政治大學
政治學概要	張金鑑	著	前政治大學
政治學概要	呂亞力	著	臺灣大學
政治學方法論	呂亞力	著	臺灣大學
政治理論與研究方法	易君博	著	政治大學
公共政策（修訂新版）	朱志宏	著	臺灣大學
公共政策	曹俊漢	著	臺灣大學
公共關係	王德馨 俞成業	著	交通大學
中國社會政治史(一)～(四)	薩孟武	著	前臺灣大學
中國政治思想史	薩孟武	著	前臺灣大學
中國政治思想史（上）（中）（下）	張金鑑	著	前政治大學
西洋政治思想史	張金鑑	著	前政治大學
西洋政治思想史	薩孟武	著	前臺灣大學
佛洛姆（Erich Fromm）的政治思想	陳秀容	著	政治大學
中國政治制度史	張金鑑	著	前政治大學
比較主義	張亞澐	著	政治大學
比較監察制度	陶百川	著	國策顧問
歐洲各國政府	張金鑑	著	前政治大學
美國政府	張金鑑	著	前政治大學
中國吏治制度史概要	張金鑑	著	前政治大學
國際關係——理論與實踐	朱張碧珠	著	臺灣大學
中國外交史	劉彥	著	
中美早期外交史	李定一	著	政治大學
現代西洋外交史（正統主義和民族主義時代）	楊逢泰	著	政治大學
中國大陸研究	段家鋒 張煥卿 周玉山	主編	政治大學

大陸問題研究	石之瑜　著	臺灣大學
立法論	朱志宏　著	臺灣大學
中國第一個民主體系	蔡　玲 馬若孟　著 羅珞珈　譯	史丹佛大學
政治學的科學探究 ㈠方法與理論	胡　佛　著	臺灣大學
政治學的科學探究 ㈡政治文化與政治生活	胡　佛　著	臺灣大學
政治學的科學探究 ㈢政治參與與選舉行為	胡　佛　著	臺灣大學
政治學的科學探究 ㈣政治變遷與民主化	胡　佛　著	臺灣大學
政治學的科學探究 ㈤憲政結構與政府體制	胡　佛　著	臺灣大學

三民大專用書書目——行政・管理

書名	作者		單位
行政學（修訂版）	張潤書	著	政治大學
行政學	左潞生	著	前中興大學
行政學	吳瓊恩	著	政治大學
行政學新論	張金鑑	著	前政治大學
行政學概要	左潞生	著	前中興大學
行政管理學	傅肅良	著	前中興大學
行政管理	陳德禹	編著	臺灣大學
行政生態學	彭文賢	著	中央研究院
人事行政學	張金鑑	著	前政治大學
人事行政學	傅肅良	著	前中興大學
人事管理（修訂版）	傅肅良	著	前中興大學
人事行政的守與變	傅肅良	著	前中興大學
各國人事制度	傅肅良	著	前中興大學
各國人事制度概要	張金鑑	著	前政治大學
現行考銓制度	陳鑑波	著	
考銓制度	傅肅良	著	前中興大學
員工考選學	傅肅良	著	前中興大學
員工訓練學	傅肅良	著	前中興大學
員工激勵學	傅肅良	著	前中興大學
運輸學概要	程振粵	著	前臺灣大學
兵役理論與實務	顧傳型	著	
行為管理論	林安弘	著	德明技術學院
組織行為學	高尚仁 伍錫康	著	香港大學
組織行為學	藍采風 廖榮利	著	美國印第安那大學 中國醫藥學院
組織行為管理	龔平邦	著	前逢甲大學
組織原理	彭文賢	著	中央研究院
組織結構	彭文賢	著	中央研究院
行為科學概論	龔平邦	著	前逢甲大學
行為科學概論	徐道鄰	著	前香港大學
行為科學與管理	徐木蘭	著	臺灣大學
實用企業管理學	解宏賓	著	臺北大學
企業管理	蔣靜一	著	逢甲大學
企業管理	陳定國	著	前臺灣大學

書名	作者		單位
國際投資之技術移轉	鍾瑞江	著	東吳大學
外匯投資理財與風險（增訂版） ——外匯操作的理論與實務	李麗	著	中央銀行
財務報表分析	洪國賜 盧聯生	著	前淡水工商學院 輔仁大學
財務報表分析題解	洪國賜	編	前淡水工商學院
財務報表分析（增訂版）	李祖培	著	臺北大學
財務報表分析題解	李祖培	著	臺北大學
財務管理	張春雄 林烱垚	著	政治大學
財務管理	黃柱權	著	前政治大學
國際財務管理	劉亞秋	著	中正大學
公司理財	文大熙	著	
商業自動化	王士峯 王士紘	編著	中國技術學院 淡江大學
營業預算概念與實務	江承運	編著	前政治大學

三民大專用書書目——歷史・地理

中國歷史	李國祁	著	臺灣師大
中國歷史系統圖	顏仰雲	編繪	
中國通史（上）、（下）	林瑞翰	著	臺灣大學
中國通史（上）、（下）	李方晨	著	
中國通史（修訂版）	甘懷真	著	臺灣大學
中國史	林瑞翰	著	臺灣大學
中國近代史四講	左舜生	著	
中國現代史	李守孔	著	臺灣大學
中國現代史（增訂版）	薛化元	編著	政治大學
中國現代史	薛化元 李福鐘 潘光哲	編著	政治大學 交通大學 中研院
中國近代史概要	蕭一山	著	
中國近代史（近代及現代史）	李守孔	著	臺灣大學
中國近代史	李守孔	著	臺灣大學
中國近代史	李方晨	著	
中國近代史	李雲漢	著	政治大學
中國近代史（簡史）（增訂版）	李雲漢	著	政治大學
中國近代史	古鴻廷	編著	東海大學
中國近代史（增訂版）	薛化元	編著	政治大學
隋唐史	王壽南	著	政治大學
明清史	陳捷先	著	臺灣大學
黃河文明之光（中國史卷一）	姚大中	著	東吳大學
古代北西中國（中國史卷二）	姚大中	著	東吳大學
南方的奮起（中國史卷三）	姚大中	著	東吳大學
中國世界的全盛（中國史卷四）	姚大中	著	東吳大學
近代中國的成立（中國史卷五）	姚大中	著	東吳大學
秦漢史話	陳致平	著	
三國史話	陳致平	著	
通鑑紀事本末 1/6	袁樞	著	
宋史紀事本末 1/2	陳邦瞻	著	
元史紀事本末	陳邦瞻	著	
明史紀事本末 1/2	谷應泰	著	
清史紀事本末 1/2	黃鴻壽	著	

書名	作者		單位
戰國風雲人物	惜　　秋	撰	
漢初風雲人物	惜　　秋	撰	
東漢風雲人物	惜　　秋	撰	
蜀漢風雲人物	惜　　秋	撰	
隋唐風雲人物	惜　　秋	撰	
宋初風雲人物	惜　　秋	撰	
民初風雲人物（上）、（下）	惜　　秋	撰	
中國文化史	杜正勝主編 王健文等著		故宮博物院
世界通史	王曾才	著	考試委員
西洋上古史	吳圳義	著	政治大學
羅馬人的故事 I ——羅馬不是一天造成的	塩野七生 徐幸娟	著 譯	
羅馬人的故事 II ——漢尼拔戰記	塩野七生 張惠君	著 譯	
羅馬人的故事 III ——勝者的迷思	塩野七生 林雪婷	著 譯	
羅馬人的故事 IV ——凱撒時代（盧比孔之前）	塩野七生 李曼榕 李璧年	著 譯	
羅馬人的故事 V ——凱撒時代（盧比孔之後）	塩野七生 黃紅杏	著 譯	
羅馬人的故事 VI ——羅馬和平	塩野七生 張麗君	著 譯	
我的朋友馬基維利 ——佛羅倫斯的興亡	塩野七生 沈寶慶	著 譯	
馬基維利語錄	塩野七生 楊征美	著 譯	
君士坦丁堡的陷落	塩野七生 楊征美	著 譯	
海都物語（上）、（下）	塩野七生 彭士晃 長安靜美	著 譯	
世界近代史	李方晨	著	
世界現代史（上）、（下）	王曾才	著	考試委員
西洋現代史	李邁先	著	前臺灣大學
東歐諸國史	李邁先	著	前臺灣大學
英國史綱	許介鱗	著	臺灣大學
德意志帝國史話	郭恒鈺	著	柏林自由大學

德意志共和國史話(1918–1933)	郭恒鈺 著	柏林自由大學
法國史	吳圳義 著	政治大學
印度史	吳俊才 著	前政治大學
日本通史	林明德 著	臺灣師大
日本史	林明德 著	臺灣師大
日本信史的開始——問題初探	陶天翼 著	中央研究院
日本現代史	許介鱗 著	臺灣大學
日本近代史	林明德 著	臺灣師大
日本中世近世史	林明德 著	臺灣師大
臺灣史綱	黃大受 著	
臺灣開發史	薛化元 編著	政治大學
近代中日關係史	林明德 著	臺灣師大
美洲地理	林鈞祥 著	文化大學
非洲地理	劉鴻喜 著	文化大學
自然地理學	劉鴻喜 著	文化大學
地形學綱要	劉鴻喜 著	文化大學
聚落地理學	胡振洲 著	前臺灣藝術學院
海事地理學	胡振洲 著	前臺灣藝術學院
經濟地理（增訂版）	陳伯中 著	前臺灣大學
經濟地理	胡振洲 著	前臺灣藝術學院
經濟地理	姜善鑫等 著	臺灣大學
都市地理學	陳伯中 著	前臺灣大學
中國地理（上）（下）（合）	任德庚 著	前師範大學
中國地理	張瑞津 潘桂成 等著	臺灣師大